KB271593

중국어 문법 발달사 1

중국어 문법 발달사 1

This edition is an authorized translation from the Chinese language edition
by Jiangxi Education Publishing House
此版本授权翻译自中文版
Published by arrangement with Zhejiang University Press Co., Ltd.,
All rights reserved
经浙江大学出版社有限责任公司安排出版 , 版权所有

由"中华社会科学基金"资助
Chinese Fund for the Humanities and Social Sciences
이 도서는 중화학술번역사업(19WYYB009)에 선정돼
중국사회과학기금(Chinese Fund for the Humanities and Social Sciences)의
지원을 받아 번역 출판되었습니다.

중국어 문법 발달사 1

漢語語法演化史

스위즈(石毓智) 지음
전영근(全永根) 이선(李善) 옮김

역락

중국어는 역사의 유구성, 언어 사료의 연속성, 고전(古典)의 풍부성 등 세 가지 면에서 세계 다른 언어에 비해 우수성이 훨씬 뛰어난 언어로서 인류 문명의 보물고라고 할 수 있다. 그럼에도 불구하고 지금까지 언어 발달관(演化觀)을 바탕으로 중국어 문법에 대하여 전면적으로 다룬 저서는 없다. '발달관'이란 중국어의 지난 3,000여 년의 역사를 하나의 유기적인 전체로 인식하고 이를 바탕으로 중국어 문법의 발전 원인과 기제에 대한 논의를 거쳐 여러 가지 변화 사이에 내재하는 인과 관계를 밝히고 새롭게 나타난 문법 현상이 기존 문법 체계에 대해 일으킨 영향에 주목하는 접근법이다.

이 책에서는 중국어를 사례로 인간 언어의 가장 도전적인 과제를 다룸으로써 인간 언어의 본질적인 문제를 답하고자 하였다. 스탠포드대학교 Paul Kiparsky 교수는 영국 사회과학원 원사이자 저의 박사 논문 지도위원회 위원이며 제가 2010년에 스탠포드대학교에서 방문학자로 있던 시기의 지도 교수였다. 그는 '언어는 왜 한 상태에 머무르지 않고 계속 발전하는가'를 언어학 분야의 가장 도전적인 과제라고 지적하였다. 중국어 발달사는 국제 학술계에 가장 정확한 사례를 들어 논증함으로써 인류 언어의 이 가장 도전적인 과제에 대한 해답이 될 수 있을 것이며 일반 언어학 연구와 기타 사회 과학 연구에도 높은 학술적 가치가 있을 것이다.

이 책은 역사언어학의 문법화 이론을 틀로 삼았다. 저자는 스탠포드대학교 언어학과 체계적인 언어학 교육을 받았고, 또 당시 문법화 분야의 창시자이자 국제적인 영향력을 가진 Elizabeth Traugott 교수의 지도 하에 박사 과정을 마쳤기에 이 책의 이론적 방법은 학술적인 면에서 국제성과 선도성을 가지고 있다고 볼 수 있다.

이 책은 일전에 저자가 수행한 학계 검증을 마친 세 개의 연구 과제를 바탕으로 집필되었다. 그뿐만 아니라 이 책에서는 그 성과들을 단순하게 모아 놓은 것이 아니라 새로운 틀과 체계로 재구성하였다.

1. 미국 국가 과학 기금 프로젝트

이 프로젝트는 저자가 1996년 ~ 2002년 사이에 참여한 미국 과학 기금 지원 과제인 "중국어 문법 형태 발전사(漢語句法形態發展史)" 연구이다. 이 프로젝트의 책임자는 캘리포니아대학교 UC산타바바라 캠퍼스의 리너(李訥) 교수였다. 리너 교수는 국제적으로 유명한 중국계 언어학자로서 14년간 캘리포니아대학교에서 대학원 원장을 역임한 바 있다. 저자와 리너 교수의 공동 연구 성과는 영국의 『Linguistic Sciences』, 『중국사회과학(中國社會科學)』, 『중국어문(中國語文)』 등 유명 학술지에 발표되었으며, 이 성과는 2001년에 베이징대학교출판사에서 『중국어 문법화 여정(漢語語法化的旅程)』이라는 제목으로 된 학술 저서로 출판되었다. 이 저서는 중국언어학 분야에서 가장 영향력이 있는 학술 저서로 평가 받고 있다.

2. 스탠포드대학교 박사학위 논문

저자는 스탠포드대학교에서 『현대중국어 문법 체계의 구축(現代漢語語法系統的建立)』이라는 제목의 박사학위 논문을 완성하였다. 그 후 이 논문은 영문본과 중문본으로 출판되었다. 영문본은 2002년에 네덜란드의 존·벤자민출판사에서 출판되었는데 서방 언어학계에서 광범위한 반향을 일으켜 세계의 유명한 언어학 학술지인 『Language』에서 자세하게 보도한 적 있다. 또한 국제의 유명한 학술지 『Studies in Languages』도 장편 논평을 통해 이 저서를 높이 평가하였다. 중문본은 2003년에 베이징어언대학교출판사에서 『현대중국어 문법 체계의 구축』이라는 제목으로 출판되었으며 중국어 학계에서 지대한 영향력을 끼치고 있다.

3. 싱가포르국립대학교 연구 기금

지난 10여 년간 저자는 여러 차례 싱가포르국립대학교 과학 기술 연구 기금 연구 과제에 선정되어 일련의 중국어 문법 발달사 분야의 연구를 완성하였다.

문법화 연구는 현재 중국어 언어학계에서 가장 인기 있고 활발한 분야이다. 이 분야에서 학자들은 대체로 단편 논문이나 논문집 형태로만 연구 성과를 발표하였는데 중국어 문법의 발달사를 학술 저서 형태로 출판한 저서로는 저자가 지은 아래 5권이 전부이다.

① 『중국어 문법화 여정』, 베이징대학교출판사, 2001년.
② 『현대중국어 문법 체계의 구축』, 베이징어언대학교출판사, 2003년.
③ The Establishment of Modern Chinese Grammar, Amsterdam/Philadelphia: John Benjamins Publishing Company, 2002.
④ 『문법화의 원인과 기제(語法化的動因與機制)』, 베이징대학교출판사, 2006년.
⑤ 『중국어 역사에 기반한 문법화 이론(基于漢語歷史的語法化理論)』, 상하이외국어교육출판사, 2011년.

『중국어 문법 발달사』는 위에서 언급한 연구 성과들을 바탕으로 하여 새롭게 구도를 잡고 지난 3,000여 년의 중국어 발달사를 체계적으로 담아냈으며 구상 단계부터 중국어 학계뿐만 아니라 전체 지식문화계에 모두 도움이 될 수 있도록 노력하였다. 갑골문으로부터 시작하여 3,000여 년의 문자 기록 역사를 보유한 중국어는 인류 3대 문명(유럽 문명, 아랍 문명, 중화 문명)의 하나로 꼽히는 중화 문명의 5,000년 역사를 그대로 담고 있는 중화민족 지혜의 결정체이다. 이 책은 3,000여 년의 역사적인 사료들을 언어사 연구에 접목시켜 역사상 전례 없는 규모와 심도, 엄밀한 체계성을 가지고 있다고 할 수 있다.

지금까지 중국어 문법사 분야에서 이미 출판된 저서들은 주로 다음과 같은 5권이 있다.

1. 오타 타츠오(일본)의 『중국어 역사 문법(中國語歷史語法)』(베이징대학교출판사, 1987년)
2. 왕리(王力)의 『중국어 문법사(漢語語法史)』(상무인서관, 1987년)
3. 샹시(向熹)의 『간명 중국어사(簡明漢語史)』(고등교육출판사, 1992년)
4. 허러스, 양보쥔(何垎土, 楊伯峻)의 『고대중국어 문법 및 그 발전(古漢語語法及其發展)』(어문출판사, 1992년)
5. 벤자민·프리벤(캐나다)의 『중국어 역사 문법(漢語歷史文法)』

위 저서들은 모두 전통적인 기술형 저서로 시대 별로 나타난 새로운 현상에 대해 하나하나씩 고립시켜 관찰하고 설명하는 데만 그쳤다. 따라서 현대 역사언어학의 이론적 방법이 결여되었을 뿐만 아니라 역사적인 발달관과 계통관(系統關)이 부족하다. 이 『중국어 문법 발달사』는 이론적 방법 면에서 이런 부족함을 극복하여 현대의 진보적·학술적·이론적 성과를 반영하고자 하였다.

중국어 문법의 발전사를 연구하기 위해서는 유형학적 시각이 필요하다. 쉽게 말해서 인간 언어의 발전사를 배경에 두고 중국언어사를 연구해야 한다. 이렇게 하는 데는 다음과 같은 장점이 있다. 첫째, 보다 쉽게 연구 주제를 찾을 수 있다. 두 개 또는 여러 개의 언어가 어떤 면에서 같은 발전을 이루었다면 그것은 우연이 아니라 그렇게 되기까지 배후에 반드시 어떤 규칙적인 것이 작용했다고 볼 수 있기 때문이다. 그 규칙적인 것을 찾아낸다면 매우 의의 있는 발견이 될 수 있다. 일례로 중국어의 완료체 부정식 '沒有 + VP'와 일부 중국 남부 지역 방언을 포함하여 수십 가지 언어에서 '소유'의 개념을 나타내는 동사가 완료 체표지로 발전하였는데 그 배후에는 분명한 인지적 요소가 존재한다. 둘째, 여러 가능한 해석 중에서 비교적 합리적인 방안을 도출해내는 데 도움이 된다. 예를 들면 중국어 구조 조사 '底(的)'의 기원에 대하여, 원래의 조사 '之' 또는 '者'에서의 기원설, 처소사(處所詞) 용법에서의 기원설, 지시 대명사 용법에서의 기원설 등 세 가지 설이 존재한다. 중국어 내부 구조만 놓고 보면 어느 것이 더 설득력이 있는지 구분하기 어렵다. 그러나 다른 언어와 비교해 보면 바로 구분된다. 조사 '的'의 중요한 용법 중의 하나는 관형절 표지이고 많은 언어의 관형절은 모두 지시 대명사에서 비롯된 것으로 보아 마지막 관점이 가장 설득력이 있다는 것을 알 수 있다. 셋째, 연구에 보편화된 이론적 의미를 부여할 수 있다. 앞의 두 가지만으로도 연구는 단순한 자료 수집 또는 문법 현상의 형성 시기에 대한 추적을 넘어 인간 언어 발전의 보편적인 규칙을 논의하는 차원으로 승화시켜 도출해낸 이론도 기타 언어의 관련 현상을 설명하는 데 사용될 수 있다. 다시 말해서 이렇게 함으로써 중국언어사 연구에 일반 언어학의 색채를 더하게 된다는 것이다.

중국 학자들은 문법화 연구에서 타고난 장점을 가지고 있다고 해도 과언이 아니다. 문법화 연구는 새로운 문법적 형태의 발전 과정에 주목하며 특히 하나하나의 미세한 형태 변화가 어떻게 누적되어 중요한 발전을 이루는지를 다룬다. 그러나 문법화는 흔히 완만하고 점진적인 과정이다. 짧게는 수백 년, 길게는 수천 년이 걸리며 그로 인한 연쇄 반응까지 고려하면 시간은 더욱 오래 걸린다. 따라서 하나의 문법화 과정을 전면적으로 완전하게 논의하려면 장기적인 역사 자료의 축적이 필요할 뿐만 아니라 역사 자료의 연속성과 시기별 언어의 양상을 체계적으로 기록하는 것도 전제되어야 한다. 중국어는 그 어떤 언어와도 비교되지 않을 만큼 역대의 문헌 자료와 체계적으로 기록된 언어 실태 및 양호한 연속성을 확보하고 있다. 그러므로 중국 학자들은 역사 언어학 분야에서도 찬란한 중화 문화사에 걸맞는 성과를 이루어내야 한다.

중국어의 수천 년 발달사를 되짚어보면 그 발전이 절정에 이를 때와 상대적으로 평온한 시기가 교체되는 것이 한 편의 교향곡을 방불케 한다. 문법 발달사는 고립된 현상의 형성과 소실의 축적이 아니라 체계적인 발전과 변화이므로 그 어떤 변화 발전도 기본 관점에 걸맞아야 한다. 그러므로 언어 법칙의 화합성과 완벽성은 긴 역사 속에서만이 비로소 완성되어 간다. 공시적이거나 통시적인 연구로 보면 문법은 모두 하나의 유기체이다. 따라서 문법의 발전 과정을 보면 늘 하나의 작은 변화가 전체에 영향을 미치는 효과가 나타나는데 하나의 새로운 문법 수단이 형성되면

왕왕 관련 현상에 변화를 일으키고 그 과정에서 여러 문법 범주가 서로 영향을 주고 받게 된다.

언어 역사에 대한 연구는 민족적 자부심 발양에도 도움이 된다. 많은 학자들, 심지어 중국어를 연구하는 일부 전문가들까지 언어에 대한 열등감을 갖고 있다. 다른 언어에 있는 어떤 형태나 문법 표지가 중국어에 없으면 부끄러워하며 중국어를 조잡하고 논리성이 없는 언어로 여긴다. 그러나 인간 언어 발전의 규칙으로 보면 전혀 그럴 필요가 없다. 우선, 중국어의 문법 표지는 문장의 기본 어순인 SVO에 의해 결정되었다. 이런 어순을 가진 언어라면 모두 어순을 충분히 활용하여 여러 문법 범주를 표시하며 상대적으로 형태 표지가 간단하다. 반대로 SOV 언어의 형태 표지는 비교적 복잡하다. 다음, 언어 발전을 크게 보면 많은 SOV 언어는 SVO로 발전되거나 발전되어 가는 중이며 그에 따라 그들의 형태 표지 체계도 대폭 간소화되어가는 추세이다. 그러나 이런 추세가 거꾸로 가는 경우는 없다. 즉, SVO에서 SOV로 발전하여 형태가 점차 풍부해진 언어는 존재하지 않는다. 그런 이유로 일부 언어학자들은 SVO 어순으로 문장의 기본 성분을 구분하고 어순 변환을 활용하여 여러 가지 문법 범주를 표현하는 것이 최적화된 문법이라고 주장한다. 중국어가 다른 언어보다 우월하다는 것이 아니고 적어도 열등감을 가질 필요가 없다는 말이다.

이 책은 중국어 문법 발전에 관한 통사이므로 타당성과 신뢰성을 구비한 내용만 담고 학계에 존재하는 여러 가지 분쟁이나 논쟁에 대해서는 다루지 않았다. 따라서 참고 문헌이나 관련 저자를 본문에 명시하지 않았는데 이는 또한 글의 유창성이나 가독성을 높이기 위함이다. 이 책은 주로 저자가 과거에 수행한 연구 성과를 바탕으로 집필되었으며 책의 마지막에 도움을 주신 분들의 성함과 관련 문헌을 제시하였다.

중국어 발달사가 중국사와 구분되는 가장 큰 차이점은 문법의 발전과 변화의 형성 시간을 확정할 수 없다는 데 있다. 어떤 문법 현상은 어느 고전에 최초로 출현하였어도 기록의 지체성으로 인해 그 현상은 훨씬 오래전부터 이미 구어에서 존재했을 가능성이 크기 때문이다. 반대로 정치적 사건의 경우, 발생한 시간은 연, 월, 일까지, 심지어 시간까지 정확하게 기록으로 남는다. 아울러 언어 발달사에는 자체만의 특징과 논리가 존재한다. 많은 언어 발전은 수천 년의 역사를 겪었지만 왕조 교체의 영향을 받지 않았기 때문에 중국사처럼 왕조에 따라 발전 시기를 나눌 수 없다. 이 책에서는 중국어 문법 체계의 발전을 제시하기에 가장 적합한 틀을 사용하였으며 이는 고대중국어가 어떻게 현대중국어로 한 걸음씩 발전하게 되었는지를 가장 잘 보여주는 구도이기도 하다.

이 책은 저자가 여러 학자들과 협력하여 이룬 공동의 성과를 바탕으로 집필되었다. 먼저 캘리포니아대학교 UC산타바바라 캠퍼스의 리너 교수에게 감사를 전한다. 리너 교수는 저자를 이 분야로 이끌어 주셨을 뿐만 아니라 그와 함께 수행한 연구 성과는 이 책의 일부분이기도 하다. 아울러 저자와 함께 공동저자로 여러 학술 논문을 발표했던 리옌후이(李艷惠), 리충싱(李崇興), 왕퉁상(王統尚), 바이제훙(白解紅), 쉬제(徐杰), 쟝이(江軼), 쟝웨이(姜煒), 류춘후이(劉春卉) 등 학자들의 기여에 진심으로 감사를 표한다.

마지막으로 쟝시교육출판사 우밍화(吳明華) 선생에게 특별히 감사의 뜻을 전한다. 우 선생의 도움이 있었기에 이 책이 빠른 시일 내에 완료되어 여러 독자들과 만날 수 있게 되었다. 아울러 출판까지 노고를 아끼지 않으신 쟝시교육출판사의 장푸룽(張芙蓉), 완후이린(萬慧霖) 두 편집자에게도 감사를 전한다.

2015년 10월 15일
저자

『중국어 문법 발달사』는 스위즈 선생이 다년간의 연구 성과를 바탕으로 지난 3,000여 년의 중국어 발달사를 새로운 시각에서 체계적으로 논한 저서이다.

저서는 총 6편, 63개 장절로 구성되었고 중국어로 총 90만자에 달하는 방대한 연구 성과를 담았다. 매 장절에서는 하나의 문법 현상의 형성 및 발전 과정을 살펴보고 나아가 그 변화와 발전 사이에 내재하는 인과 관계를 밝혔다. 또한 새로운 문법 현상이 기존 문법 체계에 일으킨 영향에 주목하였다.

이 저서는 방대한 연구 성과물이기에 한국어 번역본은 『중국어 문법 발달사(1)』과 『중국어 문법 발달사(2)』 두 권으로 나누어 출판하고자 한다. 『중국어 문법 발달사(1)』에는 1편과 2편의 내용을 담았고, 『중국어 문법 발달사(2)』에는 3편-6편의 내용을 담았다.

저서가 문법서인 만큼 역자는 원문의 내용을 충실히 옮기고자 하였고 독자들의 이해를 돕기 위해 가급적 쉬운 표현을 사용하려고 노력하였다. 그럼에도 불구하고 번역은 역자에 따라 다양한 방식으로 표현될 수 있으므로 독자들의 더 좋은 의견과 적극적인 조언을 부탁드린다.

또한 이 저서 번역에 도움을 주신 모든 분들께 깊은 사의를 표하는 바이다.

광저우 백운산 자락의 연구실에서
역자로부터
2024년 10월

내용 요약

　이 책은 문법화 이론, 인지 언어학과 언어 유형론 등 현대 언어학 이론을 바탕으로 3,000여 년간 중국어 문법의 발전 과정을 되짚어보면서 문법 변화 원인과 원리를 파헤치고 그 과정을 체계적으로 정리 논술하였다. 또한 범시적 관점과 시각으로 중국어 문법의 역사적 발전을 유기적인 전체로 보고 시기별로 새롭게 나타난 문법 현상과 소실된 문법 현상 간의 내재적인 연관성을 논술하였다. 구성 면에서 매 하나의 작은 변화가 전체에 영향을 미치는 중국어 문법의 발전 특징을 새롭게 재구현함으로써 참신함이 돋보인다. 내용 면에서는 각 시기별 어순의 변화, 구조의 소실과 형성, 신구 표지의 교체, 문법 형식의 변화 등 중국어 문법에 나타난 중대한 변화를 중심으로 다양한 시각에서 문법의 변화를 유발한 원인과 기제를 설명하면서 음운 변화, 개념화, 문법 체계의 발달, 사용 빈도, 언어 환경, 언어 접촉 등 요소가 문법 변화 과정 및 발전에 미친 영향에 대해 논술하였다.

　중국어는 중화민족의 지혜와 슬기가 담긴 결정체이다. 중국어 문법 발달사를 체계적으로 다룬 이 저서는 학술적 가치는 물론, 민족적 자부심을 세우고 중국 문화의 영향력과 국제적 위상을 높이는 계기가 될 것으로 기대된다.

제1편

판단
의문
감탄
초점

선진(先秦) 시기 판단 표지 '也' 및 그 기능의 변천

1.1.1 머리말

선진 시기 중국어에서 허사인 '也'는 용법이 겉보기에 매우 복잡해 보이지만 사실, 그 다양한 기능은 모두 판단 용법에서 파생된 것이다. 이 장에서는 언어의 공통성 차원에서 '也'의 여러 가지 용법 사이에 있는 내재적인 연관성을 논의하고 초점, 강조, 대조 등 기타 여러 용법들이 기본적인 판단 용법으로부터 발전되었음을 논증하고자 한다. 이를 통해 선진 시기 '也'의 다양한 용법에 대한 쉽고 자연스러운 설명과 더불어 현대중국어의 부사 '也'와 고대중국어의 판단사 '也' 사이의 역사적 연원(淵源) 관계를 논의할 것이다.

문법은 상대적으로 안정적인 체계임에도 항상 완만한 발전 과정에 처해 있다. 중국어는 3천여 년의 사료를 보유하고 있기 때문에 그 기록들을 통해 문법 변화의 발전 과정을 상당 부분 관찰할 수 있다. 최초의 사료에 기록된 중국어는 이미 각양각색의 문법 표지를 보유할 만큼 고도로 발달된 언어로 되어 있기 때문에 단계적으로 문법 표지의 발전 과정을 고찰하기에는 역사적 자료가 충분하지 않은 문제점들이 있다. 그러나 상고 중국어에서도 관련 현상의 문법화 과정은 인간 언어의 발전 법칙과 일치하므로 훗날 중국어의 발전 법칙과 상당한 공통성이 존재할 것이다. 따라서 인간 언어의 공통성과 현대중국어의 발전 법칙을 바탕으로 상고 중국어의 발달

사를 재구성하고 동일 표지의 다양한 용법 사이에 내재된 논리적인 필연성을 찾아
내야 한다.

　선진 시기 중국어에서 가장 복잡한 문법 표지는 바로 '也'이다. '也'는 허사 중에
서 출현 빈도가 가장 높고 또 그것이 놓일 수 있는 문법적 위치도 가장 다양하다. 지
금까지 '也'에 대한 학계의 인식은 표면적인 현상에 대한 귀납과 기술에만 머물러
있으며 다양한 용법 사이에 연관성이 있는지 여부와 그중 어떤 용법이 핵심적인 것
인지, 왜 그렇게 많은 용법을 파생시켰는지에 대해서는 아직 밝혀진 바가 매우 적
다. 따라서 이 장에서는 다른 언어와의 관련 현상, 특히 현대중국어의 관련 용법에
비추어 '也'의 문제점들에 대해 논의하고자 한다.

1.1.2 '也'의 판단 용법 및 그 품사성

1.1.2.1 '也'의 기본 용법

　'也'자는 갑골문, 서주금문(西周金文)과 《상서(尙書)》에는 나타나지 않지만 《시
경》, 《좌전》, 《논어》와 전국 시기 이후의 문헌들에서는 빈번하게 사용되었다. 《시
경》 등 문헌들에서 '也'는 벌써 매우 복잡한 문법 표지로 나타난다. 따라서 그 기능
체계를 이해하기 위해서는 우선 핵심이 되는 용법이 어떤 것인지를 확인할 필요가
있다. 《좌전》에서 '也'의 사용은 전체 어기 조사 사용의 68%를 차지하며 문미에 위
치한 '也'의 기능별 통계는 아래와 같다.

문미 '也'의 기능별 통계

판단	1,355	46%
해석, 설명	1,089	37%
진술	155	5.3%
열거	109	3.7%
명령, 권유, 기사(청원과 사역) 등	98	3.4%
의문, 문의	69	2.4%

| 감탄 | 42 | 1.4% |
| 합계 | 2,917 | |

위의 통계에서 알 수 있듯이 '也'의 주요 기능은 판단이다. 선진 시기의 중국어에는 주어와 빈어(賓語) 사이에 사용되는 판단 동사가 없었다. 이 연구의 통계에 따르면 상고 시기 중국어의 판단문에서 문미 어기 조사 '也'를 표지로 사용한 경우는 99%를 차지했다. 'NP(者/也), NP +也'가 그 전형적인 형식이며, 주어 뒤를 따르는 '者/也'는 생략할 수 있었다.

> **예문**
>
> (1) 制, 岩邑也。(《좌전》 - 은공원년)
> (2) 余, 而所嫁妇人之父也。(《좌전》 - 선공15년)
> (3) 彼, 虎狼也。(《좌전》 - 애공6년)
> (4) 弓矢者, 器也。(《역경》 - 계사하)
> (5) 麟者, 仁兽也。(《공양전》 - 애공14년)

지금은 '也'를 어기 조사로 보는 것이 일반적이다. 이는 '也'가 문미에 주로 나타나는데 문장의 끝자리는 어기 조사의 전형적인 자리이기 때문이다. 또한 선진 시기의 판단문에는 동사 성분이 적어 명사를 직접적인 서술어로 볼 수밖에 없었다. 이는 당시의 문법 체계든 이후의 문법 체계든, 어디에 비추어 보아도 아주 특별해 보인다. 왜냐하면 예나 지금이나 중국어에서 명사는 보통 직접 서술어가 될 수 없기 때문이다. 그렇다고 '也'를 동사로 보는 것도 풀어야 할 문제로 되고 있다. 이를테면 주어와 빈어 사이에 들어가는 다른 동사들의 용법과 달리 왜 '也'는 판단문에서 빈어 뒤에 놓일 수밖에 없는가하는 것이다. 아래에서 '也'의 분포와 그 문법적 특징 등의 문제들을 설명해 보고자 한다.

'也'와 일반 동사 사이에는 공통성이 존재하는데 그 공통성은 '也'가 다른 어기 조사와 함께 사용될 때 어순에서 나타난다. 선진 시기의 대표적인 문헌을 대상으로 여러 어기 조사가 공용된 경우의 통계 결과에 따르면 두 어기 조사가 같이 사용된 경우로 총 18가지 조합이 있으며, 그중에서 '也'가 들어가는 조합은 '也已', '也矣', '也乎', '也与', '也邪', '也哉', '也夫' 등 7개이고 모두 첫 번째 성분으로 사용되었다. 세 개 어기 조사가 같이 사용된 경우는 총 5가지 조합이 있으며 그중 '也'가 들어가는 조합은 '也已矣', '也乎哉', '也与哉' 등 3개이고 모두 첫 번째 성분으로 사용되었다.

> **예문**
>
> (6) 君子至止, 锦衣狐裘, 颜如渥丹, 其君也哉! 《시경》- 종남)
>
> (7) 曰: "行乎?" 曰: "吾罪也乎哉?" 《좌전》- 양공25년)
>
> (8) 可谓好学也已矣。 《논어》- 자장)
>
> (9) 泰伯其可谓至德也已矣! 三以天下让, 民无得而称焉。 《논어》- 태백)
>
> (10) 此亦妄人也已矣。 《맹자》- 이루하)

이른바 '복합 어기 조사'에서 '也'는 첫 번째 성분으로만 사용되었으며 이는 '也'의 품사성이 일반 어기 조사와는 어느 정도 차이가 난다는 것을 의미한다. 위의 예와 같이 특히 그 뒤에는 상태의 변화를 표시하는 어기 조사 '矣'와 완료를 나타내는 어기 조사 '已'가 같이 쓰일 수 있으며, 이들은 동사와 결합이 잦은 어기 조사들이다. 따라서 '也'도 일반 어기 조사와 달리 동사의 특성을 갖고 있는 것으로 볼 수 있다. 아래 예문은 '矣'의 앞에 오는 대표적인 성분이 동사임을 보여준다.

> **예문**
>
> (11) 鸡既鸣矣。 《시경》- 계명)
>
> (12) 公定, 予往矣。 《상서》- 낙고)

그러므로 '也'를 동사성을 보존한 어기 조사로 보는 것이 비교적 타당한 추리이다. 즉, 원래 판단 동사였던 '也'가 어기 조사와 유사한 성분으로 문법화되어 현존하는 초기 문헌에 남은 것으로 설명할 수 있다. 동사에서 어기 조사로 발전하는 것은 상고 시기 중국어에서 자주 나타나는 현상이었다. 예를 들어 어기 조사 '已'도 원래는 동사로서 다른 성분의 도움 없이 독립적으로 문장의 서술어가 될 수 있었다.

(13) 嗟! 予子行役, 夙夜无已。《시경》- 척호)

(14) 明明天子, 令闻不已。《시경》- 강한)

그러나 여전히 설명하기 어려운 부분은 판단문에서 '也'는 왜 빈어 뒤에만 나타나는지이다. 선사 시기 중국어도 이후의 언어와 마찬가지로 여러 가지 문법 발달 과정을 거쳤을 것이다. 다만 역사적 자료가 부족하여 당시의 자세한 발달 과정을 명확하게 밝히기는 어려우나 다른 언어의 관련 현상으로부터 합리적인 해석을 도출할 수 있다. 판단사는 어떤 언어에서든지 사용 빈도가 매우 높은 기본 어휘이기 때문에 이에 따르는 문법화가 쉽게 일어난다. 따라서 일부 언어에서 발음이 약화되어 부착 성분 또는 접사로 발전된 경우가 있다. 예를 들면 폴란드어에서 판단사는 이미 접사화되어 강세가 붙는 동사의 어근 뒤에 부착된 상태로만 나타난다. 이에 근거하면 선진 시기의 '也'도 동사에서 부착 성분(어기 조사)으로 발전되면서 독립적 성분의 기능을 잃고 판단문의 빈어(강세) 뒤에 부착되어 사용될 수밖에 없었을 것이라는 가설을 도출해낼 수 있다.

1.1.2.2 판단사의 기능 확장

판단사는 그 어떤 언어에서든지 모두 가장 활발한 성분으로 꼽히며 대개는 다양한 관련 기능으로 발전한다. 이런 발전 방식은 선진 시기의 다양한 '也'의 용법을 설명하는 데 도움이 된다. 범언어적 차원에서 보면 판단사의 아래와 같은 기능 파생은 인간 언어의 공통성이다.

판단사 → 초점, 의무, 조건, 순번, 예방성 등

인간 언어의 공통성을 기반으로 요약한 판단사의 3단계 발전 과정은 다음과 같다.

1단계: 판단사는 초점을 나타내는 분열문에서 'NP/PP + 판단사 + 종속절'의 구조로 자주 사용된다. 주로 새롭게 확정된 NP/PP가 가리키는 정보를 강조하는 구조이며 여기에서 종속절은 배경 정보를 표시한다.

2단계: 그 속에서 판단사는 초점 표지로 진일보 문법화되고, 아울러 의문 대명사를 강조하기 위한 구조로도 자주 사용된다.

3단계: 초점 구조에 기능적 전이가 발생하고, 의문 대명사는 반드시 초점 표지로 표시되어야 한다. 여러 언어에서 나타난 공통성을 바탕으로 판단사의 범언어적 연결 고리를 아래와 같이 구축할 수 있다.

판단사 → 초점 표지 → 강조 표지 → 대조 표지

판단사 '是'를 예로 들어 보자. '是'는 선진 시기 말기에 나타나 쓰이기 시작하여 남북조 시기에 와서 발전 성숙하여 현대중국어에 이르러서는 이미 풍부하고 다채로운 기능을 형성하였다. 구체적으로 아래와 같은 네 가지로 요약할 수 있다.

가. 판단사

예를 들면 "我是老师"이다.

나. 초점 표지

'是'는 바로 뒤따르는 성분만을 초점화하며 일반적으로 서술어 앞의 명사나 개사구는 모두 초점화할 수 있다.

(15) 是小王昨天在门口用钳子把自行车修好了。 - 동작의 주체에 초점을 둠

小王是昨天在门口用钳子把自行车修好了。 - 시간에 초점을 둠

小王昨天是在门口用钳子把自行车修好了。 - 장소에 초점을 둠

小王昨天在门口是用钳子把自行车修好了。 - 도구에 초점을 둠

小王昨天在门口用钳子是把自行车修好了。 - 피동작주에 초점을 둠

가장 주목해야 할 점은 빈어의 초점화 방식이다. 동사와 빈어 사이에는 '是'가 들어가지 못하므로 빈어 명사는 직접 초점화할 수 없고 문장의 구조를 바꾸어야만 초점화가 가능하다. 그 구체적인 방법을 보면 '的'를 사용하여 먼저 빈어 앞의 주술 구조를 종속절로 전환하고 그런 다음 빈어 앞에 '是'를 붙이어 빈어를 초점화하는 방식이다. 즉, NP$_1$ + V + NP$_2$ →(NP$_1$ + V + 的)+ 是 + NP$_2$이다.

(16) 我们看到了一只兔子。→ 我们看到的是一只兔子。

他们早上喝了牛奶。→ 他们早上喝的是牛奶。

다. 강조 표지

동사 또는 형용사 성분 앞의 '是'는 보통 강조의 역할을 한다. 함께 쓰이는 단어에 따라 강조되는 내용도 다르다. 뒤에 동사구가 오는 경우는 일반적으로 발생한 사실의 진실성을 강조하고, 형용사구가 오는 경우는 성질의 정도를 강조한다.

(17) 她昨天是没来。

她是聪明。

妈妈是要问这件事的。

他是会来帮助我们的。

这个园林的面貌是会有变化的。

主编的工作是要担责任的。

라. 대조 표지

대조 표지가 되는 '是'는 보통 단문으로 구성된 담화 구조와 연관된다. 현대중국어에서 '是'는 다양한 대조 상황에서 사용된다. 대조란 둘 또는 그 이상의 서로 상반, 상관되거나 상이한 사물, 성상(性狀), 사건을 대조적으로 연결시키는 것을 말한다. 그 추상적 형식은 아래와 같으며 여기서 S는 단문이다.

$$S_1(是) , S_2(是)$$

대조는 두 개 또는 그 이상의 단문으로 구성되며 주로 아래와 같은 몇 가지 경우가 있다.

a. 긍정과 부정의 대조

선행 단문과 후행 단문은 보통 '是'와 '不是'로 연결된다.

예문

(18) 我们可不是为了那俩钱, 我们就是为了主持正义。

她主要是心灵上的伤害而不是经济上的。

b. 상이한 두 성질의 대조

한 단문에만 '是'를 사용하고 다른 한 단문은 일반 진술문 형태이다.

예문

(19) 噢, 她没出事儿, 我们是想采访她。

其实, 我倒不是害怕, 我是觉得这事有点儿怪。

c. 선택의 형식.

'是'와 '还是'로 두 단문을 연결하여 선택의 관계를 형성하며 일반적으로 선택 의문을 나타낸다.

예문

(20) 是花在男人身上……当然是自个男人, 还是光花在自个身上?

不怕, 你说怎么着吧? 是来硬的还是来软的?

d. 가설, 양보, 조건 등 문장의 대조

이런 복문에서 '是'는 가설, 양보, 조건 등을 나타내는 단문을 끌어들여 뒤따르는 관련 상황과 대조를 이루게 한다.

예문

(21) 要不是我这人坚强, 不信邪, 怕也要步她后尘了。

就是跟女同志接触多点儿, 也不能乱猜疑人家呀!

我看咱们还是先端正一下自己的思想吧, 不然怎么能引导群众走正路?

可戈玲, 我不忍, 还是让她当温室里的花朵吧。

1.1.3 초점 표지 '也'

위의 분석을 통해 '也'의 기본 용법이 판단이라는 점을 확인하였으며, 판단사가 다른 기능으로 파생하는 언어의 공통성에 대해서도 논의하였다. 현대중국어를 비롯한 여러 언어의 용례들에서도 판단사는 흔히 초점 표지로 발전하게 된다는 것을 알 수 있다. 선진 시기 중국어의 '也'도 예외가 아니다. 많은 경우에 '也'도 앞의 성분을 문장의 신정보가 되도록 초점화하는 역할을 수행했다. '也'의 문법적 분포도 현대중국어의 '是'와 일치성을 보인다. '也'는 판단문에서 빈어 뒤에서만 나타나기 때문에 초점 표지가 될 때에도 초점화 대상 성분의 뒤에 놓여야 한다. 이는 지금의 '是'가 판단문에서 빈어의 앞에 오기 때문에 초점 표지가 될 때도 초점화 대상 성분의 앞에 놓이는 것과 일맥상통하다.

'也'의 초점화 용법은 문미에만 한정되는 것이 아니라 문장의 여러 위치에서 나타날 수 있다. 문장에서 '也'의 앞에 오는 성분은 모두 분리성(離散性) 사물을 지시하는 명사구나 개사구인데 이런 성분만이 초점화가 가능하다는 점에서 시사하는 바가 크다. '也'는 문장에서 동사, 형용사, 부사 등 초점화할 수 없는 연속성(連續性) 어휘의 뒤에 나타날 수 없기 때문이다. 따라서 이는 '也'가 문장에서 초점 표지라는 점을 설명해주는 하나의 근거가 된다.

'也'는 선진 시기 중국어에서 명사성 성분의 뒤에 오면 대개 문장의 초점 표지였다. 문장에서 '也'가 어떤 용법으로 사용되었는지는 아직 확실하지 않다. 그러나 대부분의 현존 언어학 사전이나 논술들에서는 모두 '휴지'를 표시하는 것으로 설명하고 있으며, 이는 문장에서 '也'가 실질적인 의미 기능을 가지지 않음을 뜻한다. '也'가 최초로 등장한 문헌은 《시경》인데 아래는 '也'가 '휴지'로 사용된 《시경》의 예문들이다.

> **예문**
>
> (22) 不我以, 其后也悔。(《시경》 - 강유사)
> (23) 母也天只! 不諒人只!(《시경》 - 백주)
> (24) 女也不爽, 士貳其行。(《시경》 - 맹)
> (25) 允矣君子, 展也大成。(《시경》 - 거공)

(26) 允也天子, 降予卿士。(《시경》 - 장발)

일부 문장에서 '也'의 뒤에 휴지를 둘 수 있기는 하나 이는 표면적인 현상에 불과하여 휴지의 기능이 무엇인지에 대해서도 해석이 필요하다. 실제로 '也'는 명사성 성분의 뒤에 오면 대개 문장의 초점 표지가 된다.

다만 '也'가 문장 첫머리의 명사 뒤에 자주 나타나기 때문에 일부 학자들은 '也'를 화제 표지라고 주장한다.

(27) 吾执臂也若槁木之枝。(《장자》 - 달생)
(28) 其行己也恭, 其事上也敬。(《논어》 - 공야장)
(29) 三代之得天下也以仁。(《맹자》 - 이루상)

화제의 의미적 특징은 교제 양측이 서로 공유하고 있는 구정보이지만 위의 예문에서 '也'의 앞에 놓인 성분은 이 특징에 부합되지 않는다.

선진 시기 중국어의 대표적인 화제 구조는 피동작주 명사를 동사의 뒤에서 앞으로 옮기고 원래의 위치에 대명사 '之'를 써서 재귀하는 것인데 이런 화제 성분은 '也'를 표지로 사용할 수 없다.

(30) 夏礼, 吾能言之, 杞不足征也; 殷礼, 吾能言之, 宋不足征也。
　　　(《논어》 - 팔일)

위의 예문에서 '夏礼'와 '殷礼'는 모두 전형적인 화제 성분이며, 당시 같은 구조의 화제 성분은 모두 '也'를 표지로 사용하지 않았다.

화제는 이미 알고 있는 구정보이고 초점은 신정보이므로 화제와 초점은 서로 대립되는 의미적 특징을 가진다. 문장 첫머리 명사 뒤의 '也' 중에서 일부는 초점 표지이고 일부는 대조 표지이다. '也'의 초점 용법에는 주로 아래와 같은 7가지 구조가 있다.

가. VP + 者, NP + 也

분열 구조에서 판단사로 바로 옆의 명사를 초점화하고 종속절로 배경 정보를 표시하는 것이 인간 언어의 보편적인 법칙이라고 앞에서 언급한 바 있다. 그런 '也'의 용법은 선진 시기 중국어에서도 찾아볼 수 있으며 이때 문장을 종속절로 전환하는 것이 바로 '者'의 역할이다.

> **예문**
>
> (31) 能补过者, 君子也。(《좌전》 – 소공7년)
>
> (32) 故为渊驱鱼者, 獭也; 为丛驱爵者, 鹯也; 为汤武殴民者, 桀与纣也。
> (《맹자》 – 이루상)
>
> (33) 嫂溺援之以手者, 权也。(《맹자》 – 이루상)
>
> (34) 穷发之北有冥海者, 天池也。(《장자》 – 소요유)

'也'가 초점화할 수 있는 성분에는 다른 것들도 있다. 아래 예문에서 초점화한 성분은 서수사(序數詞), 자자구(者字短語) 그리고 부정 부사이다.

> **예문**
>
> (35) 生而知之者, 上也; 学而知之者, 次也; 困而学之, 又其次也。
> (《논어》 – 위령공)
>
> (36) 以大事小者, 乐天者也 ; 以小事大者, 畏天者也。(《맹자》 – 양혜왕하)
>
> (37) 不得而非其上者, 非也 ; 为民上而不与民同乐者, 亦非也。
> (《맹자》 – 양혜왕하)

종속절은 '者'가 없이 무표지인 경우도 있다.

(38) 其左善射, 其右有辞, 君子也。(《좌전》- 선공12년)

또한 초점 성분인 'NP + 也'가 문장의 첫머리에 오는 경우 뒤에 오는 종속절에는 '者'가 필요 없다.

(39) 是鸟也, 海运则将徙于南冥。(《장자》- 소요유)
(40) 之人也, 物莫之伤。(《장자》- 소요유)

위의 두 예문은 "海运则将徙于南冥者, 是鸟也"와 "物莫之伤者, 之人也"로도 쓰일 수 있다. 여기서 어순을 도치해야 하는 이유는 고정 표지 '是'와 '之'를 관형어로 두어 강조를 표시한 것과 무관하지 않다.

다른 언어와 마찬가지로 의문 대명사를 강조하려면 위의 구조를 활용할 수 있다. 그것은 의문 대명사가 본래 문장의 초점을 나타내는 특징을 가지고 있기 때문이다. 선진 시기의 고전을 대상으로 조사한 데 따르면 의문 대명사 중에서 사용 빈도가 가장 높은 '谁'와 '何'만이 '也'와 결합되며 문미에만 한정되어 나타났다. '谁'와 '何'는 원래 문장에서 여러 가지 성분이 될 수 있고 '也'도 그 위치가 문장의 끝자리로 제한되는 것은 아니다. 따라서 '谁也'와 '何也'가 문미에만 나타나는 현상은 앞에서 언급한 선진 시기 분열식 초점 구조의 제약 때문인 것으로 풀이할 수 있다. 아래 관련 용례를 살펴보자.

(41) 南冠而絷者, 谁也? (《좌전》- 성공9년)

여기서 '……者, 何也'는 초점화 형식으로 고정되었다는 점을 주목해야 한다. 이런 형식에서는 "甥者何也"(《의례》- 상복)처럼 단일 명사도 '者'의 앞 성분으로 될 수 있다.

'何'는 빈어일 때, 반드시 전치(前置)되어야 하지만 '也'를 표지로 두면 오히려 전치될 수 없는 것이 선진 시기 중국어의 엄격한 문법 규칙의 하나였다.

예문

의문 대명사 전치와 '也'는 모두 초점화를 위한 수단이다. 이들은 모두 같은 기능을 하기 때문에 동시에 사용할 필요가 없다. 따라서 선진 시기 중국어가 다른 언어와 달리 왜 의문 대명사에 '也'라는 초점 표지가 필요 없는지도 설명된다. 당시 문법 체계에는 위치 이동으로 초점을 표시하는 수단이 존재했기 때문이다.

나. AP + 哉(矣), X + 也

이 구조는 보통 성상이 강한 정도를 강조하는 감탄구로 쓰인다. X는 명사, 동사, 주술구 등으로 될 수 있으며 '也'는 X를 초점화한다. 이런 구조는 보통 도치문으로 여겨지며 선진 시기 중국어의 문법 체계에서 보면 초점 형식의 일종인 것 같다. 이렇게 되면 NP 뒤에 왜 반드시 '也'가 있어야 하는지가 설명된다. '也'가 없으면 일반적으로 도치가 일어날 수 없기 때문이다. 즉, 당시 "贤哉! 回"와 같은 문장은 존재하지 않았다.

(48) 美哉, 沨沨乎! 大风也哉! (《좌전》 - 양공29년)

(49) 贤哉! 回也。(《논어》 - 옹야)

(50) 甚矣, 吾衰也! (《논어》 - 술이)

(51) 惜乎! 夫子之说君子也! (《논어》 - 자한)

(52) 有是哉! 子之迂也! (《논어》 - 자로)

(53) 野哉由也! (《논어》 - 자로)

(54) 善哉问也! (《맹자》 - 양혜왕하)

다. 종속절 + 也, VP/AP

여기서 종속절은 일반적인 절의 형식이 될 수도 있고 '之'에 의해 명사화된 주술 구가 될 수도 있다. '也'의 이런 용법은 문장에서 가장 많은 비중을 차지하고 있는데《좌전》에 총 439회 사용되었으며, 이는 이 용법 전체의 64%를 차지하는 것으로 나타났다.

(55) 其不失国也宜哉! (《좌전》 - 애공6년)

(56) 子产之从政也, 择能而使之。(《좌전》 - 양공21년)

(57) 有君子之道四焉: 其行己也恭, 其事上也敬, 其养民也惠, 其使民也义。
(《논어》 - 공야장)

(58) 赤之适齐也, 乘肥马, 衣轻裘。(《논어》 - 옹야)

(59) 其言之不怍, 则为之也难。(《논어》 - 헌문)

(60) 其视下也, 亦若是则已矣。(《장자》 - 소요유)

(61) 汤之问棘也是已。(《장자》 - 소요유)

(62) 寡人之于国也, 尽心焉耳矣。(《맹자》 - 양혜왕상)

위의 구조에서 종속절은 확정적인 사건을 표현하고 '也'는 그 사건을 초점화하며 '也'의 뒤에는 대부분 그 사건의 성상을 설명하는 성분이 따른다.

라. S + 也 + VP

현대중국어의 초점 표지 '是'는 주어를 초점화할 수 있으며 어떤 행위를 하거나 어떤 성상을 지닌 것이 그 사람 또는 사물이라는 점을 강조한다. 예를 들면 "是小王昨天在教室里捡了一个钱包"가 강조한 것은 행위의 주체가 샤오왕이지 다른 사람이 아니라는 점이다. 비슷하게 선진 시기의 '也'도 주어의 뒤에서 주어를 자주 초점화하였으며 대개는 대조의 문맥에서 사용되었다. 그리고 주어가 때로는 '唯' 등 강조 표지를 갖고 있는 경우도 있었다.

> **예문**
>
> (63) 唯佐也能免我。(《좌전》- 양공26년)
>
> (64) 椒也知政, 乃速行矣, 无及于难。(《좌전》- 선공4년)
>
> (65) 柴也其来, 由也死矣。(《좌전》- 애공15년)
>
> (66) 蔑也今而后知吾子之信可事也。(《좌전》- 양공31년)
>
> (67) 孤也与其二三臣不能禁止, 不敢不告。(《좌전》- 양공8년)
>
> (68) 丘也幸, 苟有过, 人必知之。(《논어》- 술이)
>
> (69) 一箪食, 一瓢饮, 在陋巷。人不堪其忧, 回也不改其乐。(《논어》- 옹야)

문맥에 따르면 여기서 '也'는 초점화 기능을 하며 그 앞의 성분은 반드시 이미 확정된 새로운 정보여야 한다. 《논어》 중의 예문을 보면 '回'에 대응되는 일반 명사 '人'에는 '也'를 붙일 수 없다. 즉, 초점화가 가능한 성분은 일반적으로 명확한 개체라는 것을 알 수 있다.

주어가 일반 명사인 경우 대개는 '是', '此', '其' 등 대명사를 명사 앞에 관형어로 두고 '也'와 함께 사용함으로써 어떠한 구체적인 성분을 초점으로 지정하였다.

(70) 是夫也将不唯卫国之败, 其必始于未亡人。(《좌전》- 성공14년)

(71) 此子也才, 吾受子之赐; 不才, 吾唯子之怨。(《좌전》- 문공7년)

(72) 自桓以下娶于齐, 此礼也则有; 若以妾为夫人, 则固无其礼也。

　　 (《좌전》- 애공24년)

마. 겸어 등 기타 성분을 초점화하는 경우

　선진 시기 중국어의 초점 표지 '也'는 현대중국어의 '是'보다 사용 범위가 넓었다. '也'는 직접 겸어의 뒤에서 겸어를 초점화할 수 있었지만 '是'는 아니다. 예를 들면 "*我让是他搬走了桌子"는 비문이다. 상고 시기 중국어의 '也'는 문법화 정도가 더 높은 문법 표지였기 때문에 문장의 구조를 변화시키지 않으면서 접사의 형태로 겸어의 뒤에 쓰인 반면에, 현대중국어의 '是'는 상대적으로 강한 동사성을 보존하여 동사와 빈어 사이에 쓰이면 규범적이지 않은 구조를 이루므로 동사 뒤의 겸어를 직접 초점화할 수 없다는 것이 합리적인 해석일 것이다. 아래는 '也'로 겸어를 초점화한 용례들이다.

(73) 舒而脱脱兮, 无感我帨兮, 无使尨也吠。(《시경》- 야유사)

(74) 不知我者, 谓我士也骄。(《시경》- 원유도)

(75) 乌呼! 天祸卫国也夫! 吾不获鱄也使主社稷。(《좌전》- 성공14년)

(76) 吾子其奉许叔以抚柔此民也, 吾将使获也佐吾子。(《좌전》- 은공11년)

(77) 即之也温, 听其言也厉。(《논어》- 자장)

　같은 원리로 '也'는 쌍빈 구조(雙賓結構)의 간접 빈어도 초점화할 수 있다.

(78) 吾与戊也县, 人其以我为党乎? (《좌전》- 소공28년)

바. 개사구를 초점화하는 경우

먼저 현대중국어의 '是'를 보자. '是'는 목적, 비동작주, 원인, 장소 등 개사구를 초점화할 수 있으며, 앞에는 주로 주술구가 온다.

(79) 谴责陈世美是为了他们重归于好。 - 목적에 초점

我带来就是给你听的。 - 피동작주에 초점

他对我冷是出于热的渴望。 - 원인에 초점

请我吃的全是城里有名的大饭庄。 - 장소에 초점

이와 마찬가지로 선진 시기 중국어에서 '也'는 문미의 개사구를 초점화할 수 있었다.

(80) 及文子卒, 卫侯始恶于公叔戊, 以其富也。(《좌전》- 정공13년)

(81) 城小穀, 为管仲也。(《좌전》- 장공32년)

(82) 郑灭许, 因楚败也。(《좌전》- 정공6년)

또한 '也'는 문장 가운데의 개사구도 초점화할 수 있었다.

(83) 先君以是舞也, 习戒备也。(《좌전》- 장공28년)

(84) 于是行也, 足以为国基矣。(《좌전》- 소공13년)

(85) 因其凶也而攻之。(《좌전》- 희공28년)

(86) 事未可知, 反, 与壬也处。(《좌전》- 애공6년)

사. 시간사를 초점화하는 경우

문장 첫머리의 시간 명사는 흔히 '也'가 붙어서 문장의 초점이 되는데 해당 시간
에 어떤 사건이 발생했음을 강조하여 나타낸다.

예문

(87) 古也有志: "克己复礼, 仁也。" 信善也! (《좌전》- 소공12년)

(88) 今也得栾孺子何如? (《좌전》- 양공23년)

(89) 是岁也, 郑驷偃卒。(《좌전》- 소공19년)

(90) 此役也, 报栎之败也。(《좌전》- 양공14년)

(91) 此行也, 晋师必败。(《좌전》- 선공12년)

(92) 今也, 制民之产, 仰不足以事父母, 俯不足以畜妻子, 乐岁终身苦。

　　 (《맹자》- 양혜왕상)

시간을 나타내는 정보는 하나의 절로도 표현될 수 있는바 어떤 사건이 일어날
때, 다른 상황이 발생했다는 것을 의미한다. 이때에도 흔히 '也'로 표시한다.

예문

(93) 昔者文王之治岐也, 耕者九一。(《맹자》- 양혜왕하)

(94) 比其反也, 则冻馁其妻子, 则如之何? (《맹자》- 양혜왕하)

1.1.4 강조 표지 '也'

앞에서 소개한 인간 언어의 공통성에 근거하면 초점 표지는 강조 표지로 발전하는 경향이 있다. 현대중국어의 '是'도 그렇다. 동사성 성분 앞에서는 행위의 동작이 확실히 발생했음을 강조하고 형용사 앞에서는 성상의 정도가 매우 강함을 강조한다. 이와 마찬가지로 선진 시기 '也'도 초점 표지에서 강조 표지로 발전하였다. 그러나 아직도 이에 대한 학계의 인식이 부족하여 서로 모순되는 해석이 나올 때가 많다. 예를 들면 많은 문법 저서와 교재에서는 '也'가 진술, 의문, 문의, 설명, 감탄 등을 나타낸다고 설명하고 있는데 사실 서로 대립되는 기능인 '진술과 의문', '문의와 설명'이 어떻게 하나의 문법 표지로 표시되는지, 여기서 '也'는 진술문에서 서술 어조를, 의문문에서 의문의 어조를 강조하는 '강조'의 기능 하나만을 갖고 있다는 것이 가장 쉬운 해석이 될 것이다. 아래 용례를 통해 각각 살펴보자.

가. '也'는 동사 서술문의 뒤에서 사건이 확실히 발생했음을 강조한다.

> **예문**
>
> (95) 子恶闻之, 遂自杀也。(《좌전》- 소공27년)
>
> (96) 从我于陈蔡者, 皆不及门也。(《논어》- 선진)
>
> (97) 斯人也而有斯疾也!(《논어》- 옹야)
>
> (98) 子曰: "然, 有是言也。"(《논어》- 양화)

나. '也'는 형용사 서술문 뒤에서 성상의 정도가 매우 강함을 강조한다.

> **예문**
>
> (99) 颖考叔, 纯孝也!(《좌전》- 은공원년)
>
> (100) 曩者志入而已, 今则怯也。(《좌전》- 양공24년)
>
> (101) 始作, 翕如也。从之, 纯如也, 皦如也, 绎如也。(《논어》- 위정)

다. '也'는 양태 동사가 들어가는 서술어로 구성된 문장 뒤에서 가능성의 크기
를 강조한다.

예문

(102) 我心匪石, 不可转也。我心匪席, 不可卷也。(《시경》 - 백주)

(103) 墙有茨, 不可埽也; 中冓之言, 不可道也。(《시경》 - 장유자)

(104) 父母之言, 亦可畏也。(《시경》 - 장중자)

라. '也'는 부정문의 뒤에서 문장의 부정을 강조한다.

예문

(105) 小惠未偏, 民弗从也。(《좌전》 - 장공10년)

(106) 求非我徒也, 小子鸣鼓而攻之, 可也。(《맹자》 - 이루상)

마. '也'는 의문문 뒤에서 의문의 어조를 강조한다.

예문

(107) 胡然而天也? 胡然而地也? (《시경》 - 군자해로)

(108) 何多日也? 何其处也? (《시경》 - 모구)

바. '也'는 기사문(祈使句) 뒤에서 강한 기사의 어조를 나타낸다.

예문

(109) 行也! 怀与安, 实败名。(《좌전》 - 희공23년)

(110) 君其往也! 苟有寡君, 在楚犹在晋也。(《좌전》 - 소공3년)

(111) 勿欺也, 而犯之。(《논어》 - 헌문)

주의할 점은 강조 표지인 '也'는 공통점이 하나 있는데 '也'가 빠져도 남은 문장이 문법에 어긋나지 않고 다만 강조의 강약에 변화가 발생할 뿐 원래의 어조가 유지된다는 것이다. 반면에 판단 표지로 사용된 '也'는 문장에서 빠지면 남은 문장이 문법에 어긋나기 때문에 빠져서는 안되는 성분이다.

1.1.5 대조 표지 '也'

현대중국어의 '是'도 인접한 여러 문장의 특정 성분 간의 대조를 통해 어떤 정보를 두드러지게 표시하는 대조 표지로 발전하였다. 대조와 초점은 매우 밀접한 관계를 가진다. 대조는 여러 문장 간에서 어느 한 성분을, 초점은 한 문장 내에서 특정 성분을 두드러지게 나타내는 것이 둘 사이의 차이점이다. 선진 시기의 '也'도 대조 표지로 자주 사용되었다.

지금까지 '也'에 대한 학계의 고찰은 하나의 문장 내에 한하여 진행되었기 때문에 '也'의 대조 용법에 대한 인식이 아직 부족한 것이 사실이다. 아래에 유형에 따라 살펴보고자 한다.

가. 주어 대조

구조가 같으며 의미가 비슷하거나 관련성이 있는 서술어를 가진 서로 맞댄 문장들에서 각각의 주어 뒤에 '也'가 표지로 붙는다. 이런 용법은 선진 시기 중국어에서 매우 보편적인 현상이었다.

> **예문**
>
> (112) 女也不爽, 士贰其行; 士也罔极, 二三其德。《시경》- 맹)
>
> (113) 君子之过也, 如日月之食焉。过也人皆见之, 更也人皆仰之。
>
> 　　　　《논어》- 자장)
>
> (114) 君子谋道不谋食。耕也馁在其中矣, 学也禄在其中矣。
>
> 　　　　《논어》- 위령공)

(115) 其生也荣, 其死也哀。如之何其可及也? (《논어》 - 자장)

(116) 柴也愚, 参也鲁, 师也辟, 由也喭。(《논어》 - 선진)

(117) 中也养不中, 才也养不才。故人乐有贤父兄也。(《맹자》 - 이루하)

나. 서술어 대조

주어가 같고 서술어가 다른 서로 맞댄 문장들에서 '也'는 보통 주어를 표시한다.

예문

(118) 不我以, 其后也悔 。江有渚, 之子归, 不我与。不我与, 其后也处。(《시경》 - 강유사)

(119) 好仁不好学, 其蔽也愚; 好知不学, 其蔽也荡; 好信不好学, 其蔽也贼; 好直不好学, 其蔽也绞; 好勇不好学, 其蔽也乱; 好刚不好学, 其蔽也狂。(《논어》 - 양화)

다. 빈어 대조

'也'는 판단문에서도 빈어의 대조를 나타내는 용도로 사용된다.

예문

(120) 以大事小者, 乐天者也; 以小事大者, 畏天者也。(《맹자》 - 양혜왕하)

(121) 以笃周祜, 以对于天下, 此文王之勇也; 一人衡行于天下, 武王耻之, 此武王之勇也。(《맹자》 - 양혜왕하)

(122) 何事非君? 何使非民? 治亦进, 乱亦进, 伊尹也; 可以仕则仕, 可以止则止, 可以久则久, 可以速则速, 孔子也。(《맹자》 - 공손추상)

라. 시제의 대조

가장 보편적인 것은 과거와 현재 간의 대조이다. 일반적으로 '也'는 현재를 나타내는 시간사만 표시하거나 과거와 현재를 함께 표시한다. 그러나 과거만을 표시하는 경우는 없다.

예문

(123) 于我乎每食四簋, 今也每食不饱。(《시경》 - 권여)

(124) 古者民有三疾, 今也或是之亡也。(《논어》 - 양화)

(125) 向也不怒而今也怒。(《장자》 - 산목)

과거와 현재의 두 가지 상황의 대조를 나타낼 수도 있다.

예문

(126) 始吾于人也, 听其言而信其行; 今吾于人也, 听其言而观其行。

　　　(《논어》 - 공야장)

마. 두 사건의 대조

보통 긍정과 부정을 대조하는 것으로 '不是…… 而是……'에 해당한다. 앞뒤 두 문장을 모두 '也'로 표시한다.

예문

(127) 匪报也, 永以为好也。(《시경》 - 목과)

(128) 不为也, 非不能也。(《맹자》 - 양혜왕상)

(129) 非我也, 岁也。(《맹자》 - 양혜왕상)

(130) 所谓故国者, 非谓有乔木之谓也, 有世臣之谓也。(《맹자》 - 양혜왕상)

(131) 以力服人者, 非心服也, 力不赡也。(《맹자》 - 공손추상)

바. 가설과 현실의 대조

'也'는 어떤 상황이 발생하면 어떤 결과가 나타날 것이라는 가설의 의미를 나타내기도 한다. 이는 가설과 현실의 대조로 볼 수 있다. 현대중국어에도 '是'가 '要是', '如果是'처럼 복합 접속사를 구성하여 가설을 나타내는 용법이 있다. 아래는 가설을 나타내는 '也'의 용례들이다.

> **예문**
>
> (132) 无死! 南孺子之子, 男也, 則以告而立之 ; 女也, 則非也可矣。
>
> 《좌전》 – 애공3년）
>
> (133) 必也临事而惧, 好谋而成者也。《논어》 – 술이）
>
> (134) 听讼, 吾犹人也。必也, 使无讼乎? 《논어》 – 안연）
>
> (135) 必也正名乎? 《논어》 – 자로）

1.1.6 '也'가 '是'로의 역사적인 대체

'也'의 위 여러 용법들은 남북조 시기에 점차 약화되다가 나중에는 완전히 소실되었다. 이런 '也'의 역사적 귀착이야말로 가장 설명이 필요한 문법 현상이라고 할 수 있다.

여기서 두 가지 문제를 도출할 수 있는데 하나는 사용 빈도가 가장 높고 기능이 매우 다양한 문법 표지인 '也'가 무엇 때문에 소실되었는가 하는 것이고, 다른 하나는 나중에 출현한 부사 '也'와 선진 시기의 '也' 사이에 연관성이 존재하는가 하는 것이다.

'也'와 '是' 간에는 분명 역사적으로 상관 관계가 이루어져 왔다. 판단사 '是'는 선진 시기에 쓰이기 시작하여 남북조 시기에 안정 발전되었다. 그런데 어기 조사 '也'의 기능이 소실된 때가 바로 판단사 '是'가 안정적으로 자리를 잡던 시기였다. 또한 이 두 역사적 사건의 시간적 겹침은 이 장의 분석에 중요한 근거를 제시하고 있다. 선진 시기 '也'의 기본 기능은 판단을 나타내는 것이고 그로부터 초점, 강조, 대조의 용법으로 발전되었다는 것, 그리고 그 여러 용법 간에 내재적인 연관성이 존재한다는 것이 이 장의 핵심 관점이다. 앞에서 판단사 '是'도 기타 세 가지 용법을 구비한다고 언급했었다. 즉, 나중에 출현한 '是'는 기능상 원래의 '也'와 대체로 일치하여 '也'를 전면적으로 대체할 수 있는 조건이 구비되었던 것으로 봐야 한다. 이 문제를 귀류법으로 논증하면 다음과 같다. 만약 선진 시기 '也'의 여러 기능 사이에 아무런 연관성이 존재하지 않았다면, 다시 말해서 초점, 강조, 대조 등을 나타내는 기능이 없었다면, 판단 표지였던 '也'만 나중에 출현한 판단사 '是'에 의해 대체되고 '也'의 기타 용법은 판단 용법과 함께 사라지지 않고 장기간 보존되었을 것이다. 그러나 역사적 발전의 결과는 그렇지 않았다. 그러므로 앞에서 '也'에 대한 분석은 합리적이었다고 볼 수 있다. 새로 출현한 판단사 '是'는 빈어 앞에 위치하므로 중국어의 기타 동사의 문법 위상과 동일하여 더욱 강한 생명력을 가지게 되었고 결국 빈어 뒤에 위치하는 판단 표지 '也'를 대체하였다.

부사 '也'는 선진 시기 어기 조사 '也'의 문장 내 용법에서 발전되었다. 먼저 여기에는 시간 상 겹침이 존재한다. 부사 '也'가 처음으로 출현한 때가 남북조 시기인데 바로 어기 조사 '也'에 대한 판단사 '是'의 대체가 최종적으로 완성되던 때였다. 아래는 중고 시기 중국어에 나타난 부사 '也'의 용례들이다.

(136) 贞女信无矫, 傍邻也见疑。《양》 - 심약시)

(137) 那知不梦作, 眠觉也恒飞。《양》 - 서방시)

(138) 留人不留人, 不留人也去。(진후주 시)

기능 차원에서도 현대중국어의 부사 '也'와 상고 시기 중국어의 어기 조사 '也' 사이에 존재하는 관계를 알 수 있다. 부사 '也'의 핵심 기능은 '두 사건이 같음을 나타내'는 것인데 '也'는 보통 선·후행절과 모두 관계되며 관계되는 선·후행절에 모두 쓰이거나 후행절에만 붙는다. 이는 마침 선진 시기 '也'가 대조 기능으로 사용될 때의 특징과 일치하다. 부사 '也'가 나타나는 문법 환경을 보면 선진 시기의 대조 용법과 어떤 관계를 가지는지 명확히 알 수 있다. 아래는 현대중국어에서 가장 보편적인 부사 '也'의 세 가지 형식이다.

가. 주어가 다르고 서술어가 같거나 같은 의미를 나타내는 경우.

이 용법은 선진 시기 '也'의 대조 용법 중의 첫 번째 유형과 대응된다.

> **예문**
>
> (139) 大人也好, 孩子也好。(현대중국어)
>
> (140) 风停了, 雨也住了。(현대중국어)
>
> (141) 过也人皆见之, 更也人皆仰之。(《논어》- 자장)

나. 주어가 같고 서술어가 다른 경우.

이 용법은 선진 시기 '也'의 대조 용법 중의 두 번째 유형과 대응된다.

> **예문**
>
> (142) 老师也讲课, 也提问题。(현대중국어)
>
> (143) 我们也划船, 也游泳。(현대중국어)
>
> (144) 好仁不好学, 其蔽也愚 ; 好知不好学, 其蔽也荡。(《논어》- 양화)

다. 주어도 다르고 서술어도 다른 경우.

이 용법은 선진 시기 '也'의 대조 용법 중의 첫 번째 유형과 대응된다.

> **예문**
>
> (145) 天亮了, 风也停了。(현대중국어)

(146) 他的个子也高, 力气也大。(현대중국어)

(147) 柴也愚, 参也鲁, 师也辟, 由也喭。(《논어》- 선진)

위의 분석에서 알 수 있듯이 부사 '也'는 기능에서든 문법 환경에서든 모두 어기 조사 '也'와 매우 근접하다. 따라서 원래 앞의 명사와 직접적인 성분을 구성하여 대조를 나타내던 '也'가 늘 사용되던 원래의 문법 환경에서 뒤의 서술어와 직접적인 성분을 구성하는 것으로 재인식되면서 부사로 탈바꿈하였다고 보는 것이 합리적인 해석일 것이다. 부사로 바뀐 '也'는 그 앞의 명사의 구속으로부터 벗어날 수 있지만 반드시 그 뒤의 서술어에 의지해야만 하였다.

1.1.7 맺음말

언어의 발전 체계는 동서고금을 막론하고 꾸준히 발전해 왔다. 따라서 언어의 공통성에 대한 연구 성과를 근거로 상고 시기 중국어의 발전 과정을 재구성하여 그 속에서 쉽게 관찰되지 않던 연계성을 찾아내어 확립하여야 한다. 바로 그런 맥락에서 이 장에서는 기타 언어에 나타난 판단사의 공통된 발전 법칙에 근거하여, 특히 현대중국어에 존재하는 판단사 '是'의 의미적 기능 체계를 바탕으로 선진 시기 중국어에서 '也'의 사용 상황에서의 법칙을 체계적으로 구축하려고 하였다. 그런 차원에서 보면 선진 시기의 '也'는 기본적인 판단 용법으로부터 초점, 강조, 대조 등 용법을 파생해 내어 결과적으로 균형적인 용법 체계를 형성한 것으로 볼 수 있다. 따라서 겉으로는 매우 복잡해 보였던 용법도 체계적인 분석을 통해 바로 질서정연해 진다. 이로부터 '是'가 어떻게 '也'를 대체했는지도 설명이 될 뿐만 아니라 현대중국어의 부사 '也'와 원래의 어기 조사 '也' 사이의 역사적 연원 관계도 명확해질 수 있다.

역사적 계통관은 문법의 발전 과정을 연구하는 데 매우 중요한 접근법이다. 그 어느 역사적 시기에 처해 있던 당시의 중국어는 마치 오늘날의 공시적 체계와 같은 균형적인 유기체였을 것이며, 그 속에서 여러 가지 현상은 서로 연결되어 있었을 것이다. 따라서 문법 현상의 소실과 형성도 고립적인 것이 아니라 당시 전체 언어 체계의 특징과 관계되며 특히 기능과 관련된 형식의 변화와 밀접하게 연계되었을 것이다. 바로 이런 점에서 언어 발달사 전체도 균형적인 조화와 규칙적인 법칙이 있었다고 봐야 한다.

판단사로 발전한 지시 대명사 '是'

1.2.1 머리말

선진 시기에 사용되었던 중국어의 판단문은 중고(中古) 시기 이후와 형태적으로 현저하게 다르다. 전자는 문미에 어기 조사 '也'가 붙는 반면에, 후자는 주어와 빈어 사이에 판단사 '是'가 붙는다.

> **예문**
>
> (1) 彼丈夫也, 我丈夫也。(《맹자》- 등문공상)
> (2) 他是一个丈夫, 我也是一个丈夫。(현대중국어)

보다시피 판단문의 문법 표지로 전기에는 문미에 어기 조사를, 후기에는 서술어 성분의 동사를 사용하여 전후기가 매우 다르다. 이 장에서는 위의 첫 번째 형태가 소실되고 두 번째 형태가 나타난 그 원인에 대하여 논의하였다.

문법화 이론에 따르면 의미적 적합성과 문법 환경은 어휘의 문법화를 유발하는 두 가지 필수 조건이다. 그러나 이 두 가지 조건을 구비한 어휘라고 하여 모두 문법화가 되는 것은 아니다. 또한 일부 문법화가 일어난 어휘라 하더라도 그들의 문법화 정도나 방향에 이런저런 차이가 존재한다. 이는 지금까지 문법화 이론으로 해석하지 못한 현상 중의 하나이기도 하다. 이러한 현상은 문법 구조의 유추와 무관하지 않다고 보고 역사 언어학 중 대표적 기제인 '유추'의 개념으로 이 문제를 접근해 보았다.

'유추' 기제의 개념: 유추의 방향, 범위와 구체적인 과정은 그 언어의 전체적인 구조적 특징으로부터 영향을 받는다.

이 장에서는 어느 한 시기를 기준으로 언어의 전체적인 구조적 특징이 흔히 유추를 통해 일부 어휘의 문법화를 유발한다는 분석 결과를 얻어냈다. 그 어떤 문법 형태가 나타난 문법 환경 또는 텍스트 구조에 대해 깊이 있게 연구하는 것은 문법화 이론 연구의 돌파구가 될 것이다. 그런 의미에서 '是'의 문법화를 초래한 문법 환경이 무엇이었는지를 중심으로 고찰하였다. '是'가 일반 지시 대명사에서 판단사로 발전하고 최종적으로 원래의 판단문 형식을 대체하여 유일한 규범적 판단문 형식으로 자리잡은 시기는 대체로 기원전 5세기에서 기원 5세기 사이이다. 5세기 이후로 중국어의 판단문은 주어와 빈어를 연결시키는 판단사가 반드시 필요했다.

1.2.2 고금 중국어 판단문 형식의 특징

판단문은 가장 자주 쓰이는 문형(句式)의 하나로 주어와 빈어 사이의 대등, 포괄 등의 의미적 관계를 나타낸다. 또한 판단문의 빈어는 주어의 성질, 가치 등의 속성을 표현한다. 현대중국어의 판단문은 판단사 하나로 주어와 빈어를 연결시킨다. 이 장의 도입 부분에서 언급했듯이 양한(兩漢) 시기 이전의 중국어의 판단문은 문미에 위치한 어기 조사를 활용한 형태였다. 이러한 전후 문형 차이를 이해하려면 역사적 고찰의 도움을 받아야 했다.

양한 시기 이전의 중국어에는 주어와 빈어를 연결하는 판단사가 적었다. 당시 주어와 빈어 간에는 어떠한 문법 표지도 없었는데 간혹 주어의 뒤를 따르는 어기 조사 '者' 또는 '也'도 조금 긴 휴지를 가질 뿐, 반드시 필요한 것은 아니었다. 반면에 문미의 어기 조사 '也'는 선진 시기 판단문에 꼭 필요한 문법적 표지였다. 선진 시기 중국어의 판단문 형식은 아래와 같이 표기된다.

> (3) NP(者 / 也), NP + 也。

> **예문**
>
> (4) 弓矢者, 器也。(《역경》 - 계사하)
> (5) 麟者, 仁兽也。(《공양전》 - 애공14년)

그러나 현대에 이르러 판단사 '是'는 판단문에서 없어서는 안 될 문법 표지가 되었고 문미의 어기 조사는 사라졌다. 그 형식은 아래와 같다.

> (6) NP_1 + 是 + NP_2

이러한 현상은 약 5세기 이후에 벌써 형성되었다. 즉, 고금의 중국어는 성격이 매우 다른 두 가지 문법 표지로 판단문을 표기하였는바 전기에는 문미에 어기 조사 '也'를, 후기에는 문장의 중간에 연결 동사 '是'를 사용하였다.

여기서 짚고 넘어가야 할 부분은 현대중국어에는 판단사의 도움 없이 직접 서술어가 될 수 있는 명사구가 일부 존재했다. 시간사(時間詞)구와 일부 속성을 나타내는 명사구가 대표적이다.

> **예문**
>
> (7) 今天星期天。
> (8) 她黄头发。

시간 또는 주기의 어느 시점을 나타내는 어휘는 운동 및 변화의 과정을 내포하기 때문에 서술어의 특징을 가진다. 이를테면 부사의 수식을 받거나 "今天已经星期天了。"처럼 체표지 '了'를 붙일 수 있다. 또한 일부 편정구(偏正句)는 형용사와 마찬가지로 주어의 속성을 서술하므로 직접 서술어로 사용할 수 있는 것이다.

1.2.3 '是'의 지시 대명사에서 판단사로의 문법화 과정

1.2.3.1 지시 대명사 '是'의 텍스트 기능 - 재귀의 출현

'是'의 전체 발전 과정은 약 1,000여 년이 걸렸다. 일찍이 기원전 500년경에 지어진 《좌전(左傳)》에서 지시 대명사 '是'가 이전의 화제로 돌아가기 위한 재귀 기능으로 사용된 경우를 찾아볼 수 있다. 즉, 문법화가 일어나기 위한 문법적 환경이 나타난 것이다. 그러나 기원전 100년경에 이르러서야 문헌에서 판단사 용법이 출현하기 시작하였다. 전체 문법화의 과정은 대체로 아래와 같은 4단계로 나뉘어 진행되었다.

가. 재귀 용법의 출현

나. 문법화를 유발한 구체적인 형식의 구축

다. 신구 판단문 문형 간의 경쟁

라. '是' 판단문의 최종 확립

《좌전》에서 보면 하나의 복잡한 화제(일반적으로 한 개 또는 여러 개의 판단으로 구성됨)와 설명부 사이에는 예문(9)와 (10)처럼 어떠한 표지도 없는 것이 보편적이다. 그러나 이러한 텍스트 구조에서 이미 지시 대명사 '是'를 통해 종전의 화제로 돌아가는 재귀 용법이 사용되기 시작하고 '是'는 예문(11)과 같이 그 뒷부분과 함께 '화제 + 설명' 구조의 절을 형성하였다.

반면에 그 후에 지어진 《논어》의 경우 이러한 텍스트 구조에서 '是'를 통해 재귀하는 것이 더욱 보편화되었고 흔히 보이는 아래와 같은 텍스트 구조 형식이 나타났다.

예문(13)의 화제는 하나의 판단이고 예문(14)의 화제는 두 개의 판단이다. 모두 지시 대명사 '是'를 통해 재귀되었으며 '是'는 그 뒷부분과 '화제 + 설명'의 판단구 "是吾忧也"와 "是惑也"를 구성하였다.

초기에는 설명부에 명사구 또는 동사구가 올 수 있었으며 또한 그 둘의 출현 빈도가 비슷했다. 아래는 《논어》에 대한 통계 결과이다.

《논어》에서 VP설명부와 NP 설명부의 출현 빈도

유형	백분율
Topic, 是 + VP。	52%
Topic, 是 + NP。	48%

첫 번째 시기의 설명부는 선명한 문법적 특징을 보인다. VP일 경우 예문(14)와

같이 하나의 동사나 형용사라는 단순한 구조가 가능하지만 NP일 때는 명사 하나로는 안되고 반드시 복잡한 편정 구조의 명사구여야 한다는 점이다.

또한 첫 번째 단계에서 '是'로 재귀한 화제부도 보통 한 개 또는 여러 개의 판단으로 구성된 복잡한 구조를 가지고 있으며, 단순한 명사나 대명사가 화제가 될 경우 지시 대명사 '是'로 재귀할 수 없다. 즉, 선행 절의 화제부도 '是'를 통해 재귀하려면 반드시 복잡한 구조여야 한다. 예를 들어 아래와 같은 문장에서는 '是'의 재귀 용법이 허용되지 않는다.

(15) 我, 周之卜政也。(《좌전》- 은공11년)

(16) 驾, 良邑也。(《좌전》- 양공3년)

1.2.3.2 '是'의 문법화를 직접적으로 유발한 문법 형식의 구축

역사를 돌이켜 보면 일부 느슨한 텍스트 구조는 그 사용 빈도가 증가됨에 따라 상대적으로 안정적인 문법 형식으로 변할 수 있다는 것을 알 수 있다. 또한 새롭게 출현한 형식은 다시 그중의 어휘가 일종의 문법 표지로 발달하도록 유발한다. 일반적으로 일정한 환경에서 한 언어 형식(語言形式)의 출현 빈도가 높을수록 그것의 문법화 정도가 높다고 할 수 있다. 따라서 사용 빈도의 증가는 간혹 한 문법 형식의 형성을 의미하기도 한다. 두 번째 단계에서 재귀 '是'가 출현하는 문법 환경에 현저한 변화가 일어나면서 '是'가 판단사로 전환되는 직접적인 계기가 되었다.

재귀 대명사 '是'의 확립은 두 번째 시기에 이룬 중요한 발전 중의 하나인데, 이때 설명부가 종전 시기의 VP와 NP에서 NP 위주로 편중되는 변화가 수반되었다. 이 점은 첫 번째와 두 번째 시기의 문헌에서 '是'가 출현한 형식의 통계적 변화에서 확인할 수 있다.

재귀 '是' 뒤의 VP 설명부와 NP 설명부의 출현 비율

문헌	글자수	지시 대명사	재귀 용법	NP설명부	VP설명부
《좌전》	246,075	838	100	22%	78%
《논어》	21,569	60	23	48%	52%
《순자》	91,377	923	347	78%	22%

위의 표가 보여주듯,《좌전》에서《순자》까지 약 300년 동안 설명부의 NP 비중이 점차 늘어나서《순자》 시기에 이르러서는 NP 설명부와 VP 설명부의 비율이 4:1에 가까웠다. NP 설명부의 사용 빈도가 증가되었다는 것은 아래와 같은 언어 사용 형식의 형성을 의미한다.

(17) Topic, 是 + NP Comment

두 번째 시기, 또 하나의 중요한 발전은 고유 명사와 같은 단일 명사가 하나의 설명부를 구성할 때, 통상적으로 발생하는 재귀 '是'와 설명부 사이의 어순 도치 현상을 들 수 있다.

예문

(18) 水由地中行, 江、淮、河、汉是也。(《맹자》 - 등문공)

(19) 臣闻七十里而为政天下者, 汤是也。(《맹자》 - 양혜왕장구하)

(20) 功参天地, 泽披生民, 汤、武是也。(《순자》 - 신도)

(21) 天不能死, 地不能埋, 仲尼、子贡是也。(《순자》 - 영욕)

위의 예문에서 '是'는 '이런'이라는 의미로 이해가 가능한 반면에 형용사로서의 의미인 '정확하다'와는 거리가 있기 때문에 여전히 지시 대명사로 보아야 한다.

같은 시기의 문헌들을 고찰한 결과 설명부가 하나의 명사로 이루어진 단순한 구조(N으로 표기)인 경우 약 80%의 용례에서 어순 도치 현상이 나타났다. (아래 표 참조)

《묵자》와 《순자》에서 출현한 N 설명부의 도치 용례

문헌	총 건수	T, 是+N+也	T, N+是+也
《묵자》	13	23%	77%
《순자》	27	5%	22%

따라서, 두 번째 시기에 지시 대명사 '是'는 또 하나의 재귀 사용 형식을 형성하였는데 아래와 같은 예문에서 찾아볼 수 있다.

(22) T, NP + 是 + 也

이 시기 세 번째의 중요한 발전은 '是'로 재귀하는 화제부에 명사구가 올 수 있게 되었다는 것이다.

예문

(23) 天下之道, 管是也。(《순자》- 유효)
(24) 百王之道, 一是也。(《순자》- 유효)

위의 용법에서 화제부를 '是'의 뒤로 옮기면 "管是天下之道"처럼 현대중국어의 판단문이 된다.

이처럼 두 번째 시기의 세 가지 변화는 지시 대명사 '是'가 판단사로 문법화되기 위한 가장 중요한 전제였다. 그 밖에 '是'의 문법화에는 명사적 성격의 지시 대명사에서 동사적 성격의 판단사로 품사의 전환을 수반하였다는 점에 주목해야 한다. 이 시기에 재귀 대명사 '是'로 형성된 여러 형태의 변화와 사용 방법으로 말미암아 '是'는 일반 동사와 비슷한 추상적 구조를 갖게 되었다. 따라서 동사의 유추 작용으로 '是'는 동사성 성분으로 발전하게 된 것이다. 아래는 판단사 '是'가 생성된 기제에 대하여 네 가지 측면에서 고찰해 보고자 한다.

가. 판단사 '是'에 대한 중국어 SVO 어순의 유추 작용

위의 논의를 종합해 보면 두 번째 단계의 발전으로 말미암아 재귀 지시 대명사 '是'는 아래와 같은 세 가지 사용 형식을 가지고 있다.

> (25) a. Topic, 是 + NP。
>
> b. Topic, N + 是。
>
> c. NP, 是 + Comment。

위의 형식에서 '是'가 차지하는 추상적 형식은 일반 동사와 일치하다. 자고로 SVO 언어인 중국어는 동사가 주어와 빈어 사이에 위치하고, 주어와 빈어로는 명사가 가장 많이 사용된다. 주어와 빈어가 자주 생략되기 때문에 일반적인 동사의 문법 형식으로 아래와 같은 세 가지가 있다.

> (26) a. NP + V + NP。 생략 없음
>
> b. V + NP。 주어 생략
>
> c. NP + V。 빈어 생략

(25)와 (26)을 비교하면 아래와 같은 대응 관계를 발견하게 된다.

Ⅰ. (25)a =(26)b

Ⅱ. (25)b =(26)c

Ⅲ. (25)a + c =(26)a

재귀 대명사 '是'는 일반 동사와 같은 추상적 형식을 갖추었고 이에 따라 '是'는 일반 동사의 유추로 동사성 판단사로 발전할 수 있게 되었다. 이 가설은 역사적으로 유사한 용례를 통해 얼마든지 증명이 가능하다. 이를테면 '姓'은 원래 명사로서 '姓 + NP'의 형식으로 자주 쓰였는데 이것이 동사의 추상 형식과 같아서 나중에는 동사로 발전했다.

(27) 析寿者, 名焉, 姓公孙氏。(《사기》 – 장의소진열전)

(28) 唯有临海一客姓任。(《세설신어》 – 정사)

예문(27)의 '姓'은 명사이고 예문(28)의 '姓'은 동사이다. 이처럼 같은 개념을 가진 다른 품사로의 전환 사례는 역사 문헌에서 흔히 찾아볼 수 있다. 문법 기능의 전환은 단순한 어휘 의미의 연장이 아니므로 구체적인 문법 구조를 떠나서 이야기할 수 없다.

유추는 문법의 발전을 추진하는 중요한 기제의 하나로서 유추에는 방향성이 존재한다. 일반적으로 언어에서 이미 안정된 가장 보편적이고 기본적인 형식이 새로 출현한 형식을 일반화한다. 동사의 형식은 중국어에서 가장 핵심적이고 폭넓은 영향을 일으키는 통사 구조(語法結構)이다. 그렇기 때문에 이러한 동사 형식과 '是'의 재귀 형식 간에 구조적인 연계가 일어나면 동사에 의해 '是'가 동사성 성분으로 일반화되는 것은 자연스러운 현상이다. 그런 의미에서 '是'가 동사와 유사한 형식을 형성한 지 얼마 지나지 않아서 진정한 의미의 판단사 '是'가 바로 나타났다는 점을 아래에서 확인해 보자.

나. '是'의 재귀 형식과 판단문 문형의 의미 관계

판단문 형식에서 두 개의 명사성 성분(주어와 빈어) 사이에는 일반적으로 대등, 일치, 포괄 등의 관계가 이루어진다. '是'를 지시 대명사로 사용한 텍스트 구조에서도 재귀의 대상인 화제와 설명부는 판단문의 두 성분과 같은 의미 관계를 가진다. 아래는 일치 관계가 형성된 용례이다.

이론적으로 새 문법 표지는 표현의 기능 면에서 문법 환경과 내재적인 연계가 있어야 한다.

다. 최초 '是' 판단문의 전후 성분의 특징

새로운 문법 표지의 유래는 그것이 출현할 당시에 나타난 일부 사용 특징에서 가장 잘 드러난다. 두 번째 단계에서 형성된 재귀 대명사 '是'의 여러 사용 형식은 '是'의 문법화를 촉발한 주된 요인이었다. 이렇게 보는 것은 먼저 (25)의 형식 a와 형식 b가 결합하면 전형적인 판단문의 구조가 되기 때문이다.

(30) N + 是 + NP。

위의 형식에서 재귀 대명사 '是'의 앞에는 일반적으로 간단한 명사가 오고, 뒤에는 복잡한 명사구만 따른다. 이는 판단사 '是'가 생겨난 초기의 전후 성분과 완전히 일치하다. 아래 표를 보자.

《세설신어》 중 판단사 '是'의 주어와 빈어 어휘 유형

	사람 이름	대명사	단일 명사	복합 명사	동사구
주어	34(33%)	35(33%)	10(10%)	26(21%)	3(2%)
빈어	0(0%)	2(1%)	16(9%)	130(16%)	24(14%)

사람 이름, 대명사 및 단일 명사는 모두 단순 명사성 성분이다. '是' 판단문은 초기에 주어와 빈어의 어휘 유형이 선명하게 대립되었는데 주어는 약 76%가 단순 명사인 반면에, 빈어의 76%는 복합 명사였다. 이는 두 번째 시기 재귀 대명사 '是'의

앞과 뒤에 놓였던 어휘의 특징과 완벽하게 일치하다. 재귀사 '是'와 설명부의 도치는 일반적으로 단순 명사가 설명부에 올 때 나타났고, 아울러 편정 구조의 복합 명사구만이 '是' 뒤에 위치하는 설명부가 될 수 있었다. 아래는 《세설신어》에 나타난 '是'의 용례들이다.

예문

(31) 我是李府君亲。(《세설신어》- 언어)

(32) 此是君家果。(《세설신어》- 언어)

(33) 未闻孔雀是夫子家禽。(《세설신어》- 언어)

(34) 张玄之、顾敷是顾和中外孙。(《세설신어》- 언어)

라. NP 화제의 출현과 어조의 병합

앞서 분석한 바와 같이 《좌전》과 《논어》 시기를 배경으로 '是'를 통해 재귀되는 성분은 일반적으로 '판단'이어야 했으며, 개개의 판단문은 모두 독립된 문장으로 자체적으로 독립된 '어조'가 있어야 했다.

그러나 이런 텍스트 구조에서 단일 어조의 판단문이 생성될 확률은 매우 낮다. 즉, 아래의 문법 환경에서는 판단사 '是'가 생성되기 어렵다.

예문

(35) 孝乎惟孝, 友于兄弟, 施于有政, 是亦为政。(《논어》- 술이)

그러나 《순자》 시기에 이르러서는 명사구도 화제가 될 수 있었다. 명사구는 보통 단독으로 문장을 이룰 수 없기 때문에 독립적인 어조가 될 수 없다. 따라서 명사구로 구성된 화제는 뒤따르는 '是 + Comment' 부분과 하나의 문장으로서 어조를 형성하게 되었고 이는 운율 면에서 판단문 형식의 형성을 촉발하였다.

1.2.3.3 판단사 '是'의 출현

위의 분석에 따르면 약 기원전 3세기에서 기원전 2세기 사이에 판단사 '是'의 문법화 촉발에 필요한 조건이 완비되었다. 그리고 그로부터 얼마 지나지 않아서(기원전 1세기경) '是'가 진정한 의미의 판단사로서 그 용법이 나타나기 시작했다. 아래에서 생성 초기에 판단사가 가졌던 중요한 특징과 일부 관련 변화를 논의하고자 한다.

가. 판단문의 문미 어기 조사 '也'의 소실

문미 어기 조사 '也'는 선진 시기 판단문에 꼭 필요한 문법 표지였다. 실제로 재귀 대명사 '是'와 뒤따르는 설명부로 구성된 것이 바로 당시의 판단문 형식이었고 반드시 어기 조사 '也'를 필요로 했다. 그러나 현대중국어에서는 판단사 '是'가 상응한 문법적 표지이며 문미 어기 조사는 불필요하였다. 다시 말해서 '也'와 '是'는 동일 문법 기능을 수행하기 위한 두 가지 상이한 성격의 문법 표지로 서로 상반된 관계이다. 그렇다면 관련 문법 형식과 그 역사를 돌이켜보면 '是'가 판단사로 점차 변모함에 따라 '也'는 더 이상 필요하지 아니하여 점차 소실되는 상황이 나타났다. 아래 표는 《순자》와 《사기》에서 'Topic, 是 + Comment + 也' 형식과 그중 '也'의 소실 현황을 통계한 것이다.

《순자》와 《사기》에서 판단식의 어기 조사 '也'의 소실 현황

문헌	T, 是 + C + 也	T, 是 + C	비율
《순자》	343(98%)	4(2%)	49:1
《사기》	367(85%)	64(15%)	6:1

위의 통계가 보여주듯이 전후기의 문헌을 비교했을 때, '也'가 있는 문장에 비해 소실된 문장이 원래의 49:1에서 6:1로 늘어난 점을 비추어 보면 '也'의 소실 추이가 매우 현저하게 나타나고 있었다. 아래 예문은 《사기》에 나타난 '也'가 없는 판단 형식인데 이런 현상은 그 이전의 문헌에서는 거의 찾기 어려울 정도로 매우 드물다.

(36) 夫子既已感悟而赎我, 是知己。(《사기》- 관안열전)

이런 변화는 한편으로 '是'의 문법적 성격에 변화가 일어나 점차 판단사 기능을 갖기 시작하였다는 것을 보여준다. 《순자》보다 200여 년이 늦은 기원전 1세기경에 집필된 《사기》는 '是'의 판단사 용법이 가장 먼저 출현한 고전 중의 하나이다.

(37) 客人不知其是商君也。(《사기》- 상군열전)

《사기》에서 판단사 '是'로 단정할 수 있는 '是'의 용례는 10개도 채 되지 않는다. 이는 새로운 문법 표지가 형성되는 초기에 자주 나타나는 현상이다.

'是'가 온전히 판단사로 발전한 시기가 0~200년 사이라면 조금 이른 시기의 대표작인 《사기》에서 그 판단사 용법이 출현하는 것은 자연스런 현상이다.

한조 초기부터 '是'가 지시 대명사에서 판단사로 변화함에 따라, 그리고 판단문의 유일한 문법 표지가 될 때까지 '也'도 '是'의 재귀 형식에서 점차 소실되어, 결국 '也'의 용법은 완전히 소실되었다. 아래 표는 양자의 상반 관계를 보여주는 통계이다.

재귀 형식에서 '是'와 '也'의 동시 출현 빈도의 변화

서한(BC 206 - 25년)	80%
동한(25 - 220년)	28.8%
위진(220 - 420년)	19%
남북조(420 - 589년)	4%

'是'의 문법화에서 나타난 두 번째 중요한 특징은 부사의 전방 이동이다. 중국어는 자고로 동사성 어휘만이 부사의 수식을 받을 수 있고 어순 또한 부사가 시종 동사 앞에 놓인다. '是'의 문법화는 '是'가 명사적 성격의 지시 대명사에서 동사적 성격의 판단사로 전환하는 품사의 변화를 수반하였다. 그러므로 부사 위치의 이동도 상응한 문법 변화라고 볼 수 있다. 지시 대명사 '是'가 사용된 문장 내에 부사가 함께 있다면 아래 형식처럼 재귀 지시 대명사 '是'와 설명부 사이에 위치할 수밖에 없다.

> (38) Topic, 是 + Adv + Comment + 也

> **예문**
>
> (39) 目辨黑白美恶, 是又人之所常生而有也。(《순자》- 영욕)

예문(39)에서 부사 '又'는 재귀 '是'와 설명부 사이에 위치하였다. 그러나 한조 초기부터 판단사 '是'가 출현하였고 그에 따라 부사가 '是'의 앞에 오는 용법이 생겨나기 시작했다.

> **예문**
>
> (40) 或时是凤凰。(《논형》- 강서)

부정 부사 '非'의 문법적 위치 변화가 가장 흥미롭다. '是'가 지시 대명사일 때, '非'는 그 뒤에서만 쓰였는데 '是'가 판단사로 사용된 후 '非'는 '是'의 앞자리로 이동하였다.

(41) 君子爱雅, 是非知能材性然也。《순자》- 영욕)

(42) 及见他鬼非是所素知者。(《논형》- 정귀)

부사의 전방 이동과 '也'의 소실은 모두 '是'의 문법화에 수반된 중요한 특징이다. 예문(41)에서 '是'는 부사 '非'의 전방 이동이 나타났을 뿐만 아니라 '也'가 필요하지 않기 때문에 판단사로 보아야 한다. 한조 시기에 판단사 '是'의 용법은 점차 보편화되었고 부사의 전방 이동도 대량 출현하기 시작했다. 아래는《논형》에 대한 통계 결과이다.

《논형》내 '是'자 형식에서 출현한 부사 전방 이동에 대한 통계

Topic, 是 + Adv. + Comment	45%
Topic, Adv. + 是 + Comment	55%

다. '是'의 문법화를 유발한 최초의 문법 환경

앞에서 '是'의 문법화를 유발한 주된 요인은 재귀로 사용된 '是 + NP'와 'N + 是' 등 두 가지 형식의 출현이라고 언급한 바 있다. 나중에 사용 비율이 상대적으로 줄어들긴 했지만 재귀 대명사 '是' 뒤의 설명부에는 VP도 올 수 있었다. 이러한 가설이 옳았다면 논리적으로 '是'는 먼저 위의 두 가지 형식에서 판단사로 변했다는 결론을 얻게 된다. 앞에서 증명했듯이 '是'가 판단사로 변하면 부사의 전방 이동과 어기 조사 '也'의 소실이라는 두 가지 중요한 특징을 수반하게 된다. 따라서 이 두 가지 특징이 위의 두 형식에서 먼저 나타났음을 예측할 수 있다.

설명부의 품사만 고려한다는 전제 하에 상이한 문법 환경에서 부사의 전방 이동이 진행된 속도의 차이로 위의 가설을 검증해 보았다.《맹자》시기의 '是'는 완전 지시 대명사로 부사의 전방 이동이 아직 나타나지 않았다. 그러나《포박자》시기의 '是'는 기본적으로 판단사로 발전하여 부사의 전방 이동이 대규모로 이루어졌는데

NP 설명부 형식에서 먼저 나타났다. VP 설명부 형식에서는 부사의 전방 이동 현상을 전혀 찾아볼 수 없다는 점과 명확히 대비되는 부분이다. 여기서 '是'의 문법화를 유발한 최초의 문법 환경이 무엇이었는지를 알 수 있다.

《맹자》와 《포박자》의 '是'자 형식에서 나타난 부사의 위치 분포

	《맹자》	《포박자》
T, 是 + Adv. + NP +也	100%	20%
T, Adv. + 是 + NP +也	0%	80%
T, 是 + Adv. + VP +(也)	100%	100%
T, Adv. + 是 + VP +(也)	0%	0%

《포박자》에서 흥미로운 것을 발견하였다. NP설명부 앞에는 '皆 + 是'를, VP 설명부 앞에는 여전히 '是 + 皆'를 사용하고 있었다.

> **예문**
>
> (43) 子建之免退, 徐邈之禁言, 皆是物也。(《포박자》- 주계)
> (44) 无以近人信其喽喽管见荧烛之明, 而轻评人物, 是皆卖彼上圣大贤乎?
> 　　　(《포박자》- 지지)

이런 현상은 모두 '是'의 문법화를 유발한 최초의 문법적 환경은 명사성 성분이 앞 또는 뒤에 위치하는 형식이었다는 점을 뒷받침한다.

라. '是' 문법화의 완성

재귀의 텍스트 구조에서 표준 중국어 판단문이 되기까지 '是'의 발전 과정은 약 천 년이 걸렸다. 완전 판단사로 자리매김한 시기는 약 5세기경이다. 이 시기의 《세설신어》를 분석한 결과 당시 판단문은 아래와 같은 특징을 가지고 있었다.

1.2.4 판단사 '是'의 문법화가 중국어 문법 체계에 일으킨 영향

문법은 내부의 여러 문법 표지 간에 유기적인 연계가 존재하는 하나의 체계이다. 국부적인 변화는 관련 부분의 연동 변화를 유발하기 때문에 작은 변화도 흔히 그 영향이 전반에 미치게 된다.

판단사 '是'의 출현은 상고 시기로부터 중고 시기로 넘어가는 과정에서 나타난 중요한 변화 중의 하나로서 중국어 문법 체계에 깊은 영향을 끼쳤다. 아래 세 가지 측면에서 이런 영향에 대해 논의하고자 한다.

가. 동사가 가운데 위치하는 형식의 기반을 한층 더 강화했다.

중국어는 자고로 '동사가 가운데 위치'하는 SVO 형태를 갖춘 언어이다. 이는 중국어의 전체적인 문법적 특징이지만 역사적 시기별로 볼 때 SVO 형태가 구문에서 차지하는 비중은 똑같지 않았다. 상고 시기 중국어에서 판단문은 주어와 빈어 사이에 동사가 없는 대신에 문미 어기 조사 '也'로 표시하였다. 반면에 '是' 판단문은 일종의 SVO 형태의 구문이다. 이는 선진 시기의 중국어 판단문 형식을 대체함으로써 SVO 형태가 모든 중국어 구문 구조가 되도록 어순을 강화하였다. 또한 명사구는 더 이상 직접 서술어가 될 수 없도록 문법 규칙의 하나로 자리잡게 되었다.

나. 이후 다른 재귀 대명사가 다시 판단사로 문법화될 가능성을 차단하였다.

선진 시기의 중국어에서 지시 대명사를 통해 앞의 복잡한 화제로 재귀했던 방식은 시기별로 사용 빈도의 차이는 있었지만 시종 매우 일반적인 텍스트 구조였다. 그러나 이렇게 사용된 모든 지시 대명사가 판단사로 문법화될 수 있었던 것은 아니다. 판단사 '是'의 출현이 그 후에 나타난 다른 재귀 대명사들을 같은 방향으로 발전할 가능성을 차단했기 때문이다. 지시 대명사 '是'의 추상화된 문법화 형식은 'Topic, 是 + NP + 也'이다. 'T'를 제외하면 남은 부분은 지시 대명사 '是'를 주어(화제)로, 'NP'를 명사 서술어로, '也'를 판단문 표지로 한 대표적인 선진 시기의 중국어 판단문의 형식이다. 이 형식에서 '是'의 위상은 일반 동사가 그 문법 형식에서 차지하는 위상과 같아서 일반 동사의 유추로 인해 '是'는 점차 동사성 판단사로 발전하게 되었다고 보았다. 판단사 '是'가 출현한 이후 판단문은 'NP + 是 + NP'로 변했고, 지시 대명사(D-pro)가 재귀로 사용되는 경우는 반드시 아래와 같은 형식을 따라야만 했다.

(45) Topic, D-pro + 是 + NP。

예문
(46) 陛下龙飞, 此是瘐冰之功。(《세설신어》 - 방정)

이런 형식에서 동사의 위치에는 반드시 판단사 '是'가 오고 재귀 대명사 '此'는 일반 명사의 위치(주어)에 놓이기 때문에 판단사로 발전하기 위한 동사의 유추는 재귀 대명사에 더 이상 작용하지 못했다. 나중에 출현한 지시 대명사 '這'와 '那'도 재귀로 사용될 때는 문법 위치가 '此'와 동일했다. 이런 이유로 같은 지시 대명사임에도 그들은 '是'와 같은 발전의 길을 걷지 못한 것이다. 이는 한편으로 일반 동사의 유추 작용이 '是'의 문법화를 추진하는 계기가 되었다는 점을 다른 시각에서 뒷받침해 주었다.

다. '문'의 초점 표지로의 발전과 의문, 부정문 중의 대명사 어순의 변화

양한과 위진 시기 '문'의 발전과 병행된 또 하나의 중요한 변화는 의문 대명사와 부정문, 강조문 중 대명사의 어순 변화이다. 선진 시기의 중국어에서 이런 대명사는 빈어로 쓰일 때, 반드시 서술어 동사의 앞에 놓여야 했다. 이런 어순 규정은 양한 시기부터 흔들리기 시작하여 남북조 이후에는 현대중국어와 동일한 형태로 발전하였다. 그 후 이러한 문형 중의 대명사는 일반 명사와 마찬가지로 서술어 동사 뒤에 나타나 빈어가 되었다. 그 원인으로 우선 선진 시기 중국어에서 대명사의 어순 전환은 실제로 초점을 표현하기 위한 문법 형식의 하나였다는 점에 주목해야 한다. 판단사는 자연적으로 초점 표지로 발전하는데 이는 인류 언어에 존재하는 보편적 법칙이므로 중국어의 판단사 '문'도 예외가 아니다. '문'가 판단사로 발전되면서 바로 초점 표지의 용법이 새롭게 나타났다. 의문 대명사는 의미적으로 '초점'의 특징을 가지고 있기 때문에 중고 시기에는 초점 표지 '문'와 의문 대명사가 동시에 출현하여 빈도수가 높았던 때가 있었는데 당시 새롭게 출현된 의문 대명사 '什麽'가 바로 '何(物)'에 초점 표지 '문'의 형태소가 융합되어 생겨난 것이다. 지금도 중국어의 방언인 민남어(閩南語)에서는 '誰'를 사용할 때 앞에 초점 표지 '문'를 써야 한다. 초점 표지 '문'가 붙은 의문 대명사는 더 이상 어순 전환이 필요 없다. 또한 유추에 의해 부정문과 강조문 중의 대명사의 어순 전환도 같이 사라졌다. 결론적으로 대명사 어순의 변화는 새로운 초점 표지 형식이 원래의 형식을 대체한 결과라 할 수 있다.

1.2.5 선진 시기 기타 지시 대명사의 상이한 발전 방향

지시 대명사 '문'는 그가 사용된 문법 환경의 영향으로 일반 동사와 같은 추상적인 구조적 위치에 놓여 일반 동사의 유추 하에 점차 판단사로 발전하였다. 이러한 분석은 같은 시기의 다른 지시 대명사가 판단사로 문법화되지 못한 이유에 대해서도 설명할 수 있다. '문'를 제외하고 선진 시기의 중국어에는 적어도 '之', '斯', '此' 등 재귀로 사용할 수 있는 지시 대명사가 3개나 더 있었다. 그러나 모두 '문'와 유사한 발전을 이루지 못했는데 아래에 그 이유에 대해서 간략하게 설명하고자 한다.

가. '之'

'之'는 선진 시기의 중국어에서 가장 많이 볼 수 있었던 지시 대명사 중의 하나이며 '是'와 마찬가지로 앞의 복잡한 화제로 돌아가는 재귀 기능이 있다.

그러나 재귀 기능을 하는 '之'는 서술어 동사 뒤에 위치해야 하며 그 추상적 구조는 'T, NP + V + 之'로 표기된다.

> **예문**
>
> (47) 子曰: "巧言、令色、足恭, 左丘明恥之, 丘亦恥之。"(《논어》 - 공야장)

예문(47)에서 빈어인 대명사 '之'는 앞의 화제 '巧言, 令色, 足恭'으로 재귀된다. 재귀 대명사 '之'는 문법 위상이 일반 명사와 같기 때문에 동사 유추의 작용을 받을 수 없었으며 따라서 판단사로 변화될 가능성도 없었다.

나. '斯'

선진 시기의 중국어에는 앞의 화제로 돌아가는 재귀 기능을 가진 또 다른 지시 대명사 '斯'도 있었다. 다만 소수의 문헌에서만 나타났고 그 사용 빈도도 '是'나 기타 지시 대명사보다 매우 낮았다. 또한 재귀 기능으로 사용된 문법 환경도 '是'와는 명확히 구분된다. 《논어》를 고찰한 결과 '斯'의 뒤를 따르는 설명부는 동사구 또는 형용사구로 국한되었으며 그 추상적 구조는 'T, 斯 + VP/AP + 也'로 표기된다.

> **예문**
>
> (48) 事君数, 斯辱矣; 朋友数, 斯疏矣。(《논어》 - 팔일)

'斯'는 재귀 용법에서 추상적 형식이 일반 동사와 달랐을 뿐만 아니라 사용 빈도도 극히 낮아서 당시 지시 대명사 '是'와 같은 발전 계기가 존재하지 않았으며, 따라서 판단사로 문법화될 수 없었다.

다. '此'

'此'는 용법 면에서 '是'와 가장 근접한 지시 대명사로 '是'와 같은 재귀 형식으로도 자주 사용되었다.

(49) 翘足而陆, 此马之真性也。(《장자》- 마제)

그러나 '此'는 시종 지시 대명사로 남았고 판단사로 발전되지 못하였다. '此'의 용법을 자세히 관찰한 결과 '此'와 '是'가 서로 다르게 변화 발전한 이유는 아래 두 가지로 추정된다. 첫째, 가까운 것을 가리키는 지시 대명사 '此'와 먼 것을 가리키는 지시 대명사 '彼'는 예문(50)과 (51)처럼 한 쌍을 이룬다. 그런데 '彼'가 판단사로 문법화될 만한 문법 환경을 갖추지 못한 상황에서 '此'의 모든 변화는 '彼'와의 대응 관계와 연관되기 때문에 '此'가 판단사로 발전하는 데는 상당한 제약이 따랐을 것이다. 둘째, 모두 재귀 대명사로 사용되었지만 '此'는 '是'와 달리 해당 문장의 주어가 되어 SVO 문형을 형성할 수 있었다. 즉, 이런 용법에서 '此'는 예문 (52)와 (53)처럼 'NP$_1$ + V + NP$_2$' 형식의 NP$_1$에 해당되었다.

따라서 재귀 대명사 '此'는 일반 동사와 문법 위상이 같지 않았기 때문에 판단사를 향한 일반 동사의 유추로 작용하기 어려웠을 것이다.

(50) 彼一时, 此一时也。(《맹자》- 공손추)

(51) 彼亦一是非, 此亦一是非。(《장자》- 제물론)

(52) 为是不用而寓诸庸, 此之谓"以明"。(《장자》- 제물론)

1.2.6 맺음말

이 장에서는 지시 대명사 '是'의 문법화 원인과 그 구체적인 과정을 체계적으로 분석하였다. 문법 환경 면에서 기원전 300년 ~ 기원전 200년 사이에 '是'의 재귀 사용 형식이 두 가지로 형성되면서 '是'는 일반 동사와 같은 추상적 형식을 갖게 되었고 일반 동사의 유추로 인해 점차 동사성 성분인 판단사로 발전하기 시작했다. 이 두 형식에서 제일 먼저 선진 시기 판단 표지 '也'의 소실과 부사의 전방 이동이 발생하였는데 이런 변화는 '是' 문법화에 수반된 두 가지 중요한 특징이기도 하다. 초기의 '是' 판단문에서 주어와 빈어가 보여준 특징도 그들이 앞서 확립된 두 형식에서 비롯되었다는 것을 말해준다. 그리고 왜 재귀 기능을 보유한 '此', '斯', '之'는 판단사로 발전하지 못하였는지도 같은 맥락에서 설명할 수 있다. 이런 지시 대명사는 '是'와 달리 문법화에 필요한 문법 환경을 구비하지 못하여 동사성 성분으로 향한 동사의 유추가 작용할 수 없었기 때문이다.

'是'의 발전을 통해 문법은 여러 표지와 형식 간에 상호 영향 관계가 존재하는 하나의 체계라는 점을 알 수 있다. 따라서 어느 한 곳에서 변화가 일어나면 관련 부분도 조정되며 나아가 그 언어 전체의 문법 양상도 변하게 된다. 판단사 '是'의 출현은 새로운 표현 형식을 첨가시켜 중국어 문법 발전에 지대한 영향력을 끼쳤는데 주로 아래와 같다.

가. 선진 시기 판단구 형식 'NP(者), NP 也'가 소실되었다.
나. '是'의 지시 대명사 용법이 퇴화되면서 중국어의 지시 대명사 체계에
변화가 나타났다.
다. '是'는 다시 초점 표지로 한층 더 추상화되었으며 그로 인해 선진 시
기 중국어의 대명사 어순 도치가 사라졌다.
라. 의문 대명사는 '초점'의 특징을 가지고 있기 때문에 초점 표지 '是'의
사용은 또 중국어 의문 대명사 체계의 거대한 변화를 유발했다.
마. 중국어의 SVO 어순이 한층 더 강화되어 명사가 직접 서술어로 되는
용법이 제한되었다.

　'是'의 변화를 이끈 가장 중요한 기제는 문법 구조 간의 유추이다. 이 장에서는 분석을 통해 유추가 기제로 작용하는 특징을 설명하였다. 먼저, 유추에는 방향성이 존재하는데 가장 많이 사용되고 안정적인 문법 형식을 상대적으로 사용 빈도가 낮은 새로운 형식의 문법화로 발전시켰지만 그 반대로는 진행되지 않았다. 다음, 유추는 흔히 재분석과 상호 보완적인 관계를 이룬다. 이를테면 유추는 '是'의 문법화를 유발하고, 문법화는 다시 '是'와 전후 성분의 경계를 변화시켰다(재분석). 원래의 재귀 대명사 '是'와 설명부 사이에 부사가 들어갈 수 있게 되고 '是'가 판단사로 거듭남에 따라 '是'와 후방 성분 사이의 경계가 약화되면서 하나의 문법 단위로 결합되었다. 또한 '是'의 발전을 통해 새로운 문법 형태에 대한 사용 빈도의 영향을 확인하였다. 일부 느슨한 텍스트 구조는 그 사용 빈도가 높아지면서 점차 안정된 새로운 문법 형식으로 확립될 수 있다는 것이다.

선진 시기 의문 형식의 유형적 전환

1.3.1 머리말

현대중국어와 고대중국어의 가장 두드러진 차이점은 의문, 부정, 강조에서 나타나는 어순 변화이다. 선진 시기 중국어에서 피동작주로 되는 의문 대명사는 동사의 앞에 와야 했고, 부정 형식에서도 빈어가 대명사일 경우에는 흔히 동사 앞에 위치했으며, 일부 강조 형식에서도 비슷한 용법이 존재했다.

> **예문**
>
> **가. 의문**
>
> (1) 吾谁欺? 欺天乎? (《논어》 – 자한)
>
> (2) 客何好? (《논어》 – 자한)
>
> **나. 부정**
>
> (3) 无我怨? (《상서》 – 다사)
>
> (4) 居则曰: "不吾知也。" (《논어》 – 선진)
>
> **다. 강조**
>
> (5) 帅师以来, 惟敌是求。 (《좌전》 – 선공12년)
>
> (6) 余唯利是视。 (《좌전》 – 성공13년)

위의 세 가지 어순 변환은 선진 시기 중국어에서 아주 흔한 현상이었지만 그 각각의 사용에서는 실제로 큰 차이를 보였다. 피동작주 의문 대명사의 전치(前置)는 반드시 지켜져야 하는 강제성을 띤 엄격한 문법 규칙이었던 반면에, 부정에 의한 어순 변화는 일종의 경향성이었고, 강조에 의한 어순 변화는 더욱 임시적인 화용적 현상에 불과했다. 그러므로 의문 대명사를 중심으로 이 엄격한 문법 규칙이 어떻게 소실되었는지를 우선 고찰하려 한다.

대명사 빈어의 전치 현상은 위진 시기 이후로 완전히 소실되었다. 이는 과거 3천 년간 중국어에 나타난 가장 중요한 변화 중의 하나라고 할 수 있다. 따라서 이 현상에 대한 논의도 그만큼 중요한 이론적 의미를 갖는다.

먼저 이는 상고 시기 중국어의 기본적인 문법적 특징과 관계되는데 이런 어순 현상이 당시의 문법적 수단이었는지, 아니면 원고 시기 중국어의 SOV 어순에서 비롯된 잔재였는지가 문제이다. 또한 더 중요한 부분은 그런 문법 변화를 유발한 계기가 무엇인가 하는 것이다. 그 해답을 찾으면 문법 체계의 중요한 특징을 이해하는 데 도움이 될 수 있다. 문법은 하나의 유기적인 전체이므로 각각의 구조 사이에는 서로 의존하고 서로 제약하는 관계가 존재한다. 그렇기 때문에 그 속에서 발생한 변화는 연쇄 반응으로 이어지기 마련이다. 여기서 어순 변화는 실제로 '초점 표현' 기능을 하는 두 문법적 수단이 서로 경쟁하는 과정에서 빚어진 결과라고 본다.

1.3.2 의문과 초점

1.3.2.1 현대중국어의 초점 표지 '是'

현대중국어에서 초점을 나타내는 문법 표지는 판단사에서 유래된 '是'이다. 평서문에서 '是'는 동사 뒤의 피동작주 성분을 제외한 기타 성분 앞에 쓰여 뒤에 오는 성분을 초점화한다. 예를 들어 "小王昨天用钳子把那张桌子修好了"는 아래와 같은 초점 표지가 있을 수 있다.

(7) a. 是小王昨天用钳子把那张桌子修好了。

　　- 강조: 다른 누구도 아닌 샤오왕이었음을 강조.

　b. 小王是昨天用钳子把那张桌子修好了。

　　- 강조: 다른 언제도(시간이) 아닌 어제였음을 강조.

　c. 小王昨天是用钳子把那张桌子修好了。

　　- 강조: 다른 도구가 아닌 펜치였음을 강조.

　d. 小王昨天用钳子是把那张桌子修好了。

　　- 강조: 다른 책상이 아니라 그 책상이었음을 강조.

　e. 小王昨天用钳子把那张桌子是修好了。

　　- 강조: 고장내거나 한 것이 아니라 고쳐놓은 것임을 강조.

초점 표지 '是'는 동사 뒤의 피동작주 성분 앞에는 쓰이지 못한다. 빈어를 초점화하기 위해서는 "我昨天看到的是一只猴子"처럼 빈어 앞의 성분을 '的'자 구조로 전환한 다음에 빈어 앞에 '的'를 붙이는 방법이 가장 많이 사용된다. 동사와 피동작주 성분 사이에 '的'를 직접 넣을 수 없는 이유는 중국어에서 동사와 그 빈어 사이에는 어떠한 성분도 허용되지 않기 때문이다. 그렇지만 동사 앞에 오는 '是'도 종종 동사 뒤의 빈어를 초점화한다.

(8) a. 我是看见了一只狼。

　　- 강조: 다른 동물이 아닌 늑대였음을 강조.

　b. 我是买了一辆车。

　　- 강조: 다른 물건이 아닌 차였음을 강조.

'的'는 초점 표지로 사용될 때 반드시 초점화되는 성분의 바로 앞에 쓰이지만 동사와 빈어의 분리 불가성 때문에 빈어를 초점화할 때에는 동사의 앞(빈어와 가장 가까운 위치)에 올 수밖에 없는 것으로 풀이된다. 예를 들어 "我是在山里看见了一只狼"에서 문장의 초점은 '一只狼'이 아닌 '在山里'인 것처럼 '的'와 동사가 수식어에 의해 분리될 경우 초점도 따라서 바뀌기 때문이다.

1.3.2.2 의문 대명사의 특수한 초점적 성질

특지 의문문(特指疑问句)의 경우는 특별하기 때문에 의문 대명사가 자연스럽게 문장의 초점이 된다. 다시 말해서 특지 의문문의 초점은 그 선택이 자유롭지 못하고 의문 대명사에만 한정되는데 초점 표지가 의문 대명사에만 허용되는 것으로 설명된다. 아래 예문을 보자.

> **예문**
>
> **가. 의문 대명사가 주어가 될 때**
>
> (9)　a. 是谁昨天用钳子把那张桌子修好了?
>
> 　　　b.*谁是昨天用钳子把那张桌子修好了?
>
> **나. 의문 대명사가 시간을 나타내는 부사어가 될 때**
>
> (10)　a. 小王是什么时候用钳子把那张桌子修好了?
>
> 　　　b.*小王什么时候是用钳子把那张桌子修好了?
>
> **다. 의문 대명사가 개사의 빈어가 될 때**
>
> (11)　a. 小王昨天是用什么把那张桌子修好了?
>
> 　　　b.*小王昨天用什么是把那张桌子修好了?
>
> **라. 의문 대명사가 '把'의 피동작주가 될 때**
>
> (12)　a. 小王昨天用钳子是把什么修好了?
>
> 　　　b.*是小王昨天用钳子把什么修好了?

위의 예문과 같이 현대중국어에서 의문 대명사는 반드시 '是'로 표시되는 것은 아니지만 의문 대명사가 들어간 문장에 초점 표지가 사용된다면 그 초점화 대상은 반드시 의문 대명사에만 한정된다.

정반 의문(正反疑问) 형식에서도 비슷한 현상을 확인할 수 있다. 서술어가 정반 의문의 형식일 경우 초점 표지는 서술어 앞에만 사용되며 이때 주어 등 기타 성분은 초점화 대상이 될 수 없다.

> **예문**
>
> (13) a. 你是知道不知道这件事?
>
> b.*是你知道不知道这件事?

그러나 판단문 형식에 의문 어기 조사가 더해져서 구성된 의문문은 일반 판단문처럼 모든 문장 성분이 원칙적으로 '是'에 의해 초점화될 수 있다.

일반 어휘는 그 초점 여부가 언어적 환경에 의해서 결정되지만 의문 대명사는 고유의 의미에 초점을 나타내는 특성을 가진다. 의문 대명사의 이런 의미적 특성은 결국 문법적 특성으로 이어진다. 다만 의문 대명사의 문법적 특성은 다양한 언어에서, 그리고 같은 언어일지라도 각 시대별, 지역별 차이로 획일적이지 않고 어느 정도 차이가 난다. 현대중국어에서는 앞에서 언급한 것처럼 초점 표지 '是'와의 강제적 결합으로 나타나며, 영어에서는 의문 대명사가 반드시 문장의 첫머리로 위치를 이동하고 조동사와 주어의 위치를 도치하는 것으로 나타난다. 다음에서는 상고 시기 중국어의 의문 대명사에 존재했던 강제적 성격의 어순 변환도 초점을 나타내는 그 고유의 의미적 특성을 표현하는 일종 형식이라는 점을 구체적으로 논의하고자 한다.

1.3.2.3 부정, 강조 및 초점

부정도 초점과 밀접하게 연관된다. 영어의 경우를 보면 의문 대명사 외에 부정도 흔히 어순 변화를 유발한다.

(14) a. At no time was war as imminent as now.

  b. Not even ten years ago could you see such a film.

  c. With no coaching will he pass the exam.

다만 부정을 표시하는 성분은 문장의 첫머리에서 특별히 강조를 나타낼 때에만 의문 대명사처럼 조동사와 주어의 어순 도치를 유발하는데 이런 변화를 반드시 필요로 하는 것도 아니다. 만약 어순 변환을 초점을 나타내는 문법 형태로 본다면 의문 대명사는 그 강제성 때문에 부정보다 초점을 나타내는 성격이 훨씬 강하다는 결론을 얻게 된다. 이와 마찬가지로 중국어의 경우는 부정문에서 초점 표지 '是'가 부정 성분에만 그 사용이 한정되지 않는 것으로 나타난다.

(15) a. 她昨天晚上是没有看电视。

  b. 她是昨天晚上没有看电视。

  c. 是她昨天晚上没有看电视。

일반 평서문과 마찬가지로 부정은 특별히 강조를 나타낼 때에만 초점화되며 자체적으로 초점을 나타내는 특징을 가지지는 않는다.

부정의 이런 약한 초점적 특징은 상고 시기 중국어의 어순 변환 문제를 이해하는 데도 도움이 된다.

1.3.3 선진 시기 중국어의 특수 어순의 성격

1.3.3.1 기존의 다양한 해석

이 장의 서두에서 이미 선진 시기 중국어에 존재했던 몇 가지 어순 변화 현상에 대해 논의했었다. 그렇다면 이런 어순 변환들은 SOV 어순이었던 원고 시기 중국어가 남긴 잔재였는지 아니면 당시 많이 사용되었던 문법적 수단이었는지 이 문제에 대한 서로 다른 견해는 결국 상이한 접근법으로 이어진다.

현존하는 중국어로 기록된 최초의 자료들을 봐도 원고 시기 중국어가 SOV 언어라는 점은 논거가 충분하지 않다. 또한 서술어의 복잡화를 어순 변화의 원인으로 보는 것도 역사적 사실에 어긋난다. 본 연구의 고찰에 따르면 최초의 어순 변화는 간단한 서술어에서 일어난 것으로 나타났기 때문이다. 예를 들면 《맹자》에서 어순 변화가 제일 먼저 나타난 것이 '何如'에서 '如何'로의 도치인데 이는 매우 간단한 개사구로서 복잡한 서술어와는 거리가 멀다.

선진 시기 중국어의 특수한 어순에는 두 가지 특징이 있다. 하나는 동사 앞의 피동작주 빈어가 대명사에 한정된다는 것이고, 다른 하나는 의문, 부정 및 강조를 나타내는 문법 환경에서만 나타난다는 것이다. 또한 이 세 가지 환경에서 공통으로 초점 표지가 사용되는 것은 인간 언어의 보편적인 현상이다. 그러므로 선진 시기 중국어의 특수한 어순은 당시에 존재했던 일종의 문법 규칙으로 보는 것이 가장 합리적인 해석이다.

1.3.3.2 어순 변환을 결정하는 두 가지 요인: 초점과 부착

선진 시기의 특수한 어순은 일종의 문법적 수단으로 봐야 한다. 이 결론은 의문 대명사와 인칭 대명사를 포함하여 모두 기본 어순이 SVO라는 것을 전제로 한다. 이는 어떤 특수한 문법적 의미를 나타낼 때에만 어순 변화가 일어난다는 의미인데 인칭 대명사의 경우는 설명이 쉽다. 일단 긍정식은 인칭 대명사가 모두 동사 뒤에 위치하는 점과 부정식도 60% 정도가 전방 이동하는 점을 통하여 동사의 뒷자리가 인칭 대명사의 기본 위치라고 보는 데는 무리가 없기 때문이다. 아래에 선진 시기 의문 대명사의 사용법을 중심으로 고찰하고자 한다.

선진 시기 중국어에서 의문 대명사의 전방 이동은 엄격한 문법 규칙이었다. 그럼에도 불구하고 일부 '예외'의 경우를 통해 문법적으로 기본 위치는 여전히 동사(개사)의 뒤라는 것을 알 수 있다. 아래 세 가지 경우에는 의문 대명사가 전방으로 이동하지 않는다.

가. 대화 시 상대 발화문의 피동작주 빈어를 대상으로 질문할 경우 의문 대명사는 동사의 뒤에 놓일 수 있다.

> **예문**
>
> (16) "亡君之疾, 是以饮之也。""尔饮何也?"曰"簣也。"(《예기》 - 단궁하)
>
> (17) 将战, 吴子呼叔孙, 曰: "而事何也?"对曰: "从司马。"(《좌전》 - 애공11년)
>
> (18) 子生五月而能言, 不至乎孩而始谁? (《장자》 - 천운)

나. 의문 대명사가 쌍빈 구조의 직접 빈어가 되거나 의문 대명사와 동사 사이에 다른 명사가 들어가서 둘 사이를 갈라놓을 경우 의문 대명사는 전방으로 이동할 수 없다.

> **예문**
>
> (19) 国谓君何? (《좌전》 - 희공15년)
>
> (20) 吾甚恐, 如之何则可? (《맹자》 - 양혜왕하)
>
> (21) 一薛居州, 独如宋王何? (《맹자》 - 등문공하)
>
> (22) 言人之不善, 当如后患何? (《맹자》 - 이루하)

《맹자》에는 위와 같이 의문 대명사가 쌍빈 구조에 사용된 예문이 총 18개가 들어 있으며 예외 없이 모두 동사 뒤에 위치하는 것으로 보아 이는 매우 엄격한 규칙이었을 것으로 추정된다.

아울러 의문 대명사가 간접 빈어가 될 경우, 다시 말해서 동사 바로 뒤에 오는 경우에는 위치 이동이 가능하다는 것도 매우 재미있는 현상이다.

(23) 岁饥民困, 吾谁为君! 《사기》 - 송미자세가)

위치 이동 전, 원래의 어순은 "吾为谁君"이다. 여기서 의문 대명사 '谁'는 동사 '为'의 바로 뒤에 놓이고 다른 성분에 의해 둘 사이가 갈린 것도 아니기 때문에 위치 이동이 가능하다.

다. 타동성이 약한 동사 서술문에서는 일반적으로 의문 대명사가 앞으로 이동하지 않는데 이 또한 일정한 규칙을 나타내고 있다.

첫째, "子夏云何?"《논어》 - 자장처럼 의문 대명사가 동사 '云'을 뒤따르는 빈어가 될 때는 일반적으로 전치하지 않는다.

둘째, 개사 '于(於)'의 뒤에 오는 의문 대명사는 일반적으로 전치하지 않는다.

"礼起于何也?"《순자》 - 예론)

또한 '及', '在'의 빈어가 되는 의문 대명사는 언제나 후치(后置)한다. 아울러 판단사에 해당하는 '为'의 뒤에 오는 의문 대명사는 모두 전치하지 않았다는 점이 발견되었다. 이 같은 예는《논어》,《장자》,《순자》,《상군서》,《사기》,《논형》 등 6편의 문헌 중 18곳에서 찾아볼 수 있었는데 의문 대명사는 예외 없이 모두 뒤에 놓였다.

(24) 桀溺曰: "子为谁?"曰"为仲由。"《논어》 - 미자)

(25) 长沮曰: "夫执舆者为谁?"子路曰: "为孔丘。"《논어》 - 미자)

(26) 彼来者为谁? 《사기》 - 범저채택열전)

(27) 主名为谁? (《사기》 - 편작창공열전)

(28) 造作之者为谁? (《논형》 - 사단)

(29) 不知数者为谁? (《논형》 - 자맹)

의문 대명사의 규칙적인 후치를 근거로 보면 의문 대명사도 동사의 뒤에 오는 것이 기본 어순이라고 할 수 있다. 실제로 선진 시기 중국어에서 일어나는 빈어의 전방 이동은 초점을 나타내는 방식의 하나였다. 따라서 이는 왜 의문 대명사의 전방 이동이 위의 특별한 경우를 제외하고 강제성을 띠는지에 대한 해석이 될 수 있다. 앞서 언급했듯이 의문 대명사 자체가 초점적 특성을 보유하고 있기 때문이다. 하지만 왜 초점을 나타내는 어순 변화가 대명사에만 한정되는지에 대한 의문은 여전히 남았있는데 우리는 인간 언어의 보편적인 현상에서 이 문제를 풀어내기 위한 실마리를 찾았다.

일반 통시언어학에는 유명한 '봐케르나겔 법칙'이 있는데 부착 성분은 문장의 두 번째 자리에 나타나는 경향이 있다는 것이 그 내용이다. 이 법칙은 인도-유럽어 계통뿐만 아니라 기타 계통의 언어에서도 광범위하게 찾아볼 수 있다. 소위 '부착 성분'이란 음성 형태가 약화된 단어를 가리키며 이들은 반드시 강세가 붙는 단어에 의존하여 사용된다. 이 법칙은 인도-유럽어의 문법에 깊은 영향을 미쳤다. 현대 프랑스어로 예를 들면 프랑스어는 기본 어순이 SVO이지만 모든 목적격 대명사는 반드시 동사 앞에, 주어 뒤에, 즉 문장의 '두 번째 자리'로 이동한다.

예문

(30) Il(그) la(그것) ferme(끄다).

　　직역: 그가 그것을 껐다.

(31) Il(그) vous(너) voit(보다).

　　직역: 그가 너를 보았다.

대명사는 흔히 특수 어휘로서 음성 형태의 약화를 통해 부착 성분으로 발전하는 것이 인간 언어의 보편적인 현상이다. 대명사에 나타난 음성 약화 현상도 문법적 위치의 영향을 받은 것으로 보아야 하며 가장 쉽게 약화되는 위치가 동사 뒤에 오는 목적격의 자리이다. 예를 들면 영어에서 3인칭 대명사의 목적격인 'him', 'her', 'them'은 보통 동사 뒤에서 음절 머리의 자음이 탈락된다. 이와 마찬가지로 현대중국어에서도 단음절 대명사가 동사의 뒤에서 경성으로 변하는 현상을 찾을 수 있다. 예를 들어 "找你", "叫我" 등에서 대명사는 구어체에서 보통 성조를 잃으며 모음도 약화된다.

선진 시기 중국어에 나타난 대명사의 위치 이동도 오늘날의 프랑스어와 그 양상이 비슷하다. 그러나 명확한 차이도 보이는데 프랑스어에서는 대명사의 위치 이동이 무조건 일어나는 반면에 선전 시기 중국어에서는 의문, 부정, 강조 등의 제한을 받았다는 것이다. 따라서 봐케르나겔 법칙이 선진 시기 중국어에도 작용했다고 보는 것이 합리적이다. 다만 초점 표현의 제약을 받아서 그 변화의 규칙이 아래와 같았다.

선진 시기 중국어에서 초점화되는 부착 성분(피동작주 대명사)은 반드시 문장의 두 번째 자리, 즉 동사 앞, 주어 뒤에 놓인다.

선진 시기 중국어의 대명사도 현대중국어 또는 영어와 마찬가지로 피동작주 빈어가 될 때 부착 성분으로 약화된다고 가정하면 위의 어순 변환의 규칙은 선진 시기 중국어에서 특수 어순과 관련된 여러 문제를 풀기 위한 실마리가 될 수 있다.

첫째, 어순 변환은 대명사에만 해당되며 일반적인 실사와는 무관하다. 전자는 부착 성분이 될 수 있는 반면에 후자는 반드시 강세가 붙는 성분이 되기 때문이다. 둘째, 자유 어순 변환이 일어나는 경우는 단음절 대명사에 국한된다. 셋째, 가장 주목할 만한 것은 의문 대명사는 자체적으로 초점적 특성을 공유하고 있기 때문에 위 규칙의 작용이 더해져서 항상 동사 앞에 놓이는 반면에 일반 대명사의 경우는 자체적으로 그러한 특징을 가지고 있지 않기에 부정, 강조 등 초점화되는 경우에만 동사 앞에 놓인다는 점이다. 이 법칙으로 기타 특수 현상에도 이론적으로 설명이 가능하다. 실사 또는 '의문 대명사 + 실사'가 어순 변환을 통해 초점화될 때에는 초점화되는 전체 성분에 강세가 붙기 때문에 반드시 부착 성분이 되는 대명사로 재지칭해 주어야 한다. 여기서의 대명사는 보통 지시 대명사 '是' 또는 '之'이다.

(32) 王何卿之问也? (《맹자》- 만장하)

(33) 子何术之设? (《장자》- 인간세)

(34) 何大夫冠礼之有? (《예기》- 교특성)

(35) 未之思也, 夫何远之有? (《논어》- 자한)

'의문 대명사 + 실사'가 간접 빈어로 사용될 때는 기타 성분에 의해 동사와 떨어지게 되므로 앞에서 설명했던 의문 대명사의 후치 규칙과 마찬가지로 앞으로 이동하지 않는다.

"嗟我何人, 独不遇时当乱世。"(《순자》- 성상)

그 밖에, 실사 성분이 긍정 또는 부정을 강조하여 초점화가 일어날 때에도 어순 변환의 규칙은 똑같이 적용된다.

(36) 非夫人之为恸而谁为? (《논어》- 선진)

(37) 今商王受, 惟妇言是用。(《상서》- 목세)

(38) 余唯利是视。(《좌전》- 성공30년)

선진 시기 중국어 자료를 대량으로 검토한 결과 초점화가 일어난 실사 성분의 경우 예외 없이 대명사(부착 성분)를 통한 재지칭이 필요했다. 따라서 이는 엄격한 규칙이라고 봐야 한다. 이런 현상은 의문 대명사와 마찬가지로 앞에서 설명한 '어순 변환 규칙'을 따르고 있었다. 특이한 점이라면 의문 대명사의 어순 변환이 두 단계에 나눠서 진행되는 경우인데, 먼저 초점화되는 실사를 동사의 앞으로 이동하고 그것을 재지칭하기 위한 부착 성분을 추가하는 것이다. 피동작주가 되는 '의문 대명사 + 실사'는 강세가 붙기 때문에 위치 이동이 일어나지 않을 수도 있다.

> **예문**
>
> (39) 吾不知谁之子。(《도덕경》)
> (40) 莫知谁子。(《전국책》 – 한책)

선진 시기 문헌에서 이처럼 위치를 이동하지 않는 경우는 매우 드물었다. 전방으로 이동하는 성분의 위치도 엄격히 제한되었으며 일반적으로 아래 공식의 빈자리에만 나타났다.

> 부사 + [   ] + 조동사 + 동사.

> **예문**
>
> (41) 余不女忍杀。(《좌전》 – 소공원년)
> (42) 寡君未之敢任。(《좌전》 – 성공3년)

결론적으로 말해서 선진 시기 중국어의 특수 어순은 당시에 존재했던 문법 규칙을 반영했다고 본다. 이는 어순의 변화, 발전을 관찰하는 데 있어 출발점이 되었다.

1.3.4 판단사 '是'의 출현이 기존 어순에 미친 영향

1.3.4.1 선진 시기 중국어가 중고 시기 중국어로 발달하는 과정에서 시기적으로 맞물려 일어난 두 가지 문법 변화

선진 시기 중국어가 중고 시기 중국어로 발달하는 과정에서 중국어 문법에 심오한 영향을 끼친 두 가지 변화가 있었다. 하나는 어순에 의한 초점 표현 방식이 소실된 것이고, 다른 하나는 원래 지시 대명사였던 '是'가 판단사로 발전하여 기존의 판단문 형식을 대체한 것이다. 이런 변화는 모두 400~500년의 과정을 거쳤으며 시기적으로 맞물려서 일어났다.

가. 판단사 '是'의 발전 과정
    전국 말기: 판단사 '是'의 출현
    양한 시기: '是'의 점진적 발전
    진송 이후: '是'자문이 유일한 판단문 형식으로 자리매김함
나. 어순에 의한 초점 표현 방식의 소실 과정
    양한 시기: 의문 대명사 빈어를 후치하는 어순의 출현
    남북조 이후: 구어체에서 어순 도치 현상의 소실

위에서 판단사 '是'가 출현하고 얼마 후 의문 대명사 후치가 나타나기 시작하였으며 판단사가 기존의 판단 형식을 완전히 대체할 무렵에 기존 어순도 구어체에서 완전히 소실되었음을 알 수 있다. 이 두 변화는 시간적으로 맞물릴 뿐만 아니라 내재적인 인과 관계를 가지고 있다.

1.3.4.2 '是'의 문법화와 판단문에서 의문 대명사의 어순

판단사 '是'는 원래의 재귀 용법에서 출발하여 특정 문법 환경 속에서 점차 발전한 것이라고 보는 것이 일반적인 견해이다. '是'의 문법화를 유발한 문법 환경은 다음과 같다.

(43) 如弃德不让, 是废先君之举也。(《좌전》 - 은공3년)

(44) 不善不能改, 是吾忧也。(《논어》 - 술이)

여기서 '是'는 두 가지 역할이 있는데 하나는 재귀로서 앞의 성분을 지칭하는 역할이고, 다른 하나는 문장에서 주어 또는 화제를 맡는 역할이다. 예문(43)과 (44)의 '是'가 들어간 문장들은 실제로 선진 시기 중국어에서 전형적인 판단문 형식인 'NP + NP + 也'의 구조를 취하고 있다. 판단사가 출현하기 전에는 문미의 어기 조사 '也'가 선진 시기 중국어의 판단구에 꼭 필요한 문법적 표지였다. 아래 예문은 당시의 판단문이다.

(45) 我, 周之卜政也。(《좌전》 - 은공11년)

(46) 楚囚, 君子也。(《좌전》 - 성공10년)

선진 시기의 판단문에는 동사가 없다. 따라서 문장에서 서술어가 되는 의문 대명사도 어순 변환과는 무관하다.

(47) 追我者谁也? (《맹자》 - 이루)

(48) 怒者其谁邪? (《장자》 - 제물론)

(49) 乱之者谁也? (《순자》 - 부국)

(50) 五尺之竖子, 言羞称五伯, 是何也? (《순자》 - 중니)

(51) 君子之所以见大水必观焉者, 是何? (《순자》 - 유좌)

예문(50)과 (51)이 가장 대표적인데 그중 '是'는 지시 대명사이고 '何'는 서술어이다. 지시 대명사 '是'는 이 같은 문법 환경에서 동사성 판단사로 문법화되었고 '是'가 동사성 성분으로 발전한 뒤에도 어순은 여전히 '是何'를 유지했다. 즉, '尔何是'와 같은 어순은 나타나지 않았다. '是'가 동사로 발전하면서 서술어가 되는 의문 대명사인 '何'에도 매우 중요한 변화가 일어났다.

'是'를 뒤따르는 '何'의 복잡화

	是 + 何	是 + [何 + NP]
《순자》	19	1
《사기》	5	12
《논형》	2	13
《세설신어》	0	16
《불본행집경》	1	20
《돈황변문》	1	61

《사기》는 '是'가 판단사로 사용된 최초의 문헌 중의 하나이다. 그리고 《논형》에서 '是'의 판단사 용법이 점차 일반화되었고 《세설신어》에서는 거의 모든 '是'가 판단사로 사용되었다. '是'가 동사로 사용되는 경우가 점차 많아지면서 더불어 나타난 흥미로운 현상은 반드시 실사(명사) 성분에 부착되어야 할 정도로 '何'의 단독 사용이 갈수록 제한을 받게 되었다는 것이다. 《순자》에서 '是' 뒤에서 '何'가 단독으로 사용된 경우와 다른 명사에 부착되어 사용된 경우의 비율은 19:1이었다. 그러나 《불본행집경》(6세기경)에서는 이 비율이 오히려 1:20으로 바뀌었다. 이는 선진 시기의 초점을 표현하기 위한 어순 변환 규칙이 작용한 결과일 것이다. '是'가 동사로 변했을 무렵 '是何'는 해당 규칙에 부합되지 않았다. 규칙에 따르면 의문 대명사인 '何'가 동사 앞에 와야 했기 때문이다. 그래서 언어 사용자들은 실사를 추가하는 방법으로 의문을 나타내는 부분에 강세를 붙였고 더 이상 부착 성분이 아닌 의문 대명사는 위치 이동을 하지 않아도 되었다. 이런 영향은 '什么'가 생겨난 원인의 하나이기도 하다. 아래는 '何' 뒤에 명사가 부착된 용례이다.

'谁'를 서술어로 둔 예문을 살펴보면 판단사로 문법화된 '是'는 주어와 '谁' 사이에 들어가 있다. 즉, "追我者谁是"와 같은 어순은 한번도 나타난 적이 없다.

위의 용법은 판단사의 약한 타동성과 무관하지 않다. 앞서 언급했듯이 상고 시기 중국어의 동사 '为'도 판단사와 유사한 용법이 있는데 뒤에 오는 서술어가 의문 대명사일 때, 위치 이동이 일어나지 않는다.

판단사는 정적인 동사이기 때문에 타동성이 일반 타동사보다 약할 수밖에 없다. 현대중국어의 용법에서도 알 수 있듯이 타동성이 약한 동사의 뒤에 오는 성분은 일반적으로 초점화할 수 없다.

현대중국어에서도 판단사 '是'의 뒤에 오는 성분은 위의 방식으로 초점화할 수 없다. 예를 들면 "小王是的是学生"이라고 할 수 없듯이 말이다. 판단사 뒤에 오는 서술어도 일반적으로 문장 첫머리로 옮기는 방식으로 화제화할 수 없다.

예문

(59) 小王是山东人

　　　→ *山东人小王是。

초점화와 타동성 사이의 관계를 바탕으로 왜 '是'가 동사성 판단사로 변하고도 'S + 是 + 谁'의 어순만이 허용되었는지를 설명할 수 있다. 이는 타동성이 약한 동사 뒤에 오는 의문 대명사는 어순 변환을 통해 초점화할 수 없다는 것을 말해준다. 그리하여 선진 시기의 기존 판단 형식이 새롭게 발전한 '是'자 판단문에 의해 대체됨에 따라 판단문에서 서술어가 되는 의문 대명사는 모두 'VO'의 어순을 따르게 되었다. 판단문은 언어에서 가장 자주 사용되는 문법 형식의 하나이기 때문에 기존의 초점화 어순 변환 규칙에 충격을 주었을 것이다.

1.3.4.3 판단문에서 나타난 의문 대명사별 사용 빈도의 차이와 그 발전의 불균형성

모든 의문 대명사가 동사 앞에서 동사 뒤에로의 발전이 균형적으로 이루어진 것이 아니다. 각각의 의문 대명사는 그것들이 원래 판단문에 사용되었던 빈도와 정비례하는 것으로 나타났는데 여기서도 판단사 '是'의 출현이 의문 대명사의 후방 이동에 영향을 끼쳤다는 것을 말해 주는 근거를 찾을 수 있다.

‘谁’와 ‘何’는 가장 흔히 볼 수 있는 의문 대명사이다. 5세기의 《세설신어》에 이르러 벌써 대부분이 동사의 뒤로 옮겨간 ‘谁’와는 달리 ‘何’는 바야흐로 어순 변환이 일어나기 시작하였다. (아래 표 참조)

《세설신어》에 사용된 ‘谁’와 ‘何’의 신구 형식 대조

	의문 대명사 +V	V + 의문 대명사
谁	40%	60%
何	88%	12%

‘谁’와 ‘何’의 발전 불균형은 이들 각자가 원래 판단문에 사용되었던 빈도와 밀접한 관계를 가지고 있기 때문이다. 자체적인 의미적 특성 때문일 수도 있는데 ‘谁’가 판단문에 사용된 확률이 ‘何’보다 월등히 높았다. 아래는 선진 시기에서 양한 시기까지의 문헌에 대한 통계 결과이다.

‘谁’가 판단문의 서술어로 사용된 경우와 기타 용법의 비율

	谁_{빈어} + V	NP + 谁 + 也
《좌전》	12	6
《맹자》	6	4
《장자》	5	7
《순자》	4	1
《사기》	18	14
《논형》	3	20

‘谁’가 판단문의 서술어로 사용된 경우는 전체의 52% 정도를 차지했다. 그러나 ‘何’가 판단문의 서술어로 사용된 경우는 훨씬 낮은 비율을 보였다.

'何'가 판단문의 서술어로 사용된 경우와 기타 용법의 비율

	何$_{object}$ + V	NP + 何 + 也
《논어》	118	1
《예기》	186	4
《맹자》	199	3

전체적으로 '何'가 판단문의 서술어로 사용된 경우는 전체의 5%에도 미치지 못했다. '誰'와 '何'가 판단문에 사용된 빈도가 이들의 어순 변환 속도에 영향을 끼쳤다.

또한 '是'가 동사성 판단사로 문법화된 이후 의문 대명사는 예외 없이 '是'의 뒤에 놓였다. 따라서 '是'가 판단문의 표준 형식으로 발전함에 따라 'V誰'의 사용이 먼저 늘어났고 그 다음은 유추의 영향으로 판단사가 아닌 동사의 빈어로 사용된 '誰'도 점차적으로 뒤로 이동되었다. 그에 상응하여 '何'의 발전도 뒤떨어졌다.

판단사 '是'의 출현은 'V + 의문 대명사'의 형식으로 대량 사용되었을 뿐만 아니라 더욱 중요한 것은 '是'가 한걸음 더 나아가 초점 문법 표지로 발전하여 기능 면에서 선진·양한 시기의 어순에 의한 초점 표현 방식과 경쟁하게 되었으며, 결국 기존의 초점 표시법이 소실되었다는 점이다.

1.3.5 어순 표시법을 최종 대체한 초점 표지 '是'

1.3.5.1 판단사에서 초점 표지로의 발전

앞의 분석에 따르면 선진·양한 시기의 특수한 어순은 초점을 나타내는 문법적 수단의 하나였다. 초점은 일종의 교제 기능이다. 따라서 초점을 표현하는 문법적 수단은 그 어떤 언어든 그 어떤 시기를 막론하고 항상 존재하기 마련이다. 판단사는 전국 시기 말기에 출현하여 양한 시기에 점차 발전하였고 위진 시기에 이르러 기존의 판단 형식을 완전히 대체하였다. 판단사에서 초점 표지로 발전하고 다시 초점 표지에서 의문 표지로 발전하는 과정은 인간 언어 발전의 공통의 특징이다. 다양한 언어를 살펴본 결과 판단사의 발전은 아래와 같은 공통된 추이를 보였다.

1단계: 'NP + 판단사 + 종속절' 형식이 형성된다. 문장 첫머리의 NP는 새로운 정보이고 종속절은 이미 알고 있는 정보이다.
2단계: 판단사는 초점 표지로 진일보 문법화됨과 동시에 의문 대명사를 표시하는 목적으로도 자주 사용된다.
3단계: 의문 대명사는 반드시 초점 표지로 표시되어야 한다.

이상 판단사의 3단계 발전 규칙은 중국어에 완전히 적용되지는 않지만 판단사 '是'는 분명 초점 표지로 진일보 문법화되었고 더 나아가 중고 시기의 중국어에서 한때는 '是'가 상시적으로 의문 대명사와 같이 표지로 쓰였던 것이다. 먼저 '是'가 초점 표지로 사용된 용례를 살펴보자.

예문

가. 종속절 또는 동사의 초점 표지

(60) 子敬可是先辈谁比? (《세설신어》 – 품조)

(61) 此是有情痴。(《세설신어》 – 비루)

(62) 仁祖是胜我许人。(《세설신어》 – 규잠)

(63) 今时有者, 皆是先写。(《세설신어》 – 경저)

나. 명사의 초점 표지

(64) 王宁异谋, 云是卿为其计。(《세설신어》 – 언어)

다. 형용사의 초점 표지

(65) 对子骂父, 则是无礼。(《세설신어》 – 방정)

(66) 下二百签, 皆是精微。(《세설신어》 – 문학)

위의 예문이 보여주듯이 '是'의 여러 가지 초점 표지 용법은 5세기경에 이미 나타나기 시작했다. 그리고 이런 초점 표지로서의 사용법은 현재까지도 이어지고 있다. 그 이후에 집필된 일부 문헌에서 '是'가 초점 표지로 사용된 용례들을 좀 더 살펴보자.

(67) 将军实是许他念经。(《돈황변문》 - 여산원공화)

(68) 我是讨了一个孩儿来。(《관한경희곡》)

(69) 这厮是倒聪明着哩! (《관한경희곡》)

1.3.5.2 중고 시기 초점 표지 '是'와 의문 대명사와의 공용

의문 대명사는 자체적으로 초점적 특성을 고유하고 있고 보통 문법적 수단을 통한 표시를 필요로 한다. 판단사 '是'에서 초점 표지로서의 기능이 생겨난 후에 의문 대명사의 이러한 특성은 주로 '是'를 통해 표시되었다. 그 결과 중고 시기에 의문 대명사와 초점 표지 '是'가 공동으로 출현하는 빈도가 빠르게 증가하는 현상이 나타났다.

주어가 되는 의문 대명사 앞에 '是'를 붙여 의문 대명사를 형식상 서술어로 만들어주는 것이 중고 시기에 흔히 나타나는 경향이었다.

(70) 是谁教汝? (《북제서》 - 왕희전)

(71) 是谁容易比真真? (《손광헌》 - 완계사)

아울러 '谁' 앞에 '是'를 붙이는 것은 의문을 나타내는 경우만으로 제한되었으며 기타 의문이 아닌 파생 용법에서는 허용되지 않았다. 현대중국어에서도 마찬가지이다. 의문 대명사는 모두 초점 표지를 추가할 수 있지만 전체 지칭(遍指) 용법으로는 사용하지 않는다. 예를 들어 "*他是谁都认识"와 같은 용례이다.

위의 역사 사실이 설명해주듯이 중고 시기에 '谁'의 초점적 특징은 주로 새로 발전한 초점 표지 '是'를 통해 표시되었다. '是'의 기능은 주어 '谁'를 서술어로 만들어주는 것이 아니라 초점적 특징을 표시해주는 것이다.

좀 더 명확한 근거는 '何'가 '什么'로 바뀌는 과정에서 찾아볼 수 있다. '何'는 중고 시기에 점차 '什么'에 의해 대체되었다. '什么'는 처음에 '是物'로 쓰였는데 이는 '是何物'가 줄여서 쓰인 것이다. 위진 시기 이래 '何物'는 한 개의 단어로 고착되었는데 기존의 '何'의 용법에 상당하였다.

예문

(72) 近见孙家儿作文, 道"何物真猪"也。《세설신어》 - 경저)

(73) 何物老妪生宁馨儿! (《진서》 - 왕연전)

'是何物'는 또 자주 '是物'로 줄여서 쓰였다.

예문

(74) 唤作是物? (《신회어록》)

(75) 是物儿得人怜? (《인화록》)

'何物'가 서술어 뒤에서 서술어로 된 경우는 매우 많다. 그 밖에도 근현대에 들어와서 중국어에는 의문 대명사가 직접 주어가 되는 것을 피하기 위해 앞에 '是'를 붙여서 서술어 형태로 사용하는 경향이 나타났다. 따라서 중고 시기부터 지금까지 사용되고 있는 '什么'에는 실제로 초점 표지 '是'가 융합되어 있음을 알 수 있다.

이와 마찬가지로 위의 논리에 근거하면 왜 중고 시기에 '是'가 '何'와 자주 결합되었는지를 쉽게 이해할 수 있다. 여기서 '是'는 초점 표지로서 '何'가 고유한 초점 특징을 표시하고 있다. '何'는 단독 사용을 위해서 명사에 의존해야 했는데('何物'처럼) 아래 두 가지 요인이 작용했던 것으로 풀이된다. 하나는 '何'는 '是'자 판단문에서 반드시 동사 뒤에 위치해야 했다. 다른 하나는 당시 어순을 통한 초점 표시법의 제약으로 인해 동사 뒤에 위치할 때에는 반드시 실사에 의존해야 했다(강세 필요). 일단 의문 대명사와 초점 표지 사이의 내재적인 연계를 이해하면 중고 시기 초점 표지인 '是'와 의문 대명사의 여러 가지 공용 현상도 따라서 설명이 가능하다.

현대중국어에서 초점 표지 '是'는 동사와 빈어 사이에 들어갈 수 없지만 중고 시기 중국어에서 이와 반대되는 특이한 용법을 찾아 볼 수 있었다. 아래 예문은 의문 대명사가 빈어로 될 때 직접 '是'를 사용하여 표시했던 경우이다.

예문

(76) 即问言曰, 汝为是谁? 不见其形, 而但有声。《현우경제사》

(77) 我即仰问, 汝为是谁。《현우경제사》

(78) 今此骨山, 复为是谁? 《현우경제사》

(79) 此为是谁? 《현우경제사》

어느 한 문헌에서만 발견된 이 용법이 얼마만큼이나 대표적인지, 더 나아가 당시의 실질적인 상황을 반영하고 있는지는 아직 확실하지 않다. 다만 유사한 현상이 현재에도 일부 중국어의 방언 중에 남아 있다는 점이 주목할 만하다.

1.3.5.3 민남 방언에 나타난 의문 대명사와 초점 표지 '是'의 공용에 대한 강제성

중고 시기 중국어에서 의문 대명사와 초점 표지 '是'의 공용은 일종의 강한 경향성을 나타내지만 반드시 초점 표지 '是'로 의문 대명사를 표시해 주어야 하는 것은 아니었다. 이런 경향성은 중고 시기 중국어에서 현대중국어의 발전 과정을 걸쳐 점차 약화되었다. 현대중국어에서 의문 대명사가 반드시 '是'와 함께 출현해야 하는 것은 아니다. 다만 의문 대명사가 들어간 문장에 초점 표지가 추가된다면 표시되는 성분은 반드시 의문 대명사여야 하는데 이는 의문 대명사가 고유한 초점적 특성이 반영된 것으로 이해할 수 있다. 그러나 민남어에서 의문 대명사는 반드시 초점 표지 '是'로 표시되어야 하는데 이는 중고 시기 중국어의 경향성이 보다 더 진일보한 발전을 이룩한 것이다.

민남 방언의 '是谁'는 겉보기에 보통화와 같지만 의미나 성질이 매우 다르다. '是谁'가 주어가 될 때, 민남 방언에서 '是'는 생략할 수 없지만 보통화에서는 특별히 강조할 때를 제외하고는 생략한다. 더욱 중요한 것은 보통화에서 동사 뒤의 빈어는 직접 '是'를 사용하여 초점화 할 수 없지만 민남 방언에서 '是'는 직접 빈어를 표시할 수 있을 뿐만 아니라 판단문의 서술어도 표시할 수 있다. 그 결과로 판단문에 두 개의 '是'가 들어가는 현상이 나타난 것이다.

> **예문**
>
> (80) 是谁在内面在唱歌? (민남어)
>
> (81) 外面在拍门兀是是谁? (민남어)
>
> (82) 或本册着找是谁借则借有里? (민남어)

민남어에 속하는 샤먼 방언에도 '是谁'가 서술어가 되는 비슷한 현상이 존재한다. 예를 들어 "咨位是是谁?"와 같은 것이다. 아울러 보통화의 '什么'에 해당하는 중고 시기 중국어의 의문 형식인 '是物'는 지금도 민남 방언에 그대로 남아 있다. '什么'와 '是物'는 따로 사용될 때 모두 사물을 지칭하며 주어, 술어, 빈어가 될 수 있다.

겉으로 보면 '是谁' 등은 합성어지만 실제 쓰임에서 의문 대명사는 반드시 초점 표지로 표시되어야 하는 민남 방언의 문법 규칙을 반영한 것이다. 그러나 분명한 것은 모든 의문 대명사가 이 규칙을 따르지는 않는다. 따라서 이 규칙의 적용 여부는 의문 대명사의 발생 시기와 관계되는 것으로 추측하고 있다. 가장 오래된 의문 대명사 '谁'는 중고 시기에 한창 발전 중이었던 초점 표지 '是'와 결합했다. 그 후에 생겨난 의문 대명사는 초점 표지가 필요하지 않았다. 판단사의 발전 과정을 기준으로 민남 방언은 의문 대명사가 반드시 초점 표지에 의해 표시되어야 하는 제3단계까지 발전한 것으로 볼 수 있다. 반면에 보통화가 왜 이 단계까지 발전하지 못했는지는 조금 더 검토해 보아야 할 문제이다.

위의 분석에 따르면 판단사 '是'의 발생은 기존의 어순을 통한 초점 표현 방식에 두 가지 중요한 영향을 끼쳤음을 알 수 있다. 첫째, 동사인 판단사 '是'는 약한 타동성 때문에 수많은 'V + 의문 대명사' 용례를 만들어 내어 어순 변환의 규칙을 약화시켰다. 둘째, '是'는 다시 새로운 초점 표지로 발전하면서 기능 면에서 기존의 어순을 통한 초점 표현 방식을 대체하여 기존 방식은 존재의 필요성을 잃게 되었다. 의문 대명사의 도치 현상은 당조 시기에 이미 완전히 소실되었다.

판단사 '是'가 출현하면서 기존 어순에 미친 영향이 또 하나 있는데 바로 '是'가 동사성 성분으로 발전하면서 기존의 모든 지시 용법이 퇴화된 것이다. 상고 시기 중국어에서 지시 대명사 '是'는 동사 앞에서 가장 활발하고, 자유로웠던 피동작주 빈어였던 점을 감안할 필요가 있다.

> **예문**
>
> (83) 维彼忍心, 是顾是复。《시경》 - 대아, 상유)

원고 시기 중국어의 종정문(鐘鼎文)에서는 '是'가 "是用寿考"《모공정》)처럼 예외 없이 전치되었다. 앞에서 언급한 '의문 대명사 + 실사'구를 초점화할 때도 재귀에 '是'가 자주 사용되었다. '是'의 기존 지시 용법이 소실됨에 따라 원래의 어순 변환 용법도 사라지게 되었다. 따라서 선진·양한 시기에 초점 표현을 위한 어순 변환 방식도 일정 부분 약화되었다.

1.3.6 맺음말

이 장에서는 인간 언어의 보편적인 현상에 근거하여 선진·양한 시기의 중국어에 있었던 대명사의 특수 어순은 어순 변환을 통해 초점을 나타내는 일종의 문법적 수단으로 전환되었다는 점을 확인했다. 이 문법 규칙에 따르면 피동작주 부착 성분을 초점화할 경우 해당 성분을 반드시 문장의 두 번째 자리, 즉 주어와 동사의 사이로 이동해야 한다. 판단사 '是'가 생겨남에 따라, 특히 '是'가 초점을 표시하는 문법 표지로 진일보 문법화됨에 따라 기존의 어순을 통한 초점 표시법이 도태되었다.

의문 대명사는 특수한 어휘로서 자체적인 의미에 초점적 특성을 내포하고 있다. 이 특성은 보통 일정한 문법적 수단으로 표시해 주어야 한다. 상고 시기 중국어는 어순 변환으로, 중고 시기 중국어는 보통 초점 표지 '是'를 붙이는 방식으로, 현대 중국어는 특지 의문문에서 초점 표지는 의문 대명사만을 표시할 수 있는 것으로 나타난다. 민남어와 같은 중국어의 일부 방언에서는 의문 대명사에 반드시 초점 표지 '是'를 붙여서 표시해 주어야 한다.

이 장의 분석에서 문법은 하나의 체계라는 점을 깊이 있게 보여주고 있다. 새 현상의 발생은 대체로 기존 체계의 균형을 깨뜨리고 그로 인한 일련의 변화를 이끌어 낸다. 새로운 문법적 수단은 같은 기능을 가지고 있거나 서로 관련된 문법 형식에 가장 쉽게 영향을 끼친다.

1.4

의문 표지가 감탄 표지로의 발전

1.4.1 머리말

여러 유형의 문장들 사이에는 친소(親疎) 관계가 있다. 그중 의문문과 감탄문 사이에는 서로 내재적인 연계가 존재하는데 많은 의문 형식들이 감탄 표지로 변화된 것이 가장 두드러진 현상이다. 이런 현상은 현대중국어나 고대중국어는 물론 다른 언어에서도 대량으로 찾아볼 수 있는 실례들이다.

1.4.2 의문과 감탄 사이의 인지 관계

1.4.2.1 의문과 감탄 사이의 인지 관계

감탄문 표지는 대부분이 의문 대명사에서 변화되었는데 이런 변화는 우연한 것이 아니다. 그것은 의문과 감탄 사이에 내재적인 인지 관계가 존재하기 때문이다. 영어나 중국어로 된 언어학 문헌들을 살펴보면 감탄문의 정의는 대동소이하다. 대부분의 문헌들은 모두 감탄문은 두 가지 의미를 포함하고 있다고 진술하고 있다. 하나는 정보 기술이고, 다른 하나는 감정 표출이다. 첫 번째 의미는 아주 명확하게 감탄문은 확정된 정보를 기술한다고 했지만 두 번째 의미는 그 기술이 명확하지 않다.

현대중국어의 대량의 감탄문 용례들에 대한 조사를 통하여 감탄문은 다음의 경우에 많이 사용됨을 발견할 수 있었다. 즉 사람들이 현실 대상에 대해 감지할 때 만약 감지되는 대상의 성질, 수량 혹은 정도가 사람들의 지식 배경과 생활 경험을 초월하게 되면 강렬한 정감이 산생되면서 언어로 표현하려는 욕망이 생겨난다. 이는 의문문의 사용 조건과도 비슷하다. 사람들이 사물의 그 어떤 방면이 미지일 때, 의문 형식으로 물음을 제기하는 것과 비슷하다.

감탄문의 의미 구조는 정확하게 두 부분으로 구성된다.

> 감탄문의 의미 구조 = 초점화된 신정보(정보) +기존 지식 경험의 초월(의문)

감탄문의 강조 역할은 바로 이런 '정보'와 '의문'의 혼합체에서 가능하다. 또한 일부 어휘 구조에서도 '정보'와 '의문' 사이의 변증법적 관계를 보아낼 수 있다. 영어나 중국어에도 모두 이런 어휘들이 있는데 사물의 속성이 사람들의 지식과 경험 범위를 초월했음에 대한 설명을 통해 그 정도를 강조하는 역할을 하게 된다.

> 영어: incredible, unbelievable 등
> 중국어: 难以想象, 难以置信, 不可思议, 出乎意料, 喜出望外 등

감탄문 구성의 두 의미 요소는 모두 의문 대명사의 기능과 밀접한 관계를 맺고 있다. 아래에 구체적인 예문을 통하여 감탄문의 의미 구조를 설명하고자 한다.

가. 초점화된 신정보

의문 대명사는 '초점'의 의미적 특징을 가지고 있다. 예문 "小王昨天在门口用钳子把车修好了"에서 서술어 동사 앞의 성분 '小王', '昨天', '在门口', '用钳子' 등은 모두 '是'로 초점화 할 수 있는데 한번에 하나의 성분만을 초점화할 수 있다. 그러므로 문장에 의문 대명사가 쓰이기만 하면 초점화가 되는 성분은 의문 대명사일 수밖에 없다.

(1) 小王什么时候在门口用钳子把车修好了。→

*是小王什么时候在门口用钳子把车修好了。

小王是什么时候在门口用钳子把车修好了。

*小王什么时候是在门口用钳子把车修好了。

*小王什么时候在门口是用钳子把车修好了。

감탄의 초점이 빈어일 때의 예문으로 설명하면 감탄 부분은 '초점화된 신정보'가 된다. 보통 빈어는 'S + V + 的 + 是 + O'의 형식으로 초점화가 된다. 예를 들어 "我看见了一只兔子"는 "我看见的是一只兔子"로 변환할 수 있으며 문장 중의 빈어 '兔子'는 초점화가 된 성분이다. 동시에 일반 빈어는 문장의 첫머리에 오면 화제로 되면서 한정적인 구정보를 나타낸다. 예를 들어 "我看完了书"를 "书我已经看完了"로 변환할 수 있으며 변환된 문장에서의 '书'는 교제 쌍방의 이지(已知)의 사실을 나타낸다. 그러나 빈어의 위치에 감탄 어휘가 올 경우, 빈어는 초점화도 될 수 없고 화제도 될 수 없다. 그것은 첫째는 감탄 대상은 이미 초점이 되어 있어서 다른 형식으로 더 초점화가 될 필요가 없고, 둘째는 감탄 대상은 하나의 신정보로서 구정보를 나타내는 화제로 될 수 없기 때문이다.

(2) 老王这几年白扔了多少钱哪!

→*老王这几年白扔的是多少钱!

→*多少钱老王这几年白扔了!

(3) 我们看了一场多么精彩的电影啊!

→*我们看的是一场多么精彩的电影啊!

→*多么精彩的电影我们看了啊!

　　의문 대명사의 기능은 미지의(신) 정보에 대한 질문(초점화)이다. 위와 같은 감탄의 의미적 특징이 바로 의문 대명사와 똑같다. 이 또한 의문 대명사가 감탄 표지로 발전해가는 의미적 기초의 하나이다.

나. 기존 지식 경험의 초월(의문)

　　감탄문의 역사적 발전은 계발성이 다분하다. "'多'를 '不知'와 문장에 같이 쓰이면서부터 감탄을 나타내는 용법이 시작되었을 지도 모른다." 초기 '多'의 감탄문에는 '不知'의 단어가 많이 나타났다.

　　조사에 따르면 《홍루몽》 시기에 연속량(連續量)을 묻는 '多'의 감탄문은 찾아보기 힘들었으나 분리량(離散量)을 묻는 '多少'의 의문문은 상당히 보편화되었고 항상 '不知'라는 단어와 같이 나타났다.

이런 문형의 진일보의 문법화로 '多'는 점차적으로 안정된, 독립 사용이 가능한
감탄 표지로 발전하게 되었으나 '不知' 표지는 그 의미 역할이 점차 약화되어 지금
은 감탄문에 아주 적게 쓰이고 있다. 특히 현재 구어에서도 거의 쓰이지 않는다.

1.4.2.2 영어 의문 대명사의 감탄 용법

중국어에서처럼 영어 감탄문의 가장 전형적인 문법 표지도 의문 형식에서 왔다.
영어의 의문 형식은 주로 두 가지이다. 하나는 의문 대명사로 구성된 특지 의문문
이고 다른 하나는 주술 어순이 전도되어 형성된 비의문문이다. 그에 대응하여 영어
의 감탄 의문문도 아래와 같은 두 가지 형식이 있다.

가. 'how'와 'what'으로 시작하는 감탄구

예문

(16) a. How well Philip plays the piano!

　　 b. How nice she is!

　　 c. What a fine watch he received for his birthday!

　　 d. What beautiful clothes she wears!

여기에서 주의해야 할 점은 중국어와 영어의 감탄 의문문 사이의 대응 관계이
다. 영어에서 'how'는 형용사와 부사만을 수식하지만 'what'은 명사구에만 쓰인다.
중국어 의문 대명사 체계의 '多'와 '什么'는 각각 영어의 'how'와 'what'이 대응되지
만 감탄문에서 중국어의 '多'는 영어의 'how'와 'what'의 이중 기능을 가지고 있다.
예를 들면 "她这个人多么友善!", "她穿了一件多么漂亮的衣服啊!"이다. 중국어의

'什么'는 영어 'what'의 감탄 용법과 차이가 있으며 주로 소극적이고 부정적인 상황에 많이 쓰인다(아래 내용 참조).

나. 주술 어순이 전도된 감탄문

> **예문**
>
> (17) a Wasn't it a beautiful PLACE!
>
> = What a beautiful place it is!
>
> Wasn't it a marvelous CONCERT!
>
> = What a marvelous concert it was!
>
> Hasn't she GROWN!
>
> = She has grown!

이런 감탄문의 악센트는 모두 제일 마지막 단어에 온다.

1.4.3 의문 표지의 감탄 용법

1.4.3.1 연속량의 감탄 표지 '多'

감탄은 일반적으로 성질의 정도에 대한 표현과 관계되기 때문에 형용사의 정도에 대한 질문으로 쓰이는 의문 표지 '多'는 현대중국어에서 제일 자주 쓰이는 감탄 표지로 발전하게 되었다. 의문의 '多'는 정도를 한정하는 말의 수식을 받을 수 있는 형용사 앞에만 쓰이기 때문에 감탄 표지로서의 '多'도 정도를 한정하는 말의 수식을 받을 수 있는 형용사의 감탄만을 나타내는 제한성을 가지고 있다.

(18) 老了伺候丈夫儿子儿媳带孙子完全不工作, 这活得多充实呵。
　　 (왕쉬,《편집부의 이야기》)

(19) 社会多复杂呀! 尤其你们文化界伪君子多, 双双能不怕么? (재담)

(20) 让你们梦里白头到老, 儿孙满堂, 多美呀! (왕쉬,《편집부의 이야기》)

'多'로 구성된 감탄문은 문미에 대부분 '啊', '呀' 등과 같은 어기 조사를 동반하게 된다. 이런 어기 조사의 기능은 '多 + A'의 구조가 감탄문이라는 것을 명백히 해 줌으로써 그와 관련 있는 의문 용법과 구별된다.

감탄 표지 '多'는 정도의 의미를 나타내는 구(短語結構)도 수식한다. 아래 예문들에서 '多'는 겸어구(兼語結構)와 동빈구(動賓結構)를 수식한다.

(21) 就这样经理还把我当坏人防着呢, 多令人心痛, 真是痛定思痛。
　　 (왕쉬,《편집부의 이야기》)

(22) 　想想那些好日子, 多让人羡慕! (왕쉬,《편집부의 이야기》)

(23) 没你会做人, 你多会做人呵。 (왕쉬,《편집부의 이야기》)

중국어의 감탄 표지 '多'와 영어의 감탄 표지 'how'의 제일 중요한 구별은 중국어에서 '多'는 '多 + A' 구조로 명사를 수식함과 동시에 감탄문을 구성할 수 있는 반면에 영어에서 'how'는 그렇지 못하다는 것이다. 영어에서는 'how'의 자리에 'what'을 써야 한다.

(24) 多好的孩子……她妈, 人和人应该充满友爱, 善意和真诚。
　　 (왕쉬,《편집부의 이야기》)

> **(25)** 现在知道难为情了, 可你们想想你们给人家精神上造成多大痛苦!
>
>   (왕쉬,《편집부의 이야기》)
>
> **(26)** 李东宝, 你算不上一个优秀的摄影师, 这是一幅多么难得的画面呀!
>
>   (왕쉬,《편집부의 이야기》)

예문(24)에서 "多好的孩子"의 영문 번역은 "What a lovely child!"이고 예문(26)에서 "多么难得的画面"의 영문 번역은 "What a valuable picture!"이다.

감탄문의 주요 교제 기능의 하나는 화자의 강렬한 감정을 표현하는 것이고, 다른 하나는 상대방의 주의력을 끌려고 하는 강한 의욕을 나타내는 것이다. 그러므로 감탄문 앞에 '听', '看', '瞧', '说' 등과 같은 감각 동사들을 많이 사용하여 상대방의 주의력을 끄는 구나 문장이 자주 나타난다.

> **예문**
>
> **(27)** 戈玲, 你听听, 双双这孩子多不容易。 (왕쉬,《편집부의 이야기》)
>
> **(28)** 看看, 就是这种款式, 多漂亮。 (왕쉬,《편집부의 이야기》)
>
> **(29)** 你说多窝囊, 双双没采访着还生一肚子气。 (왕쉬,《편집부의 이야기》)

1.4.3.2 분리량의 감탄 표지 '多少'

객관 세계의 수량은 '분리'와 '연속'의 두 부류로 나뉘는데 이는 언어 문법에 아주 심각한 영향을 끼치고 있다. 예를 들어 중국어의 제일 주요한 두 부정 표지 '不'와 '没'의 역할 분담은 바로 이러한 수량의 특징에 의해 결정되며 이외에 많은 문법 규칙들도 이러한 수량 특징과 관계된다. 수량에 대한 질문에서 '(有)多'는 연속량을 나타내는 형용사의 정도에 대한 질문에만 쓰이고, '多少'는 분리량을 나타내는 명사의 수량에 대한 질문에만 쓰인다. 이런 역할 분담은 감탄문에서도 여전히 엄격하게 지켜진다. 만약 분리량 사물의 수량이 많음을 감탄할 때에는 오직 '多少'만을 사용하게 된다.

감탄 표지 '多少'는 《홍루몽》에서 매우 보편적으로 사용되었다.

> **예문**
>
> (30) 我自来是如此, 从会吃饮食时便吃药, 到今日未断, 请了多少名医修方配药, 皆不见效。(《홍루몽》- 3회)
>
> (31) 他心里一乐, 便生出多少事来。(《홍루몽》- 3회)
>
> (32) 为这病请大夫吃药, 也不知白花了多少银子钱呢!(《홍루몽》- 7회)

현재 구어에서도 이런 현상들을 여전히 쉽게 찾아볼 수 있다.

> **예문**
>
> (33) 都不是等闲之辈, 老陈耽误了多少人才, 这回咱们编辑部要成东周列国了。
>   (왕숴, 《편집부의 이야기》)
>
> (34) 这万水千山, 晓行夜住, 一个女孩儿就有多少的难处!
>   (왕숴, 《편집부의 이야기》)
>
> (35) 不但安公子省了多少心神, 连张老也省得多少辛苦。
>   (왕숴, 《편집부의 이야기》)

1.4.3.3 감탄 표지 '什么

감탄문은 일반적으로 사물의 성질에 대한 화자의 표현과 관계되기 때문에 사물의 성질에 대한 질문에 쓰이는 의문 대명사 '什么'도 여러 가지 감탄 용법으로 쓰이면서 소극적이거나 부정적인 의미로 많이 사용되었다. 예를 들어 "什么东西!", "什么天气!", "什么衣服!", "什么领导!", "什么地方!" 등 표현들은 화자가 사물 현상에 대한 강렬한 불만 정서를 표현하면서 그 사물의 성질이 너무나도 기대치에 미치지 못함을 나타내고 있다. 여기에서 "什么东西"는 '사물의 질이 아주 형편없음' 혹은 '사람의 인품이 아주 나쁨' 등의 의미로 표현된다. '什么'는 단독으로 쓰이기도 하는데 이때 강한 부정을 나타낸다.

(36) 乙: 哦, 谈恋爱都得留着巴豆。甲: 什么呀! 人家把巴豆花看成是最美丽
　　　的花。(재담)
(37) 什么呀, 您可真不着四六儿。您二位可别见怪啊, 我爷爷岁数大了耳朵
　　　眼睛都不算太灵了。(재담)

사전에서는 '什么'의 비의문 용법에 대하여 아래와 같이 요약하고 있지만 필자의 정의에 따르면 이들은 모두 감탄 용법으로 보아야 한다.

가. '부정'을 나타낸다.

(38) 这是什么玩意儿! 一用就坏了!
(39) 你说的是什么话! 一点道理都不讲!

나. 다른 사람의 말을 인용하여 서술하는 데 쓰이어 '동의하지 않음'을 나타낸다.

(40) 什么"不知道", 昨天我还提醒你来着。
(41) "什么"你"呀"我"的, 何必分这么清楚。
(42) 看什么电视, 还不赶快做功课。
(43) 还散什么步呀, 你看看都几点了。

다. '有 + 什么 + 形 + 的'의 구조로 '그렇게 생각하지 않음'의 뜻을 나타낸다.

예문

(44) 这事有什么难办。

(45) 听听音乐有什么要紧。

(46) 说两句话有什么不好意思的。

라. 동사 뒤에 쓰이어 '불만'을 나타낸다.

예문

(47) 你跑什么, 还有事跟你说呢。

(48) 你在这儿乱翻腾什么!

(49) 他整天瞎嚷嚷什么!

'什么'의 감탄 용법에는 일부 특수 용법들이 있는데 주의해야 할 필요가 있다. 먼저, '什么 + N' 구는 직접 술어로 쓰일 수 있다.

예문

(50) 他什么人呀, 这点儿事情都不给办。(왕숴,《편집부의 이야기》)

(51) 他什么意思! (《재담》)

다음으로, '什么'는 자동사 혹은 형용사 뒤에 쓰이어 강한 부정을 나타낸다.

예문

(52) 傻什么呀? 我们才不傻哪。(왕숴,《편집부의 이야기》)

(53) 乙: 这姿势还不错。甲: 不错什么呀? 这位顾客连照片都没取。(《재담》)

　　위의 예문에서 '傻', '不错', '磨蹭', '客气', '嚷' 등 단어들 뒤에는 원래 그 어떤 명사나 빈어가 올 수 없지만 '什么'가 쓰이어 부정의 감탄 역할을 한다.

　　'什么'는 'V + N'의 구조로 된 이합사(離合詞)의 사이에 쓰이어 부정을 나타낸다. 이런 구조는 이미 굳어져 하나의 단어로 정착되었기 때문에 그중의 'N'은 그 기능이 상실되고 '什么'가 부정의 역할을 할 뿐이다.

1.4.3.4 '哪里'의 감탄 용법

　　'哪里'는 원래 처소 의문 대명사이다. '哪里'도 반문으로 쓰이어 부정을 나타낸다. '반문'과 '감탄'은 내재적 연계를 가지고 있다. 형식 면에서는 모두 의문의 형식으로 나타나고 내용 면에서는 화자의 강렬한 감정을 표현하면서 판단을 나타내기 때문에 '반문'을 감탄의 한 유형으로 보아야 한다. 의문 대명사 '哪里'의 부정은 일반적인 부정 형식과 달라서 강렬한 감정을 가진 강한 부정을 나타낸다.

　　부정을 나타낼 때, '哪里'의 위치는 다른 부정 표지가 나타나는 문법적 위치와 같으며 모두 술어 앞에 나타난다. 현대중국어에서 가장 기본적인 부정 표지인 '不'와 '没'는 명확한 역할 분담을 가지고 있다. '不'는 연속량의 개념 부정에만 쓰이고, '没'는 분리량의 개념 부정에만 쓰인다. 그러나 '哪里'는 '不'와 '没'의 이중 기능을 모두 가지고 있다.

가. '哪里(哪儿)'는 '不'의 감탄 용법과 같다.

(57) 这哪儿像领导干部, 十足一个流氓嘛。(왕숴,《편집부의 이야기》)

(58) 我压根儿就没把这当回事儿, 哪儿那么容易就撞咱地球上了。

(왕숴,《편집부의 이야기》)

(59) 你说得也太邪乎了。哪儿就至于社会问题了? (왕숴,《편집부의 이야기》)

나. '哪里(哪儿)'는 '没'의 감탄 용법과 같다.

(60) 这不上路, 哪儿有这么拉赞助的! 再说了, 啊, 不是两个单位搞这活动吗?

(왕숴,《편집부의 이야기》)

(61) 我一辈子, 一辈子谨慎小心, 处处留神, 没想到闹这么个下场, 我哪儿有

心思吃饭呢? (왕숴,《편집부의 이야기》)

(62) 那玩意儿吃了拉不出屎来啊, 啊? 诶, 那哪儿有萝卜通气啊!

(왕숴,《편집부의 이야기》)

1.4.3.5 의문 어기 조사 '吗'의 감탄 용법

현대중국어에서 '吗'는 유일하게 의문을 나타내는 어기 조사이고, '嘛'는 전문 감탄을 나타내는 어기 조사로서 이 두 어기 조사는 발음이 완전히 같다. 아래에 감탄의 '嘛'가 의문의 '吗'에서 발전되었음을 논증하고자 한다. 비록 사전에서는 명확히 구별하여 설명하였지만 사람들은 실제 언어 사용에서는 서로 혼용하고 있으며 일부 문법서에서도 혼용하고 있음은 마찬가지이다. 다만 이 두 표지의 문법적인 역할 분담이 명확해진 후에야 사람들은 비로소 이 두 표지를 구별하여 사용하였다. 아래에 의미와 형식 두 면에서 감탄의 '嘛'가 의문의 '吗'에서 온 것임을 분석하고자 한다.

먼저, 의미 면에서 '吗'와 '嘛'의 내재적인 연계를 고찰해 보자. '嘛'는 감탄문에 쓰이어 '사실이 원래 그러함 혹은 이유가 분명함'의 뜻을 나타내며, '嘛'가 강조하는 것은 '是'의 정도의 크기이다. 하지만 의문 어기 조사 '吗'는 '사실의 시(是) 혹은 비(非)'를 묻는다. 이를 통해 '吗'와 '嘛'의 의미 관계는 의문과 감탄의 '多'와 동등함을 알 수 있다. 의문의 '多'는 성질의 정도가 높고 낮음에 대한 질문이지만 감탄의 '多'는 성질의 정도가 높음에 대한 강조이다. 아래의 예문들은 감탄 표지 '嘛'의 실제 용례들이다.

(63) 啊, 减的什么肥呀。我看王师傅挺好看的嘛。(왕쉬,《편집부의 이야기》)

(64) 这你都不认识, 那不就那谁嘛。(왕쉬,《편집부의 이야기》)

(65) 江导演, 您这名字听着很熟嘛? (왕쉬,《편집부의 이야기》)

다음, 형식 면에서 '吗'와 '嘛'의 연계 관계를 분석해 보자. 의문 형식으로부터 발전해온 감탄 표지는 원래의 의문 용법의 제약을 받게 된다. 중국어의 의문문은 의문 대명사에 의한 의문문, 의문 어기 조사에 의한 의문문, 정반 의문문, 선택 의문문 등 네 가지가 있다. 또한 한 문장에 한 가지 의문문 형식만을 사용할 수 있을 뿐, 두 가지 서로 다른 의문문의 형식을 동시에 사용할 수 없음이 원칙이다. 예를 들어 "*那棵树有多高吗?", "*你在哪里买的这件衣服吗?"로 표현할 수 없다. 또한 감탄 표지 '多' 혹은 '什么'는 '啊', '呢', '呀', '哪' 등 어기 조사와 결합하여 사용할 수 있지만 예전부터 '嘛'와는 결합하여 사용할 수 없다. 아래의 문장들은 비문이 된다.

(66) a. 现在社会多复杂呀! → *现在社会多复杂嘛!

　　 b. 多好的孩子呀! → *多好的孩子嘛!

　　 c. 打人算什么本事啊! → *打人算什么本事嘛!

d. 你着什么急呀! → *你着什么急嘛!

'嘛'는 기타 의문 표지와도 같이 사용할 수 없다. 다른 측면으로 설명하면 이는 '嘛'는 의문 어기 조사 '吗'와 역사적인 연원 관계가 있다는 것이다.

의문 표지 '吗'의 감탄 표지로의 발전은 또 다른 유력한 증거가 있다. 의문의 '吗'에 그의 약화 형태 '么'가 있는 동시에 감탄의 '嘛'에도 그의 약화 형태 '么'가 있다는 것이다. 아래에 의문과 감탄의 '么'의 용례를 보자.

가. 의문의 '么'

> **예문**
>
> (67) 这期的没有, 头两期的您要么? (왕숴,《편집부의 이야기》)
> (68) 我想打听一下, 您是常买《人间指南》么? (왕숴,《편집부의 이야기》)

나. 감탄의 '么'

> **예문**
>
> (69) 我还回不来啦! 这不是搞庸俗化么! (왕숴,《편집부의 이야기》)
> (70) 工作还是要干好, 就算明天停刊了, 咱也得站好最后一班岗么。
>   (왕숴,《편집부의 이야기》)

총괄적으로 말하면 '嘛'는 기능, 분포 면에서 뿐만 아니라 그 발음에서도 의문 표지 '吗'로부터 발전해온 감탄 표지임을 증명할 수 있다.

1.4.3.6 의문 어조로 표현되는 감탄

의문의 또 다른 형식은 어조이다. 의문의 어조도 감탄을 표현하는 데에 쓰인다. 문자로 기록할 때에는 말의 어조를 표현하기 어렵기 때문에 입말을 기록한 문자 자료에서도 어조로 감탄을 표현한 문장을 찾아보기는 힘들다.

(71) 乙: 现在没有受限制的地方。甲: 没有? 那天我在马路上遛弯儿, 挺平的 马路他不让你走, 非让你到便道上走。(재담)

(72) 乙: 你走马路当间儿啦? 甲: 废话! 我骑车还不准我走马路? (재담)

(73) 奇怪, 我谈这几个钱? (《초오위극작》)

예문(71)의 "没有?"는 긍정식 감탄문 "有!"에 해당하는 문장이고, 예문(72)의 "我骑车还不准我走马路?"는 감탄 표현으로 되는 "我骑车就必须允许我走马路!"에 해당하는 문장이며, (73)의 "我谈这几个钱?"은 "我不谈这几个钱!"에 해당하는 문장이다. 일반적으로 문법서에서도 이런 문장 형식들을 반문으로 보고 있다. 그러나 앞에서 언급했듯이 반문과 감탄 사이에는 일치성을 가지고 있으며 의문 형식이 감탄 표지로의 발전은 '반문'이라는 중간 과정을 거쳐 실현되었다고 할 수 있다.

1.4.4 의문구와 문형의 감탄 용법

1.4.4.1 '干吗'의 감탄 용법

중국어에는 감탄의 역할을 하는 의문 표지로 형성된 관용어 혹은 고정격식이 아주 많다. 그중에서 '干吗'는 제일 활약적으로 사용되며 '어떤 일을 하지 않을 도리가 없다'의 뜻을 강조하거나 '그 어떤 상태가 발생해서는 안된다'의 뜻을 강조한다. 조사에 따르면 절대 대부분 용례들에서 '干吗'는 서술어 동사 앞이나 문미에 쓰이어 감탄의 의미로 사용된다는 것이다. 아래에 예를 들어 구체적으로 설명하고자 한다.

가. '干吗'는 술어 앞에 쓰인다.

(74) 甲: 有的都贴沟帮子去啦。乙: 嗬! 干吗贴那么远呢? (재담)

(75) 那不结了吗? 您干吗呀, 跟宝贝似的, 藏着掖着舍不得拿出来呀? (재담)

(76) 分工不同, 目的一样。干吗要有疏有近呢? (왕쉬,《편집부의 이야기》)

(77) 你那么关心她, 干吗不自个儿说? (왕쉬,《편집부의 이야기》)

나. '干吗'는 술어 뒤에 쓰인다.

(78) 别理他, 理他干吗呀? 咱们说咱们的。(왕쉬,《편집부의 이야기》)

(79) 我说, 我骗您干吗呢? 我也不愿意相信这是真的呀。

　　(왕쉬,《편집부의 이야기》)

(80) 李: 四大菜系都出书了, 咱们还用介绍吗? 牛: 咳, 四大菜系干吗呀? 你们
　　家逢年过节吃什么? 是哪个菜系呀? (왕쉬,《편집부의 이야기》)

위의 예문에서 서술어가 복잡하면 '干吗'는 항상 서술어 앞에 나타나는 반면에 서술어가 간단하면 '干吗'는 항상 서술어 뒤에 나타나는 경향을 가지고 있음을 관찰할 수 있다. 위의 앞부분 예문들의 술어들은 비교적 복잡한 구조를 가지고 있지만 뒷부분 예문들의 술어들은 거의 모두가 간단한 술빈구(述賓短語)로 되어있다. '干吗'의 앞에는 명사구가 올 수 있는데 예문(80)의 "咳, 四大菜系干吗呀?"에서처럼 '干吗'는 그 자체가 하나의 독립적인 성분으로서 문장 내의 기타 성분들과의 관계가 밀접하지 않다. 그 증거로는 '干吗'와 문장 내의 다른 성분들 사이에는 휴지가 올 수 있다는 것이다.

(81) 人家说萝卜, 你说戈玲儿, 干吗呀? 现在大敌当前是萝卜, 又不是戈玲
儿。(왕쉬,《편집부의 이야기》)

형태 면에서 보면 '干吗'는 동사 '干'과 의문 어기 조사 '吗'가 붙어서 구성된 것이지만 사실, 의문 어기 조사 '吗'와는 관계가 없으며 오히려 '干什么'의 약화 형태이다.

기능 면에서 보면 '干吗'는 '干什么'에 해당된다. 더 유력한 증거는 '干吗'와 '干什么'는 한 작품에서 서로 교체되어 사용되면서 완전히 같은 기능을 하고 있다는 것이다.

(82) 我连鸡鸭都交代了, 还瞒着萝卜干什么呀? (왕쉬,《편집부의 이야기》)
(83) 这个地方儿空着干什么呀? 诶, 这么一大块地方不利用上, 可惜了。
(왕쉬,《편집부의 이야기》)
(84) 诶, 还有你, 你也出去。你们来这么多人干什么呀? 通通出去!
(왕쉬,《편집부의 이야기》)

1.4.4.2 '什么'로 구성된 구의 감탄 용법

'干吗' 이외에 '什么'도 감탄의 어조를 나타내는 여러 가지 고정격식이 있다. 아래에서 구체적으로 설명하고자 한다.

가. '什么叫'

대화에서 '什么叫' 뒤에 상대방의 말을 다시 한 번 중복하면서 상대방의 견해를 강하게 부정한다.

(85) 甲: 有。咱们先不唱这个。

　　乙: 什么叫先不唱这个。

　　甲: 我唱出来, 怕你听不懂。(재담)

(86) 乙: 这……不知道。没有家雀拿这个来蒙我来啦!

　　甲: 什么叫蒙你? 这是维吾尔族民歌。(재담)

(87) 甲: 我一想, 哪儿能都跟他们俩人似的, 这么没涵养。

　　乙: 什么叫没涵养啊! (재담)

나. '有什么'

형용사구 앞에 쓰이어 성질의 정도를 높여 준다.

(88) 有什么不痛快, 你听他胡扯呢? (왕쉬,《편집부의 이야기》)

(89) 都去。去人多了有什么不好? (왕쉬,《편집부의 이야기》)

(90) 何必同志, 何必呢。多听听情况有什么不好。这也有利于你更好地解决
　　问题。(왕쉬,《편집부의 이야기》)

다. '凭什么'

주로 어떤 일을 할 이유가 없음을 강조할 때 쓰인다.

(91) 甲: 你给钱? 乙: 对啦……我凭什么给钱呢? (재담)

1.4.4.3 정반 의문문

앞에서 우리는 의문 표지의 감탄 용법으로의 변화 발전에 대해서 알아보았다. 중국어에 또 다른 의문 형식으로 정반 의문문이 있다. 정반 의문문은 어떤 경우에는 감탄 용법으로도 쓰인다.

(92) 甲: "喂"。我有名有姓没有? 乙: 人家知道你是谁呀? (재담)

(93) 有急事你也别玩命啊, 给你爸爸请大夫, 你干吗给我弄到药铺 里去? 得亏我这身子骨儿, 软点儿不让你给撞坏了? 嘿, 老头 走了。嘿 — 可乐不可乐? (재담)

예문(92)의 "我有名有姓没有?"는 "我有自己的名字呀!"를 강조한 것이고, 예문(93)의 "可乐不可乐?"는 "多可乐!"에 해당된다. 물론 이런 표현들은 굳어진 감탄 용법은 아니지만 이들은 특수한 언어 환경에서 임시로 활용되고 있다.

1.4.5 감탄 – 문장 층위의 문법 범주

서로 다른 문법 범주는 그가 속하는 언어 층위가 다르다. 이는 그 문법 범주의 사용 범위를 결정해 준다. 감탄문은 문장 층위의 문법 범주에 속하기 때문에 그 사용에서 많은 제한을 받게 된다. 그런 면에서 감탄문의 중요한 문법 특징들을 잘 보아낼 수 있다. 아래에 전형적인 감탄 표지 '多'를 예로 감탄문의 사용 특징에 대하여 설명하고자 한다.

가. 주술 구조의 감탄문은 문장의 한 성분으로 될 수 없으며 인용절(說從句)로도 될 수 없다. 아래 문장의 대조를 보자.

(94) 这孩子听话的时候, 很可爱。

　　*这孩子多么听话的时候, 很可爱。

(95) 工作条件好的企业可以留住人才。

　　*工作条件多好的企业可以留住人才。

(96) 我早就听说过了老王很能干。

　　*我早就听说过了老王多么能干。

(97) 他对老王家里富裕并不了解。

　　*他对老王家里多么富裕并不了解。

기타 의문 형식으로부터 유래된 감탄 표지도 같은 제한을 받는다. 예를 들어 부정의 감탄을 나타내는 '哪里'는 기능 면에서 '不' 혹은 '没'에 해당되는데 '哪里'로 구성된 주술 구조는 독립 문장에만 쓰이지만 '不'와 '没'로 구성된 주술 구조는 독립 문장에서도 쓰일 뿐만 아니라 문장의 한 성분으로도 될 수 있다. 아래 문장의 대조를 보자.

(98)　他不知道这件事的时候, 乐呵呵的。

　　→ *他哪里知道这件事的时候, 乐呵呵的。

(99)　他把我们不需要更多人手的事忘了。

　　→ *他把我们哪里需要更多人手的事忘了。

(100) 我没有心思吃饭的时候就睡觉。

　　→ *我哪里有心思吃饭的时候就睡觉。

나. 감탄 표지 '多'는 주어의 자리에 나타나지 못한다. '多'가 수식하는 직접 성분은 전체 서술어일 수도 있다. 예를 들어 "现在社会多复杂呀!", "他们多

> **예문**
>
> (101) 你们想想你们给人家精神上造成多大痛苦?
>
>   (왕쉬,《편집부의 이야기》)
>
> (102) 这是一幅多么难得的画面呀? (왕쉬,《편집부의 이야기》)
>
> (103) 那是多么舒心的日子! (왕쉬,《편집부의 이야기》)

위의 예문(101)과 (102)는 빈어가 모두 '多 + A + 的 + N'의 명사구이다. 그러나 이런 명사구들은 주어의 자리에 나타날 수 없다. 조사에 따르면 이런 명사구들은 독립 문장이 되거나 문장의 빈어로 될 뿐, 문장의 주어로 된 용례는 하나도 없었다. 아래의 문장들은 비문이다.

> **예문**
>
> (104) *多好的孩子在帮助妈妈做家务。
>
>   *多生动的例子说明了那个问题。
>
>   *多么难得的一幅画被他弄破了。
>
>   *多么和气的王教授今天来给我们做学术报告。
>
>   *多大的雨打坏了庄稼。

위와 같은 현상들은 중국어의 주어 성질과 감탄의 문법 의미로 설명할 수 있다. 중국어에서 일반 동사구의 술어 앞에 나타나는 명사는 자동적으로 '한정'의 특징을 부여받게 되며 주어는 항상 구정보를 대표한다. 이 장의 시작에서 정의를 내렸듯이 감탄 대상은 항상 미지의 신정보이다. 다시 말하면 주어 명사의 의미 특징과 감탄 의 문법 의미는 서로 모순되기에 '多 + A +的 + N'의 명사구는 주어로 될 수 없다.

같은 도리로 '多 + A + 的 + N'의 명사구는 빈어로 될 수 있는 이유가 되는데 그것은 빈어는 늘 '비한정적인 신정보'를 의미하기 때문이다.

다. 감탄구 '多 + A'의 층위 제한

앞에서 '多 + A'의 형식으로 형성된 명사구는 빈어로 될 수 있다고 하였다. 그러나 '多 + A' 구는 빈어의 명사 중심어의 일차 층위의 수식어로만 사용되는 제한이 있다. 이 두 성분은 빈어 형성의 직접 성분으로만 되고 더 낮은 층위의 수식어로는 되지 못한다. 아래의 문장들은 비문이다.

> **예문**
>
> (105) *这是一个多好的孩子的卧室。
> (106) *她穿了一件多么漂亮的花色的衣服哇!
> (107) *那是多么舒心的日子的照片!

라. 감탄 표지는 문미나 문장 첫머리에 많이 나타난다.

감탄은 문장 층위에서의 문법 범주이다. 이는 감탄의 어조가 문장 전체와 관계가 있음을 의미한다. 중국어에서 문장 전체의 어조를 표현하는 문법 표지는 문미에 항상 나타나기 때문에 감탄 표지도 문미에 항상 나타난다. '多'나 '什么' 등이 감탄 표지로 쓰일 때는 비록 문장 중간에 많이 쓰이지만 대부분의 경우에 문미에 어기 조사 '啊', '呀' 등이 나타난다. 많은 경우에 감탄 표지 '多' 등은 문미 어기 조사의 보조적 작용이 있어야만 감탄의 기능을 수행할 수 있다. 그러나 감탄 표지 '嘛'는 이미 문미에 위치하고 있기 때문에 어기 조사가 없이도 감탄의 뜻을 표현할 수 있다. 재미있는 것은 '干吗'의 위치인데 '干吗'가 갈수록 감탄 표지로만 사용되기에 문미에 많이 나타나고 있다는 것이다. 앞에서 말했듯이 '干吗'는 서술어 앞에도 나타날 수 있고 서술어 뒤에도 나타날 수 있는데 그 출현 비율이 균형적이지 못하다. 그 용례들을 살펴보면 약 70% 가량이 문미에 나타났다.

(108) 咳, 那都是过去的事儿了。还提它干吗哪? (왕쉬,《편집부의 이야기》)

(109) 您不回去, 还在这儿干吗呀? (왕쉬,《편집부의 이야기》)

(110) 我们有那么多肉, 还种那么多萝卜干吗呀? (왕쉬,《편집부의 이야기》)

(111) 等你干吗? 咱俩又不是一路的。(왕쉬,《편집부의 이야기》)

주목해야 할 점은 '干吗'는 원래 원인을 묻는 표지였다. 중국어에 원인을 묻는 형식은 '为什么'인데 '为什么'는 서술어 앞에만 나타나며 서술어 뒤에는 나타날 수 없다. 예를 들어 "为什么种这么多萝卜"라고 해야지 "种这么多萝卜为什么"라고 하지 않는다.

고대중국어와 현대중국어는 문법 특징에서 차이가 있다. 고대중국어에서 '何'가 감탄을 나타낼 경우에는 문장 첫머리에 쓰이며 주어와 술어 사이에 '之'를 붙인다.

(112) 嘻! 亡一羊, 何追者之众! (《렬자》 - 설부)

(113) 何足下拒仆之深也! (《사기》 - 계포란포렬전)

(114) 何子居之高, 视之下, 仪貌之壮, 语言之野也! (《론형》 - 서허)

고대중국어 문법에서 '之'는 문장 형식을 명사구로 바꾸어서 명사의 성질을 묻는 의문 대명사 '何'로 하여금 문장의 제일 앞자리에 오게 하면서 감탄을 나타낸다.

1.4.6 맺음말

언어 현상은 겉보기에는 복잡한 것 같지만 사실 아주 질서정연하다. 의문과 감탄은 자주 사용되는 언어 현상이다. 의문문, 감탄문, 서술문과 기사문은 문장을 구성하는 네 가지 기본 유형이며 그들 사이에는 친소 관계가 존재한다. 의문문과 감탄문 사이에는 내재적인 인지 관계를 갖고 있다. 공시적인 시각에서 보면 중국어와 다른 언어의 의문문과 감탄문의 문법 표지는 항상 일치하며, 통시적인 시각에서 보면 의문 대명사는 감탄 표지로 발전되었을 가능성이 다분하다. 많은 언어 규칙들은 긴긴 역사 발전 과정을 통해서만이 비로소 드러나고 있다.

감탄 표지로 발전한 의문사 '多'

1.5.1 머리말

이 장에서는 중국어에서 의문과 감탄을 나타내는 표지인 '多'의 문법화 과정을 분석하고 의문과 감탄 사이의 규칙적인 연계를 규명하고자 한다. 형용사 '多'가 의문과 감탄의 이중 표지로 발전한 데는 천 년 이상 시간이 걸렸다. '多'는 긴 세월 동안 일련의 변화를 수반한 단계적 발달 과정을 거쳐 지금의 모습으로 발전하게 된 것이다. '多'로 구성된 복합어인 '多少'는 당조 시기에 벌써 안정적인 문법 표지로 자리잡았으나, '多'는 감탄 용법으로 형성된 지가 지금으로부터 백여 년에 불과하다.

1.5.2 공시적 용법과 이론적 배경

1.5.2.1 현대중국어에서 의문과 감탄을 동시에 나타내는 '多'

'多'는 현대중국어에서 의문문과 감탄문의 중요한 문법적 표지로서 매우 활발하게 사용되고 있다. 그럼에도 불구하고 그 기능에 대한 연구는 여전히 미비하다. 지금까지의 문헌들에 근거하면 일부 논저에서 '多'의 감탄 용법이 조금씩 언급되었을 뿐 전문적인 논의가 전무하며 '多'의 의문 기능과 감탄 기능을 연결시켜 논의한 선행 연구는 전혀 이루어지지 않고 있다. '多'의 역사적인 발전 과정을 고찰하기 전에 우선 '多'의 몇 가지 공시적 용법에 대해서 알아 볼 필요가 있다.

가. 의문 표지 '多'

'多'로 구성된 의문 표지는 모두 수량을 묻는 의문과 관계되며 그들 사이에는 명확한 역할 분담이 존재한다. '多少'는 분리량의 사물의 수량에만 사용이 국한되며 주로 명사와 결합되고 정확한 수량으로 답할 수 있어 영어의 의문 대명사 'how many'에 해당된다. 그러나 '多' 또는 '有多'는 연속량에 대해서만 물을 수 있고 일반적으로 형용사와 결합되는 점 등을 감안하면 영어의 의문 대명사 'how much'에 해당된다고 볼 수 있다. 아래 각각의 용례를 통해 살펴보자.

a. 분리량을 묻는 의문 표지 '多少'

분리량이란 헤아리는 대상이 명확한 개체적 특징을 가져 자연수로 나타낼 수 있는 수량을 가리킨다. 대표적으로 사물의 수량과 동작의 횟수를 들 수 있다. 따라서 '多少'는 명사 또는 동사와 함께 사용되는 경우가 많다.

> **예문**
>
> (1) 你们学校有多少学生?
>
> 有多少人登上过珠穆朗玛峰?
>
> 上个学期你看过多少本课外书?
>
> 老王去过多少次北京?
>
> 你看过多少遍《红楼梦》?

b. 연속량을 묻는 의문 표지 '多'와 '有多'

연속량이란 헤아리는 대상에 명확한 경계가 없이 모호한 정도의 차이만으로 나타낼 수 있는 양을 가리킨다. 또한 서로 다른 정도 사이의 경계도 명확하지 않아 서로 교차되는 부분이 있는데 대표적으로 성질이나 상태가 이에 해당된다. 따라서 형용사와 함께 사용되는 경우가 많다.

나. 감탄 표지 '多'

아울러 '多'는 현대중국어에서 가장 기본적인 감탄 표지로서 수량 또는 정도와 관계되는 감탄에 사용된다. '多'의 의문 용법과 대응되어 분리량을 나타내는 감탄문에는 '多少'를 사용하고 연속량을 나타내는 감탄문에는 '多'나 '有多'나 '多么'를 사용한다. 아래 각각의 용례를 통해 살펴보자.

a. 분리량을 나타내는 감탄문 표지 '多少'

여기서 '多少'는 이미 의문의 기능을 상실하고 사물의 수량이나 동작의 횟수가 많음을 강조한다.

b. 연속량을 나타내는 감탄문에 사용되는 '多', '有多', '多么'

이들도 의문을 나타내지 않고 성질 또는 상태의 정도의 크기를 강조한다.

(4) 大报小报发消息, 多风光!

人家影响多大啊, 一年好几百万。

那么好的东西, 一点儿也没剩。多可惜啊!

人这心里多难受啊, 您还有心开玩笑哪。

중국어와 영어의 감탄문 표지는 모두 의문 대명사에서 유래되었으나 기능적으로 명확한 차이를 보인다. 영어의 감탄문 표지는 주로 'how'와 'what'이며 둘은 명확하게 역할이 구분된다.

(5) 多好听的声音。哎唷, 双双啊。

多好的孩子! 还有他妈。

松本, 松本二十一世纪, 多好听的名字, 他们也敢腆着脸这么叫。

예문(5)를 영어로 옮기면 모두 'what'을 사용해야 한다. 이를테면 "多好听的声音"의 영어 번역은 "what a lovely sound"이다. 중국어에서도 '什么'를 감탄문에 사용할 수 있다. 예를 들면 "什么东西!", "什么玩意!", "这是什么天气!" 등과 같은 문장인데, 다만 이 경우 강력한 부정적 또는 소극적인 의미를 나타낸다. 영어와 중국어의 감탄 용법의 공통점과 차이점에 대한 전문적인 논의는 다음에 하고자 한다.

그 전에 일부 구체적인 예문 분석을 통해 감탄문의 의미 구조를 고찰하고자 한다. 초기의 '多' 감탄문에는 '不知'가 함께 쓰인 경우가 많다.

(6) 那是我小时候儿不知天多高、地多厚, 信口胡说的。《홍루몽》- 19회)

(7) 你大概也不知道你小大师傅的少林拳有多么霸道! (《아녀영웅전》- 6회)

《홍루몽》 시대에도 연속량을 묻는 '多' 감탄문은 여전히 매우 드물었다. 반면에 분리량을 묻는 '多少' 감탄문은 이미 매우 일반화되었고 문장에 '不知'가 함께 쓰인 경우가 많았다.

(8)　为这病请大夫吃药, 也不知白花了多少银子钱呢! (《홍루몽》- 7회)

(9)　先时连那么样的玻璃缸、玛瑙碗不知弄坏了多少, 也没见个大气儿, 这 会子一把扇子就这么着了。(《홍루몽》- 31회)

(10) 论理, 你的东西也不知烦我做了多少了, 今儿我倒不做了的原故, 你必定 也知道。(《홍루몽》- 32회)

(11) 老太太那些穿戴的, 别人不记得, 他都记得, 要不是他经管着, 不知叫人 诓骗了多少去呢。(《홍루몽》- 39회)

(12) 你们如今赏罢, 也不知费了我多少精神呢。(《홍루몽》- 50회)

(13) 为我, 姐姐也不知受了多少闲气。(《홍루몽》- 69회)

(14) 虽然这几年没有在老太太、太太跟前有个错缝儿, 暗里也不知得罪了多 少人。(《홍루몽》- 71회)

　　위의 예문은 모두 감탄문이며 양이 많음을 강조한다. 또한 모두 '不知'와 같이 호응하여 사용되었는데 목적은 감탄문에서 의문의 의미 구조를 표현하려는 것이다. 다시 말하면 화자의 '지식과 경험'의 범위를 벗어났음을 나타내기 위한 것이다. 이는 감탄문이 초기에 가졌던 문법적 특징의 하나였다. 그러다가 이 문형이 진일보 문법화되면서 '多'가 점차 안정적인 감탄문 표지로 발전되었고 그와 더불어 '不知'

의 의미적 역할이 점차 약화되어 지금의 감탄문에서는 아주 드물게 사용된다. 특히 당대의 구어체에서 이런 추이가 두드러지게 나타난다. 당대의 말뭉치를 대규모로 조사해 보았지만 '多'자 감탄문에 '不知'와 함께 사용된 경우는 단 한 번도 없었다. 그러나 1940년대의 작품에서는 여전히 그런 용례를 찾을 수 있었다.

> **예문**
>
> (15) 一位先生, 两位太太, 南腔北调的生了不知有多少孩子。(《낙타상자》)

1.5.3 의문 표지 '多少'의 생성과 발전

1.5.3.1 '多少'의 병렬 용법의 출현

의문 표지 '多少'의 생성의 필요 조건은 먼저 '多'와 '少'가 반드시 연이어 함께 출현할 수 있어야 한다. '多少'의 의문 용법은 단순한 단어의 결합 문제가 아니라 일정한 문법 환경에서 장기적인 사용을 통해 점차 생성되었다는 것이 우리의 기본적인 이해이다. "谋夫孔多"(《시경》- 소아·소민)나 "多则能战之, 少则能逃之"(《손자병법》- 모공)처럼 '多'와 '少'는 모두 선진 시기에 벌써 빈번하게 사용되었던 기본 어휘이다. 그러나《십삼경》을 전부 조사해 보았는데 '多'와 '少'가 '多少'의 구조로 연용(連用)된 용례는《예기》에만 존재하며 그마저도 아래와 같이 겨우 두 번 정도 나타났을 뿐이다.

> **예문**
>
> (16) 下有王。分地建国。置都立邑设庙祧坛墠而祭之。乃为亲疏多少之数。
>   (《예기》- 제법)
> (17) 筭多少视其坐。(《예기》- 투호)

《예기》는 한조 시기에 개정된 것이며, 선진 시기에 기록된《십삼경》의 기타 저서에도 '多'와 '少'가 연용된 용례가 한 번도 없었다. 그러므로 '多少'는 한조 시기에 생성된 것이라는 추론이 가능하다.

'多少'는 생성 초기에 서로 반대되는 의미를 가지는 단어로 구성된 연합구(聯合 短語)로서 의문과는 무관하게 수량이 많고 적음을 나타냈다. 그 명확한 증거는 문장 중에 존재하는 아래와 같은 구조를 가진 연합구들이다.

예문

(18) 以财物为用, 以贵贱为文, 以多少为异, 以隆杀为要。(《사기》 – 예서)

(19) 汉王所以具知天下厄塞, 户口多少, 强弱之处, 民所疾苦者, 以何具得秦
　　 图书也。(《사기》 – 소상국세가)

(20) 行恶事大者, 司命夺纪, 小过夺算, 随所犯轻重, 故所夺有多少也。
　　 (《포박자》 – 창현)

(21) 经列其多少, 审实其有无, 未必能尽知。(《포박자》 – 변문)

(22) 内外道陌广狭, 植种果竹多少, 皆默记之。(《세설신어》 – 임탄)

위의 예문에서 '多少'는 각각 '贵贱', '强弱', '有无', '广狭' 등 의미가 반대되는 구성을 가진 말들과 호응된다. 여기서 '多'와 '少'도 병렬 관계로 수량이 많고 적음을 각각 지칭한다. 그것은 아래 예문에서 더욱 명확하게 드러난다.

예문

(23) 而受气各有多少, 多者其尽迟, 少者其竭速。(《포박자》 – 극언)

'多少'가 '수량'이라는 하나의 단일 개념을 나타내는 경우도 있다.

예문

(24) 日暮, 不知其兵多少。(《사기》 – 남월열전)

(25) 隶首不能计其多少, 离朱不能察其仿佛。(《포박자》- 도의)

(26) 作荆州时, 敕船官悉录锯木屑, 不限多少。(《세설신어》- 정사)

(27) 其国大小, 道里近远, 人数多少, 风俗燥湿, 山川、草木、鸟兽、异物名种,
不与中国同者, 悉口陈其状, 手画地形。(《삼국지》- 여포장홍전)

(28) 玄德与操, 智力多少, 士众众寡, 用兵行军之道, 不可同日而语。
(《삼국지》- 제갈량전)

수당 시기 이전까지 '多少'는 일반 단어 결합이었으며 의문의 용도로 사용되는 경우가 아주 드물었다. 양한 시기와 위진남북조 시기의 문헌들을 대량으로 조사해 보았는데 '多少'가 의문을 나타내는 경우는 《세설신어》와 《삼국지》에서 각각 한 문장씩 발견했을 뿐이다.

예문

(29) 桓又问: "官有几马?"答曰: "不问马, 何由知其数?"又问: "马比死多少?"答
曰: "未知生, 焉知死。"(《세설신어》- 간오)

(30) 豫章资粮多少? 器仗精否? 士民勇果孰与鄙郡?
(《삼국지》- 주치주연여범주환전)

아래는 관련 통계이다. '多少'가 당조 이전까지는 아직 의문 표지가 아니었음을 명확히 보여준다.

양한·위진 시기 '多少'의 의문과 비의문 용법의 사용 비율

문헌	비의문 용법	의문 용법
《사기》	5	0
《한서》	14	0
《논형》	24	0

《세설신어》	5	1
《제민요술》	30	0
《낙양가람기》	0	1
합계	78(98)%	2(2)%

1.5.3.2 의문 표지로 안정된 '多少'

당조에 이르러서 '多少'의 용법에 중요한 변화가 일어났다. 불안정적이던 원래의 구조가 안정적인 의문 표지로 굳어져 분리적 사물의 수량을 묻는 용법으로 발전된 것이다.

> **예문**
>
> (31) "要军多少?" "要马步军三万五千。"(《돈황변문집》 - 한금호화본)
>
> (32) 臣启大王, 不知随家兵士多少? (《돈황변문집》 - 한금호화본)
>
> (33) 皇帝又问: 剑南去此多少? (《돈황변문집》 - 엽정능시)
>
> (34) 是和尚阿娘, 名青提夫人, 亡后多少时?
>
>   (《돈황변문집》 - 대목간연명간심모변문)
>
> (35) 师勘东国僧, 问: "汝年多少?" 对曰: "七十八。"(《조당집》 - 약산화상)
>
> (36) 师曰: "年多少?" 对曰: "年八十。"(《조당집》 - 약산화상)

이 시기의 의문 표지 '多少'는 명사구를 수식하여 한정할 수도 있었다. 그러나 수당 시기 이전의 병렬구 '多少'는 명사의 관형어로 될 수 없었다.

> **예문**
>
> (37) 见说《涅槃经》义无量无边, 相公记得多少来经文?
>
>   (《돈황변문》 - 여산원공화)
>
> (38) 寺中有多少住持? 其中有道人不? (《조당집》 - 우두화상)

(39) 有来多少时? (《조당집》 – 약산화상)

(40) 多少年压膝道伴, 何事不造作, 何事不商量? 不用更问。

　　　(《조당집》 – 약산화상)

(41) 汝将多少钱与匠人? (《조당집》 – 나산화상)

아래 통계가 보여주듯이 당조 시기 '多少'는 주로 의문 표지로 사용되었다.

당조 시기 '多少'의 의문과 비의문 용법의 사용 비율

문헌	비의문 용법	의문 용법
《돈황변문집》	23	17
《조당집》	6	41
합계	29(33)%	58(67)%

1.5.3.3 의문 표지로 발전한 '多少' 및 그 기제

'多少'가 당조 시기에 수량을 묻는 의문 표지로 발전한 것은 우연이 아니라 문법 체계의 변화, 자체적인 의미의 파생, 중국어의 쌍음절화 추이 등 세 요인이 함께 작용한 결과이다. 아래 각각의 요인에 대하여 간략하게 살펴보자.

가. 신형 선택 의문문의 출현

선진·양한 시기의 선택문은 두 개의 독립된 시비 의문문으로 구성되었다.

예문

(42) 求之与? 抑与之欤? (《논어》 – 학이)

(43) 事齐乎? 事楚乎? (《맹자》 – 양혜왕하)

그러나 위진 시기에 이르러 한 문장이 두 개의 서로 다른 선택항을 안은 새로운 선택 의문문의 형식이 나타났다. 이런 형식은 수조 이전의 문헌에서도 일부 찾아볼 수 있으나 주로 당조 이후부터 많이 나타난다.

(44) 今兄在天上, 福多苦多? (《유명록》)

(45) 山人所经是雌山是雄山? (《조당집》 - 동산화상)

이런 변화는 '多少'의 발전에 있어 매우 관건적이었다. 왜냐하면 이때에 이르러서야 '多'와 '少'가 선택 의문문의 서로 반대되는 두 개의 선택항으로서 함께 서술어로 사용될 수 있었기 때문이다. 《세설신어》중의 "马比死多少?"는 사실상 "근래 죽은 말이 많은가 적은가"를 뜻하는 선택 의문문이다. 당시에는 선택 의문문의 두 선택항 사이에 접속사가 필요하지 않았기 때문에 그나마 '多'와 '少'가 연이어 사용하여 같이 의문문을 구성할 수 있었던 것이다.

나. 수량을 나타내는 의미적 특징의 보편성

'多少'가 의문 표지로 발전한 것은 '多'와 '少'가 지닌 자체적인 의미적 특징과 무관하지 않다. 둘 다 사물의 수량을 나타내며 수량은 모든 사물이 가지는 특징이자 사람들이 늘 주목하는 초점이기도 하다. 그러므로 사용 빈도가 높은 '多'와 '少'가 의문문에 사용될 확률도 따라서 높았을 것이고 결국에는 안정적인 문법 표지로 발전하게 된 것이다.

다. 쌍음절화 추이의 영향

위진 시기에서 당조 시기까지가 중국어의 쌍음절화 발전에 있어 가장 관건적인 시기이다. 따라서 이 시기에 수많은 단어가 단음절에서 쌍음절로 바뀌었다. 이런 추이가 중국어의 문법화에 큰 영향을 미쳤는데 이를테면 중국어의 양사와 동보 구조의 발생은 모두 쌍음절화가 진행된 결과이다. 쌍음절화 추이의 영향 아래 높은 빈도로 함께 붙어서 사용되는 두 단음절 단어는 그 경계가 점차 사라지고 하나의 언어 단위로 굳어져 갈 수밖에 없었다. 그러므로 당조 시기에 '多少'가 하나의 단일 의문 표지로 굳어진 것도 쌍음절화 추이와 무관하지 않다.

1.5.4 분리량에서 연속량을 묻는 의문으로의 발전

1.5.4.1 당조 시기의 '多少'와 형용사의 결합

현대중국어의 '(有)多'는 "你们的环境有多漂亮"처럼 성질의 정도에 대하여 묻는 의미로도 사용된다. 이는 '多少'에서 파생된 용법이다. 그러나 '多少'는 처음에 분리적 사물에 한해서 수량을 묻는 용도로만 사용되었으므로 일반 형용사와 조합될 수 없었다. 이 절에서는 '多少'에서 어떻게 형용사의 정도를 묻는 '多'의 용법이 발전해 왔는지를 살펴보려 한다.

당조 후기에 이르러 '多少'는 또 다른 중요한 발전을 이루었는데 바로 형용사 뒤에서 의문을 나타낼 수 있게 된 것이다.

> **예문**
>
> (46) 师问: "重多少?"对曰: "尽大地人提不起。"(《조당집》 - 동산화상)
>
> (47) 曲则为令时, 上下长多少? (《조당집》 - 석상화상)
>
> (48) 多少年在此住持, 未曾不领个须索。(《조당집》 - 장경화상)
>
> (49) 无缝塔阔多少? 高多少? (《조당집》 - 수룡화상)
>
> (50) 学云: "重多少?"师云: "这般底论劫不奈何。"(《조당집》 - 중탑화상)
>
> (51) 禅师云: "天台高多少?"师云: "自看取。"(《조당집》 - 장경화상)

이는 '多'가 연속량을 나타내는 형용사의 정도를 묻는 용도로 발전하기 위한 관건적인 단계이다. 연합구로서 '多少'는 원래 분리적 사물의 수량을 표시하는 것으로 처음에는 명사와만 결합하여 사용되었다. 그러나 자세히 관찰해 보면 이 시기에 형용사와 결합했던 '多少'는 현대중국어에서 일반 형용사의 성질의 정도를 묻는 용법과는 여전히 다르다. 그 원인은 다음과 같은 두 가지로 정리된다. 첫째, 이때의 '多少'는 사물의 삼차원적 속성과 질량을 표시하는 형용사와만 결합되었다. 예를 들면 '长, 阔, 高, 重'과 같은 것들인데 이들의 공통점은 '长三丈'처럼 정확한 숫자로 수량을 표시할 수 있다는 점이다. 이런 특징은 명사의 수량적 특징과 일부 유사한 부분이 있다. 또한 이 시기에는 일반 형용사와 '多少'가 함께 의문의 용도로 사용된 용례는 없었다. 둘째, 당시는 형용사의 뒤로 위치가 제한되었지만 현대중국어에서는 연속량을 묻는 대명사 '多'가 형용사의 앞에 쓰인다.

다음 부분에서는 분리량에 대한 의문 표지였던 '多'가 연속량에 대한 의문 표지로 발전하기까지 그 기제와 과정에 대해 분석하고자 한다.

1.5.4.2 원명 시기 의문 표지 '多'의 발전

'多(少)'는 원명 시기에 여러 가지 변화를 겪으면서 성질의 정도를 묻는 용법으로 점차 형성되었다. 아래에 이 시기의 관련 변화에 대해서 간략하게 분석해 보자.

가. 형용사 앞에 쓰이는 '多'

앞에서 언급했듯이 '多少'는 분리성을 나타내는 원래 의미의 제한 때문에 당조 시기에는 '长', '高', '阔(宽)', '重' 등과 같이 정확한 양을 표시할 수 있는 성질에 대해서만 질문할 수 있었으며 그 위치도 형용사의 뒤로 국한되었다. 그러나 원명 시기에 이르러서 '多'는 형용사 앞에서 의문을 나타내는 용도로도 사용될 수 있었다.

> **예문**
>
> (52) "离阁有多少近远 ?""离阁有一百步地 。"《노걸대언해》
> (53) 待交我蓑笠纶竿守自然, 我比姜太公多来近远!
>   《원간잡극30종》 - 이태백폄야랑)

(54) 你道是我置下我死合穿, 知他这土坑中埋我多深浅?

　　　　《원간잡극30종》- 악공목차철괴리환혼)

이와 같은 문법 위상의 변화는 '多'가 현대중국어의 의문 표지로 발전하게 된 관건적인 요인이다. 또 다른 변화로는 예문(53)과 예문(54)의 경우 의문 표지에서 형태소 '少'가 소실되고 '多来'와 '多'의 형태를 취한 것인데 이는 형식적으로 성질의 정도를 묻는 의문 표지에 가깝다는 점에서 주목할 필요가 있다.

나. 연속적 성질을 묻는 '多'

이 시기 '多(少)'는 또 하나의 중요한 발전을 이루었는데 바로 연속적 성질의 정도를 묻는 용도로도 사용되기 시작했다는 것이다. 이는 또 몇 가지 경우로 나누어 볼 수 있다. 먼저 형식적으로 '多'가 수식하는 것은 여전히 '大', '长' 등 형용사이지만 이들 형용사가 실제로 취한 의미항이 정확한 수량사로 수식될 수 없는 연속적인 경우이다. 이는 '多少'의 원래 용법이 확장되면서 자연적으로 발생한 것이다.

예문

(55) 你有多大本事, 能敌他两家势力?《도화선권3》

(56) 他如今穿着领柘黄袍, 我若是轻抹着该多大来罪名!

　　　　《원간잡극30종》- 엄자릉수조칠리탄)

(57) 今日到家, 多大来喜悦。《원간잡극30종》- 승명전곽광귀간)

'大'가 사물의 크기를 나타낼 때에는 정확한 도량이 가능하다. 그러나 '本事', '罪名', '喜悦'에 쓰일 때에는 정확한 수량사로 수식될 수 없는데 여기서 '大'는 일반 형용사와 의미적으로 성질에 별반 차이가 없다고 본다. 위의 예문에서 의문 표지는 모두 형태소 '少'가 빠진 '多'이며 이는 형식적으로도 성질의 정도를 묻는 지금의 의문 표지와 일치하다.

다. 의문 표지 '多'가 수식하는 형용사 범위의 확대

원명 시기에 이르러 '多'로 의문을 표시할 수 있는 형용사의 범위가 점차 확대되었다. 원래 '多'는 사물의 삼차원적 성질, 질량 및 연령을 나타내는 형용사에 대해 그 정도를 묻는 용도로 사용할 수 있었다. 원조 이후로는 이런 원래의 용법 이외에 시간과 관련된 형용사인 '무晚'을 꾸미는 데 자주 사용되었다.

> **예문**
>
> (58) "临明吃和和饭, 多早晚入敛来?""丑时入敛。"(《박통사언해》)
>
> (59) "多謝姐姐。我到多早晚來?"(《관한경희곡집》 - 왕윤향야사춘원)

그럼에도 불구하고 원명 시기까지도 '多'로 의문을 표시할 수 있는 형용사의 숫자는 매우 제한적이었다. 사실 '무晚'과 '高', '大', '重'은 크게 보면 모두 정확한 숫자로 양을 헤아릴 수 있는 형용사로 같은 부류에 속한다. 따라서 이 시기에도 형용사 의문문에 사용되던 '多'는 여전히 의미적으로 매우 제한되어 일반 형용사 성질의 정도에 대하여 자유롭게 의문을 표시할 수 없었다는 것을 알 수 있다.

'多少'가 점차 '多'로 간소화되고 형용사 뒤에서 점차 앞으로 이동하게 된 것이 원조 시기에 발생한 가장 의미 있는 변화이다. 그러나 이 시기에도 의문 대명사 '多'는 여전히 일반 형용사를 자유롭게 꾸밀 수 없었다.

라. '多'의 비의문문 용법의 발전

'多'는 본래 분리량을 나타내기 때문에 평서문에서든 의문문에서든 아주 오랜 기간 분리량의 개념을 나타내는 단어와만 결합될 수 있었다. 그러나 명청 시기에 이르러 '多'는 일반 형용사를 꾸미어 성질의 정도가 얼마나 강한지를 나타낼 수 있게 되었다.

(60) 众位休笑, 秀才利害多着哩。《도화선 권1》

(61) 此时大观园中比先更热闹了多少。《홍루몽》- 49회

(62) 你好生给我往下说, 好多着呢。《홍루몽》- 67회

(63) 你瞧宝姑娘那里, 出去了一个香菱, 就冷清了多少, 把个云姑娘落了单。

　　　《홍루몽》- 70회

일반 형용사는 모두 연속적 특징을 가진다. 따라서 이때의 '多'는 연속량의 개념을 꾸밀 수 있었다고 봐야 한다. 가장 눈에 띄는 예문(61)을 보면 '多少'는 원래 분리량의 성격을 지니는 의문 표지이지만 여기서는 일반 형용사인 '热闹'의 정도를 나타내는 용도로 사용되었다. 이런 변화도 '多'가 일반 형용사를 꾸미는 의문 표지로 발전하는 데 일조하였다.

앞의 분석을 정리해 보면 '多'가 일반 형용사를 꾸미는 의문 표지로 발전하기까지는 아래와 같은 몇 단계를 거쳤다고 볼 수 있다.

1단계: '多少'는 당조 시기 분리적 개념을 묻는 의문 표지로 안정되었다. 그와 동시에 '多'는 사물의 삼차원적 성질, 질량 및 연령을 나타내는 형용사의 뒤에서 그 형용사의 정도를 묻는 용도로 사용될 수 있었다. 여기서 형용사는 일반 명사와 비슷하게 숫자로 정확하게 계량할 수 있는 수량적 특징을 가지는 형용사들로 한정된다.

2단계: 원명 시기의 의문 표지 '多少'는 형용사 앞에 올 수 있었으며 형태소 '少'가 자주 생략되어 '多'의 형태를 취했다. 꾸미는 형용사의 범위도 점차 확대되었으며 특히 '大'와 같은 연속적 성격(연속량)을 띠는 의미항에 대해 그 어느 정도인지를 묻는 용도로도 사용될 수 있었다. 이는 '多'가 일반 형용사를 꾸미는 의문 표지로 발전하기 위한 관건적인 변화이다.

3단계: 명청 시기에 '多'와 '多少'는 평서문에서 일반 형용사를 꾸미는 수식어가 될 수 있었다. 이 변화로 인해 '多'는 연속량을 묻는 의문 표지로 더 발전할 수 있었다.

고전을 두루 살폈지만 청조 말기의 문헌까지도 "多好?", "有多利害?" 등과 같은

현대중국어의 매우 일반적인 의문 형식은 보이지 않았다. 그러므로 '(有)多'의 수식 범위가 일반 형용사까지 확장된 것은 최근 100년 사이에 일어난 것이라고 봐야 한다.

1.5.5 의문 표지에서 감탄 표지로의 발전

1.5.5.1 의문에서 감탄으로의 자연적 발전

의문 표현과 감탄 표현 사이에는 인지적인 관계가 존재한다. 바로 그런 인지적 관계가 내부 원인이 되어 의문 대명사가 감탄문의 표지로 발전하도록 작용하였다. 그러나 의문 대명사와 감탄문 표지 간의 역사적 관계는 비대칭적이다. 전자가 후자로 발전하는 경우는 있지만 역으로 후자가 전자로 발전하는 경우는 없기 때문이다. 예를 들면 중국어사에서 가장 이른 의문 대명사 중의 하나인 '何'는 어기를 강조하는 다양한 감탄 용법이 발달하였는데 "怎么那么", "何等地" 등으로 옮길 수 있다. 아래 예문을 통해 '何'의 사용과 관련된 몇 가지 특징을 살펴보자.

가. 형용사, 구 또는 절의 앞자리에 온다.

> (64) 市门之外何多牛屎! (《한비자》 - 내저설상)
>
> (65) 其仆曰: "向之去何速! 今之返又何速!" (《안자춘추》 - 내편간상)
>
> (66) 汉皆已得楚乎? 是何楚人多也! (《한서》 - 항적전)
>
> (67) 吾近行围, 弩何多也! (《후한서》 - 원소전)

나. '何'의 뒤에 오는 성분이 절인 경우 해당 절의 주어와 서술어 사이에 '之'가 붙는다. 이때 절의 주어는 대개 동사나 동사구이고 서술어는 대개 형용사이다.

> (68) 子何击磬之悲也! (《여씨춘추》 - 정통)

（69) 吁! 君何见之晩也! (《사기》- 염파인상여열전)

(70) 夫人何哭之哀! (《한시외전》- 권9)

다. '何'가 문장의 첫머리에 오면 문장의 주어와 서술어 사이에 '之'가 붙는다.

(71) 嘻! 亡一羊, 何追者之众! (《열자》- 설부)

(72) 何足下拒仆之深也! (《사기》- 계포란포열전)

(73) 何子居之高, 视之下, 仪貌之壮, 语言之野也! (《논형》- 서허)

그러나 모든 의문 대명사가 다 감탄 표지로 발전하는 기회를 가지는 것은 아니다. 감탄문은 대개 정도 또는 수량에 대한 강조와 연관되기 때문에 사물의 수량 또는 성질의 정도를 묻는 의문 표지들이 상대적으로 쉽게 감탄 표지로 발전하게 된다. '多少'와 '多'가 바로 그런 의문 표지이며 이 둘은 선후로 모두 감탄 표지로 발전되었다.

1.5.5.2 감탄 표지 '多少'

분리량을 묻는 의문 표지 '多少'는 연속량을 묻는 의문 표지 '多'보다 500년 이상 먼저 나타났다. 따라서 전자의 감탄 용법도 후자보다 훨씬 먼저 나오게 되었다. '多少'는 당조 말 5대 시기의 언어를 반영하는 《조당집》에서 벌써 "多少年在此住持, 未曾不领个须索"처럼 정도를 강조하는 용도로 쓰이었다. 그러나 이런 용법은 용례가 매우 드물어서 안정적인 문법 표지로 보기는 어렵다.

원잡극에는 정도의 크기에 대한 감탄을 표시하는 '抵多少'가 자주 쓰였는데 대개는 불가산적 상황을 수식한다.

(74) 每朝席上宴佳宾, 抵多少十年窗下无人问。

　　《원간잡극30종》 - 사니자조풍월)

(75) 身似海底沉舟, 命似水上浮沤, 抵多少风雨替花愁!

　　《원간잡극30종》 - 초소왕소자하선)

(76) 儿呵, 你舍命投江救主, 妻呵, 你抵多少出嫁从夫!

　　《원간잡극30종》 - 초소왕소자하선)

(77) 坐看蟠桃几度春, 抵多少华屋生存。《원간잡극30종》 - 태화산진단고와)

(78) 若是那功名成就心无怨, 抵多少买卖归来汗未消, 枉了劬劳!

　　《원간잡극30종》 - 산가재천사로생아)

예문(74)의 "抵多少十年窗下无人问"은 "比十年窗下无人问强多了"는 의미로 단지 정도의 크기를 강조했다.

청조 시기부터 '多少'가 감탄문에 사용되는 것은 매우 보편적인 현상이었으며 '多少'가 쓰인 문법적 환경도 더욱 자유롭고 다양해졌다. 당시의 감탄 용법에는 '多少'와 '不知'가 자주 함께 씌었지만 '多少'는 '不知'가 없이 단독으로 쓰일 수도 있었다.

(79) 倘或後日你要来, 又跟随多少人来闹我, 我必和你不依。

　　《홍루몽》 - 10회)

(80) 你连多少大生日都料理过了, 这会子倒没了主意? 《홍루몽》 - 22회)

(81) 你这一闹不打紧, 闹起多少人来, 倒抱怨我轻狂。《홍루몽》 - 31회)

(82) 况且你素日又是有担待的, 比这大的过去了多少, 今儿是怎么了?

　　《홍루몽》 - 31회)

(83) 若不然时, 叫他趁早回心转意, 有多少好处。《홍루몽》 - 46회)

(84) 认了不到十年, 生了多少事出来!(《홍루몽》- 48회)

(85) 这几年因做了亲, 我如今立了多少规矩了。(《홍루몽》- 54회)

1.5.5.3 감탄 표지 '多'

청조의 문헌까지도 '多'의 감탄 용법은 보이지 않았다.《홍루몽》에 감탄과 유사한 용도로 사용된 '多'가 있지만 그 수식 대상이 '大'를 비롯한 몇 개의 형용사로 한정되었고 19세기 말의 문헌인《노잔유기》까지도 이런 상황은 변함없었다.

> **예문**
>
> (86) 你只管放心, 将来熬的环哥儿大了, 得个一官半职, 那时你要作多大的功德不能?(《홍루몽》- 25회)
>
> (87) 你能够活了多大, 见过几样没处放的东西, 就说嘴来了。(《홍루몽》- 40회)
>
> (88) 我能活了多大, 知道什么轻重?(《홍루몽》- 40회)
>
> (89) 你看, 河南的河面多宽, 此地的河面多窄呢。(《노잔유기》- 3회)
>
> (90) 像你老这样抚台央出文案老爷来请进去谈谈, 这面子有多大!
>
> (《노잔유기》- 4회)

'多'는 1920년대 이후에 이르러서야 일반 형용사의 감탄 표지로 쓰일 수 있었고 그 수식 범위도 빠르게 확대되었다.

> **예문**
>
> (91) 他关心你；他说, 你缺什么, 他能为力的时候一定尽力。你瞧, 他多么念旧!(마오둔,《부식》)
>
> (92) 看他们无忧无虑, 多幸福。(마오둔,《부식》)
>
> (93) 可是, 对不起, 我要早走这么几分钟, 够多么好呢!(마오둔,《부식》)
>
> (94) 我恨你 — 你不知道我的心里多么难受!(마오둔,《부식》)

(95) 您看, 从前的家具多笨哪。(차오위,《뇌우》)

(96) 您看她多好看, 这就是大少爷的母亲, 他们说还有点象我呢。

　　　 (차오위,《뇌우》)

(97) 您甭吓唬着我玩, 我知道您多么照应我, 心疼我。(라오서,《차관》)

(98) 不是说叫旗兵不关钱粮, 去自谋生计吗? 心眼多毒! (라오서,《차관》)

현대의 감탄 표지 '多'는 형용사뿐만 아니라 정도의 의미를 가지고 있는 구를 꾸미는 용도로도 쓰일 수 있다.

예문

(99) 　哗, 哗, 冲天这么一喷个儿, 前排的小朋友是一人儿打一小雨伞儿, 在蒙
　　　 蒙细雨当中, 这么一看演出, ……多有诗意啊。(왕숴,《편집부 이야기》)

(100) 死到临头之前吃饱了再说, 多没出息。我真看错你了。
　　　 (왕숴,《편집부 이야기》)

(101) 想想那些好日子, 多让人羡慕。(왕숴,《편집부 이야기》)

예문(99)와 예문(100)에서 '多'가 꾸미는 것은 동빈구지만 예문(101)에서 '多'가 꾸미는 것은 겸어 구조이다.

1.5.6 맺음말

이 장에서 논의한 문제는 주로 두 가지로 정리된다. 하나는 형용사 '多'가 어떻게 의문 표지로 발전하였는지이고, 다른 하나는 의문 표지 '多少'와 '多'가 왜 감탄 표지로 발전하게 되었는지이다.

형용사 '多'가 의문 표지로 발전되기까지 세 가지 요소가 작용했다. 첫째, 위진남북조 시기에 형성된 새로운 선택 의문문 형식으로 인해 '多'와 '少'는 한 단문의 서술어 위치에서 정반 의문문을 구성할 수 있게 되었다. 둘째, 수량은 객관적 사물에 보편적으로 존재하는 하나의 특성이자 사람들이 자주 묻는 의문이기도 하다. 이로 인해 '多少'의 선택 의문 용법의 사용 빈도는 매우 높을 수밖에 없다. 셋째, 중고 시기 중국어에 나타난 쌍음절화 추이는 '多少'가 하나의 단일 의문 표지로 굳어지도록 일조했다.

의문 표지 '多少'와 '多'가 감탄 표지로 발전한 것도 그 속에 내재하는 논리적 근거가 있다. 보통 인간의 지식이나 경험의 범위를 초월하는 현상은 사람들에게 강렬한 감정을 불러일으킨다. 이는 '의문'과 '감탄'이 갖고 있는 인지적 공통성 때문이다. 관련 대상이 인간의 지식이나 경험의 범위를 초월하지 않을 때, 사람들은 그 대상에 대해 질문을 하게 되는데 이는 의문 표지가 감탄 표지로 발전한 인지적 근거이다. 또한 감탄이 보통 수량 또는 정도를 나타내는 표현과 관계되기 때문에 이 같은 정보를 묻는 의문 대명사는 쉽게 감탄 표지로 발전하는 경향이 있다.

'多'의 발전 과정은 언어의 변화가 언어 체계의 기타 요소로부터 제약 받는다는 점을 재확인시켜 주었다. 먼저, 문법 체계의 변화가 '多'의 문법화에 필요하고 적당한 문법 환경을 제공했다. 그 다음으로, 음성 체계의 변화가 또한 이 문법화 과정에서의 완성도를 높였다. 마지막으로, 한 단어의 의미적 특징은 그 단어가 문법화를 향해 발전할 수 있을지를 결정했다. 특히 일부 문법 범주 간의 이론적 근거는 인간 언어의 보편적 현상이므로 다양한 언어 또는 동일 언어의 서로 다른 역사적 시기에 상응하는 발전 규칙이 나타나는 것이다. 대표적으로 영어의 의문 대명사 'how'와 'what', 그리고 상고 시기 중국어의 '何'는 결국에 모두 감탄문 표지로 발전하였다.

의문과 초점의 역사적 연관성

1.6.1 머리말

의문과 초점은 언어의 중요한 문법 범주들인데 이들 두 범주 사이에는 내재적인 연계를 가지고 있다. 이 장에서는 두 문법 범주 간의 기능 및 형태적 연계에 대한 논의를 통해 통시적·공시적인 문제점, 방언 및 기타 언어의 여러 가지 관련 현상들을 통합하여 다루었다. 또한 의문과 초점의 관계를 제한하는 인지적 기제를 고찰하여 문법의 체계적 특성을 밝히고자 하였다.

문법은 다양한 문법 범주 간에 내재적인 연계가 존재하는 하나의 유기적인 종합체이다. 범언어적 차원에서 보면 이러한 연계는 보편성을 띤다. 예를 들면 한 범주의 형태 표지가 다른 어떤 범주를 표시하는 데 사용되는 것은 많은 언어에서 공통적으로 발견되는 현상이다. 이런 현상은 우연이 아니며 그 배후에는 대개 공통된 인지적 기제의 작용이 존재한다. 따라서 이러한 인지적 기제에 대한 논의는 문법적 특성에 대한 이해를 심화시킬 수 있다.

의문은 가장 보편적인 의사 소통 행위이며 모든 언어에는 의문을 표시하는 다양한 수단들이 존재한다. 가장 흔히 사용되는 의문 수단으로는 특정의 미지 정보에 대한 의문을 나타내는 것인데 그 표현 형식은 의문 대명사이다. 의문 대명사는 가장 활발한 기능 범주에 속한다. 자체적인 사용 빈도가 높은 것은 물론이고 다른 문법 범주와도 관계를 맺고 있는데 이런 관계는 비대칭적인 특징을 보여 준다. 예를 들면 앞에서 논의했던 다수의 의문 대명사가 감탄 표지로 문법화된 경우 반대로 진행되는 변화는 존재하지 않는다. 이 장에서는 또 하나의 비대칭 현상인 초점 표지와 의문 대명사의 빈번한 결합 또는 초점 표지와 의문 대명사가 갖는 공통의 문법적 특징에 대한 논의를 통해 초점의 시각에서 의문 대명사의 특성을 밝히고자 한다.

1.6.2 초점 표지와 의문 대명사

1.6.2.1 의문과 초점의 공통점

의문 대명사와 초점 표지의 표현적 기능은 매우 비슷하다. 의문 대명사는 한 문장에서 중심이 되는 미지의 정보이며 초점 표지는 한 문장에서 가장 중요한 새로운 정보이다. 둘은 모두 문장의 주목점들인데 의문은 미지의 정보, 초점은 이지의 정보라는 차이를 보이며 이들의 공통성은 문법적으로 명확하게 나타난다. 인간 언어의 초점 표지는 흔히 판단사에서 유래된다. 중국어에서 판단사 '是'가 초점 표지로 발전된 것처럼 말이다. 초점 표지 '是'는 그 사용에 있어서 의문 대명사의 제약을 받는다. 평서문에서 서술어 동사 앞의 명사구 또는 명사성 성분을 내포한 구는 모두 그 앞에 '是'를 추가하여 초점화할 수 있다. 아래 예문(1)처럼 밑줄 친 성분의 앞에 '是'를 추가하면 모두 초점화가 가능하다. 그러나 특지 의문문에서는 의문 대명사만이 초점화되며 그렇지 않으면 비문이 된다.

> **예문**
>
> (1) 小王 昨天 在门口 用钳子 把那张桌子 修好了。
>
> 谁昨天在门口用钳子把那张桌子修好了?
>
> 小王什么时候在门口用钳子把那张桌子修好了?
>
> 小王昨天在哪里用钳子把那张桌子修好了?

> 小王昨天在门口用什么把那张桌子修好了?
>
> 小王昨天在门口用钳子把什么修好了?

일반적으로 한 문장에서 '是'로 초점화되는 성분은 하나로 제한되며 의문 대명사는 문장에서 자연적으로 초점이 된다. 의문 대명사의 독특한 문법적 사용도 상당 부분이 이러한 특성과 무관하지 않다.

1.6.2.2 초점 표현 수단의 다양성

초점을 표현하는 수단에는 여러 가지가 있다. 서로 다른 언어가 사용하는 수단은 서로 다를 뿐만 아니라 같은 언어에도 다양한 표현 수단이 존재한다. 이들은 크게 아래와 같은 두 부류로 요약된다.

> (가) 음성 수단: 구어에서는 음의 높이, 강세, 길이 등 수단으로 그 어떤 단어를 문장의 초점으로 표시할 수 있다.
>
> (나) 문법 수단: 또 일부 언어에서는 문법적 위치, 문법 표지 또는 위치 이동으로 초점을 표시한다. 영어와 고대중국어에서는 초점이 될 성분을 서술어 동사의 앞으로 이동하는 것으로, 현대중국어에서는 초점 표지인 '是'로 초점을 표시한다.

의문 대명사는 자체의 고정적인 어휘 형태를 가지며 의문 대명사와 초점 표지의 관계는 흔히 문법적 수단에서 나타난다. 다음 부분에서는 초점을 표시하는 문법적 수단을 중심으로 논의하고자 한다.

1.6.3 통시적 관점에서 본 의문과 초점의 관계

1.6.3.1 판단사에서 초점 표지로

판단사에서 초점 표지로 발전하고 다시 초점 표지에서 의문 표지로 발전하는 과정은 인간 언어가 보여준 공통의 특징 중 하나이다.

다양한 언어를 고찰한 결과 타 언어에서도 '지시 대명사 - 판단사 - 초점 표지'의 발전 규칙들이 발견되었다. 중국어에서는 '是'가 대표적인 경우인데, 선진 시기의 의문 대명사 '是'가 한조 초기에 판단사로 발전하고 위진 시기에는 또 '是'의 초점 용법까지 생겨난 점에 주목할 필요가 있다. 이 부분에서 중국어와 비슷한 발전 과정을 거친 언어에는 프랑스어 등도 있다. 중국어처럼 오랜 시간을 걸쳐 축적된 자료가 없기 때문에 많은 언어의 경우 그 전체 발전 과정을 관찰할 수 없게 되었다. 하지만 관찰이 가능한 언어들의 자료들을 살펴보면 일본어를 포함하여 초점 표지가 판단사에서 유래된 언어가 상당히 많다.

1.6.3.2 초점 표지와 의문 대명사의 결합

의문 대명사는 문장에서 자연스럽게 초점이 된다. 이런 특징 때문에 역사적으로 초점 표지와 의문 대명사는 자주 같이 사용되었으며 하나의 복합어로 굳어지거나 심지어 초점 표지의 음성적 특징이 의문 대명사에 융합되어 하나의 단어로 통합되기도 했다. 일부 크리올어에서 의문 대명사와 초점 표지가 하나의 복합어로 합성된 경우를 찾을 수 있다.

현대중국어의 보통화와 다수의 북방 방언에 존재하는 '谁', '什么', '甚', '啥' 등 주요 의문 대명사는 자음 부분이 '是'와 같은 [S] 발음이다. 역사적 자료를 검토해 보면 '谁', '什么', '甚', '啥' 등은 초점 표지 '是'의 자음이 융합되었을 가능성이 상당하다는 추론이다.

1.6.3.3 초점 표기 수단의 변화가 의문 방식에 미친 영향

동종 언어에서 의문과 초점을 표기하는 수단은 흔히 일치하게 나타난다. 예를 들면 현대 영어에서는 문두로 이동하는 방식을 사용한다.

(2) a. What do you want to eat ?

b. Who do you like to help ?

c. Which book have you been reading ?

(3) a. It is John who bought a car yesterday.

b. It is a car that John bought yesterday.

c. It is yesterday that John bought a car.

영어에서 의문 대명사는 일반 명사와 달리 반드시 문두로 이동해야 한다. 많은 타 언어에서의 문두는 초점이 되는 성분을 표시하는 위치이다. 예문(3)은 영어의 분열문이며, 각 예문에서 판단사 'be' 뒤에 오는 것이 초점화되는 성분이다. 예문(3) a에서 'John'을 문두로 이동하였으며 이러한 전방 이동은 판단사 'be'로 표기했기 때문에 가능하다. 또한 영어의 평서문은 반드시 주어가 필요하여 가주어 'it'이 추가되었다. 그런데 추가된 가주어 때문에 오히려 문두 이동과 판단사 표지 사이의 연계가 눈에 띄지 않게 된 것이다.

유사한 현상은 고대중국어에도 존재한다. 선진 시기 중국어를 광범위하게 고찰해본 결과 서술어 동사의 앞자리는 초점화되는 성분의 고정 위치였던 것으로 나타났다. 이는 당시 의문, 강조 및 부정을 나타내는 문장에서 대명사 빈어가 반드시 위치 이동을 해야 했던 이유이다. 선진 시기 중국어의 의문 대명사는 빈어가 될 때 반드시 서술어 동사의 앞으로 이동하는데 이렇게 일반 명사와 문법적으로 사용이 다른 것도 같은 원인 때문인 것으로 풀이된다.

(4) 吾谁欺? 欺天乎? (《논어》 - 자한)

> (5) 客何好? (《논어》- 자한)

선진 시기 의문 대명사의 이 같은 문법적 특징은 위진 시기에 이르러 점차 소실되어 현대중국어로 변하였다. 이런 변화는 새로운 초점 표기 수단과 밀접히 관계되는바 위진 시기에 판단사 '是'가 이미 초점 표지로 발전했기 때문이다.

> **예문**
>
> (6) 子敬可是先辈谁比? (《세설신어》- 품조)
> (7) 王宁异谋, 云是卿为其计。(《세설신어》- 언어)

초점 표지 '是'의 생성 및 발전과 더불어 원래의 어순 표지는 어휘 표지에 의해 대체되었고 결과적으로 중국어 의문 대명사의 유형학적 특징도 변화시켰다.

1.6.3.4 의문 대명사와 종속절 표지의 유래

중국어나 타 언어나 모든 언어에서의 종속절 표지는 의문 대명사에서 유래되는 것이 가장 흔한 경우이다. 영어에서 가장 흔히 사용되는 종속절 표지는 'which'와 'who'이다.(아래 예문 참조) 중국어의 구조 조사 '的'의 주요 기능 중 하나는 관계절을 이끄는 것인데 이러한 기능은 당조 후기에 생겨난 '底'로부터 시작되었다. 당시 '底'는 의문 대명사와 지시 대명사의 용법을 겸하고 있었다.

> **예문**
>
> (8) I have seen the letter which came today.
>
> They were driving by the house which Andy described.
>
> She is the one who did most of the talking.
>
> He knows the people who live over the road.

의문 대명사와 종속절 표지의 관계도 그 초점적 특징에서 비롯되었다. 인간 언어의 공통성에 근거하면 초점 구조와 관계절 구조는 형식적으로 병행 관계를 이루며, 이는 둘 사이에 의미적 또는 화용적으로 비슷한 부분이 있다는 점을 말해준다. 중국어와 영어를 제외하고 아칸어(Akan)의 경우도 초점 구조와 관계절 구조에서 모두 관계 성분을 서술어 동사의 앞자리로 이동하며 그와 동시에 공통으로 재귀 대명사 'nó'를 추가한다. 비슷한 현상은 하우사어(Hausa)와 일롱고어(Ilongo)에도 존재한다. 보다시피 문법화를 겪는 어휘의 유래는 상당한 규칙성을 띠며 문법적 기능이 동일한 성분을 선택하는 것이 일반적이다.

1.6.4 의문 대명사의 공시적 특징

1.6.4.1 의문 대명사의 공통된 음성 형태

앞에서 의문 대명사는 고유한 초점적 특징이 있기 때문에 명사와 문법적으로 사용이 다르다는 것을 논의하였다. 그 밖에 의문 대명사는 또 뚜렷한 음성적 특징을 가지는데, 이를테면 한 언어 체계에 존재하는 다양한 의문 대명사는 흔히 어떤 음성 특징을 공유하게 된다. 이는 인칭 대명사나 지시 대명사와 구분되는 특징이기도 하다.

첫째, 영어의 의문 대명사는 모두 'wh-'로 시작된다.(예 who, what, where, which 등) 이런 특징 때문에 영어의 의문 대명사는 'wh-words'라고도 불린다.

둘째, 중국어의 보통화와 다수의 방언에서 의문 대명사는 대개 자음 부분이 'sh' 발음이다.(예 什么, 谁, 甚, 啥 등)

셋째, 중국의 린샤(臨夏) 지역 방언은 일반적으로 보통화의 의문 대명사 대신 일반 명사 앞에 '阿'를 추가하는 식으로 인물, 장소, 시간, 방식에 대한 질문을 나타낸다.

(13) 你们的队长阿一个是呢?(你们的队长是谁?)

商店在阿塔些呢?(商店在哪儿呢?)

电影院你阿一汇去呢?(你什么时候去电影院?)

他阿门还不来?(他怎么还不来?)

你嘴脸不好者阿门了?(你脸色不好到底怎么了?)

넷째, 중국 바이룽쟝(白龍江) 유역 방언의 의문 대명사 체계도 단어의 머리에 '阿'를 추가하는 방식으로 표시된다. 구체적으로 처소를 묻는 의문 대명사 '阿里, 阿达儿, 阿个', 시간을 묻는 의문 대명사 '阿天, 阿阵, 阿会, 几时', 인물을 묻는 의문 대명사 '阿谁, 谁个, 阿个', 경위를 묻는 의문 대명사 '阿门的, 阿门了, 咋们的' 등이 있다.

(14) 你昨天阿里来。(你昨天在哪儿?- 뤄다(洛大) 방언)

你啊会才有空儿?(你何时才有空儿?-원현(文縣) 린쟝(臨江) 방언)

你是阿谁?(你是谁?- 저우취(舟曲) 펑뎨(峰叠) 방언)

你昨个啊门的没来?(你昨天怎么没来?- 저우취 펑뎨 방언)

위의 현상들은 지금까지 보존된 고대중국어의 관련 현상일 수도 있다. 그것은 한 조에서 원조까지 모두 '阿谁'와 같은 형식이 존재했기 때문이다.

(15) 道逢乡里人, "家中有啊谁?" (《악부시집》 - 자류마가사)

(16) 哥哥撇下的手帕是阿谁的? (《관한경희곡집》 - 사니자조풍월)

그러나 자세히 관찰해 보면 위의 방언은 고대중국어의 현상이 단순하게 지금까지 보존된 것이 아니라 진일보의 발전을 거친 형태라는 것을 알 수 있다. 고대중국어에서는 '谁'자에만 '阿'를 붙여서 사용했으며 이러한 결합도 일반적이지는 않았다. 그러나 앞에서 언급한 방언의 '阿'는 사물, 시간, 방식 등을 포함한 거의 모든 의문 대명사로 그 사용이 확대되었을 뿐만 아니라 가장 대표적인 의문을 나타내는 방식이다.

의문 대명사의 공통된 음성 형태가 형성된 원인으로 두 가지를 들 수 있다. 하나는 의문 대명사와 초점 표지의 음성 형태가 서로 융합된 결과라는 것이다. 중국어의 '什么', '甚'이 대표적이다. 다른 하나는 의문 대명사는 모두 초점 성질을 내포하기 때문에 언어는 자연스럽게 같은 음성 형태를 빌려서 의문 대명사의 이러한 공통된 문법적 특징을 표기하게 된 것으로 볼 수 있다. 두 번째 원인과 관련하여서는 역사적 자료 부족으로 공통의 음성 형태가 어디에서 유래되었는지를 명확하게 밝힐 수는 없지만 의문 대명사는 원래 초점 표지의 음성 형태와 융합되면서 형성될 가능성이 있었을 수도 있다. 다만 이 두 원인은 본질적으로 다르지 않다. 기타 인칭 대명사와 지시 대명사는 모두 이런 특징을 가지지 않기 때문에 의문 대명사들이 갖고 있는 이 같은 공통의 음성 형태는 그들의 형태적 표지라고 할 수 있다.

1.6.4.2 의문 대명사와 초점 표지의 문법 위상

어순 변환은 의문과 초점의 공통 표기 수단 중의 하나이다. 비록 각 언어의 어순 수단은 서로 상이하지만 언어마다 특정한 문법 위치로 초점을 표현하는 것이 일반적이다. 초점을 나타내는 문법 위치에는 주로 아래와 같은 3가지가 있다.

첫째, 문장의 가장 좌측, 즉 문두 자리이다. 이는 가장 흔한 경우이며 영어를 제외하고도 독일어, 러시아어, 프랑스어, 스위스어, 고대 노르드어가 이 부류에 속한다.

둘째, 서술어 동사의 앞, 주어의 뒤이다. 선진 시기의 중국어 그리고 헝가리어, 핀란드어, 브르통어, 아르메니아어가 이 부류에 속한다.

셋째, 문장의 가장 우측, 즉 문미 자리이다. 이태리어가 이 부류에 속한다.

비록 언어마다 초점을 표기하는 위치가 상이하지만 현저한 경향성을 보인다. 확인 가능한 자료를 기준으로 볼 때 초점을 표기하는 위치는 절대 다수의 언어에서 서술어 동사의 앞자리가 되며 그중 주어 앞에 위치하는 경우가 주어 뒤에 위치하는 경우보다 일반적이다. 그리고 문장의 맨 오른쪽에 위치하는 경우는 이태리어뿐이다. 아울러 범언어적 규칙 중의 하나는 문법적 위치로써 초점 성분을 나타내는 언어의 경우 대개 의문 대명사의 어순 변환이 존재한다는 것이다. 즉, 의문 대명사도 반드시 문법적으로 초점을 나타내는 위치에 오도록 한정된다.

앞에서 언급했듯이 현대중국어에서는 어순에 의지하지 않고 주로 '是'를 사용하여 초점을 표현한다. 그러나 '是'가 초점화할 수 있는 범위는 한계가 있다. 바로 서술어 동사의 앞에 있는 명사구에만 그 사용이 한정되며 빈어 앞에는 바로 추가할 수 없다. 빈어를 초점화하려면 먼저 '的'로 빈어 앞의 동사성 성분을 종속절로 바꾼 다음 '是'를 추가해야 한다. 그 전환 과정은 다음과 같다.

S＋V＋O→(S＋V＋的)＋是＋O

예문

(17) 我昨天在商店碰见了老王。→ 我昨天在商店碰见的是老王。

我在麦地里看到了一只兔子。→ 我在麦地里看到的是一只兔子。

他画了一幅桂林山水。→ 他画的是一幅桂林山水。

她在大学学了西班牙语。→ 她在大学学的是西班牙语。

영어의 분열식 초점 구조는 "It be focus + clause"이다.(예 It was a car that Još bought yesterday.) 중국어의 빈어 초점화 방식은 영어의 어순과 정확히 반대된다. 그런 점에서 중국어 문장에서 맨 오른쪽 자리를 초점 표지 위치로 볼 수 있다. 위의 예문에서 초점화된 빈어는 문장의 첫머리에 올 수 없으며 특히 빈어가 불특정 사물을 지칭할 때에는 더더욱 허용되지 않는다. 예를 들어 "*一只兔子是我在麦地里看到的"는 비문이다. 이렇게 접근하면 현대중국어에서 나타난 의문 대명사의 일부 사용 현상을 설명할 수 있다. 이를테면 민남어에서 '啥'가 일반 동사문의 주어는 될 수 없지만 빈어 또는 기타 문장 성분이 되는 데는 자유롭다. 특지 의문문에서는 '的'을 사용하여 동사 부분을 종속절로 전환하고 원래 주어가 되는 의문 대명사를 문미에 보내며 그 앞에는 초점 성격의 '是'를 넣어서 연결해준다.

> **예문**
>
> (18) 跟宝玉的是谁?
>
> 你说他祭的是谁? 祭的是死了的药官。
>
> 贾珍看完, 问向来经管的是谁。
>
> 黛玉道: "不知请的是谁?"
>
> 那阵儿最享盛名的是谁呀?

그 밖에도 주어가 되는 의문 대명사는 위치 이동을 하지 않고 직접 '是'에 의해 초점화가 되며 아울러 영어의 가주어 'it'과 비슷한 '这' 등 지시 대명사를 추가하여 '这 + 是 + 의문 대명사 + (VP + 的)'의 구조를 이룰 수 있는 것도 하나의 관련 현상이다.

> **예문**
>
> (19) 这是谁叫裁的?
>
> "这是谁给你的?"岫烟道: "这是三姐姐给的。"

> 这是谁接了来的? 也不告诉。
>
> 这是谁又多事告诉了凤丫头, 大约周姐姐说的。
>
> 这是谁这么促狭, 吓了我们一跳!
>
> 这是谁家差来的?

1.6.4.3 의문 대명사가 초점 표지로의 전환

의문과 초점의 관계는 의문 대명사가 초점 표지로 전환하는 데에서도 보인다. 영어에서 초점을 표현하는 분열 구조에는 주로 두 가지가 있다. 하나는 위의 예문(12)처럼 'be'로 구성된 것이고, 또 하나는 의문 대명사 'what'로 구성된 것으로 의문 대명사가 이끄는 무핵(headless) 관계절이 문장의 주어가 되는 구조이다.

> **예문**
>
> (20) What you want to do is curve round that wood.
>
> What that kid needs is some love and affection.
>
> What we'll do is leave a note for Mum to tell her we won't be back till late.
>
> What matters is the British people and British jobs.

전반적으로 초점 표지에서 의문 대명사로 발전하는 것은 보편적인 현상이나 의문 대명사에서 초점 표지로 발전하는 현상은 상대적으로 드물다. 현재 확인 가능한 문헌들을 놓고 보면 그런 경우는 영어에만 존재한다. 따라서 초점과 의문의 발전 관계는 비대칭적이라고 할 수 있다.

1.6.5 맺음말

이 장에서는 의문과 초점 사이의 내재된 관계에 대해서 논의하였다. 또한 의문 대명사는 문장의 자연적인 초점이라는 관점에서 논의를 하였다. 이 관점으로 접근하면 초점 표지와 의문 대명사 간의 통시적·공시적 연계를 설명할 수 있다. 역사적인 시각에서 보면 초점 표지는 의문 대명사와 복합어를 구성하거나 음성 형태가 융합되어 하나의 단일어로 통합되는 경향을 보인다. 아울러 초점 표기 방식의 변화는 의문 대명사의 문법적 사용까지 변화시키는데 이는 관계절 표지가 흔히 의문 대명사로부터 유래하는 현상에 대한 설명이 될 수 있다. 공시적인 측면에서 보면 한 언어의 의문 대명사들은 일반적으로 공통의 음성 형태를 가지는데 이는 그들의 초점적 특성을 표시하는 형태 표지로 이해할 수 있다. 만약 한 언어에서 문법상 특정 위치가 초점을 나타내면 그 의문 대명사도 강제적인 어순 변환이 요구된다. 범언어적 차원에서 보면 서술어 동사의 앞자리가 문법적으로 초점을 표시하는 경우가 제일 흔하다. 그리고 영어에서도 의문 대명사는 초점 구조의 표지로 발전했다.

의문 형식과 초점 형식 사이에는 여러 면에서 공통성이 존재한다. 그 근본적인 원인은 서로가 기능 면에서 비슷하기 때문이다. 이는 문법 형태가 의미의 제약을 받는다는 근거이며, 한편으로 언어의 체계성과 규칙성도 보여준다. 다양한 문법 범주는 서로 독립되어 각각의 역할을 수행하는 것이 아니라 기능 및 형식적으로 서로 연계되어 의사 소통 기능을 갖춘 하나의 네트워크 체계를 형성한다. 서로 다른 민족일지라도 인지 기제를 공유하기 때문에 공통된 현상에 대해 비슷하게 인식한다. 그 결과로 범언어적인 규칙이 형성되는 것이다. 이런 시각에서 보면 언어 연구에는 여전히 논의가 필요한 많은 문제들이 남아 있다.

의문 대명사의 기능 파생을 제약한 문법 체계

1.7.1 머리말

이 장에서는 의문 대명사에서 파생된 다양한 문법 기능 중 감탄, 전체 지칭(遍指), 비한정 지시(不定指), 대용(指代) 등에 대해 주로 논의한다. 유형학적 관점에서 보면 서로 다른 언어의 의문 대명사의 파생 용법에는 공통성과 개성(고유의 특성)이 공존한다. 이는 여러 언어에 공존하는 특징이다. 그렇지만 표현 형식에는 각자 차이가 존재하는데 어떤 것은 문법 층위에서 나타나고 어떤 것은 조어 측면에만 국한된다. 이런 현상의 주된 원인은 다양한 언어들이 서로 다른 문법 체계들을 형성함으로 인해 의문 대명사의 발전과 표현 형식에 직접적인 영향을 미쳤기 때문이다.

의문 대명사는 기능적으로 매우 활발한 부류에 속한다. 물음을 표시할 뿐만 아니라 감탄, 전체 지칭, 비한정 지시 등과 같은 다양한 문법 기능을 파생하여 기타 문법 범주와도 밀접한 관계를 가진다. 범언어적 차원에서 보나 상이한 시기에 처한 한 언어의 체계에서 보나 의문 대명사에서 파생된 기타 문법 기능들에는 현저한 공통성과 뚜렷한 개성이 공존한다.

표면적으로 보면 이러한 공통성과 개성은 매우 복잡해 보인다. 공통성의 경우도 서로 다른 언어 또는 한 언어일지라도 처한 시기에 따라 그 표현들이 완전히 일치하지 않다. 감탄을 예로 의문 대명사가 감탄 표지로 발전한 언어는 세계적으로도 상당히 많으며 이는 고금의 중국어에도 모두 존재하는 공통된 특징이다. 이를 테면 영어의 대표적인 감탄문 표지인 'how'와 'what'의 경우 전자는 형용사 또는 부사와 함께 감탄을 나타내고(How beautiful she is!) 후자는 명사의 감탄에만 사용되는데 의문 대명사로부터 발전한 이런 감탄 표지는 반드시 문두에 위치해야 한다. 이와 마찬가지로 현대중국어에서 가장 흔한 감탄 표지는 정도를 묻는 의문 대명사 '多'에서 유래된 '多(么)'이며, '多(么)'는 형용사 또는 부사와 함께 감탄을 표시할 수 있을 뿐만 아니라 명사구에 대한 감탄을 나타낼 수도 있으며 여러 문법 위치에 자유롭게 놓인다.

> **예문**
>
> (1) 她长得多么漂亮啊! – 보어가 된 형용사의 감탄
>
> 他是个多好的孩子呀! – 빈어가 된 관형사의 감탄

상고 시기 중국어의 '何'에서도 감탄 용법이 파생되었다. 그러나 문장에서 그런 '何'의 위치는 현대중국어의 '多'와는 달리 서술어 동사의 앞에만 놓였다. 이렇게 사용된 '何'의 위치는 다시 구체적으로 두 가지 경우로 나누어 볼 수 있는데 하나는 주어와 서술어의 사이, 다른 하나는 전체 문장의 첫머리이다.

> **예문**
>
> (2) 子何击亏磬之悲也! (《여씨춘추》- 정통)
> (3) 汉皆已得楚乎? 是何楚人多也! (《한서》- 항적전)
> (4) 夫人何哭之哀! (《한시외전》- 권9)

예문(4)의 경우 '何'는 서술어 "哭之哀"의 앞에 놓였지만 실제로 보어인 '哀'의 정도를 강조한다. 현대중국어의 상응한 표현 형식은 감탄 표지를 강조 대상 성분의 바로 앞에 둔다.(예 "夫人哭得多么伤心呀!")

여기에서 주목해야 할 문제는 이러한 감탄 표지들이 모두 의문 대명사에서 유래

되었음에도 불구하고 문법 행위가 왜 각자 다르냐는 것이다. 영어에서는 반드시 문두에 위치하고, 고대중국어에서는 반드시 서술어의 앞에 위치하며 현대중국어에서는 다양한 문법 위치에 자유롭게 놓인다. 이런 차이가 나타난 원인을 간단하게 정리하면 다음과 같다. 의문 대명사에서 감탄 표지로 발달되는 과정은 구체적인 문법 구조를 떼어놓을 수 없다. 이 세 가지 언어 체계에서 의문 대명사의 문법 위치는 서로 다르기 때문에 그들의 감탄 용법에도 차이가 발생하게 되었다. 일부 특별한 경우를 제외하고 영어의 의문 대명사는 반드시 문두에, 고대중국어의 의문 대명사는 반드시 서술어의 앞, 주어의 뒤(주어가 있는 경우)에 놓이며 현대중국어의 의문 대명사는 다양한 문법 위치에 자유롭게 올 수 있다.

의문 대명사를 'wh-word'로 표기할 경우 영어, 고대중국어 및 현대중국어에서 의문 대명사의 문법 위치는 다음과 같은 형식으로 표시할 수 있다.

영어: wh-word + S + VP
고대중국어: S + wh-word + VP
현대중국어: wh-word(X) (감탄 표지의 자리는 대체된 성분 X의 문법 위치에 의해 결정됨)

또 하나의 공통성은 의문 대명사가 비록 여러 언어에서 모두 같은 종류의 용법을 파생해 내지만 그 표현 형식에는 차이점이 존재하는 점이다.

예를 들면 중국어와 영어의 의문 대명사는 모두 전체 지칭과 비한정 지시 용법을 갖고 있지만 그 표현 방식에는 차이가 있다. 중국어에서는 문법적 수단을 통해 실현되는데 전체 지칭을 나타낼 때는 의문 대명사가 반드시 서술어 동사의 앞에("谁他都认识") 오고 비한정 지시를 나타낼 때는 의문 대명사가 반드시 서술어 동사의 뒤에("他好像认识谁") 온다. 영어에서는 조어적 수단을 통해 실현되는데 전체 지칭을 나타낼 때는 의문 대명사 뒤에 '-ever'를 추가하여 복합어(예 whoever, whenever, whatever 등)를 구성하고 비한정 지시를 나타낼 때는 의문 대명사 앞에 'some-'을 추가하여 복합어(예 somehow, somewhat 등)를 구성한다.

앞에서는 주로 공통성을 기반으로 그 내면에 잠재된 개성적인 현상에 대하여 소개하였다. 그 밖에도 일부 용법의 경우는 특정 언어 또는 몇몇 언어에서만 찾아볼 수 있는데, 예를 들어 영어에서는 예문(5)처럼 의문 대명사가 관형절 표지로 사용되지만 중국어에는 그와 같은 용법이 없다. 반면에 중국어의 의문 대명사는 예문 (6)처럼 중복하여 사용함으로써 고유 명사나 특정 대상을 지시할 수 있지만 영어에는 그런 용법이 없다.

> (5) The book which you ordered last month has arrived.
> (6) 他老是说谁谁谁这也不行, 谁谁谁那也不好, 从来就没说过自己的不是。

이 장에서는 주로 중국어와 영어의 관련 용법을 고찰하면서 다양한 언어 문법 체계의 차이를 바탕으로 위에서 언급한 범언어적 공통성과 개성을 초래한 원인에 대해서 논의한다.

1.7.2 초점 형식과 의문 대명사의 위치

어떤 언어에서든 문법은 모두 하나의 유기적인 전체이며 내부의 여러 구조는 상호 의존하면서 조화로운 일관성을 이루기 때문에 같은 성격의 문법 구조는 일반적으로 같은 형식을 취하게 된다. 의문 대명사의 문법 행위가 종종 그 언어의 초점 표현 방식과 일치성을 보이는데 이것은 인간 언어의 보편적인 현상 중의 하나로서 의문 대명사가 문장의 초점으로 될 수 있는 특성을 타고났기 때문이다.

영어에서 의문 대명사는 반드시 문두에 놓여야 하는데 이는 영어의 초점 표현 방식에 의해 결정되었다. 영어의 대표적인 초점 표현 형식으로는 초점화할 성분을 문두로 이동하고 그 앞에 판단사 'to be'를 더하는 분열문을 그 예로 들 수 있다. 판단사를 초점 표지로 사용하는 것은 인간 언어의 보편적인 규칙이다. 그러나 영어의 문법 규칙에 따르면 모든 한정 동사는 반드시 주어를 가지기 때문에 'to be'의 앞에는 가주어 'it'을 추가해야 한다. 따라서 "John bought a car yesterday"라는 문장에서 (밑줄 친) 여러 성분을 다음과 같이 초점화할 수 있다.

예문

(7) It was <u>John</u> who bought a car yesterday.

It was <u>a car</u> that John bought yesterday.

It was <u>yesterday</u> that John bought a car.

판단사는 많은 언어에서 초점 표지로 발전하였으며 영어의 'to be'도 예외는 아니었다. 초점 표지가 된 'to be'는 여전히 동사성을 보유하며 문두에 사용되었다. 거기에 평서문은 반드시 주어가 있어야 하는 영어의 문법 규칙이 더해져서 초점 표지 'to be' 앞에 가주어 'it'이 붙었고, 그 결과 위의 분열문이 형성된 것이다. 영어에서 의문 대명사가 반드시 문두에 놓여야 하는 특징은 바로 이러한 영어의 초점 표현 방식에 의해 결정되었다.

현대중국어에서는 특정 성분을 초점화하려면 해당 성분 앞에 직접 '是'를 추가하여 표현한다. 그중 빈어의 초점화가 상대적으로 특별한데 먼저 빈어 앞의 동사를 부분적으로 '的'자 구조로 전환한 다음 다시 앞에 '是'를 붙인다. 예를 들면 "我昨天在图书馆碰见了王教授"라는 문장에서 여러 성분을 다음과 같이 초점화할 수 있다.

예문

(8) 是我昨天在图书馆碰见了王教授。

어제 도서관에서 왕 교수와 마주친 사람은 (다름 아닌) 나다.

我是昨天在图书馆碰见了王教授。

나는 (다름 아닌) 어제 도서관에서 왕 교수를 마주쳤다.

我昨天是在图书馆碰见了王教授。

상고 시기 중국어에서 빈어가 되는 의문 대명사는 예문(9)와 예문(10)처럼 반드시 서술어 동사의 앞으로 이동해야 한다. 그리고 예문(11)과 예문(12)를 보면 초점화된 빈어를 동사 앞으로 전치하고 그 앞에는 '唯' 등 표지를, 그 뒤에는 재지칭 기능을 하는 대명사 '之' 또는 '是'를 추가하는 것이 당시 초점을 표현하는 하나의 주요 방식이었다.

> **예문**
>
> (9) 吾谁欺? 欺天乎? 《논어》 – 자한)
>
> (10) 客何好? 《논어》 – 자한)
>
> (11) 无非无仪, 唯酒食是议。 《시경》 – 사간)
>
> (12) 当臣之临河持竿, 心无杂念, 唯鱼之念。 《열자》 – 탕문)

1.7.3 중국어와 영어의 공통 용법

1.7.3.1 의문 대명사의 감탄 용법

의문 대명사가 감탄 표지로 발전하는 것은 인간 언어의 공통성의 하나이다. 앞에서 이미 의문과 감탄의 관계에 대해서 논의한 바 있다. 따라서 여기서는 영어의 감탄 표지와 중국어의 감탄 표지의 차이가 형성된 원인에 대해서만 다루고자 한다.

영어의 감탄 표지 중 가장 대표적인 것은 'how'와 'what'이며 둘은 명확하게 역할이 구분된다. 'how'는 형용사 또는 부사의 정도에 대한 감탄을 표현할 때만 사용하며 이는 의문 대명사로서 주로 성상의 정도를 묻는 용도로 사용되는 'how'의 용법과도 일치하다. 'what'는 명사성 성분에 대한 감탄을 표현할 때만 사용되며 이는 주로 사물의 속성을 묻는 의문 대명사 'what'의 용법과 관계된다.

(13) a. How well Philip plays the piano!

b. How nice she is!

c. What a fine watch he received for his birthday!

d. What beautiful clothes she wears!

중국어에도 성상을 묻는 '多(么)'와 사물을 묻는 '什么'가 있지만 '多'만이 감탄 표지로 발전하여 영어의 'how'와 'what'의 역할을 겸한 이중 감탄 기능을 수행한다. 위의 영어 예문(13)의 두 가지 경우에 중국어에서는 모두 '多'를 사용하여 표현한다.

(14) a. 他的钢琴弹得多好呀!

b. 她多友善哪!

c. 多么精致的一块表呀! 这是他生日收到的礼物。

d. 她穿着多么漂亮的衣服啊!

'多'가 감탄 표지로서 형용사와 부사와 같이 쓰이게 된 원인은 간단하다. 그것은 '多'는 의문 표지로서 원래 이 두 품사의 성상을 묻는 용도로 사용되었기 때문이다. 다시 말하면 '多'의 의문 용법과 비의문 용법의 문법적 환경이 일치하다는 것이다. 그렇다면 설명이 필요한 부분은 원래 명사구를 수식하지 못하는 '多'를 어찌하여 감탄문에서 명사구를 강조하는 표지로 사용하는지의 문제이다. 이는 영어와 중국어에서 명사구의 문법 구조가 서로 다르기 때문에 발생한 차이라고 할 수 있다.

중국어에는 '的'라는 중요한 문법 표지가 있는데 성질만을 의미하는 소수의 형용사를 제외하고 관형어가 되는 형용사는 '的'로 명사와 연결되어야 하며 특히 정도를 나타내는 형용사의 경우 '的'가 반드시 필요하다. 여기에는 '정도 부사 + 형용사'('很好的朋友'), 형용사 중첩 ('大大的眼睛'), '형용사 + 접미사'('热乎乎的馒头'), 정도의 뜻을 갖는 복합 형용사('雪白的衬衫') 등이 모두 포함된다. 그러나 영어의 수식형 명사구에는 상응한 문법 표지가 없다. 결과적으로 관형어 표지의 유무가 영어와 중국어에서 수식형 명사구의 근본적인 구조 차이를 결정했다고 본다.

두 언어의 감탄 표지 구조는 각각 다음과 같다.

중국어: [감탄 표지 + A] + 的 + NP

영어: 감탄 표지 + [A + NP]

다시 말하면 중국어에서 감탄 표지(의문 대명사 포함)는 우선 그 뒤의 형용사와 관형어를 구성한 다음 함께 중심이 되는 명사를 수식한다. 이를 테면 "多么漂亮的景色啊"에서 '多么'와 '漂亮'이 1차적으로 결합하여 직접 성분을 이루고 이렇게 구성된 관형어가 다시 '景色'를 수식하는 것을 말한다. 바로 이런 이유 때문에 중국어에서 형용사의 성상을 묻는 '多'가 명사구에 대한 감탄을 나타내는 용도로도 사용될 수 있게 된 것이다.

그러나 영어의 경우는 다르다. 형용사와 명사가 먼저 1차적으로 수식형 명사구를 형성하고 감탄 표지는 그 명사구를 직접 수식한다. 따라서 관련 의문 대명사 또는 의문 대명사에서 유래된 감탄 표지도 명사에 대한 의문을 표시하는 'what'으로 한정될 수밖에 없다.

다시 말해서 영어 명사구와 중국어 명사구의 문법적 결합 구조 차이로 인하여 영어 감탄 용법과 중국어 감탄 용법의 차이가 결정되었다는 것이다.

하지만 주목해야 할 현상은 송조 이후에 나타난 '什么'의 감탄 용법이 기능적으로 영어의 감탄 표지 'what'과 유사하다는 것이다.

그러나 이런 현상은 그 후 점차 소실되었으며 현대중국어에서는 완전히 찾아볼 수 없다. 그 생성과 소실의 원인은 중국어 문법 구조의 발달 과정으로 설명할 수 있다. 관형어 표지인 '的'가 나타나기 전까지 중국어의 수식형 명사 구조는 영어와 거의 같아서 절대 다수가 무표지 어구였다. 구조 조사 '的(底)'는 당조 후기의 문헌에 처음 출현하여 송조 이후에 점차 발전하였으며, 현대중국어에 나타난 '的'의 사용 규칙은 원명 시기에 이르러서야 점차 형성되었다. 다시 말해서 '的'가 나타나기 전과 나타난 후 상당 기간 동안 중국어의 수식형 명사구의 결합 구조는 영어와 같았다는 것이다. 즉, 위의 예문 중의 "什么破草鞋"와 "甚气象"처럼 형용사와 그 뒤의 중심 명사가 먼저 직접 성분을 구성했기 때문에 명사를 수식하는 '什么(甚)'에 의한 감탄이 허용되었던 것이다. 이는 영어의 감탄 표지인 'what'의 용법과 일치하다. 그러다가 '的'의 사용이 점차 엄격해지면서 중국어의 수식형 명사구의 결합 구조도 근본적으로 바뀌어 결국에는 '什么'의 감탄 용법이 도태되기에 이르렀다. 이러한 역사 현상은 문법 구조가 의문 대명사의 기능 파생을 제한한다는 점을 잘 보여준다.

1.7.3.2 의문 대명사의 전체 지칭 용법

의문 대명사의 개념에는 두 개의 기본적인 구성 요소가 있다. 하나는 영역에 대한 물음인데 즉 특정 범위를 대상으로 한 질문이며, 다른 하나는 해당 범위 내의 모든 구성원에 대한 질문이다. 의문 대명사에서 '질문'이라는 의미적 특징을 제거하면 특정 범위 내의 모든 구성원 또는 상태를 지시하는 '전체 지칭'이 된다. 이로부터 많은 종류의 언어들에서 의문 대명사가 어떻게 전체 지칭 용법으로 발전하였는지를 알 수 있다.

어떤 '특정 범위' 내의 모든 구성원을 가리키는 의문 대명사의 전체 지칭 용법은 '한정'의 특징을 가진다. 의문 대명사의 원래 용법과 구분하기 위하여 언어에는 이러한 한정적 특징을 강조하는 어떤 수단이 필요하다. 중국어와 영어는 문법 체계가 다르기 때문에 각자 보유한 그런 한정성 수단도 다를 수밖에 없다.

중국어에는 구조에 의한 의미 부여 규칙이 존재하는데 그중 하나가 바로 수식어를 갖지 못한 단일 명사가 서술어 동사의 앞에 놓이면 그 의미에 자동으로 한정성이 부여되는 현상이다. 이는 아래와 같은 3가지 경우를 포함한다.

첫째, 단일 명사가 주어일 때: 客人已经来了。

둘째, 단일 명사가 주어 앞에서 화제가 될 때: 书我已经还了。

셋째, '把'가 단일 명사를 이끌 때: 他把房子打扫干净了。

위의 구조에 의한 의미 부여 규칙과 어떤 단어의 수식도 허용하지 않는 의문 대명사의 문법적 특징 때문에 중국어의 의문 대명사가 전체 지칭을 나타내려면 동사의 피동작주여도 예외 없이 반드시 서술어 동사의 앞에 와야 하는데 그 목적은 바로 한정성을 확보하기 위한 것이다. 이렇게 서술어 동사를 기준으로 보면 위치가 한정되지만 "他谁都认识"도 "谁他都认识"도 허용되는 것처럼 주어의 앞과 뒤에는 자유롭게 위치할 수 있다. 현대중국어에서는 모든 의문 대명사가 전체 지칭 용법을 가진다.

예문

(18) 谁也不知道他哪儿去了。

他什么都知道。

干工作哪里都一样。

怎么劝她都没用。

그러나 영어에는 중국어와 같은 구조에 의한 의미 부여 규칙이 존재하지 않는다. 따라서 영어의 의문 대명사가 전체 지칭을 나타내려면 반드시 어휘 표지에 의지해야 하는데 보통 그 뒤에 'ever'를 추가하여 복합어를 구성한다. 이를 테면 'whoever', 'whenever', 'however', 'whatever' 등이다. 이들의 문법적 행위도 기존 의문 용법의 영향을 받기 때문에 일반적으로 종속절의 첫머리에만 위치한다.

예문

(19) Whatever I suggest, he always disagrees.

Whoever is responsible for this will be punished.

Whenever I hear that tune, it makes me think of you.

We have to finish, however long it takes.

1.7.3.3 의문 대명사의 비한정 지시 용법

맥락상 의문 대명사를 사용하는 경우는 보통 특정 범위 내의 구성원 또는 성상이 불확실하여 질문이 필요할 때이다. 이런 경우에 '질문'이라는 의미적 특징을 제거하면 바로 비한정 지시가 된다. 전체 지칭의 경우와 마찬가지로 중국어와 영어에서도 모두 의문 대명사로부터 비한정 지시 용법이 발달되었다. 단지 각자 문법 체계의 영향으로 인해 표현 형식이 서로 다를 뿐이다.

중국어에서는 단일 명사가 서술어 동사의 뒤에 놓이면 그 의미에 자동으로 비한정성이 부여되는데 이것도 중국어의 구조에 의한 의미 부여 규칙에 따른 또 하나의 현상이다. 예를 들면 "来了客人"에서 '客人'이 바로 비한정 명사이다. 전체 지칭을 나타낼 때와 마찬가지로 중국어의 의문 대명사가 비한정을 표현하려면 반드시 서술어 동사의 뒤에 위치하여 비한정이라는 의미적 특징을 확보해야 한다.

(20) 会场里好像有谁在抽烟。

今天没有谁给你打电话。

(21) 你最近看过什么新片子没有?

在本地你有什么亲戚吗?

(22) 昨天你没有到哪里去过吗?

我好像在哪里看过这幅画儿。

그러나 '多', '多会儿', '怎么' 등 일부 의문 대명사는 빈어가 되지 못하며 이들을 비한정으로 사용할 때에도 그 앞에 '没', '不知' 등 부정 표지를 서술성 성분으로 추가해야 한다.

(23) 走不多远他又回来了。

小桥没多宽, 只能走一个人。

(24) 没多会儿, 他就走了。

没坐多会儿, 他就走了。

(25) 不知道怎么一来就滑倒了。

不知道怎么就病了。

영어에는 중국어와 같은 구조에 의한 의미 부여 규칙이 존재하지 않기 때문에 영어의 의문 대명사는 '비한정'을 표시하기 위해서도 반드시 어휘적 수단에 의거해야 한다. 구체적으로 의문 대명사의 앞에 'some-'을 추가하는 방식인데, 이를 테면 'somewhat', 'somehow', 'somewhere' 등이다.

주의해야 할 점은 영어의 모든 의문 대명사가 위와 같이 사용되는 것은 아니다. 예를 들면 '*somewho', '*somewhen' 등과 같은 형태는 존재하지 않는다. 그 원인에 대해서는 진일보의 논의가 필요하다.

1.7.4 중국어 특유의 용법

1.7.4.1 의문 대명사의 연쇄식 전체 지칭 용법

앞에서 중국어와 영어는 표현 형식이 다를 뿐 모두 의문 대명사로부터 전체 지칭 용법이 발전되었다고 언급하였다. 중국어에는 또 두 개의 의문 대명사를 연속 사용하여 앞의 것은 특정 범위를 설정하고 뒤의 것은 해당 범위 내의 모든 구성원을 지시하는 전체 지칭 용법이 존재한다. 이런 전체 지칭 용법에서 의문 대명사는 더 이상 그 위치가 서술어 동사의 앞자리로 한정되지 않고 서술어 동사의 앞과 뒤에 자유롭게 놓일 수 있다. 그것은 문법 위치에 의한 의미 부여 규칙의 도움 없이 연속 사용을 통해 특수한 형식을 구성하기 때문이다.

(29) 哪里有困难就到哪里去。

他走到哪里, 哪里就会热闹起来。

(30) 有多大劲儿使多大劲儿。

能拉多长就拉多长。

(31) 他怎么对待你, 你就怎么对待他。

你怎么样跟老李说的, 你就怎么样跟老王说。

연쇄식 전체 지칭 용법에서 의문 대명사의 위치는 그에 의해 대체된 단어와 완전히 일치하다. 이런 용법은 현대중국어의 의문 대명사만이 그런 사용이 가능하다. 왜냐하면 현대중국어의 의문 대명사는 의문을 나타낼 때 위치를 바꾸지 않고 의문을 표시하는 단어를 대체하여 그 자리에 들어가기 때문이다. 즉, 연쇄식 전체 지칭 구조의 경우 겉으로는 의문 대명사이지만 실제로는 일반 단어의 의미를 표현하므로 의문 대명사가 일반 단어와 동일한 문법 행위를 가질 수 있는 언어 체계에서만이 가능하다. 영어와 고대중국어의 의문 대명사들을 살펴보면 문법 행위가 대체하는 단어와 일치하지 않기 때문에 모두 현대중국어의 의문 대명사와 같은 연쇄식 전체 지칭 용법을 가지지 못하였다.

영어에도 아래 예문의 'which is which'처럼 겉보기에는 중국어의 연쇄식 전체 지칭 용법과 비슷한 구조가 존재하는 것 같다. 그러나 영어의 이런 구조는 한 문장의 주어와 빈어가 동형인 경우에만 한정되며 서술어 동사도 일반적으로 판단사 'be'로 국한되어 중국어에 비해 실제 기능과 사용 범위가 많이 다르다. 또한 표현하는 의미도 주로 구별, 즉 특정 범위 내의 서로 다른 구성원 간의 차이를 구분하는 것이며 이 또한 특정 범위 내의 모든 개체를 임의로 지시하는 중국어의 경우와는 다르다.

(32) For the first few months the babies looked so alike, I couldn't tell which was which.

그 밖에 이미 '명사(名士) 인명록'이라는 뜻의 고정 표현으로 자리잡은 또 하나의 유사한 용법 'who's who'가 있다. 이 경우도 전체 지칭으로 보기는 어렵다.

1.7.4.2 의문 대명사 연속 사용을 통한 고유 명사 지시 기능

중국어는 의문 대명사의 연속 사용을 통해 일반 단어를 지시하는 기능도 발전되었는데 이때 지시하는 일반 단어는 대부분이 고유 명사이다. 현대중국어의 거의 모든 의문 대명사는 이런 용법을 가진다. 반면에 영어의 의문 대명사들은 이런 용법이 허용되지 않는다.

> **예문**
>
> (33) 没事还净说长坂坡, 当初谁谁谁都怎么跟他有交情。
>
> (34) 他老是说谁谁谁这也不行, 谁谁谁那也不好, 从来就没说过自己的不是。
>
> (35) 刚来的时候, 她每星期写一封, 什么什么都要告诉他。
>
> (36) 新品种怎么怎么好, 老品种怎么怎么不行, 他当着众人详细地做了比较。

현대중국어 의문 대명사의 위와 같은 용법은 문법 체계에 존재하는 두 가지 특징에 의해 결정되었다. 하나는 문법적으로 의문 대명사와 그것이 지시하는 단어의 위치가 일치하는 점, 다른 하나는 여러 가지 문법적 의미를 표현하는 다양한 단어들의 중첩을 허용하는 점이다. 현대중국어에서 대부분의 명사, 동사, 형용사, 부사가 중첩될 수 있는 만큼 중첩은 매우 보편적인 현상이다. 그러나 고대중국어의 경우 현대중국어의 이 두 특징 중 첫 번째는 갖지 못 했고 두 번째는 상대적으로 경향이 약하여 당시 의문 대명사에는 이러한 용법이 없었다. 영어는 두 특징을 모두 가지지 못했기 때문에 의문 대명사에도 이런 용법이 없다.

의문 대명사의 연속 사용을 통해 고유 명사를 지시하는 이런 용법은 19세기 문헌에서도 발견되지 않는 새로운 문법 현상이다. 그러나 이런 용법은 18세기의 《홍루몽》에서 이미 싹트기 시작했다고 봐야 한다. 한 의문사로 어느 한 고유 명사의 일부분을 질문하던 당시의 용법을 거쳐 나중에 연속 사용을 통해 전체 고유 명사를 지시하는 용법이 출현했기 때문이다.

(37) 你不是叫什么香吗?(《홍루몽》- 21회)

1.7.4.3 의문 대명사의 분류 및 부정 기능

현대중국어의 의문 대명사는 기타 용법들에서도 다양하게 발전되었는데 문법적으로 의문 대명사의 위치가 일반 단어와 같은 특징은 기타 용법의 출현에도 결정적인 영향을 미쳤다. 이런 기타 용법들도 영어의 의문 대명사가 가지지 못한 문법 기능들이다.

가. '什么'를 병렬 명사구의 앞과 뒤에 사용하여 열거한 명사와 같은 부류의 사물임을 가리킨다.

(38) 什么纸啊、笔啊、墨水啊, 样样都有。
卖了点纸啊、笔啊、墨水啊什么的。
一早晨就挑着柿子什么的一直往西苑去。
集上往往也有几本好书什么的。

나. '什么(似)'를 동사의 뒤에 사용하여 정도의 크기를 표시한다.

(39) 我等什么儿是的, 今日才等着你了。(《홍루몽》- 77회)

(40) 他后悔得什么似的。(《홍루몽》- 32회)

(41) 你爷爷惦记得什么是的。(《홍루몽》- 118회)

다. '什么'를 명사의 앞에 사용하여 경멸, 반감을 나타내거나 인용어의 앞에 사용하여 상대의 말에 동의할 수 없음을 표시한다.

(42) 哥儿已经念到第三本《诗经》, 什么"攸攸鹿鸣, 荷叶浮萍"。

　　(《홍루몽》- 9회)

(43) 我才听见什么"金凤", 又是什么"没有钱只合我们奴才要"。

　　(《홍루몽》- 73회)

(44) 什么你不知道这件事?

　　你不知道, 谁还能知道?

라. '哪里'를 동사의 앞에 사용하거나 '什么'를 형용사의 뒤에 사용하여 강력한 부정을 나타낸다.

(45) 这么些人一辆车哪里坐得下!

　　我哪里有你劲儿大呀!

(46) 我高兴什么! 人家心里难受死了。

　　这东西贵什么! 一点儿都不贵。

1.7.5 영어 특유의 용법

영어의 의문사는 종속절 표지로 되거나 관계 관형절을 이끌어 중심이 되는 명사를 수식 또는 한정하는 중요한 문법 기능을 갖고 있다.

가. 종속절 표지 - 거의 모든 영어 의문 대명사는 이 기능을 가진다.

> **예문**
>
> (47) a. I believe what he told me.
>
> b. I remember how she always used to emphasize the quality.
>
> c. I forgot where I put my car key.
>
> d. I will tell you when I leave for London.

나. 관형절 표지 - 'who', 'whose', 'which', 'when', 'where' 등 의문 대명사만 이런 용법을 가지며 'what' 등은 가지지 못한다.

> **예문**
>
> (48) a. The book which you ordered last month has arrived.
>
> b. I'd like to see the car which you bought last week.
>
> c. The lady whose daughter you met is Mrs Brown.
>
> d. This is a person who you should know.

영어의 의문 대명사는 종속절 표지 또는 관형절 표지로 발전했지만 중국어의 경우는 그렇지 못했다. 이 또한 두 언어에 나타난 의문 대명사의 문법 행위 차이로 인해 결정되었다. 영어의 의문 대명사는 항상 문두에 위치하기 때문에 그들의 문법 형식은 'Wh-word + 절'로 표기된다. 영어에서 의문 대명사의 바로 뒤에 오는 것은 구조적으로 하나의 종속절(문장)이다. 물음을 표시하지 않고 주어와 조동사의 순서를 도치시키지 않으면 종속절 표지가 된다.

그 밖에 영어의 의문 대명사 'which' 등은 또 다른 특수한 용법을 가진다. 이들은 앞에서 언급한 명사를 재귀칭할 수 있어 뒤따르는 종속절을 이끌고 해당 명사를 수식할 수 있다.

(49) a. Anyway, that evening, which I would tell you more about later, I ended up staying in a small town.

b. This is the third in a sequence of three books, which I really enjoyed.

예문(49)a에서는 'which'는 'that evening'을 재귀칭하고 예문(49)b에서는 'which'는 'the third in a sequence of three books'를 재귀칭한다. 바로 이런 문법 환경에서 'which'는 앞 성분과의 경계를 점차 없애고 결국은 명사의 관형절 표지로 발전되었다.

반면에 중국어의 의문 대명사는 'which'와 같은 문법 환경에서 사용되지 못했기에 종속절 표지로 발전할 가능성도 없었던 것이다.

1.7.6 맺음말

한 언어의 전체적인 문법 구조는 그 의문 대명사의 발전 방향과 방식 그리고 정도를 제약한다. 현대중국어의 의문 대명사에서 파생된 비의문 용법은 상대적으로 영어의 경우보다 다양하고 고대중국어의 경우보다도 복잡하다. 이는 현대중국어의 의문 대명사는 문법적으로 다양한 자리에 놓일 수 있는 반면에, 영어와 고대중국어의 의문 대명사는 특정 자리에 한정되기 때문인 것으로 풀이된다.

이 장에서 다루었던 현상들에 근거하면 인간 언어의 공통성은 '강세'와 '약세' 두 가지로 나눌 수 있다. 강세적 공통성은 어떠한 형식으로든지 모든 언어 또는 절대다수의 언어에 나타나는 반면에, 약세적 공통성은 소수의 언어에서만 발견된다. 의문 대명사의 감탄, 전체 지칭 및 비한정 지시 용법은 강세적 공통성으로서 영어, 중국어 등 수많은 언어에 존재한다. 그러나 의문 대명사의 부정, 연속 사용에 의한 전체 지칭, 중첩에 의한 지시 등 현상은 우리가 관찰한 주요 언어들 중 중국어에만 존재했다.

강세적 공통성이 사용되는 수단은 해당 언어의 기타 문법적 특징과 관계된다. 중국어는 구조에 의한 의미 부여 규칙을 가지고 있기 때문에 중국어에서 의문 대명사의 전체 지칭과 비한정 지시 용법은 문법적 위치를 통해 실현된다. 그러나 영어는 상응한 규칙이 없으므로 어휘적 수단(즉 단어를 합성하는 방법)에 의지한다.

모든 언어 현상은 언어 체계-인간의 인지-현실 규칙 등 세 요소가 상호 작용한 결과이다. 이 장에서는 주로 기존의 언어 체계가 어떻게 단어의 문법 기능 파생에 영향을 미치는지에 대하여 논의했다. 이는 언어의 공통성과 개성을 논의하는 중요한 방식 중의 하나라고 할 수 있다.

새로 발전한 '有沒有 ＋ VP' 의문문

1.8.1 머리말

중국어 문법은 공시적 차원에서 보면 상대적으로 정체된 안정적인 체계이지만 통시적인 차원에서 보면 새로운 현상의 발생과 낡은 현상의 소실이 거듭되면서 끊임없이 변화하는 시종일관 매우 역동적인 체계이다. 지난 천여 년 동안 중국어에는 '체' 표지 체계의 형성, 양사 체계의 구축, 동보 구조의 산생, 동사 복제 구조의 출현 등을 비롯한 수많은 새로운 문법 현상들이 나타났다. 이는 모두 현대중국어의 문법 체계가 고대중국어의 문법 체계와 구분되는 뚜렷한 특징들이다. 새로운 문법 범주의 형성 과정을 살펴보면 전반적으로 초기의 개별적인 사용에서 시작하여 점차 그런 사용이 확대되면서 최종적으로 안정된 문법적 수단으로 자리잡게 되는 발전 과정을 거친다. 또한 그러한 발전 과정은 보통 백 년에서 수백 년이라는 상당히 긴 시간이 걸린다. 현대중국어는 중국어의 발달사라는 기나긴 역사에서 보면 한 시기에 불과하다. 따라서 고찰 범위를 백 년 전으로 하면 최근에 형성되어 한창 발전하고 있는 일부 문법 현상도 관찰할 수 있다. 이 장에서는 새로 발전한 의문문 형식을 통해 그 문제를 살펴보고자 한다.

'有沒有 ＋ VP'는 최근에 생겨난 최신 의문문 형식이다.

(1) a. 天有没有亮?

　　b. 他有没有起来?

　　c. 申耀宗有没有瞒他, 你们弄清楚了没有? (원정소설)

이런 의문문은 형성 그 자체가 범상치 않다. 이들은 겉으로는 조동사로 구성된 정반 의문문과 같은 부류인 것처럼 보이지만 실제로는 본질적으로 다르다. 아래 비교를 통해 그 차이를 살펴보자.

(2) a. 有没有碰见合适的主儿? (왕쉬, 《류후이팡》)

　　—*有碰见合适的主儿。

　　—没有碰见合适的主儿。

　　b. 你会不会游泳?

　　—我会游泳。

　　—我不会游泳。

　　c. 你能不能搬动那块石头?

　　—我能搬动那块石头。

　　—我不能搬动那块石头。

모든 조동사는 위의 예문 중의 '会', '能'과 같은 사용법을 갖는다. 이런 경우 긍정일 때는 '조동사 + VP'로 대답하고, 부정일 때는 '부정사 + 조동사 + VP'로 대답한다. 그러나 '有没有 + VP' 의문문의 긍정 대답은 '有 + VP'가 허용되지 않는다. 이는 중국어 보통화에 이런 문법 형식이 없기 때문이다. 이런 현상을 제일 먼저 방언의 영향이라고 생각할 가능성이 있다. 보통화의 'V + 了'에 해당하는 것으로 완료체를 표현하는 '有 + VP'의 구조가 푸저우(福州), 샤먼(廈門) 차오저우(潮州), 하이펑(海丰), 푸톈(莆田) 등 일부 중국 남방 지역 방언에 존재하는 것도 사실이다. 그러나 이런 추론에는 허점이 있다. 실제 이런 방언에서 해당 정반 의문문의 형식은 '有 + V + 无(V)'로서 위의 보통화의 형태와는 차이가 난다.

보다시피 '有没有 + VP' 의문문이 출현한 원인을 단순하게 방언의 영향으로 귀결하기는 어렵다.

인간 언어의 공통성 차원에서 보면 소유 동사가 완료 체표지로 발전하는 것은 인간 언어의 보편적인 현상이다. 방언 중의 완료체 형식인 '有 + VP'도 보통화의 '有没有 + VP'의 형성과 발전도 모두 인간 언어의 이 같은 보편적인 현상을 반영한다. 이런 현상들에 대한 연구는 문법화 이론과 인지 언어학의 중요한 과제이다. 다음 부분에서는 현대중국어 중 '有没有 + VP' 의문문의 사용 현황에 대해서 논의하고 그 발전 원인에 대하여 이론적으로 다루고자 한다.

1.8.2 당대(當代) 중국어의 '有没有 + VP'의 발전

'有没有 + VP' 의문문의 기능에 상당하면서 사용 범위도 더 넓은 현대중국어의 의문문 형식은 'VP + 了 + 没有'이다.

이는 일반적인 'V + 了' 정반 의문문이다. 동사구의 정반 의문문은 긍정식과 그에 대응되는 부정식으로 구성된다. 'V + 了'에 대응되는 부정식은 '没有 + V'이지만 예문(4)와 (5)처럼 '没有' 뒤의 성분을 생략하는 것이 일반적이다.

특정 어구의 정반 의문문 형식은 그 긍정과 부정의 구체적인 형식에 의해 결정되며 그 형성 시기는 부정식의 발전과 밀접히 관계된다. 정반 의문문에 대해 논의할 때 '不'와 '没有'로 구성된 동사의 부정식은 동등하게 취급되지만 실제 두 부정 표지의 형성 시기와 문법 기능이 매우 다르기 때문에 그들로 구성된 정반 의문문의 형성 시기와 형식도 상당히 다르다. '不'로 구성된 정반 의문문은 수당 시기에 처음 나타났다.(예문(6)과 예문(7) 참조) 그러나 '没有'는 16세기에 이르러서야 동사구를 부정하는 용도로 사용되기 시작했다.(예문(8)과 예문(9) 참조) 아울러 '没有'로 구성된 정반 의문문은 18세기에 이르러서야 사용이 일반화되었다.

> **예문**
>
> (6) 宣城太守知不知？(백거이의 시)
> (7) 诸上座出手不出手？(《조당집》)
> (8) 吃了药没有？(《홍루몽》 – 45회)
> (9) 我的话到底说了没有？(《홍루몽》 – 60회)

정반 의문문 'VP + 了 + 没有'는 18세기에 벌써 광범위하게 사용된 반면에 '有没有 + VP'형은 20세기 초에 이르러서야 나타났다. 조사에 따르면 이 같은 용례는 마오둔(茅盾)의 소설 《무지개》에 처음 나타났다.

> **예문**
>
> (10) 可是你有没有说起你的肺病至多不过再活三四年? (마오둔,《무지개》)
> (11) 她又去检查她的杂志有没有被老鼠咬。(마오둔,《무지개》)

그러나 20세기 전반까지, 이런 의문문이 사용된 경우는 매우 드물었다. 장헌수이(張恨水), 루쉰(魯迅), 차오위(曹禺), 라오서(老舍), 바진(巴金) 등 작가들의 많은 작품들을 조사했지만 단 하나도 찾지 못했다. 실제로 이런 의문문의 사용 범위는 최근 20년 사이에 신속하게 확장되었다. 아래는 연구 과정에서 수집한 용례들의 일부분이다.

(12) 你有没有觉得我和一般人不一样? (왕쉬, 《치인》)

(13) 我在想有没有搞错? (왕쉬, 《스튜어디스》)

(14) 你有没有向他所在的公安机关检举? (왕쉬, 《인막여독》)

(15) 在对待领袖方面有没有留下可抓的辫子。 (지셴린, 《우붕잡기》)

(16) 我这话有没有冒犯你? (펑지차이, 《백명의 십년》)

(17) 近来她父亲有没有来信? (미상, 《메마른 풍류정》)

(18) 有没有在那段时间看见异常人、听见异常事。 (가오훙, 《냉혈》)

(19) 有没有了解过她搬家以后她妈妈的心情?
　　 (안둔, 《선택의 결과는 여전히 잃는 것이었다》)

(20) 看看有没有发现过可疑的人。 (천팡, 《천노》)

(21) 不过他却记不清有没有修过这个乌龙的车。 (펑징펑, 《초록 달》)

(22) 有没有烫着脚? (팡팡, 《흰 안개》)

'有没有 + VP' 의문문의 발전은 사용 범위의 확대로 표현될 뿐만 아니라 많은 작가들이 사용했다는 점이다. 당대까지 지대한 영향을 미치고 있는 작가들의 작품을 조사해 본 결과 20여 명의 작가가 쓴 30여 부의 소설에 이런 의문문이 나타났는데 총수의 20%에 상당한 것으로 집계되었다. 또한 이 의문문을 사용한 작가들 대다수가 북방 방언을 사용하는 지역 출신인 것으로 조사되었다. 보통화에서의 이런 의문문의 사용 현황을 정리하면 아래 표와 같다.

저자	작품	수량
미상(佚名)	《메마른 풍류정(干枯风流情)》	3
천윈린(陈韵林)	《뿌리 잃은 나무(失根的树)》	1
가오양(高阳)	《홍정상인 호설암(红顶商人胡雪岩)》	11
왕쉬(王朔)	《노는 것만큼 신나는 것도 없다(玩得就是心跳)》	3
왕쉬	《스튜어디스(空中小姐)》	1
왕쉬	《류후이팡(刘慧芳)》	1
왕쉬	《인막여독(人莫予毒)》	1
왕쉬	<치인(痴人)>	1
왕쉬	《당신은 속인이 아니다(你不是个俗人)》	1
아청(阿城)	《장기왕(棋王)》	1
펑지차이(冯骥才)	《백명의 십년(一百个人的十年)》	1
주원(朱文)	《난 달러가 좋아(我爱美元)》	3
먀오즈(妙子)	《1978년의 린더우(林斗在 1978)》	2
천팡(陈放)	《천노(天怒)》	3
지셴린(季羡林)	《우붕잡기(牛棚杂记)》	1
천중스(陈忠实)	《백록원(白鹿原)》	3
왕쟈충(王家琼)	《좋은 남자 내려주세요(给我一个好男人)》	9
가오훙(高红)	《냉혈(冷血)》	9
안둔(安顿)	《귀가(回家)》	6
안둔	《절대기밀(绝对隐私)》	1
왕하이거(王海鸽)	《손을 잡다(牵手)》	1
장샤오펑(张晓枫)	《흰 손수건, 빨간 손수건(白手帕，红手帕)》	1
줘칭원(左晴雯)	《나쁜 남자(坏男人)》	1
팡팡(方方)	《정수(定数)》	2
팡팡	《흰안개(白雾)》	1
츠리(池莉)	《오가는 이들(来来往往)》	1
츠리	《눈 없는 겨울(一冬无雪)》	1

| 츠리 | 《피 흘리는 저녁 노을(滴血晚霞)》 | 1 |
| 펑징펑(彭荆风) | 《초록 달(绿月亮)》 | 1 |

위의 통계 결과를 보면 '有没有 + VP'가 괄목할 만한 발전을 이루었다는 것은 분명하다. 그러나 그 사용에는 아래와 같은 몇 가지 주목할 만한 부분이 있다. 첫째, 이 형식은 젊은 세대들의 작품들에서 많이 나타났으며 특히 최근 십여 년 사이에 발표된 작품들이 다수이다. 둘째, 이 형식은 대부분 구어체를 반영한 소설에서 사용되었으며 특히 소설 속 인물들 간의 대화 장면에서 많이 나타났다. 셋째, 이 형식은 일부 작가의 작품에만 나타날 정도로 그 사용이 아직 상당히 불균형적이다.

이런 정반 의문문의 부정 대답은 비교적 간단하다. 예문(23)처럼 '没有 + VP'를 직접 사용하면 된다. 반면에 긍정 대답은 상대적으로 특별하다. '有 + VP'가 허용되지 않기 때문에 예문(24)와 같이 'V + (了)'로 대답할 수밖에 없었다.

(23) "你有没有觉得我和一般不一样?"

　　"没有。"(왕숴, 《치인》)

(24) "你们有没有听说过?"

　　"七姑奶奶倒听说过。"(가오양, 《홍정상인 호설암》)

'有没有 + VP' 정반 의문문의 출현을 단순하게 방언의 영향으로 귀결할 수도 있다. 앞에서 언급하였듯이 일부 남방 지역 방언에서는 '有 + VP'의 형식이 보통화의 'VP + 了'에 해당하는 기능을 수행한다. 그러나 이런 방언에는 대부분 '有没有 + VP' 의문문이 존재하지 않는다. '有 + VP'로 동사의 완료체 또는 실현체를 표현하는 남방 방언은 총 7개가 있지만 그중 광둥의 양쟝(陽江) 방언에만 예문(25), (26)과 같이 '有没有 + VP'의 의문문과 유사한 형식이 존재한다. 나머지 방언들에서는 "汝有来无来(푸젠의 푸톈 방언)"처럼 '有 + VP + 没有(VP)'의 형식이 사용된다. 또한 양적인 측면에서만 보아도 보통화의 이런 정반 의문문이 방언의 영향으로 출현했다고 보기는 어렵다.

(25) 你有无讲过? (직역: 你有没有说过?)
(26) 其有无去呢? (직역: 他有没有起来?)

다음 부분에서는 '有没有 + VP' 의문문의 형성은 보통화의 내부 문법 체계가 변화 발전한 결과라는 관점을 세 가지 측면에서 설명하고자 한다. 첫째, '有没有 + VP' 의문문은 독특한 문법 기능을 가지고 있으며 일부 상황에서는 심지어 다른 의문문 형식마저 대체할 수 없다. 둘째, '有没有 + VP'의 형성은 소유 동사 '有'로 구성된 정반 의문문이 최근 이삼백 년간 자연 변화 발전한 결과이다. 셋째, 이 의문문은 인지적 차원에 근원을 두며 인간 언어의 보편적인 현상을 반영한다.

1.8.3 독특한 문법 기능

새로운 문법 형식이 출현하면 초기에는 보통 두 가지 특징을 보인다. 하나는 양적으로 적다는 것이고, 다른 하나는 일부 특수한 문법 환경에서만 쓰이면서 다른 언어 형식에 의해 대체될 수 없는 독특한 기능을 가지고 있다는 것이다. 이처럼 기능적으로 대체 불가한 특징은 새로운 문법 범주가 계속 존재하고 발전할 수 있는 바탕이 된다. '有没有 + VP' 의문문은 대체로 'VP + 了 + 没有(VP)'의 변형이라고 할 수 있는데 실제로도 형식 면에서 '有没有 + VP' 의문문은 상당 부분이 'VP + 了 + 没有(VP)'의 의문문으로 전환할 수 있다.

예문

(27) 没有碰见合适的主儿? → 碰见合适的主儿没有?

(28) 近来她父亲有没有来信? → 近来她父亲来信了没有?

그러나 아래의 몇 가지 경우에는 그렇게 단순하게 변환하기가 어렵다.

예문

가. 연동 구조

(29) 有没有尝试把跟我说的这些入情入理的话跟他的妻子说? (안둔, 《귀가》)

  → 尝试把跟我说的这些入情入理的话跟他的妻子说没有?

(30) 你有没有花过一点精神去收拾一下? (천중스, 《백록원》)

  → 你花过一点精神去收拾一下没有?

나. 동사 + 종속절

(31) 有没有想过我为什么会反对这件婚事? (천중스, 《백록원》)

  → 想过我为什么会反对这件婚事没有?

(32) 你有没有觉得我和一般不一样? (왕숴, 《치인》)

  → 你觉得我和一般不一样没有?

다. 병렬 정반 의문문 구조

(33) 先从被捕开始, 就不知道你们有没有、能不能接全活儿?

  (왕숴, 《당신은 속인이 아니다》)

  → *就不知道你们能不能接全活儿没有?

라. 서술어가 관용어 또는 성어(成語)일 때

(34) 你想想小时候住过院没有? 有没有心慌气急? (츠리, 《눈 없는 겨울》)

  → 心慌气急过没有?

(35) 我不知道后来发生了什么事情, 他们有没有如愿以偿。

(왕쉬,《노는 것만큼 신나는 것도 없다》)

→ 他们如愿以偿了没有?

　　위의 예문(가)와 (나)의 의문문에는 공통점이 하나 있다. 즉, 질문이 향하는 동사 뒤에는 모두 다른 복잡한 동사성 성분이 따른다는 점이다. 이런 의문문을 'VP + 了 + 没有'형으로 바꾸면 불분명하게 해석되거나 난해한 표현이 된다. 예문(29)를 "尝试把跟我说的这些入情入理的话跟他的妻子说了没有"로 바꾸어 말하면 듣는 사람은 질문의 초점이 '尝试'와 '说' 중 어느 동사인지를 판단하기 어려워진다. 예문(다)의 경우는 좀 특별한데 사실상 두 정반 의문문을 병합한 형태이며 그중 하나가 조동사로 구성된 '能不能'이다. 이런 경우 '有没有'가 아니면 이런 병합은 근본적으로 불가능하다. 예문(라)를 보면 VP가 성어 또는 관용어인 경우도 비슷한 변환은 제한된다. 따라서 '有没有 + VP' 의문문은 단순하게 'VP + 了 +没有'와 가치가 대등한 변형이 아니라 특수한 표현 기능을 가지고 있다고 볼 수 있다.

　　조사를 통해 찾아낸 모든 '有没有 + VP' 의문문의 용례를 분석한 결과 그중에 사용된 동사는 '有没有 + 吃'에서처럼 하나의 단순한 동사가 아니라 모두 복잡한 것들뿐이었다. 이 점은 위에서 제시한 예문에서도 확인되며 '有无 + VP' 의문문을 사용하는 방언과 뚜렷한 대조를 이루는 부분이기도 하다. 방언에서는 VP가 예문 "其有无去呢"처럼 단순한 동사도 될 수 있기 때문이다. 이는 두 가지를 시사한다. 첫째, 서술어 동사의 복잡성이 '有没有 + VP' 의문문의 조건이다. 둘째, '有没有 + VP' 의문문의 형성은 단순하게 방언의 영향으로 귀속될 문제가 아니다.

　　일부 '有没有 + VP' 의문문의 경우 'VP + 了 + 没有' 의문문으로 전환될 수 있지만 두 형식은 표현 기능 면에서 여전히 뚜렷한 차이를 보인다. 전자는 질문자의 강렬한 호기심과 답을 알고 싶어하는 절실한 마음을 나타내는 반면에 후자는 일반적인 의문문일 뿐만 아니라 의문을 표현하는 말투도 다소 부드럽다. 아래 비교를 통해 그 차이를 살펴보자.

(36) a. 在对待伟大领袖方面有没有留下可抓的辫子? (지셴린,《우붕잡기》)

　　　b. 在对待伟大领袖方面留下可抓的辫子没有?

(37) a. 你 23 日晚上收车后有没有发现车里有血迹? (가오훙,《냉혈》)

　　　b. 你 23 日晚上收车后发现车里有血迹没有?

(38) a. 你最近怎么样? 有没有碰见合适的主儿? (왕숴,《류후이팡》)

　　　b. 碰见合适的主儿没有?

(39) a. 我这话有没有冒犯你? (펑지차이,《백 명의 십년》)

　　　b. 我这话冒犯你了没有?

위의 네 용례 중 예문 b는 모두 일반적인 의문문이며 대응되는 예문 a의 의문문과 같은 특수한 표현 효과를 갖지는 않는다. 따라서 '有没有' 의문문의 이런 특수한 표현 효과는 '有没有'라는 의문 표지를 질문하고자 하는 동사의 앞에 오는 문법 형태에서 비롯된 것일 수 있다.

1.8.4 역사적 발전 과정

'有没有 + VP' 의문문은 소유 동사 '有'로 구성된 정반 의문문이 최근 이삼백 년간 자연 변화 발전한 결과이다. 이는 '有没有 + VP' 의문문을 보통화 내부에서 발전한 것으로 보는 또 하나의 중요한 근거이기도 하다.

'没'의 문법화 과정을 정리해 보면 10세기 이전의 '没'는 '침몰되다', '결여되다'의 뜻을 가지는 일반 동사에 불과했다. 그러다가 하나의 명사 빈어를 가질 수 있는 소유 동사 '有'의 반대말로 발전하였다. 그리고 16세기에 이르러서야 '没有'는 하나의 동사구를 부정하게 되었다. 다음은 초기에 사용된 용례들이다.

(40) 如今方下种, 还没有发芽哩。(《장흥가중회진주삼》)

(41) 这一日没上过盅酒儿。(《금병매》 - 46회)

따라서 '有没有 + VP' 의문문은 16세기 이후에야 형성될 가능성이 있었다.

아래에 소유 동사인 '有'와 '没有'로 구성된 정반 의문문 형식의 발전 과정을 살펴보자. 먼저 소유 동사는 서술어의 핵심 동사로 사용될 때 아래와 같은 몇 가지 정반 의문문의 형식이 있다.

(42) a. 你有工夫没有工夫?

　　 b. 你有工夫没有?

　　 c. 你有没有工夫?

현대중국어에 공존하는 이 세 형식은 사실상 발전한 시기가 상이하다. 《수호전》, 《유림외사》, 《홍루몽》, 《아녀영웅전》, 《노잔유기》를 조사한 결과 20세기 이전에는 아래와 같은 두 형식만 존재했다는 사실을 발견하였다.

가. 有 + NP + 没有 + NP

(43) 今儿不该我拢的班儿, 有茶没茶别问我。(《홍루몽》 - 27회)

(44) 这原不是什么争大争小的事, 讲不到有脸没脸的话上。(《홍루몽》 - 55회)

나. 有 + NP + 没有

20세기 이전의 문헌에서는 '有没有 + NP' 의문문이 발견되지 않았다. 해당 의문문은 20세기 초에 나타나서 점차 보급되기 시작하였다.

'有没有 + NP'의 형성은 중국어 정반 의문문의 발전과 관계된 것일 수 있다. 이 의문문의 초기 사용을 관찰한 결과 위의 세 용례처럼 명사구는 모두 비교적 복잡한 구조를 취하며 긴 수식어를 포함하는 것이 일반적이었다. 따라서 빈어 명사의 복잡성이 이런 의문문이 발전하게 된 또 하나의 원인으로 작용했다는 추론이 가능하다.

'有没有 + NP' 의문문의 형성 시기는 '有没有 + VP'와 대체로 비슷하다. 구어가 서면어에 반영되는 시기가 항상 일정한 것이 아니기 때문에 해당 의문 형식이 서면어와 구어에서 각각 언제 형성되었는지를 정확히 알기는 어렵다. 그러나 그 사용 범위를 비교해 보면 '有没有 + NP'의 형성과 발전이 '有没有 + VP'보다 이르다는 것을 알 수 있다. '有没有'가 명사 빈어를 이끄는 형식이 장헌수이, 마오둔, 라오서 등 작가들의 작품에서 대량으로 출현한 것을 보아 해당 형식은 20세기 초에서 중반까지의 작품에서 이미 널리 사용되었다고 볼 수 있다. 그러나 후자는 마오둔의 작품에서만 그 용례가 세 개 발견되었을 뿐이다. 따라서 '有没有 + VP' 의문문은 다음과 같은 유추 작용에 의해 생성되었을 가능성이 크다.

a. 没有 + NP   a`. 没有 + VP

b. 有没有 + NP   b`. ___________

즉, '有没有 + VP'는 b`위치에 결여된 형식을 보완하기 위해서 생겨났다는 것인데 이런 해석은 확실히 어느 정도 설득력이 있다. 다시 말해서 '有没有 + NP' 정반 의문문의 형성은 '有没有 + VP'의 출현에 가능성을 제공했다는 것이며 이런 관점은 그들의 발전 순서에서도 근거를 찾을 수 있다.

유추의 동기가 '没有'와 '有没有' 사이에만 존재했던 것이 아니라 크게는 중국어 문법 구조라는 배경에도 있었다고 본다. 서술어 부분에 조동사가 따르는 경우 가장 흔히 보이는 정반 의문문의 형식은 다음과 같다.

(助动 + 不 + 助动) + VP

예문

(50) 那你们认为我能不能当作家? (당대 소설)

(51) 你愿意不愿意跟我再谈一两天? (당대 소설)

'没有'와 조동사는 모두 중심이 되는 서술어 동사의 앞에 위치한다는 점에서 문법 기능이 유사하다. 다시 말해서 '有没有 + VP' 정반 의문문은 일반 조동사 정반 의문문과 구조적으로 비슷한데 이렇게 이미 존재하는 문장 형식과 구조적으로 맞물리는 점이 그 형성과 발전을 추동한 또 다른 중요한 원인일 수도 있다.

아동들의 언어 습득 과정을 보면 '有没有 + NP' 정반 의문문 형식이 '有没有 + VP'의 형성에 있어서 관건이었다는 것을 알 수 있다. '有没有 + NP'에서 '有没有'

는 사이에 들어가는 기타 성분이 없기 때문에 사용 빈도가 높아질수록 하나의 문법 단위로 굳어지려는 경향이 생긴다. 아동들이 '有没有 + VP'를 습득하는 시기는 약 3세 정도로 여러 반복 의문문 중에서 가장 늦은 편이다.

또한 당대 중국어의 관련 용법에 근거하여 '有没有 + VP' 의문문의 구체적인 생성 경로를 재구성할 수 있다. 역사 자료의 한계로 인해 이 의문문이 처음에 어떻게 생겨나게 되었는지를 확실히 알기 어렵지만 당대 중국어의 일부 용법은 그 문제의 해답을 찾는 데 실마리를 제공할 수 있었다. 이러한 맥락에서 '有没有 + NP' 의문문은 아래 연동식으로부터 발전한 것이라는 추론이 가능하다.

(有没有 + NP) + VP

여기서 '有没有'는 동사구로서 명사 빈어를 가진다.

예문

(52) 他听着有没有脚步声儿来。(라오서,《낙타상자》)

(53) 有没有别人触过这瓶酒? (천팡,《천노》)

만약 이런 연동식에서 특정 원인으로 인해 '有没有'가 가지는 명사 빈어가 생략되거나 전치되면 '有没有 + VP'가 된다. 예를 들어 예문(53)의 경우 "有没有触过这瓶酒"가 되는 것이다. 실제로 이런 변화와 관련된 용례가 있었다.

예문

(54) 上次我们一块儿去骑马的人, 有没有找过你? (천팡,《천노》)

(55) 先问有没有人找过我。(천팡,《천노》)

'有没有 + VP' 의문문인 예문(54)는 "有没有上次我们一块儿去骑马的人找过

你"에서 변환된 것으로 볼 수 있다. 여기서 '有没有' 뒤의 명사 빈어는 해당 빈어의 복잡성 또는 관형어의 영향으로 전치되었을 것이다. 그 단서는 예문(55)와의 대조에서 찾을 수 있는데 예문(55)를 보면 '有没有'의 뒤에서 빈어가 된 명사 '人'은 구조적으로 간단하고 관형어를 가지지 않는다.

1.8.5 새로운 의문문의 형성에 필요한 인지적 기반

유형학적 시각에서 접근하면 '有没有 + VP' 정반 의문문의 형성은 인지적 차원에도 그 근원을 두고 있으며 인간 언어의 보편적인 현상을 반영한다. 이 점에 대한 논의를 위해 먼저 현대중국어에서 '没有'가 갖는 문법적 역할에 대해 살펴보도록 하자.

'没有'는 단순한 부정사가 아니고 완료 체표지 '了'의 부정 표지이다. 즉, 'VP + 了'의 부정식이 '没有 + VP'인 것이다. 실제로 '没有'와 '了'가 함께 사용되지는 않는다. '了'의 주된 문법적 의미는 특정 시간을 기준으로 그 이전에 발생한 행위가 그 시간과도 연관성이 있음을 나타내는 것인데 이 문법 의미를 부정하는 것이 바로 '没有'이다.

> **예문**
>
> (56) 我还没有吃饭呢, 现在饿得慌。(기준 시점 - '지금')
>
> (57) 五岁那年我还没有上学呢。(기준 시점 - '과거')
>
> (58) 明年这个时候我还没有毕业呢。(기준 시점 - '미래')

중국어 완료체의 긍정식과 부정식은 실제로 인간 언어의 두 가지 공통성을 반영한다. 완료 체표지는 대체로 다음과 같은 두 가지에서 유래된다.

가. '완료'를 나타내는 일반 동사 – 이 부류의 언어로는 카무(Kammu)와
　　산고(Sango) 등이 있다.
나. '소유'를 나타내는 일반 동사 – 영어, 스웨덴어, 스페인어, 프랑스어
　　등 인도 유럽계 언어의 다수가 이 부류에 속한다.

　중국어의 완료체는 이 두 가지 유형을 혼합한 경우로 보아야 하는데 긍정식은
첫 번째 부류에 속하고 부정식은 두 번째 부류에 속한다. 여기서는 이 장의 주제와
관련된 문제, 즉 소유 동사는 왜 완료 체표지로 발전하려는 경향을 보이는지에 대
해서만 논의하고자 한다.

　영어를 예로 보자. 소유 동사의 기본 의미는 두 부분으로 나뉠 수 있는데 하나는
과거에 어떤 물건을 소유했다는 것, 다른 하나는 어떤 시점을 기준으로 그 물건이
여전히 일정한 용도를 가지고 있다는 것이다. 이를 테면 "我有一辆车"는 두 가지
의미를 내포한다. 하나는 과거 어떤 시간에 '내'가 그 차를 소유했다는 것, 또 하나
는 말을 하는 시점에 그 차가 여전히 그 어떤 용도를 가지고 있다는 것이다. 소유 동
사가 갖는 이 두 가지 의미는 완료 체표지에 내재된 문법적 의미와 대응된다.

소유 동사	완료 체표지
과거 어떤 시점에	과거 어떤 시점에 발생한 행위
현재 용도 구비	이 행위와 현재의 연관성

　이러한 의미적인 연계는 '소유 동사가 완료 체표지로 발전'하는 인간 언어의 보
편성을 추동한 원인이다.

　두 번째 부류에 속하는 언어의 경우 그 완료체는 긍정식이든 부정식이든 모두
소유 동사의 긍정과 부정으로 표시된다. 예를 들면 영어의 경우 완료체의 긍정식
과 부정식은 각각 'have + V-ed'와 'have not + V-ed'이다. 중국어에서도 푸저우, 샤
면, 차오저우, 하이펑, 푸텐 등 여러 남방 지역의 방언이 이런 대칭형에 속하는데 이

런 언어의 완료체로서 긍정식에는 '有 + V', 부정식에는 '无 + V'가 사용된다. 반면에 중국어 보통화의 완료체 형식의 비대칭성이 형성된 데는 역사적인 이유가 있다. '了'는 10세기에 벌써 일반 동사에서 완료를 나타내는 체표지로 문법화되었다. 초기에는 그 부정식이 일정하지 않았으며 보통 '不曾/未曾 + V'가 사용되었다. 그러다가 16세기에 이르러서야 '没有 + VP'가 나타났고 점차 전문적인 완료체의 부정식으로 발전했다. 그 결과 중국어 보통화에서 완료체 표현 형식의 비대칭성이 형성된 것이다.

새로운 의문문 '有没有 + VP'의 출현은 중국어 보통화의 비대칭적인 완료체가 정반 의문문이라는 특정 문법 환경에서 대칭적인 완료체로 전환한 것이라고 볼 수 있다. 왜냐하면 이 의문문에서는 완료체의 긍정식이 '有 + VP'이고, 부정식이 '没有 + VP'이기 때문이다. 일반 평서문에서는 'V + 了'가 이미 확고히 뿌리를 내렸을 뿐만 아니라 사용 빈도도 매우 높아서 '有 + V'가 나타날 가능성이 거의 없었다.

그러나 정반 의문문을 돌파구로 하여 '有 + V'는 보통화에서 'V + 了'의 기능을 가지게 되었다. 이런 의문문은 인지적 차원에 그 근원을 둘 뿐만 아니라 정반 의문문의 발전에 따른 자연적인 결과이면서 중국어 고유의 문법 규칙과도 맞물리기 때문에 앞으로도 반드시 발전을 이어갈 것이다. '有没有 + VP' 의문문의 사용 범위가 확대됨에 따라 '有 + VP'는 먼저 그 대답을 시작으로 하여 나아가 평서문에서도 'V + 了'의 기능을 갖게 될 가능성이 있다. 예들 들어 한 아이가 '你有没有吃饭'과 같은 질문을 자주 듣게 된다고 가정할 경우, 그 가장 자연스러운 대답은 '有吃饭'이 될 것이다. 아이의 언어 습득 과정에 '有 + V'의 용법이 나타난다면 특정 세대에서 굳어져서 완료체를 표시하는 또 다른 변체로 자리잡을 가능성이 존재한다. 물론 이는 단지 예측에 불과하며 앞으로 도대체 어떻게 발전할지는 지켜봐야 할 부분이다.

1.8.6 맺음말

이 장에서는 먼저 포괄적인 조사를 통해 '有没有 + VP'를 중국어 보통화의 새로운 의문문으로 그 위상을 확립했다. 20세기 초의 문헌에 나타나기 시작하여 최근 10~20년 사이에 빠른 발전을 이룬 '有沒有 + VP' 의문문의 형성은 우연이 아니며 역사적·인지적 차원에 그 근원을 두고 있다. 또한 소유 동사 '有'로 구성된 정반 의문문이 자연 변화 발전된 결과로서 그 형식은 중국어 고유의 문법 구조와도 맞물린다. 이 의문문의 형성을 이끈 원인 중의 하나는 문법 구조 간의 유추 작용이다. 아울러 그 구조의 형성은 인지적 차원에도 뿌리를 두고 있으며, 소유를 나타내는 동사가 완료 체표지로 발전할 가능성이 있다는 인간 언어의 보편적인 현상을 반영한다. 이와 같이 해당 의문문은 존재의 '합리성'을 구비하므로 중국어에서 계속 발전해 나갈 것이다.

위의 현상에 대한 분석은 문법은 새로운 현상이 끊임없이 나타나는 개방된 체계라는 것을 시사한다. 오늘날 우리가 사용하는 문법 체계는 동적으로 부단히 변화하는 체계로서 새로 출현되어 맹아기에 있는 현상들, 한창 발전 중인 현상들도 두루 내포하고 있다. 특히 새로운 문법 현상의 출현은 종종 우연이 아니기 때문에 그 출현 원인에 대한 논의는 중국어 문법 체계에 대한 이해를 돕는다는 점에서 각별한 관심이 필요하다.

부정 표지로 발전한 의문 대명사

1.9.1 머리말

현대중국어의 구어체에는 '什么'를 서술어 동사, 형용사의 뒤 또는 명사, 인용어의 앞에 붙여서 부정을 나타내는 보편적인 부정 형식이 존재한다. 이 장에서는 그러한 부정 형식의 부정 표지인 '什么'의 사용 현황을 고찰하여 그 문법적 의미와 사용 조건을 정립하고 역사적인 형성 원인에 대해 논의하였다. '什么'의 핵심 기능은 이미 실현된 상황에 대한 부정인데 기능 면에서 현대중국어의 기타 부정 표지와 명확하게 구분되는 특징이 있다.

부정은 인간 언어의 중요한 문법 범주 중의 하나이며 모든 언어에는 부정을 표현하는 일정한 수단을 가지고 있다. 부정은 또 하나의 복잡한 기능 범주로 매개의 언어에는 흔히 다양한 부정 기능을 표현하는 여러 가지 부정 수단들이 존재하고 있다. 현대중국어만 보더라도 연속량 단어를 부정하는 '不', 분리량 단어를 부정하는 '没', 부정 명령에 쓰이는 '別'와 '甭' 등이 있다. 다양한 부정 표지들은 각각의 기능이 명확하게 구분되어 있어 어느 한 부정 표지를 다른 부정 표지로 대체하면 특정한 문맥에서 비문이 되거나 의미가 바뀌게 된다. 이 장에서는 구어에서 사용 빈도가 상당히 높은 부정 표지인 '什么'를 중심으로 그 기능과 문장 내 분포에 나타나는 개성적인 특징을 검토하고자 한다.

위의 예문에서 '什么'를 삭제하고 대신에 '跑'의 앞에 '不'나 '没'를 추가하면 의미가 통하지 않는다. 물론 여기의 '什么'가 부정 명령을 표현하는 '别'에 해당된다는 의견도 일부 존재한다. 문법적 가능성으로 보면 그럴 수도 있겠지만 '跑什么'와 '别跑'는 기능적으로 완전히 일치하지 않는다. 예를 들면 '别跑'는 아직 발생하지 않은 행위에 대한 금지를 나타낼 수 있기 때문에 "你先在这里等一下儿别跑"라는 문장은 가능하지만 "*你先在这里等一下儿跑什么"는 비문이다.

부정 용법으로 사용될 때 '什么'는 그 문법적 위치도 매우 특별하다. 중국어의 부정 표지는 일반적으로 부정하는 대상의 앞에 위치하지만 '什么'는 부정하는 대상의 뒤에 놓이며 문장에서 어떤 성분이 되는지 구분하기도 상당히 어려운 특징이 있다. 비록 명사성 의문 대명사인 '什么'에서 유래되었지만 동사의 빈어로 보기에는 비합리적인 면이 있다. 왜냐하면 많은 자동사 또는 형용사도 뒤에 '什么'를 추가하여 "你笑什么", "这东西贵什么"처럼 부정을 표시할 수 있기 때문이다. 그래서 이 장에서는 '什么'의 문법화 발전을 돌아보면서 이런 특별한 어순이 형성된 원인에 대해 논의하였다.

'什么'의 부정 용법은 사용 빈도도 높고 독특한 역할도 가지고 있기 때문에 체계적인 연구가 매우 필요하다. 그러나 지금까지 학계에서는 이 현상에 대한 문법적 연구가 충분히 이뤄지지 못했다. 일부 기본적인 고찰을 기반으로 한 연구 성과는 있지만 아직 구체적이지 못하고 깊이 연구되지 못했을 뿐만 아니라 분석의 정확성 면에서도 토론의 여지가 남아 있다. 일부 권위적인 서적들을 찾아보았는데 이 현상에 대한 인식에는 편차가 컸다. 이를 테면 '什么'의 부정 용법에 대해서 전혀 언급하지 않았을 뿐만 아니라 모호하게 부정 용도로 사용할 수 있다고만 밝히고 있었다. 그러므로 이 장에서 진행된 연구가 현대중국어의 부정 체계에 대한 전반적인 이해에 도움이 되어 중국어의 학습에도 기여할 수 있기를 기대한다.

1.9.2 부정 표지 '什么'의 역사적 형성 원인 및 그 기능

부정 표지 '什么'가 왜 동사 또는 형용사 뒤에 나타나게 되었는지를 알려면 그 역사적인 근원을 고찰할 필요가 있다. '什么'의 부정 용법은 목적을 묻는 '做什么'에서 유래되었다고 본다. 당조 말기 이후의 근대 중국어에서 '做什么'의 위치는 두 가지 경우에서 관찰되었다. 하나는 동사 앞에서 주로 원인을 묻는 것이고, 다른 하나는 동사 뒤에서 주로 목적을 묻는 것이다. 다음은 그러한 용법의 일부 용례들이다.

> **예문**
>
> (2) 何不问自家意旨, 问他意旨做什摩? (《조당집》 – 권3)
>
> (3) 不知此人诗有何好处？陛下看他作什么? (《주자어류》 – 권125)
>
> (4) 你要投水做什么? (《청평조》)
>
> (5) 龙老三, 你又来做甚么? (《유림외사》 – 29회)
>
> (6) 也没见穿上这些做什么? (《홍루몽》 – 31회)
>
> (7) 真是, 陈奶奶, 那么客气作什么? (차오위, 《베이징인》)

동사 뒤에서 원인을 묻는 '做什么'의 용법은 비교적 오래전에 생겨났다. 위 예문에서 첫 번째 동사에는 부정 형식이 존재하지 않는데 이는 어떤 일을 하지 않는다면 당연히 그 목적을 논의할 여지가 없기 때문이다.

현대중국어의 부정 표지 '什么'는 위의 목적을 묻는 '做什么'에서 유래되었다고 본다. 여기에는 다음과 같은 세 가지 근거가 있다.

첫째, 목적을 묻는 '做什么'를 포함한 문장은 다수가 수사 의문문이다. 즉, '목적으로 보아 어떤 일이 불필요하거나 하지 말아야 함'을 지적하여 앞의 동사가 가리키는 행위에 대한 합리적인 부정을 나타낸다. 예문(2) "问他意旨做什么"는 사실 그의 의도가 무엇인지 물어볼 필요가 없다는 뜻이다. 이처럼 목적을 묻는 '做什么'와 나중에 생겨난 부정 표지 '什么'는 표현 기능이 같다.

둘째, 부정 표지 '什么'가 어떻게 부정하는 동사의 뒤에 오게 되었는지를 설명할 수 있다. '做什么'는 일반적인 동빈구로 그 앞의 동사와 연위 구조(連謂結構)를 이룬다. 목적을 묻는 용법이 뒤에 오는 것은 문법의 복사 원칙(copy principle)에 준한 것이다. 시간적으로 보면 행위가 발생한 다음 목적에 이르기 때문에 문법상 목적을 나타내는 어구는 주로 동사 뒤에 온다. '做什么'는 동사 뒤에서 문법화되기 시작하였고 그 과정에서 형태가 원래의 3음절에서 2음절로 약화되었는데 그 결과 송원 시기 이후에는 '则甚', '则么', '自么' 등의 형태가 나타났다.

(8) 老母长受贫寒则甚? 《돈황변문》

(9) 周勃当时初入北军, 亦甚拙, 何事令左袒则甚? 《정씨어록》

(10) 千年往事已沉沉, 闲管兴亡则甚? 《가헌사》

(11) 相国夫人且坐, 但放心, 何须怕怯子么? 《동서상》

(12) 烦恼则么耶, 唐三藏? 《서상기》

그러다가 청조 시기에 이르러 점차 한 가지 형식인 '什么(甚么)'로 고착되었다. 그리고 그 위치가 더 자유로워져서 동사와 빈어 사이에도 들어갈 수 있게 되었는데 그중에는 일부 수식어를 용납하지 않는 빈어도 있었다. 즉, 주어와 빈어 사이에 들어간 '什么'는 빈어의 수식어가 아니라 단순하게 부정을 표시했던 것이다.

(13) 我和你至交相爱, 分甚么彼此? 《유림외사》 - 12회

(14) 他说有呢就有, 没有就没有, 起什么誓呢? 《홍루몽》 - 28회

(15) 要补谁就补谁罢咧, 又问什么要不要呢? 《홍루몽》 - 92회

(16) 你呢, 十九岁的年纪, 认什么姑姑! 《빙신 소설집》

위의 예문에서 빈어가 되는 '彼此', '誓', '要不要', '姑姑' 등은 일반적으로 '什

스'의 수식을 받지 않는다. 따라서 여기서 '什么'는 단순히 부정을 표시한다고 봐야 한다.

셋째, 부정 표지로서 '什么'가 갖는 기능에 대해서 현대중국어에서는 자연스럽게 풀이된다. 대량의 현상 고찰을 거쳐 그 기능을 다음과 같이 정리할 수 있었다.

부정 표지 '什么'의 기능은 이미 실현된 상황에 대한 부정을 표시하는 것인데 부정의 대상에는 행위, 성질, 현상, 사물 내지는 담화자의 관점 등이 포함된다.

얼핏 보면 모순되는 정의 같지만 사실은 '什么'의 부정 기능과 사용 조건에 해당된다고 볼 수 있다. 구체적으로 이미 실현된 현실의 존재 목적에 대한 부정을 통해 그 상황의 발생 필요성을 부정하면서 계속 존재할 합리성까지 부정하는 것이다. 따라서 '什么'로 부정하는 대상은 반드시 현실과 관련된 것이어야 한다. '什么'의 이 같은 존재 목적에 대한 부정 기능은 기존의 목적을 묻는 '做什么'의 반문 용법을 그대로 이어받아 형성된 것으로 풀이된다.

현실에 대한 부정을 표현하는 면에서 '做什么'와 '什么'의 문장 내 분포는 상호보완적이다. 이로부터 양자 간에 어떤 내재적 연계가 있다는 것을 알 수 있다. 단순 동사 부정 시에는 '什么'만 사용된다. 예를 들면 '跑什么'라고 할 수 있지만 '*跑做什么'는 안 된다. 반대로 동빈 구조 부정 시에는 두 가지 경우로 나눠볼 수 있는데 전체 동빈구의 뒤에서 부정을 나타낼 때에는 '做什么'만 허용된다. 예를 들면 "平白的哄他作什么"는 되지만 "*平白的哄他什么"는 안 된다. 아래 '가'의 예문들이 바로 그 경우이다. 그리고 동사와 빈어 사이에서 부정을 표시할 때는 '什么'만을 사용한다. 예를 들면 '起什么誓'는 가능하지만 '*起做什么誓'는 비문이다. 아래 '나'의 예문들이 바로 이 경우에 속한다.

가. 동빈구의 뒤에 '做什么'를 사용하여 현실에 대한 부정을 표시

예문

(17) 袭人道: "老爷叫他出去。"宝钗听了, 忙道: "嗳哟! 这么黄天暑热的, 叫他做什么! "《홍루몽》 - 32회)

(18) 你这孩子素日最是个伶俐聪敏的, 你又知道他有个呆根子, 平白的哄他做什么? (《홍루 몽》 - 57회)

(19) 他娘听说, 喜的忙问: "这话果真?"春燕道: "谁可扯这谎做什么?"婆子听了, 便念佛不绝。(《홍루몽》 - 60회)

(20) 姐姐太性急了, 横竖等十来日就来了, 只管找他做什么。(《홍루몽》 - 61회)

(21) 你倒别和我拿三撇四的, 我烦你做个什么, 把你懒的横针不拈, 竖线不动。(《홍루몽》 - 62회)

(22) 大领导已经死了, 还说他干什么? (《일지계모》)

나. 동빈구의 동사와 빈어 사이에 '什么'를 사용하여 현실에 대한 부정을 표시

예문

(23) 连秦钟的头也打破了, 还在这里念什么书! (《홍루몽》 - 9회)

(24) 贵武忙搭言道: "你跟她撒什么气!"(《대택문》)

(25) 白文氏: "老二, 快叫大夫来!"颖宇忙跑过来蹲下身子, 摸了摸小宝的鼻孔: "叫什么大夫? 死了!"(《대택문》)

(26) 您这点儿银子还不够塞牙缝儿的呢, 起什么哄啊。(《대택문》)

(27) 找他们家算账去, 跟小孩子较什么劲儿? (《대택문》)

(28) 咱俩谁跟谁呀? 是不是? 分什么你我呀, 反正等把手续一办就合二为一了。(왕쉬,《편집부 이야기》)

이와 마찬가지로 형용사를 대상으로 한 현실 부정도 사용 범위가 명확히 구분된다. 형용사의 기본형 뒤에서 부정을 나타낼 때는 일반적으로 '什么'만을 사용한다. 예를 들면 "你慌张什么"라고 하지만 "*你慌张干什么"라고는 할 수 없다. 그러나 형용사의 중첩형 뒤에서 부정을 나타낼 때는 일반적으로 '干什么'만 허용된다. 예를 들면 "你慌慌张张干什么"는 되지만 "*你慌慌张张什么呢"는 안 된다. 아래 예문들에서도 '干什么'는 '什么'로 대체할 수 없다.

> **예문**
>
> (29) 颖园忙答: "没事儿, 没事儿。""没事儿你慌慌张张的干什么? 像是着了火似的!"《대택문》
>
> (30) "老潘, 你急急忙忙的做什么? "齐孟元问道。"发生了什么事?"潘霸便将方才厉柔说的话重述一遍。《첸취안러우윈》

한마디로 말해서 문법 위치로 보나 부정 기능으로 보나 부정 표지 '什么'는 목적을 묻는 '做什么'와 연원 관계가 성립된다.

1.9.3 부정 표지 '什么'의 사용 조건

1.9.3.1 동사와 형용사의 뒤에 오는 '什么'

앞에서 '什么'는 이미 실현된 상황에 대한 부정이므로 '什么'로 부정하는 대상은 반드시 현실과 관련된 것이어야 한다는 점을 언급하였다. 여기서 '현실'은 또 다시 여러 가지 구체적인 경우로 나뉘는데 아래 각각의 예문들을 통해 살펴보자.

가. 가장 흔한 경우는 직접 발생한 행위인데 '什么'는 그 발생 목적이나 합리성에 대한 부정을 통해 이런 행위가 계속 발생하지 않기를 바라거나 이런 행위가 계속되는 것을 말리거나 저지함을 나타낸다.

(31) 众人听了都大笑起来。薛蟠道：“笑什么？难道我说的不是？”
　　　《홍루몽》- 28회

(32) 才回身, 忽见贾环带着几个小厮一阵乱跑……贾政便问：“你跑什么？
　　　带着你的那些人都不管你, 不知往那里逛去, 由你野马一般!”
　　　《홍루몽》- 33회

(33) 众人笑弯了腰。刘姥姥道：“笑什么, 这牌楼上字我都认得。”
　　　《홍루몽》- 41회

(34) 宝玉诧异道：“这话从那里说起？ 我要是这么样, 立刻就死了!”林黛玉啐
　　　道：“大清早起死呀活的, 也不忌讳。你说有呢就有, 没有就没有, 起什么
　　　誓呢。”《홍루몽》- 28회

(35) 王喜光：“三爷, 台上见吧, 您多替我兜着点儿就行了。”颖宇：“说什么呐？
　　　谁不知道你是老佛爷跟前儿的红人儿啊!”《대택문》

　　위의 예문 중의 부정 표지 '什么'는 '不' 또는 '没'의 부정 기능과 구분되기 때문에 서로 대체할 수 없다. 맥락을 떠나 단독으로 볼 경우 'VP + 什么'는 간혹 '別 + VP'로 대체할 수 있지만 특정 맥락에서는 의미가 달라지기 때문에 이러한 대체가 허용되지 않는다. 예를 들면 예문(33)에서 '笑什么'를 '別笑'로 바꾸면 상대방의 웃음을 저지하는 의미만을 담게 되는데 이런 화법은 발화자인 할머니의 신분에 부합되지 않을 뿐만 아니라 '할머니가 여러 사람들이 왜 웃는지 원인을 알지 못하여 느끼는 곤혹함'이라는 중요한 의미도 잃게 된다.

　　'什么'는 곧 현실이 될 행위 동작에 대해서 부정하는 용도로도 사용된다. 보통 대화하는 일방이 어떤 일을 하려는 자신의 의도 또는 생각을 표명했을 때 사용되는데 이 경우 이미 실현에 필요한 주관적 요소를 구비한 것으로 간주되기 때문이다. 아래 예문들은 바로 상대방이 표명한 의도를 나타낸 것이다.

(36) 进了房, 宝钗便坐了笑道: "你跪下, 我要审你。"黛玉不解何故, 因笑道:
"你瞧宝丫头疯了! 审问我什么。"(《홍루몽》- 42회)

(37) 尤氏笑道: "你这阿物儿, 也忒行了大运了。我当有什么事叫我们去, 原
来单为这个。出了钱不算, 还要我来操心, 你怎么谢我?"凤姐笑道: "你别
扯臊, 我又没叫你来, 谢你什么!"(《홍루몽》- 43회)

(38) 平儿笑道: "奶奶说, 赵姨奶奶的兄弟没了, 恐怕奶奶和姑娘不知有旧例,
若照常例, 只得二十两。如今请姑娘裁夺着, 再添些也使得。"探春早已
拭去泪痕, 忙说道: "又好好的添什么, 谁又是二十四个月养下来的?"(《홍
루몽》- 55회)

(39) 袭人赶着送出院外, 说: "姑娘倒费心了。改日宝二爷好了, 亲自来谢。"
宝钗回头笑道: "有什么谢处。你只劝他好生静养, 别胡思乱想的就好
了。"(《홍루몽》- 34회)

(40) 李石清: "经理, 现在该我们俩谈谈了。"潘月亭: "(暴怒)谈什么!"(《일출》)

나. 부정 표지 '什么'는 부정하는 상황이 직접 존재하지 않거나 상대방이 명확하
게 표명하지 않은 경우에도 사용되는데 이때 발화자가 부정하는 것은 상대방 행위
에 대한 일종의 주관적 판단이 된다. 이때 '什么'가 부정하는 것은 속성인 경우가
다수이며 이런 속성의 존재에 대해 불필요성을 강조하는 것으로 부정의 목적을 달
성한다.

(41) 薛蟠未等说完, 先站起来拦道: "我不来, 别算我。这竟是捉弄我呢!"云儿
也站起来, 推他坐下, 笑道: "怕什么? 这还亏你天天吃酒呢, 难道你连我
也不如!"(《홍루몽》- 28 회)

예문(41)을 보면 운아(雲兒)는 설반(薛蟠)의 행위가 두려움 때문이라고 여겼기 때문에 두려울 이유가 없음을 강조했다. 예문(42)에서 습인(襲人)은 임대옥(林黛玉)의 말을 터무니없는 소리라고 여기어 임대옥이 그렇게 말한 것은 근거가 없음을 강조했다. 그 다음 예문들도 비슷한 해석이 가능하다.

다. '什么'는 상대방의 말을 시정하기 위해 상대방의 판단이 사실과 다름을 강조하는 용도로도 사용된다. 그 앞의 동사는 상대방이 한 말 중의 일부분을 반복하는 경우가 많다. 상대방의 주관적인 판단도 일종의 현실, 즉 일종의 '이미 실현된 관점'이라고 볼 수 있다.

(47) 薛姨妈正为这个不自在, 见他问时, 便咬着牙道: "不知好歹的东西, 都是
你闹的, 你还有脸来问!"薛蟠见说, 便怔了, 忙问道: "我何尝闹什么?"(《홍
루몽》- 34회)

(48) 薛蟠道: "妹妹的项圈我瞧瞧, 只怕该炸一炸去了。"宝钗道: "黄澄澄的,
又炸他作什么?"(《홍루몽》- 35회)

(49) 宝钗一旁笑道: "我来了这么几年, 留神看起来, 凤丫头凭他怎么巧, 再巧
不过老太太去。"贾母听说, 便答道: "我如今老了, 那里还巧什么。"(《홍루
몽》- 35회)

라. '什么'가 부정하는 대상은 때로 문맥에 직접 나타나지 않고 더욱 큰 맥락에서 찾아야 할 때도 있다. 예를 들면 아래 예문은 대체로 왕희봉(王熙鳳)의 심리적인 변화의 흐름을 표현한 것으로 문맥에 직접 나타나지는 않았다.

(50) 王熙凤如今又听邢夫人如此的话, 便知他又弄左性, 劝了不中用。连忙
陪笑说道: "太太这话说的极是。我能活了多大, 知道什么轻重? 想来父
母跟前, 别说一个丫头, 就是那么大的活宝贝, 不给老爷给谁?"(《홍루몽》
- 46회)

왕희봉이 이렇게 말하게 된 배경을 보면 가사(賈赦)가 가모(賈母)의 시녀인 원앙(鴛鴦)을 첩으로 들이려 하자 형부인(邢夫人)이 왕희봉에게 도움을 청한다. 위의 말은 도움을 줄 대신 형부인을 말리다가 그의 심기를 건드린 왕희봉이 분위기를 만회하고자 한 말이다. 왕희봉의 심리적 과정은 이렇게 풀이된다. 형부인이 화가 난 이유는 자신이 한 말을 심각하게 받아들였기 때문이고, 따라서 형부인의 화를 풀어주는 데는 자신이 했던 말의 중요성(무게)을 부정해야만 했을 것이다. 실제로 이 대목에는 왕희봉의 말이 중요했음을 반영하는 근거는 어디에도 없으므로 왕희봉 자신

의 주관적인 추론일 뿐이라고 봐야 한다.

많은 자료를 검토한 데 따르면 이런 '什么' 유형의 부정문 사용에는 공통으로 된 조건이 있었다. '什么'가 홀로 사용된 경우가 없었고 그 전후에 항상 그 행위 속성의 존재 목적이 비합리적인 이유를 설명하는 다른 문장이 동반되었다. 그 이유를 설명하는 부분은 '什么' 부정문의 앞 또는 뒤에 위치했다. 아래 예문을 통해 살펴보자.

가. 이유가 'VP + 什么'구조의 앞에 위치하는 경우

> **예문**
>
> (51) 大毒日头地下, 出什么神呢? (《홍루몽》 - 32회)
>
> (52) 我当老婆的都不嫌, 外人裹个什么乱? (왕쉬, 《편집부 이야기》)
>
> (53) 你就是不听, 现在年轻人都明白了, 你还犹豫什么?
>
> (왕쉬, 《편집부 이야기》)
>
> (54) 自己一家人, 讲这虚礼干什么? 来了就好。(왕쉬, 《편집부 이야기》)

나. 이유가 'VP + 什么'구조의 뒤에 위치하는 경우

> **예문**
>
> (55) 怕什么? 这还亏你天天吃酒呢, 难道你连我也不如! (《홍루몽》 - 28회)
>
> (56) 林姑娘你闹什么? 我们一个丫头, 姑娘只是混说。(《홍루몽》 - 31회)
>
> (57) 减什么肥? 王师傅这样我看很好嘛, 又不是长瘤子, 说明我们生活水平逐步提高。(왕쉬, 《편집부 이야기》)
>
> (58) 你懂什么? 人家台湾人拍的片子, 就是情真意切。(왕쉬, 《편집부 이야기》)

'什么'는 형용사의 뒤에서도 이미 실현된 성질에 대한 부정을 표시할 수 있다. 부정의 의미와 사용 조건은 모두 동사에 쓰일 때와 같은데 문장 내 분포에서 차이가 난다. '你笑什么'는 되고 '你什么笑'는 안 되는 것처럼 동사의 경우 '什么'는 그 뒤에만 온다. 그러나 형용사의 경우 '什么'는 그 앞과 뒤에 모두 사용될 수 있다.

가. '什么'가 형용사의 뒤에 오는 경우

(59) 罗嗦什么, 过来, 我瞧瞧罢。《홍루몽》- 8회)

(60) 宝玉又道: "不然, 等太太醒了我就讨。" 金钏儿睁开眼, 将宝玉一推, 笑道: "你忙什么! '金簪子掉在井里头, 有你的只是有你的', 连这句话语难道也不明白?"《홍루몽》- 30회)

(61) 白萌堂狠抽着: "你还不服气! 你神气什么?!"《대택문》)

(62) 你瞧你, 还不敢上去找我, 咱们你还客气什么? 这么眼巴巴地等着。(왕쉬,《편집부 이야기》)

(63) 戈玲: "甭说了, 这问题已经很清楚了。" 李东宝急了: "清楚什么? 我这儿还没说呢!"(왕쉬,《편집부 이야기》)

나. '什么'가 형용사의 앞에 오는 경우

(64) 大清早起, 这是何苦来! 听不听什么要紧, 也值得这种样子。
(《홍루몽》- 28회)

(65) 李宫裁笑向宝钗道: "真真我们二姊子的诙谐是好的。" 林黛玉道: "什么诙谐, 不过是贫嘴贱舌讨人厌恶罢了。"《홍루몽》- 25회)

형용사의 경우도 '什么'가 부정하는 것은 이미 실현된 속성이다. 이를테면 우리는 아무 맥락 없이 '她漂亮什么'라고 하지는 않는다. 교제의 상대방이 '她漂亮'이라고 인정한 상황에서 상대방의 말을 시정하기 위한 의도로 한 말일 것이다. 다시 말해서 형용사에 대한 '什么'의 부정은 '不'와 매우 다르다. '不'는 단순한 성질에 대한 부정이기 때문에 이미 존재하는 맥락적 요소에 의존하지 않고 홀로 사용할 수 있다. 따라서 대화를 '她长得不漂亮'으로 시작할 수 있다.

'什么'가 형용사의 앞과 뒤에 오는 제한 조건과 그 기능의 차이에 대해서는 아직 알려진 것이 없기 때문에 진일보의 논의가 필요하다. 예를 들면 어떤 경우에는 위의 예문(63)의 '清楚什么'가 '什么清楚'로 대체될 수 있듯이 두 가지가 모두 가능하다. 반면에 또 어떤 경우에는 '忙什么'가 '什么忙'에 의해 대체될 수 없듯이 한 가지만 허용된다.

1.9.3.2 명사와 문장 앞에 오는 '什么'

만약 부정의 대상이 명사 또는 구(句子)일 경우 '什么'는 그 앞에만 위치한다. 행위 동작과 달리 명사는 정지된 사물을 대표하기 때문에 소위 목적은 존재하지 않는다. 그러나 정지된 사물에는 그 어떤 부류에 귀속되기 위하여 부합되어야 하는 '표준' 또는 '자격' 문제가 존재한다. '什么'는 '어떤 표준에 도달하지 못함' 또는 '어떤 자격에 부합되지 않음'을 강조함으로써 어떤 사물의 존재적 합리성을 부정하는 기능을 한다. 명사를 부정하는 '什么'의 강렬한 감정 색채와 배척의 의미는 모두 여기에서 비롯된 것이다. 예를 들면 아래 두 예문에서 '什么'가 직접 표현한 의미는 '혜향(蕙香)'과 '스타 가수(红歌星)'의 기준에 못 미친다는 것이다.

> **예문**
>
> (66) 蕙香道: "我原叫芸香的, 是花大姐姐改了蕙香." 宝玉道: "正经该叫'晦气' 罢了, 什么蕙香呢!"(《홍루몽》 - 21회)
> (67) 就是, 这还考虑什么? 我早就对这期封面有意见, 什么红歌星? 是真凭嗓 子好么? (왕쉬,《편집부 이야기》)

동사나 형용사 부정 시의 사용 조건과 마찬가지로 명사를 부정하는 '什么'도 앞에서 현실 요소가 이미 나타나야 한다. 이는 또 몇 가지 경우로 세분된다.

먼저 '什么'가 부정하는 명사가 앞에서 이미 출현한 경우이다.

(68) 二人见他急了, 忙陪笑央告道: "好姐姐, 别多心, 咱们从小儿都是亲姊妹一般, 不过无人处偶然取个笑儿。你的主意告诉我们知道, 也好放心。" 鸳鸯笑道: "什么主意! 我只不去就完了。" (《홍루몽》 - 46회)

(69) 刘姥姥笑道: "这正是老太太的福了。我们想这么着也不能。" 贾母道: "什么福, 不过是个老废物罢了。" 说得大家都笑了。 (《홍루몽》 - 39회)

(70) 一时, 凤姐儿来了, 因说起初一日在清虚观打醮的事来, 遂约着宝钗、宝玉、黛玉等看戏去。宝钗笑道: "罢, 罢, 怪热的。什么没看过的戏, 我就不去了。" (《홍루몽》 - 29회)

(71) 黄省三: "(朝着李石清)经理, 潘经理, 您行行好!"李石清: (愣了一下)什么经理, 你疯啦! (《일출》)

다음은 '什么'가 부정하는 단어가 비록 상대방의 언어에 직접 출현하지는 않았지만 그 명사가 상대방의 발화 내용에 대한 요약에 해당하는 경우이다.

(72) 香菱笑道: "果然这样, 我就拜你作师。你可不许腻烦的。" 黛玉道: "什么难事, 也值得去学!" (《홍루몽》 - 48회)

(73) 何苦来操这心!"得放手时须放手", 什么大不了的事, 乐得不施恩呢。(《홍루몽》 - 61회)

(74) 宝玉赶上来, 一把将他手里的扇子也夺了递与晴雯。晴雯接了, 也撕了几半子, 二人都大笑。麝月道: "这是怎么说, 拿我的东西开心儿?"宝玉笑道: "打开扇子匣子你捡去, 什么好东西!" (《홍루몽》 - 61회)

　　예문(72)에서 임대옥은 향릉(香菱)의 '要拜师'라는 말에서 향릉이 이 일을 '어려
운 일'로 여긴다고 추론하여 '什么'를 사용하여 부정했다. 예문(73)에서는 '操心'의
대상이 되려면 당연히 큰 일이어야 하기 때문에 '大不了的事情'으로 요약한 것이
다. 상대방의 말에 담긴 내용은 모두 '话'로 요약할 수 있기 때문에 '什么话'를 사용
하면 완전한 부정을 표현할 수 있다. 예문(74)의 경우 자신의 물건이 청문(晴雯)에
의해 찢기는 것을 달가워하지 않는 사월(麝月)을 보면서 가보옥(賈寶玉)은 사월이 자
신의 물건을 '好东西'로 여긴다고 판단했다. 그런데 가보옥은 그렇지 않다고 생각
했기 때문에 '什么'로 그 생각을 부정했다.

　　'什么'가 동사의 앞에서 부정을 나타낼 때에는 대개 상대방의 말에 동의하지 않
거나 상대방의 관점을 시정하는 의미를 표현한다. 그 부정의 대상은 아래 예문(76)
처럼 단순 동사일 수도, 예문(77)처럼 동사구일 수도, 더 나아가 예문(78)과 (79)처
럼 문장일 수도 있다.

예문

(76) 四人笑道: "正是。每年姑娘们有信回去说, 全亏府上照看。"贾母笑道:
     "什么照看, 原是世交, 又是老亲, 原应当的。"(《홍루몽》 - 56회)

(77) 平儿笑道: "虽如此, 奶奶们取笑, 我禁不起。"李纨道: "什么禁不起, 有我
     呢。快拿了钥匙叫你主子开了楼房找东西去。"(《홍루몽》 - 45회)

(78) 糊涂东西, 越说越放屁。什么'都是些阴阳', 难道还有个阴阳不成! 什么
     是金玉姻缘, 我偏说是木石姻缘!(《홍루몽》 - 31회)

(79) 宝玉恨的用拄杖敲着门槛子说道: "这些老婆子都是些铁心石头肠子, 也
     是件大奇的事。不能照看, 反倒折挫, 天长地久, 如何是好!"晴雯道: "什
     么'如何是好', 都撵了出去, 不要这些中看不中吃的!"(《홍루몽》 - 58회)

'什么'가 부정하는 상대방의 담화는 직접 인용된 것이 아니라 해석 또는 종합적 분석에 의한 것일 수 있으며 이 경우 부정되는 부분은 보통 홀로 사용되지 않는다.

(80) 宝玉笑道: "你有夫妻蕙, 我这里倒有一枝并蒂菱。"口内说, 手内却真个拈着一枝并蒂菱花, 又拈了那枝夫妻蕙在手内。香菱道: "什么夫妻不夫妻, 并蒂不并蒂, 你瞧瞧这裙子。"(《홍루몽》 - 62회)

(81) 见宝玉进来, 连忙站起来, 笑道: "晴雯这东西编派我什么呢。我因要赶着打完了这结子, 没工夫和他们瞎闹, 因哄他们道: '你们顽去罢, 趁着二爷不在家, 我要在这静坐一坐, 养一养神。' 他就编派了我这些混话, 什么'面壁了''参禅了'的, 等一会我不撕他那嘴。"(《홍루몽》 - 64회)

위의 예문(80)에서 '什么……不……'는 고정 형식이며 그 사이에 들어가는 주된 성분은 대부분이 명사이다. 또한 '什么'를 삭제하면 남은 부분은 비문이 된다. '什么' 뒤에 여러 성분을 병렬할 경우 그 뒤에 보통 '的'를 추가한다. 이렇게 형성된 또 다른 고정 형식에서도 '什么'는 삭제할 수 없는 반드시 필요한 성분이다.

'什么'를 홀로 사용하기도 하는데 이때는 상대방의 말에 동의할 수 없음을 의미하며 대개 어기 조사 '呀' 등과 함께 사용된다.

(82) "这个地方真漂亮。""什么呀, 我看很一般。"

(83) "他在这方面很有发言权。""什么呀, 他根本就不懂。"

그 외에도 자주 쓰이는 고정 형식으로 'X + 什么 + X'가 있다. 그 사이에 들어가는 성분은 동사, 형용사, 대명사 등 여러 가지가 될 수 있지만 음절수의 제한을 받는다. X는 일반적으로 단음절로 한정되며 '什么'와 함께 4음절을 구성하게 된다. 이

점은 중국어의 다른 중요한 문법 수단과도 일치하다. 예를 들면 중국어의 동사 또는 형용사 중첩의 경우도 음절수가 최대 4음절로 한정된다. 아래는 관련 용례들을 대조하여 제시한 것이다.

看什么看 *商量什么商量

好什么好 *漂亮什么漂亮

你什么你 *你们什么你们

아래는 실제 언어 사용에서 출현한 예문들이다.

(84) 看什么看! 没见过移动电话啊?

(85) 好什么好呀, 我妈妈他们现在逼着我答应这门婚事。

(86) 张义和汗流满面: "我……我……"李东宝: "你什么你? 你有天大的理也不能在这儿打人。"(왕쉬,《편집부 이야기》)

해석이 필요한 부분은 '什么'가 어찌하여 명사 또는 인용어의 앞에서 직접 부정을 표시하게 되었는지이다. 고찰에 따르면 이런 용법은 아래 두 가지 완전한 문장에서 성분이 생략되면서 발생했을 가능성이 있다.

가. 'S + 是 +(什么 + NP)'에서 주어와 판단사가 생략되면 '什么 + NP'가 된다

(87) 尤李两个不答言, 只喝禁他四人。探春便叹气说: "这是什么大事, 姨娘也太肯动气了!"(《홍루몽》 - 60회)

(88) 你以为男人都是什么好东西?! 你怎么会看上他? (왕숴,《편집부 이야기》)

(89) 你说这过的是什么日子? (왕숴,《편집부 이야기》)

나. '什么 + 是 + X'에서 판단사가 생략되면 '什么'가 직접 인용어를 수식하는 구조가 된다. 여기서 X는 대개 상대방 담화 중의 일부분이다.

(90) 什么是"大家彼此"! 他们有"大家彼此", 我是"赤条条来去无牵挂"。

　　(《홍루몽》- 22회)

(91) 什么是廊上廊下的, 你只说是芸儿就是了。(《홍루몽》- 24회)

1.9.3.3 문장 층위의 문법 범주

　문법 표지 또는 문법 수단은 두 가지 부류로 나뉜다. 하나는 무표지 부류인데 문장 층위에 쓰일 수도 있고 구 층위에 쓰일 수도 있다. 다른 하나는 유표지 부류인데 문장 층위에만 쓰인다. 이 기준에 따르면 부정 표지 '什么'는 유표지 부류에 속한다. '什么'의 기능에서도 알 수 있는 것처럼 그 사용은 맥락의 기타 요인에 의존한다. 그런 점에서 '什么'와 '别'는 모두 유표지 부류인 반면에 '没'와 '不'는 모두 무표지 부류에 속한다. 아래는 이들이 명사의 관형어가 될 때의 차이에 대해서 비교한 것이다.

*忙什么的人	*笑什么的人	*什么福气的人
*别忙的人	*别笑的学生	*别看的观众
不忙的人	不笑的学生	不看的观众
没来的人	没笑的学生	没看的观众

1.9.4 맺음말

이 장에서는 '什么'의 부정 용법을 포괄적으로 조사하여 그 부정 기능이 이미 실현된 상황에 대한 부정이라고 정립하고 그 사용 조건을 전면적으로 분석하였다. 이 장에서는 또 역사적인 관점에서 '什么'의 부정 기능과 그러한 문법이 형성된 원인에 대해서 논의하였다. '什么'는 구어에서 매우 활발한 부정 수단이며 기타 부정 표지로 대체할 수 없는 특별한 기능을 한다. 그 부정 용법은 유표지 부류에 속하며 문장 층위에만 사용된다.

현대중국어에는 아직 사람들의 관심을 받지 못한 많은 문법 현상들과 전면적으로 정확하게 고찰하지 못한 많은 문법 현상들이 남아 있다. 또한 많은 분석과 해석의 정확성 면에서도 토론의 여지가 남아 있다. 따라서 현대중국어 문법 체계는 조사 연구와 분석을 해야 할 것들이 아직 많은 만큼 이는 우리의 집단적인 지성과 노력이 필요하다. 그런 점에서 언어에 대한 체계적인 조사와 연구를 소홀히 하고 단편적인 언어 조각에만 기대어 '화려한 이론'을 구상하는 것, 즉 '작은 현상'에 의지하여 '거창한 이론'을 세우는 연구 방법은 지양되어야 한다.

제2편

동사성 구조와 표지

동보 구조의 역사적 유래

2.1.1 머리말

이 장에서는 동보 구조에 대하여 통시적 고찰을 할 것이다. 동보 구조는 12세기경에 이르러서야 안정적인 문법 수단으로 발전되었다. 그렇다고 하여 그 전에 중국어에 동보 구조의 문법적 의미를 표현하는 수단이 없었다는 것은 아니다. 실제로 중고 시기 중국어에는 일종의 연동 구조(連動結構)로서 행위와 결과의 의미 관계를 나타내는, 즉 나중에 출현한 동보 구조와 비슷한 기능을 하는 문법 형식이 존재했었다. 그 문법 형식에서 동사와 결과 성분은 각각 독립된 문법 단위를 대표할 뿐만 아니라 사이에 또 동사의 피동작주나 부정사 혹은 부사가 들어갈 수도 있어 우리는 그것을 '분리 가능한 동보 조합(動補組合)', 즉 약칭으로 '동보 조합'이라 부르기로 했다. 굳이 '조합'이라는 용어를 사용한 이유는 두 성분이 굳어진 결합 관계가 아니기에 하나의 문법 단위로 통합된 동보 구조와 구분하기 위해서이다. 아울러 이 장에서는 중고 시기 중국어의 동보 조합이 어떻게 생성되었는지에 대해서도 논의할 것이다.

2.1.2 연동 구조

동보구는 하나의 문법 단위를 대표하는 것, 빈어를 가질 수 있는 것, 안정적인 의미를 표현하는 것 등 여러 면에서 복합 동사와 매우 비슷하다. 그러나 고대나 중고 시기의 중국어에서 이런 구조는 존재 자체가 불가능했다. 그 이유는 동보 구조와 공존할 수 없었던 당시의 그 어떤 문법 규칙 때문인데 이 규칙에 따르면 피동작주 명사의 앞에 오는 두(최대 네 개)의 동사는 반드시 타동성을 갖고 있어야 했다. 그것을 문법 형식으로 표시하면 아래와 같다.

> (1) [$V_1 V_2$] O

아래의 논의에서는 이런 형식을 '다동공빈식(多動共賓式)'이라 부르기로 한다. 이 형식에서 동사들은 빈어와 각각 동작과 피동작주의 관계를 가진다. 즉, 위의 형식은 수학의 분배 법칙처럼 V_1O와 V_2O로 분해할 수 있다.

동보 구조에서 보어(補語)는 주로 동작이 가져오는 결과를 나타낸다. 비록 그들 중 다수가 동사성이지만 자동사 또는 형용사가 위주이며 일반적으로 빈어와 '동작-피동작주' 관계를 구성하지 않는다. 이 부분이 위의 문법 규칙에 어긋나기 때문에 중고 시기 및 그 이전의 중국어에는 동보 구조가 생겨날 수 없었다. 우리는 이러한 대립을 축으로 삼아 새로 형성된 문법 구조가 어떻게 이미 존재한 문법 규칙을 타파하고 점차적으로 새롭게 발전하였는지를 고찰하였다.

중고 시기 중국어의 '다동공빈' 문법 규칙을 반영하는 매우 적절한 하나의 용례가 있다. 중고 시기 중국어에서 '死(죽다)'와 '殺(죽이다)'는 동의어로서 의미가 비슷하다. 그러나 '死'는 자동사, '殺'는 타동사로 문법적 성질이 다르다. 두 번째 동사로서 앞 동사의 결과를 나타낼 때 'V + 殺'는 빈어를 가질 수 있지만 'V + 死'는 빈어를 가지지 못한다. 당시 이는 매우 규칙적인 용법이었다.

(2) 岸崩, 尽压杀卧者。(《사기》- 항우본기)

(3) 百余人碳崩尽压死。(《논형》- 명의)

예문(2)의 두 동사 '压'와 '杀'는 모두 타동성을 띠며 각각 '卧者'와 동작과 피동작주의 관계를 성립하므로 '压卧者'와 '杀卧者'로 분해할 수 있다. 반면에 예문(3)의 '死'는 자동성이므로 당시의 문법 규칙에 근거하면 피동작주 명사가 전체 동보 조합의 뒤에 위치할 수 없었다. 따라서 여기서는 '卧者'가 서술어 동사의 앞에 놓였던 것이다. 동사의 병렬 구조가 '타동사 + 자동사'일 경우 당시 문법 규칙에 따라 타동사의 피동작주 명사가 놓일 수 있는 문법적 위치는 두 개가 있었는데 하나는 예문(3)처럼 전체 서술어의 앞자리, 다른 하나는 두 동사의 사이였다.

(4) 击陈柱国房君死。(《사기》- 진섭세가)

예문(4)에서 피동작주 명사구 "陈柱国房君"은 '击'와 '死'의 사이에 위치한다. 현대중국어에서 '보어'로 사용되는 단어는 형용사가 가장 보편적이다. 그것은 물론 형용사가 모두 자동성을 띠기 때문이다. 그리고 사실 중국어에서 동사와 형용사의 경계는 그다지 분명하지 않다. 특히 자동사와 형용사는 모두 서술어가 될 수 있고 모두 빈어를 가지지 못한다는 점에서 일치한 문법적 특징을 보인다. 중고 시기 중국어의 분리 가능한 동보 조합에서 형용사와 자동사의 문법 행위는 완전히 일치했다. 즉, 'V + Adj' 어구는 빈어를 가지지 못하며 피동작주 명사가 있을 경우 V와 Adj의 사이 또는 전체 어구의 앞자리에만 위치할 수 있었다.

2.1.3 고대와 중고 시기 중국어의 사성식(使成式)

2.1.3.1 사성 형태

송조 이전까지 중국어에는 동보 구조와 같은 문법 수단이 없었다. 그렇다고 하여 당시의 중국어에 동보 구조의 기능을 표현할 방법이 없었다는 것은 아니다. 실제로 당시 중국어에는 어떤 동작이 특정 결과를 초래함을 표시하는 몇 가지 문법 수단이 존재했는데 이것을 '사성식'이라고 했다. 아래는 그 사성식을 고찰할 것이다.

중고 시기 중국어(고대중국어 포함)는 현대 많은 언어와 마찬가지로 '동작이 어떤 사물의 어떤 결과를 초래함' 또는 'X가 Y를 하도록 유발함'을 표시하는 형태를 보유하고 있었다. 당시 중국어는 한 단어의 음성 변화로 '사성'의 문법 의미를 표시하였다. 자동성을 띠는 단어들이 그 대상이었는데 가장 보편적인 것이 자동사와 형용사이다. 자동성을 띤 이런 자동사와 형용사는 형태의 변화를 통해 임시로 타동성을 부여 받게 된다. 현대중국어에서도 사용되고 있는 '성조 표시법'이 바로 중고 시기 중국어 사성식의 일종이다. 예를 들면 '饮'이 일반 동사로 쓰일 때는 3성이지만 '가축에게 물을 먹이다'는 의미로 사성을 표시할 때에는 4성으로 발음된다. 예문(5)처럼 이는 고대중국어의 문법 규칙이었는데 현대중국어의 구어체에도 아직 남아 있다. 현대중국어와 관계되는 일반적인 용법으로 또 '好'가 있으며 자동성으로(형용사) 사용될 때는 3성이고 타동성으로 사용될 때는 4성으로 발음된다. 또한 두 가지 용법의 개념 의미 사이에는 내재적 연계가 존재한다. 성조 변환을 통해 완성되는 사성식은 현대중국어에도 남아 있을 뿐만 아니라 고대 음운서에서도 체계적으로 정리되어 기록된 바 있다. 예를 들면 7세기에 편찬한 《철운》은 이런 현상을 체계적으로 기술하였다. 또한 통시적 및 공시적인 경험과 증거들은 성조 변환을 통해 형성된 사성 형태가 확실히 과거의 중국어에도 광범위하게 존재했던 일종의 문법 현상이라는 점을 시사한다. 이 형태의 구체적인 방식은 "4성이 아닌 발음을 4성으로 바꾸거나 반대로 4성 발음을 4성이 아닌 성조로 바꾸어 '사성'의 의미를 가지는 것"이다. 다음은 고대중국어의 일부 용례들이다.

(5) 晋侯饮赵盾酒。(《좌전》- 선공2년)

(6) 则修文德以来之。(《논어》- 계씨)

(7) 甘其食, 美其服。(《노자》)

예문(5)는 '진후가 조순에게 술을 마시게 하다'는 의미이다. 예문(6)에서 '来'는 원래 자동사이지만 성조의 전환을 통해 '그를 오게 하다'는 의미의 타동사가 되었다. 비슷한 경우인 예문(7)은 '(의식적으로) 어떤 사물이 해당 성질을 갖게 함'을 표시하는 형용사의 사성 용법 두 개로 구성된 것으로 '그들의 음식이 달콤하고 고소하다고, 그들의 의상이 아름답다고 생각하다'는 뜻이다.

앞에서 논의한 사성식은 현대중국어의 동보 구조와 기능적으로 비슷하다. 그러나 동보 구조에 비해 사성식 표현은 어떤 사물에 어떤 결과를 가져다줌을 나타낼 뿐 그것이 구체적으로 어떤 행위가 가져다준 것인지는 표시하지 못하는 결함이 존재한다. 예를 들면 '小之'는 '그것을 작게 하다'는 뜻인데 이 문법 형식으로는 그 변화를 초래한 행위까지는 표현할 수 없다. 고대중국어에는 동작과 결과를 동시에 표현할 수 있는 또 다른 수단이 존재했다.

2.1.3.2 조동사로 구성된 분석형 사성 구조

인간 언어에는 '사성'을 나타내는 문법 수단의 범주로는 위의 굴절 형식 외에 'He made her smile'이라는 영어 문장처럼 조동사로 구성된 분석형 사성 구조도 보편적이다. 이런 수단은 고금의 중국어에도 모두 존재한다. 예를 들면 중고 시기 중국어에서 가장 보편적인 사성식은 다음과 같다.

V + AUX + O + R 또는 V + O + AUX + R

위의 문형은 모두 사성의 의미를 가지며 어떤 동작이 어떤 결과를 초재함을 표시한다. 중고 시기 중국어에는 더 보편적이면서 광범위하게 사용된 또 다른 사성 구조가 있었는데 바로 현대중국어 동보 구조의 직접적인 근원이 되는 분리 가능한 동보 조합이다. 다음 부분에서는 그 구조가 형성된 원인과 그 사용 현황에 대해서 구체적으로 고찰할 것이다.

2.1.3.3 분리 가능한 동보 조합

중고 시기 중국어에서 매우 광범위하게 사용된 문법 형식인 분리 가능한 동보 조합은 당시 단문을 구성하는 기본 구조 중의 하나였다. 이 구조는 일반적으로 타동사 하나와 형용사 또는 자동사 하나로 구성되며 두 성분 사이에는 '하게 하다(致使)'의 의미 관계가 성립된다. 또한 그것이 갖는 중요한 문법 속성의 하나는 각각 독립된 문법 단위를 대표하는 두 성분 사이에 다른 하나의 문법 위치가 존재하여 첫 동사의 피동작주 명사 또는 두 번째 동사성 성분을 수식하는 부정 표지나 부사가 그 위치에 들어갈 수 있다는 것이다. 그 문법 형식은 다음과 같다.

(10) VXR

V = 타동사

X = 피동작주 명사, 부사 또는 부정사

R = 형용사 또는 자동사

논의의 편의를 위해 이하의 분리 가능한 동보 조합과 동보 구조의 결과 성분은 모두 기호 'R'로 표기하기로 한다. 그러나 전 시기와 후 시기의 'R'은 그 문법 성질이 매우 달랐으며 음운 특징 면에서도 변화가 있었다.

현대중국어 동보 구조의 근원과 그 발전 과정을 밝히려면 중고 시기 중국어에서 분리가능한 동보 조합이 가졌던 한 가지 중요한 문법적 특징을 알아야 할 필요가 있다. 바로 각각 독립된 문법 단위를 대표하는 V와 R 사이에 또 하나의 문법 위치가 존재하며 거기에 명사, 부정사 및 부사가 들어갈 수 있다는 것이다. 위에서 언급한 자동사와 형용사뿐만 아니라 개사구(介詞短語)와 동량사(動量詞) 등 기타 많은 종류의 단어들도 결과 성분이 될 수 있다. 그러나 이 부분에서 현대중국어의 동보 구조는 기존의 동보 조합과는 선명하게 구분된다. 현대중국어의 동보 구조의 경우 V와 R이 하나의 단일 문법 단위로 통합되어 둘 사이에는 더 이상 그 어떤 단어도 들어가지 못하며 명확하고 완전한 음운 단위로 형성되어 있다. 이와 같이 어떻게 1단계에서 2단계로 전환되었는지도 중점적으로 고찰이 필요한 부분이다.

문법 형식(10)은 선형 서열 만을 나타내지만 그 내부에는 구조 층위의 차이도 존재한다. 또한 X가 속한 문법 범주에 따라 전체 구조의 층위 구분도 다르게 나타난다. X가 명사일 경우는 반드시 V의 피동작주 빈어가 되며 그 구조 층위는 [[V + O] + R]이다. X가 부사 또는 부정 표지일 경우는 반드시 R의 수식어가 되며 이때의 층위는 [V + [Adv. Neg. + R]]이다.

아래 구체적인 용례들을 통해 중고 시기 중국어에서 여러 부류의 분리 가능한 동보 조합을 살펴보자.

가. R = 자동사

(11) 唤江郎觉! (《세설신어》 - 가휼)

(12) 果震松柏粉碎! (《세설신어》 - 술해)

나. R = 형용사

(13) 分肉食甚均。(《사기》 - 진승상세가)

(14) 制街衢平直。(《세설신어》 - 언어)

우리는 위의 두 가지 결과 보어의 발전에 역점을 두고 고찰하였다. 그것은 그것들이 그 당시 가장 보편적인 결과 성분을 대표할 뿐만 아니라 현대중국어에서도 보어가 되는 가장 흔한 두 부류의 단어들이기 때문이다. 그뿐만 아니라 일부 유사한 기타 경우에도 주목할 필요가 있다. 당시에 R 자리에 들어가 결과를 표시할 수 있는 성분으로는 형용사와 자동사 외에도 개사구, 시간사 및 수량사가 있었다. 뒤에서 자세히 다루겠지만 이것들도 결과 성분이 되는 형용사 혹은 자동사와 병행 발전하는 양상들이 발견되었다.

다. R = 개사구

(15) 种瓜于长安城东。(《사기》 - 소상국세가)

(16) 乃说桓公以远珍怪物。(《사기》 - 제태공세가)

라. R = 시간사

(17) 行之十年。(《사기》 - 상군열전)

(18) 讲《大般涅槃经》数十遍。(《보리달마남종정시비》 - 1권)

마. R = 수량사

(19) 负服矢五十个。(《순자》 - 의병)

(20) 常预炙鸡一只。(《후한서》 - 서지전)

형용사와 자동사의 경우와 마찬가지로 이상의 부류도 문미에서 행위의 어떤 결과를 나타낼 수 있다. 또한 나중에는 일반 보어와 비슷한 발전 과정을 겪는다.

유형학의 시각에서 보면 중고 시기 중국어의 위와 같은 현상은 우연이 아니며 고립된 것도 아니다. 이런 비슷한 현상은 기타 언어, 특히 영어에서도 발견되었다. 이런 이유로 일반 언어학 분야에서도 많은 유사한 논의가 있었다. 이런 복잡한 서술어는 '대술어(大謂語) + 소술어(小謂語)'의 구조를 가진다. 영어에서는 비슷한 현상을 '작은 종속절(小從句)'이라 부르는데 예를 들어 'We hammered the metal flat and hot'에서 밑줄 표시된 부분이 중고 시기 중국어의 결과 성분에 해당한다. 이들은 '작은 종속절'을 의미적 설명에서 때로는 피동작주 명사에만 국한됨에도 불구하고 일반 언어학에서는 이들을 피동작주 명사의 관형어가 아닌 서술어의 부가 성분으로 간주한다. 이와 마찬가지로 중고 시기 중국어에서도 피동작주 명사 뒤에 놓이는 수량사의 경우 의미적으로 그 앞의 피동작주 명사와만 관계를 맺지만 문법 관계 면에서는 여전히 소술어로 봐야 한다. 이렇게 소술어 자리에 들어갈 수 있는 단어들은 모두 문법 기능 면에서 홀로 서술어가 될 수 있는 공통성을 갖는다. 그리고 이런 서로 다른 유형의 결과 성분은 소술어 자리가 점차 약화되다가 소실되기에 이르는 변화와 더불어 나중에는 서로 다른 문법 범주로 발전하였다.

앞에서 예시로 제시한 분리 가능한 동보 조합은 모두 피동작주 명사에 의해 분리가 가능하다는 공통의 특징을 가지는데 이는 그 동사들의 타동성을 의미하기도 한다. 그러나 해당 조합에서 V는 자동성을 띠기도 하지만 이 경우는 V와 R 사이에 비록 피동작주 명사가 들어가지 못하고 (V가 빈어를 가질 수 없기 때문에) 부사 또는 부정 표지가 들어갈 수 있다. 이렇게 삽입되는 두 가지 부류는 모두 결과 성분을 수식한다. 따라서 동사가 타동사든 자동사든 그것들로 구성된 동보 조합은 모두 두 개의 서로 독립된 문법 단위를 대표한다는 것을 알 수 있다.

(21) 子道, 子道, 来何迟? (《세설신어》 – 문학)

(22) 谢万石后来, 坐小远。(《세설신어》 – 아량)

(23) 胡之去已远。(《세설신어》 – 구극)

위의 현상은 현대중국어 동보 구조의 여러 중요한 근원들 중의 하나이기도 하다. 현대중국어의 동보 구조는 두 개의 자동사 서술어로 구성될 수 있으며 '坐坏沙发'처럼 빈어도 가질 수 있다. 위의 예문에서 V와 R 사이에는 각각 '何', '小', '已'가 들어갔는데 나중에 V와 R이 융합되면서 삽입된 이 성분들이 점차 밀려나 빠지게 되었다.

결과 성분의 유형은 매우 다양하지만 가장 보편적이고 많이 쓰이는 유형에 주안점을 두고 고찰하고자 한다. 그래야만 얻어진 결론이 보편성을 가질 수 있다. 특히 다양한 동보 조합은 유형별로 발전이 불균형적이어서 먼저 나타난 용례가 유추를 통해 기타 유형의 발전에도 영향을 미친다는 점도 고려해야 하기 때문이다.

중고 시기 중국어의 분리 가능한 동보 조합에서 현대중국어의 동보 구조로 발전하는 과정은 실제 V와 R이 재분석되면서 그 사이의 경계가 소실되어 기존에 독립되었던 두 개의 문법 단위가 하나의 단일 문법 단위로 통합되는 과정이다.

2.1.3.4 분리 가능한 동보 조합의 생성 원인

문법 체계의 각 부분은 서로 연계되고 서로 제약하면서 하나의 유기적인 전체를 형성하기 때문에 어느 한 부분의 변화는 관련된 기타 부분의 사용에 영향을 끼치면서 연쇄적인 반응을 일으키게 된다. 그러므로 문법의 변화는 일반적으로 고립된 것이 아니라 원인과 결과가 따른다. 한 가지 변화는 다른 어떤 변화의 원인이 될 수도 있고 원인이 되는 변화도 다른 어떤 변화가 원인이 되어 유발한 것일 수도 있다. 그렇다면 현대중국어 동보 구조의 근원인 중고 시기 중국어의 분리 가능한 동보 조합은 어떻게 형성된 것인지, 이 문제를 설명하려면 고찰 범위를 고대중국어까지 확장해야 한다.

가. 병렬 동사 구조의 접속사인 '而'의 소실

현대중국어에서 체언의 병렬 구조와 용언의 병렬 구조는 대칭을 이루지 못한다. 이를 테면 영어의 병렬 접속사 'and'와 달리 중국어의 '和'는 체언성 병렬 구조를 연결하는 용도로만 사용이 제한되어 용언성 병렬 구조에는 사용할 수 없다.

> **예문**
>
> (24) a. *她已经吃饭和看书。

b. She has already eaten food and read book.

(25) a. *她已经买和吃苹果。

b. She already bought and ate apples.

실제로 접속사의 유무를 떠나서 '看写信'이라는 구조가 허용되지 않듯이 현대중국어에서는 고대중국어의 다동공빈 구조가 전혀 허용되지 않는다. 이 같은 동사 병렬 구조의 소실은 실제 동보 구조의 형성을 초래한 직접적인 결과로 된다. 그러나 고대중국어에는 현대 영어 중의 동사 병렬 구조와 같은 구조가 광범위하게 존재했으며, 특히 영어의 동사 병렬 구조가 반드시 접속사 'and'를 필요로 하듯이 당시 중국어의 동사 병렬 구조도 반드시 접속사 '而'이 필요했다.

예문

(26) 豹自后击而杀之。(《좌전》 - 양공23년)

(27) 寡君若得而食之不厌。(《좌전》 - 양공33년)

위의 동사 병렬 구조에서 '而'은 반드시 필요하다. 그러나 이 문법 규칙은 점차 파괴되었는데, 예를 들면 《좌전》보다 200년 정도 늦게 집필된 《장자》를 보면 '而'이 없는 동사 병렬 구조 가 전체의 약 20%를 차지한다. 고찰에 따르면 '而'의 위와 같은 용법은 10세기경에 서면어나 일부 고정 표현을 제외하고 거의 완전히 사라졌다. 아래는 관련 통계이다.

접속사 '而'의 소실 과정

문헌	시기	만 자 당 '而'의 출현 빈도
《논어》	BC 475년	160
《맹자》	BC 275년	171
《세설신어》	AD 425년	48

《백유경》	AD 500년	64
《육조단경》	AD 700년	9
《신회어록》	AD 750년	16
《노걸대》	AD 1350년	0
《박통사》	AD 1350년	1

통계 결과의 객관성을 보장하기 위해 우리는 대체로 같은 시기에 집필된 문헌에서 두 개씩을 선택하여 조사했다. 위의 통계는 두 가지 중요한 특징을 보여준다. 첫째, 같은 시기의 두 문헌을 놓고 보면 '而'의 출현 빈도는 비슷하다. 둘째, 편폭이 비슷한 문헌을 비교했을 때, 중고 시기 중국어의 '而'의 사용 빈도가 고대중국어의 3분의 1 정도밖에 안 될 정도로 '而'의 사용 빈도가 계속 줄어든다. 또한 겉으로 보면 '而'과 동보 조합은 한 쪽의 사용이 늘어나면 다른 한 쪽의 사용이 줄어드는 현상을 보이고 있다. 용언을 연결하는 병렬 접속사 '而'은 한위(漢魏) 시기에 쇄락하였는데 바로 이 시기에 동보 조합이 형성되어 점차 보급되었기 때문이라고 볼 수 있다.

동사를 연결하는 병렬 접속사 '而'이 강제적 사용에서 선택적 사용으로 성격이 바뀌면서 중국어의 동사 병렬 구조도 다음과 같은 변화를 겪게 되었다.

$$V_1 \text{而} V_2 \rightarrow V_1 \text{而} V_2 / V_1V_2 \rightarrow V_1V_2$$

두 동사가 연이어 사용될 경우 그들은 관계의 재분석을 통해 하나의 문법 단위로 통합되거나 나아가 하나의 복합 동사로 굳어졌을 가능성이 있다. 접속사가 없는 다동공빈 구조는 1세기 이후부터 점차 일반화되기 시작했다.

예문

(28) 广亦竟射杀之。(《사기》 - 이장군열전)

(29) 乃收养之。(《논형》 - 힐험편)

현대중국어에서 '收养(입양하다)'은 더 이상 분석할 수 없는 복합 동사이지만 예문(29)에서 '收养'은 '收之(그를 받아들이다)'와 '养之(그를 양육하다)'로 쪼갤 수 있는 동사 병렬 구조로 보아야 한다. 복합어의 형성 시기를 절대적으로 정확하게 판단하기는 어렵지만 확실한 것은 두 동사가 하나의 복합어로 굳어지기 위해서는 접속사 '而'이 불필요해진 이후에야 가능했을 것이 라는 점이다.

다동공빈 구조 이외에 기타 고대중국어의 동사 병렬 구조도 '而'이 필요했다. 아래는 두 개의 자동사가 각각 자체 빈어를 갖는 경우이다.

(30) 是何异于刺人而杀之? (《맹자》 – 양혜왕)
(31) 躯虎、豹、犀、象而远之。(《맹자》 – 등문왕)

접속사 '而'이 강제적 사용에서 선택적 사용으로 성격이 바뀌면서 병렬된 두 동사성 성분도 연이어 출현할 수 있게 되었다.

(32) 攻郑败之。(《사기》 – 조세가)
(33) 击李曲军破之。(《사기》 – 조상국열전)

위의 예문에서 두 번째 동사는 모두 빈어를 가지며, 또한 반드시 타동사여야 한다. 그러나 앞에서 살펴본 데 따르면 중고 시기 중국어의 분리 가능한 동보 조합에서 결과 성분은 거의 모두가 주로 형용사와 자동사이기 때문에 자동성을 띤다고 봐야 한다. 이런 동보 조합의 직접적인 근원은 아래의 동사 병렬 구조인데 이 구조에서 '而'이 연결하는 것은 타동사와 자동성 성분이며 여기에서의 자동성 성분은 앞동사의 결과를 나타낸다.

보다시피 예문(36)에서 '而'이 빠지면 '饥死'가 되므로 바로 동보 조합이 된다. 분리 가능한 동보 조합의 최초 사용은 BC 1세기의 문헌에까지 거슬러 올라갈 수 있으며, 5세기경에 안정적이고 생산적인 문법 형식으로 발전되었다. 아래는 그중의 비교적 일찍 출현한 용례이다.

결과적으로 접속사 '而'의 소실은 분리 가능한 동보 조합의 생성에 가능성을 열어주었다. 왜냐하면 두 동사성 성분 사이에 어떤 문법 표지도 없어야만 그들이 상대적으로 안정된 하나의 조합을 형성할 수 있기 때문이다.

나. 종속절 간의 융합

앞에서 분리 가능한 동보 조합은 연속 출현한 두 동사성 성분(종속절 포함)이 결합되면서 형성되었다고 지적했다. 아래에 실천적 경험에서 얻은 근거와 이론적 차원에서 두 종속절이 어떤 과정을 거쳐 결합되었는지를 알아보고자 한다.

분리 가능한 동보 조합은 '대술어 + 소술어' 구조를 가진 복잡한 서술어라고 할 수 있다. 대술어는 상대적으로 독립적 성격이 강한 반면에 일반적으로 혼자서 절을 구성하지 못하는 소술어는 상대적으로 의존적 성격이 강하다. 통시적 관점에서 보면 복잡한 서술어 구조는 원래 독립된 두 종속절이 결합된 결과이다.

종속절의 결합은 인간 언어의 발전 과정에서 흔히 나타나는 현상인 동시에 문법화 이론 연구에 있어서도 중요한 연구 과제이다. 아래는 두 종속절의 융합 정도를 척도로 표시한 그래프이다.

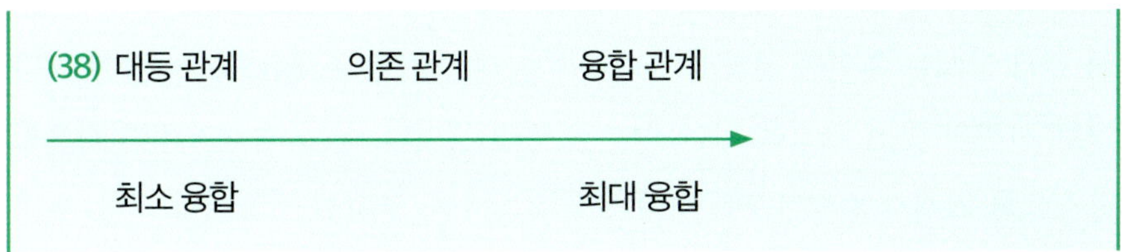

분리 가능한 동보 조합을 기준으로 이상 3개의 관계에 대해서 아래와 같이 해석할 수 있다.

(가) **대등 관계**: 두 독립된 종속절이 의미적인 연계를 가지지만 문법과 음운 차원에서는 서로 의존하지 않는다. 결과 부분은 독립된 종속절로 주어와 빈어를 가질 수 있다.

(나) **의존 관계**: 결과 부분은 단독으로 문장을 이룰 수 없으며 반드시 중심이 되는 서술어에 의존해야만이 문장을 이룰 수 있다. 특히 결과 성분이 단음절인 경우에 부착 성분으로의 전환이 가장 쉽게 발생한다. 그러나 전환된 후에도 부사 또는 부정 표지의 수식을 허용할 정도로 여전히 어휘적인 성격이 매우 강하다. 이때부터 종속절 사이의 경계가 약화되기 시작한다.

(다) **융합 관계**: 동사와 보어 사이의 경계가 소실되고 하나의 문법 단위로 굳어져서 둘 사이에 그 어떤 단어도 끼어들 수 없게 된다. 이들 중 상당수는 일반 동사처럼 빈어를 가질 수 있다. 이 경우 R은 보통 원래의 어휘적인 성질을 상실하며 어음 형식도 약화되어 음운 면에서 그 앞의 동사와 하나의 단위를 구성한다.

위와 같이 두 종속절이 약한 융합에서 강한 융합으로 발전하도록 추동한 요인에는 여러 가지가 있을 수 있다. 우선, 두 종속절은 그 사이에 접속사가 없이 반드시 연이어 출현할 수 있어야 한다. '而'의 소실로 인해서 이런 변화가 가능해졌다. 다음으로, 당시 중국어의 기본 음운 단위가 단음절에서 2음절로 바뀌었기 때문에 단음절인 결과 성분이 독립성을 상실하고 부착 성분으로 전환되었다. 마지막으로, 의미 차원의 내재적인 연계도 두 성분의 융합을 추동한 결정적인 요인 중 하나이다. 동작과 결과 간에는 원인과 결과라는 내재적 논리 관계가 존재함으로써 함께 하나의 완전한 사건의 발전 과정을 나타낼 수 있었던 것이다. 두 종속절이 의미적으로나 화용적으로 연계가 밀접할수록 하나의 문법 단위로 융합될 가능성이 크다. 동작과 결과 사이에 존재하는 '사성'의 관계도 둘 지간에 문법적 융합을 추동한 또 다른 의미적 기반이다. '사성'은 인간 언어에 보편적으로 존재하는 문법 범주로서 형태나 기타 전문 문법 형식으로 표시되는 경우가 많다. 이로 인해 동보 조합은 일종의 안정적인 문법 수단으로 발전할 수 있었던 것이다.

다음 부분에서는 상술한 융합의 강약을 척도로 하는 그래프에 근거하여 일부 구체적인 용례들을 고찰할 것이다. 특정 시기의 역사 문헌의 연속성에 한계가 있기 때문에 우리는 동일한 문헌으로 종속절의 융합 과정을 살펴보았다. 그 이유는 동일한 융합 단계에는 신형식과 구형식이 상당 기간 공존하였기에 동일한 문헌에 출현한 같은 단어의 상이한 용법을 고찰하면 그것들이 처한 다양한 발전 단계를 엿볼 수 있기 때문이다. 신형식이 구형식을 바로 대체하는 것이 아니라 신형식과 구형식의 장기적인 공존은 인간 언어의 발전 과정에 보편적으로 존재하는 특징이다.

2.1.3.5 용례 연구

가. V + 成

'成'은 15세기부터 현재까지 동작의 완성에 따른 결과 성분을 표시하는 용도로 자주 사용되어 왔다. 현대중국어의 'V + 成'은 자유롭게 빈어를 가질 수 있으며 그 중의 '成'은 부착 성분이 되는 문법 표지이다. 그러나 중고 시기 중국어의 '成'은 자동사로서 현대중국어의 용법과는 매우 달랐다. 다음에서는 5세기경에 집필된 문헌 《세설신어》를 통해 관련 용례들을 구체적으로 살펴보고자 한다.

a. **대등 관계**: '成'은 자체 주어를 가지고, '成'이 속한 결과 부분은 독립된 종속절
로만 인식된다. 또한 독립된 종속절과 앞 절 사이에는 어조적인 휴지가 있어야
하며 서면어일 경우에는 그 휴지를 쉼표로 표기한다.

> **예문**
>
> (39) 支道林造即色论, 论成。(《세설신어》 - 문학)
> (40) 求纸笔作书, 书成。(《세설신어》 - 아량)

위의 두 예문에서 '成'은 앞 절의 피동작주 명사를 중첩 사용하여 생긴 자체 종속
절 주어 '论'과 '书'를 가진다.

b. **의존 관계**: '成' 자체는 독립된 주어를 가지지 못하며 '成'과 주요 동사 사이에
는 흔히 피동작주 명사가 들어가거나 수식하는 부사도 거기에 같이 추가될 수
있다. 이 경우에는 중심 서술어 동사에 대한 '成'의 의존도가 상대적으로 높아
서 독립된 종속절로 볼 수도 있고 하나의 부착 성분으로 볼 수도 있다.

> **예문**
>
> (41) 玄度、习击齿论青、楚人物, 临成。(《세설신어》 - 언어)
> (42) 何平叔注《老子》始成。(《세설신어》 - 문학)
> (43) 左太冲作《三都赋》初成。(《세설신어》 - 문학)

위의 예문에서 '成'과 중심 서술어 동사 사이에는 피동작주 명사뿐만 아니라 부
사가 들어있기 때문에 결과 부분이 여전히 상대적으로 독립되어 있다. 그러나 만약
그 사이에 부사가 없으면 단음절인 '成'은 홀로 절을 이룰 수 없기 때문에 그 앞의
중심 서술어에 의존할 수밖에 없다.

(44) 袁伯彦作《名士传》成。(《세설신어》- 문학)

(45) 孙兴公作《天台赋》成。(《세설신어》- 문학)

c. **융합 관계**: 독립된 단어로서의 지위를 상실한 '成'이 부착 성분으로 자리매김하고 'V +成'이 빈어를 가질 수 있게 되었다. 5세기의 《세설신어》에서는 이런 용법을 찾아볼 수 없으며 당조 시기의 문헌에 이르러서야 출현하기 시작했다.

(46) 织成锦绣麒麟儿。(《유선굴》)

(47) 垒成方丈。(《돈황변문》- 유마힐경강경문)

위의 '成'의 용법은 현대중국어의 것과 완전히 일치하다.

나. V +碎

자동사 '成'의 발전은 우연이 아니며 중고 시기 중국어의 많은 결과 성분들도 이와 비슷한 발전 과정을 겪었다. 다음에서는 결과 부분으로 사용된 '碎'의 발전 과정을 보자.

a. **대등 관계**: 결과를 나타내는 '碎'는 자체 주어나 기타 수식 성분을 가지며, '碎'가 속한 부분은 독립된 종속절로만 인식이 가능하다.

(48) 言禽自举椎自击, 首碎。(《논형》- 유효)

(49) 以铁如意击之, 应手而碎。(《세설신어》- 태치)

b. 의존 관계: 결과 성분 '碎'가 중심 서술어의 뒤에 직접 쓰이거나 아예 중심 서
술어 동사와 연이어 출현하는 경우 특히 예문(51)에서 장소를 나타내는 어구
처럼 'V + 碎' 뒤에 기타 성분이 있으면 '碎'는 그 앞의 중심 서술어에 의존할
수밖에 없다.

예문

(50) 果震柏粉碎。(《세설신어》- 술해)
(51) 丸迸碎床褥间。(《세설신어》- 방정)

c. 융합 관계: 10세기경에 'V + 碎'는 고도로 융합되어 피동작주 명사를 빈어로
가질 수 있었다.

예문

(52) 其父打碎了个人一件家事。(《주자어류》- 권79)

다. V + 了

'了'는 현대중국어에서 자주 사용되는 실현 체표지이다. '了'도 일반 보어와 대체
로 비슷한 발전 과정을 겪었다.

a. 대등 관계: 중고 시기 중국어에서 '了'는 일반 동사로서 뒷 절의 문미에서 앞
절 행위의 완성 상태를 표시했다. 아래 예문에서 '了'는 하나의 독립된 절로 인
식될 수밖에 없다.

예문

(53) 吾久欲注, 尚未了。(《세설신어》- 문학)

b. 의존 관계: 아래 용법에서 결과 성분이 되는 '了'는 앞의 동사성 성분에 의존해야만 완전한 절을 이룰 수 있다. 'V'와 '了'가 연이어 출현할 때 특히 그러하다.

예문

(54) 道真食豚尽了, 不谢。(《세설신어》 - 숭례)

(55) 大师说偈已了。(《유선굴》)

(56) 未说时即是, 说了时即不是。(《육조단경》)

c. 융합 관계: 대략 10세기 이후로 '了'는 동사성을 잃고 동사의 어미, 즉 체표지로 자리잡는다. 다음은 초기의 용례들이다.

예문

(57) 南朝已应付了三处。(《을묘입국주청》)

(58) 萧禧已收了第三次圣旨。(《을묘입국주청》)

라. V + 不得

'V'와 '不得'의 융합은 2음절 또는 그 이상의 음절을 가진 동보 조합의 융합 문제이다. 따라서 그 발전 과정은 동사와 보어의 재해석에 대한 쌍음화(雙音化)의 중요한 역할을 더욱 잘 반영할 수 있다. 12세기경에 집필된 《주자어류》에 이르러서는 '不得'의 새로운 용법이 모두 출현했으며 그와 동시에 기존 용법도 남아 있었다. 아래는 《주자어류》 중의 '不得'의 용법을 통해 그 발전 과정을 고찰해 보고자 한다.

'不得'에는 두 가지 뜻이 있다. 하나는 예문(59)처럼 일반 동사로서 '갖지 못하다(沒有得到)'는 뜻이다. 다른 하나는 예문(60)처럼 조동사로서 '……을 수 없다(不能)'는 뜻이다.

(59) 不得其法。(《주자어류》 - 권2)

(60) 或在他乡, 不得尽其萃聚之事。(《주자어류》 - 권90)

위의 두 가지 의미를 갖는 '不得'는 행위의 '목적을 달성하지 못하다(未果)'는 뜻으로 다른 동사성 성분의 뒤에 자주 사용되었다. '不得'와 그 앞 성분 간의 관계에 따라 그들을 아래와 같은 세 가지 유형으로 나눌 수 있다.

a. 대등 관계: 어조에서 '不得'와 그 앞의 절 사이에 휴지가 있는 경우, 즉 그것이 자체적으로 절을 이루는 경우이다.

(61) 今正要人恁地理会, 不得, 又思量。(《주자어류》 - 권79)

(62) 只是便把光做灯, 不得。(《주자어류》 - 권97)

b. 의존 관계: '不得'와 그 앞의 동사 성분이 연이어 출현하여 둘 사이에 휴지가 들어갈 수 없는 경우, 즉 그들이 복잡한 서술어를 이루는 경우이다.

(63) 终身改口不得。(《주자어류》 - 권7)

(64) 小底也奈何不得。(《주자어류》 - 권90)

(65) 更做事不得。(《주자어류》 - 권90)

어떤 경우에는 더 긴 문장의 앞뒤 문맥에 근거해야만 '不得'가 그 앞의 동사에 의존하는지 단독으로 절을 이루는지를 판단할 수 있다. 아래 '不得'와 '使得'의 예문 대조를 보면 '不得'와 '使得'는 모두 단독으로 절을 이루었다.

'不得'가 앞의 동사에 의존하거나 단독으로 절을 이룬 경우가 실제로는 매우 많았다.

c. 융합 관계: 'V + 不得'가 일반 동사처럼 피동작주 명사를 빈어로 가질 수 있는 경우이다.

위의 예문은 모두 초기의 중국어 양태(情態) 형식이다.

비록 나중에는 융합 관계로 발전되었지만 대등 관계는 굳어지지 않은 텍스트 구조로 줄곧 언어 교제 과정에 존재해 왔을 것이다. 다만 융합의 용례가 대량으로 증가되면서 특히 새로운 문법 형식이 나타나서야 기존의 텍스트 구조로 표현되던 내용들이 나중에는 다른 문법 형식에 의해 대체될 가능성도 충분했을 것이다. 다시 말하면 언어의 발전과 더불어 원래 흔히 두 개의 절로 표현되던 내용들이 나중에는 하나의 복합 동사로 표현되었다.

위의 두 예문은 모두 한 가지 사실을 각각 표현하고 있다. 그러나 초기의《좌전》에서는 두 개의 절로, 후기의《사기》에서는 하나의 다동공빈 구조를 사용하여 표현하고 있다. 이처럼 전기와 후기의 표현에 나타난 차이는 개별적이고 우연이 아닌 체계적인 발전에 의한 것이다. 그러므로 이런 현상은 다른 한편으로는 언어의 변화를 반영하고 있다.

2.1.4 맺음말

결론적으로 분리 가능한 동보 조합이 동보 구조로 발전하도록 추동한 요인에는 여러 가지가 있다고 볼 수 있다. 동사와 보어의 어순은 그것이 현실 세계에서의 객관적인 형성 순서를 반영한다. 즉, 동보 조합은 문법적으로 복제성을 지닌다는 것이다. 동보 조합은 동작과 결과라는 하나의 완전한 행위의 두 발전 단계를 표시한다. 따라서 인지적 또는 의미적으로 총체성을 갖기 때문에 하나의 문법 단위로 쉽게 결합할 수 있다. 아울러 동사의 접속사 '而'이 소실되면서 동작과 결과 부분은 연이어 출현할 수 있게 되어 그들 간 재분석에 가능성을 열어주었다. 또한 쌍음화 추이의 발전으로 인해 단음절 보어 성분의 경우 점차 단독으로 절을 구성할 수 없게 되었고 그와 동시에 단음절 동사와 단음절 보어의 융합도 추진되었다.

동보구의 융합을 추동한 쌍음화 추이

2.2.1 머리말

이 장에서는 동보 구조의 형성을 유발한 음운적 요인에 대해서 논의할 것이다. 동보 구조의 형성 과정은 실제로 동사와 결과 성분의 융합 과정이다. 융합을 추동한 요인에는 여러 가지가 있는데 음성을 제외하고도 동시 출현 빈도, 문법 환경 및 의미적 상관성 등이 있다. 그러나 이런 요인들은 동시에 작용하지도 않았고 서로 병행하여 작용하지도 않았다. 그중 가장 근본적인 역할을 한 것은 쌍음화이며 쌍음화는 중국어의 조어법, 형태와 문법에 커다란 영향을 미쳤다. 여기에서는 쌍음화라는 음성 단위의 변화가 어떻게 동사와 결과 성분의 융합을 추동하였는지에 대하여 구체적으로 논의하고자 한다.

중국어의 2음절 어휘들은 일찍이 최초의 문헌에도 나타났으나 중고 시기에 이르러서야 일종의 발전 추이로 자리매김하였다. 중국어 문법사에서 가장 중요한 변화의 한 가지로 꼽히는 쌍음화는 단순한 음성 변화의 문제가 아니라 조어법과 직결된 문제이기도 하다. 쌍음화 추이가 갖는 의미는 조어법의 범위를 훨씬 뛰어넘어 중국어 전체 문법 체계의 변화를 유발한 원동력으로 역할한 것에 있다. 쌍음화가 언제부터 시작되었는지 그 확실한 시점은 알 수 없지만 오늘날에도 중요한 영향을 미치고 있을 정도로 오랜 역사를 가지고 있다. 다양한 근거에 따르면 쌍음화 추이의 발전에 있어서 가장 관건적인 시기는 5세기에서 12세기까지이다. 이 시기에 2음절 어휘의 빠른 증가와 더불어 2음절 어휘의 조어에 필요한 대량의 접사가 출현했고 그 이후에 2음절 어휘가 중국어의 기본 문법 단위로 확고히 자리잡았다. 쌍음화 추이의 작용 하에 연이어 출현하는 두 단음절 단어는 하나의 2음절 단위로 자주 결합할 수 있게 되었다. 이 과정을 '합성화(複合化)'라고도 하는데 두 형태소가 재분석을 통해 사이의 경계가 약화되거나 없어져서 결국에는 하나의 언어 단위로 굳어지는 과정을 일컫는다. 합성화를 통해 문법화와 어휘화의 효력이 발생한다. 이를테면 일부 동사와 보어가 융합되어 합성어를 이루는 경우에는 어휘화의 문제로 되지만 일부 결과 성분은 그 의미적인 보편성과 동사가 표하는 행위와의 밀접한 연관성으로 인해 진일보 안정적인 문법 표지로 자리잡은 경우도 있다.

어휘 또는 구조의 문법화는 보통 음성, 의미 및 문법 요소가 공통으로 작용한 결과이지만 이러한 요인들의 작용 방식이나 각각의 중요성은 언어 별로 상이할 수 있다. 이를테면 중국어를 제외한 기타 언어의 경우 문법화를 유발하는 음운적 요인으로 주로 음의 높이와 연속 형식을 포함하는 어조 단위를 들 수 있다. 중국어에서 쌍음화 발전이 지속되면서 중국어의 기본 음운 단위는 단음절에서 쌍음절로 바뀌었다. 고대중국어는 기본적으로 '한 글자 = 한 음절 = 한 단어'였지만 중고 중국어 이후에는 이런 상황이 바뀌어 대부분의 어휘가 2음절로 변한 동시에 단음절 어휘의 단독 사용도 갈수록 많은 제한을 받게 되었다. 길게 보면 쌍음화 발전은 중국어의 음성 체계가 점차 간소화되면서 균형을 이루어가는 과정이라고 할 수 있다. 이 장에서는 기본 음성 단위의 변화가 중국어의 조어법과 문법의 발전에 얼마나 중대한 영향을 끼쳤는지를 확인하게 될 것이다.

음성 단위와 문법 구조 사이의 상호 작용은 여러 측면에서 고찰이 가능하다. 예를 들면 중국어에서 음보(音步)를 구성하는 음절은 최대 4개이므로 95% 이상의 성어가 4음절이다. 또한 '干干净净', '讨论讨论' 등과 같이 문법적 중첩에 의해 만들어진 형식도 최대 4음절까지를 허용한다. 문법에 대한 음성 단위의 영향은 문법의 공시적 기능에서 나타날 뿐만 아니라 문법의 통시적 발전에서도 나타난다. 그것을 중고 중국어의 다동공빈 구조를 통해 살펴보면 다음과 같다. 다동공빈이란 둘 또는 그 이상의 동사가 하나의 빈어를 공유하는 구조인데, 여기서 동사는 최대 4개의 단음절 동사까지만 허용한다.

> (1) 尽斩杀降下之。(《사기》 - 흉노열전)
> (2) 乃遣晃及史涣邀击破走之。(《삼국지》 - 위서)

위의 두 예문에서 동사들은 모두 타동사이며 빈어와 각각 '동작 + 피동작주'의 관계를 형성한다. 또한 이를 수학의 분배 법칙으로 의미적으로 분해할 수 있다. 수학의 분배 법칙은 $(a + b + c + d)x = ax + bx + cx + dx$으로 표기되는데 이에 따라 예문(1)을 분해하면 다음과 같다.

> (3) (斩杀降下)之 = 斩之 + 杀之 + 降之 + 下之

12세기경에 중국어의 동보 구조가 확고히 자리잡은 후에 중고 중국어의 이 같은 다동공빈 구조는 소실되었다. 두 사건 사이에는 내재적인 인과 관계가 존재하며, 이 부분은 제8장에서 구체적으로 논의하고자 한다.

2.2.2 쌍음화의 발전

2.2.2.1 현대중국어의 2음절 어휘

이 부분에서는 현대중국어의 쌍음화 현상에 대한 고찰을 통해 쌍음화 추이를 유발한 역사적 원인을 찾아내고 쌍음화의 발전과 동보 구조의 형성 사이에 존재하는 관계에 대하여 논의할 것이다.

수량으로만 봐도 현대중국어의 2음절 어휘의 수는 단음절과 3음절 또는 그 이상의 음절을 가진 어휘보다 훨씬 많다. 아래는 『보통화 3,000개 상용 어휘』에 대한 통계이다.

현대중국어에서 2음절 어휘가 차지하는 비중

	합계	2음절	비율
명사	1,621	1,379	85%
형용사	451	311	69%
동사	941	573	61%

품사별로 고려하지 않을 경우 2음절 어휘는 전체 3,000개 상용 어휘의 75% 정도를 차지했다. 가장 자주 사용되는 이 부분의 상용 어휘 외에 기타 상용 어휘에서도 2음절 어휘가 다수를 차지하는 것으로 나타났다. 전반적으로 2음절 어휘는 전체의 80% 이상에 달하는 것으로 집계되었다.

2음절 어휘는 양적인 면에서 절대적인 우위를 차지할 뿐만 아니라 문법적으로도 가장 자유로운데 이것도 쌍음화 추이의 중요한 표현 중의 하나이다. 상당수 단음절 어휘는 한 음절이 추가되어야만 문장 성분이나 단어 문장이 될 수 있다. 이때 보통 접사를 붙여서 음절을 추가한다.

첫째, 단음절 성씨의 경우 주어, 빈어 또는 호칭이 되려면 반드시 '老' 또는 '小'를 추가해야 한다. 일례로 누군가를 '赵'라고 부르면 어딘가 불편하지만 '小赵' 또는 '老赵'는 훨씬 자연스럽다. 다시 말해서 단음절 성씨는 자유롭지 않은 형태소이다. 반면에 2음절 성씨는 사용이 자유롭고 '老' 또는 '小'를 붙이면 중국어의 기본 음성 단위가 아닌 3음절이 되므로 오히려 자연스럽지 못하다. 예를 들어 중국어의 복합 성씨인 '司马'의 경우 '老司马' 또는 '小司马'가 허용되지 않는다.

둘째, 단음절의 나라명에는 반드시 '国'자를 붙여야만 독립된 문장 성분이 될 수 있다. 이를테면 '美国(미국)', '英国(영국)', '法国(프랑스)' 등의 용법이 바로 그러하다. 반대로 '日本(일본)', '挪威(노르웨이)' 등과 같은 2음절의 나라명은 '国'자를 붙일 필요가 없으며 '国'자를 붙이면 3음절이 되어 오히려 자연스럽지 못하다. 2음절이 되려는 경향은 나라명을 담은 합성어에서도 나타난다. 합성어 중의 한 형태소가 나라명인 경우 '国'자를 생략하여 '英镑(파운드)', '日元(엔)' 등과 같이 2음절을 이룬다.

셋째, 음력으로 날짜를 말할 때 1일부터 10일까지는 반드시 접두사 '初'를 붙인다. 예를 들면 '(正月)初五(정월 초닷새)'는 올바른 표현이지만 '(正月)五'는 허용되지 않는다. 이는 1부터 10까지를 한자로 표기하면 모두 단음절이기 때문에 '初'를 더하여 2음절 단위를 형성해야 하기 때문이다. 반대로 11일부터는 모두 2음절이므로 접두사 '初'가 필요 없다. 이를테면 '(正月)十五(정월 보름)'는 올바른 표현인 반면에 '(正月)初十五'는 오히려 허용되지 않는다.

위의 현상들은 모두 2음절 어휘가 문법적으로 단음절 어휘보다 자유롭다는 것을 말해준다. 또한 접사의 추가 여부는 대개 그 의미에 의해 결정되는 것이 아니라 음절수에 의해 결정되었다는 것도 알 수 있다. 중국어의 역사를 돌이켜 보면 조어법이기도 한 쌍음화의 발전은 중국어가 걸어온 과거 3천 년간 문법 발전에서의 중대한 변화 중의 하나이다. 또한 중국어의 조어법과 문법의 일치함은 중국어 문법 발전에서의 가장 중요한 특징이기도 하다. 쌍음화 추이는 동사와 결과 성분의 융합을 유발하였으며 그 결과 중국어에 새로운 조어법뿐만 아니라 고도로 생산적인 새로운 문법 형식을 만들어 주었다.

2.2.2.2 쌍음화 발전의 원인

앞에서 언급했듯이 중국어의 역사를 통틀어 보아도 단음절 어휘만 있었던 시기는 거의 없었고 항상 2음절 어휘가 같이 존재했다. 2음절 어휘는 선진 시기 중국어에서도 이미 전체 어휘의 20% 정도를 차지할 정도로 많았다. 아울러 쌍음어의 조어법은 BC 7세기에 맹아하여 2세기경에 이르러 점차 성숙되었다. 언어의 발전과 더불어 2음절 어휘의 숫자가 지속적으로 증가하여 중고 중국어에 이르러서 쌍음화는 강력한 추이가 되었다. 그렇다면 쌍음화 추이의 형성을 추동한 요인은 무엇일까?

일반적으로 쌍음화 추이의 형성 원인을 중국어 음성 체계의 간소화라고 본다. 음성 체계의 간소화는 동음어의 증가로 이어지며 동음어가 증가하면 음성 형식에 의한 어휘의 구별력이 떨어지기 때문에 결국은 의사 소통의 효율성에 영향을 미치게 된다. 이때 음절수의 증가는 어휘 구분을 위한 음성의 다양성을 보전하는 수단이 될 수 있다. 류수샹(呂叔湘)의 지적처럼 이런 가설은 중국 남방 방언의 어휘와 북방 방언의 어휘 사이에서도 중요한 차이를 설명할 수 있다.

먼저, 중국어의 간소화로 인해서 역사적으로 어떤 음성적 특징이 소실되었는지를 살펴볼 필요가 있다. 다음은 역사적으로 중국어에서 소실된 주요 음성적 특징들이다.

(가) 입성의 세 운미 [p], [t], [k]가 발전 과정에서 소실되었다.
(나) 자음 체계의 청탁 대립이 중화되어 원래의 탁음이 대응되는 청음과 합쳐졌다. 예를 들면 [b]가 [p]로, [d]가 [t]로 바뀌었다.
(다) 고대중국어로부터 중고 중국어로 넘어가는 과정에서 장입조류(長入調類)와 거성이 합쳐졌다.
(라) 중고 중국어의 35개 자음이 현대중국어에 이르러 20개로 줄었다.
(마) 운미도 원래의 16개에서 12개로 줄었다.

고대에서 현대에 이르는 동안 중국어의 음성 체계는 크게 간소화되었으며 그 직접적인 결과로 동음어가 많이 증가되었다. 아래 음절 'yi'에 해당하는 한자의 수에 대한 통계를 보면 동음어가 얼마나 많아졌는지를 알 수 있다.

현대중국어에서 음절 'yi'에 해당하는 한자의 수

	음평	양평	상성	거성
한자의 수	21	38	21	88

성조의 차이를 고려하더라도 동음어의 수는 상당히 많다. 완전히 같은 음성 형식을 취하고 있는 글자가 88개에 달할 정도이다. 이런 현상은 구두어 의사 소통에 심각한 어려움을 초래했을 것이며 서면어의 경우에는 상대적으로 영향이 크지 않았

을 것이다. 그 이유는 동음어일지라도 일반적으로 그 표기 형식이 다르기 때문이다. 구두어 의사 소통의 어려움을 해소하기 위한 차원에서 보면 단음절 어근에 음절 하나를 추가해주는 것이 가장 효과적인 방법 중의 하나가 될 수 있었다.

그 밖에 신조어의 대규모 증가도 쌍음화 추이의 또 다른 원인일 수 있다. 사회의 발전과 더불어 생활, 문화, 정치 등 분야가 갈수록 복잡해지면서 새롭게 등장한 개념들을 표현할 더욱 많은 신조어를 만들어야 했을 것이다. 그런 상황에서 음성 체계가 상대적으로 안정된 상태에서 동음어는 대폭 늘어났을 것이라는 추론이 가능하다. 같은 이유로 언어는 이러한 변화에 순응하기 위하여 어휘의 음절수를 증가하여 표현하게 된다.

지금부터 남방 방언과 북방 방언의 대조를 통해 쌍음화와 동음자 사이의 관계에 대해서 살펴보고자 한다. 일반적으로 남방 방언은 북방 방언에 비해 음성 체계가 덜 간소화되어 과거의 음성적 특징이 많이 남아 있기 때문에 음성 체계가 상대적으로 복잡하고 동음어도 적은 편이다. 예를 들면 옛 중국어의 입성의 운미를 완전히 보전하고 있는 월방언(廣東話)은 11가지의 성조와 59개의 모음을 갖고 있다. 반면에 보통화에 남아 있는 것은 네 가지 성조와 39개의 모음뿐이다. 그와 상응하게 보통화에서 2음절로 표현되는 단어들이 월방언에서는 단음절 단어를 사용 하는 경우가 많다.

예문

(4) 보통화　　　　월방언

　　螃蟹　　　　蟹

　　眼睛　　　　眼

　　明白　　　　明

　　味道　　　　味

특히 월방언에는 보통화처럼 단음절 어근을 다음절화하는 접사가 많지 않다. 일례로 월방언에는 '子', '儿', '头' 등 명사형 접미사가 없다. 이런 차이의 명확한 원인은 음성 체계가 비교적 복잡한 월방언은 어휘의 음성 구별을 위해 음절을 추가해야 할 필요성이 그만큼 크지 않다는 점이다.

2.2.2.3 쌍음화 발전의 관건적 시기

쌍음화 추이는 일찍이 2천 년 전에 시작되어 그 후로 줄곧 안정적인 발전을 이어 왔다. 초기의 쌍음화는 어휘 또는 음성 범위 내에서만 한정되었다. 그러나 쌍음화의 발전이 강화됨에 따라 갈수록 많은 어휘들이 쌍음화되고 그 영향 범위도 문법 차원에까지 미치게 되었다. 쌍음화와 문법 사이의 관계를 논의함에 있어서는 동보 구조의 형성 과정에 대한 쌍음화의 역할에 역점을 두고자 한다. 이 문제에 대한 논의를 시작하기에 앞서 먼저 쌍음화 발전의 관건적 시기가 언제인지를 밝힐 필요가 있다.

12세기의 문헌인 《주자어류》를 대상으로 현대중국어에서도 여전히 활발하게 사용되고 있는 124개의 2음절 동사를 선정하여 그것들이 언제 출현하였는지를 고찰했다. 그 결과는 아래 표와 같다.

2음절 동사의 발전에 대한 고찰(5세기~12세기)

	합성어	비율
5세기 이전	7	6%
5~8세기	42	34%
8~12세기	75	60%

위의 통계에 따르면 2음절 어휘 중 절대 다수는 5세기에서 12세기 사이에 생겨났다. 고찰 대상으로 선정한 124개 2음절 동사를 기준으로 약 34%는 5세기에서 8세기 사이에, 60%는 8세기에서 12세기 사이에 나타난 것이다. 즉, 5세기에서 12세기에 출현한 2음절 동사는 전체의 94% 정도를 차지한 반면에 5세기 이전에 생겨난 것은 6%에 불과한 것으로 집계되었다. 비록 표본 조사에 불과하지만 이 통계는

한편으로 5세기에서 12세기까지가 쌍음화 발전에 있어서 관건적인 시기였다는 점을 말해준다. 바로 이 시기에 동보 구조가 싹트고 빠르게 발전하여 결국은 문법 구조로 자리잡게 되었다. 이런 시기적인 일치는 쌍음화와 동보 구조 발전 사이의 인과 관계를 밝히는 데 있어 중요한 계시를 준다.

이 시기가 쌍음화 발전의 관건적 시기임을 확정할 수 있는 또 하나의 중요한 근거가 있다. 중국어에는 단음절 어근을 다음절화하는 용도로 사용되는 명사형 접사가 존재한다. 이들도 쌍음화의 발전과 더불어 출현한 문법 표지이다. 명사의 접두사 '老'와 접미사 '儿'은 당조 시기의 문헌에서 이미 '老婆', '老师' 및 '盖儿' 등과 같이 사용된 기록이 있다. 따라서 그 출현 시기도 당조 시기일 것으로 추정된다. 명사형 접미사인 '子'와 '头'는 그들보다도 앞선 대략 위진남북조 시기에 생겨났을 것으로 추정된다. 당시의 문헌에 이미 '石子', '种子'와 같은 용례들이 나타났기 때문이다. 그러므로 이들 명사형 접사의 출현 시기도 5세기에서 10세기 사이임이 분명하다.

쌍음화 경향은 주로 다양한 부류의 단어 조어법에서 나타난다. 중국어에서 단음절 어휘를 2음절 어휘로 바꿔주는 방법에는 여러 가지가 있다. 첫째, 단음절 어간에 접사를 덧붙인다. 앞에서 논의한 명사형 접사가 그런 경우이다. 둘째, 단음절 어근에 다른 단음절 동의어를 붙여쓴다. '意'가 '意思'로, '注'가 '注释'로 되는 경우를 말한다. 셋째, 원래의 단음절 단어가 새로 생겨난 2음절 단어에 의해 대체된다. 예를 들면 '汚'가 '弄脏'으로, '悟'가 '理解'로 대체한 것과 같은 경우이다. 넷째, 단음절 단어를 중첩으로 사용하여 2음절을 이룬다. 예를 들면 '哥'가 '哥哥'로, '刚'이 '刚刚'으로 되는 것과 같은 경우이다.

2음절 단어가 생기는 또 하나의 중요한 경로는 하나의 문법 구조에서 연이어 출현하는 두 개의 단음절 단어가 합성어로 굳어지는 과정이다. 중국어의 조어법과 기본 문법 구조가 일치한 것도 바로 그 때문이다.

예문

(가) 주술 합성어: 冬至、年轻

(나) 술빈 합성어: 主席、动员

(다) 편정 합성어: 飞机、重视

(라) 술보 합성어: 改良、说明

(마) 병렬 합성어: 重叠、买卖

위에 열거한 합성어는 대부분 완전한 개념을 표시하지만 문법 구조와는 달리 더 이상 그들을 구성한 형태소에 근거하여 의미를 추리할 수는 없다. 그러나 조어법과 문법도 일치하지 않는 부분이 있다. 이를테면 조어법에 따라 '어근 + 접미사'로 구성된 어휘는 있지만 상응한 문법 구조는 존재하지 않는다. 반면에 문법 구조에 있는 파자문, 동사 복제 구조, 화제 구조와 같은 다양한 구조는 조어법에는 존재하지 않는다.

문법에 대한 쌍음화의 영향은 주로 쌍음화가 어떻게 연이어 나타나는 두 문법 단위의 융합을 촉진하는지로 표현된다. 위에서 제시한 5개의 조어법 중에서 동보 합성어를 제외한 기타 4개는 고대부터 있었던 것들이기 때문에 그들의 합성어화는 중국어의 문법에 그렇다할 영향을 미치지 못했다. 그러나 동사와 보어의 융합은 다르다. 이들의 융합은 중국어에 새로운 조어법을 만들어주었을 뿐만 아니라 새로운 문법 수단과 일련의 중요한 문법 변화도 가져다주었다. 동사와 보어의 구조를 가진 합성어도 동보 구조가 형성되는 과정에서 생성된 부산물이다.

동보 구조는 바로 쌍음화 발전의 관건적 시기에 맹아 단계에서 성숙 단계로 발전하였다. 동보구가 출현하고 신속한 발전을 이룬 시기는 당송 시기이며 송조 후기에 이르러 동보 구조는 이미 확고히 자리잡았다. 동보 구조의 생성에는 약 500~600년이라는 시간이 걸렸다. 동보 구조의 성숙 시기는 유형에 따라 차이가 있지만 전반적으로 당조 이후에 동보 구조가 보편화되기 시작했다. 이어서 쌍음화 추이가 어떻게 동사와 보어의 융합에 영향을 미쳤는지를 살펴볼 것이다.

2.2.2.4 동사와 보어의 융합에 대한 쌍음화 추이의 영향

쌍음화 추이는 동사와 보어의 융합을 추동한 중요한 원인이다. 쌍음화가 지속되어 일정한 수준까지 발전하게 되면 중국어의 기본 음운 단위가 바뀌게 된다. 즉, 어휘의 기본 음성 형식이 원래의 단음절에서 2음절로 바뀐다. 그리고 음성 단위가 바뀌면 문법에도 영향이 미치게 된다. 구체적으로 두 독립적인 단음절 문법 단위가 자주 연이어 나타나면 2음절 단위로 통합하려는 경향이 생기고, 그로 인해 둘 사이에 있던 경계가 점차 소실되어 결국에는 하나의 문법 단위로 굳어지게 된다. 이런 융합은 합성어, 형태 표지 및 문법 구조 등 세 가지 결과를 낳게 된다.

위의 가설에 근거하면 동보 구조의 문법화 단계는 다음과 같다.

1단계: 중고 중국어에 널리 사용되던 분리 가능한 동보 조합이 존재했다. 그 문법 형식은 V + X + R로 표기되며, 여기서 X는 피동작주 명사, 부사 또는 부정 표지가 된다.

2단계: 단음절인 V와 R 사이에 X가 없으면, 즉, V와 R이 연이어 출현한다면 그들은 2음절 음성 단위의 작용 하에 하나의 운율 단위로 융합하게 된다.

3단계: 동보 조합의 융합이 대규모로 나타나면 일종의 강력한 합력을 형성하게 되고 그 합력이 다시 동보 구조라는 새로운 문법 구조의 형성으로 이어지게 된다. 그리고 동보 구조의 형성과 더불어 원래의 분리 가능한 동보 조합이 소실된다.

먼저 방언의 사례를 통해 쌍음화와 동보 구조의 형성 사이에 어떤 관계가 있는지를 살펴보고자 한다. 전반적으로 중국의 남방 방언은 음성 체계가 상대적으로 복잡하며 그에 상응하여 2음절 어휘도 적은 편이다. 다시 말하면 남방 방언은 보편적으로 쌍음화 추이가 약하다고 볼 수 있다. 그런 남방 방언은 동보 구조도 발전이 상당히 느려서 지금까지도 중고 중국어의 분리 가능한 동보 조합을 보전하고 있는 경우도 많다는 점이 매우 흥미롭다. 상당수의 남방 방언에서는 동사와 보어 사이에 여전히 피동작주 명사, 부사 또는 부정 표지가 들어갈 수 있다.

(5) 烧伊酥。(상하이)

(6) 晒伊干。(상하이)

(7) 你打渠无过。(광둥)

위의 용법들은 중고 중국어의 동보 조합에 속한다고 봐야 한다. 이들 방언도 전혀 발전이 없었던 것은 아니다. 예를 들면 상하이 방언은 피동작주 대명사를 '晒干伊'처럼 전체 동보 조합의 뒤에 놓을 수도 있다. 따라서 상하이 방언은 동보 조합이 보통화의 동보 구조를 향해 발전하고 있다고 볼 수 있다.

우리는 중고 중국어의 분리 가능한 동보 조합을 지금까지 보전하고 있는 방언을 조사하였는데 그 결과는 아래 표와 같다.

분리 가능한 동보 조합을 보전하고 있는 방언

남방 방언	북방 방언
상하이, 창사, 진화, 커지아, 메이셴, 링셴, 광시, 광저우, 원저우, 양쟝	쓰촨, 뤄산, 황강, 웨이팡

동보 조합을 보전하고 있는 북방 방언도 남방과 연접하고 있는 접경 지역이 대다수이다. 이처럼 남방 방언과 북방 방언 사이에 존재하는 분리 가능한 동보 조합의 비대칭적인 분포도 쌍음화 추이와 동사와 보어의 융합 사이에 내재한 관계를 진일보 말해준다.

이처럼 분석하면 많은 남북 방언의 불균형적인 문법 발전 문제도 언어 접촉 등 외부 요인을 떠나서 설명이 가능해진다. 10세기 이후부터 북방 방언에는 체표지 체계, 파자문, 동사 복제 결과, 신형 화제 구조 등을 비롯한 많은 새로운 문법 형식들이 발전하였다. 그러나 남방 방언의 경우 여전히 이런 문법 형식들을 갖지 못한 것이 다수이며 그나마 일부 갖고 있는 것도 아직 불완전한 상태인 것이 많다. 얼핏 보면 10세기 이후에 나타난 새로운 문법 구조는 대부분 이 서술어 동사가 문장 뒤에 위치하는 듯하다. 예를 들면 파자문의 경우 피동작주 명사를 서술어 동사 앞에 전치하기 때문에 문장 끝에 동사성 성분이 오는 것이 일반적이다. 그러나 자세히 살펴보면 중국어에 새로 생성된 이런 문법 구조는 진정한 SOV 어순이 아니라는 것을 알 수 있다. 왜냐하면 단순한 동사는 문장 끝에 위치하는 동사성 성분으로 허용되지 않으며 반드시 동보구나 그와 유사한 구조만이 가능하기 때문이다. 이런 현상은 특히 새로운 구조의 형성이 동보 구조의 출현과 밀접한 연관성을 가지고 있다는 사실을 말해준다. 쉽게 말하면 동사와 결과 성분이 융합되면서 원래 둘 사이에 들어가야 할 피동작주 명사가 다른 자리로 이동해야 한다. 가장 자연스러운 결과는 VRO구조일 것이다. 그러나 동사와 결과 성분의 융합 정도에 따라, 혹은 결과 성분의 의미적인 제약 때문에 VR 어구 뒤에 놓여야 할 많은 피동작주 명사는 결과적으로 서술어 앞에 놓이는 용례들이 늘어나게 된 것이다. VR이 빈어를 갖는 것의 제한으로 가장 대표적인 현상은 만약 R이 의미적으로 V의 동작주를 가리키면 VR은 피동작주 명사를 빈어로 가질 수 없다. 현대중국어에서는 '他看书看病了'와 같은 동사 복제 구조만이 그런 경우에 속한다. 결론적으로 10세기 이후 북방 방언의 발전은 외래 언어의 영향보다는 주로 내부 언어 체계(음성 체계)의 자체 조정에 따른 결과라고 보는 것이 합리적이다.

2.2.3 동사와 결과 성분의 융합

2.2.3.1 동사와 보어의 융합을 가리는 기준

2음절 음성 단위의 출현은 동사와 결과 성분의 융합을 추동한 중요한 요인이다. 인간 언어 발전의 공통성으로 볼 때 두 성분이 융합되면 우선 완전한 음성 단위를 명확히 확립하게 된다. 어떤 음성 단위를 형성하느냐는 또 소재한 음성 체계의 기본 단위가 무엇인지에 의해 결정된다. 중국어는 성조형 언어이므로 두 성분이 융합되면 두 번째 형태소가 성조를 잃게 되는 경우가 자주 나타난다. 중국어의 발전 역사를 돌이켜 보면 한 종류의 언어에서 기본 음성 단위는 바뀔 수 있다는 것을 알 수 있다. 중국어의 기본 음성 단위가 단음절에서 2음절로 바뀌면 연이어 출현하는 두 단음절 어휘는 융합하려는 경향이 생긴다.

제일 처음 일어난 이런 동사와 보어의 융합을 판단하려면 어느 한 기준이 필요하다. 조기의 재분석(융합)은 관찰이 어렵다. 그것은 재분석이 곧바로 표층 형식의 변화로 나타나지 않았기 때문이다. 동보 구조의 발전은 실질적으로 동사와 결과 성분이 재분석을 통하여 그 사이의 경계가 소실되는 과정이다. 따라서 그 형성 과정을 가릴 확실한 기준이 필요한 것이다. 동보 구조의 근원은 중고 중국어의 분리 가능한 동보 조합이다. 그 형식은 다음과 같다.

(8) VXR; X = 피동작주 명사, 부사 또는 부정 표지

동사와 결과 보어가 융합되면 반드시 외적 형식의 변화가 발생한다. 원래 그 사이에 위치하던 X 성분이 이동하여 VR의 앞이나 뒤에 위치하게 된다. 위치를 이동하는 성분은 그 성격에 따라 재배치되는 위치도 서로 다르다. 부사와 부정 표지는 VR의 앞에만 위치하고 피동작주 명사는 VR의 앞과 뒤에 위치할 수 있다. 그러므로 이런 어순 변화가 포착되면 융합이 발생했다고 볼 수 있다. 다시 말하면 동사와 보어의 융합은 어순 변화와 동시에 발생했다고 보는 것이 논리적이다.

2.2.3.2 동사와 보어의 융합 정도

문법의 발전은 점진적이고 연속적인 과정이다. 한 쌍의 동사와 보어의 조합이 갑자기 두 독립된 문법 단위에서 하나로 통합되지는 않았을 것이다. 따라서 그들의 융합에는 정도의 차이 즉, 느슨한 관계에서 긴밀한 관계로 나아가는 과정이 존재한다고 추론할 수 있다. 그렇다면 그 발전 과정에는 분명히 동사와 결과 성분의 경계가 약화되었으나 아직 완전히 소실되지 않은 상태의 중간 단계가 존재할 것이다.

분석의 편의를 위해 동사와 결과 성분의 융합 정도를 두 가지로 가정한다.

> (가) 저도(低度) 융합 – V와 R의 경계가 약화되기 시작하였으나 아직 완전히 소실되지 않은 상태로, 조합 자체는 여전히 강한 어구적 성질을 가진다. 둘 사이에 더 이상 단어가 들어갈 수 없게 되었으나 합성 동사처럼 피동작주 명사를 가지지는 못한다.
>
> (나) 고도(高度) 융합 – V와 R 사이의 경계가 완전히 소실되어 둘이 합성어처럼 단일 문법 단위로 완전히 굳어졌다. 둘 사이에 더 이상 어떤 성분도 들어가지 못할 뿐만 아니라 일반 동사처럼 피동작주 빈어도 가질 수 있다. 그러므로 피동작주 빈어를 가질 수 있는지 여부는 동보 조합의 고도 융합 여부를 판단하는 기준 형식이 될 수 있다.

위의 기준을 정확하게 이해하기 위해서는 먼저 중국어의 문장 구조와 동보 구조의 발전에 존재하는 특징을 알아 둘 필요가 있다. 중국어는 일종의 SVO 언어로 타동사와 그 빈어의 어순은 'V + O'로 제한된다. 중고 중국어에서는 여러 동사가 하나의 빈어를 공유할 수 있었는데 그 구조도 'V$_1$ + V$_2$ + O'로 제한되었다. 여기서 각각의 동사와 빈어는 모두 반드시 '동작-피동작주'의 문법 관계를 성립해야 했다. 또한 자동성 성분은 V$_2$에 들어갈 수 없었다. 즉, 자동사나 형용사는 V$_2$로 허용되지 않는다. 동보 구조의 출현은 이 원칙에 어긋난다. 왜냐하면 VRO에서 R은 일반적으로 자동성 성분이며 R과 O 사이에는 '동작-피동작주'의 관계가 성립되지 않기 때문이다. VRO 형식이 출현하려면 먼저 R이 독립어로서의 지위를 상실하고 그 앞의 동사와 하나의 문법 단위를 구성해야 한다. 그래야만 당시의 다동공빈 구조의 원칙에 어긋나지 않으면서 피동작주 빈어를 가질 수 있다. 그러나 융합되기 이전에 만약 V가 피동작주 명사를 가지면 이들 자동성을 띠는 R은 O의 뒤에만 오게 된다. 위의 정의에 근거하면 V와 R은 고도의 융합을 이루어야만 피동작주 빈어를 가질 수 있다. 반면에 V와 R 사이의 경계가 약화되었을 뿐 R이 여전히 상당한 독립성을 보전한다면 그들은 피동작주 빈어를 가질 수 없다. 이때 VR 어구는 저도의 융합 상태에 처하게 된다.

2.2.3.3 동사와 보어의 융합에 대한 보어 음절수의 영향

동사와 보어의 융합이 규모를 이루기 시작한 시기는 대략 8세기이며 12세기경에 이르러서는 매우 생산적인 문법 구조로 자리잡았다. 초기 동보구의 음절수는 쌍음화가 동보 구조의 형성 과정에서 일으킨 중요한 역할을 반영하였으므로 시사하는 바가 크다. 기본적으로 단음절 보어와 단음절 동사만이 2음절의 동보 조합을 구성할 수 있다. 2음절에 주목하는 이유는 12세기의 문헌을 기준으로 보았을 때 먼저 고도의 융합을 이룬 동보구는 모두 2음절이기 때문이다. 한편 R로 구성된 다음절은 3음절 이상이었고 당시 긴밀한 융합을 이루지 못하였으며 피동작주 빈어를 가진 용례도 없었다. 이런 대조적인 현상은 2음절이라는 기본 음성 단위에 부합되는 두 성분은 융합이 빠르지만 음절수가 두 개를 넘으면 융합이 더딤을 말해준다. 다시 말하면 동보구의 음절수는 그들의 발전 속도에 결정적인 영향을 미쳤다.

> **예문**
>
> (9) 如今都教坏了后生。《주자어류》- 권108)
> (10) 虽上司约束分明。《주자어류》- 권108)

예문(9)의 '教坏'는 2음절 단위를 구성하여 고도의 융합을 이루었기 때문에 피동작주 빈어를 가질 수 있다. 반면에 예문(10)의 '约束分明'은 음절이 4개이며 피동작주 명사인 '上司'도 동보구의 앞에만 위치할 수 있다. 따라서 이들은 여전히 저도의 융합을 이룬 것에 불과하다는 것을 알 수 있다. 현대중국어에서도 동보구의 보어 성분이 2음절인 경우 단음절일 때보다 그 동보구의 빈어는 훨씬 많은 제약을 받는다. 이는 2음절 동보구는 가장 쉽게 고도의 융합을 이루나 음절수가 2개를 넘으면 융합이 상대적으로 어렵다는 것을 말해준다. 그리고 그 기저에는 여전히 중국어의 2음절 기본 단위가 작용하고 있다.

그 밖에 동보 구조의 발전에 대한 쌍음화 추이의 영향은 다양한 유형의 동보 구조가 보여 준 서로 다른 발전 속도에서 나타난다. 유형별 동보 구조의 발전 시기는 가장 이른 것과 가장 늦은 것 사이의 격차가 무려 700~800년에 달할 정도로 매우 불일치하다. 음절수에 따라 동보 구조를 분류하면 제일 먼저 출현한 동보구들은 거의 대다수가 2음절이고 제일 마지막에 융합된 조합들은 모두 음절수가 3개 이상이다. 동보 구조는 생산적인 문법 구조로서 약 12세기에 형성되었으며 그 후 유추 효과를 통해 기존의 분리 가능한 동보 조합을 빠르게 대체하였다. 그 동보 조합이 완전히 소실된 시기는 대략 15세기경이다. 《수호전》과 《금병매》에 대한 고찰에 근거하면 마지막에 소실된 동보 조합은 결과 성분이 2음절인 형용사이다.

보어가 2음절이면 그것으로 구성된 동보구는 최소 3음절이다. 3음절 어구는 중국어의 기본 음성 단위에 부합되지 않으므로 쌍음화 추이의 영향을 받지 않는다. 즉, 융합을 추동하는 음성 차원이 약하기 때문이다. 음절수가 3개 이상인 동보 구조의 융합은 2음절 동보 구조가 형성된 이후에 유추 작용에 의해 촉진되었고, 그러한 동보 구조의 형성은 또 2음절 동보구의 융합에서 오는 합력의 작용이 있었기에 가능했다고 본다. 16세기 이후 앞에서 언급한 분리 가능한 동보 조합은 완전히 사라졌다.

융합 정도에 대한 음절수의 영향은 현대중국어에도 분명히 존재한다. 단음절 동사와 단음절 보어의 결합은 매우 긴밀하여 한 단어처럼 빈어를 가질 수 있다. 그러나 동사 또는 보어 중 하나라도 다음절이면 일반적으로 빈어를 가지지 못한다. 아래 예문을 대조해 보면 그 차이를 알 수 있다.

(14)　a. 我们已经做完了练习。

　　　b.*我们已经做完成了练习。

‘完’과 ‘完成’은 동의어지만 단음절인 ‘完’만이 VRO 형식을 허용한다.

위의 분석을 통해 동보 구조의 형성에 대한 쌍음화 추이의 영향을 확인하였다. 쌍음화 추이의 작용 아래 2음절 동보 조합은 동시 출현 빈도만 충분히 높으면 하나의 음운 단위로 묶일 수 있다. 단일 음성 단위가 되면 동사와 보어는 하나의 문법 단위로 융합되어 결국에는 합성어나 동보 구조로 발전하게 된다. 이것이 바로 초기 동보 구조가 모두 2음절인 원인이다. 이 논리로 풀어가면 음절수가 3개 이상인 동사와 보어의 조합이 왜 가장 늦게 융합되었는지, 왜 현대중국어에 이르러서까지 여전히 저도의 융합 상태에 처한 것이 대다수인지가 설명된다.

2.2.3.4 현대중국어 양태식의 문법화 과정

양태식은 동보 구조의 하위 부류로서 접요사 ‘得’와 ‘不’를 사용하여 어떤 결과의 실현 가능성을 표시하는 방식이다. 그 형식은 다음과 같다.

긍정식: V +得+ R(O)

부정식: V +不+ R(O)

얼핏 보면 양태식의 형성은 세 성분의 융합(최소 3개의 음절) 문제로 위에서 언급한 쌍음화 가설과는 관련이 없어 보인다. 그러나 양태식이 발전된 형태를 살펴보면 양태식의 발전은 실제로 동보 구조의 발전 과정에서의 쌍음화의 역할이 진일보로 반영된 결과물임을 말해준다. 양태식의 긍정식과 부정식은 서로 다른 시기에 생겨났고 모두 두 단계의 발전을 거쳤으며 매 단계마다 두 성분이 융합되었다. 그리고 모두 두 단음절 형태소가 하나의 문법 단위로 융합된 첫 단계와 그렇게 형성된 새로운 문법 단위가 다시 세 번째 성분과 융합되는 두 번째 단계를 거쳤다.

양태식의 긍정식이 어떻게 발전하였는지부터 살펴보자. 접요사 '得'는 원래 '얻다(得到)', '-을 수 있다(能够)'는 뜻을 가진 일반 동사에서 유래했다. 7세기에서 9세기 사이의 문헌에서 보면 빈어가 있는 경우의 형식은 'V得O'로 제한되었던 것으로 나타난다. 그중에서 'V得'가 먼저 하나의 문법 단위로 융합되었고, 그 과정에서 일반 동보구와 마찬가지로 쌍음화 추이의 영향이 작용했을 것이다. 10세기 이후 'V得(O)R'이 갈수록 일반화되었는데 그중의 R은 대개 단음절 형용사 또는 단음절 자동사였다.

> **예문**
>
> (15) 公不曾看得那物事出。(《주자어류》- 권114)
>
> (16) 不知怎生唤得它醒?(《주자어류》- 권97)
>
> (17) 如今未曾看得正当的道理出。(《주자어류》- 권121)

위의 용례에서 보다시피 보통의 분리 가능한 동보 조합과 마찬가지로 'V得'는 하나의 문법 단위로서 단일 동사에 해당한다. 또한 또 다른 문법 단위인 R과 서로 소속 관계가 아니기에 그 사이에 피동작주 명사가 들어가서 분리될 수 있다. 이를테면 예문(15)에서처럼 '看得'와 '出' 사이에는 피동작주 명사 '那物事'가 들어갈 수 있다. 13세기 이후부터 'V得RO' 형식이 나타나기 시작했는데 그것은 'V得R'이 그 시기에 이미 고도의 융합을 이루었음을 의미한다. 이때의 접요사 '得'는 음성 형식이 이미 고도로 약화되어 성조를 잃었고 운모도 가장 약한 중설 모음인 [ə]로 바뀌었으며 강세도 실을 수 없게 되었다. 양태식의 긍정식을 통해 본 이 같은 발전 과정은 쌍음화의 작용을 충분히 반영한다. 단음절 동사가 먼저 '得'와 하나의 문법 단위를 형성하고 그다음 '得'의 음성 형식이 고도로 약화된 후에 해당 문법 단위가 다시 R와 융합된다. 다시 말해서 세 성분이 동시에 융합된 것이 아니다. 물론 양태식이 완전히 형성된 이후에는 '擦不干净那张桌子'처럼 V와 R 자리에 다음절 단어도 들어갈 수 있게 되었다. 문법 발달사를 돌아보면 한 문법 형식이 형성된 이후에는 그 사용 범위가 확대되는 것이 일반적이다.

양태식의 부정식도 발전 단계가 긍정식과 같지만 구체적인 경로는 다르다. 공시적인 관점에서 보면 양태식의 부정식은 간단하게 '不'가 접요사 '得'를 대체한 것이다. 그러나 통시적인 관점에서 보면 부정식도 독립된 발전 과정을 거쳤다. 먼저 앞의 동사와 융합되었던 '得'와 달리 '不'는 13세기 이전에 항상 R와 함께 나타나 하나의 2음절 단위를 형성했다. 그리고 피동작주 명사가 있을 경우 다음 형식으로 한정되었다.

(18) V + O + 不R

그리고 '不R'이 먼저 하나의 문법 단위로 융합되었다.

예문

(19) 便拦他不住。(《주자어류》- 권116)

(20) 是看他意不出。(《주자어류》- 권27)

(21) 说自家意思不尽。(《주자어류》- 권9)

양태식의 부정식인 'V不RO'는 약 13세기에 나타나기 시작하여 결국 15세기경에 이르러 원래의 분리 가능한 용법을 완전히 대체하였다. 다음은 그 초기 용례들이다.

예문

(22) 他其实咽不下玉液金波。(《서상기》)

(23) 便记不得细注字。(《주자어류》- 권121)

흥미로운 것은 현대중국어의 방언에서도 양태식의 형성에 대한 쌍음화의 영향을 관찰할 수 있다. 언어 발전의 불균형성으로 인해 여전히 분리 가능한 단계에 처해 있는 양태식을 보전한 방언도 적지 않다. 그들의 사용 현황은 많은 것을 시사한다. 역사적으로 보면 빈어 뒤의 '不'는 먼저 R와 하나의 문법 단위로 융합되지만 그런 '不'가 일부 방언에서는 먼저 V와 하나의 문법 단위를 형성한다.

(24) 煮不饭熟。(샹샹 방언)
(25) 听不英语懂。(샹샹 방언)

보다시피 이런 방언에서도 양태식의 긍정식은 분리 가능한 단계에 처해 있다. 이런 방언의 'V不OR'는 상응한 'V得OR'의 유추 결과에 의해 형성되었을 가능성이 있다. 남방 방언에서 양태식의 발전이 북방 방언들에 비해 뒤떨어진 이유도 일반 동보 구조의 경우와 마찬가지로 이런 방언의 쌍음화 추이가 상대적으로 약하기 때문일 것이다. 이는 동보 구조의 발전에 대한 쌍음화 추이의 중요성을 말해주는 또 하나의 근거이다.

위의 분석을 통해 양태식의 긍정식과 부정식의 발전에 나타난 공통성을 확인했다. 공시적 차원에서 보면 양태식에는 적어도 3개의 음절과 형태소 사이를 가르는 2개의 경계가 존재하여 그 융합이 쌍음화 추이와는 무관해 보인다. 그러나 그들의 구체적인 발전 과정을 보면 모두 두 단계를 거쳤으며 매 단계마다 두개의 형태소가 융합되었다. 따라서 여전히 쌍음화 추이의 작용에 의한 원칙을 따랐다는 것을 알 수 있다. 특히 첫 단계에서 한 형태소의 음성 형식이 고도로 약화된 이후에만 두 번째 단계로 진입하여 세 번째 형태소와 융합되는데 이런 발전 과정의 배후에는 다름 아닌 쌍음화 추이의 작용이 있었다.

2.2.3.5 초기 동보 구조의 음절수 제한

이 부분에서는 구체적인 용례를 통해 초기 동보 구조의 발전에 대한 쌍음화의 영향을 고찰할 것이다. 동보 구조는 각각의 동보구가 융합되면서 생기는 합력에 의해 형성되었다. 따라서 먼저 융합된 동보구의 음절수는 많은 것을 시사한다.

가. V + 死

중고 중국어에는 두 타동사만이 하나의 피동작주 빈어를 공유할 수 있는 엄격한 문법 규칙이 존재했다. '死'가 자동사이기 때문에 '死'를 결과 성분으로 사용할 때에는 반드시 '死'를 피동작주 명사 뒤에 두거나 피동작주 명사를 서술어 앞에 놓아야 한다. 다시 말해서 'Vt + 死' 어구는 빈어를 가질 수 없다.

> **예문**
>
> (26) 击陈柱国房君死。(《사기》 - 진섭세가)
> (27) 百余人炭崩尽压死。(《논형》 - 명의)

자동성 결과 성분일 경우 피동작주 명사는 V와 R 사이에 들어가거나 전체 VR 어구 앞에 놓여야 한다.

따라서 'V + 死'가 나중에 빈어를 가질 수 있게 된 것은 당시의 다동공빈 규칙에 어긋나는 것처럼 보인다. 그러나 실제로는 특정 동사와 '死'가 먼저 합성어와 같은 하나의 문법 단위로 융합되었기 때문에 일반 동사처럼 빈어를 가질 수 있게 된 것이다. 초기에 동보구가 빈어를 가지는 것은 단지 어휘 층위의 현상이었으며 문법 규칙과는 직접적인 관계가 없었다. 'V + 死'가 빈어를 가진 최초의 용례는 6세기의 문헌에서 찾을 수 있었다. 그러나 10세기 이전의 문헌을 대량으로 조사했지만 피동작주 빈어가 'V + 死'의 뒤에 위치한 용례는 단지 하나뿐이었으므로 대표적인 용례로 보기는 어렵다. 하지만 적어도 12세기부터는 'V + 死'가 빈어를 가질 수 있었다는 사실적 증거는 충분하다.

(28) 秦时六月皆冻死人。(《주자어류》- 권79)

(29) 蜀中今年杀死了系名色人。(《주자어류》- 권132)

200만 자에 달하는 《주자어류》에서 'V + 死'가 빈어를 가진 용례는 위의 두 개 뿐이며 해당 동보구는 모두 2음절이다. 그리고 16세기까지 빈어를 가질 수 있는 'V + 死' 어구는 모두 2음절이었다. 즉, 'V + 死'의 동사는 반드시 단음절이어야 했다. 아래는 16세기 소설 《수호전》을 대상으로 조사한 통계 결과이다.

《수호전》 중 'V + 死'와 'V + 死 + O'의 통계

	V + 死	V + 死 + O	합계
단음절 V	56	143	199
2음절 V	21	0	21

위의 표에 의하면 'V + 死'의 문법 행위는 동사의 음절수에 의해 결정되었다고 볼 수 있다. 단음절 동사와 '死'로 구성된 동보구만이 빈어를 가질 수 있었는데 모든 단음절 동사로 구성된 어구 중 72%가 피동작주 빈어를 가졌다. 반면에 21개의 2음절 동사로 구성된 어구(전체 동보구가 3음절 이상인 경우)는 모두 빈어를 갖지 못했다. 또한 전체 동보구가 2음절 이상인 'V + 死'는 대체로 피동작주 명사를 두지 않았다.

(30) 定是中毒身死。(《수호전》- 26회)

(31) 由你们碎尸而死。(《수호전》- 34회)

위의 두 예문의 동사 부분은 모두 2음절이며 전체 동보구는 모두 4음절이다. 피동작주 명사가 따르지 않은 것도 이들 동보 조합이 빈어를 갖지 못하기 때문일 것이다. 앞에서 언급하였듯이 그 밖에도 피동작주 명사를 V와 R 사이에 두거나 VR의 앞에 놓는 방법이 있다. 위의 두 예문에서 동사 '中毒'와 '碎尸'의 내부 구조는 모두 술빈 구조이다. 따라서 그대로 빈어가 올 수 없으므로 관련 피동작주는 V와 R 사이에도 들어갈 수 없다.

지금까지는 동사의 음절수를 통해 동보구에 대한 쌍음화의 영향을 논의하였는데 이와 마찬가지로 보어의 음절수에서도 그런 영향을 엿볼 수 있다. 16세기에 이르러 동보 구조는 이미 매우 성숙되어 전반적으로 동사와 보어의 융합이 완료되었으나 일부 분리 가능한 동보 조합은 계속 남아 있었다. 다만 이런 잔존 형식에 그 사용을 제한하는 조건이 있었는데 그중 하나가 바로 보어가 2음절이어야 한다는 것이다.

(32) 轻则打你半死。(《수호전》 - 30회)

위 예문에서 동사 '打'와 보어 '半死'는 사이에 피동작주 빈어 '你'가 들어있다. 이런 복잡한 결과 성분은 현대중국어에서도 직접 빈어를 가지기 어렵다. 현대중국어의 상응한 표현으로서 가장 적절한 것은 "打得你半死。"이다.

아래는 서로 다른 시기의 문헌을 대상으로 빈어를 가진 'V + 死'를 통계한 결과이다.

'V死O' 형식의 발전

		길이(글자 수)	'V 髮 O' 용례
《세설신어》	AD 450년	80,600	0
《유선굴》	700년	10,600	0
《육조단경》	700년	14,700	0

《돈황변문》	800년	403,400	0
《조당집》	900년	238,100	0
《경덕전등록》	1000년	43,400	0
《주자어류》	1200년	2,009,900	0
《노걸대》	1350년	19,100	0
《박통사》	1350년	28,600	2
《서상기》	1350년	25,000	2
《수호전》	1550년	927,800	143

위의 표에 따르면 적어도 16세기 이전에는 'V死O'가 'V杀O'를 대체하여 기본 표현식으로 자리잡았다. 'V杀O'는 중고 중국어의 다동공빈 용례로서 두 동사가 하나의 빈어를 공유하는 구조를 가진다. 동보 구조의 출현과 더불어 이런 다동공빈 구조도 소실되었는데 'V死O'가 'V杀O'를 대체한 것이 바로 그런 변화의 구체적인 용례이다.

이상의 고찰은 쌍음화 추이가 'V + 死'의 융합 과정에서도 관건적인 역할을 했다는 결론으로 이어진다.

나. 'V + 了'

일부 보어는 또 동사의 문법 표지로 진일보 문법화되었다. 현대중국어의 실현 체 표지인 '了'는 바로 '완료하다', '이해하다'의 의미로 결과 성분으로 자주 사용되던 일반 동사에서 유래한 것이다. 10세기 이전에 일반 동사 '了'는 결과 성분으로서 앞의 동작이 끝났음을 표시하면서 피동작주 명사와는 직접적인 관계를 형성하지 않았다. 그러므로 당시 다동공빈 문법 규칙의 영향으로 피동작주 명사가 있을 때면 결과 성분인 '了'는 VOR 의 공식적인 틀에 따라야만 했다.

(33) 填色未了。(《입당구법순례기》)

예문(33)에서 ‘了’는 아직 일반 동사이다. 그래서 동사 ‘填’과 ‘了’ 사이에는 피동 작주 명사 ‘色’가 들어 있을 뿐만 아니라 ‘未’에 의해 부정되기도 했다. 그러나 10세 기 이후에 이르러 ‘了’는 체표지로 발전하여 ‘V + 了’가 자유롭게 피동작주 빈어를 가질 수 있게 되었다.

(34) 南朝已应付了三处。(《을묘입국주청》)

예문(34)와 같은 용법의 출현은 원래 일반 명사였던 ‘了’가 형태 표지로 문법화 되어 성질이 바뀌었음을 말해준다. ‘了’가 단음절이므로 그것과 결합하는 동사의 음절수를 고찰하면 ‘V+了’의 융합에 대한 쌍음화의 영향을 알아볼 수 있다. 아래는 9세기의 문헌인 《돈황변문》에 대한 통계이다. 이 문헌에서는 ‘了’가 일반 동사에서 체표지로 바뀌는 관건적인 시기의 용례들을 관찰할 수 있다. 5세기에서 10세기까 지, ‘了’는 동작의 완료를 나타내는 결과 성분으로 자주 사용되었고, 10세기 이후에 는 ‘了’가 체표지 용법으로 출현하기 시작하였다.

V와 결과 성분 ‘了’ 사이 부사의 전방 이동

	용례 합계	부사 전방 이동 비율
단음절 동사 +了	15	60%
2음절 동사 +了	18	2%

부사의 전방 이동은 V와 R의 융합 여부를 판단할 수 있는 형태적 특징 중의 하나 이다. V와 R 사이의 경계가 약화되면 먼저 그 사이에 들어가던 부사가 무조건 전체

VR 어구의 앞으로 이동한다. 이 점에서 단음절과 2음절 동사는 완전히 대조된 모습을 볼 수 있다. 단음절 동사는 60%가 이미 부사의 위치 이동이 나타난 반면에 2음절 동사는 2%만이 그런 변화를 나타내 변화가 거의 시작되지도 않았다. 이런 현상은 '단음절 동사 + 了'의 문법 환경에서 융합이 먼저 발생하였다는 것을 말해준다. 이에 대한 합리적인 해석은 단음절 동사와 '了'가 2음절 단위를 구성한 후 다시 중국어의 기본 음성 단위의 작용 하에 하나의 단위로 융합했기 때문이라는 것이다. 같은 부사인데 동사가 단음절이면 전체 동보 조합의 앞에, 동사가 2음절이면 동사와 보어의 사이에 놓인다. 아래 예문은 특히 그러한 사실을 대조적으로 보여준다.

예문

(35)　a. 太子才问了。(《돈황변문》-쌍은기)

　　　b. 铺置才了。(《돈황변문》- 하녀사)

(36)　a. 锦帐已铺了。(《돈황변문》- 연자부)

　　　b. 抄录已了。(《돈황변문》- 오자서변문)

예문(35)a의 '才'는 '问了'의 앞에 위치하지만 b의 '才'는 동사와 보어의 사이에 위치한다. 예문(36)도 똑같은 대조적인 경우이다. 이런 현상들은 2음절의 'V + 了' 어구(즉, 동사가 단음절인 것)에서 먼저 융합이 발생했다는 것을 말해준다.

제일 먼저 융합이 발생하게 된 문법 환경은 또 다른 하나의 경우가 있다. 10세기 이전에 'V了'의 피동작주 명사는 반드시 V와 '了'의 사이에 위치했다. 이런 조합은 최소 3음절의 음절수를 가지게 되는데 2음절이라는 기본 음성 단위에 부합되지 않기에 어구 전체가 융합되기 어려웠을 것이다. 따라서 'VO了'의 구조에서는 부사의 전방 이동이 발생하지 않았으며 부사가 있으면 여전히 'VO'와 '了' 사이에만 위치하는 것이 하나의 특징이다.

(37) 仙人相太子已了。(《돈황변문》- 태자성도)

(38) 子玉读书已了。(《돈황변문》- 당태종입명기)

실현 체표지 '了'의 발전 과정은 동보 구조 또는 동사 체표지의 생성에 대한 쌍음화 추이의 영향을 보여주는 또 하나의 근거이다. 물론 '了'의 발전에는 반드시 동사와 연이어 출현하는 경우에만 문법화되는 것처럼 다른 원인도 존재한다.

다. V + 尽

지금부터 결과 보어 '尽'의 발전 과정을 살펴볼 것이다. '尽'은 '완전하다', '철저하다'의 의미로 동작이 극단적인 정도에 달했음을 표시하는 결과 성분으로 자주 사용되었다. 당시의 문법 규칙에 따르면 보어가 되는 '尽'은 피동작주 명사가 있으면 VO의 뒤에만 위치할 수 있었다. 왜냐하면 '尽'은 동작의 진행 상태를 직접 표시하는 것이기에 피동작주 명사와는 직접적인 동작과 피동작주의 관계를 성립하지 않기 때문이다.

(39) 客饮酒不尽者。(《세설신어》- 태치)

(40) 道真食豚尽。(《세설신어》- 숭례)

8세기경에 이르러 'V尽O' 형식이 나타나기 시작한 것은 'V尽'이 그 시기에 이미 고도의 융합을 이루었음을 말해준다. 다음은 초기 용례 중의 하나이다.

(41) 忽遇惠风吹尽卷尽云。(《육조단경》)

흥미로운 것은 위의 예문에서 '吹尽'과 '卷尽'은 하나의 빈어 '云'을 공유하고 있다. 따라서 이는 당시의 다동공빈 구조를 가진 용례이다. 그러므로 여기서 두 동보구는 모두 일반 동사로 사용되었다고 볼 수 있다.

초기의 'V尽O' 용법도 동보 구조의 발전에 대한 쌍음화 추이의 영향을 말해주는 또 하나의 근거이다. 8세기의 문헌인《돈황변문》을 보면 'V尽O'의 용례가 전체의 70% 정도를 차지할 정도로 'VO尽'보다 훨씬 보편적으로 사용되었다. 그리고 모든 'V尽O' 형식의 동사가 단음절인 것으로 나타났다. 즉, 그 동사들이 각각 '尽'과 하나의 2음절 단위를 형성하였는데 이는 쌍음화 추이가 'V尽'의 융합 과정에서도 관건적인 역할을 했다는 점을 충분히 설명해준다. 반면에 2음절 동사와 '尽'으로 구성된 동보 조합은 그때까지 직접 빈어를 가질 수 없었고 피동작주 명사가 전체 동보 조합의 앞에 놓이는 경우가 가끔 있었다.

(42) 产业花园折损尽。(《돈황변문》- 부모은중)

'产业花园'은 '折损'의 피동작주로서 전체 동보 조합의 앞에 놓였다.

'尽'은 매우 구체적인 의미를 가진 보어이다. 당시 새롭게 출현한 기타 동보구와 마찬가지로 '尽'은 그 앞의 동보 구조와 융합되는 과정에서도 쌍음화 추이가 관건적인 역할을 했던 것이다.

2.2.4 맺음말

동보 구조의 발전에 대한 쌍음화 추이의 영향은 다음과 같은 두 가지 측면에서 나타난다. 하나는 동보 구조의 발전 초기에 먼저 융합된 것들은 거의 모두가 중국어의 기본 음성 단위를 대표하는 2음절의 동보 조합이었다는 것이고, 다른 하나는 단음절 V와 단음절 R이 먼저 고도의 융합을 이루었는데 초기에 나타난 VRO 형식도 이와 마찬가지였다는 것이다. 나중에 동보 구조가 안정적인 문법 수단으로 완전히 자리잡은 후에야 동사와 보어의 이 같은 음절수 제한이 약화되어 다음절도 가능해졌다.

> (43) 我理解错了那个问题。
> (44) 我才弄明白他的意思。

그러나 앞에서 언급한 것처럼 음절수는 동보구의 융합 정도에 매우 큰 영향을 미쳤다. 현대중국어에서도 2개 이상의 음절을 가진 동보구는 여전히 피동작주 빈어를 갖지 못하는 저도의 융합에 머물러 있는 경우를 많이 볼 수 있다.

쌍음화 추이는 동보 구조의 형성을 유발했고 동보 구조의 형성은 다시 쌍음화 추이의 진일보 발전을 촉진했다. 쌍음화 추이는 중국어 음성 체계가 점차 간소화되는 과정에서 균형을 이루게 함으로써 중국어의 조어법과 문법에도 영향을 끼쳤다. 그중에 가장 중요한 영향이 바로 동보 구조의 형성을 추동한 것인데 즉, 중국어에 동보 구조라는 새로운 문법 수단을 만들어 주었을 뿐만 아니라 그로 인해 일어난 일련의 변화는 결국 현대중국어가 고대중국어의 문법 체계와 확실히 구분되는 특징으로 이어져 중국어의 문법에 깊은 영향을 끼쳤다.

동보 구조 및 그것과 관련된 변화는 모두 동사의 문법 범주에 속한다. 그러나 쌍음화 추이의 영향은 거기에서 그치지 않았다. 중국어에는 동사 문법 범주의 발전과 병행하여 수많은 명사 문법 범주도 출현했는데 주로 다음과 같은 네 가지를 들 수 있다.

첫째, 양사 체계의 수립이다.

둘째, 복수 표지 '们'의 문법화이다.

셋째, 구조 조사 '的'의 출현이다.

넷째, 명사형 접사 '子', '儿' 및 '头'의 생성이다.

이들 명사 문법 범주도 모두 6세기에서 12세기경인 쌍음화가 신속하게 진행되던 시기에 나타났다. 동사의 문법 범주든 명사의 문법 범주든 운율적 특징 면에서 고도로 일치하다. 첫째, 이들 문법 표지는 모두 단음절이다. 둘째, 그들은 모두 그 앞의 강세어에 의지하여 사용된다. 셋째, 그들은 다수가 음성 형식이 약화되어 원래 성조의 음가를 잃거나 중설 모음화된다. 넷째, 그들이 구성한 어구는 모두 '강세 + 비강세'라는 운율적 특징을 지닌다. 이 모든 운율적 특징은 전형적인 2음절 합성어의 것과 일치하다. 따라서 쌍음화 추이는 명사성 문법 범주의 발전을 추동한 원인으로도 작용했다고 보아야 한다.

이 장의 연구는 시사하는 바가 크다. 바로 문법뿐만 아니라 언어 전체가 하나의 체계라는 점이다. 언어의 음성, 어휘 및 문법 사이에는 유기적인 연계가 내재하여 국부적인 변화에도 관련 부분에 연쇄 반응을 일으켜 문법 전체를 바꿀 수 있다. 중국어의 기본 음성 단위가 단음절에서 2음절로 바뀐 것은 중국어의 조어법, 문법 및 형태 표지에 모두 큰 영향을 미쳐 결과적으로 중국어 문법을 근본적으로 바꾸어 놓았다.

사용 빈도가 동보 구조에 미친 영향

2.3.1 머리말

사용 빈도와 문법화는 서로 밀접한 연관성을 가지면서도 얼기설기 얽힌 복잡한 관계여서 뗄래야 뗄 수 없는 관계를 가지고 있다. 새로운 문법화 과정은 보통 사용 빈도가 높은 단어에서 나타나고, 사용 빈도가 높은 단어는 보통 기존의 문법적 특징을 보존한다. 그리고 사용 빈도는 문법화 진전을 나타내는 지표이기도 하다. 문법화 과정의 초기에는 대체로 사용 빈도가 낮으며 그 문법 형식이 성숙됨에 따라 사용 빈도도 급격히 증가된다. 중국어의 문법화는 흔히 두 문법 성분의 융합과 관련된다. 따라서 높은 동시 출현 빈도는 두 문법 성분의 융합을 유발하는 주요 원인의 하나라고 볼 수 있다. 이 장에서는 동보 구조의 발전을 예로 사용 빈도가 문법화를 유발하는 과정에서 어떤 역할을 했는지에 대해서 알아볼 것이다.

동보 구조의 발전은 실질적으로 원래 각각 독립된 문법 단위였던 동사와 보어가 하나의 문법 단위로 융합되는 과정이다. 융합의 선후 순서는 상당 부분 특정 동사와 보어의 동시 출현 빈도에 의해서 결정되었다. 쉽게 말하면 단음절 동사와 단음절 보어의 동시 출현 빈도가 높을수록 융합의 가능성은 커지고 더 먼저 융합되었다고 보는 것이다.

2.3.2 단어의 사용 빈도와 그 문법적 변화 간의 관계

단어의 사용 빈도가 문법화 과정에서 어떤 역할을 하는지를 밝히는 것은 문법화 이론 연구의 현안 문제이다. 다양한 인간 언어의 문법화 발전에서 나타난 보편성으로 볼 때 단어의 사용 빈도와 그 문법화는 밀접한 관계가 있다. 문법화는 일반적으로 사용 빈도가 높고 광범위하게 사용되는 단어에서 일어나고, 반대로 잘 사용되지 않는 어휘에서는 문법화가 잘 일어나지 않는다. 그렇지만 그것만을 가지고 한 어휘의 문법화가 단순히 그 어휘의 사용 빈도가 높기 때문에 일어난 것이라고 판단할 수 있는지는 의문이다. 고찰에 따르면 어휘의 사용 빈도는 어휘의 문법화를 유발하는 하나의 중요한 요인으로서 늘 작용했던 것으로 나타났다. 두 문법 성분의 융합과 연관되는 문법화 과정의 경우에는 특히 그러했다.

'사용 빈도'는 의미가 하나로 특정되는 것이 아니라 다양한 면에서 한 단어의 사용 특성을 가리킬 수 있다. 동일한 단어일지라도 쓰이는 형식에 따라 사용 빈도가 다를 수 있으며 서로 다른 사용 빈도가 문법화 과정에서 일으키는 역할도 서로 다르다. 우선, 사용 빈도는 한 단어가 출현하는 횟수를 의미할 수도 있는데 그 횟수의 많고 적음은 해당 단어가 갖는 의미의 일반성에 의해 결정된다. 한 단어가 갖는 의미가 일반적일수록 그 사용 빈도도 높기 마련이다. 다음으로, 사용 빈도는 한 단어가 특정 문법 환경에서 출현하는 횟수를 가리킬 수 있다. 해당 문법 환경에서 문법화 현상이 발생하면 사용 빈도가 높은 단어들이 가장 먼저 영향을 받게 된다. 마지막으로, 사용 빈도는 또 이미 문법화된 단어의 전반적인 출현 횟수가 증가하는 현상을 가리킬 수도 있다. 이 장에서 논의할 문제를 보면 사용 빈도는 한 쌍의 동사와 보어의 동시 출현 빈도를 의미한다. 즉, 특정 동보 조합의 출현이 빈번할수록 해당 동사와 보어의 융합이 쉽게 일어난다는 것이다. 그러므로 제일 먼저 출현한 동보구들은 모두 출현 빈도가 높은 동보 조합에서 비롯되었을 것이라는 추론이 가능하다.

사용 빈도는 또한 문법 표지의 출현 시기 또는 문법화 정도를 반영하는 하나의 외부적인 특징으로 볼 수 있다. 한 어휘가 문법 표지로 문법화되는 과정을 보면 해당 어휘는 원래의 구체적인 의미를 점차 잃고 그와 동시에 함께 결합되는 어휘에 대한 제한이 점차 줄어들면서 함께 결합할 수 있는 단어가 점차 많아지는 특징을 보인다. 그 결과 문법화된 어휘의 사용 빈도가 증가하는 현상이 나타나게 되는 것이다. 따라서 문법화와 연관된 특정 문법 환경에서 한 단어의 출현 빈도가 높을수록 그 단어의 문법화가 많이 진행되었다고 이해할 수 있다.

문법의 발전에 대한 사용 빈도의 영향은 또 언어 접촉에서도 나타난다. 서로 다른 언어 또는 방언 사이의 문법 차용 현상에서도 흔히 사용 빈도가 높은 단어에서 먼저 나타나기 때문이다. 예를 들면 중국어의 정반 의문문이 북방 방언에서 남방 방언으로 확장되는 과정에서도 판단사, 존재 동사, 명령 동사, 일반 동사의 순으로 사용 빈도가 높은 단어에서 먼저 발생하였다. 이런 변화의 순서는 남방 방언의 보통화 문법 차용 현상에서도 많이 관찰된다.

다음 부분에서는 분석을 통해 사용 빈도가 동보 구조의 생성에도 결정적인 영향을 미쳤다는 점을 밝힐 것이다.

2.3.3 관용어화와 어휘화

통시적인 차원에서 보면 어휘화는 문법화와 많은 공통점을 갖는다. 둘은 모두 음운과 의미의 변화와 관련되며 또 여러 문법 단위에서 하나의 문법 단위로 융합되는 현상을 수반한다. 이 같은 어휘화와 문법화의 공통성은 중국어 동보 구조의 발전에서도 충분히 구현되었다. 제일 먼저 생겨난 동보구는 모두 어휘화의 성질을 띠고 있다.

초기의 동보구는 사실상 모두 관용어적 성질을 띠는 것으로 동사와 보어의 결합에는 강한 어휘적 제한성이 존재했다. 이 문제를 이해하기 위해 먼저 영어의 관련 현상을 살펴볼 것이다. 중고 시기 중국어의 분리 가능한 동보 조합과 유사한 경우로 현대 영어의 동보 조합도 한 보어가 특정 동사와만 결합되는 등 비생산적이고 어휘적인 성질을 띤다. 예를 들면 'to eat(먹다)'는 'sick(아프다)'와, 'to cry(울다)'는 'sleep(자다)'와 많이 결합되는 반면에 다른 결과 성분과는 잘 결합되지 못하거나 전혀 허용되지 않는다.

동보구에서 동사와 보어의 결합에 영향을 미치는 요인에는 여러 가지가 있다. 먼저, 한 동사는 그 행위의 가장 자연스러운 결과를 표시하는 단어와 제일 많이 결합된다. 예를 들면 '打(때리다)'의 가장 가능성 있는 결과는 '死(죽다)'이다. 둘째, 사회 문화 방면의 요인도 작용한다. 위의 예문을 보면 영어에서 'to eat(먹다)'와 가장 많이 결합되는 것이 'sick(아프다)'이지만 중국어에서 '吃(먹다)'와 가장 많이 결합되는 것은 '饱(배부르다)'이다. 이처럼 같은 개념을 표시하는 단어일지라도 두 언어에서 결합되는 보어가 각기 다를 수 있다.

현대중국어의 동보 구조는 매우 생산적인 문법 구조로서 의미적으로 통하기만 하면 V와 R의 자유로운 결합을 허용한다. 그러나 동보 구조의 생성 초기에 동사와 보어의 결합은 매우 제한적이었다. 구체적으로 한 동사는 대개 그의 가장 자연스러운 결과 성분과만 결합할 수 있었기 때문에 관용어적 성격이 강했다. 동사를 기준으로 보면 먼저 함께 출현하는 빈도가 가장 높은 결과 성분과 융합된다. 반대로 결과 성분을 기준으로 봐도 마찬가지로 먼저 함께 출현하는 빈도가 가장 높은 동사와 하나의 문법 단위로 융합된다.

한 쌍의 동보 조합이 자주 동시 출현하여 관용어가 된 다음에는 그중의 2음절 단어들은 다시 진일보 합성어로 어휘화된다. 그리고 합성어가 되면 일반 동사처럼 피동작주 명사를 가질 수 있다.

동보 구조의 생성에 대하여 논의할 때 '관용어화'와 '어휘화'라는 용어를 언급한 바 있다. 비슷하면서도 차이가 있는 이 두 용어는 동보 구조의 상이한 발전 단계를 대표한다.

관용어화는 동시 출현 빈도가 높은 한 쌍의 동사와 보어를 점차 고정된 하나의 관용어로 굳어지는 단계를 가리킨다. 두 성분 사이에는 가장 자연스러운 '동작 + 결과'의 의미 관계가 성립된다.

어휘화는 이미 관용어가 된 2음절 동보구가 쌍음화 추이의 작용 하에 진일보로 하나의 합성어적 성질을 갖는 형식으로 융합되는 단계를 가리킨다. 어휘화된 동보구는 일반 동사처럼 피동작주 명사를 빈어로 가질 수 있다.

사용 빈도는 동보 조합의 관용어화와 어휘화에 결정적인 영향을 미쳤다. 문법화에 대한 사용 빈도의 영향을 판단하는 형식적 표준이 존재했는데 구체적으로 중고 시기 중국어의 다동공빈 규칙이다. 이 규칙에 따르면 두 동사는 반드시 모두 타동성이어야 하고 각각 빈어와 '동작 + 피동작주'의 관계를 성립할 수 있어야 한다. 그러나 약 12세기 중국어의 동보 구조가 확고히 자리잡았을 때에는 이 같은 중고 시기 중국어의 다동공빈 구조는 이미 소실되었다. R 성분이 보통 자동성을 띠는 점과 R과 O 사이에 '동작 + 피동작주'의 관계가 성립되지 않는 점으로 보면 VRO 형식의 출현은 당시의 다동공빈 구조에 위배되는 것처럼 보인다. 그렇다면 새 문법 수단이 어떻게 이미 존재하는 기존의 문법 패러다임을 위배하면서 생성 발전할 수 있었는지의 의문을 가질 수 있다. 왜냐하면 새 문법 수단은 기존에 존재한 문법 규칙을 위배하는 방식으로는 그 형성이 불가능할 것이기 때문이다. 이 모순을 풀기 위해 동보 구조의 발전 단계를 아래와 같이 가정할 수 있다.

1단계: 사용 빈도가 높은 VR 어구가 관용어화된다.

2단계: 이미 관용어가 된 2음절 VR 어구가 합성어화된다.

3단계: 합성어가 된 VR 어구가 일반 동사의 문법 특징을 보이면서 빈어를 가질 수 있게 된다.

4단계: 융합을 통해 발생한 대량의 VR 어구의 합력으로 동보 구조가 생성된다.

이 장의 뒷부분에서는 대표적인 용례들을 통해 이상의 발전 단계에 대해 살펴볼 것이다. 즉, 사용 빈도가 어떻게 분리 가능한 동보 조합에서 동보 구조로 발전하는 과정을 추진시켰는지 구체적인 용례를 통해 알아보고자 한다.

위의 가정을 바탕으로 동보 구조의 생성 과정은 아래와 같은 구체적인 절차를 거친 것으로 볼 수 있다.

> 가. 분리 가능한 동보 조합
> 나. 사용 빈도가 높은 동보 조합의 관용어화
> 다. 관용어가 된 2음절 동보 조합의 합성어화
> 라. 동보 구조의 생성

위의 과정은 일반 역사 언어학에서 두 성분의 융합 정도를 나타내는 척도와는 차이가 있어 보인다. 동보 구조는 일종의 문법 구조이고 그 유래는 또 다른 문법 구조이다. 동보 구조가 어떻게 구체적인 각각의 동보 조합의 융합으로부터 발전해 나왔는지에 대한 그 실질적인 역사적 발전 과정을 재현하려는 것이 관찰의 목적임을 미리 밝혀둔다.

그리고 위에서 언급한 동보 구조의 발전 순서는 이미 어휘화된 동보구가 상대적으로 구조가 굳어지지 않은 문법 조합으로 다시 돌아갈 수 없다는 점에 유의해야 한다. 특정의 동보 조합은 어휘화됨과 동시에 한 단어로 굳어지기 때문에 거꾸로 원래의 굳어지지 않은 문법 조합으로 돌아갈 수는 없다. 위의 형식은 동사와 보어의 전반적인 융합 과정을 재현한 것이다. 융합된 동보 조합이 많이 늘어남에 따라 V와 R의 전반적인 재분석이 촉발되어 그 사이의 경계가 약화되거나 나아가 소실되기에 이르러 결국에는 동보 구조가 분리 가능한 동보 조합을 대체했다. 동사와 보어가 융합되면 그 직접적인 결과로 새 문법 형태가 생겨난다. 또한 이 변화는 체표지와 양태식과 같은 많은 새 문법 범주의 생성으로 이어지는데 이런 새 문법 범주는 모두 일부 결과 보어가 진일보 문법화되면서 형성된 것이다.

2.3.4 용례 연구

2.3.4.1 V + 死

자동사인 '死'는 폭력과 관련된 동사의 뒤에서 결과 보어로 자주 사용된다. 앞 장에서 '두 타동사만이 하나의 피동작주 빈어를 공유할 수 있는 것'은 중고 시기 중국어에 존재했던 엄격한 문법 규칙이었다는 점을 논의했다. 따라서 피동작주 명사가 있으면 결과 보어인 '死'는 아래 두 가지 형식으로만 사용할 수 있었다.

---

a. V + O + 死
b. 피동작주 + V + 死

---

b형식의 피동작주는 문장의 화제로 간주된다. 그러나 이런 용법은 10세기 이후에 점차 그 규칙이 파괴되어 'V + 死 + O'의 형식이 나타나기 시작했다. 고찰에 따르면 이 형식은 12세기의 문헌인 《주자어류》에 처음으로 나타났다. 그리고 200여만 자에 달하는 《주자어류》에서 2개의 관련 용례를 찾을 수 있었다. 동보 구조도 이 시기에 생성되었고, 그 후 'V死O' 형식이 빠르게 발전되었다. 그러나 16세기에 이르러 결과 보어인 '死'와 결합할 수 있는 동사가 점차 많아졌음에도 불구하고 그중에서 'V死'의 형태로 빈어를 가질 수 있는 동사는 매우 제한적이었다. 아래는 《수호전》을 대상으로 조사한 결과이다.

《수호전》에서 'V死O' 형식의 분포

	합계	V + 死 + O	V + 死
打死	48	37	11
杀死	45	33	12
搠死	16	7	9
射死	7	4	3
药死	3	2	1

勒死	3	0	3
烧死	2	0	2
殴死	2	1	1
戮死	2	1	1
淹死	2	0	2
毒死	1	1	0
气死	1	1	0
吊死	1	0	1
苦死	1	0	1
睡死	1	0	1
掷死	1	0	1
弄死	1	0	1
冻死	1	0	1
病死	1	0	1
饿死	1	0	1
拼死	1	0	1
涂死	1	0	1
陷死	1	0	1

위의 표는 VR의 사용 빈도와 그들의 VRO 용법 간에 내재된 관계를 보여준다. V 와 R의 동시 출현 빈도가 높을수록 쉽게 융합되기 때문에 더욱 일찍 그리고 더욱 많이 VRO 형식으로 나타난다. 위의 표에서 동시 출현 빈도가 가장 높은 순으로 네 번째 동보구까지는 모두 자유롭게 VRO 형식으로 사용되었다. 약 75%에 달하는 "打死"와 "打杀"가 피동작주 빈어를 가졌고 'V死O'의 최초 용례도 동사 '打'로 형 성되었다. 반대로 사용 빈도가 1회뿐인 13개의 동보구는 VRO 형식이 거의 없다는 점이 매우 대조적이다. 이런 사용 빈도가 낮은 조합은 모두 임시로 결합되어 고도 의 융합을 이루지 못한 상태이기 때문에 피동작주 빈어를 가질 수 없었다. 동사와 결과 보어 '死'의 결합 빈도는 의미적 보편성에 의해 결정된다. 폭력과 관련된 동사

중에서 '打'와 '杀'의 의미가 가장 일반적이기 때문에 '死'와 함께 쓰인 빈도도 더 높게 나타난 것이다. 다음은 두 VRO 형식의 예문이다.

(2) 等洒家去打死了那厮便来!(《수호전》 - 3회)

(3) 林冲杀死差拨。(《수호전》 - 9회)

15세기경에는 동보 구조가 이미 생성되어 동사와 보어의 융합이 전반적으로 완료되었다. 그러나 한 보어를 기준으로 보면 그와 서로 다른 동사 간의 융합 정도의 차이는 분명 존재한다. 이런 융합 정도의 차이를 유발하는 결정적인 요인이 바로 특정 동사와 그 보어의 사용 빈도이다. 더 이상 다른 단어에 의해 분리될 수 없는 동보구는 저도의 융합을 이룬 상태로 아직 피동작주 빈어를 가지지는 못한다. 고도의 융합을 이룬 동보구만이 피동작주 빈어를 가질 수 있기 때문이다. 위의 표는 동보구를 구성한 한 쌍의 동사와 보어의 동시 출현 빈도와 그들의 융합 정도 사이의 관계를 분명히 보여주고 있다. 즉, 동시 출현 빈도가 높을수록 융합의 정도가 높고 더 일찍 피동작주 빈어를 가졌다. 그리고 한 쌍의 동보 조합의 동시 출현 빈도는 두 성분 간의 의미적 일반성과 상관성에 의해 결정되었다.

2.3.4.2 V + 觉 / 醒

'觉'과 '醒'은 서로 다른 시기에 사용된 두 동의어이다. '觉'는 주로 10세기 이전에 사용되었고 그 후 점차 '醒'에 의해 대체되었다. '觉'는 자동사이기 때문에 당시 문법 규칙의 제한으로 'VOR' 형식으로만 사용되었다.

(4) 唤江郎觉!(《세설신어》 - 가휼)

이런 동사는 10세기 이후에 점차 VRO 형식으로도 사용되었는데 이는 '觉' 또는 '醒'이 이미 그 앞의 동사와 융합되었다는 것을 의미한다.

(5) 但未知一贯尔, 故夫子唤醒他。(《주자어류》- 권20)

(6) 所以唤醒那仁。(《주자어류》- 권20)

12세기에 이르러서는 결과 보어 '醒'이 VRO와 VOR 신·구 두 형식으로 모두 사용된 것처럼 보인다. 그러나 자세히 관찰해 보면 새 형식인 VRO에 들어갈 수 있는 동사는 아래 표에서 집계한 결과로 두 개뿐이었다.

《주자어류》에서 'V醒'이 빈어를 가진 경우

	합계	VR	VRO	VOR
唤醒	31	21	10	0
提醒	9	2	7	0
点醒	2	0	0	2
喷醒	1	0	0	1
苏醒	1	1	0	0
醉醒	1	1	0	0
抖擞醒	1	0	0	1

결과 보어 '死'의 경우와 마찬가지로 결과 보어 '醒'도 동시 출현 빈도가 가장 높은 두 동사만이 VRO 형식을 허용했다. 따라서 동시 출현 빈도는 동보 조합의 융합 시기와 정도에 중요한 영향을 주었음을 말해주는 또 하나의 근거라고 할 수 있다.

위의 표에서 관찰된 또 하나의 중요한 현상은 12세기경에는 결과 보어 '醒'이 VRO와 VOR 두 형식으로 모두 사용되었다는 것이다. 그러나 실제로 동사를 특정할 경우 그중의 한 가지 형식만을 허용했다는 사실을 발견할 수 있다. '醒'과의 동시 출현 빈도가 가장 높은 동사인 '唤'과 '提'는 신형식에서만 쓰였고 기타 동시 출현 빈도가 낮은 동사들은 구형식에서 사용되었다. 구형식의 용례는 다음과 같다.

(7) 以水喷之便醒。(《주자어류》 - 권34)

한 쌍의 동보 조합이 신·구 형식에 모두 사용된 경우는 없었다. 이런 현상은 중고 시기 중국어의 분리 가능한 동보 조합이 동보 구조로 전환하는 과정을 말해 준다. 특정 결과 보어를 놓고 보면 동사와 보어의 융합은 우선 동시 출현 빈도가 높은 동보 조합에서 이루어지고 그다음 낮은 빈도의 조합은 유추에 의해 확대되었다.

그러므로 단순히 결과 보어 '醒'이 《주자어류》에서 VRO 형식으로 사용되었다고 하여 그것이 이미 생산적인 문법 수단으로 되었다고 보기는 어렵다. 당시 해당 구조로 사용된 동사는 두 개뿐이므로 여전히 관용어적 성질을 띤 것이라고 봐야 한다. 실제로 어느 문법 규칙이 작용하는지를 알려면 임시 조합이 어느 규칙을 따르는지를 봐야 한다. 당시 모든 임시 조합은 분리 가능한 동보 조합의 규칙을 따랐다. 다시 말하면 당시 'V醒O'는 여전히 어휘적 성격을 띠고 있으며 일반 동사와 결과 보어 '醒' 사이에는 부사도 들어갈 수 있었다.

(8) 莫教才醒。(《주자어류》 - 권17)

앞에서 V와 R의 관용어화를 유발한 원인으로 높은 동시 출현 빈도를 언급했다. 관용어가 된 동보 조합의 진일보한 합성어화 여부는 상당 부분 그들의 음절수에 의해 결정되었으며 먼저 합성어화된 동보구는 모두 2음절이었다. 반면에 3개 이상의 음절을 가진 조합은 같은 시기에 여전히 분리 가능한 상태를 유지했다.

(9) 只得抖擻得此心醒。(《주자어류》- 권10)

앞에서 이미 동보 조합의 음절수와 그 융합 속도 간의 관계에 대해서 자세하게 논의한바 있다.

동사와 보어의 융합에 대한 음절수의 영향 문제는 다른 시각으로도 접근이 가능하다. '得'와 '叫'는 송조 시기에 동보 조합 중에 많이 사용된 접요사이다. 동보 조합에 접요사가 포함되면 전체 조합은 최소 3개의 음절을 갖게 되는데 이때 이들은 굳어진 구조가 아니기에 사이에 피동작주 명사를 허용한다.

(10) 只要提教他醒。(《주자어류》- 권59)

앞에서 우리는 동보구가 피동작주 명사를 가질 수 있는지 여부를 기준으로 그 융합 정도를 판단했다. 그리고 원래 동사와 보어 사이에 들어가던 부사와 부정사의 위치 이동을 통해서도 동사와 보어의 융합이 어디에서 먼저 일어났는지를 알 수 있었다. 《주자어류》를 살펴본 데 의하면 'V + 醒'에서 부사와 부정 표지는 V와 '醒' 사이에 삽입되거나 혹은 전체 어구의 앞에 놓이는 두 가지 경우가 있었다. 구체적인 위치는 V와 '醒'의 동시 출현 빈도와 관계되며 궁극적으로는 그들의 융합 정도에 의해 결정되었다.

위에서와 마찬가지로 신·구 형식에 사용된 어휘의 분포를 고려하지 않는다면 12세기에 결과 보어 '醒'을 VRO와 VOR의 두 가지 형식으로 사용했던 것으로 잘못된 결론을 내릴 수 있다. 그러나 사실은 각각의 형식에서 함께 호응했던 V 성분이 서로 달랐으며, 사용 빈도가 가장 높았던 두 V는 VRO 형식으로만 나타났고 사용 빈도가 가장 낮았던 V는 VOR 형식으로만 나타났다. 그리고 동시에 두 형식으로 사용된 동사는 존재하지 않았다. 이런 현상은 새로운 형식의 생성 조건과 그것이 어떻게 확대되었는지를 말해준다.

2.3.4.3 '吃饱饭'과 '喝醉酒'

동보 구조가 생성되면서 중고 시기 중국어의 다동공빈 구조는 서서히 소실되기에 이르렀다. 동보 구조는 중고 시기 중국어의 분리 가능한 동보 조합에서 유래되었는데 그 변화를 단순하게 표시하면 'VOR·VRO'가 된다. 그러나 실제로 이는 분리 가능한 동보 조합의 다양한 변화 중의 하나에 불과하다. 동보 구조의 생성은 본질적으로 동사와 보어의 융합인데 융합이 일어나면 공통된 결과는 둘 사이에 어떤 성분도 끼어들 수 없게 됨과 동시에 원래 사이에 위치하던 피동작주 명사, 부사 또는 부정 표지가 반드시 다른 자리로 옮겨가야 한다. 전체 동보구의 앞에만 위치하게 되는 부사와 부정 표지의 위치 이동은 상대적으로 단순한 문제이다. 피동작주 명사의 경우는 훨씬 복잡하며 그 사용을 제한하는 다양한 요인이 존재하는데 그것은 피동작주 빈어를 갖지 못하는 동보구도 매우 많기 때문이다. 그중 두 가지 가장 중요한 요인으로 하나는 동사와 보어의 융합 정도이고, 다른 하나는 보어의 의미 지향이다. 현대중국어에는 보어가 의미적으로 문장의 주어(동작주)를 가리키면 해당 VR구는 피동작주 빈어를 갖지 못하는 규칙이 있다.

> **예문**
>
> (11)　a. *她看病了书。
>
> 　　　b. *他吃胖了肉。

위의 두 예문의 결과 보어 '病'과 '胖'은 모두 주어의 성질을 가지므로 직접 피동작주 빈어를 추가하면 비문이 된다. 이 경우 적절한 표현이 되려면 동사 복제 구조를 사용해야 한다.

(12) a. 她看书看病了。

b. 他吃肉吃胖了。

동사 복제 구조의 출현도 동보 구조의 생성에 따른 문법 변화 중의 하나이다.

그러나 위의 규칙은 현대중국어에서 서서히 '예외'가 생기기 시작했다. 말뭉치를 대규모로 조사한 결과 '吃饱饭'과 '喝醉酒' 등 두 개의 특별한 용례가 발견되었는데 먼저 '吃饱饭'의 용례를 살펴보면 다음과 같다.

(13) 这几天吃饱了饭。(《아녀영웅전》)

(14) 吃饱了饭练练气功。(왕쉬,《편집부 이야기》)

위의 예문에서 결과 보어 '饱'는 동사 '吃'의 동작주를 가리키지만 '饭'이라는 피동작주 명사도 가질 수 있었다. 아래는 18세기부터 지금까지의 일부 문헌에 대한 통계이다.

현대중국어에서 'V + 饱'가 빈어를 가진 경우

	V + 饱 + O	V + 饱
吃饱	6	14
打饱	0	1
气饱	0	1
看饱	0	1

보다시피 'V饱O' 형식으로 사용된 동사는 '吃'뿐이다. 실제로 동사 '吃'와 함께 사용된 '饱'만이 '충분한 음식물을 섭취하다'의 본뜻으로 사용되었고 나머지 '饱'

는 모두 정도의 세기를 나타내는 파생 의미로 사용되었다.

현대중국어의 '吃飽'의 용법은 동보구의 동시 출현 빈도에 의해 그 융합 정도가 결정되었음을 말해주는 또 다른 증거이다. 우리가 찾아낸 'V + 飽' 어구 중에서 '吃'와 '飽'의 동시 출현 빈도는 다른 용례를 모두 합한 것보다도 훨씬 많을 정도로 가장 높았다. 우리의 조사를 바탕으로 보면 결과 보어 '飽'가 본뜻으로 사용된 경우에 진정으로 함께 결합될 수 있는 동사는 '吃'뿐이었다. '吃'와 '飽'의 동시 출현 빈도가 높은 것은 두 가지 요인 때문이다. 하나는 둘 모두가 일상 언어에서 출현하는 빈도가 매우 높은 기본 어휘라는 점이고, 다른 하나는 둘 사이에 가장 자연스러운 '동작-결과'의 관계가 존재한다는 점이다. 이 둘은 동시 출현 빈도가 높음으로 인해 관용어화되었고 나아가 어휘화되어 결국에는 일반 동사처럼 피동작주 빈어를 가질 수 있게 되었다.

동사와 보어의 융합을 고찰하면서 빈어가 되는 명사의 경우를 아직까지 한번도 살펴보지 않았는데 사실 빈어 명사의 성질을 통해서도 동사와 보어의 융합 초기에 나타난 일부 중요한 문법적 성질을 알 수 있다. '吃飽'가 피동작주 빈어를 가진 용례가 총 6개였는데 해당 피동작주 명사는 모두 음식물을 가리키는 가장 일반적인 명사인 '饭'이었다. 여기서 피동작주 빈어를 다른 명사로 바꾸면 '吃飽了面包', '吃飽了烤鸭' 등과 같이 문장이 어색하다. 이런 현상을 바탕으로 우리는 '吃 + 飽 + 饭' 전체가 관용어화되었기 때문에 그중 어느 한 성분도 다른 단어에 의해 자유롭게 대체될 수 없다는 결론을 내렸다. 즉, 이런 조합은 아직 문법 구조는 아니라는 것이다.

다른 비슷한 현상으로 '喝醉酒'가 있다. 중고 시기 중국어에서는 결과 보어 '醉'가 자동성의 성분이므로 '饮酒醉'(《사기》)처럼 VOR 형식으로만 사용될 수 있었다. 그리고 동보 구조가 생성된 이후 그 가운데 들어갔던 '酒'가 바깥으로 밀려났다. '酒'의 의미 지향이 앞 동사의 동작주이므로 동사와 보어가 융합된 이후에도 'V醉O' 형식은 상당 기간 허용되지 않았다. 이런 상태가 700~800년 정도 지속되었는데 그 기간에 피동작주 명사를 표현하는 방식에는 일반적으로 동사 복제 구조와 신형 화제 구조가 있었다.

(15)　a. 他酒喝醉了。

　　　b. 他喝酒喝醉了。

그러다가 '喝醉'는 최근에야 뒤에 빈어를 가질 수 있게 되었다.

(16)　他是喝醉了酒发酒疯。

'吃饱饭'과 마찬가지로 결과 보어 '醉'의 앞 동사는 '喝'로만, 그 뒤의 피동작주 빈어도 '酒'로만 한정된다. 세 성분은 어느 것도 다른 단어에 의해 임의로 대체될 수 없다. 예를 들면 "喝醉了茅台" 또는 "尝醉了酒"는 비문이다. 이런 현상을 근거로 '喝 + 醉 + 酒'는 세 성분이 함께 관용어화되었다고 보며 이들도 생산적인 문법 구조는 아니다.

'吃饱饭'과 '喝醉酒'는 현재도 쓰이고 있는 용례로서 최초에 나타난 동보구의 성질과 이미 존재했던 문법 형식 간의 관계를 이해하는 데 도움이 된다. 위의 분석은 새로운 문법 현상이 당시의 문법 규칙을 어기면서 형성될 수는 없다는 것을 말해준다. 여기서 말하는 '당시의 문법 규칙'은 보어의 의미 지향이 동작주인 동보구의 경우 피동작주 빈어를 가질 수 없는 규칙을 가리킨다. '吃饱饭'과 '喝醉酒'의 출현은 이 문법 규칙에 위배되는 것처럼 보이지만 사실은 그런 것이 아니다. 먼저 해당 동사와 보어가 자주 함께 나타나면서 그들은 일종의 합성어와 같은 조합이 되었고, 그다음 피동작주 명사와 관용어화가 되었다. 전체 조합은 현재에도 어휘적 성격을 띠며 실제로 작용하는 지금의 문법 규칙과는 같은 차원이 아니기 때문에 직접적인 관계를 가지지 않으므로 '위배'된다고 볼 수는 없는 것이다. 동보구가 피동작주 빈어를 가지는 문법 규칙은 모든 임시적인 조합에 의해 이루어진 것이다. 그러나 과거의 동보구의 발전 규칙을 통해 예측해 보면 '吃饱饭'과 같은 용법이 점차 늘어남에 따라 이들도 하나의 형식으로 발전하여 결국에는 현존하는 동보구가 빈어를 갖는 규칙으로 대체할 수 있었을 것이다. 물론 그 과정은 상당히 오랜 세월이 필요하므로 이런 예측이 현실로 될지는 수백 년 후에야 검증이 가능할 것이다.

2.3.5 양태 구조 부정식의 생성

부정식의 양태 구조 생성과 확장은 동보 조합이 처음에 어떻게 생성되고 나중에 어떻게 확장되었는지를 알아볼 수 있는 또 하나의 좋은 사례이다. 현대중국어의 부정 양태식은 의미적으로 어떤 행위가 특정 결과를 실현할 가능성이 없음을 나타낸다.

> **예문**
>
> (17)　a. 我这个月写不完那本书。
>
> 　　　　b. 他搬不动那块石头。

부정 양태식은 두 단계를 거쳐 생성되었다. 먼저 결과 보어의 자리에서 '不'와 R이 하나의 단위로 융합되고, 다음은 '不R'이 다시 V와 진일보 융합되어 현대중국어의 부정 양태식을 이루었다. 그 과정을 형식화하면 다음과 같다.

$$VO \, 不 \, R \rightarrow V \, 不 \, RO$$

좌측의 형식이 바로 중고 시기 중국어의 분리 가능한 동보 조합이고 우측의 형식은 현대중국어의 동보 구조이다. 동보 구조의 하나의 형태인 양태식의 발전 원인과 경로는 기타 동보구와 일치하다.

1단계에서 2단계로의 전환은 대략 12세기에 나타났다. 그 이전에는 만약 피동작주 명사가 있으면 '不R'은 피동작주 명사의 뒤에만 놓였다. 다시 말하면 먼저 결과 보어의 자리에서 '不'와 'R'이 하나의 문법 단위로 융합되었다는 것이다. 먼저 R의 의미 범주와 신·구 두 가지 형식으로 각각 사용될 때의 관계에 대해서 살펴보았다.

《주자어류》에서 'V 不 R'이 피동작주 빈어를 가진 경우

	V 不 R	VO 不 R	V 不 RO	합계
V + 不得	914	279	62	1,255
V + 不住	24	21	0	45
V + 不下	23	9	0	32
V + 不出	34	19	0	53
V + 不尽	46	22	0	68

위의 표는 가장 많이 쓰이는 5개의 '不R'에 대한 통계 결과이다. 이때의 '不R' 어구는 이미 융합되었다고 가정하는데 이는 그들의 실제 의미가 이미 각각의 글자들이 나타내는 본뜻과 더 이상 일치하지 않는 특징에서도 나타난 것이다. 결과 성분으로 되는 그들의 의미적 특징을 요약하면 다음과 같다.

a. 不住: (어떤 목적을) 달성할 수 없다.
b. 不下: 참을 수 없다.
c. 不出: 발견할 수 없다.
d. 不尽: 끝낼 수 없다.
e. 不得: 할 수 없다.

부정 양태식의 발전 과정은 또다시 동시 출현 빈도와 동보 융합(동사와 보어의 융합) 간의 관계를 보여주었다. 앞의 분석과 마찬가지로 만약 어휘적인 제한을 감안하지 않는다면 '不R'은 12세기경에 VRO와 VOR 등 신·구 두 가지 형식으로 모두 쓰였던 것으로 판단할 수 있다. 그러나 신형식과 구형식에 사용된 어휘의 유형이 엄격하게 구분되었다는 점을 유의해야 한다. R의 의미 범주만을 고려하면 신형식으로 사용된 것은 '不得'뿐이었으며 나머지는 여전히 구형식으로만 쓰였다. 이런 현상의 배후에도 사용 빈도의 차이가 존재한다. 결과 보어 '不得'는 1,255회나 나타난 반면에 기타 나머지 4개는 모두 합쳐도 출현 횟수가 198회에 불과하다. 이는 앞에서 분석할 때 밝혔던 원인과 마찬가지로 '不得'의 높은 사용 빈도로 인해 '不得'가 앞 동사와 우선적으로 융합되고 제일 먼저 고도의 융합을 이루었기 때문인 것으로 풀이된다. 다음은 《주자어류》에서 결과 성분인 '不得'가 신형식으로 사용된 용례들이다.

예문

(18) 他那清明, 也只管得做圣贤, 却管不得那富贵。(《주자어류》- 권3)

(19) 据某看来, 亦舍不得这个苍苍底。(《주자어류》- 권5)

(20) 敬当不得小学。(《주자어류》- 권7)

(21) 学者若不穷理, 又见不得道理。(《주자어류》- 권9)

'V不得O' 신형식은 12세기의 《주자어류》에서 벌써 나타나기 시작했다. 그러므로 그 이전의 문헌에서 '不得'와 기타 '不R'의 사용 비례를 살펴보면 많은 것을 알아낼 수 있다. 아래는 9세기경의 문헌인 《돈황변문》에 대한 통계이다.

《돈황변문》 중 '(V)不 R'의 사용 빈도

V + 不得	V + 不住	V + 不下	V + 不出	V + 不尽
38	3	3	2	3

위의 표에 따르면 '不得'가 결과 보어로 사용된 빈도는 그 나머지 결과 보어의 사용을 모두 합친 것보다도 훨씬 높다. 8세기경에는 'V不RO' 식의 부정 양태식이 존재하지 않았다. 따라서 이는 '不得'가 제일 먼저 신형의 부정 양태식으로 사용된 원인이 오랫동안 결과 보어로서 사용 빈도가 매우 높았기 때문임을 말해주는 좋은 근거가 될 수 있다. 또한 사용 빈도가 낮은 '不R'은 절대 먼저 신형식으로 사용되지

않았을 것이라는 예측도 가능하다.

위에서 우리는 R의 의미 범주만을 고려하여 '不R' 중에서 '不得' 만이 'V不RO' 형식으로 사용될 수 있었다는 점을 발견했다. 지금부터 'V不得O' 중의 V의 의미를 고찰할 것이다. 모든 동사가 신형의 부정 양태식으로 사용될 수 있었던 것은 아니다. 《주자어류》에서 결과 보어인 '不得'는 278개의 서로 다른 동사와 함께 쓰였다. 그러나 그중 매우 적은 일부분의 동사들만 'V不得O'의 형식으로 사용이 가능했다.

《주자어류》에서 'V不R'이 피동작주 빈어를 가진 경우

사용 횟수	동사의 수	'V不得'로 사용 가능 %	'V不得O' 용례 합계	'V不得O' 용법 비중 %
58~133	5	100%	30	50%
20~48	7	56%	10	16%
10~17	9	22%	7	11%
5~9	17	17%	3	5%
2~4	79	8%	7	11%
1	161	2%	4	6%

위의 표는 동사와 '不得'의 사용 빈도와 'V不得O' 형식으로의 사용 가능 여부 간의 관계를 보여준다. 양자의 동시 출현 빈도가 높을수록 신형식으로 사용될 확률이 더 높은 것으로 나타났다. '不得'와 동시 출현 빈도가 가장 높은 5개의 동사(사용 횟수가 58~133)는 모두 신형식으로 출현하였다. 그리고 그들이 'V不得O' 형식으로 사용된 횟수는 전체 278개 동사가 해당 형식으로 사용된 용례의 50%를 차지할 정도로 상당히 많았다. 이와 마찬가지로 동시 출현 빈도가 낮을수록 신형식으로 사용될 확률이 낮은 것으로 나타났다. 사용 빈도가 1에 불과한 161개 동사는 2%만이 신형식으로 사용되었고, 이들은 전체 신형식 용례의 6%에 불과했다. 다음은 《주자어류》에서 일부 사용 빈도가 낮은 동사와 '不得'가 여전히 구형식으로 사용된 용례들이다.

결과 보어 '不得'의 발전 과정은 부정 양태식의 생성에 대한 사용 빈도의 영향을 두 가지 측면에서 말해 주고 있다. 첫째는 보어의 측면이다. 기능이 같은 여러 결과 보어 중에서 사용 빈도가 가장 높은 것이 제일 먼저 신형식으로 나타날 가능성이 크다. 둘째는 동사의 측면이다. 결과 보어를 특정한다면 그것과 동시 출현 빈도가 가장 높은 동사가 제일 먼저 신형식으로 나타났을 가능성이 컸다.

결과 보어 '不得'는 처음에 VRO 신형식과 VOR 구형식으로 모두 쓰일 수 있었다. 다음은 동사를 대상으로 신·구 형식에 모두 사용할 수 있는 동사와 한 가지 형식으로만 사용할 수 있는 동사가 각각 몇 개인지를 고찰한 결과이다.

<주자어류>에서 신·구 형식으로 사용된 동사의 개수

	신형식으로만 사용	신·구 형식 모두 사용	구형식으로만 사용
동사의 수	9(7%)	18(14%)	102(79%)

위의 표에 따르면 부정 양태식은 12세기경에 형성되고 확대되기 시작했다. 그러나 당시 실제로 작용했던 문법 규칙은 여전히 구형식이며 구형식에 의해 여러가지 임시 조합의 어순이 결정되었다. 이는 우리가 수행한 기타 조사의 결과와도 일치하다. 동사의 사용 빈도를 감안하면 구체적으로 '不得'와 동시 출현 빈도가 가장 높은 6개의 동사는 모두 신형식과 구형식으로 사용이 가능했다. 그리고 사용 빈도가 낮은 단어들은 절대 다수가 구형식으로만 나타났다. 또한 일부 사용 빈도가 낮은 단어들을 신형식으로 사용된 용례만 찾아 보았는데 신형식의 유추 작용의 영향이 그

원인일 수 있었다.

현대중국어의 부정 양태식은 늦어도 14세기 이전에는 최종 생성되었다. 그 후로 모든 '不得'가 신형식으로만 사용되었을 뿐만 아니라 《주자어류》 시대에 구형식으로만 사용되었던 기타 '不R'도 신형식으로 쓰이게 되었다.

(26) 他其实咽不下玉液金波。(《서상기》)
(27) 锁不住心猿意马。(《서상기》)

16세기경에 이르러 신형식은 구형식을 최종적으로 대체하였다. 부정 양태식이 일종의 안정된 문법 수단으로 발전하면 어휘적 제한은 사라지며, 따라서 의미적으로 통하기만 하면 그 어떤 동사나 결과 보어라도 'V不RO' 형식으로 사용이 가능해진다.

2.3.6 맺음말

이 장에서는 대규모 말뭉치와 통계를 활용하여 동사와 보어의 융합에 대한 그들의 동시 출현 빈도의 영향을 확인했다. '사용 빈도'는 한 언어 형식이 발전하는 다양한 측면을 가리키기도 하기에 완전히 다른 의미로 사용될 수 있다.

여기서 유의해야 할 점은 이 글에서 말한 '사용 빈도'는 문법화 이전의 한 어휘 형식의 출현 횟수를 가리키며 동보 조합의 경우는 동사와 보어의 동시 출현 빈도를 말한다. 우리는 단어의 사용 빈도와 첫 신형식 간의 관계를 고찰하고자 했다. 그 목적을 달성하기 위해 새로운 형식의 형성 시점을 판단할 형식적 기준을 마련했다. 우리가 실시한 광범위한 조사에 따르면 제일 먼저 신형식으로 사용했던 동보 조합은 예외 없이 모두 동시 출현 빈도가 가장 높은 것들이었다. 따라서 사용 빈도는 동사와 보어의 융합을 유발한 결정적 요인 중 하나라고 할 수 있다.

문법화 과정에서 매 단계마다 각각의 측면은 모두 사용 빈도와 연관되며 그 과정에서 사용 빈도가 작용하는 측면이나 효과도 차이가 난다. 서로 다른 유형의 문법화 과정을 보면 사용 빈도가 작용하는 방식도 각각 서로 다르다. 문법 형태는 보통 사용 빈도가 높고 용법이 일반적인 단어에서 유래한다. 따라서 한 단어의 높은 사용 빈도가 그 단어에 문법화될 자격을 부여하는 것처럼 보일 수 있다. 반면에 높은 사용 빈도는 문법화되는 단어에 수반되는 한 가지 특징에 불과하며 그 단어의 문법화를 유발한 원인은 아니라고 보는 견해도 있다. 물론 새로운 문법 형태가 일단 생성되면 그 사용 빈도가 빠르게 늘어난다는 점은 의심의 여지가 없다. 그런 의미에서 사용 빈도는 문법화되는 단어에 수반된 특징이라고 이해해야 한다.

우리가 언급한 '사용 빈도'는 모든 언어 환경에서 나타나는 V와 R의 동시 출현 횟수를 가리킨다. 동사의 측면에서 우리가 관심을 갖는 것은 그 동사와 특정 결과 보어의 동시 출현 빈도인 것이다. 동시 출현 빈도가 높을수록 그들은 융합될 가능성이 커서 더 일찍 신형식으로 나타나기 때문이다. 이것은 보어를 중심으로 보아도 마찬가지다.

의미(語義)의 상관성과 동사와 보어의 융합

2.4.1 머리말

문법화는 많은 부분에서 의미적 관계를 표시한다. 이를테면 어휘가 어떤 문법 범주의 어휘로 문법화되기 위한 의미적 적합성과 문법화 이후의 기능에 대한 본래 의미의 영향 등이다. 이와 마찬가지로 동사와 결과 성분의 의미적 특징, 특히 그들 간의 상관 정도는 동보구의 융합 시기와 일정을 결정지을 만큼 동보 구조의 발전에 지대한 영향을 미쳤다.

그 밖에 동보 구조의 확립에 따른 유추 작용이 또 일련의 변화를 일으켰다. 예를 들면 서술어 동사와의 의미 관계에 따라 진행된 개사구의 재배치, 시간사의 위치 변화 등은 모두 동보 구조로 인한 결과이다. 고대중국어에서 개사구와 시간사는 서술어 동사의 앞 또는 뒤에 자유롭게 위치할 수 있었다. 그러다가 동작의 결과를 의미하는 것들은 서술어의 뒤에 남고 나머지는 서술어의 앞자리로 그 위치가 제한되었다. 이런 변화는 모두 동보 구조의 의미적 특징에 의한 유추 작용의 결과이다.

의미 형식이 '동작 + 결과'인 동보 구조는 두 성분 사이에 하나가 하나를 이끌어 냈다는 '사성(使成)'의 의미가 내포되므로 '사성식(使成式)'이라고도 부른다. '사성'은 '체', '시상'과 더불어 동사의 가장 중요한 문법 범주이기 때문에 특정 형태 표지 또는 기타 문법 형식으로 표시되는 언어가 다수이다. 예를 들면 축치어(Chukchee)의 사성식은 타동사에 접두사 'r-'이 더해져서 구성된다. 이와 유사하게 고대중국어에도 동사의 사성식을 형성하는 굴절 형식으로 '조치(調値) 변환'과 '자음의 청탁(清濁) 변이' 두 가지가 있었다.

2.4.2 동보 조합과 연동식의 상이한 발전

동보 구조의 근원인 중고 시기 중국어의 분리 가능한 동보 조합은 사실상 연동식의 한 부류이다. 고대중국어의 동사 접속사 '而'이 소실됨에 따라 동사와 결과 성분을 갈라 놓던 문법 표지가 사라지게 되었는데 이는 분리 가능한 동보 조합이 나타나게 된 원인 중의 하나였다. 또한 '而'의 소실과 더불어 여러 병렬 관계의 동사구는 그 어떤 문법 표지의 연결이 없이도 연이어 나타날 수 있게 되었다. 즉, 이러한 외부적인 변화들은 언어학에서 말하는 '연동식'이 중국어에 형성될 수 있도록 가능성을 열어주었다. 고대중국어와 중고 시기 중국어는 같은 유형이었음에도 불구하고 전자는 동사구를 병렬할 때 반드시 '而'로 연결되어야 했고 후자는 그렇지 않았기 때문에 무표지 연동식이 나타난 것이다.

구조적으로 분리 가능한 동보 조합과 일반적인 연동식은 모두 두 개의 동사성 성분이 병렬된 것으로 차이가 없었다. 다만 의미적으로 전자는 '동작 + 결과'의 관계이고 후자는 그러한 관계가 없이 다만 연속된 두 동작을 나타낸다는 점에서 차이가 난다. 그런데 바로 그런 의미의 차이로 인해 분리 가능한 동보 조합과 일반 연동식은 서로 다른 방향으로 나아가게 되었다. 동보 조합은 새로운 문법 구조로 발전한 반면에, 일반 연동식은 중고 시기부터 지금까지 그대로 유지되고 있다. 구체적으로 분리 가능한 동보 조합은 아래와 같은 세 가지 특징을 가진다.

가. 병렬된 동사성 성분은 두 개이다.
나. 두 성분 간에는 '동작 + 결과'의 관계가 성립된다.
다. 두 번째 동사성 성분은 첫 번째 성분의 종결점을 가리킨다.

동작과 결과는 하나의 완전한 사건 또는 의미적 상관성이 아주 높은 단위를 대표하며 내재적인 인과 관계를 통해 함께 하나의 전형적인 경험 과정을 나타낸다. 따라서 의미적으로는 동보 조합의 두 성분의 연계가 일반 연동식보다 더욱 긴밀하다고 볼 수 있다. 연동식의 두 개 또는 여러 개의 성분은 흔히 각기 다른 시간에 발생한 여러 동작의 병렬을 나타내며 내재적인 인과 관계를 구축하지 않는다. 동사 접속사 '而'은 원래 동사구 연결에 반드시 필요한 문법 표지였는데 후에 선택적 표지로 되었고 결국에는 완전히 소실되었다. 이런 변화의 과정은 약 700~800년이 걸렸다. '而'이 선택적 문법 표지로 바뀐 후에 사라지기 시작한 형식은 두 성분 간 관계의 긴밀도에 의해 일정 부분 결정되었다. 이 점은《맹자》- 공손추의 한 대목에서 확인할 수 있다.

예문

宋人有悯其苗不长而揠之者, 茫茫然归, 谓其人曰: "今日病矣, 予助苗长矣。" 其子趋而往视之, 苗则槁矣。天下之不助苗长者寡矣。以为无益而舍之者, 不耘苗者也。助之长者, 揠苗者也; 非徒无益, 而又害之。

위 텍스트에는 총 7 개의 연동식이 있는데 의미 관계에 따라 두 부류로 나눌 수 있다. 첫 번째 부류의 4개는 '동작-결과'의 관계가 성립되는 것이고, 두 번째 부류의 나머지 3개는 일반 연동식인데 전후하여 잇따라 발생한 두 개의 동작 또는 행위를 표시한다. 이상 두 부류는 '而'의 사용에서 선명하게 대립된다. 첫 번째 부류의 예문 4개는 모두 '而'이 없는 반면에, 두 번째 부류의 예문 3개는 모두 '而'이 사용되었다. 예문을 각각 나눠서 보면 아래와 같다.

예문

가. '동작 + 결과' 연동식

(1) 勿助长也。(《맹자》- 공손추)

위 예문에 근거하면 의미적 상관성이 높은 두 동사로 구성된 연동식에서 '而'이 먼저 사라졌다고 추정할 수 있다. 동작과 결과로 구성된 연동식은 완전한 의미 단위를 대표하기 때문에 내재적인 인과 관계가 존재하므로 일반 연동식보다 성분 간의 관계가 더욱 긴밀하다고 볼 수 있다. 따라서 이들은 하나의 문법 단위로 융합되고자 하는 경향 때문에 그 사이에 있는 기타 문법 표지를 퇴화시켰다. 그리고 중고 시기 중국어에 이르러 안정적이고 보편적인 문법 형식인 분리 가능한 동보 조합으로 발전하고 다시 진일보 융합되어 동보 구조를 형성하였으며 나아가 중국어에서 일련의 변화를 일으켰다. 동작과 결과 간에는 또 중요한 문법 범주인 '사성'을 내포하고 있는데 이는 동사와 의미 면에서 고도의 상관성을 갖게 되므로 많은 언어에서도 그에 상응한 문법 형식으로 표시된다. 따라서 이들이 나중에 어떻게 일종의 문법 형식으로 발전하게 되었는지도 설명이 된다.

그러나 일반 연동식은 단순하게 시간적으로 잇따라 발생한 두 개 또는 여러 개의 사건을 의미하며 관련 동사의 선형 배열 또한 그들이 발생한 시간의 순서와 일치하다. 일반 연동식에서 여러 동사 간의 관계는 주로 시간의 선후를 나타내기 때문에 의미 관계가 상대적으로 느슨하여 성분들 사이는 모두 상대적 독립성을 갖는 것으로 이해할 수 있다. 이런 상대적인 의미의 독립성으로 인하여 그 사이에 위치한 '而'은 더욱 오랜 시간 동안 유지되었다. '而'은 병렬 접속사로 양측 성분 간 문법적 평행 관계를 나타냈다. 중고 시기 중국어에서 성분 간의 의미 관계를 고려하지 않는다면 동보 구조의 근원인 분리 가능한 동보 조합은 당시의 일반 연동식과 형식 면에서 차이가 없었다. 그럼에도 불구하고 일반 연동식은 과거 천여 년 동안 변화가 없었다. 즉, 동보 조합과 같은 융합이 발생하지 않았을 뿐만 아니라 현대중국어에서도 여전히 동사별로 자체 빈어를 가질 수도, 다양한 부사의 수식을 받을 수도 있었다.

예문(5)b의 두 동사 사이에는 피동작주 명사와 부정 표지가 여전히 존재한다.

일반 연동식과 동보 조합의 상이한 발전에서 두 성분의 융합 여부는 그들 간의 내재적인 의미 관계 유무에 따른 제약을 받는다는 것을 알 수 있다. 그 밖에 이런 대립은 동시 출현 빈도 차원에서도 설명이 가능하다. 동보 조합의 경우 지정 동사는 흔히 그와 가장 자연스런 인과 관계를 가지는 특정 결과 성분과 동시에 출현한다. 예를 들면 '吃'는 '飽'와, '打'는 '死'와 가장 많이 결합된다. 따라서 특정한 쌍의 동보 조합의 동시 출현 빈도가 높을수록 더 쉽게 융합이 발생한다. 그러나 일반 연동식 동사의 경우 동사와 동사 간의 결합은 고정적이지 않고 예측도 어렵기 때문에 하나의 문법 단위로 융합되기가 매우 어렵다고 본다.

결론적으로 성분들 간 의미의 상관 정도는 동사와 보어의 융합을 유발한 중요한 요인의 하나이며 동보 구조와 일반 연동식의 상이한 발전을 결정지은 원인 중의 하나이다.

2.4.3 동사와 보어의 융합에 대한 종결점의 영향

중국어의 문법학에서는 전통적으로 'V + 추향 동사(趨向動詞)' 구도 동보 구조의 한 부류로 본다. 이런 구의 의미 구조는 아래와 같다.

> (6) V₁   V₂
>   이동   방향

> **예문**
>
> (7) a. 她走进教室来。
>
>   b. 他搬起来一块石头。

동보구와 동추구(動趨句)의 진정한 차이는 행위 또는 동작의 종결점 확정 여부에 있다. 동보구는 종결점이 있고 동추구는 없는 것이 일반적이다. 추향 보어는 보통 동작 행위의 발전 방향을 지시하며 동작 행위가 지속될 수도 있음을 의미한다.

> **예문**
>
> (8) 她看完了一本书。
>
> (9) 她走了出去。

예문(8)에서 결과 보어 '完'은 동작 '看'에 시간 경계를 설정해 주어 해당 동작이 어느 시간 지점에서 종료됨을 지시한다. 반면에 예문(9)에서 '出去'는 '走'의 방향을 제시해 주고 이때 '走'의 걷는 행위는 여전히 지속된다.

넓은 의미에서 추향 보어는 결과 보어의 일종으로 볼 수 있다. 이들은 일반 동보구와 유사한 발전을 거쳤는데, 이를테면 일부 추향 보어는 원래 피동작주 빈어를 기준으로 뒤에 위치하였으나 나중에는 앞에도 위치할 수 있게 되었다. 이는 동사와 추향 보어 간의 결합 정도가 강화되었음을 의미한다. 그러나 일반 동보구는 14세기경에 완전히 융합되어 그 후로는 동사와 보어 사이에 어떠한 어휘도 용납하지 않았으나 동추구는 그렇지 않았다. 비록 일부 동추구에서 융합의 추이가 나타나기 시작했지만 그 융합의 정도가 상대적으로 낮은 편인 데다가 개별적인 차이도 컸다. 예를 들면 동사와 추향 보어 사이에 피동작주 빈어가 들어간 사례는 14세기경의 문헌에서도 여전히 자주 등장한다.

예문(10)의 합성 추향 보어 '进来'는 밖에서 안으로 행위의 운동 방향을 표시하는데 피동작주 빈어 '几支火箭'으로 의해 동사와 사이가 벌어져 있다. 예문(11)의 추향 보어 '出去'와 동사 '放' 사이에는 대명사 빈어 '我'가 존재한다.

현대중국어에서 동추구는 VRO와 VOR 두 가지 형식으로 자유롭게 많이 쓰인다. 따라서 일반적인 동보구의 발전에 비하면 동사와 추향 보어는 여전히 융합의 중간 단계에 처해있는 것으로 해석할 수 있다.

보다시피 동추구는 지금까지도 완전히 융합되지 못하였다. 즉, 일반 동보구에 비하면 융합이 많이 늦어졌다고 볼 수 있다. 의미 관계의 차이를 제외하면 동추구도 동보구와 마찬가지로 쌍음화, 동시 출현 빈도, 인접 문법 환경 등 요소로부터 제약을 받았을 것이다.

그러므로 종결점 결여가 동추구의 융합을 지연시킨 원인이라고 보는 것이 합리적이다. 다시 말해서 두 성분이 '동작 + 종결점'을 대표한다면 그 둘은 의미 관계가 더욱 긴밀한 단위를 형성하여 그로부터 둘 사이의 융합이 유발된다. 결론적으로 두 성분의 융합 시기와 정도는 둘 사이 의미 관계의 긴밀도에 의해 일정 부분 결정된다.

2.4.4 개사구의 재배치

중국어의 개사구도 역사적으로 어순 변화를 겪었다. 고대중국어에서 개사구는 서술어의 앞 또는 뒤에 자유롭게 출현하였다. 그러나 지금은 일부 소수의 특별한 경우를 제외하고 서술어의 앞자리로 그 위치가 제한된다. 소위 특별한 경우는 주로 아래와 같은 부류가 포함된다.

가. 직접 빈어가 대표하는 사물의 접수자

예문

(13) a. 我送一本书给她。

  b. 爸爸买了一台计算机给我。

나. 어떠한 동작 행위를 통해 주체가 도달한 종결점

예문

(14) a. 书掉在地上了。

  b. 信放在书架上。

(15) a. 她走到这里。

  b. 我已经学到第八章了。

위의 두 가지 개사구는 '동작 행위의 종결점 지시'라는 공동의 의미적 특징을 갖는다. 이는 일반 동보구의 의미 구조와 다를 바 없다. 반면에 이런 의미적 특징이 없는 개사구는 반드시 서술어 동사의 앞에 위치해야 한다.

다. 동작의 수혜자

> **예문**
>
> (16) a.*我擦车给她。
>
>   b. 我给她擦车。

라. 동작 행위가 발생한 장소 또는 지점

> **예문**
>
> (17) a.*我看书在图书馆。
>
>   b. 我在图书馆看书。

위 예문은 "서술어 동사의 종결점을 확정해주는 소수의 개사구를 제외하고 모든 개사구는 서술어 앞에만 나타난다."는 현대중국어의 문법 규칙을 충분히 반영했다. 그러나 중고 시기와 그 이전의 중국어에서는 현대중국어의 이러한 문법 규칙이 존재하지 않았으며 각종 개사구는 서술어 동사의 앞 또는 뒤에 모두 자유롭게 위치할 수 있었다.

가. 지점을 나타내는 개사구

> **예문**
>
> (18) 种瓜于长安城东。(《사기》 - 진섭세가)

나. 동작의 주체를 끌어들이는 개사구

> **예문**
>
> (19) 兵败于陈涉。(《한서》 – 가의전)

다. 비교 대상을 끌어들이는 개사구

> **예문**
>
> (20) 季氏富于周公。(《논어》 – 선진)

라. 수단을 끌어들이는 개사구

> **예문**
>
> (21) 覆以虎皮。(《사기》 – 유후세가)

마. 동작 행위의 목적을 끌어들이는 개사구

> **예문**
>
> (22) 后世知丘者以《春秋》。(《사기》 – 공자세가)

바. 비유의 대상을 끌어들이는 개사구

> **예문**
>
> (23) 当取金印如斗大。(《세설신어》 – 우회)

현대중국어에서는 위 6부류의 개사구는 반드시 서술어 동사의 앞에 위치해야 한다. 고금의 중국어 개사구에 나타난 이런 변화는 같은 개사의 단순한 어순 변화가 아니다. 실제로는 당시 서술어 동사 뒤에 위치했던 개사들이 소실되고 그들의 기능이 서술어 동사의 앞에서 새로 발전한 개사에 의하여 대체된 것이다. 구체적으로 아래와 같이 대체되었다.

于 → 在(지점); 以 → 用(수단)
于 → 比(비교); 于 → 被(피동)
以 → 为(목적); 如 → 象(비유)

따라서 정확하게 말하면 이동이 아니라 신구 개사 사이의 기능 대체이다. 아래에는 어떤 요인으로 연동식의 첫 번째 동사가 개사로 문법화되었는지에 대해서도 논의하고자 한다.

동보 구조의 의미 형식과 마찬가지로 서술어 동사에 종결점을 확정해주는 개사구는 서술어의 뒤에 남았다. 그러나 이런 동보구도 지금은 옛날과 다르다. 피동작주 빈어의 위치를 감안하면 'V + (종결점)PP'도 분리 가능한 동보 조합과 유사한 발전 과정을 겪었다고 볼 수 있다. 현대중국어에서 동사와 종결점을 의미하는 개사구 사이에는 더 이상 피동작주 명사가 들어갈 수 없는데 이는 그들의 융합이 이미 완성되었음을 의미한다. 그러나 이러한 규칙은 아주 최근에야 확립되었다. 피동작주에 의해 분리된 사례가 불과 200~300년 전의 고전인 《홍루몽》에서도 자주 나타났기 때문이다.

예문

(24) 那小丫头子拿小壶儿倒了沤子在他手里。(《홍루몽》- 54회)
(25) 贾母便搂他在怀里。(《홍루몽》- 54회)

그런데 현대중국어에 이르러 이런 구문들은 어색해지거나 심지어 문법 규칙에 어긋나게 되었다. 동사와 개사구는 더 이상 피동작주 명사에 의해 분리될 수 없게 되었기에 피동작주 명사를 끌어들이려면 반드시 다른 방식을 사용해야 하는데 이 경우 파자문(把字句)이 가장 흔히 사용된다. 《홍루몽》의 두 예문도 모두 파자문으로 표현이 가능하다.

(26) a. 那小丫头把沤子倒在他手里。
      b. 贾母便把他搂在怀里。

동사와 개사구의 융합은 동보 구조 확립 이후 발생한 유추의 영향이 컸다고 본다. 결과 보어의 가장 중요한 기능은 서술어 동사에 경계를 더하는 것인데 그 추상적 의미 형식은 아래와 같다.

(27) V + R = 동작 + 종결점

'V + (종결점)R'에 대한 동보 구조의 유추는 다음과 같은 두 가지로 나타난다. 첫째, 종결점을 표시하는 개사구는 결과 보어의 위치와 동일하게 서술어 동사의 뒤에 남았다. 둘째, 동사와 이런 개사구 사이에는 피동작주 명사를 허용하지 않을 정도로 융합이 진행되었다.

그러나 연동식의 첫 동사가 개사로 문법화된 것에 대해서는 동보 구조의 출현으로 인한 영향 때문이라고 단순하게 결론지을 수는 없다. 문헌에 기록된 최초의 중국어에는 이미 서술어 동사의 앞에 오는 개사구가 존재했었고 현대중국어에서 서술어 동사의 앞에 위치하는 개사구의 출현도 일찍 기원전 1세기의 문헌으로 거슬러 올라갈 수 있기 때문에 여기서는 "동보 구조의 출현은 개사구의 이러한 변화를 가속화시켰다."라고만 풀이하고자 한다.

2.4.5 보어의 의미 지향과 동보구의 융합 정도

보어는 문법 위상으로 보면 동사의 바로 뒤에서 동사와 함께 불가분의 문법 단위를 형성하면서도 의미적으로 서술어 동사에 관여하여 주어와 빈어의 성격과 속성을 설명하기도 한다. 보어와 기타 성분 간의 이런 의미 관계는 '보어의 의미 지향'이라 불린다. 즉, 보어의 의미 지향 상대는 문장의 기본 성분인 주어, 서술어 동사 또는 빈어가 될 수 있다.

역사적으로 보어의 의미 지향은 동보구의 융합 시기와 정도에 관건적인 영향을 끼쳤다. 위의 세 가지 동보구에 융합이 발생한 시기와 순서는 대체로 다음과 같다.

$$VR_{피동작주} \rightarrow VR_{동사} \rightarrow VR_{동작의\ 주체}$$
$$8세기 \quad 10세기 \quad 14세기$$

세 가지 동보구의 발전 양상을 살펴보면 V와 R이 두 개의 독립된 문법 단위에서 하나의 통합된 문법 단위로 융합되어 둘 사이에 어떠한 어휘도 용납되지 않는 것이 그들의 공통된 특징이다. 동사와 보어의 융합은 15세기 이전에 대체로 완성되었으나 그 융합 정도는 오늘에 이르러서도 여전히 차이가 난다. 앞에서 피동작주 빈어를 가질수 있는지의 여부가 동보구의 고도의 융합 여부를 판단하는 기준 중의 하나라고 정의했다. 아래 이러한 기준으로 세 가지 동보구의 발전 차이를 살펴보자.

8세기경에 제일 먼저 출현한 동보구는 의미 지향이 모두 피동작주 빈어였다.

(31)　忽遇惠风吹散卷尽云雾。《육조단경》

예문(31)의 두 동보구 '吹散'과 '卷尽'은 공동의 피동작주 빈어 '云雾'를 가지며 그중 두 보어는 '云雾散(운무가 흩어지다)'과 '云雾尽(운무를 없애다)'으로 해석되므로 모두 '云雾'를 지향한다. 이런 동보구는 현대중국어에서도 그 수가 가장 많고 피동작주 빈어와도 가장 자유롭게 결합된다.

이렇게 첫 번째 부류의 동보 구조가 나타나서 100~200년이 지난 후, 약 10세기경에 두 번째 부류의 동보구가 발달되었다. 그들이 바로 동작 행위의 시간 구조를 나타내는 소위 체표지이다. 아래는 그중에 비교적 일찍 출현한 용례이다.

(32)　萧禧已受了文字。《을묘입국주청》

3개의 체표지 중에서 '了'가 제일 먼저, '着'가 그 다음, '過'가 맨 마지막에 등장했다. 그 후 다시 일부 동작 행위의 진행 상태를 나타내는 '完', '好', '成', '掉'와 같은 부착 성분이 등장했다. 이런 동보구는 폐쇄적이어서 그 수가 매우 제한적이지만 사용 빈도가 매우 높다. 아래는 현대중국어의 용례이다.

(33)　a. 妈妈已经做好了饭。

　　　 b. 我已经写完了一封信。

예문(33)의 결과 보어 '好'와 '完' 등은 의미가 대폭 퇴화되었을 뿐만 아니라 음성 형태가 약화되어 독립된 성조의 음가도 잃었다. 또한 동사와의 결합도 상대적으로 자유로워서 준체표지로 간주되기도 한다. 여기서 흥미로운 건 '完'과 '了'의 대체 현상이다. 체표지 '了'는 원래 '완성'이라는 뜻의 일반 동사였는데 체표지로 발전한 이후 원래의 동사 용법은 서서히 사라졌다. 그 과정에서 원래의 일반 동사 용법은 10세기경에 새로 등장한 동사 '完'으로 대체되었다. 그러나 '完'도 여전히 의미적으로 동사의 내재적 의미와 밀접하게 연관되어 결과 보어로 자주 사용되었으며 지금은 부착 성분의 하나로 발전했다. 따라서 일반 동사의 용법은 주로 복합 동사인 '完成'이 사용된다. 중국어의 역사를 돌이켜보면 의미가 같은 어휘 그룹이 공동 발전한 후 일단 다른 품사로 문법화되면 언어 체계는 새로운 어휘를 창조하여 그 빈자리를 채우는데 신생 어휘도 결국 같은 발전의 길을 가게 되는 현상을 자주 찾아볼 수 있다. 역사적으로 흥미로운 어휘 대체 현상은 바로 이런 끊임없는 순환의 과정을 통해 형성된 것이다.

세 번째 부류의 동보구는 앞에서 언급한 두 부류보다 훨씬 늦게 발전했다. 현대 중국어에서도 두세 개의 특별한 경우를 제외하고 보어의 의미 지향이 동작의 주체(주어)인 동보구는 피동작주 빈어를 가질 수 없다. 이는 그들이 아직 고도의 융합을 이루지 못했음을 의미한다.

예문

(34) a. 妈妈做累了。

　　 b. *妈妈做累了饭。

의미 지향이 동작의 주체인 동보구에 피동작주를 끌어들일 수 있는 현대중국어의 유일한 문법 형식은 동사 복제 구조이다. 즉, 같은 동사를 중첩하여 사용하는 방법인데 앞의 것은 피동작주 빈어를, 뒤의 것은 결과 보어를 이끈다. 예를 들면 예문(34)는 "妈妈做饭做累了。"가 적절한 표현이다.

보어의 의미 지향이 왜 동보구의 발전에 영향을 끼쳤는지에 대해서는 아직 명확하게 설명할 수 없다. 다만 그 역시 의미의 연관 정도와 무관하지 않을 것으로 추정된다. 우선, 보어의 의미 지향이 동사의 피동작주 빈어인 경우에 그 보어와 동사는 관계가 더욱 긴밀한 의미 단위로 결합되었다. 동사와 결과 보어는 모두 피동작주 명사와 연계되고 전자는 피동작주에 작용한 행위를, 후자는 동작의 행위가 피동작주에 유발한 결과를 의미하기 때문이다. 이런 의미적인 연관성으로 인해 이 부류의 동보구는 하나의 문법 단위로 더욱 잘 융합될 수 있었다. 다음, 결과 성분이 동사의 내부 시간 구조를 지향하는 경우에도 이는 동사와 관계가 비교적 긴밀한 의미 단위로 결합되었다. 따라서 하나의 문법 단위를 형성할 가능성이 상대적으로 컸으며 융합이 비교적 일찍 완성되었다.

세 번째 부류의 동보구는 앞에서 언급한 두 부류와 다르다. 비록 동사와 보어가 형식적으로는 하나의 문법 단위를 구성하였지만 의미적인 관계가 긴밀하지 않음으로 동사는 피동작주에 작용하고, 결과 보어는 동작의 주체에 대해 설명하는 등 그 연관된 대상도 동일하지 않다. 즉, 이 부류의 동보구가 대표하는 것은 상대적으로 독립된 두 개의 사건이기 때문에 그들 간의 관계가 상대적으로 긴밀하지 않고 고도의 융합을 이뤄낸 시기도 상대적으로 늦었다고 본다. 이들 동보구는 흔히 아래와 같이 두 개의 공동 주어를 가진 문장으로 분해할 수 있다.

(35) 我写累了。＝我写了，我累了。

이 동보구에서는 두 성분 간의 상관성이 비교적 낮은 편이다. 앞에서 언급한 바와 같이 여기에 피동작주 명사와 결과 보어를 동시에 끌어들이려면 [VO][VR]동사 복제 구조가 유일한 대안이다. 여기서 VO와 VR은 두 개의 상대적으로 독립된 문법 단위이며 두 개의 상대적으로 독립된 사건을 대표한다. 앞에서 '吃饱'와 '喝醉' 등 두 특례에 대해서 논의하였다. 이들은 보어의 의미 지향이 동작의 주체임에도 불구하고 '吃饱饭'나 '喝醉酒'와 같이 피동작주 빈어를 가질 수 있다. 사실 이 경우 동보구 자체도, 그리고 피동작주 빈어까지 모두 관용적 성격을 보이며 여타 피동작주 명사로 마음대로 대체할 수 없다. 이런 현상은 그들의 높은 동시 출현 빈도에서 기인했다. 다시 말하면 그들은 일종의 어휘 현상에 의해 발생했을 뿐이지 상기 문법 규칙에서는 제외된 것이 아니라는 것이다.

2.4.6 시간사의 재배치

현대중국어에서 시간사의 문법 위상은 동보 구조 의미 형식의 유추 하에 동작 행위의 결과 상태를 표시하는지 여부에 따라 재배치되었다. 이는 개사구의 발전과도 평행되는 부분이다. 의미적 특징을 고려하면 시간사는 아래와 같은 네 가지로 나눌 수 있다.

가. 시점: 3시
나. 기간: 작년
다. 지속 시간: 세 시간
라. 발생 횟수: 두 번

현대중국어에는 시간사의 사용을 지배하는 문법 규칙이 있다. 바로 '가'와 '나' 부류의 시간사는 서술어 동사의 앞에, '다'와 '라' 부류의 시간사는 서술어 동사의 뒤에 와야 한다는 것이다.

예문

(36) a. 我每天七点起床。

b. *我每天起床七点钟。

(37) a. 我睡了八个小时。

> b. *我八个小时睡了。

그러나 고대중국어에는 이러한 규칙이 없었다. 예를 들면 그 당시 시점 또는 기간을 나타내는 어휘는 서술어 동사의 뒤에 놓일 수 있었다.

예문

(38) 鲁叔仲惠伯会郤成子于成匡之岁也。(《좌전》 - 양공33년)
(39) 我求懿德, 肆于时夏。(《좌전》 - 선공12년)

고대중국어에서는 "三歲貫汝, 莫我肯顧"(《시경》 - 석서)처럼 동작 행위의 지속 시간을 표시하는 어휘가 주로 서술어 동사의 앞에 위치하는데 이는 현대중국어와 선명하게 대립되는 부분이다. 지속 시간을 표시하는 시간사는 5세기가 지나서야 점차 서술어 동사의 뒤에 사용되기 시작하였다. 그러나 동보 구조가 형성되기 전까지 이 또한 엄격한 규칙은 아니었다.

예문

(40) 专其利三世矣。(류종원, 《포사자설》)

현대중국어의 시간사는 이미 그들의 의미적 특징에 의하여 재배치가 완료된 상태이다. 시점과 기간을 의미하는 어휘는 모두 동작 행위가 발생한 시간적 위치를 표시하지만 시간 위치의 존재는 동작 행위에 의존하는 것도, 동작 행위의 발전 결과도 아니다. 반면에 지속 시간과 빈도를 의미하는 어휘는 모두 동작 행위의 진행과 관련된 수량적 특징을 표시하기 때문에 동작 행위의 발전 결과라고 볼 수 있다. 더욱이 이런 어휘는 기타 결과 보어와 마찬가지로 동작 행위에 경계를 설정한다. 따라서 이 두 부류 시간사의 재배치는 동보 구조의 확립과 밀접하게 연관되었다. 왜냐하면 동보 구조의 의미 형식 '동작 + 결과'의 광범위한 사용은 강력한 유추 작용을 일으켜 동사의 앞과 뒤에 위치하던 기타 어휘도 이 의미 형식에 따라 재배치되었기 때문이다. 이는 결국 "결과성 성분은 서술어 동사의 뒤로, 비결과성 성분(수반적 특징)은 서술어 동사의 앞으로 그 위치를 제한"하는 현대중국어 정보 구조의 보편적 원칙으로 발전하였다.

위에서 언급한 서술어 동사의 전후 배치처럼 결과적 성격의 시간사는 많은 부분에서 일반 보어와 비슷한 발전을 겪었다. 중고 시기 중국어의 분리 가능한 동보 조합의 결과 성분과 마찬가지로 12세기 이전의 시간사는 VO 뒤에만 위치할 수 있었다(피동작주 빈어가 있을 경우).

(41) 行之十年。(《사기》 - 상군열전)
(42) 清晨建齿三百过。(《포박자》 - 잡의)

동보구의 발전과 비슷하게 동사와 보어 사이에 있던 피동작주 빈어는 14세기 이후부터 서술어 동사와 결과 시간사의 뒤로 이동하기 시작했다. 이는 서술어 동사와 시간사 사이에도 재분석이 발생하여 그들 간의 경계가 약화되기 시작하였음을 의미한다.

(43) 自看了十年龙争虎斗。(《관대왕단도회》)
(44) 咱们做了数月伙伴。(《노걸대》)

흥미로운 것은 이 구조에서 나타난 의미 관계와 문법 구조의 불일치성이다. 의미적으로 동사는 시간사와 하나의 의미 단위를 구성한다. 왜냐하면 시간사가 동작의 발전 현황을 표시하기 때문이다. 분명한 것은 시간사와 피동작주 빈어 사이에는 상관성이 없다. 그럼에도 불구하고 구조적으로 시간사는 흔히 피동작주 명사의 관형어가 되어 구조 조사 '的'로 연결된다.

(45) 小人告了一年的状。(《홍루몽》- 4회)

(46) 我坐了七个钟头的飞机。

예문(45)의 '一年'은 형식상 피동작주 빈어인 '状'의 관형어이지만 의미적으로는 '告'의 지속 시간을 표시한다. 이러한 의미와 구조의 불일치 현상은 시간사의 대다수가 다음절로 되었기에 형식상 서술어 동사와 하나의 문법 단위로 완전히 융합되기 어려웠으므로 발생한 것으로 추정된다. 아울러 시간사의 위치가 피동작주 빈어의 뒤에서 앞으로 변한 것은 시간사와 서술어 동사 사이의 재분석이 아니라 동보 구조의 유추가 작용한 결과라고 본다. 이는 시간사의 이러한 위치 이동은 동보 구조가 확립된 이후에 발생했다는 점을 말해 준다. 구조의 층위를 고려하지 않는다면 결과적 성격의 시간사는 역사적으로 아래의 변화를 겪었을 것이다(T가 시간사).

(47) VOT → VTO

이는 14세기경, 즉 동보 구조가 안정적으로 확립되고 약 100~200년이 지난 후에 완성된 변화이다.

2.4.7 의미의 일반성과 동사의 형태 표지로 진일보 문법화된 결과 성분

동보구의 대량 융합을 통해 하나의 동보 구조가 생겨난다. 현대중국어에서 결과 성분은 여전히 절대 다수가 독립된 어휘지만 일부분은 의미의 일반성, 특히 동사의 내재적 의미와 높은 상관성을 가지기 때문에 진일보로 동사의 형태 표지 또는 부착 성분으로 문법화되었다. 다른 한편으로 결과 성분은 의미가 일반적일수록 동사와 더 넓은 범위에서 호응할 수 있기에 결과 성분으로 사용되는 빈도가 더욱 높아지고 결국 높은 사용 빈도에 의해서 다시 진일보로 문법화되었다.

보어 의미의 일반성 및 보어와 동사의 의미 상관 정도에 따라 결과 보어는 형태 표지, 부착 성분, 어휘 형식 등 세 가지 문법 범주로 발전하였다. 아래에서 그것들을 범주별로 고찰해 보고자 한다.

가. 형태 표지

결과 보어에서 비롯된 동사의 형태 표지는 다음과 같은 세 가지가 있다.

a. 체표지: 了, 着, 過
b. 양태 표지: 得
c. 동사 반복식: VV 儿

이런 형태 표지들은 이미 원래의 어휘적 성격을 완전히 잃고 동사와 하나의 문법 단위로의 융합을 완성하였다. 아울러 음성 형태가 크게 약화되어 성조를 잃거나 모음이 중설 모음으로 약화되어 어휘의 강세도 받을 수 없으므로 동사와 가장 자유롭게 결합된다.

나. 부착 성분

현대중국어의 부착 성분은 폐쇄적인데 주로 형용사, 동사와 추향 동사에서 비롯되었다. 기능은 체표지와 비슷하게 동작 행위의 발전 상태를 나타낸다. 구체적인 예로는 '完', '成', '作', '好', '掉', '起来' 등이 있다. 이들의 음성 형태도 어느 정도 약화되어 일반적으로 성조를 잃은 것으로 나타난다. 그러나 이런 어휘들은 형태 표지에 비해 상대적으로 강한 어휘적 성격을 유지하며 동사와 결합할 때도 그리 자유롭지는 못하다.

다. 어휘 형식

거의 모든 단음절 형용사와 일부 2음절 형용사, 그리고 소수의 단음절 동사는 결과 성분이 될 수 있다. 그러나 이런 어휘들이 보어가 될 때는 문법적 성격 또는 문법 범주에 변화가 일어나지 않으며 음성 형태도 영향을 받지 않는다. 절대 다수의 결과 성분은 일반 어휘이다.

겉으로 보기에는 어떠한 결과 성분도 동사의 문법 표지로 문법화될 수 있는듯 하나 실제로는 소수의 결과 성분에서만 이러한 변화가 발생했다. 그 가능성의 크기는 주로 '보어 의미의 일반성', '보어와 동사의 내재적 의미의 상관 정도', '결과 보어로 사용되는 빈도' 등 세 가지 요소에 의해 결정되었다. 그러므로 결국 한 결과 성분이 어느 정도로 문법화될 수 있는지는 주로 그 성분과 동사 사이의 내재적인 의미의 상관 정도에 의해 결정된다고 봐야 한다.

그 밖에 일부 결과 보어가 일부 동사와 결합하여 복합 동사가 되는 현상에도 주목할 필요가 있다. 이런 결과 성분은 모두 과거의 자유로운 어휘에서 지금의 부착 성분으로 발전한 것이며 소수의 복합 동사에서만 그 사례를 찾아볼 수 있다. 일반 동보구와 마찬가지로 이런 복합 동사도 '동작 + 결과'의 의미 구조를 가진다.

> **예문**
>
> (48) a. 见: 听见, 看见, 闻见, 碰见, 想见 등
>   b. 明: 说明, 证明, 探明, 表明, 指明 등

현대중국어에는 '见'과 '明'처럼 소수의 합성어에만 사용되는 부착 성분이 일부 존재한다.

2.4.8 맺음말

의미의 상관성은 동보 구조의 발전에 영향을 끼친 하나의 요인으로 작용했다. 동

사 접속사 '而'이 중고 시기 중국어에서 소실되면서 한 문장에서 여러 동사구가 잇따라 등장할 수 있게 되어 중국어의 연동식이 나타났다. 동보 구조의 직접적 근원인 분리 가능한 동보 조합은 사실상 연동식의 한 부류로 내재적인 '동작 + 결과'의 관계 구조를 갖고 있었다. 이런 내재적인 인과 관계로 인해 동보 조합은 상대적으로 긴밀한 의미 단위를 형성하였고, 의미적 통합성은 다시 형식적인 융합을 촉진하였다. 그 결과 동보 조합은 기타 연동식의 발전과 길을 달리하여 새로운 문법 구조를 이루게 되었다. 동보 구조의 발전은 의미가 문법의 발전에 얼마나 중요한 영향을 미치는지를 보여주었다.

두 성분 사이에 존재하는 의미적 상관성도 결국 정도의 문제인데 상관 정도의 차이에 따라 융합의 속도도 달라진다. 예를 들어 동보구는 결과 성분의 의미 지향에 따라 발생 시기에서 큰 차이를 보였다. 구체적으로 동사와 결과 성분이 모두 피동작주 빈어를 가리킬 경우 의미적인 연계가 더욱 긴밀할수록 더욱 빨리 융합되었다. 반면에 의미 지향이 동사인 경우 융합된 시기가 늦은 편이었고, 의미 지향이 동작의 주체인 경우 현대중국어에서조차 고도의 융합을 이루지 못한 상태이다. 따라서 보어의 의미 지향이 보어와 동사의 융합 속도와 정도를 일정 부분 결정한다고 가정해 보았다.

그 밖에 동사와 보어의 융합 정도에 영향을 미치는 또 한 가지 요인은 보어가 동사에 종결점을 확정해주는지 여부이다. 예를 들어 일반 결과 보어와 달리 추향 보어는 동작의 종결점을 확정하지 않고 발전 방향만을 표시한다. 그래서 'V + 추향 동사'는 지난 1,500년 동안 아무런 변화도 없었으며 분리 가능한 상태를 시종 유지하였다.

동보 구조의 확립은 또 일련의 유추 작용을 일으켰는바 주로 개사구와 시간사의 재배치가 이에 해당된다. 중고 시기 및 그 이전의 중국어에서 이 두 부류의 어휘는 문법 위상이 고정되지 않았고 서술어 동사의 앞과 뒤에 비교적 자유롭게 올 수 있었다. 그러나 나중에 동보 구조의 의미 형식의 영향으로 이들의 문법 위상은 의미적 특징에 따라서 재배치되었다. 이 두 부류 어휘의 사용에는 규칙이 확립되어 동작 행위의 결과성 성분은 서술어 동사의 뒤에, 나머지는 서술어 동사의 앞으로 그 위치가 제한된다. 동보 구조의 확립과 그로 인한 유추의 영향으로 중국어 문장에 새롭게 형성된 정보 구조 체계의 원칙에 대해서는 뒤에서 추가로 논의하고자 한다.

동보 구조가 발전한 문법 환경

2.5.1 머리말

앞에서 동사와 보어의 융합을 유발한 음성과 사용 빈도의 요인을 논의하는 과정에서 늘 전제되었던 가정은 V와 R의 연이은 출현이었다. 아울러 동보 구조는 중고 중국어의 분리 가능한 동보 조합에서 유래되었고, 동보 조합의 동사와 보어 사이에는 여전히 문법적인 자리가 하나 존재하여 피동작주 명사, 부사 또는 부정 표지 등이 들어갈 수 있다는 것을 확인했다. 이 세 개 장의 내용이 모순되어 보일 수도 있지만 실제는 그렇지 않다. 이 장에서는 분리 가능한 동보 조합의 동사와 보어가 어떻게 연이어 출현하여 융합을 일으켜 동보 구조가 되었는지에 대하여 논의할 것이다. 분명한 것은 두 성분이 융합되려면 필수 조건으로서 반드시 먼저 연이어 출현해야 한다는 것이다. 실제로 동사와 보어의 융합은 동사와 보어 둘 사이에 들어가는 단어가 없는 분리 가능한 동보 조합의 변형식에서 진행되었다.

문법 구조 또는 문법 환경이 어떻게 일반 단어의 문법화를 유발하였는지는 최근 문법화 이론 연구 분야에서 주목받고 있는 문제이다. 어휘의 문법화가 이루어진 문법 환경에 대한 연구는 특정 문법 이론 분야에서 가장 선도적인 과제로 나서고 있다. 새로운 문법 수단의 생성은 개별 어휘의 문제일 뿐만 아니라 더욱 중요한 것은 관련 단어의 문법화 구조와 밀접한 연관성을 가진다는 점이다. 중국어의 동보 구조 발전은 체표지 '了'를 대표로 하는 많은 새로운 문법 표지의 생성으로 이어졌다. 그리고 표층 어순의 변화와도 연관되며 가장 흔히 보이는 변화에는 VOR이 VRO로 바뀐 것이다. 그렇다면 다음은 어떻게 이런 어순의 변화가 나타나는지, 보어가 피동작주 명사를 간과하고 위치 이동을 할 수 있었는지의 의문이 따른다. 우리의 가설에 따르면 동사와 보어의 융합은 분리 가능한 동보 조합의 변형식에서 진행된 것이며 그 변형식에는 어순 변화 문제가 존재하지 않는다.

2.5.2 동보 구조가 형성된 문법적 환경

동사와 보어의 융합은 중국어의 문법에 두 가지 직접적이고 중요한 영향을 미쳤다. 하나는 동보 구조의 발생이고, 다른 하나는 일부 보어가 체표지와 같은 동사의 문법 표지로부터 진일보로 문법화된 것이다. 그들은 모두 중고 중국어의 분리 가능한 동보 조합에서 유래되었는데 그 형식은 다음과 같다.

> (1) VXR; X = 피동작주 명사, 부사 또는 부정 표지.

표층 구조로 보면 V와 R의 융합은 X라는 중개 성분을 통해서 이루어졌다. 하지만 이것이 사실이라면 V와 R이 서로 붙어있지 않으면서도 어떻게 하나의 문법 단위로 융합된 것인지가 설명이 안 된다. 그리고 실제로 모든 X 성분이 반드시 꼭 출현하는 것은 아니다. 이미 알고 있는 피동작주 명사의 경우는 흔히 생략되며 부사와 부정 표지도 의미적으로 필요할 때에만 나타난다. X 성분의 유무와 개수에 따라 중고 중국어의 분리 가능한 동보 조합은 아래와 같은 네 가지로 분류된다.

구조1: [V + O] [Adv./Neg. + R]
구조2: [V + O] [R]
구조3: [V] [Adv./Neg. + R]
구조4: [V] [R]

분리 가능한 동보 조합에서 O는 반드시 앞 V의 피동작주 명사, Adv./Neg.는 반드시 R의 수식어가 된다. 다시 말하면 삽입되는 성분은 성격에 따라서 V 또는 R와 서로 다른 직접 성분을 구성한다. 구조1은 세 가지 삽입 성분을 모두 구비한 가장 완전한 구조이지만 그 용례는 매우 드물다. 구조2는 부사와 부정 표지가 없으며 구조3은 피동작주 명사가 없다. 구조4는 삽입 성분이 하나도 없는 가장 간단한 구조이다. 그러나 구조4의 V와 R은 여전히 두 개의 독립된 문법 단위이며 그들 사이의 자리는 잠시 다른 단어로 채워지지 않았을 뿐이다. 삽입 성분 세 가지 유형에서 피동작주 명사의 삽입이 가장 많으며 사용 빈도는 부사나 부정 표지보다 훨씬 높다. 그런 이유로 동보 융합의 문법 환경을 고찰함에 있어서 피동작주 명사의 유무에 주목했다.

구조3과 구조4의 동사는 이론적으로 타동사와 자동사를 모두 허용하지만 가장 흔히 쓰이고 대표적인 것은 타동사이다. 왜냐하면 어떤 결과를 일으키기에는 타동사가 더 자연스럽기 때문이다. 그 밖에도 최초의 동보 융합은 타동사와 결과 보어 사이에서 먼저 이루어졌고 동보 구조에 자동사가 쓰이기 시작한 것은 그로부터 상당한 시간이 흐른 뒤이다. 그러므로 우리가 중점적으로 고찰해야 할 것은 타동사와 그 결과 보어 간의 관계 변화이다.

동사와 보어는 구조4에서 먼저 융합되었고 또 연이어 출현하는 구조4에서만이 융합이 가능했을 것이다. 그리고 해당 유형의 사용 빈도도 우리가 논의하는 현상과 관계된다. 앞 장에서 동사와 보어의 사용 빈도가 그들 간의 융합을 유발했다는 점에 대하여 논의한 바 있다. 여기서는 빈도의 문제로 V와 R이 연이어 출현하는 구조4와 기타 세 가지 유형의 사용 빈도도 함께 논의할 것이다. 만약 X 성분에 의해 절대적 우위를 차지한 V와 R 사이에 연이어 출현한 문법 구조를 우연한 용법이라고 본다면 구조4에서 V와 R의 융합이 이루어져서 기타 세 가지 유형의 구조를 대체했다는 가설은 성립하기 어렵다. 다음은 V와 R이 구조4와 기타 세 가지 구조에서 사용된 빈도를 비교 고찰할 것이다.

문헌 자료들을 대량으로 조사한 데에 따르면 구조4는 분리 가능한 동보 조합의 네 가지 유형 중의 하나이지만 그 사용 빈도는 기타 세 유형의 총합보다도 높게 나타났다. 이는 부정 양태식과 실현 체표지 '了'의 발전을 통해서도 알 수 있다. 아래 표는《주자어류》를 대상으로 가장 자주 사용된 5개의 '不R'과 그 동사 사이의 삽입 성분 유무를 고찰한 결과이다. 12세기경 부정 양태식이 생성된 지 얼마 안되어 '不得'만이 'V不RO' 형식으로 사용될 수 있었고, 다른 것들은 여전히 'VO不R'이라는 구형식으로 사용되었다. 그러므로《주자어류》는 양태식의 부정식이 최초로 등장한 문법 환경을 고찰하기에 가장 이상적인 문헌이라고 할 수 있다.

《주자어류》 중 '不R'와 V가 연이어 출현한 경우와 사이를 두고 출현한 경우의 비례

	연이어 출현한 경우	사이를 두고 출현한 경우	비례
V + 不得	914	279	3/1
V + 不下	23	9	3/1
V + 不盡	46	22	2/1
V + 不出	34	19	2/1
V + 不住	24	21	1/1

위의 표에 따르면 조사 대상이 된 5개의 '不R' 결과 성분은 앞의 V와 연이어 출현하는 경우가 사이를 두고 출현하는 경우의 2~3배에 달할 정도로 훨씬 높았다. 이를 바탕으로 보면 동사와 보어의 융합이 왜 먼저 구조4에서 이루어진 후 점차 새로운 문법 형식을 형성하여 결국에는 유추를 통해 기타 3개의 구조를 대체하였는지가 설명된다.

실현 체표지인 '了'의 출현도 동보 구조의 발전과 더불어 나타난 하나의 중요한 현상이다. 현대중국어의 '了'는 동사 뒤에 붙어서 동작의 완성 또는 실현을 의미한다. 실현 체표지인 '了'는 중고 중국어에서 결과 성분이었던 일반 동사 '了'에서 비롯되었으며 10세기 이전에는 VOR 형식, 즉 당시의 분리 가능한 동보 조합으로만 사용되었다. 그리고 약 10세기경에 체표지로 문법화되고 난 다음에야 '了'는 'V了O' 형식으로 쓰이기 시작했다. 그러므로 10세기경의 문헌은 '了'의 문법화가 발생한 문법 환경을 고찰하기에 매우 적합하다. 아래는 9세기경의 문헌인 《조당집》에 대한 통계이다.

《조당집》에서 동사와 연이어 출현한 보어 '了'의 비율

	연이어 출현한 경우	사이를 두고 출현한 경우	비례
V + 了	77	54	7/5

부정 양태식의 경우와 마찬가지로 동사와 '了'가 연이어 출현한 경우는 사이를 두고 출현한 기타 세 가지 경우를 합친 것보다도 많다. 이렇게 고빈도로 나타난 연이어 출현하는 문법 환경으로 인해서 V와 '了'의 융합이 가능해졌다.

위의 통계 결과로부터 이런 결론을 얻을 수 있다. 분리 가능한 동보 조합에서 V와 R이 연이어 출현할 확률은 항상 사이를 두고 출현할 확률보다 크다. 이를 다음과 같이 표현할 수 있다.

> (2) VR → VXR

그러므로 V와 R은 각기 독립된 두 개의 문법 단위이고 둘 사이에 문법적인 자리가 존재하여 다른 어휘가 들어갈 수 있다고 해도 그들은 연이어 출현하는 빈도가 충분히 높기 때문에 여전히 재분석을 통해 하나의 문법 단위로 융합될 수 있다는 것이다.

일반 연동식과 마찬가지로 고대중국어의 동사 접속사 '而'의 소실은 동사와 보어가 연이어 출현할 수 있도록 가능성을 만들어 주었다. 고대중국어의 문법 규칙에 따르면 서술어 자리에 오는 두 동사성 성분은 '而'로 연결되어야 한다. 그런 조건에서 V와 R은 위치적으로 붙어 있지 않기 때문에 하나의 문법 단위로 융합될 수 없다. '而'은 약 BC 1세기경부터 그 사용이 드물어지다가 위진 시기에 이르러서는 매우 적게 사용되었다. '而'의 쇠락 원인에 대해서는 아직 알려진 바가 없으며 진일보의 논의가 필요한 문제로 남아 있다. '而'의 소실로 인해 중고 중국어의 분리 가능한 동보 조합이 나타났으며 결과적으로 동보 구조의 형성에 길을 열어 주었다.

적절한 문법 환경은 동사와 보어의 융합에서 필수 조건 중의 하나이다. 기타 조건으로는 음성 단위, 동시 출현 빈도, 의미적 완전성 등이 있는데 이들이 함께 작용한 결과에 의해 동보 융합의 형성 방식과 시기, 그리고 위치가 결정되었다.

2.5.3 연이어 출현하는 문법 환경과 최초의 동보 융합

2.5.3.1 실현 체표지 '了'의 문법화를 유발한 문법 환경

지금부터 역사적 사실을 바탕으로 위의 '연이어 출현하는 문법 환경'에 대한 가설을 증명해 볼 것이다. 이 가설에 따르면 동사와 보어는 연이어 출현하는 문법 환경에서 우선적으로 융합을 이루었다. 이 가설에 근거하면 동보 구조는 중고 중국어의 분리 가능한 동보 조합의 네 가지 변형식에서 모두 균형적으로 발전할 수 없으며 구조4에서 우선적으로 형성되었다는 것이다. 앞 장의 논의에 따르면 동사와 보어의 융합이 이루어질 경우 아래와 같은 세 가지의 특징을 볼 수 있다. 첫째, 원래 가운데 들어가던 피동작주 명사는 반드시 동보구의 앞 또는 뒤로 이동해야 한다. 둘째, 원래 가운데 들어가던 부사와 부정 표지는 반드시 전체 동보구의 앞으로 이동해야 한다. 셋째, 일부 고도의 문법화를 이룬 결과 보어의 경우는 음성 형식도 약화된다. 한자는 특징상 음성의 변화를 제때에 효과적으로 반영하기 어렵기 때문에 세 번째 특징은 논거로 활용하기가 쉽지 않다. 따라서 아래는 주로 앞의 두 가지 특징을 통해 동사와 보어의 융합 과정을 관찰할 것이다.

체표지 '了'는 원래 '완성하다, 끝나다'의 의미를 가진 결과 성분으로 자주 사용되던 일반 동사에서 유래되었다. 표층 구조로 보면 그 문법화 과정은 'VO了→V了O'

의 어순 변화를 거친다. 최초의 'V了O' 형식은 10세기경의 문헌에 나타났는데 이는 당시에 이미 '了'의 체표지 용법이 발달되었다는 것을 의미한다. 그러므로 대체로 '了'가 체표지로 발전한 시기에 나타난 문헌들이 주요 고찰 대상이 되어야 한다.

그리하여 당조, 5대 시기의 구두어를 기록한 문헌(약 618~960년) 20여 편을 고찰 대상으로 선정했다. 구체적으로 먼저 '了'와 앞의 동사 사이에 피동작주 명사가 있는지 여부를 기준으로 두 가지 경우로 분류하고, 그 다음 원래 둘 사이에 들어갔던 부사 또는 부정 표지의 위치 이동 경우를 살펴보았는데 그 결과 현저한 대립 양상을 보이고 있다. 다음은 그 결과를 정리한 표이다.

당조, 5대 시기의 문헌에 나타난 결과 보어 '了'의 분포

	용례 합계	부사, 부정 표지가 삽입된 경우(%)	부사, 부정 표지가 전방 이동한 경우(%)
V + O + 了	69	100%(41)	0%(0)
V + 了	43	28%(2)	78%(5)

그중 일부 용례에는 부사 또는 부정 표지가 없었다. 위의 표의 합계 수치에서 '삽입' 용례와 '전방 이동' 용례의 수를 빼면 부사 또는 부정 표지가 없는 용례의 수이다.

위의 표에 따르면 가운데 들어가는 피동작주 명사의 유무와 부사 및 부정 표지의 전방 이동 사이에는 연계성이 내재한다. V와 '了'의 가운데 피동작주 명사가 들어가는 문법 환경에서는 부사나 부정 표지의 전방 이동 현상이 전혀 발견되지 않았다. 그리고 만약 부사나 부정 표지가 있을 경우 여전히 동사와 결과 성분의 사이에 들어갔다.

예문

(3) 填色未了。(《입당구법순례기》)

(4) 叹之已了。(《여산원공화》)

예문(3)의 동사 '塡'과 '了' 사이에는 피동작주 명사 '色'가 들어 있고 부정 표지 '未'는 여전히 피동작주 명사와 '了'의 사이에 놓였다. 예문(4)의 동사 '叹'과 '了' 사이에는 대명사 빈어 '之'가 들어갔고 부사는 여전히 피동작주 빈어와 보어 사이에 쓰였다. 부사 또는 부정 표지의 전방 이동은 동사와 보어의 융합 정도를 나타내는 특성을 가지고 있기 때문에 동보 융합은 사이를 갈라놓는 피동작주 명사가 없는 상황에서도 우선 융합이 발생되었다고 할 수 있다. 피동작주 명사는 동사와 보어 사이에 들어가는 가장 자주 쓰이는 성분이다.

그러나 그와 반대로 동사와 '了'의 사이에 피동작주 명사가 빠진 문법 환경에서 부사와 부정 표지는 전체 동보 구조의 앞으로 이동한 경우가 78%에 달했다. 이는 이런 환경에서 융합이 이미 이루어졌다는 것을 의미한다. 그리고 관찰에 따르면 부사와 부정 표지의 전방 이동은 예외 없이 모두 피동작주 명사가 없는 문법 환경에서 일어난 것으로 나타났다. 다음은 그중의 두 용례이다.

예문

(5) 法既付了。(《육조단경》)
(6) 早说了也。(《조당집》- 장경화상)

위의 두 예문을 보면 동사와 결과 보어 '了'의 가운데에는 모두 피동작주 명사가 빠져 있으며 부사 '既'와 '早'는 모두 전체 동보구의 앞에 놓였다. 이런 현상은 동사와 결과 성분 '了'의 융합은 둘이 연이어 출현하는 문법 환경에서 먼저 이루어지는데 일단 융합이 일어나면 부사 또는 부정 표지가 반드시 앞으로 이동한다는 것을 말해 준다.

다음은 7세기에서 8세기 사이의 20여 가지 문헌을 대상으로 통계한 결과이다. 또한 당조 시기의 가장 중요한 구두어 자료인《돈황변문》에 대해서도 전면적으로 조사하였는데 그 통계 결과도 '연이어 출현하는 문법 환경의 가설'을 진일보 뒷받침하고 있다.

《돈황변문》에 나타난 결과 보어 '了'의 분포

	합계	부사 등의 삽입(%)	부사 등의 전방 이동(%)
V + O + 了	68	95%(40)	5%(2)
V + 了	122	78%(32)	22%(10)

　위의 통계 결과는 가운데 들어가는 피동작주 명사의 유무와 부사 및 부정 표지의 전방 이동 사이에는 연계성이 내재한다는 점을 또다시 말해주고 있다. 가운데 피동작주 명사가 들어간 상황에서 부사 또는 부정 표지의 전방 이동이 일어난 용례는 5%에 불과하다. 반면에 동사와 결과 보어 '了'가 연이어 출현한 문법 환경에서는 부사 또는 부정 표지가 전방으로 이동한 경우가 22%에 달하여 앞의 경우보다 17퍼센트포인트나 높은 것으로 나타났다. 이런 대조적인 현상은 결과 보어 '了'와 그 앞 동사의 융합이 우선 그들이 잇따라 출현하는 문법 환경에서 이루어졌다는 점을 말해 준다.

　부사 또는 부정 표지의 전방 이동은 동사와 보어의 융합을 판단하는 확실한 형식적 기준이라는 점도 또 다른 관점에서 설명이 가능하다. 동사와 보어의 융합은 음절수의 영향을 받는다. 쌍음화 추이는 이러한 영향으로 인해 연이어 출현하여 문법 환경 조건을 만족시킨 동사와 보어의 조합 중에서 2음절 단위를 가진 것들이 먼저 융합되었다. 그렇다면 부사 또는 부정 표지의 전방 이동은 연이어 출현한 2음절 동보 조합에서 제일 먼저 일어났을 것이라는 추론이 가능하다. 위의 통계는 음절수를 고려하지 않은 통계인데 이 요인까지 추가하면 바로 그 중요한 부분을 관찰할 수 있다.

《돈황변문》에 나타난 결과 보어 '了'의 분포

	합계	부사 등이 삽입된 경우(%)	부사 등이 전방 이동한 경우(%)
단음절 동사+了	83	40%(6)	60%(9)
2음절 동사+了	39	97%(17)	3%(1)

위의 통계에 따르면 부사 또는 부정 표지가 전방 이동을 하는지의 여부는 동사와 보어가 하나의 2음절 단위를 구성하는지의 여부와 밀접한 연관이 있어 보인다. 단음절 동사와 '了'로 구성된 동보 조합(2음절 단위)의 60%가 부사 또는 부정 표지로 전방 이동한 반면에 2음절 동사와 '了'로 구성된 동보 조합의 경우는 겨우 3%만 이동하였는데 대체로 부사 등 성분의 전방 이동은 아직 시작되지 않았다고 볼 수 있다. 이런 현상은 또한 음운적 요인과 문법 환경 등의 상호 작용 하에 동보 구조가 형성되었음을 말해주기도 한다. 지금부터 위의 통계에서 나타난 대조적인 현상을 구체적인 용례를 통해 살펴볼 것이다.

> **예문**
>
> (7) a. 锦帐已铺了。(《돈황변문》- 하녀사)
>
> b. 装束已了。(《돈황변문》- 오자서변문)
>
> (8) a. 太子才问了。(《돈황변문》- 쌍은기)
>
> b. 铺置才了。(《돈황변문》- 연자부)

예문(7)과 예문(8)을 보면 같은 부사인데 동사가 단음절이면 전체 동보 조합의 앞에, 동사가 2음절이면 동사와 보어의 사이에 놓인다.

위의 분석을 통해 동사와 보어의 융합은 다양한 요인이 상호 작용한 결과라는 것을 알 수 있다. 음운적 요인까지 감안하면 '연이어 출현하는 문법 환경'의 가설은 "연이어 출현하는 문법 환경에서 2음절 단위를 가진 동보 조합이 가장 쉽게 융합된다."고 다시 정리할 수 있다.

고찰에 따르면 'V了O' 형식은 10세기경의 문헌에 처음 나타났다. 다음은 그 초기 용례이다.

> **예문**
>
> (9) 萧禧已受了文字。(《을묘입국주청》)

‘了’는 동사에서 체표지로 발전하는 과정에서 그 음성 형식도 크게 약화되어 성조의 음가도 잃고 운모도 합성 모음에서 상대적으로 약한 중설 모음으로 간소화되었다. 음성의 간소화는 어휘의 문법화 과정에서 자주 관찰되는 현상이다. 앞에서 우리는 부사의 전방 이동을 동사와 ‘了’의 재분석을 판단하는 형식적 표준으로 간주하기로 했다. 이 형식적 표준의 신뢰성은 다른 시각에서도 접근이 가능하다. ‘V了 O’의 형식에서 V와 ‘了’의 사이에는 부사 또는 부정 표지가 들어갈 수 없다. 이 형식에서 ‘了’는 이미 고도의 융합을 이루어 체표지로 문법화되었기 때문에 어떤 삽입 성분도 허용하지 않는 것으로 풀이된다.

위의 분석은 또 같은 결과 성분이라도 동일한 시기의 상이한 문법 환경에서 서로 다른 문법적 성질을 가질 수 있다는 것을 말해 준다. 예를 들어 8세기경의 문헌 조사에 근거하면 ‘了’는 가운데 들어간 피동작주 명사로 인해 동사와 떨어져 있는 문법 환경에서는 여전히 일반 동사로 쓰였으며 부사 또는 부정 표지의 수식을 받을 수 있었다. 그러나 연이어 출현하는 문법 환경에서는 이미 그 앞의 동사와 융합되기 시작했는데 이는 ‘了’가 어휘로서의 성질을 잃고 문법화되기 시작하였음을 의미한다. 이처럼 동일한 형식이라도 서로 다른 문법 환경에서 상이한 성질을 보이는 것은 언어에서 흔히 나타나는 현상이다. 예를 들면 ‘给’가 단독으로 쓰일 때는 일반 동사로서 체표지를 가지거나 중첩으로 쓰일 수 있지만 서술어로 되어 중심 동사의 수용자를 이끄는 기능으로 사용될 경우에는 문법화된 개사로밖에 이해할 수 없으며 이때의 ‘给’는 동사의 주요 문법적 특징도 갖지 못한다.

동보 융합으로 인하여 기존의 삽입 성분이 모두 위치를 이동하긴 했지만 서로 다른 품사의 위치 이동이 중국어의 문법 체계에 미친 영향은 상이했다. 부사 또는 부정 표지의 전방 이동은 새 문법 구조로 이어지지 않았으며, 다만 중국어 기존의 ‘부사어 + 서술어’ 구조에 동보 조합의 서술어 구조를 하위 부류에 하나 더 추가했을 뿐이다. 그러나 피동작주 명사의 위치 이동은 동보구의 앞이나 혹은 뒤에서 일어나든 간에 모두 중국어의 새로운 문법 구조로 이어졌다. 먼저 뒤로 이동한 경우는 다음과 같다. ‘VRO’ 형식은 일반 동사가 빈어를 가진 구조를 가지고 있지만 실제는 매우 생산적인 문법 구조이다. 'R'의 출현은 실제 V와 O 사이에 하나의 새로운 문법 자리가 생겨난 것인데 다양한 자동성 결과 성분이 그 자리에 들어갈 수 있을 뿐만 아니라 동사 중첩을 비롯한 동사의 기타 활용 형태가 발전할 수 있도록 필요한 조건을 만들기도 했다. 피동작주 명사의 전방 이동은 중국어의 문법에 더욱 깊은 영향을 미쳤다. 이를 테면 새로운 화제 구조의 발생, '파'자문의 출현은 모두 이 변화가 가져온 직접적인 결과라고 할 수 있다.

위의 분석은 실제 중고 중국어의 분리 가능한 동보 조합이 동보 구조로 전환하는 구체적인 경로를 보여준다. 앞에서 우리는 분리 가능한 동보 조합을 다시 4개의 부류로 분류했다. 그리고 V와 R이 잇따라 출현한 네 번째 부류에서 원래의 독립적인 두 문법 단위가 하나의 통합된 문법 단위로 먼저 변화가 일어났다는 것을 확인했다. 그 변화의 과정을 다음과 같이 표현할 수 있다.

(10) [V] [R] → [VR]

이것은 V와 R 사이의 경계가 약화되었다가 결국 소실되는 과정을 나타낸 대표적인 재분석의 용례이다. 사실 기존의 V와 R 사이에는 경계가 존재했을 뿐만 아니라 부사, 부정 표지 및 피동작주 명사가 들어갈 수 있는 또 다른 문법 자리도 존재했다. 구조4에서 발생한 V와 R의 융합으로 인해서 우선 구조3이 약화되고 나아가 소실되기에 이른 것이다. 이를 다음과 같이 표현할 수 있다.

(11) [V] [Adv./Neg. + R] → [Adv./Neg.] [VR]

체표지 '了'의 발전 과정을 고찰한 데 따르면 부사 또는 부정 표지의 전방 이동은 그것이 최종적으로 체표지('V了O'의 형식으로 사용 가능)로 발전한 시기보다 200~300년 앞선 것으로 나타났다. 이런 발전 순서는 동사와 보어의 융합 정도를 반영한다. 동사와 보어의 융합은 단번에 이루어진 것이 아니라 점진적인 과정이었다는 점은 분명하다. 그것들이 일단 융합되기 시작하여 사이의 경계가 약화되면 부사 또는 부정 표지는 더 이상 그 사이에 들어갈 수 없어 바로 전방 이동하게 된다. 그러나 VRO 형식은 또 고도의 융합을 이룬 다음에야 나타날 수 있다. 그러므로 전환의 3단계가 바로 피동작주 명사의 위치 이동이며 그것을 다음과 같이 나타 낼 수 있다.

(12) [VO] [R] → [VR] [O] 또는
　　　[VO] [Adv./Neg. R] → [Adv./Neg.] [[VR] O]

다양한 유형의 동보구는 각기 발전하고 성숙된 시기가 서로 다르지만 그것들이 거친 과정과 절차는 대체로 일치하다.

2.5.3.2 종결 체표지 '过'의 발전

실현 체표지 '了'가 문법화되고 얼마 후에 중국어에는 종결 체표지 '过'가 나타났다. '过'는 어떤 시점을 기준으로 그 이전에 겪은 사건을 표시한다. 기준이 되는 시점이 확정되면 '过'는 사건이 동시점 이전의 어떤 불특정한 시간에 적어도 한 번 발생하였음을 나타낸다.

예문

(13) a. 我十岁时已去过美国。 - 기준이 되는 시간: 과거
　　　b. 我学过日语。 - 기준이 되는 시간: 현재
　　　c. 我明天中午吃过饭再来。 - 기준이 되는 시간: 미래

체표지가 되는 '过'는 약 14세기에 발전하여 성숙되었다. 다음에는 그 이전에 있었던 '过'의 발전에 대하여 고찰할 것이다.

'过'는 원래 '어떤 곳을 통과하다, 또는 어떤 시간을 경과하다'는 의미를 갖는 일반 동사였다. 그 의미적인 확장 과정은 다음과 같다.

다음은 '过'가 일반 동사로 쓰인 용례이다.

예문

(15) 虾蟆跳过雀儿浴。(한유의 시)

(16) 杜鹃, 你休得叫过通宵。(《장협장원》)

일반 동사로 쓰일 때, '过'는 타동사이며 보통 장소 또는 시간을 나타내는 빈어를 가진다. '过'는 체표지로 발전하기 이전에도 'V过O'의 형식으로 사용되었다. 그중의 '过'와 O는 행위-결과의 관계를 가지는 것으로 당시의 다동공빈 구조에 해당한다.

당조 시기에 이르러 '过'는 이미 의미가 확장되어 사건의 발생을 표시할 수 있었으며 이는 그 이후의 체표지 용법과도 매우 비슷하였다.

예문

(17) 本司检过。(《입당구법순례기》)

그러나 10세기 이전에 예문(17)과 같은 용법은 매우 드물었으며 그 이후에야 점차 많아지기 시작했다. '사건이 이미 발생되었음'을 표시하는 '过'는 기존의 장소 또는 시간을 나타내는 타동사에서 동작 행위의 발생 과정을 가리키는 결과 성분으로 바뀌었기 때문에 실제 문장 내 기타 성분과의 의미 관계가 바뀐 것으로 이해할 수 있다. 당시의 다동공빈 규칙의 제한으로 이런 '过'로 구성된 동보구는 더 이상 어떤 명사성 빈어도 가지지 못하였을 것이다.

《돈황변문》에 나타난 결과 보어 '了'의 분포

유형	V + 过	V + 过 + O
어떤 장소를 경유	40%	60%
어떤 시점을 경과	30%	70%
사건의 기발생	100%	0%

빈어의 유무를 놓고 보면 앞의 두 가지 용법은 뒤의 용법과 현저하게 대조된다. 앞의 두 가지 용법에서는 '过'가 타동사이며, 'V + 过'가 빈어를 가질 확률이 가지지 않을 확률보다 크다. 그러나 '사건이 이미 발생되었음'을 표시하는 동보 조합이 빈어를 가진 예문이 전혀 존재하지 않았다.

'过'가 일반 동사에서 체표지로 발전하기까지 약 500년이 걸린 것으로 보인다. '过'가 어휘적 성질을 완전히 잃고 체표지로 문법화되면 'V过O'의 형식으로 쓰이어 동작 행위의 진행 상태를 표시할 수 있다. 다음은 체표지 '过'의 초기 용례들이다.

예문

(18) 饮过酒今番不枉。(《제갈량박망소둔》)

(19) 待我见过大爷, 然后来取。(《육태학시주오공후》)

예문(18)의 '过'는 과거의 어떤 시점에 겪은 적이 있음을, 예문(19)의 '过'는 미래의 어떤 시점을 기준으로 그 이전에 발생했음을 나타낸다. 체표지인 '过'는 그 자체가 절대적 시간을 직접 나타내지 않으며 절대적 시간은 주로 문장 속의 시간사(時間詞)에 의해 확정된다. 현대중국어의 'V + 过'는 여러 가지 피동작주 빈어를 자유롭게 가질 수 있다.

'过'와 '了'는 그 유래부터 문법적 성질이 서로 다르기 때문에 구체적인 문법화 과정에서도 차이를 보인다. '了'는 원래 분리 가능한 동보 조합의 결과 성분으로서 동작의 완성을 표시했다. 그리고 앞 동사와의 융합은 동보 조합의 하위 부류인 연이어 출현하는 문법 환경에서 시작되었다. 체표지 '过'는 원래 '어떤 지점 또는 시점을 통과함'을 뜻하는 타동사에서 유래되었으며 초기에는 'V过O'의 형식으로 사용되었다. '过'는 행위 동작이 과거에 발생한 적이 있음을 표시하는 의미로 확장되면서 의미 지향이 뒤의 피동작주 명사에서 앞의 동사로 바뀌었다. 그래서 '过'가 들어간 동보 조합은 상당히 긴 시간 동안 어떤 빈어도 가질 수 없었다. 즉, 융합되기 이전의 'V + 过' 어구는 일반적으로 가운데 피동작주 명사가 들어갈 수 없었는데 이는 '过'가 동사의 형태 표지로써 진일보로 문법화되도록 적합한 문법 환경을 제공했다. 비록 융합되기 이전의 'V + 过'는 빈어를 갖지 못하였으나 그 가운데 자리에는 여전히 기타 단어가 들어갈 수 있었다.

예문

(20) 只借圣人来说一遍过。(《주자어류》- 권9)

예문(20)에서 동량사 '一遍'이 '说'와 '过'의 가운데 삽입되어 있다. 그러나 현대중국어에서는 더 이상 이런 용법이 허용되지 않는다. 현대중국어에서 동량사는 'V + 过'의 뒤에만 쓰인다. 한마디로 말하면 '过'는 동작 행위의 발전 현황을 표시하는 것으로 용법이 확장되면서 '过' 로 형성된 동보 조합은 상당히 긴 시간동안 피동작주 빈어를 가질 수 없었다. 그리고 나중에 체표지로 문법화되면서 독립된 어휘로서의 자격을 잃었기 때문에 그때에야 '过'로 형성된 동보 조합도 자유롭게 피동작주 빈어를 가질 수 있게 된 것이다. '过'는 체표지로 발전한 후 음성 형식도 약화되어 성조의 음가를 잃었을 뿐만 아니라 합성 모음인 운모도 비교적 약하고 또 모호하게 발음되었다.

2.5.3.3 지속 체표지 '着'의 발전

이 부분에서는 지속 체표지 '着'의 발전을 통해 연이어 출현하는 문법 환경은 모든 동보 조합의 융합에 있어서 반드시 필요한 필수 조건임을 살펴볼 것이다. 이 조건을 만족시키는 경우는 여러 가지가 있는데 이 모든 경우의 공통점은 융합이 일어나는 두 성분이 반드시 연이어 출현한다는 점이다. 가장 일반적인 경우는 분리 가능한 동보 조합 중에 삽입 성분이 없는 것들이며, 앞에서 논의한 현상도 대부분이 이 부류에 속한다. 하지만 '着'의 발전과 관련된 문법 환경은 구조의 층위 변화를 통해 연이어 출현하는 조건을 만족시킨 경우로 지금까지 살펴본 것들과는 다른 부류이다.

현대중국어에서 체표지 '着'는 동작 행위의 지속성을 나타내며 부사 '正(在)'과, 또는 어기 조사 '呢'와 같이 쓰인다.

'着'도 '-에 부착되다', '-에 닿다'라는 뜻을 가진 일반 동사에서 유래되었다.

예문(22)에서 '著'는 뒤에 개사구가 붙는 일반 동사이다. 그리고 여기서 서술어는 앞과 뒤의 두 동사가 '而'로 연결된 연동식이다. 연이어 출현하는 문법적 조건에 부합하지 않는 이런 문법 환경에서는 '著'가 앞의 동사와 융합될 수 없었을 것이다. 그러나 언어의 지속적인 발전과 더불어 약화를 거듭하던 동사 접속사가 소실되기에 이르렀고 이때 '著'는 그 앞의 명사와 연이어 출현함으로써 융합도 가능하게 되었다.

위의 두 예문에서 '著'는 장소를 이끄는 개사로서 현대중국어의 '在' 또는 '到'에 해당되는 것으로 볼 수 있다. 그들의 추상적 형식과 구조 층위는 다음과 같다.

가. V [著 + NP]
나. VO [著 + NP]

보다시피 연이어 출현하는 조건에 부합되는 것은 '가' 구조뿐이므로 '著'와 앞 동사의 융합은 '가' 구조에서 먼저 일어났을 것이다. 그러나 그들이 융합되려면 우선 두 성분이 서로 다른 층위에 있다는 문제부터 극복해야 한다. '著'는 동사와 직접적인 관계를 맺지 않고 뒤의 NP와 먼저 직접 성분을 형성하는데 두 성분이 융합되려면 기본적으로 연이어 출현해야 할 뿐만 아니라 구조적 층위가 일치하여 직접 성분을 형성할 수 있어야 하기 때문이다.

6세기 이후부터 위의 두 형식에는 근본적인 변화가 발생하여 '著' 뒤의 장소 명사가 'V著' 어구의 앞자리로 이동하기 시작했다.

예문

(25) 于西间壁上题著。(《육조단경》)
(26) 房前栽著病时看。(왕건, 《걸죽》)

'著'가 체표지로 발전하는 데 필요한 문법 환경은 이때에 이르러서야 나타났다. 이러한 환경을 전제로 '著'는 그 앞의 동사와 직접 성분을 이루어 동작에 따른 결과의 지속성을 표시하게 되었다. 예를 들면 예문(25)의 '题著'는 '题'의 결과인 '诗'의 존재 상태를 가리킨다. 이런 구조와 의미적인 특징들은 모두 이후 지속 체표지로서의 용법과 밀접히 연관된다. 그리고 시간 명사가 전체 'V + 著'의 앞자리로 이동했다. 예문(25)를 보면 전방 이동한 시간사에 또 다른 장소 개사를 추가했는데 이는 한편으로 '著'가 문장에서 원래 단순하게 장소만을 표시하던 용법에서 벗어나 체표지로 전환하기 시작하였음을 말해준다.

5세기에서 7세기까지 '著'가 들어간 문장의 장소 표현과 관련된 구조는 다음과 같은 변화를 겪었다.

(27) V [著 + NP] → [PRE +NP] [V 著]

위의 논리적인 사고나 분석에 따르면 '著'는 우측의 형식에서 문법화되었을 것이다. 그리고 그 발전과 관련된 시간적 순서도 이 관점을 뒷받침한다. 우측에 연이어 출현하는 문법 구조가 나타나고 얼마 지나지 않아서 바로 'V + 著 + NP' 형식이 형성되었다. 또한 이 형식에서의 명사도 더 이상 장소를 나타내는 데에만 국한되지 않고 모든 일반 명사를 사용할 수 있다. 이런 신형식은 (27)의 좌측 형식으로 돌아간 것처럼 보이지만 실제 그 구조 층위는 V [著 + NP]에서 [V著]NP로 바뀌어 완전히 변화된 것이다. 또한 원래 개사였던 '著'의 품사성도 문법화 정도가 더 높은 동사의 체표지로 바뀌었다. 신형식은 약 12세기에 발생되었는데 다음은 그 초기의 용례이다.

(28) 门前挂著一枝松柯儿。(《경세통언》 - 일굴귀뢰도인제괴)

자세히 보면 여기서 '著'는 아직 진정한 의미의 지속 체표지는 아니며 정태(靜態) 동사와만 어울린다. 실제 현대중국어에서 이는 존현문(存現句)의 일종이며 그 추상적 형식은 다음과 같다.

(29) (PRE)장소 NP + V + 着 + O

예문(29)의 형식은 구조적으로 중고 중국어의 '[V + O]+[著 + NP]'와 반대된다. 장소 명사는 서술어 뒤에서 서술어 앞으로 이동한 반면에 동작의 피동작주 명사는 서술어 앞에서 서술어 뒤로 이동되었다. 존현문은 기능적으로 주로 동작에 따른 결과의 지속 상태를 표시할 뿐 동작 자체의 지속을 표시하지는 못한다. 그러나 이는 지속 체표지로 발전하기 위한 중요한 단계이다. 약 13세기 이후에 '着'는 동사의 체표지로 진일보 문법화되어 동작이 한창 진행되고 있음을 나타냈다.

(30) (他)慌慌走着。(《진계경오도죽엽주》)
(31) 他厨下使着手里。(《금병매》 - 38회)

지속 체표지 '着'의 발전 과정은 '연이은 출현'과 '직접 성분 구성'이 동사와 보어의 융합에 필요한 문법 환경이라는 것을 말해 준다. 비록 5세기경에 '着'는 벌써 그 앞의 동사와 연이어 출현했지만 직접 성분이 아니었기에 먼저 그 뒤의 장소 명사와 하나의 구조체를 이루었다. 이때 이들은 아직 융합의 조건을 만족시키지 못하였다. 나중에 장소 명사가 전방 이동하고 동사와 '着'가 직접적인 관계를 맺으면서 그들 사이의 융합도 가능하게 된 것이다. '着'의 이런 변화 과정은 약 500년이라는 시간이 걸렸다.

체표지 '着'는 원래 장소를 이끄는 개사로서의 용법에서 유래되었다. 그 근거는 방언 자료에서 찾을 수 있다. 많은 방언들이 모두 일치한 현상을 보이고 있는데 차오샌(巢县), 허페이(合肥), 훠츄(霍丘), 징먼(荆门) 등 다양한 지역의 방언에서는 모두 '在'로 지속체를 표시한다. '在'는 보통화에서 가장 자주 사용되는 장소 개사이다. 다음은 방언 중의 지속 체표지인 '在'의 용례들이다.

위 두 예문의 추상적 형식은 모두 'VO在'이다. 이 방언들 중의 체표지 '在'는 보통화의 '着'의 문법 성질과 완전히 일치하지는 않다. 여기서 '在'는 동사와 아직 완전히 융합되지 않았기에 가운데 피동작주 명사를 삽입할 수 있으므로 여전히 어휘적 성격이 강한 부착 성분이라고 할 수 있다. 이런 현상은 사실 중고 중국어의 분리 가능한 동보 조합이 남긴 현상이다. 앞 장에서 우리는 각 방언 중 쌍음화 추이의 불균형적 발전으로 인해 동보 구조의 발전 정도도 차이가 있으므로 일부 방언은 여전히 분리 가능한 동보 조합의 단계에 머물러 있다는 점을 논의하였다. 체표지의 발전은 동보 구조의 발달 과정의 일종 발전 현상의 구체적인 표현이며, 방언의 위 용법도 각 지역 동보 구조의 불균형적 발전을 보여준다.

또 하나의 문제는 '在'가 이끄는 장소 어구가 현대중국어(방언 포함)에서는 더 이상 서술어 동사 뒤에 출현하지 못한다는 것이다.

그렇다면 '在'는 어떻게 서술어 동사의 뒤에 오는 부착 성분으로 발전할 수 있었을까? 공시적 체계에 대한 고찰만으로는 그것이 문법화된 문법 환경을 이해하기는 매우 어렵다. 그 해답은 역시 역사 속에서 찾아야 한다. 우리가 제시한 '연이어 출현하는 문법 환경'의 가설에 근거하면 부착 성분인 '在'의 문법화에 필요하고 적절한 문법 환경은 [V + O] [在 + NP]이다. 이는 중고 시기와 그 이전의 중국어에 나타난 정상적인 어순이다.

여기서 '于'는 동보구 뒤에서 장소를 표시하는 어구를 이끈다. 고대중국어에 존재한 장소 개사 '在'는 중고 시기 이후에 줄곧 구두어에 사용된 가장 중요한 장소 개사였는데 나중에는 '于'를 완전히 대체했다. 현존하는 고대 방언의 자료 부족으로 인해 이들 방언 중 '在'의 역사적 발전 상황을 확실히 파악하긴 어려워 보인다. 그러나 '在'자구가 이 방언들에서 장기적으로 서술어 동사의 뒤에 쓰였다는 점은 확실하다. '在'는 바로 이런 문법 환경에서 뒤의 장소 명사를 잃고 하나의 부착 성분으로 바뀐 것이다. 그리고 의미적인 면에서 '在'는 장소를 표시하는 속성에서 동작을 나타내는 체범주로 전환되었다.

2.5.4 문법 표지 발전에 대한 문법 구조의 제약

문법화에 대한 문법 구조의 영향은 여러 측면에서 나타난다. 그 일환으로 '연이은 출현'이라는 문법 환경이 어떻게 동사와 보어의 융합을 유발하고 또 어떻게 일부 결과 성분을 진일보 문법 표지로 발전하도록 추동하였는지를 살펴보았다. 이 부분에서는 문법화에 대한 문법 구조의 영향을 다른 두 가지 측면에서 논의할 것이다. 하나는 '문법 구조가 어떻게 문법 표지의 발전을 제한하는지'이고 다른 하나는 '문법 구조가 어떻게 한 문법 표지의 기능에 영향을 미치는지'이다.

같은 의미적 특징을 갖는 어휘가 같은 방향으로 문법화되는 것은 인간 언어 발전에서의 또 하나의 공통성이다. 예를 들면 언어의 판단사는 대다수가 지시 대명사에서 유래되었다. 여기서 우리는 중국어와 영어를 중심으로 종속절 표지의 문법화 과정을 고찰할 것이다. 두 언어의 관형절은 원래 모두 지시 대명사나 의문 대명사가 이끈다. 영어에서 관형절 형식은 'NP + 문법 표지 + 종속절'이다. 즉, 명사 뒤에 관형절이 따르는 구조인 것이다.(It is the car that I drove yesterday.) 중국어에서 관형절의 형식은 '종속절 + 的 + NP'이다. 즉, 관형절이 명사 앞에 오는 구조인 것이다.

(36) a. 这是我昨天开过的车。

　　 b. 吃过饭的人先走。

종속절 표지인 '的'는 약 8세기경에 출현하였다. 그 이전의 '的'는 지시 대명사와 의문 대명사의 두 가지 용법을 갖고 있었다.

(37) 竹篱茅舍, 底是藏春处。(《맥산계사》)

(38) 持底报郎恩? (《환문가악부》)

'的'의 최초 용법은 예문(39)처럼 관형절 표지로 쓰이는 것이었다. 그리고 나중에 다른 세 가지 형식으로 확장되었다.

가. 관형절

(39) 解说昨夜见底光。(《돈황변문》 - 빈파사라)

나. 부사어

(40) 呵呵底笑。(《조당집》 - 운암화상)

다. 형용사 관형어

(41) 相劝只论好的事。(《돈황변문》 - 무상경)

라. 소유 관형어

(42) 究竟自己底事。(《주자어류》 - 권121)

위의 네 가지 의미와 기능이 서로 다른 관형어는 아래와 같은 공통의 추상적 형식을 가진다.

(43) 수식어 + 문법 표지 + 중심어

구조 조사 '的'가 나타나기 전에, 수식어와 중심어 사이에는 일반적으로 표지가 없었으며 '수식어 + 중심어'의 어순으로 쓰였다. 수식어가 중심어 앞에 위치하는 어순은 고대나 현대중국어에서는 모두 마찬가지였다. 이런 일치한 어순의 영향으로 먼저 관형절 표지로 문법화된 '的'는 의미와 기능은 다르지만 모두 예문(43)과 같은 형식을 가진 기타 세 가지 형식으로 발전되었다. 그러나 영어의 종속절 표지 that 또는 which는 중국어와 유사한 발전을 겪지 못하였다. 이는 영어에서의 수식어와 중심어의 어순이 고정되지 않고 수식어가 중심어의 앞과 뒤에 모두 놓일 수 있기 때문이다. 이런 비확정적인 어순은 영어의 관형절 표지가 중국어처럼 발전하지 못한 원인 중 하나일 수 있다. 한마디로, 중국어와 영어의 관형절 표지는 같은 성분에서 유래되었지만 두 언어의 서로 다른 문법 구조로부터 제약을 받았기 때문에 매우 다르게 발전되었다는 것이다.

구조 조사 '的'의 문법화에 또 다른 중요한 변화가 있었는데 바로 양사 체계의 확립이다. 고대중국어는 지금의 영어와 마찬가지로 양사 체계가 따로 없었고 '三人'처럼 수사가 직접 명사를 수식할 수 있었다. 개별적인 양사의 출현은 BC 1세기부터 시작되었고 그 이후로 양사는 안정적인 발전을 거쳐서 약 13세기경에 새로운 문법 범주가 형성되었다. 그 후 양사는 수사와 명사 사이에 반드시 필요한 성분으로 되었다. 아래 표는 양사의 발전과 관련된 통계이다.

양사의 발전

문헌	시기	수사+명사	수사 + 양사 + 명사
《세설신어》	425	88%	12%

《돈황변문》	800	80%	20%
《주자어류》	1200	36%	64%
《노걸대》	1325	2%	98%

위 표의 통계에 따르면 8세기에서 12세기까지는 양사의 발전에 있어서 관건적인 시기였다고 할 수 있다. 왜냐하면 이 시기에 '수사 + 양사 + 명사'라는 새로운 형식은 소수에서 다수로 변하여 결국에는 기존의 형식을 완전히 대체한 중국어 문법의 범식으로 자리잡았기 때문이다.

구조 조사 '的'의 문법화와 그 사용 확장은 양사의 신속한 발전과 같이 진행되었다. '的'의 문법화를 추진한 배후 원인은 새로운 수량 표현 형식의 형성이다. 양사의 빠른 발전과 최종 형성에 따라 중국어의 수량 표현 형식은 아래와 같은 변화를 겪었다.

> **(44)** 수식어 + 중심어 → 수식어 + 문법 표지 + 중심어

수량 표현은 언어 교제에서 가장 흔히 쓰이는 표현 중의 하나이다. 예문(44) 형식의 출현으로 일종의 유추에 의한 추이로 수량 표현 이외의 '수식어'와 '중심어' 사이에도 문법 표지가 필요하게 되었다. 바로 그런 수요에 따라 구조 조사 '的'가 나타난 것이다. 방언에는 이 가설을 뒷받침하는 많은 자료들이 남아 있다. 예를 들면 일부 남방 방언은 양사 하나로 편정 구조의 두 성분을 연결한다.

예문

(45) 我个细佬卷书 = 我的弟弟的书 (카이핑)

(46) 做庄稼个人蛮坐累 = 种庄稼的人很辛苦 (진후)

'个'는 현대중국어에서 가장 흔히 쓰이는 양사이며 사용 범위도 가장 넓다. 여

러 남방 방언에서 ‘个’의 기능은 보통화의 구조 조사 ‘的’에 상당하다. 이런 현상은 ‘个’가 수사와 중심어를 연결하는 것에서 일반 수식어와 중심어를 연결하는 기능으로 양사의 사용 범위가 확장된 것으로 풀이된다.

그 외에도 위의 분석은 왜 중국어사에서 서로 다른 시기에 나타난 몇 개의 구조 조사 사이에 기능의 차이가 존재하는지도 설명이 가능하다. ‘的’ 출현 이전에 고대 중국어에 출현하여 중고 시기부터 쇠락하다가 결국 완전히 소실된 ‘之’가 있었다. 그 밖에도 역사적으로 중국어에는 ‘许’, ‘个’ 등과 같은 지시 대명사로부터 발전한 구조 조사가 여러 개 존재했다. 이들은 사용된 시간도 비교적 짧고 사용 범위도 상대적으로 넓지 않기에 여기서 일일이 논의하지는 않을 것이다. 아래에 ‘之’와 ‘的’를 중심으로 세 가지 측면에서 그 기능의 차이를 비교할 것이다.

가. ‘之’는 ‘접요사’로써 반드시 수식어와 중심어 사이에 쓰여야 한다. 하지만 맥락을 통해 이해할 수 있는 상황이라면 ‘수식어 + 的’는 중심어를 떠나 단독으로 사용할 수 있다.

나. ‘之’의 사용 범위는 ‘的’보다 작아서 관형절과 영유구(領有句) 등 두 가지 편정 구조에서만 사용이 가능하며 ‘형용사 + 중심어’ 또는 ‘부사어 + 동사’에서는 사용할 수 없다. 그러나 ‘的’는 이 네 가지 편정 구조에 모두 쓰인다.

다. 고대중국어의 ‘之’는 어떤 편정 구조든 반드시 필요한 문법 표지는 아니었다. 이와 달리 ‘的’는 여러 편정 구조의 사용에 강제성을 띠었다. 예를 들면 관형어가 종속절, 영유, 수량적 의미를 가진 형용사구인 경우, ‘的’는 반드시 필요했다.

‘的’의 문법화를 추진한 원인이 양사 체계의 확립이라는 점을 이해한다면 위의 차이도 쉽게 풀이된다. 구조 조사 ‘之’와 ‘的’는 모두 기존에 관형어였던 지시 대명사의 용법으로부터 발전해 온 것이다. 이런 용법은 그들의 문법화를 뒷받침할 의미적, 구조적 조건을 만들어 주었다. 그러나 둘은 문법화에 필요한 시간과 원인이 서로 달랐기 때문에 문법화된 후에도 기능 면에서 차이가 있었다. 먼저, ‘的’의 문법화를 추진한 원인이 양사 체계의 형성이라면 '的'의 기능이 양사 기능의 영향을 받았을 것이라는 점도 쉽게 설명된다. 분명한 것은 양사는 반드시 그 앞의 수사와 함께 사용되어야 하지만 중심어는 꼭 필요하지 않다. 예를 들면 '一张'으로 '一张桌子'를 대체할 수 있다. 이는 '的'의 용법과도 일치하다. 다음으로, 수량 표현은 일상 교제에서 가장 흔히 쓰이는 현상의 하나이고 강력한 유추력을 가지고 있어 '的'를 여러 편정 구조로 발전하도록 추동했을 것이다. 마지막으로, 수량 표현식에서 양사는 반드시 필요한 문법 표지인 관계로 '的'도 상당수 수식구에서 없어서는 안되는 성분으로 자리잡게 되었다. 고대중국어의 '之'가 문법화된 원인이 무엇이었는지는 확실하지 않으나 양사 체계는 아니었을 것이다. 왜냐하면 당시 중국어에는 양사라는 문법적 범주가 존재하지 않았기 때문이다. 따라서 '之'는 '的'와 달리 양사 체계의 영향으로 생겨난 문법적 특징을 갖고 있지 않다. 한마디로 문법 표지의 기능은 그것이 문법화될 당시의 문법 체계와 밀접하게 연관된다.

위 분석은 '문법 구조가 문법화에 지대한 영향을 미친다'는 점을 말해 준다. 서로 다른 언어 또는 같은 언어의 여러 발전 시기를 놓고 보면 의미적으로 하나의 특징을 가지고 있는 단어들은 일반적으로 같은 방향으로 문법화된다. 그러나 특정 문법 표지가 얼마나 큰 범위로 확장되고 또는 어떤 기능을 가지는지는 언어별 또는 같은 언어라도 그 시기별 구조적 특징에 의해 상당 부분 결정된다고 할 수 있다. 중국어 구조 조사의 발전 과정을 보면 문법 체계의 발달과 더불어 발전한 문법 표지들은 같은 의미적 특징을 가진 성분에서 유래되어도 문법화된 시기가 다름에 따라 문법화 이후의 기능도 큰 차이를 보인다는 것을 알 수 있다.

2.5.5 어순 변화의 경로

동보 구조의 융합은 반드시 연이어 출현하는 문법 환경에서만 일어난다. 그러므로 이는 구형식에서 신형식으로 전환하는 과정을 관찰할 수 있는 이상적인 계기가 될 수 있다. 중국어는 역사적으로 다양한 어순 변화가 있었으며 이런 어순 변화는 대개 성분의 위치 변화와 연관되었다. 어순 변화는 두 가지로 세분할 수 있다. 하나는 신형식이 기존 문법 구조와 일치한 경우이다. 예를 들면 동보 구조의 발전 과정에서 원래 그 사이에 삽입되던 부사 또는 부정 표지가 전체 동보구의 앞자리로 이동하여 형성된 신형식이 초기 중국어에 기존하던 '부사어 + 동사'의 형식과 일치한 것이 여기에 해당된다. 이때의 차이는 동사와 결과 성분이 두 문법 단위에서 하나의 문법 단위로 통합된 것뿐이다. 이러한 어순 변화의 원인은 기존 문법 형식의 유추 결과이다. 다른 하나는 어순 변화로 인해 새로운 문법 형식이 생겨난 경우인데 동보 구조가 여기에 해당된다. 중고 중국어와 그 이전의 중국어 문법은 서술어가 되는 중심 동사와 빈어 사이에 동작의 결과 또는 진행 상태를 나타내는 자동성 성분이 들어갈 수 없었다. 그러므로 동보 구조는 기존 문법 구조의 유추 결과에 의해 형성되었다고 보기는 어렵다.

문법 환경이 문법화에 끼친 영향의 측면으로부터 접근하면 겉으로 보기에 연속성이 없어 보이는 일부 어순 변화도 그 실제 형성 과정은 그렇지 않았다는 것을 밝힐 수 있다. 실현 체표지 '了'의 발전이 바로 하나의 좋은 예이다. '了'는 일반 동사에서 유래되었지만 전과 후의 형식이 완전히 다르다.

(47) VO 了_{동사} → V 了_{체표지} O

분석에 따르면 '了'의 어순 변화는 연속성이 없지 않다. 2음절화와 고빈도 출현의 영향에 의하여 동사와 '了'의 융합은 먼저 연이어 출현하는 문법 환경에서 일어났다. 'V + 了'는 하나의 문법 단위로 완전히 융합된 후에 일반 동사처럼 빈어를 가질 수 있었다. 이 과정은 어순 변화를 수반하지 않았다. 다시 말해서 '了'는 분리 가능한 동보 조합의 한 부류에서 먼저 융합이 발생하고 기타 부류로 융합이 확산되면서 결국에는 구형식을 완전히 대체한 것이다. '了'의 문법화 과정만 그런 것이 아니고 초기에 발생한 동보구는 모두 같은 발전 과정을 겪었다.

지속 체표지 '着'의 발전도 '了'와 마찬가지로 연속성이 없지는 않다. 그 발전은 주로 두 단계를 거쳤다. 먼저, '着'가 서술어가 되는 중심 동사의 뒤에서 장소를 나타내는 어구를 이끌었다. 다음, '着'와 동사의 재분석을 바탕으로 기존의 구조 층위가 바뀌어 장소 명사가 'V + 着'의 앞자리로 이동했다. 'PP + VP'는 중국어 고유의 문법 형식이기 때문에 이런 위치 이동도 서술어가 되는 중심 동사와 관계가 없지는 않고 다른 문법 규칙을 따랐다고 보거나 두 문법 규칙이 하나로 통합되었다고 보아야 한다.

연속적 어순 변화는 새로운 문법 구조의 형성에서 반드시 기존 문법 규칙에 따라야 함을 의미한다. 다시 말해서 겉보기에는 기존 문법 규칙에 어긋나는 것처럼 보이는 일부 새로운 문법 형식의 발생도 실제로는 그렇지 않았다는 것이다. 역사적으로 새로운 문법 형식들이 지속적으로 나타났는데 그 문법 형식들은 구조적 특징에 따라 두 가지로 나눈다. 하나는 그전에 없었던 새로운 구조를 갖고 있으나 기존에 존재했던 그 어떤 문법 규칙과도 상호 충돌되지 않는 경우이다. '把'자문의 출현을 예로 보면 기능적으로 파자문은 서술어 동사 앞에 피동작주 명사를 표기하는 완전히 새로운 형식이지만 구조상 기존에 존재했던 'PP + VP' 형식에도 부합된다. 다른 하나는 새로운 구조와 기존의 문법 규칙이 상호 충돌이 되어 기존의 문법 체계와 어울리지 않는 경우이다. 동보 구조의 형성이 바로 그러하다. 규범에 어긋나는 문법 형식이 어떻게 생겨나서 진일보로 발전하여 결국에는 기존의 문법 형식을 대체하였는지는 이해하기 어려운 문제일 수도 있다. 최초의 동보구는 실제로 관용어적 성격을 띠고 있어 문법과 같은 층위가 아니기 때문에 직접적인 관계를 맺고 있지 않으므로 '충돌'의 가능성은 더더욱 존재하지 않는다. 그러나 여러 원인으로 인해 동보 융합이 갈수록 심해졌고 나중에는 가장 생산적인 문법 구조로 발전하였다. 또한 그것이 문법 형식으로 되었을 때는 그런 문법 현상들은 이미 해당 언어에 깊이 뿌리를 내렸다. 더욱 중요한 것은 이런 문법 형식들은 간과할 수 없는 존재의 이유가 있었기 때문에 매우 짧은 기간에 서로 융합될 수 없었던 기존의 문법 구조를 대체했던 것이다.

2.5.6 맺음말

동보 구조의 형성은 쌍음화 추이, 연이어 출현하는 문법 환경 및 고빈도 동시 출현 등 여러 요소가 상호 작용한 결과이다. 동보 구조의 발전 초기, 즉 아직 생산적인 문법 구조로 되기 이전에 모든 동보구는 대체로 비슷한 융합 과정을 거쳤으며 융합에 소요된 시간도 비교적 길었다. 비록 동보구의 융합이 제일 먼저 나타난 시기는 8세기경이지만 12세기경에 이르러서야 동보 구조는 생산적인 문법 형식으로 발전되었다. 동보구가 출현한 이후 의미와 구조적으로 동보 구조와 공존하기 어려웠던 다동공빈 구조는 얼마 지나지 않아서 소실되었다. 다동공빈 구조는 자주 사용된 문법 현상으로서 최고 4개의 동사가 하나의 빈어를 공유할 수 있었다. 동보 구조가 문법으로 굳어진 이후 또 새로운 동보 구조 유형들이 나타났다. 제일 먼저 나타난 것은 고도의 융합을 이룬 동보구의 VRO 형식인데 여기서 동사는 모두 타동성을 가졌다. 그러나 12세기부터는 피동작주 빈어와 직접적인 '동작 - 피동작주'의 관계를 갖지 않는 자동사도 이 형식에서 허용되었다.

(48) 哭损我一双眼。(《장협장원》)

예문(48) 중의 '哭'와 '一双眼'은 직접적인 문법 관계를 맺지 못한다. 여기서 피동작주 빈어는 전체 동보구인 '哭损'의 것으로 볼 수밖에 없다. 현대중국어에는 "笑疼了肚子", "哭红了眼睛" 등과 같이 비슷한 용법이 상당히 많다. 영어의 동보 구조도 하나의 전체로서 피동작주 빈어를 가질 수 있으며, 해당 빈어는 그중 어느 한 구성 성분과도 직접적인 관계를 충분히 맺지 못한다. 이런 유형의 동보구는 동보 구조가 문법으로 굳어진 이후에야 형성될 수 있었다.

동보 구조의 발전 과정

2.6.1 머리말

동보 구조의 생성과 발전 과정은 중국어 발달사 전반을 관통하는 문제이다. 진한 시기부터 지금까지 나타난 다양한 문법 현상들 중에서 상당수가 동보 구조의 발전에서 시작되었다. 이를테면 체표지의 생성, 어순의 변화, '把'자문의 널리 사용 등은 모두 동보 구조의 발전에서 해석될 수 있다. 이 장에서는 동보 구조가 발전하게 된 원인을 고찰하고 문법적 연동 구조를 형태적 단일 문법 단위로 발전하도록 유발한 기제를 밝히며 그로 인해 유발된 문법 구조의 기타 변화에 대하여 논의하는 것이 목적이다.

동보 구조는 연동 구조 또는 연위 구조(連謂結構)로부터 발전되어 왔다. 논의의 편의를 위해 초기에 형성된 구조들도 '동보 구조'로 지칭하기로 한다. 그리고 이 구조에서 두 성분의 관계 변화를 나타내기 위해 전기의 것은 '문법 관계(句法關係)'로, 후기의 것은 '형태 관계(形態關係)'로 표현한다. 동사와 보어가 '문법 관계'를 맺는 단계에서는 구조가 굳어지지 않았다. 즉, 두 성분 사이에 부사, 접속사, 부정 표지 등이 삽입될 수 있었고 빈어를 가지는 문제에서도 빈어가 반드시 가운데 들어가거나 아니면 아예 빈어를 가질 수 없는 등 한정성을 보이고 있었다. 반대로 동보 구조가 문법화되어 두 성분이 하나의 문법 단위로 굳어진 후에는 둘 사이에 어떤 성분도 추가될 수 없고 수식어는 전체 동보 구조의 앞자리에, 빈어는 전체 동보 구조의 뒷자리에 위치하고, 빈어에 대한 한정성도 사라지게 된다. 이런 형식적인 특징은 특정 동보 구조 또는 특정 부류의 동보 구조가 성숙되었는지를 판단하는 기준이 될 수 있다.

동보 구조의 발달은 매우 불균형적으로 이루어졌다. 동보 구조가 어느 시대에 생성되었는지 한마디로 답하기가 힘들다. 그 이유는 동보 구조가 다시 여러 부류로 나뉘었고, 유형별로 생성된 시대가 서로 다르기 때문이다. 여기에서는 보어의 의미적 특징에 근거하여 동보 구조를 여러 부류로 나누어 논의할 것이다. 그것은 각 유형의 동보 구조가 원래의 어순도 서로 다르고 문법화 과정도 각각 상이하기 때문이다.

2.6.2 동보 구조의 판별 기준

과거의 연구를 살펴보면 동보 구조의 생성 시기에 대한 견해 차이는 최대 2천 년에 달할 정도로 매우 크다. 이런 현상은 고찰 유형과 판별 기준의 차이에서 비롯되었다고 본다.

문법화 과정을 마친 동보 구조의 경우 빈어는 전체 구조의 뒤에 위치해야 한다. 위진 시기부터 송원 시기까지도 보어가 되는 형용사 및 자동사는 일반적으로 'V(동사) + O(빈어) + R(보어)'의 형식에만 나타났다.

빈어 유무를 둘러싼 'V杀'와 'V死'의 대립 구도는 원조 시기까지 지속되었다. 당조 시기부터 'V死'의 뒤에 빈어가 왔을 가능성을 배제할 수는 없으나 그것이 개별적인 현상이었다는 점도 부정할 수 없다. 아울러 흥미로운 것은 대체로 이 시기부터 '死'가 단독 사용 시 빈어를 갖는 현상이 나타났는데 즉, 타동성 용법("万秀娘死了夫婿" -《만수랑구보산정아》)이 생겼다는 것이다. 본 연구에 따르면 'V杀'와 'V死'의 사용에서 겹침 현상은 명청 시기에 나타났으나 청조 시기에 이르러서야 'V杀'가 'V死'로 완전히 대체되었다.

한마디로 동보 구조가 나타난 정확한 시기를 알 수 없다. 그 이유는 동보 구조는 유형별로 나타난 시기가 다를 뿐만 아니라 같은 유형의 동보 구조라도 용례별로 문법화된 시기도 큰 차이를 보이기 때문이다. 이처럼 동보 구조의 발달이 불균형적으로 이루어졌다는 것은 기본적인 역사적 사실이다.

2.6.3 동보 구조의 유형 및 초기 VOR 사이의 어순 제한

2.6.3.1 현대중국어 동보 구조의 유형

현대중국어의 동보 구조 유형은 예전보다 훨씬 풍부해졌는데 그것들은 오랜 기간 동안 중국어의 발전 과정에서 축적된 결과물이다. 지금부터 현대중국어의 시각으로 먼저 동보 구조를 분류하고 그 발전 과정을 살펴볼 것이다. 아래에 이 장의 연구 목적에 근거하여 보어 R과 문장의 기타 성분 간의 관계를 중심으로 동보 구조를 분류했다. R의 의미적 지향성은 어차피 문장의 기본 성분인 주어(S)거나, 중심 서술어(V)거나, 혹은 빈어(O)이다.

여기서 주어와 빈어는 주로 V를 중심으로 상대적 위치를 나타내는데 V 앞의 것은 S, V 뒤의 것은 O이다.

유형A: 보어 R의 의미적 지향성이 O인 부류이다. 이 유형은 조금 복잡한데 V와 R의 타동성 여부에 따라 다시 분류할 수 있다.
a. V와 R이 타동성일 경우 모두 O와 결합될 수 있다. 여기서 또 두 가지 경우로 나뉘는데 하나는 "他听懂了我的意思。", "他看见了一个动物。"처럼 R이 타동사인 경우이고, 다른 하나는 "拉紧帆布。", "写错了一个字。"처럼 R이 사동 용법으로 쓰인 형용사인 경우이다.
b. V가 타동사이고 R은 타동사가 아닌 경우이다. 예를 들면 "打死了张家的狗", "叫醒了老张。", "他一连发出界两球。" 등이 여기에 해당한다.
c. V와 R이 모두 타동성이 아닌 경우이다. 예를 들면 "她笑疼了肚子。", "她哭坏了眼睛。" 등을 들 수 있다.

유형B: R의 의미적 지향성이 V인 부류이다. 이 부류의 보어들은 행위나 동작의 진행 상태 또는 단계 정도, 발전 결과, 실현 가능성 등을 표시한다. 이를테면 "他等久了。", "他动早了。", "做完了功课。", "搬不动桌子。", "写得不错。" 등이 있다.

유형C: 보어 R의 의미적 지향성이 S인 부류이다. 이 보어들은 주어가 대표하는 사물의 성질을 기술하며 빈어와 어떠한 행위, 피동작주의 관계도 맺지 않는다. 예를 들면 "他喝醉了酒。", "我吃饱了饭。", "老王睡惯了硬板床。" 등이 이 부류에 속한다.

논리적으로 보면 위의 분류법은 유형 간 교차되는 부분도 있고 간혹 특정 동보 구조가 어떤 유형에 속하는지 판단하기 어려운 경우도 있어 완벽하다고 할 수는 없다. 그러나 이 장의 연구 목적을 위한 분석의 수요를 놓고 보면 충분히 명확한 분류법이 될 수 있다.

2.6.3.2 한조에서 남북조까지의 시기에 나타난 VOR 간의 의미 및 어순 제한 양상

이 장에서는 한조에서 남북조 시기까지 나타난 동보 구조의 사용 양상을 연구의 시작점으로 당시의 동보 구조가 어떻게 선진 시기로부터 발전해 왔는지, 또 오늘의 모습을 갖기까지 어떤 발전 과정을 거쳤는지를 살펴보고자 한다. 동보 구조는 빈어가 필수적이 아니지만 빈어를 가질 경우 VRO와 VOR 등 두 개의 대립되는 형식이 있다. 아래에 동보 구조가 빈어를 갖는 경우에 한해서만 논의할 것이다.

형식1: VRO

이는 현대중국어의 경우와 일치하다. 당시 이 형식에서는 보어와 빈어가 행위, 피동작주 관계를 맺었다. 다시 말해서 R은 반드시 타동성이어야 했다. 이는 다시 세 가지 경우로 나뉜다.

가. R이 타동사인 경우

(1) 秦拔去古文, 焚灭《诗》、《书》。(《사기》 - 태사공자서)

(2) 愿足下急复进步, 收取荥阳。(《사기》 - 역생육가열전)

(3) 广亦竟射杀之。(《사기》 - 이장군열전)

나. R이 사동형으로 쓰인 형용사인 경우

(4) 今诸侯王皆推高寡人, 将何以处之哉? (《한서》 - 고제기)

(5) 今陛下以未有继嗣, 引近定陶王。(《한서》 - 원후전)

(6) 汉氏减轻田租。(《한서》 - 왕망전)

다. R이 사동형으로 쓰인 자동사인 경우

(7) 乃激怒张仪。(《사기》 - 소진열전)

(8) 陈余击走常山王张耳。(《사기》 - 장승상열전)

형식1에서, R이 '사동' 형용사 또는 자동사라고 하는 것은 '순환 논증'의 오류로 간주될 수도 있다. 오늘날에 이르러 이 부류의 어휘들이 모두 이러한 용법을 갖고 있었다는 점에 대해 예문을 찾아서 일일이 논증하기는 어렵지만 그들 중 대부분이 이렇게 사용될 수 있었다는 견해가 일부 학자들로부터 제시된 바 있다. 더욱 중요한 것은 이런 견해를 뒷받침해주는 두 가지 중요한 사실적 근거가 있다. 하나는 당시 형용사 및 자동사가 사동형으로 쓰이는 것은 매우 보편적인 현상이었다. 다른 하나는 확실한 것은 사동형으로 절대 쓰일 수 없는 형용사나 자동사가 빈어를 가질 경우에 "谈琴书愈妙"(《세설신어》- 아량)와 "唤江郎觉"(《세설신어》- 가휼)의 경우처럼 VOR 형식으로만 나타났다. 예문에서 '妙'는 '愈'에 의해 수식되는데 '정도 부사 + 형용사' 어구는 예로부터 종래로 사동 용법을 가진 적이 없다. 이와 마찬가지로 '觉'도 사동 용례로 쓰인 적이 없다.

형식2: VOR

이 형식에 들어갈 수 있는 어휘 유형들이 가장 많다. 주로 사동 용법이 아예 없거나 사동 용법으로 쓰이지 않는 형용사나 자동사, 그리고 의미적 지향성이 S 또는 O 인 보어 등이다. 각각 용례를 통해 살펴보면 다음과 같다.

가. R이 자동사인 경우

예문

(9) 女乃呼婢云 : "唤江郎觉!"(《세설신어》- 가휼)

(10) 数日中, 果震柏粉碎, 子弟皆称庆 (《세설신어》- 술해)

나. R이 형용사인 경우

예문

(11) 宣武移镇南州, 制街衢平直。(《세설신어》- 언어)

(12) 戴既无吝色, 而谈琴书愈妙。(《세설신어》- 아량)

다. R의 의미적 지향성이 S인 경우

(13) 周仲智饮酒醉。(《세설신어》- 아량)

(14) 卒舍船市诸, 因饮酒醉还。(《세설신어》- 임탄)

라. R이 동작의 결과 상태, 완료 여부 및 실현 가능성 등을 지시하는 경우

(15) 分肉食甚均。(《사기》- 진승상세가)

(16) 杀其骑且尽。(《사기》- 이장군열전)

(17) 养令翮成, 置使飞去。(《세설신어》- 문학)

(18) 坐席竟, 下饮。(《세설신어》- 비루)

(19) 王仲祖闻蛮语不解。(《세설신어》- 언어)

(20) 今壹受诏如此, 且使妾摇手不得。(《한서》- 외척전)

(21) 待君久不至, 已去。(《세설신어》- 방정)

한마디로 정리하면 중고 시기에는 의미적 지향성이 빈어인 타동성 보어(사동으로 쓰인 형용사 및 자동사 포함)만이 VRO 형식으로 사용되었으며, 그 밖의 경우는 VOR 형식에 한정되었다. 또 한 가지는 "子道, 子道, 来何迟"(《세설신어》- 문학)과 "胡之去已远"(《세설신어》- 구극)의 경우처럼 빈어가 없는 VR 형식의 동보 구조도 있었다. 여기서 V는 모두 자동사이며, R은 동작 행위의 결과 상태를 지시한다. 이는 빈어를 생략한 VR과는 다른데 형식2의 특별한 경우로 볼 수 있으며 R의 뒤에 빈어가 올 수 없다는 것이 그들의 공통점이다. 'VRO' 형식의 동보 구조는 문법 관계에서 형태 관계로 변화하는 과정에서 어순에 영향을 미치지 않고 다만 V와 R의 관계가 자유로운 데로부터 점차 짜인 모양새를 갖추었고 한결 간단해졌다. 반면에 VOR과 VR 형식의 문법화 과정은 V와 R의 관계 변화, 어순 변화, 빈어를 가지는 성질의 변화 등과 관련되며, 이 장에서 중점적으로 다룰 문제이다.

따라서 초기의 VRO, VOR 및 VR이 어떻게 지금의 동보 구조 형식으로 통합되었는지, 초기의 VOR 형식에서 보어를 구속하는 의미적 한계성이 어떻게 점진적으로 타파되었는지, 이런 문제들을 중심으로 동보 구조의 발전을 고찰하고자 한다.

2.6.4 VRO식 동보 구조의 발전

2.6.4.1 고대중국어의 다동공빈 현상

남북조 전까지의 사료에서는 최대로 4개의 동사가 1개의 빈어를 공유하는 용례를 찾을 수 있다.

> **예문**
>
> (22) 以天之福, 吏卒良, 马强力, 以夷灭月氏, 尽斩杀降下之。
>
> 　　《사기》 - 흉노열전)
>
> (23) 乃遣晃及史溪激击破走之, 烧其辎重。(《삼국지》 - 위서)

아울러 5개 이상의 동사가 1개의 빈어를 공유하는 현상은 찾지 못하였다. 물론 동사 3개가 빈어 1개를 공유하는 용례도 존재한다.("章邯遂击破杀周市等军" -《사기》- 위표팽월열전) 다동공빈 형식은 수학의 '분배 법칙'과 같다.

$$(V_1 + V_2 + V_3 + V_4)O = V_1O + V_2O + V_3O + V_4O$$

예를 들면 예문(23)은 '激之', '击之', '破之', '走之'로 분해할 수 있으며, 이들은 각각 4개의 연속되는 서로 다른 행위를 표시한다.

그렇지만 이런 '다동공빈' 구조가 현대중국어에서는 더 이상 허용되지 않는다.

'看写信', '买抽烟'의 경우처럼 동사가 2개여도 비문이 된다. 당송 시기 이후부터는 거의 이런 구조를 찾아보기 힘들다. 보다시피 5세기 이전에는 빈어의 앞에 오는 동사의 수가 매우 자유로웠다고 할 수 있다. 그런 의미에서 동보 구조는 쌍동공빈의 용법에서 유래된 것이 분명해 보인다. 연구에 따르면 쌍동공빈은 상고 중국어에서 매우 흔한 문법 구조였으며 그들 사이의 관계는 '분배 법칙' '$(V_1 + V_2)O = V_1O + V_2O$'에 부합된다. 여기서 V는 모두 타동성이어야 했다. 또 한조 시기를 전후로 하여 이들이 최초의 동보 구조를 생성하였다.

2.6.4.2 선진 시기에서 한조 시기까지의 VRO 동보 형식의 발전

최초의 동보 구조는 더 정확히 말하자면 '쌍동공빈' 또는 '연동 구조'이다. 선진 시기의 사료를 보면 이런 구조는 당시에 이미 흔히 사용되었다. 그중 V_2도 타동사로 따로 사용될 수 있었다.

예문

(24) 有扈氏威侮五行, 怠弃三正, 天用剿绝其命。(《상서》- 감세)

(25) 若火之燎于原, 不可向迩, 其犹可扑灭。(《상서》- 반경상)

(26) 扰乱我同盟, 倾覆我国家。(《좌전》- 성공13년)

(27) 齐侯伐卫, 战败卫师。(《좌전》- 장공28년)

(28) 开通道路, 毋有障塞。(《예기》- 월령)

(29) 踰于外墙, 射中其股。(《전국책》- 초책)

그 시기 이런 유형의 구조에서 V_1과 V_2 사이에는 접속사를 비롯한 다른 성분이 자주 나타났는데 이는 양자의 구조가 여전히 느슨했다는 것을 말해 준다.

예문

(30) 豹自后击而杀之。(《좌전》- 양공23년)

(31) 今天水, 搏而跃之, 可使过颡；激而行之, 可使在山。(《맹자》- 고자상)

(32) 汤武篡而夺之。(《순자》- 정론)

(33) 贤者举而上之。(《묵자》- 상현)

(34) 凡有四端于我者, 知皆扩而充之矣。(《맹자》- 공손추상)

(35) 匠人斫而小之, 则王怒。(《맹자》- 양혜왕하)

한조 시기에 이르러서 위 형식 중의 V_1과 V_2 관계가 훨씬 긴밀해졌다. 이는 현대 중국어의 경우와 기본적으로 일치하다. 한조 시기 동보 구조의 발전 과정을 말해주는 또 하나의 명확한 증거는 바로 선진 시기에는 분석식 문법 구조로 표현되었던 내용이 한조 시기에는 동보 구조로 바뀐 사례들이다. 아래는 《좌전》과 《사기》의 관련 용법을 비교한 것이다.

예문

(36) a. 《左传》: 师还, 馆于虞, 遂袭虞, 灭之。(희공5년)

b. 《史记》: 还, 袭灭虞。(진세가)

(37) a. 《左传》: 及战, 射共王, 中目。(성공16년)

b. 《史记》: 癸巳, 射中共王目。(진세가)

위의 예문을 대조적으로 살펴보면 원래 분석식 문법 구조 또는 접속사로 이어주던 형식이 모두 간단한 동보 구조에 의해 대체되었다. 이는 VRO 동보 구조가 선진 시기에서 한조 시기까지 이룬 중대한 발전이다. 그런 의미에서 타동성 보어로 구성된 동보 구조는 한조 시기에 이미 문법화를 마쳤다고 볼 수 있다.

'쌍동공빈' 또는 '연동 구조'에서 두 동사의 지위가 꼭 균등한 것은 아니다. 보통 행위의 선후 순서를 나타내는데 뒤의 행위가 앞의 행위의 결과를 표시하는 것이 일반적이다. 예를 들면 '射而杀之'에서 '杀'는 '射'에 의한 결과를 의미한다. 이처럼 V와 R의 의미 관계는 문법화되기 전과 후에 달라지지 않았다. 때문에 의미적 특징에서는 그들의 변화를 식별할 수 없고 오로지 관계의 긴밀성에서 문법화되기 전과 후의 차이를 관찰할 수 있다.

2.6.5 VOR식 동보 구조의 발전

2.6.5.1 VOR 형식의 기원

타동성이 없는 단어가 보어가 되려면 위 '쌍동공빈'의 제한 때문에 처음에는 모두 VOR 형식만을 취했는데 이 형식은 선진 시기에 벌써 존재했다.

> **예문**
>
> (38) 城射之殪。(《좌전》 - 소공21년)
> (39) 予助苗长矣。(《맹자》 - 공손추)

이런 구조는 '止子路宿'(《논어》 - 미자)의 경우와 같은 일반적인 연동 구조와 평행을 이루었다. 그러나 이런 유형의 모든 구조가 동보 구조로 문법화될 가능성이 있었던 것은 아니다. 그중 행위의 진행 결과를 지시하는 보어만이 그런 가능성이 있었다. '助苗长'과 '止子路宿'는 같은 형태를 하고 있다. 하지만 '助'의 결과를 나타내는 '长'과 그렇지 않은 '宿'와 '止'의 의미 관계는 엄연히 다르다. 전자만 후에 동보 구조로 문법화되었고, 후자는 지금까지도 연동 구조를 유지하여(예 "留他睡") 동보 구조의 발전과는 관계가 없게 되었다.

2.6.5.2 위진남북조 시기 VOR 형식의 발전

앞에서도 언급하였지만 이 시기의 중요한 발전은 R 자리에 들어갈 수 있는 단어가 다양화되었다는 것이다. 현대중국어 동보 구조의 각 유형은 대부분 이 시기까지 거슬러 올라갈 수 있다. 아래 예문들이 보여주듯이 당시의 V와 R의 관계는 여전히 느슨했기 때문에 의문 대명사, 정도 부사, 부정사 및 각종 부사 등이 들어갈 수 있었다.

(40) 子道, 子道, 来何迟?(《세설신어》- 문학)

(41) 谢万石后来, 坐小远。(《세설신어》- 아량)

(42) 胡之去已远。(《세설신어》- 구극)

(43) 帝甚不平, 食未毕, 便去。(《세설신어》- 태치)

(44) 王谓厕上亦下果, 食遂至尽。(《세설신어》- 비루)

위 용례에서 동사와 보어의 관계는 지금과는 달리 단지 문법 관계에 불과하다.

2.6.5.3 수, 당, 5대 시기의 발전

이 시기에는 전 시기의 구도를 기본적으로 유지하고 있었지만 일부 변화도 있었다. 아래 용례를 통해 살펴보자.

가. 보어가 자동사인 경우 여전히 VOR 형식으로 한정되었다

(45) 犬遂咋蛇死焉。(《태평광기》- 화륭)

(46) 匠人方运斧而废, 木自折举, 击匠人立死。(《태평광기》- 유홍)

(47) 一振黑城关巢落, 再振明门两扇开。(《대목건연명간구모변문》)

(48) 后得一日新糊窗, 其日照窗倍明。(《조당집》- 길영화상)

흥미로운 것은 한위 시기에 VOR 어순을 유지하던 보어 성분이 이 시기에 빈어의 뒤에도 나타나기 시작했다. 이런 현상에 대한 한 가지 가능한 해석은 당조 시기에 이르러 형용사, 자동사의 사동 용법이 줄어들면서 초기에 사동 용법을 가졌던 많은 단어들이 타동성을 잃었고 VRO 중 보어의 의미적 특징의 제한(반드시 타동성이어야 함)으로 인해 어순이 바뀌었다는 것이다.

나. 보어가 형용사인 경우

다. 보어가 동작의 실현 가능성을 나타내는 경우

라. 보어가 동작의 완료 또는 주어의 성질을 나타내는 경우

당조 시기에 이르러서는 일부 VOR 동보 구조가 VRO 형식으로도 나타나기 시작했다. 이를테면 'VO尽'["杀其骑且尽"《사기》- 이장군열전)]의 경우 이때에 'V尽O'로도 사용되었다.

(57) 忽遇惠风吹散卷尽云雾, 万像参罗, 一时皆现。(《육조단경》)

(58) 杀尽一切, 名曰阐提。(《조당집》- 보복화상)

뒷부분에서도 논의하겠지만 동보 구조의 어순 변화는 점진적인 과정이었다. 그 과정에서 종종 신형식과 구형식이 공존하는 시기가 있었으며 그 후로 점차 신형식이 구형식을 대체하게 되었다.

2.6.5.4 송조 시기 동보 구조의 발전

동보 구조는 송조 시기에 이르러 큰 발전을 가져왔다. VOR 동보 구조가 대폭 줄었는데 그중 일부분은 VRO로 바뀌었고 또 상당 부분은 신흥 'V得OR' 등에 의해 대체되었다. 아래 각각의 용례를 통해 살펴보자.

가. 이 시기에도 "当下四人饮酒半醉"(《송사공대뇨금혼장》)처럼 자동성 보어를 VOR 형식에 사용하는 용법이 여전히 존재했지만 VRO 형식으로 바뀐 동보 구조도 갈수록 많아졌다. 이는 한편으로 그것들이 이미 문법화되어 문법적으로 평등했던 V와 C가 '주 - 종' 관계로 바뀌어 하나의 문법 단위로 통합되었음을 의미한다.

(59) 及俊口内中箭, 射落二齿。(《왕준수악후상》)

(60) 万秀娘移步下床, 款款地摇觉尹宗。(《만수랑구보산정아》)

(61) 掇坐善能饮醉酒, 冲席整顿吃糕馍。(《유지원제궁조》)

　나. 송조 시기 또 하나의 중대한 발전은 V와 R 가운데 '敎'를 삽입하는 것이다. 이런 현상은 당조 시기에 벌써 나타났지만 많지는 않았다.(예, "拽弓叫圓" -《한금호화본》) 여기서 '敎(叫)'는 동보 구조와 연동 구조를 구분하는 하나의 문법 표지이다. 그 이전에는 동보 구조가 일반적인 연동 구조와 형태적으로 전혀 차이가 없어서 의미적 특징에 의해서만 구분되었다. 그러다가 언어의 발전과 더불어 형태적으로도 서로 다른 성격을 가진 이들을 구분할 수 있게 된 것이다. 이러한 형태 상의 분화는 다른 한편으로 이 시기에 동보 구조가 상당히 성숙되었음을 의미한다.

예문

(63) 和米和叶子安在口里, 一处嚼教碎。(《송사공대뇨금혼장》)

(64) 到这里, 锅汤炉炭告教灭, 剑树刀山喝便摧, 不为难事。(《벽암록》)

(65) 你割舍随我去任听, 与你医教手好。(《장협장원》)

　위 예문들에서 '敎'의 역할은 V와 R 사이의 행위와 결과의 관계를 강조한다.

　다. 송조 시기에 동보 구조의 문법 표지로서 흔히 사용된 것은 '得'이다. '得'는 당조 시기에 벌써 보어를 이끌어 어떤 행위가 일으킨 결과를 표시할 수 있었다.("感得王陵对天子面前披发哭其慈母" -《한장왕릉변》) 그 당시 '得'가 이끄는 대상은 행위 동사로 한정되었으며 그 후로도 단독 형용사를 이끄는 용례는 나타나지 않았다. 앞에서 논의하였듯이 당조 시기에 단독 형용사를 보어로 쓰는 경우 그 형식은 VOR이었다. 그러나 송조 시기에 이르러서는 중대한 변화가 일어났다. 40만 자가 넘는 송조 시기의 구어(백화) 문헌에서 단독 형용사를 보어로 사용한 예문은 총 39개인데 그 중 "德之看文字尖新"(《주자어류》- 훈문인)의 경우처럼 당조 시기의 'VOR' 형식을 유지한 것이 4개뿐이고 나머지는 모두 'V得OR'의 형태였다.

　송조 시기부터는 동보 구조가 전반적으로 일반적인 연동 구조와 구분되었을 뿐만 아니라 동보 구조 자체도 여러 부류로 나뉘었다. 이를테면 앞에서 언급했듯이 VOR이 직접 VRO로 바뀐 부류도 있고, 또 먼저 VOR에서 'V得OR'로 바뀌었다가 다시 동사 복제 구조로 변한 부류, '把'자문 또는 화제 구조에 의해 대체된 부류, VRO 형식으로 바뀐 부류 등이 있다. 아래에 'V得OR' 구조의 발전을 방향별로 각각 예문을 통해 살펴보자.

    a. 'V得OR' 형식이 소실된 후, 그중 상당 일부분은 VOVR 동사 복제 구조로 바뀌었다.

> **예문**
>
> (66) 人在官固当理会官事, 然做得好官, 只是使人道是一个好官人。
> 《주자어류》 - 훈문인)
>
> (67) 颜冲无许多劳攘, 只是中得毒深, 只管外边乱走。(《대혜보각선사서》)
>
> (68) 见你解了布袋, 空中抖一抖, 真个瞒得我好。(《일굴귀랄도인제괴》)

위 3개 예문의 'V得OR'은 현재 각각 "做官做得好", "中毒中得深", "瞒我瞒得好"로 쓰인다. 또한 그중의 O는 가끔씩 화제화 구조도 허용한다. 일례로 예문(66)은 "官做得好"로도 바꾸어 말할 수 있다. 하지만 이들은 어느 것도 VRO 형식을 허용하지 않는다. 예를 들면 "中深毒"는 비문이다.

    b. 또 일부 'V得OR'은 나중에 '把'자문에 의해 대체되었다.

> **예문**
>
> (69) 若真个看得这一件道理透, 入得这个门路, 以之推他道理, 以只一般。
> 《주자어류》 - 훈문인)
>
> (70) 今人只见他说得此四个字重, 便作临事惊恐看了。(《주자어류》 - 훈문인)

위의 두 예문의 '得' 구조는 현재 각각 "把这一件道理看透(了)", "把这四个字说重(了)"로 쓰인다. 그중의 O는 모두 특정된 것이며, 이는 '把'가 이끄는 피동작주의 특징에도 부합된다. 또한 가끔씩 그중의 O는 화제화 구조도 허용한다. 일례로 예문 (69)는 "这一件道理看透了"로도 바꾸어 말할 수 있다.

c. 일부 송조 시기의 'V得OR' 구조는 나중에 'VRO' 형식으로 발전되었다.

(71) 如今未曾看得正当底道理出, 便落草了。(《주자어류》 - 훈문인)
(72) 人只为自私, 将自家躯壳上头起意, 故看得道理小了佗底。
(《하남정씨유》)
(73) 所以道, 参得一句透, 千句万句一时透。(《벽암록》)

위 3개 예문의 '得'자 어구는 현재 각각 '看出', '看小', '参透'로 쓰인다.

앞에서 송조 시기의 'V得OR' 구조가 후에 어떤 방향으로 어떻게 발전하는지에 대하여 간단하게 요약했다.

특정 구조가 구체적으로 어느 방향으로 나가는지는 주로 O의 의미적 특징, V와 R의 관계 등에 의해 결정되며 이는 진일보된 논의가 필요한 문제이다. 송조 시기 쓰이던 'V得OR' 구조의 표현 기능은 후에 동사 복제, '把'자문, 화제화 등 방식으로 대체되었다. 그리고 이렇게 생겨난 표현 형식들에는 공통점이 있는데 바로 "V와 R 사이에 O가 없이 구성되었다."는 것이다. 이는 송조 시기 쓰이던 'V得OR' 구조에서 V와 R의 관계는 여전히 느슨하고 후에 진일보 융합되었다는 것을 말해준다.

라. 또한 송조 시기에 동보 구조는 더욱 풍부하고 다양해졌다. 구체적으로 V와 R이 따로 쓰이면 각각 O와 잘 결합되지 못하고 함께 사용할 때만 결합되는 경우가 많았다. 그 밖에 자동성 V도 허용되었다. 이는 초기에 동보 구조가 갖고 있던 V와 R

에 대한 제한이 점차 사라지고 V와 R이 하나의 단위로 문법화되어 생산적이고 표현력이 풍부한 문법 수단으로 바뀌었음을 의미한다.

(74) 徐行踏断流水声。(《벽암록》)

(75) 教授把三寸舌头舐破窗眼儿。(《일굴귀랄도인제괴》)

(76) 你不接丝鞭后, 哭损我一双眼。(《장협장원》)

위 예문을 보면 ‘踏断’, ‘舐破’, ‘哭损’ 등은 결합 상태에서만 뒤의 빈어와 결합되며 그중의 동사들은 모두 각각 빈어와 ‘행위 - 피동작주’의 관계를 맺지 않는다.

2.6.5.5 원명 시기 동보 구조의 발전

송조 시기와 반대로 "被死囚枷压的曲了脊梁"(《장정지감마합라》)과 같은 원명 시기의 ‘V得 OR’ 형식은 점차 쇠락하다가 소실되었다. 그중 일부는 어순이 바뀌어 ‘V得RO’가 되기도 했다. 여기에서 주의해야 할 점은 ‘压的曲’는 가능성을 나타내는 현대중국어의 ‘V得R’과는 다르다는 것이다. 여기서 R 성분은 일종의 실질적인 결과를 표시하며 구조 중의 ‘的’는 후에 소실되었다. 그리고 더 많은 경우에는 O가 V의 앞으로 이동되었다.

(77) 孟浩然驴背上冻下来。(《간전노매원가채주》)

(78) 那客人射的昏了。(《노걸대》)

(79) 不争将去时, 连其余的马都染的坏了。(《노걸대》)

피동작주가 주어 또는 화제가 되는 용법은 송조 이전에도 존재했으나 그리 많지 않았다. 일반적인 용법으로 널리 사용된 것은 원명 시기 이후인데 그 원인은 동보 구조의 부분적인 발전으로 인한 것이다. 구체적으로 후에 V와 R은 문법화 과정을 마치고 나서 가운데 들어가는 O를 더 이상 허용하지 않았기 때문에 O는 VR의 뒤나 앞에 와야 했던 것이 그 원인이 되었다. 앞에서 'V得OR' 형식이 쇠락하다가 소실된 과정이 원명 시기에 일어났다고 언급했는데 원조 시기에는 갑자기 'V得OR'의 사용 범위가 확장된 현상이 발견된다. 송조 시기 위 형식의 R은 보통 형용사로 한정되었지만 원명 시기에는 당조 이전에 'VOR'로 사용할 수 있었던 모든 보어의 유형을 허용했다.

가. R이 형용사인 경우

예문

(80) 我不合扶持的帝业兴, 我不合保护的山河壮。(《원간잡극30종》 - 동창사범)

(81) 但浇得菜蔬清秀, 问甚么沧浪之水浊兮。(《마단양삼도임풍자》)

나. R이 자동사인 경우

예문

(82) 早忧愁的寸肠粉碎, 闷恹恹废寝忘食。(《장정지감마합라》)

(83) 义赦了严颜罪, 鞭打的督邮死。(《관장쌍부서촉몽》)

다. R이 행위의 발전 상태를 나타내는 경우

예문

(84) 投至积得家缘成。(《산가재천사로생아》)

라. 송조 이전에 '得'가 필요 없던 VR 구조가 이 시기에 '得'를 추가했다.

예문

(85) 去得迟呵着这两班文武在丹墀候等。(《엄자릉수조칠리탄》)

(86) 你吃得醉了, 丢了孩儿! (《소장도분아구모》)

원조 시기의 동보 구조에는 또 하나의 흥미로운 점이 존재한다. 지금은 V의 뒤에만 올 수 있는 R이 당시에는 동사의 앞에서 부사어가 될 수 있었다.

예문

(87) 交下麻绳牢拴了行下省会。(《관대왕단도회》)

(88) 净洗了心上尘垢。(《진계경오도죽엽주》)

(89) 主人家的东西休错拿了去。(《노걸대》)

(90) 我昨日冷酒多吃了。(《노걸대언해》)

위 예문의 부사구는 현재 각각 '拴牢', '洗净', '吃多' 등 동보구로 쓰인다. 이런 현상은 당시에 동보 구조의 사용이 아직 매우 안정적이지는 않았다는 것을 말해준다. 또 부사어의 자리에 오는 단어로 행위의 결과를 표시하는 용법은 아주 오래전부터 존재했다는 것을 '吃饱'의 용례를 통해 뒤에서 다시 논의할 것이다.

그리고 현재는 빈어의 앞에 오는 추향 보어가 당시에는 여전히 빈어의 뒤에 위치할 수 있었는데 이런 현상도 원명 시기에 동보 구조가 아직 안정적이지 않았다는 것을 말해 준다.

예문

(91) 看看等到未牌, 果然厅上走一个穿白的官人出来。(《심소하상회출사표》)

(92) 一顿抓拐, 打那光棍出去。(《두십낭노침백보상》)

현대중국어에서는 예문(91)을 "走出来一个穿白的官人"이라고, 예문(92)를 "打出去那光棍" 또는 "把那光棍打出去"라고 말한다. 추향 보어를 빈어의 앞에 두는 현상은 "遂逐出献公"(《사기》- 위강숙세가)의 경우처럼 아주 오래전부터 존재했으나 원명 시기까지도 완전히 정형화되지는 않았다.

그리고 명조 시기에도 여전히 구형식인 VOR이 사용되는 경우가 있었지만 그중에 들어갈 수 있는 형용사의 수는 극히 제한되었다는 점도 유의해야 한다.

위 형식 중의 형용사는 두 가지 공통점을 보인다. 하나는 모두 2음절이라는 것, 다른 하나는 모두 위생 청결과 관계된다는 것이다. 이는 VOR 형식의 기능이 이미 완전히 위축되어 거의 소실에 가까운 상태에 이르렀다는 것을 의미한다.

2.6.6 맺음말

이상의 분석에서 다음과 같은 몇 가지의 결론을 얻었다.

첫째, 동보 구조는 유형별 생성 시기가 큰 차이를 보일 만큼 매우 불균형적인 발전 과정을 거쳤다. 보어와 빈어가 '행위 - 피동작주' 관계를 갖는 부류는 한조, 당조 시기에 이미 문법화를 마쳤다. 위진남북조 시기에는 여러 빈어와 행위 - 피동작주 관계를 갖지 않는 동보 구조가 나타났으며 이들이 빈어를 가질 경우에는 VOC 형식을 취했다. 이들 구조는 송조 시기에 문법화를 시작하여 원명 시기를 거쳐 문법화를 마쳤다. 그리고《홍루몽》의 시대에 이르러서 동보 구조는 이미 지금과 거의 비슷하게 되었다.

둘째, 동보 구조의 발전은 중국어 문법 구조의 발달에 큰 영향을 미쳤다. 동보 구조가 송조 시기부터 명조 시기까지 문법화 과정을 완료하면서 VOR 형식이 그로 인해 점차 소실되었다. 그 영향으로 동보 구조와 '被'자문, '把'자문이 대량으로 혼용되면서 이 두 문형이 크게 발전하였다. 아울러 일부 동보 구조의 뒤에는 여러 원인으로 빈어가 올 수 없었는데 이는 또 피동작주 주어의 사용 증가와 동사 복제 구조의 출현을 부추겼다. 그러므로 동보 구조의 발전 및 그로 인한 문법 변화는 중국어의 표현 수단을 다양화시켜 언어의 표현력을 더욱 강화시켰다.

셋째, 동보 구조가 문법화된 기제는 동사와 보어가 연이어 나타나는 문법 환경이 장기적으로 지속되면서 보어가 문법적인 독립성을 잃고 동사와 하나의 단위로 융합된 과정이다. 이를 바탕으로 동보 구조가 문법화되었는지를 판단하는 형식적 기준은 원래 동사와 보어의 사이에 들어가던 빈어, 접속사, 부정 표지 및 기타 각종 수식어가 반드시 전체 동보 구조의 앞이나 뒤로 이동해야 하는지 등이다. 그리고 원래 빈어를 가질 수 없었던 동보 구조의 경우는 뒤에 빈어를 추가할 수 있는지가 그 문법화를 판단하는 기준이 될 수 있다.

체표지가 생성된 역사적 조건과 과정

2.7.1 머리말

체표지 '了', '着', '过'의 생성은 중국어 문법사의 획기적인 사건이었다. 따라서 이들이 어미로 자리잡기 전까지 어떤 발전 과정을 거쳤는지를 밝히는 것은 매우 유의미한 연구가 될 수 있다. 이 장에서는 중국어의 체표지가 어떻게 생성되었는지, 그 기제를 논의하고자 한다. 주로 체표지의 발달 과정, 특히 각각의 표지가 공통으로 겪은 과정을 중심으로 고찰할 것이다.

체표지의 생성 기제를 논의함에 있어서 '了', '着', '过'의 발전 과정은 동등한 가치를 지닌다. 특히 '기제'라 하면 마땅히 이 3개의 체표지에 동시에 적용되어야 하기 때문에 '了' 하나만을 고찰하는 것으로는 부족하다. 체표지의 생성 원인과 관련된 충분한 해석이라면 또한 당송 시기에 나타난 체표지와 공통성이 있는 '却', '得', '去' 등의 발달 과정에 대해서도 설명이 가능해야 한다. 즉, 이 연구의 목적은 중국어 체표지의 생성을 설명할 수 있는 일반적인 기제를 찾는 것이다.

넓은 의미에서 보면 체표지는 동사 보어의 일종으로 그것들의 생성은 동보 구조의 발전과 갈라놓을 수 없다. 왜 당송 시기 이전에는 중국어에 체표지가 없었는지, 왜 체표지는 송원 시기에 나타났는지, 이런 문제들은 모두 동사와 보어 간 의미 관계의 발전 과정에서 답을 찾을 수 있다. 그러므로 체표지의 생성 기제에 대한 논의는 모두 동보 구조의 발전이라는 배경 하에 진행되었다. 또한 동보 구조 발전의 불균형성을 바탕으로 '了', '着', '过'가 각각 체표지로 자리잡은 시간 차이의 원인을 밝히고, '了', '着', '过'가 동사처럼 사용된 당시의 문법적 특징을 바탕으로 동등한 기제의 작용 하에 각자가 겪은 서로 다른 문법화 과정을 설명하고자 한다.

2.7.2 동보 구조 발전 초기의 동사, 보어, 빈어 간 어순 제한

2.7.2.1 동보 구조 발전의 불균형성

오늘날의 동보 구조는 중국어가 장기적인 발전을 거쳐 축적된 결과이다. 보어의 특징에 따라 동보 구조를 여러 부류로 나눌 수 있으며 각 부류의 동보 구조는 생성 시기가 서로 다르다.

유형별로 동보 구조의 역사적 발전을 고찰하기 위하여 우선 보어의 의미적 지향에 따라 현대중국어의 동보 구조를 대략적으로 분류하였다. 동사와 동사의 동작주(일반적으로 주어)에 대하여 기술하거나 설명하는 보어를 '전지 보어(指前補語)'로, 그와 상응하게 동사의 피동작주(일반적으로 빈어)에 대하여 기술하거나 설명하는 보어를 '후지 보어(指后補語)'로 칭하기로 한다. 아래 용례를 통해 살펴보자.

가. 동사 + 전지 보어
    (a) 보어가 주어를 가리키는 경우 (예: 吃饱饭、喝醉酒。)
    (b) 보어가 동사를 가리키는 경우 (예: 吃完饭、搬不动桌子。)
나. 동사 + 후지 보어
    (a) 보어가 자동사 또는 형용사인 경우 (예: 叫醒他、洗净衣服。)
    (b) 보어가 타동사 또는 사동 용법을 가진 형용사인 경우
        (예: 看见人、打破杯子。)

위의 분류는 서로 완전히 대립되는 것은 아니다. 가끔 전지 보어인지 후지 보어

인지 판단이 어려운 보어가 있을 수 있으며 두 유형 간 중첩되는 현상도 배제할 수 없다. 하지만 유형별 동보 구조의 발전 순서를 고찰하고 체표지가 형성되는 과정을 설명하기 위한 목적에서 보면 보어를 위의 두 유형으로 분류해도 충분하다.

특정 동보 구조의 생성 연대를 확정하는 데는 두 가지 기준이 있다. 하나는 의미 기준이다. 동사와 보어의 긴밀성을 떠나서 어떤 의미 관계를 가진 동보 구조가 언제 나타났는지만을 관찰하는 것이다. 다른 하나는 문법기준이다. 동사와 보어 사이 다른 성분(빈어)에 대한 허용 여부에 따라서 판단하는데 허용되면 둘은 연동 관계이고, 허용되지 않으면 동사와 보어가 하나의 문법 단위로 융합되었음을 의미한다. 지금부터 이런 경우를 형태적 관계로 지칭한다. 앞에서 분류한 네 가지 동보 구조에서 (나) 유형 중의 (b)형이 제일 먼저 나타났으며 그 빈어는 처음부터 전체 동보 구조의 뒤에 위치했다. 그리고 그것은 진한 시기에 이미 유행된 형식이었다. (예 "射殺 一魚", "烹灭强暴" - 《사기》- 진시황본기) 기타 유형은 모두 나중에 나타났으며 그 형식들을 보면 모두 문법적 관계에서 형태적 관계로 바뀌는 과정을 겪었을 것으로 결론을 내릴 수 있다. 의미적 차원에서 보면 (나) 유형 중의 (a)형은 진한 시기에 이미 존재했으며 당시 그 형식은 다음과 같았다.

A. 동사 + 보어   B. 동사 + 빈어 + 보어

이 두 형식의 공통점은 '보어'의 뒤에는 모두 빈어가 올 수 없으며 만약 빈어를 가질 경우 동사와 보어의 사이에 들어갈 수밖에 없다는 것이다. 따라서 이때의 동사와 보어의 관계는 여전히 문법 층위의 연동 관계라는 것을 말해준다. 이를테면 당조 이전에는 '동사 + 死'의 뒤에 빈어가 올 수 없었는데 그 원인은 '死'가 자동사이기 때문이었다. 관련 연구에 따르면 보어가 자동사인 동보 구조는 당조 이후에야 빈어가 올 수 있었다고 한다. 다음은 (나)형식의 초기 용례이다.

(1) 城射之殪。(《좌전》 - 소공21년)

(2) 今日病矣; 予助苗长矣。(《맹자》 - 공손추상)

위 예문에서 '殪'와 '长'은 모두 자동사이며 빈어가 모두 동사와 보어의 사이에 들어가 있다. 다시 말하면 선진 시기에는 '射殪之', '助长苗'의 경우와 같은 형식이 없었다.

(가) 유형의 (a)형 동보 구조도 한조 시기에 이미 나타났으나 위의 A형식이나 B형식으로만 사용되었다.

(3) 右贤王以为汉兵不能至, 饮酒醉。(《사기》 - 흉노열전)

(4) 匈奴右贤王当卫青等兵, 以为汉兵不能至此, 饮醉。

　　(《사기》 - 위장군표기열전)

위 예문에서 '醉'의 의미 지향은 동사의 피동작주이다.

종합해 보면 한조 이전 시기에 사용된 '동사 + X + 빈어'의 형식에서 X는 타동사와 사동 용법을 가진 형용사 등의 타동성 성분으로 제한되었으며 그 의미적 지향은 빈어였다. 이런 언어 구조에서는 체표지가 형성될 수 없다. 왜냐하면 체표지는 동작이나 행위의 진행 상태나 단계를 지시하는 것으로 의미적 지향이 동사이므로 X 자리에 들어갈 수 있는 단어의 요건에 부합하지 않기 때문이다. 따라서 무엇 때문에 송원 시기에 체표지가 잇따라 나타났는지를 이해하려면 위조 시기부터 그 당시까지 동보 구조에 어떠한 변화가 일어났는지를 고찰해야 한다.

2.7.2.2 위에서 송까지의 시기, 동보 구조 제한 규칙의 변화

위진남북조 시기에는 '동사 + 빈어 + 完' 형식으로 완료를 표시했다. 여기서 '完'의 자리에는 '畢', '訖', '已', '竟' 등도 대신 들어갈 수 있었다. 그러나 당시에 사용된 이 형식은 전문적으로 '완료'를 나타내는 형식은 아니었다. '畢' 등은 '동사 + X + 빈어' 중의 X의 조건 제한을 받아 빈어의 뒤에만 올 수 있었다. 즉, 빈어와 '동작주 - 피동작주' 관계를 갖는 단어만 X가 될 수 있었다. 그러나 의미적인 차원에서 보면 이 시기에 확실히 의미 지향이 동사인 보어의 유형이 새롭게 나타났다. 뒷부분에서도 논의하겠지만 체표지 '了'의 생성은 확실히 이런 보어 유형의 출현과 직접적인 연관이 있다. 그런 의미에서 여기서는 위에서 송까지의 시기에 X 자리에 들어갈 수 있는 단어의 제한 조건이 어떻게 달라졌는지를 살펴볼 것이다.

가. 의미 지향이 주어인 보어

위진남북조 시기의 사료에 따르면 이런 동보 구조가 빈어를 가질 경우 빈어는 동사와 보어의 사이에만 자리할 수 있었다.

> **예문**
>
> (5) 卒舍船市渚, 因饮酒醉还。(《세설신어》- 임탄)
> (6) 周仲智饮酒醉。(《세설신어》- 아량)

당조, 5대 시기에도 이런 형식은 유지되었다.

> **예문**
>
> (7) 曹山曰: "前锹托犹浅, 后箭射人深。"(《조당집》- 약산화상)

송조 시기 이런 보어가 빈어의 앞자리로 이동한 극히 개별적인 용례가 발견되었다.

(8) 若言这个所为, 做处只要便宜, 掇坐善能饮醉酒。(《유지원제궁조》)

나. 의미 지향이 동사인 보어

이런 보어는 대부분 동작이나 행위의 진행 상태나 단계를 가리킨다. 위진남북조 시기의 사료에 근거하면 이런 동보 구조의 빈어도 동사와 보어의 사이에 자리했다.

(9) 袁彦伯作《名士传》成, 见谢公。(《세설신어》 - 문학)

(10) 看书竟, 默然无言, 徐向局。(《세설신어》 - 아량)

(11) 王饮酒毕, 因得自解去。(《세설신어》 - 방정)

당조 시기에도 이런 구조는 변함이 없었다.

(12) 不经旬日中间, 后妻设得计成。(《순자변》)

그러나 송조 시기에 이르러서는 이런 보어도 빈어의 앞자리로 옮겨졌다.

(13) 赵正看罢了书, 伸着舌头缩不上。(《송사공대뇨금혼장》)

다. 보어가 자동사 또는 형용사인 동보 구조

위의 두 유형과 마찬가지로 위진남북조 시기 이런 구조를 따르는 빈어도 동사와 보어의 사이에만 자리할 수 있었다.

당조, 5대 시기에도 마찬가지였다.

송조 시기에 이르러 이런 보어는 상당수가 빈어의 앞자리로 옮겨졌다.

위의 세 가지 보어의 공통점은 처음에 '동사 + 빈어 + 보어'의 형식으로만 사용되었고 빈어와 '동작주 - 피동작주' 관계를 형성하지 못했다는 것이다. 그렇다면 그 후에 왜 이런 보어가 앞자리로 옮기게 되었는지, 이런 형식의 변화를 유발한 원인과 그 변화 과정은 다음과 같다.

가. 이런 보어는 모두 빈어가 없는 '동사 + 보어'의 형식으로 사용되었다. 장기적

인 사용으로 인해 두 성분 간의 어휘적 경계가 약화되어 2개의 문법 단위가 하나의 문법 단위로 점차 융합되었다.

나. 어떠한 동보 구조든지 일단 사람들에게 단일 문법 단위로 인지되면 그것은 일반 동사처럼 뒤에 빈어를 가질 수 있게 된다. 그렇게 되면 언어 발전 과정에서 기존의 구조와 새로운 구조가 병존하는 시기, 즉 보어가 빈어의 앞자리에도, 뒷자리에도 올 수 있다. 그리고 나중에는 '동사 + 보어 + 빈어'의 형식으로 완전히 바뀐다.

모든 동보 구조에 대하여 일일이 검증하는 것은 현실적으로 불가능하다. 아래에 위의 추론을 입증하기 위하여 의미 지향이 동사인 보어(약칭 '지동 보어(指動補語)')의 발전 과정을 살펴보고자 한다. 왜냐하면 체표지도 지동 보어의 일종이므로 문제의 실마리를 찾는 데 도움이 될 수 있기 때문이다.

2.7.3 지동 보어의 형태화 과정

2.7.3.1 '却'

'却'는 당송 시기에 동작이나 행위의 완료, 종결을 나타내는 지동 보어로 바뀌었다.(예 "君看渡口淘沙处, 渡却人间多少人。" - 유우석의 《낭도사》) '却'의 본뜻은 '물러서다(退)'이다. 위진 시기에 '떠나다(去)'로 의미가 확장되었으며 이 두 가지는 모두 타동사로 사용할 수 있었다.(예 "沛公自度能却项羽乎?" -《사기》- 유후세가) 따라서 '却'가 이 두 가지 의미로 쓰이는 보어일 경우, 빈어는 모두 지동 보어의 뒤에 왔다.

예문

(24) 将兵击却吴楚。(《사기》- 한장유열전)

(25) 举却阿堵物。(《세설신어》- 규잠)

위진남북조 시기에 이르러 '却'는 '~해 버리다/떨어지다/떨어뜨리다(掉)'와 '끝내다(完)'의 의미항을 추가하게 되었다. 해당 의미로 사용된 '却'를 보어로 둔 동보 구조는 빈어를 가질 수 없었다. 다음은 두 용례이다.

(26) 狗汉大不可耐, 唯须杀却。(《북제서》- 은행전)
(27) 若破城邑, 净杀却, 使天下知吾威名。(《남사》- 적신전)

원래 빈어를 가질 수 있었던 '동사 + 却'가 빈어를 가질 수 없게 된 이유는 '却'가 '~해 버리다(掉)' 또는 '끝내다(完)'의 의미로 쓰일 때, 그 의미 지향이 동사인 관계로 당시 동보 구조에 따르는 빈어의 제한 조건으로 인해 빈어가 '却'의 뒤에 올 수 없게 된다. 진에서 당에 이르는 200~300년 동안 '끝내다(完)'는 의미로 쓰인 '却'가 '동사 + 보어'의 형식으로 사용되면서 동사와의 경계가 점차 모호해지고 동사와 하나의 단위로 융합되었다. 그리하여 '동사'와 '却'는 문법적 관계에서 형태적 관계로 바뀌었으며 당조 시기부터는 '동사 + 却'의 뒤에 여러 가지 빈어가 자유롭게 따를 수 있었다.

2.7.3.2 '去'

'去'의 경우도 '却'와 비슷하다. '去'의 본뜻은 '떠나다(離開)'이며 빈어를 가질 수 있었다.(例 "阳虎去齐走赵" -《한비자》- 외저설좌하) 따라서 보어 자리의 '去'도 본뜻으로 사용된 경우에는 그 뒤에 빈어가 올 수 있었다.(例 "怀王竟听郑袖, 复释去张仪。" -《사기》- 굴원가생열전) 그런 '去'도 당송 시기에는 '미래(將要)', '완료(完成)' 등을 나타내는 지동 보어로 바뀌었다. 그리고 이런 용법으로 사용된 '동사 + 去'는 뒤에 빈어를 가질 수 없었다.

(28) 除却两人, 降此已下, 任你大悟去也须涛汰。(《조당집》 - 약산화상)

(29) 死去原知万事空。(《육유》 - 시아)

위의 용례에서 '동사 + 去'가 빈어를 가질 수 없는 원인은 '却'의 경우와 같다. '去'가 '미래'나 '완료'를 나타낼 때 그 의미적 지향이 동사이므로 당시의 동사, 보어, 빈어 간 관계의 제한으로 인해 '동사 + 去'는 빈어를 가질 수 없었던 것이다. 다른 점이라면 'V + 去'는 끝까지 빈어를 갖지 못한 것인데, 다시 말하면 '去'는 그 형태화 과정을 완료하지 못했다. 이는 '去'의 사용 범위와 관련이 있는 것으로 추정된다. '去'의 지동 보어 용법은 당조 후기 및 5대 시기에야 나타났으며 주로 《선종어록》에 집중되었다. 송조 시기에 와서도 그 사용 범위가 확대되지 않았으며 원조 시기에 이르러서는 거의 자취를 감추었다. 아래에 논의하겠지만 동보 구조는 문법 층위에서 형태 층위로 넘어가기 위해서는 두 가지 부차적인 조건이 구비되어야 한다. 하나는 충분히 오랜 기간 사용되어야 한다는 것이고, 다른 하나는 충분히 높은 사용 빈도나 넓은 사용 범위가 전제되어야 한다는 것이다. '去'의 지동 보어 용법은 이 두 가지 조건을 충족하지 못했기 때문에 형태 표지로 발전되기 전에 소실되고 말았다. 다시 말하면 '去'는 결국 체표지로 문법화되지도 못했고 앞의 동사와 하나의 문법 단위를 형성하지도 못하여 줄곧 빈어를 가질 수 없었다.

2.7.3.3 가능 보어

말 그대로 가능 보어는 동작이나 행위의 실현 가능성을 나타내며 따라서 "搬得动桌子", "吃不了饭"의 경우처럼 그 의미적 지향도 자연스럽게 앞에 있는 동사가 된다. 주로 '得'와 그에 대응되는 부정식이 여기에 해당된다. 아래에 '得'의 발전 과정을 통해 논의를 이어가고자 한다.

'得'는 본 뜻이 '얻다(得到)', '취득하다(獲取)'이며 빈어를 가질 수 있는 타동사였다.(例 "不用乡导者, 不能得地利" -《손자병법》- 군쟁) 따라서 보어로 쓰일 때도 빈어를 가질 수 있었다.

(30) 又请得一解书人。(《육조단경》)
(31) 二将听得此事。(《한장왕릉변》)

그러나 '得'가 행위나 동작의 실현 가능성을 나타낼 때에는 그 의미 지향이 빈어에서 동사로 바뀐다. 이 경우 해당 동보 구조는 아예 빈어를 가지지 않거나 빈어가 동사와 '得' 사이에만 위치하게 된다.

(32) 若解微臣箭得, 年年送贡, 累岁称臣。若也解箭不得, 只要殿前, 定其社稷。(《한금호화본》)
(33) 三岁孩儿也解道得, 百岁老人略行不得。(《조당집》 - 조과화상)

대응되는 부정식에서도 빈어가 놓이는 위치는 다르지 않았다.

(34) 陵母遂乃吃苦不禁。(《한장왕릉변》)
(35) 料前程趁彼船的不及。(《입당구법순례행기》)

북송 시기에 이르러 '동사 + 得'와 '동사 + 不得'가 대량으로 나타났고 남송 시기부터는 '不得' 뒤에 빈어가 올 수 있었다. 원조 시기에 이르러서는 다수가 '동사 + 가능 보어 + 빈어'로 바뀌었다.

앞의 분석에 근거하면 가능 보어가 앞으로 이동한 과정은 다음과 같다. 첫째, 빈어가 없는 '동사 + (不)得'의 문법 환경에서 형태화 과정이 시작되었으며, 북송 시기에 이런 구조가 대량으로 출현하면서 그 과정이 가속화되었다. 둘째, 남송 시기에는 '동사 + 가능 보어'가 이미 하나의 문법 단위로 융합되어 빈어를 가질 수 있었으며 새 형식과 기존 형식이 병존하는 양상이 한동안 지속되었다. 셋째, 원조 시기 새로운 형식이 기존의 형식을 대체하였다.

2.7.3.4 지동 보어의 형태화 특징

지동 보어의 형태화 과정을 살펴보면 아래와 같은 공통점이 있다.

가. 동보 구조의 초기 형식인 '동사 + X + 빈어'에서 X는 반드시 빈어와 '동작주 - 피동작주' 관계를 가져야 했다. 지동 보어는 이 조건을 충족시키지 못하기 때문에 X의 자리에 들어갈 수 없었다. 구체적으로 두 가지 가능성이 존재하는데 '却'와 '去'의 용법처럼 '동사 + 지동 보어'가 아예 빈어를 갖지 못하는 경우와 '不得'의 용법처럼 빈어를 가지지만 반드시 동사와 보어의 사이에 위치하는 경우이다.

나. 원래 모두 타동사였던 '却', '去', '得' 등 단어들은 의미의 확장을 통해 지동 보어로 사용되었지만 상당 기간 빈어를 갖지 못하였다. 일정한 사용 기간, 그리고 동사와 보어가 연이어 나타나는 문법 환경은 지동 보어의 형태화에 반드시 필요한 두 가지 조건으로 되었다.

다. 어느 한 동보 구조가 연동의 문법적 관계에서 형태적 관계로 되면 전체 구조가 하나의 문법 단위로 융합되기 때문에 빈어를 가질 수 있게 된다. 한 동보 구조가 형태적 관계로 발전하기 전과 후의 문법적 차이는 기타 형식적 특징으로도 나타난다. 이와 관련하여 '동사 + 不得'를 예로 살펴보면 다음과 같다. '동사'와 '不得' 사이에 빈어가 들어갈 수 있었을 때에는 둘의 관계가 긴밀하지 않기 때문에 다른 수식어들도 들어갈 수 있었다.

예문(36)의 후행 절은 두 동사가 하나의 보어를 공용하는 경우로 '동사'와 '不得'의 독립성을 더욱 명확하게 드러냈다. 그러나 우리의 관찰에 따르면 '不得'가 빈어의 앞으로 이동한 용례 중에는 수식어가 '동사'와 '不得'의 사이에 들어간 경우는 없었다. 현대중국어에서는 동사와 가능 보어 사이에 그 어떤 성분도 용납하지 않는다. 기타 유형의 동보 구조도 마찬가지인데 이런 현상은 동보 구조가 두 문법 단위에서 하나의 문법 단위로 형태화하는 과정에 보편적으로 존재했다.

라. 모든 동보 구조가 문법적 관계에서 형태적 관계로 발전하는 데는 일정한 기간과 특정 문법 환경이 필요한데 바로 이로 인해 동보 구조별로 불균형적인 발전 양상이 나타난 것이다. 하나의 동보 구조의 출현 시기는 그 형태화에도 결정적인 영향을 미쳤다. 일반적으로 일찍 출현한 동보 구조일수록 형태화된 시기도 빨랐다. 다음 부분에서 논의할 '了', '着', '过'의 발전도 이 관점을 뒷받침해 준다.

2.7.4 체표지 '了', '着', '过'의 생성 과정

2.7.4.1 '了'의 형태화 과정

앞에서 논의한 발전 초기의 동보 구조에 존재했던 동사, 빈어, 보어 간의 의미적 제한과 어순 제한은 체표지의 생성 경로와 과정에 결정적인 영향을 미쳤다. 체표지는 지동 보어의 일종으로 동작, 행위의 진행 상태나 단계를 지시하므로 지동 보어와 동일한 형태화 과정을 겪었다.

위진남북조 시기에, '了'는 '已', '讫', '毕', '竟'과 더불어 '동사 + 빈어 + 보어' 형식의 보어 자리에 들어가서 동작의 완료를 표시할 수 있었다.(예 "公留我了矣" -《삼국지》) 당조, 5대 시기에 이르러 '了'가 기타 네 단어를 대체하고 주도적 지위를 차지하였지만 여전히 사용이 제한되어 아래 두 가지 형식에만 사용되었다.

(가) 동사 + 了
(나) 동사 + 빈어 + 了

앞에서 살핀 지동 보어에 대한 분석에 근거하면 '了'가 형태화된 문법 환경은 (가) 형식이다. 여기서 '了'가 일단 체표지로 바뀌면 동사와 하나의 문법 단위를 형성하고, 이때부터는 빈어가 '了'의 뒤에 위치할 수 있게 된다. 새 형식과 기존 형식이 병존하는 시기를 거쳐 '了'는 결국 완전히 빈어의 앞으로 자리를 이동했다. 아래에 용례를 바탕으로 이 분석을 검증하고자 한다.

먼저 '了'가 왜 (나) 형식에서는 문법화될 수 없었는지부터 살펴보자. (나) 형식에서 '了'와 동사 사이에는 빈어뿐만 아니라 다른 여러 가지 수식어도 끼어들 수 있어서 관계가 상당히 멀었다고 볼 수 있다. 당조, 5대 시기 약 40만 자의 구어체 사료를 바탕으로 (나) 형식의 용례를 총 69개 수집하였는데 그중 '了'의 바로 앞자리에 수식어가 들어있는 것이 41개로 약 70%를 차지했다.

예문

(39) 粉壁内面, 画诸尊曼茶罗, 填色未了。(《입당구법순례행기》)

(40) 供主行香, 不论僧俗男女, 行香尽遍了。(《입당구법순례행기》)

(41) 叹之已了, 拟入经题。(《여산원공화》)

(42) 过得三年后, 受戒一切了, 谘白和尚。(《조당집》 - 동산화상)

(43) 有一日, 心造坐不得, 却院外绕茶园三匝了, 树下坐, 忽地睡著。

(《조당집》 - 장경화상)

위의 현상으로부터 알 수 있듯이 '了'가 (나) 형식에서는 아직 여러 가지 부사에 의해 수식될 수 있는 동사이다. 반대로 (가) 형식에서는 동사와의 관계가 훨씬 긴밀하다. 우리가 찾은 '동사 + 了'의 용례 43개 중 동사와 '了' 사이에 수식어가 들어있는 경우는 아래 2개에 불과했다.

(44) 子胥哭已了, 更复前行。(《오자서변문》)

(45) 铺置才了, 暂往坻塘。(《연자부》)

다시 말하면 (가) 형식에서 '동사'와 '了'가 다른 성분에 의해 나뉘어질 확률은 5%에 불과하다. 따라서 우리는 이런 문법 환경에서 '了'가 더 쉽게 형태화되어 동사와 하나의 문법 단위로 되었다는 결론을 얻을 수 있다. 당조, 5대 시기에 (가) 형식에서 수식어가 전체 동보 구조의 앞에 위치한 용례는 매우 많았다.

(46) 法即付了, 汝不须问。(《육조단경》)

(47) 圣王才见了, 流泪两三行。(《환희국왕연》)

(48) 已相见了, 不要上来。(《조당집》 - 암두화상)

(49) 道吾曰 : "早说了也。"(《조당집》 - 약산화상)

(50) 大师便安排了, 处分侍者, 教伊煮粥。(《조당집》 - 장경화상)

반면에 우리가 수집한 모든 (나) 형식의 용례를 살펴보면 위에서처럼 시간 부사를 전체 '동사 + 빈어 + 了'의 앞에 둔 경우는 하나도 없었다. 또한 현대중국어에서 동사와 체표지 사이에는 어떠한 성분도 들어갈 수 없다는 점을 감안하면 위의 현상은 당조, 5대 시기에 (가) 형식에서 '了'가 동사와 하나의 문법 단위로 융합하려는 경향이 매우 강했음을 말해준다. 즉, '了'의 형태화가 당시에 이미 상당 부분 완성되었다는 것을 설명해 준다.

예상대로 송조 초기부터 전방 이동을 시작한 '了'는 얼마 지나지 않아서 체표지로 굳어졌다. 위의 분석에 의한 하나의 자연스러운 추론은 당시 동사로서의 '了'와 형태화된 '了'가 병존하는 시기가 존재했을 것이라는 점인데 그 부분도 자료를 바탕으로 검증이 가능하다. (나) 형식에서 '了'가 시간 부사나 부정사의 수식을 받는 용례들이 가끔 보이는데 이는 당시 사람들이 '了'를 여전히 동사로 여겼다는 것을 의미한다.

(51) 虽将得文字来, 该说代州以东诸寨地界已了, 更不争理。
　　　(《을묘입국주청》)

(52) 见修山寨未了。(《양온란로호전》)

그러나 두 형식의 '了'는 원래 하나였기 때문에 (가) 형식의 '了'의 이런 변화가 (나) 형식의 '了'에 영향을 미치지 않을 수가 없다. "已作国书了"(《삼조북맹회편》 - 정강대금산서군전화의록)처럼 '了'의 앞에 오던 수식어가 전체 동보 구조의 앞으로 이동한 용례들이 관찰되었다. 이는 (나) 형식에서도 '了'가 동사로서의 지위를 잃어가고 있음을 말해준다. 이와 선명한 대조를 이루는 부분은 '동사 + 了 + 빈어'의 경우 '동사'와 '了' 사이에는 어떠한 수식어도 허용하지 않았다. 이를테면 "南朝已应付了三处"(《을묘입국주청》)와 같은 어순을 가진 용례는 매우 보편적이었던 반면에 "应付已了三处"와 같은 용례는 전혀 없었다. 따라서 빈어를 가질 수 있는 '동사 +了'는 결합이 보다 긴밀했다고 볼 수 있으며, 앞에서 분석했듯이 이는 당연히 당조, 5대 시기의 (가) 형식에서 비롯되었을 것이다. 그러므로 정확히 말하면 '了'의 형태화 과정은 빈어가 앞으로 이동한 것이 아니라 '동사 + 了'의 뒤에 빈어가 추가된 것이라고 할 수 있다.

위의 분석을 통해 '了'의 형태화 과정도 기타 지동 보어와 마찬가지로 다른 어떤 구조를 '모방'하여 생겨난 것이 아니라 같은 기제의 작용 하에 독립적으로 발전된 것임을 알 수 있다. '了'는 체표지로 발전된 후 기능 면에서 또 일련의 변화를 겪게 되는데 그 부분에 대해서는 제14장에서 '没'의 문법화를 논의할 때 다시 다루고자 한다.

2.7.4.2 '过'의 형태화 과정

'过'의 형태화는 '却'와 평행 발전하는 과정을 거쳤다. '어떤 공간적 위치를 통과하다'라는 본뜻을 가진 '过'는 위진남북조 시기에 나타나 그 후 특정 시간을 가리키는 의미로 확장되었다. 이 두 가지 의미항으로 쓰일 때, '过'는 모두 타동사이므로 장소 또는 시간 빈어를 자유롭게 가질 수 있었다.

> **예문**
>
> (53) 蛤蟆跳过雀儿浴。(한유,《증후희》)
>
> (54) 夜深不敢依门户, 跳过墙来见新妇。(《유지원제궁조》)
>
> (55) 过廿一日到莱州界崂山。(《입당구법순례행기》)
>
> (56) 杜鹃, 你休得叫过通宵。(《장협장원》)

'过'의 이러한 용법은 오늘날까지도 사용되고 있으며 보편적으로 빈어를 갖는다. 당조 시기에 어떤 행위나 동작의 종결이나 과거 발생을 나타내는 '过'의 지동 보어 용법이 생겨났다.

> **예문**
>
> (57) 婆云 : "水不妨饮, 婆有一问, 须先问过。"(《서주동산량가선사어록》)
>
> (58) 蒙使君报云 : "本司检过。"(《입당구법순례행기》)

앞의 분석에 근거하면 지동 보어 '过'의 뒤에 오는 빈어에는 제한 조건이 있었을 것으로 추정된다. '동사 + 过'가 뒤에 빈어를 갖기 어려운 현상은 송조 시기까지 변함이 없었다. 아래에는《근대 중국어 문법 자료집(송대권)》에 대한 통계 결과이다.

'동사 + 过'가 빈어를 가지는 경우의 변화

	공간	시간	지동
동사 + 过	6	5	29
동사 + 过 + 빈어	4	2	0

위의 표에서 '공간'은 '过'가 '어떤 공간적 위치를 통과하다.'라는 의미로 사용된 경우를, '시간'은 '어떤 시간을 경과하다'라는 의미로 사용된 경우를 가리킨다. 보다시피 송조 시기에도 지동 보어로 사용된 '过'의 뒤를 따르는 빈어는 매우 제한적이었다. 원명 시기에 이르러서야 지동 보어로 사용된 '过'의 뒤에 빈어가 오는 현상이 보편화되었다.

(59) 饮过酒今番不枉, 你若不为帝决为王。(《제갈량박망소둔》)

(60) 任他吃过了一杯茶便开口问道。(《한수재승란빙교처》)

(61) 此二人不许擅自释放, 待我见过大爷, 然后来取。(《노태학시주오공후》)

(62) 私下先打过几顿。(《노태학시주오공후》)

이는 '过'가 원명 시기에 이르러서야 진정한 체표지로 자리잡았음을 의미한다.

위의 분석에 근거하여 '过'의 문법화 과정을 간략하게 요약 정리할 수 있다. '过'가 발전을 거쳐 당조 시기에 지동 보어 용법이 생겨났을 당시 동사, 빈어, 보어 사이의 의미적 제한과 어순적 제한으로 인해 그 뒤에는 빈어가 오지 못하였다. '过'는 당조에서 원조에 이르는 약 400~500년 동안에 '동사 + 过'의 문법 환경에서 점차적으로 독립된 단어의 지위를 잃고 동사와 하나의 문법 단위를 형성하였으며 원조 시기에 이르러서야 완전히 체표지로 자리잡고 지금까지 빈어를 자유롭게 가질 수 있었다. '어떤 시간을 경과하다'는 파생 의미로 사용된 '过'는 처음부터 예문(55)와 예문(56)의 경우처럼 시간사를 빈어로 가질 수 있었다. 더욱 중요한 것은 이런 관점이 맞다면 파생 의미가 하나씩 추가될 때마다 빈어의 사용이 자유롭지 못 한 시기를 한번씩 겪어야 하는데 사실은 그렇지 않았다는 것이다. 나아가 지동 보어로 사용된 '过'가 어찌하여 400~500년이라는 긴 시간 동안 빈어 사용 면에서 제한을 받았는지는 더욱 해석하기가 어려워진다. 이런 현상은 당시 동보 구조에 존재했던 빈어를 가지기 위한 조건 때문이다. 지동 보어는 형태화된 후 앞의 동사와 하나의 문법 단위를 구성한 다음에야 뒤에 빈어를 가질 수 있었다. 형태화 과정은 상당히 긴 시간이 필요하다. 예를 들면 '了'가 지동 보어로 사용되기 시작한 것은 남북조 시기인데 송조 초기에 이르러서야 체표지로 형태화되었고 그 과정은 약 500년이라는 긴 세월이 걸렸다. 이는 '过'의 형태화에 필요했던 시간과도 대체로 비슷하다.

당조, 5대 시기의 '了'의 용법과 마찬가지로 지동 보어 '过'도 '동사 + 빈어 + 过'의 시기를 겪었다.

(63) 那婆娘提醒了他当初曾担水过这句话。(풍몽룡,《양현령경의혼고녀》)
(64) 我又不是不曾担水过的, 两只手也会烧火。(풍몽룡,《양현령경의혼고녀》)

이 소설은 당조, 5대 시기의 이야기이다. 우리는 이를 당시의 구어 실록으로 추측하고 있는데 그 근거는 저자가 '本朝(명)'조의 이야기를 서술할 때 모두 '동사 + 过 + 빈어'의 어순을 사용했기 때문이다. 또한 '过'가 형태화되기 이전에는 '过'와 동사 사이에 시간 보어가 들어갈 수 있었다.(예 "只借圣人来说一遍过" -《주자어류》) 이런 현상들은 모두 '过'가 형태화되기 전에는 동사와의 관계가 긴밀하지 않았다는 것을 말해준다.

2.7.4.3 '着'의 형태화 과정

현대중국어의 '着'에는 주로 네 가지 용법이 존재한다. 첫째, 동작의 진행 상태를 표시한다.(㉠ "他们正吃着饭呢") 둘째, 상태의 지속을 나타낸다. (㉠ "门开着呢") 셋째, 존재문에 사용된다. (㉠ "墙上挂着一幅画") 넷째, 두 동작의 동시 진행을 표시한다. (㉠ "坐着讲") 이상의 용법들이 나타난 시기는 큰 차이를 보인다. 그중에서 첫 번째 용법의 '着'만이 진정한 체표지라고 할 수 있다. 아래에서 그것의 형태화 과정을 살펴보고자 한다.

초기의 '着(著)'는 '부착하다(附着)'라는 의미의 동사였다.(㉠ "风行而著于土" -《좌전》- 장공이십이년) 동한에서 위진남북조 시기까지 '着'는 동작이 미친 상대 또는 닿은 곳을 나타내는 보어로 사용되었다.

예문

(65) 想著妻子, 而自系缚。(《생경》)

(66) 可掷著门外! (《세설신어》- 방정)

이런 용법의 '着'는 빈어와 결합되었으며 이때 빈어는 장소를 뜻하는 경우를 제외하고 반드시 동사와 '着' 사이에 위치했다.

예문

(67) 辄含饭著两颊边。(《세설신어》- 덕행)

(68) 埋玉树著土中。(《세설신어》- 상서)

(69) 酒, 正自引人著胜地。(《세설신어》- 임탄)

당조 시기에 이르러 '着'는 또 동작이나 행위가 미치는 상대를 표시할 수 있었다.(㉠ "道著姓名人不识" - 백거이의《측측음》) 이런 용법으로 사용된 '着'의 의미 지향은 모두 빈어이다.

‘着(著)’의 형태화 과정은 예문(66)에서 예문(69)까지와 같은 존재문에서 완성되었다. 이는 위진남북조 시기와 당조 시기 ‘동사 + 着’의 뒤에 오는 빈어의 변화 양상에서 그 근거를 찾을 수 있다. 앞에서 살펴본 바와 같이 보어가 되는 ‘着’는 ‘부착(附着)’ 또는 ‘도달(到達)’을 표시하는 장소 개사에 해당하여 그 뒤에는 모두 장소 빈어가 결합되었다. 우리는 《세설신어》에서 이와 같은 용법으로 쓰인 ‘着’의 용례를 9개 찾았으며 그 뒤에는 모두 장소 명사가 있었다. 그러나 당조 시기부터는 존재문에서 ‘着’의 뒤에 오는 장소 명사가 크게 제한되었다. 다음은 당조 시기 ‘着’의 ‘존재’ 용례들이다.

(70) 又得请一解书人, 于西间壁上题著, 몯自本心。(《육조단경》)
(71) 乞取池西三两竿, 房前栽著病时看。(왕건, 《걸죽》)

당조 시기에는 ‘着’의 뒤를 따르던 장소 빈어가 점차 사라지고 그 자리를 존재 주체가 대체하였다. 이는 ‘着’의 의미 지향이 뒤의 빈어에서 앞의 동사로 바뀌었음을 말해준다. 위진 시기의 ‘着’는 장소를 끌어들이는 개사에 해당하였다. 그러나 중국어에서 장소를 이끄는 개사의 뒤에 장소 빈어가 빠지는 현상은 매우 드물다. 우리가 수집한 당시의 용례들에는 모두 장소 빈어를 가지고 있었다. 당조 시기에 이르러서는 ‘존재(存在)’를 나타내는 ‘着’의 뒤에 빈어가 없는 용례들이 대량으로 나타났다. 따라서 당시 ‘着’가 이미 행위나 동작의 지속 상태를 표시하는 지동 보어로 문법화되었을 것으로 추정할 수 있다. ‘着’의 의미 지향이 바뀌면서 존재문의 주어와 장소 빈어가 서로 자리를 바꾼 것으로 해석이 가능하다. 이를테면 예문(71)의 경우 당조 이전에는 “栽著房前”이었을 것이다.

‘着’가 존재문에서 지동 보어로 바뀐 다음, 당조 시기에는 또 두 동작의 동시 진행을 표시하는 ‘着’의 용법이 생겨났다.(예 “皇帝忽然赐匹马, 交臣骑着满京夸” -《장흥사년강경문》) 이 용법도 초기에는 앞에서 논의한 기타 지동 보어의 경우와 마찬가지로 동사와의 관계가 긴밀하지 않아 빈어가 그 사이에 들어갈 수 있었다.

(72) 能者虔恭合掌着, 经提名字唱将来。(《온실경강창압좌문》)

(73) 若不是死王押头着, 准拟千年余万年。(《삼신압좌문》)

송조 시기에 이르러서도 '着'는 여전히 '존재'와 '두 동작의 동시 진행'을 표시하는 용법으로 제한되었으며 제대로 된 진행형 표지로 보기는 어려웠다. 그리고 당시에는 상태의 지속을 나타내는 용법도 이미 존재했다.

(74) 开着口, 则合不得。(《경세통언》 - 최대조생사원가)

(75) 张富低着头, 不敢答应。(《송사공대뇨금혼장》)

'着'가 진정으로 동적인 행위의 진행을 나타내기 시작한 것은 원조 이후이며 그 때부터 관련 용례들이 점차 많아지기 시작했다.

(76) 见他战笃速惊急列慌慌走着。(《진계경오도죽엽주》)

(77) 冯妈妈他老人家, 我央及他厨下使着手哩。(《금병매》 - 38회)

(78) 王夫人正坐在凉榻上摇着芭蕉扇子。(《홍루몽》 - 33회)

한마디로 '着'의 형태화 과정은 존재문을 통해 완성되었다. 그 후 두 동작이 동시 진행 및 상태의 지속을 표시하는 등의 용법을 거쳐 다시 단독으로 동작의 진행을 표시하는 체표지로 발전되었다. '着'가 형태화 과정을 마친 후 겪은 이러한 기능적 변화들은 모두 진일보의 논의가 필요한 부분이다.

2.7.5 체표지의 생성이 미친 영향 및 관련 이론 문제

2.7.5.1 형식의 유추

앞의 분석에 따르면 '着', '了', '过' 등 체표지는 기타 지동 보어와 마찬가지로 동일한 기제의 작용 하에 각각 점진적인 발전 과정을 거쳤다. 위진남북조 시기의 보어는 반드시 '동사 + 빈어 + 보어' 구조의 보어 자리에만 올 수 있었다. 당조 시기 '毕' 등은 구어에서 점차 '了'에 의해 대체되었다. 그리고 서면어에서는 여전히 기존의 형식을 엄격하게 유지하였다. 송조 시기에 이르러서 '了'의 뒤에 빈어가 올 수 있게 되었음에도 불구하고 이런 상황은 크게 달라지지 않았다. 따라서 이는 서면어의 '의고(擬古)' 현상으로 볼 수 있다. 원명 시기에는 3개의 체표지가 잇따라 성숙되어 일상적인 교제에서 중요한 지위를 차지하면서 거대한 유추 작용도 일으켰는데 그와 관계된 여러 표현 중 하나가 바로 '의고' 형식의 어순이 체표지가 들어간 형식의 어순과 같다는 것이다.《금병매》에 대하여 표본 추출 조사를 실시한 결과 '毕'류의 용법을 11개 찾았으며 그중 10개에서 '毕' 등이 빈어의 앞에 위치한 것으로 확인되었다.

> **예문**
>
> (79) 唱了一个, 吃毕酒, 又唱第二个。(《금병매》 - 36회)
>
> (80) 叙毕礼话, 请去花园卷棚内宽衣。(《금병매》 - 36회)
>
> (81) 吴道官诵毕经, 下来递茶。(《금병매》 - 39회)

이상의 용례는 모두 서술문이다. 위의 어순 변화는 '동사 + 체표지 + 빈어'와 유사한 새로운 형식의 영향에서 비롯되었을 것이다.

이런 유추 작용의 영향으로 인해 '동사 + 빈어 + 보어' 형식은 중국어에서 완전히 사라지게 되었다. 앞의 분석에 따르면 지동 보어, 주어를 설명하는 보어, 자동사 보어 등 보어는 동사가 빈어를 가질 경우, 모두 빈어의 뒤에 위치했다. 이런 보어들은 당송 시기 및 그 이후 형태화의 작용 하에 동사와 하나의 문법 단위를 구성하였기 때문에 빈어의 자리를 뒤로 고정하게 되었으며 결국 기존 형식의 쇠락으로 이어졌다. 송조 시기만 해도 보편적으로 사용되던 '동사 + 빈어 + 보어'의 형식이 원명 시기에 이르러서는 크게 위축되었다. 이를테면《금병매》에서 이런 형식은 '위생 청결'과 관련된 몇몇 형용사에 한해서만(剧 "不一时搽抹卓儿干净") 사용되었으며《홍루몽》시대부터는 거의 보기 드물었고, 현대중국어에서는 전혀 사용되지 않고 있다. 그리고 그 기능은 다른 형식에 의해 대체되었다. '동사 + 빈어 + 보어' 형식의 소실은 세 체표지의 성숙과 거의 같은 시기에 진행되었다. 또한 체표지는 구어에서 가장 흔한 현상이므로 구형식의 소실은 체표지를 비롯한 새로운 형식의 발전과 인과 관계를 가지는 것으로 추정할 수 있다.

2.7.5.2 체표지의 생성 조건

그렇다면 자연스럽게 한조 이전에는 왜 체표지가 없었는지, 왜 위진 시기에 사용되던 '竟', '已', '毕', '讫' 등은 체표지로 발전하지 못하였는지에 대한 의문이 생긴다. 이런 문제들은 모두 체표지의 생성 조건에서 그 해답을 찾을 수 있다.

형식적으로 보면 체표지는 반드시 '동사 + X + 빈어'의 형식에서 X의 자리에 들어갈 수 있어야 한다. 보다시피 X의 자리에 어떠한 단어도 용납하지 않던 시기에는 체표지가 생성될 수 없었다. 진한 시기에 X의 자리에 허용된 것은 빈어와 '동작주 - 피동작주'의 관계를 가지는 타동사거나 사동 용법을 가진 형용사뿐이었다. 이는 체표지가 단순히 그 앞의 동사가 지시하는 행위의 발전 상태를 가리키는 의미적 특징과 서로 어긋난다. 따라서 체표지는 이 시기에도 생성될 수 없었다.

동보 구조의 발전과 더불어 당송 시기에는 이미 X의 자리에 지동 보어가 허용되었다. 다시 말하면 이 시기의 언어 체계는 체표지의 생성에 적합한 환경을 제공했다. 그럼에도 불구하고 한 단어 형식이 일종의 형태로 문법화되려면 상당히 긴 시간이 필요하고 그 사용 빈도도 매우 높아야 한다. '竟' 등은 이런 조건을 충족시키지 못하여 적합한 '환경'이 이루어지기 전에 구어에서 사라졌던 것이다. 동시에 비슷한 기능을 갖고 있는 4~5개 단어도 그 사용 빈도가 제한되었을 것이 분명하다.

반면에 당조, 5대 시기에 생성되어 기타 경쟁 상대를 제친 '了'의 경우 송조 초기에 체표지로 자리잡았다.

2.7.5.3 동보 구조 발전의 불균형성

지금까지 체표지와 기타 지동 보어의 발전 과정을 통해 확인된 부분은 다음과 같다. 언어 체계가 한 부류의 동보 구조를 허용하더라도 해당 부류의 모든 유형이 같은 시기에 단번에 문법적 관계에서 형태적 관계로 바뀌는 것이 아니라 유형별로 각각 형태화 과정을 거쳐야 했다. 그런 이유에서 '了'가 체표지로 발전한 시기가 '过'나 '着'보다 약 300~400년이나 앞선 것처럼 그들이 각각 형태 표지로 발전한 시점은 시기적으로 매우 큰 차이를 보였다. 또한 같은 부류에서 형태적 관계로 발전한 동보 구조가 많아질수록 유추의 영향으로 인해 남은 부류의 동보 구조 형태화 과정이 빨라졌을 가능성도 배제할 수 없다.

현대중국어에는 동보 구조의 유형이 매우 다양한데 지금도 빈어를 가질 수 없고 동작의 피동작주를 주어의 위치에 두는 경우가 적지 않게 남아 있다.

> **예문**
>
> (82) a. 车开快了。　　? 开快了车。
>
> 　　　b. 书买贵了。　　? 买贵了书。
>
> 　　　c. 衣服洗白了。　? 洗白了衣服。

만약 '开快' 등이 합성어로 융합되면 빈어가 그 뒤에 올 수 있을 것이다. 또한 동보 구조는 하나의 큰 부류로서 이미 동사와 보어의 사이에 그 어떤 수식 성분도 허용하지 않을 만큼 관계가 매우 긴밀해져 당송 시기 또는 그 이전 시기와 매우 달라졌다는 점에도 주목할 필요가 있다.

2.7.6 맺음말

체표지는 보어의 일종으로서 지동 보어로부터 유래되었다. 그러므로 체표지의 생성 시기는 동보 구조의 발전 상태를 결정하였으며 구체적으로 그들의 형태화 과정은 당시에 존재했던 동사, 빈어, 보어 사이의 의미적 제한과 어순적 제한에 의해 좌우되었다. 모든 지동 보어는 형태화 과정에서 상당히 오랜 기간 동안 뒤에 빈어를 가질 수 없었는데 이것을 모두 우연으로 보기는 어렵다. 바로 그 시기에 '了', '着', '过' 등이 독립된 단어에서 체표지로 발전되는 과정을 겪었으며 충분히 오랜 사용 시간과 일정한 사용 빈도가 이 과정을 위한 필요 조건으로 되었다.

체표지는 중국어의 내적 구조에 의해 한 걸음 한 걸음 발전되었다. 체표지의 형성은 중국어 문법 구조에 큰 변화를 가져왔을 뿐만 아니라 더욱이 중국어의 언어적 표현력을 높혀 주어 중국어 발달사에서의 중대한 사건으로 평가된다.

완료 체표지로 발전한 소유 동사

2.8.1 머리말

인간 언어의 완료 체표지는 완료의 의미를 가진 동사나 소유 동사에서 유래되는 것이 일반적이다. 완료의 의미를 가진 동사에서 유래된 언어로는 카무, 산고 등이 있고 소유 동사에서 유래된 언어로는 영어, 프랑스어, 스웨덴어, 이탈리아어, 포르투갈어, 스페인어 등이 있다. 중국어의 완료 체표지는 이 두 가지 경우를 모두 갖고 있다는 점에서 의미가 좀 특별하다. 보통화의 완료체에서 긍정식과 부정식의 표현식은 서로 대칭되지 않는다. 긍정식의 표지인 '了'는 중고 시기에 완료를 의미하던 일반 동사에서 유래된 첫 번째 경우로 볼 수 있지만 그에 상응한 부정식의 표지 '没'는 근대 중국어의 부정을 나타내는 소유 동사에서 유래된 두 번째 경우에 해당하기 때문이다. 흥미로운 것은 중국어의 방언의 경우에는 완료체 표현식의 긍정식과 부정식이 서로 대칭되는 경우가 존재한다. 그 긍정식은 모두 긍정을 나타내는 소유 동사에서, 부정식은 모두 부정을 나타내는 소유 동사에서 유래되었는데 커지아 방언, 푸젠 방언, 광둥 방언 등이 대표적이다.

이 장에서는 중국어 사료, 방언과 보통화에 대한 광범위한 조사를 바탕으로 소유 동사와 완료 체표지 사이의 긴밀한 관계를 살펴보고자 한다. 조사에 따르면 보통화에서는 '有'가 동사와 결합되어 완료체 기능을 나타내는 경우가 많다. 그러므로 본

장에서는 소유 동사와 완료 체표지의 관계에서 의미적 대응 관계를 가지고 있기에 소유 동사가 완료 체표지로 문법화되었다는 것을 논증할 것이다. 그리고 문법화 과정에서의 흥미로운 현상, 즉 상고 중국어에 존재하던 형식이 중도에 오랜 기간 구두어에서 소실되었다가 나중에 언어의 발전과 더불어 재활성화되어 새로운 의미가 부여되고 다시 구두어로 복귀하려는 추세에 대해서도 다루고자 한다.

2.8.2 이론적 배경 및 기본 개념

2.8.2.1 '완료체' 정의

완료체는 여러 언어에서 서로 다른 표현 형식으로 나타날 뿐만 아니라 그 구체적인 문법적 의미도 완전히 일치하지 않는 양상을 보인다. 요약해 보면 완료체는 다음과 같이 정의할 수 있다.

완료체는 과거에 발생한 동작이나 행위가 현재 상관성을 가질 때 사용되는 상을 나타내는 문법 형태이다.

'현재 상관성'은 특정 시기를 기준으로 보는 것이며 문장 속에 구체적으로 시간을 나타내는 단어가 없으면 말하는 시점이 바로 그 기준이 된다.

보통화의 경우 완료체의 긍적식과 부정식은 각각 'V + 了'와 '没 + V'이다. 보다시피 보통화에서 긍정식 표현과 부정식 표현은 서로 대칭되지 않는데 이는 다음과 같은 세 가지를 의미한다. 첫째, 유래가 다르다. '了'는 완료를 의미하는 동사에서 유래되었고 '没'는 부정을 나타내는 소유 동사에서 유래되었다. 둘째, 문법 위치가 다르다. '了'는 동사 뒤에, '没'는 동사 앞에 놓인다. 셋째, 출현 시기가 다르다. 체표지 '了'는 10세기경에 생겨났고 부정 동사인 '没'는 15세기경에 생겨났다. 현대중국어에서 '没'와 '了'는 함께 사용되지 않는다.

(1) a. 我已经吃了饭, 现在不饿。

b. 我还没有吃饭, 现在很饿。

(2) a. 五岁的时候, 我已经上学了。

b. 五岁的时候, 我还没有上学呢。

(3) a. 明年这个时候我已经毕业了。

b. 明年这个时候我还没有毕业呢。

이와 반대로 영어 완료체의 경우, 긍정 표현식과 부정 표현식은 대칭을 이룬다. 그 긍정식은 '조동사 have + 동사 과거 분사 V-ed'이고, 상응한 부정식은 조동사 have 뒤에 부정 표지 not를 추가한다.

(4) a. I have finished my homework.

b. I have not finished my homework.

영어와 비슷한 경우로 여러 중국어 방언에서도 긍정 소유 동사와 부정 소유 동사로 각각 완료체의 긍정식과 부정식을 나타내는 경우가 있다.

(5) a. 我有收着汝个批。(我收到了你的信。—푸젠 하이펑 방언)

b. 我无收着汝个批。(我没有收到你的信。—푸젠 하이펑 방언)

(6) a. 买有三斤。(买了三斤。—커지아 방언)

b. 买[mo]东西。(没买东西。—커지아 방언)

(7) a. 我今日有去睇过渠。(我今天去看过他了。—광둥 방언)

b. 我今日无[mou¹³]去睇过渠。(我今天没去看过他。—광둥 방언)

방언별로 완료 체표지가 놓이는 문법 위치는 서로 다르다. 푸젠 방언과 광둥 방언에서는 모두 동사 앞에 오며 커지아 방언에서는 동사 뒤에 위치한다.

세계적으로 많은 언어의 완료체는 소유 동사에서 유래되었으며 중국어의 경우도 마찬가지이다. 보통화의 부정을 나타내는 완료체는 소유 동사에서 유래되었으며 그 밖에 적지 않은 방언의 완료체 부정식과 긍정식 표지도 소유 동사에서 유래되었다. 따라서 이런 견해는 충분한 근거가 뒷받침되어 있다.

2.8.2.2 소유 동사가 완료 체표지로 발전하기 위한 인지적 기반

특정 단어는 임의로 그 어떤 문법 표지로 발전하는 것이 아니며 그 사이에는 일반적으로 내적 연관성이 존재한다. 그 어떤 문법 범주를 표현하는 표지는 그 범주와 의미적 적합성을 가진 단어에서 유래되는 것이 일반적이다. 소유 동사는 바로 완료 체표지에로 발전할 수 있는 의미적 적합성을 가지고 있다. 이를테면 소유 동사의 기본 용법은 의미 구조로 보아 완료 체표지와 대응 관계를 갖는다.

소유 동사: 과거 특정 시각에 어떤 물건을 소유함 + 현재 실용성을 구비함

↓　　　　　　　　　　↓

완료체: 과거 특정 시간에 어떤 동작이 발생함 + 현재 상관성을 구비함

이처럼 소유 동사와 완료 체표지 사이에 존재하는 의미 구조의 대응 관계는 그들을 발달 관계로 이어준 인지적 기반이다.

지금까지 다루었던 문헌 중 보통화의 소유 동사 '有'의 완료체 표현 기능에 관한 연구 자료는 아직 찾지 못하였다. 그러나 현대중국어에서 '有'가 동사와 함께 쓰이어 완료체를 표현하는 경우는 매우 많다. 아래 분석에서 이들 용법이 출현할 수 있었던 것은 모두 소유 동사와 완료체 문법 사이에 존재하는 의미적 긴밀성 때문임을 확인할 수 있었다.

2.8.3 보통화 완료 체표지의 비대칭성 및 그 원인

본 장 뒷부분의 분석을 이해하려면 먼저 보통화에서 완료 체표지가 어떻게 발전하였는지, 그 과정을 간략하게 살펴볼 필요가 있다. 10세기 이전에 체표지 '了'는 '완료'를 나타내는 일반 동사였다. 그리고 서술어가 되는 중심 동사의 뒤에 쓰이어 동작이나 행위의 완료를 표시하는 환경에서 문법화를 이루었다.

> **예문**
>
> (8) 填色未了。(《입당구법순례기》)
> (9) 法即付了, 汝不须问。(《육조단경》)

10세기경에 이르러 문장 끝에 위치한 '了'가 완료 체표지로 문법화되기 시작하였는데 바로 '了'가 동사와 빈어 사이에 들어갈 수 있는 것이 문법화를 반영하는 외적 특징이다. 다음은 그 초기 용례이다.

> **예문**
>
> (10) 南朝已应付了三处。(《을묘입국주청》)

체표지의 출현은 중국어 동보 구조의 발전 과정에서 나타난 하나의 현상이며 그 발생 과정과 기제는 모두 일반 동보 구조와 비슷하다. '了'가 나타나기 전에는 중국어에 동작의 완료를 표시하는 안정적인 문법 수단이 존재하지 않았다. 그 대신 서술어 동사 뒤에 여러 가지 단어를 추가하여 그 기능을 표현하였는데 자주 사용된 단어에는 '了'를 제외하고도 '毕', '成', '讫', '已', '竟' 등이 있었다.

완료체 '了'의 출현 초기에는 동사 앞에 '未' 또는 '不曾' 등의 단어를 추가하는 방식으로 그 상응한 부정식을 만들었다. 현대중국어에서 완료체의 부정 용법으로 사용되는 '没'는 '了'보다 약 500년 정도 늦게 나타났다. '没'의 발전 과정을 간단하게 요약하면 다음과 같다. 당조 이전에 '没'는 '침몰'을 의미하는 일반 동사였다.(예

"梦为鱼而没于渊" -《회남자》- 숙진훈) 그런 '没'가 당조 시기에 이르러 부정을 나타내는 소유 동사로 발전하였다.

(11)　深山穷谷没人来。(이상은의 시)

(12)　津傍更亦没男夫, 唯见轻盈打沙女。(《돈황변문》- 오자서변문)

13세기~15세기에 '没'에는 소유 동사 '有'의 부정 표지라는 중요한 용법이 생겨났다. 그것은 훗날 '没'가 일반 동사의 부정 표지로 발전하는 데 있어서 중요한 한 걸음이 되었다.

(13)　如今为没有卖的。(《노걸대》)

(14)　如何没有鲜鱼? (《수호전》- 24회)

15세기 이후에야 '没'는 일반 서술어 동사를 부정하는 용도로 사용되기 시작하였으며 그로부터 점차 완료체 '了'의 전담 부정 형식으로 자리잡았다. 다음은 그 초기 용례들이다.

(15)　这一日没上过钟酒。(《금병매》- 16회)

(16)　一朵花还没有开足。(《장흥가중회진주삼》)

'没'가 명사의 부정 표지에서 동사의 부정 표지로 발전한 배후의 원인에 대해서는 다음과 같이 요약할 수 있다. 동보 구조의 출현 및 그로 인해 나타난 유추 효과는 전반적으로 서술어 동사의 특징을 변화시켰다. 보어는 서술어가 되는 중심 동사를 분리하여 서술어 동사로 하여금 전반적으로 분리적인 수량을 나타내는 의미적 특징을 갖게 한다. 명사의 대표적인 수량적 특징도 분리성을 띠기 때문에 동보 구조의 발전은 명사의 부정어인 '沒'가 동사의 부정 표지로도 적용 범위를 확장하도록 가능성을 열어주게 되었다. 이처럼 동보 구조가 '沒'의 발전에 대해 일으킨 결정적인 작용은 다음의 간단한 사실을 통해서도 확인할 수 있다. 현대중국어의 동보구를 부정하려면 오직 '沒'를 사용해야 하며 '不'나 기타 단어는 허용되지 않는다.

(17)　a. 我没有看见老王。

　　　 b. *我不看见老王。

(18)　a. 我还没有做完作业。

　　　 b. *我还不做完作业。

이상 현대중국어를 중심으로 완료체의 긍정식과 부정식의 발전에 대하여 간략하게 돌아보면서 그들의 비대칭성을 유발한 역사적 원인을 확인하였다. '沒'가 서술어 동사의 부정 표지로 발전하기 위한 환경이 마련되었을 때, '了'는 이미 중국어에 400~500년간 존재하였으므로 결국 그들은 공존이 가능했다. 그러나 일부 방언의 경우 소유 동사가 서술어 동사의 부정식으로 발전하기 위한 환경이 마련되었다. 이때 북방 방언처럼 '了'와 같은 안정된 완료 체표지를 갖고 있지 않아서 긍정과 부정을 나타내는 소유 동사가 동시에 완료 체표지로 발전했을 가능성이 존재하며, 그 결과 완료체 표현의 대칭성이 형성되었을 것이다. 물론 '有 + V'로 완료체의 긍정식을, '沒 + V'로 완료체의 부정식을 표시하는 것이 가장 간단하고 합리적인 형식일 것이다. 따라서 중국어 보통화에서 '沒'가 완료 체표지로 발전하여 광범위하게 사용됨에 따라 '有'에도 체 표현과 관련된 여러 가지 용법이 생겨났다.

2.8.4 소유 동사 긍정식의 완료체 표현 기능

2.8.4.1 '有'와 동사의 직접 결합

현대중국어에서 '有'는 소수의 일부 2음절 동사와 결합할 수 있으며 이때 기능은 완료체에 해당된다.

> **예문**
>
> (19) a. 她的英文水平有提高。→ 她的英文水平提高了。
>
> b. 他们的工作条件有改善。→ 他们的工作条件改善了。
>
> c. 这里的经济有发展。→ 这里的经济发展了。
>
> d. 他的学习成绩有进步。→ 他的学习成绩进步了。
>
> e. 那里的情况有变化。→ 那里的情况变化了。
>
> f. 家里经济情况有改观。→ 家里经济情况改观了。

위 구조에 사용되는 동사는 2음절 동사로 제한되며 의미적으로도 '연속적인 변화'를 표시하는 동사로 한정된다. '有理解', '有讨论', '有商量' 등이 어색한 것처럼 그 밖의 일반 동사는 허용되지 않는다.

여기서 '有 + V'의 기능은 'V + 了'와 상당하다. 그러나 다른 점이라면 '有'와 그 뒤의 동사는 서술어와 빈어의 관계로도 볼 수 있다는 것이다. 그 이유는 두 가지가 있다. 첫째, 강조의 의미로 '有' 뒤에는 체표지 '了'를 추가할 수 있다. 둘째, 이 2음절 동사에는 관형어 수식을 추가할 수 있으므로 이들은 이미 명사화가 되었다고 볼 수 있다.

> **예문**
>
> (20) a. 她的英文水平已经有了提高。→ 她的英文水平有很大的提高。
>
> b. 他们的工作条件已经有了改善。→ 他们的工作条件有很大的改善。
>
> c. 这里的经济已经有了很大的发展。→ 这里的经济有很大的发展。

이런 구조와 대응되는 부정식은 '没有 + V'이다.(예 "他们的工作条件没有改善") 그러나 '没有'와 V의 관계는 서술어와 빈어의 구조가 아닌 동사성의 편정 구조로 제한되는데 그 특징 중 하나가 바로 사이에 체표지를 더 이상 추가할 수 없다는 것이다. 예를 들면 "没有了改善"은 비문이다.

이런 구조는 계속 발전할 가능성이 크며 그중에 들어가는 동사의 수도 점차 증가할 수 있다. '有'와 동사의 관계도 재분석을 통해 서술어와 빈어의 관계에서 '没 + 동사'와 같은 편정 구조로 바뀔 가능성이 존재한다. 그렇게 되면 긍정과 부정을 표시하는 완료체의 표현식이 대칭을 이루는 현상이 나타날 수 있다.

'有'와 동사의 직접 결합 용례는 최초 사료의 하나인 《시경》에 이미 나타났다. 당시 '有'는 동사와 형용사 앞에 접두사로 사용될 수 있었다. 여기서 '有'는 별다른 의미가 없으므로 해석이 필요 없다는 것이 일반적인 견해이다.

그러나 인간 언어의 공통성과 현재 중국어 방언의 양상에 근거하면 여기서 '有'는 의미가 없는 것이 아니라 완료체 표현 기능을 했을 것으로 풀이된다. 앞뒤 문맥만 살펴보아도 이런 추론의 논리적 근거를 확인할 수 있다. 예를 들면 예문(21)은 "딸이 시집을 가서 자기 부모 형제와 멀리 떨어졌다."고 이해할 수 있으며, 예문(24)는 "밤에 일어나 하늘을 보니 별이 벌써 밝아 있었다."로 이해할 수 있다.

만약 《시경》 시대에 '有'가 완료체 표현 기능을 갖고 있었다고 보면 그것은 현대중국어와 선명한 대조를 이룬다. 예나 지금이나 중국어에서 소유 동사의 완료체 표현은 언제나 비대칭이었는데 고대에는 긍정을 나타내는 소유 동사(有 + V)를 사용하고, 현대에는 부정을 나타내는 소유 동사(没 + V)를 사용하기 때문이다. 그리고 일부 현대중국어의 방언에 존재하는 소유 동사의 완료체 용법은 상고 중국어의 '有'의 용법을 이어받아서 비대칭에서 대칭으로 발전한 것이 아닌지, 이런 용법이 북방 방언에서는 어찌하여 소실되었는지의 흥미로운 문제는 진일보의 논의가 필요할 것이다.

2.8.4.2 'V + 有 + O' 형식의 문법적 의미

현대중국어의 'V + 有 + O' 구조에 들어가는 동사는 '占有', '留有', '带有', '借有', '办有', '穿有', '生有', '犯有', '立有(字据)', '学有', '译有', '编有' 등 약 100여 개가 있다. 이들 중 상당 수는 문장의 의미가 기본적으로 유지되는 것을 전제로 '有'를 완료체 '了'로 교체하여 사용할 수 있다.

> **예문**
>
> (27) 墙上画有壁画。→ 墙上画了壁画。
>
> (28) 纸上我画有行车路线图。→ 纸上我画了行车路线图。
>
> (29) 他带有三千人马。→ 他带了三千人马。
>
> (30) 他在银行里存有一笔钱。→ 他在银行里存了一笔钱。
>
> (31) 他父亲在海外办有三所学校。→ 他父亲在海外办了三所学校。
>
> (32) 这个纳粹分子在法国犯有残杀妇女、儿童的罪行。→ 这个纳粹分子在法国犯了残杀妇女、儿童的罪行。

위 예문에서 '有'와 '了'는 매우 비슷한 기능을 수행한다. 모두 과거 어느 한 시점에 발생한 동작이나 행위가 지금까지 지속되는 상태, 즉 현재와의 상관성을 표시한다. 이미 하나의 복합 동사로 굳어진 개별적인 용례들, 이를테면 '占有', '享有' 등을 제외하고 이런 어구들은 거의 모두가 이런 변화를 허용한다.

이런 구조로 사용된 '有'가 완료 체표지로서 기능을 가진다는 점은 그 밖에도 여러 문법 특징을 통해 검증이 가능하다. 먼저, 'V + 有'는 일반 동보 구조와 다르다. 그 뒤에는 그 어떤 체표지도 추가할 수 없지만 일반 동보 구조는 추가할 수 있다. 다시 말하면 '有'는 일반적인 보어가 아니다.

> **예문**
>
> (33) *他在银行里存有了一笔钱。
>
>   *他在银行里存有过一笔钱。
>
>   *他在银行里存有着一笔钱。
>
> (34) *纸上我画有了行车路线图。
>
>   *纸上我画有过行车路线图。
>
>   *纸上我画有着行车路线图。

다음, 위 구조에서 '有'와 '了'의 공통점은 그들이 대응되는 부정식이 서로 일치한 점에서도 나타난다. 'V + 了'의 부정식은 '没 + V'이며, '没'와 '了'는 동시에 사용되지 않는다. 이와 마찬가지로 'V + 有'에 대응되는 부정식은 '没 + V'이며, '没'와 '有'도 동시에 사용되지 않는다.

> **예문**
>
> (35) *他在银行里没存有一笔钱。
>
>   他在银行里没存一笔钱。
>
> (36) *纸上我没画有路线图。

이런 구조는 서면어에서 주로 사용되나 교육 수준이 높은 사람들은 구두어에서 자주 사용한다. 그리고 이런 형식은 최근에 많이 쓰고 있는데 고대중국어에도 존재했다.

예문

(37) 桓桓武王, 保有厥土, 于以四方, 克定厥家。(《시경》 - 환)

(38) 孙权据有江东, 已历三世。(《삼국지》 - 제갈량전)

그러나 이런 용법은 중국어에서 오랜 역사 기간 자취를 감추었다. 뒤에서 논의하겠지만 이런 구조가 다시 활성화된 것은 우연이 아니며 그 배후에는 언어 체계의 발달과 관련된 뿌리 깊은 언어적 배경이 존재한다.

2.8.4.3 '有所 + 동사' 형식의 문법적 의미

'有所 + V' 형식은 현대중국어에서 그 사용 빈도도 날로 증가하고 있고, 서면어뿐만 아니라 교육 수준이 높은 사람들의 구두어에도 자주 사용되고 있다. 또한 거기에 들어가는 동사도 그 유형이 상대적으로 자유롭다. 이런 '有所'도 완료체를 표현하는 기능을 가진다.

예문

(39) 交谈中, 田的眼睛始终和戈玲的对视, 戈玲也不避让, 谁都没有注意, 唯有刘书友有所察觉。(왕쉬,《편집부 이야기》)

(40) 我对着镜子看, 不仔细观察几乎看不出刀口, 仅仅疤口的颜色比周围皮肤的颜色稍红一点。我的脸型因此有所改变, 真正刀削般地富于棱角, 倒比我过去骠悍了一些, 不免窃慰。(왕쉬의 소설)

(41) 小个男人于鱼跃中蓦地有所警觉, 停在半空。(왕숴의 소설)

(42) 既没看出小雯那种令我厌恶的高傲, 也没看出我内心有所活动。(량샤오성의 소설)

(43) 解放军努力安抚, 说是刚刚接到通知, 毛主席他老人家今天身体不适, 检阅我们的时间有所推迟。(량샤오성의 소설)

(44) 飞机在中途站停靠时, 旅客们到机场休息厅休息, 小部分坐到沙发椅上闲聊或发呆, 大部分到免税商店里去逛荡, 他在那免税店里才同诗人有所交谈, 其时他们俩正巧站在一个摆满首饰的玻璃柜前。(류신우의 소설)

(45) 要洋的他是燕京的科班出身, 西方各种流派的作品他早就有所了解, 而且读的是原文不是译本。(덩유메이의 소설)

위 용례에서 '有所 + V' 어구는 모두 완료체 표현과 관계된다. 모두 이미 실현한 행위나 동작을 나타내며 '了'를 추가할 수도 있다. 또한 일부는 적절한 결과 보어 또는 '一些', '一点儿' 등의 동량사를 추가해야 한다. 위 어구를 전환하면 다음과 같다.

예문

(46) a. 唯有刘书友有所察觉。→ 唯有刘书友察觉到了。

b. 我的脸型因此有所改变。→ 我的脸型因此改变了一些。

c. 小个男人蓦地有所警觉。→ 小个男人蓦地警觉到了什么。

d. 也没看出我内心有所活动。→ 也没看出我内心活动了。

e. 检阅我们的时间有所推迟。→ 检阅我们的时间推迟了一些。

f. 他在那免税店里才同诗人有所交谈。→ 他在那免税店里才同诗人交谈上了。

g. 西方各种流派的作品他早就有所了解。→ 西方各种流派的作品他早就了解了。

이런 어구의 경우 먼저 구조 층위를 어떻게 구분하느냐는 문제를 생각해볼 필요가 있다. 즉, '有 + (所 + V)'인지 아니면 '(有 + 所) + V'인지 판단이 필요하다. 문법서마다 이 문제에 대하여 서로 다른 의견을 제시하고 있다. 예를 들면《현대중국어 800단어》는 전자를,《응용중국어사전》은 후자를 근거로 삼았다. 역사적 사료를 중심으로 보면 전자가 상대적으로 합리적이다. 왜냐하면 고대중국어의 '所'는 일종의 특수한 대명사로 동사 앞에 놓이지만 빈어로서 동사와 하나의 명사구를 구성하여 구체적인 사물을 지시했기 때문이다.

(47) 绿兮丝兮, 女所治兮。(《시경》 - 녹의)

(48) 百尔所思, 不如我所之。(《시경》 - 재치)

(49) 召而见之, 则所梦也。(《좌전》 - 소공4년)

(50) 舟车所至, 人力所通, 天之所覆, 地之所载, 日月所照, 霜露所坠, 凡有血气者, 莫不尊亲。(《예기》 - 중용)

(51) 问女何所思, 问女何所忆? 女亦无所思, 女亦无所忆。(《목란사》)

(52) 其各举所知, 勿有所遗。(조조,《거현물구품행령》)

위 고대중국어의 용례에서 '所 + V'는 모두 현대중국어에서 'V + 的 + N' 어구로 번역될 수 있다. 예를 들면 '所治'는 '治的丝', '所思'는 '思念的人', '所之'는 '到的地方', '所梦'은 '梦见的人'에 해당된다. 그러나 현대중국어의 관련 구조 중 '所 + V'는 일반적으로 그렇게 해석되지 않는다. 예를 들면 "唯有刘书友有所察觉"는 "唯有刘书友有察觉的事情"으로 이해할 수 없으며, "检阅我们的时间有所推迟"는 더더욱 "检阅我们的时间具有推迟的时间"으로 해석될 수 없다. 나머지도 마찬가지다.

현대중국어의 '有所 + V'는 전체적인 의미에서도 고대중국어와 본질적으로 구분된다. 고대중국어의 이런 구조에서는 '有'가 여전히 '어떤 구체적인 사물을 소유하다'는 실질적인 의미를 갖는 동사였다.

위 예문에서 '有所载'는 '실은 물건이 있다'는 의미이며, '有所错'는 '머무를 곳이 있다'는 의미이다. 현대중국어의 관련 용례들은 모두 동작이나 행위의 진행 상태를 표시하는 것으로 이런 해석이 불가능하다. 다시 말하면 현대중국어에서 '有所'가 동사와 함께 구성된 어구는 일반적인 '서술어 - 빈어' 구조라고 보기 어렵다. 반면에 '有'와 '变化' 사이의 관계는 '서술어 - 빈어' 구조이다. 왜냐하면 사이에 체 표지가 들어갈 수 있기 때문인데 '有所' 어구는 그렇지 않다.

고대부터 지금까지 중국어의 '有所 + V' 어구에 나타난 또 하나의 중대한 변화는 고대중국어의 경우 이 구조에 들어가는 동사가 타동사로 제한되었지만 현대중국어에서는 자동사도 허용된다. 예를 들면 위 예문에서 "内心有所活动" 중의 '活动'이 바로 자동사이다.

그러므로 고대중국어와 비교하면 이런 구조는 일반적인 '서술어 - 빈어' 구조에서 동사성 편정 구조로 전체적인 성질도 변하였으며, '有'는 실질적 의미를 가진 일반 동사에서 완료 체표지로 바뀌었다고 볼 수 있다. 그러나 이런 구조의 사용에는 여전히 매우 큰 제한 사항이 존재하였는데 바로 그중에 들어가는 동사는 일반적으로 2음절이어야 하며 보어도, 빈어도 가질 수 없었다.

2.8.4.4 '有 + 所 + V' 용법의 역사적 성쇠

'所'자는 고대중국어의 매우 보편적인 대명사로서 타동사와 함께 명사구를 구성하여 사물을 지시했다. 이런 용법은 가장 오래된 사료에서부터 시작하여 당조 시기까지 지속되었다. 아래는 소유 동사가 서술어 동사 자리에 들어간 용례들이다.

예문

(60) 驷、良方争, 未知所成。若有所成, 吾得见, 乃可知也。
    (《좌전》 - 양공30년)

(61) 狂者进取, 狷者有所不为也。(《논어》 - 자로)

(62) 我欲中国而授孟子室, 养弟子以万钟, 使诸大夫国人皆有所矜式。
    (《맹자》 - 공손추하)

(63) 既雨既处, 德积载也 ; 君子征凶, 有所疑也。(《주역》 - 소축)

(64) 无坠天之降葆命, 我先王亦永有所依归。(《사기》 - 노주공세가)

(65) 近见高柔, 大自敷奏, 然未有所得。(《세설신어》 - 경저)

(66) 观君面色, 必然心有所求。(《돈황변문》 - 오자서변문)

(67) 云何凡夫有所得、圣人无所得? (《조당집》 - 우두화상)

그러나 위의 '有 + (所 + V)' 용법은 당조 이후 500~600년 이상 자취를 감추어 당조 말기에서 명조에 이르기까지의 구두어 문헌에서는 거의 찾아볼 수 없었다. 이 용법은 5세기 문헌인 《세설신어》에서도 매우 보편적으로 사용되었으나 당조 시기부터 이미 쇠락하여 전체 《돈황변문》에 그 용례가 3개밖에 없었다. 송조 시기의 화본 6개를 모두 살펴보았으나 단 하나의 용례도 발견되지 않았다. 《금병매》도 문언

문으로 기록된 부분에서 발견된 3개의 용례가 전부였고《수호전》전체에도 단 하나의 용례밖에 나타나지 않았다. 그러나 이런 용법은《홍루몽》시대에 들어서부터 다시 많아지기 시작했다. 일부 관용적 표현을 제외하고도 33개가 발견되었으며 대부분은 대화체 부분에서 발견되었다. 그리고 완료 체표지로서의 기능을 가지고 있어 기능적으로도 예전과는 달랐다.

위 용례를 보면 '有 + 所 + 动'은 이미 고대중국어의 관련 용법과 명확히 구분된다. 즉, 어떤 구체적인 사물을 소유함을 나타내는 것이 아니라 어떤 동작이나 행위가 이미 발생하였음을 표시한다. 예문(68)의 "心中忽有所动"은 "마음이 갑자기 움직였다."로 이해할 수 있고, 예문(69)의 "自己也有所感"은 "자신도 (무엇을) 느꼈다."로 풀이할 수 있다.

이런 용법은 사용 그 당시부터 지금까지 그 적용 범위가 지속적으로 확대되고 있다. 근현대와 당대의 대표적인 소설을 살펴보면 이런 용법은 매우 많이 발견된다. 그렇다면 어찌하여 이런 고대중국어의 구조가 근대에 이르러 새로운 기능이 부여되면서 다시 활성화되었는지, 아래에 그 배후의 원인에 대하여 논의하고자 한다.

2.8.4.5 '有没有+V' 형식의 형성과 발전

앞에서 언급한 몇 가지 '有'의 완료체 표현 형식은 서면어에서 주로 사용되며 구두어의 경우 주로 교육 수준이 높은 사람들의 대화에서 발견되므로 여전히 제한적이라고 볼 수 있다. 그러나 '有'에는 순수하게 구두어에서만 사용되는 완료체 용법이 있는데 그것이 바로 정반 의문문 '有没有 + V'의 용법이다. 이 형식의 생성 시기는 지금으로부터 100년도 되지 않지만 이미 상당히 보편적인 구두어 형식으로 자리잡았다.

위의 분석에서 알 수 있듯이 '有'는 지난 수백 년이라는 시간을 거치면서 점차 완료 체표지로 발전하였으며, 발전 경로에는 서면어와 구두어가 모두 포함되었다. 이런 변화를 유발한 원인으로는 주로 다음과 같은 두 가지가 있다.

첫째, 소유 동사는 완료 체표지로 발전하기 위한 의미적 적합성을 가졌다. 이것이 바로 '有'가 완료 체표지로 발전하게 된 의미적 기반이다.

둘째, 더욱 직접적인 원인은 언어 발전의 유추 효과이다. 유추는 언어의 발전을 유발하는 중요한 기제의 하나이다. 그 작용으로 인해 일부 불규칙적인 용법들이 규칙적으로 바뀌고 일부 비대칭적인 용법이 대칭적으로 변하게 된다. 앞에서 특별한 역사적 원인으로 인해 중국어의 완료체 표현은 긍정식과 부정식이 서로 대칭을 이루지 못하였음을 지적하였다. 15세기 이후부터 '没 + V'는 점차 안정적인 완료체의 부정식으로 발전하였고 또 이런 용법이 널리 보급됨에 따라 '没'와 정반대의 의미를 갖는 '有'도 점차 완료 체표지의 긍정식 용법을 갖게 되었다. 물론 '有'의 완료체 용법도 여전히 매우 제한적이어서 구두어에서는 의문문에만, 서면어에서는 일부 동사와만 결합된다. 그러나 이러한 용법들은 소유 동사가 완료 체표지의 문법화로 진일보의 발전을 이룰 수 있는 가능성을 가지고 있다.

2.8.5 맺음말

언어의 발전에는 규칙성이 존재하므로 서로 다른 언어의 문법 발전에서도 흔히 고도로 일치한 특징들이 나타난다. 이런 규칙성은 우리가 일부 문법 현상을 이해하는 데 도움이 될 뿐만 아니라 일부 새로운 문법 현상을 발견하는 계기가 될 수도 있다. 수많은 종류의 언어에서 소유 동사가 문법화되어 완료 체표지로 되었는데 그 배후에는 뿌리 깊은 인지적 기반이 존재한다. '没' 역시 언어 체계의 내적 발전을 통해 15세기경에 부정을 나타내는 완료 체표지로 자리잡았다. 그런 유추 작용으로 '有'도 점차 긍정을 나타내는 완료 체표지로 발전하였다. 서면어의 형식도 언어의 발전과 더불어 많은 발전을 가져왔다. 이런 발전은 겉보기에는 일부 오래된 구형식이 다시 활성화된 것 같지만 실제로는 언어 체계의 발전으로 그 기능과 의미에 모두 변화가 일어난 것이다. '有所' 형식도 상고 시기 중국어에서는 매우 보편적인 형식이었다. 그 후 500~600년간 소실되었다가 최근 200~300년 사이에 다시 서서히 쓰이기 시작하였다. 이런 형식은 의미나 문법 관계도 변화되었는데 원래 '어떤 구체적인 사물을 소유하다'는 의미에서 '동작이나 행위의 완료'를 표시하는 의미로 전환되었으며 원래의 '서술어 - 빈어' 관계도 동사성 수식 관계로 변화되었다. 이렇게 새로 나타난 서면어 형식의 배후에는 언어 체계의 또 다른 중대한 변화가 존재한다. 즉, 동보 구조의 출현이 중국어에서의 서술어 특징을 크게 바꾸어 놓음으로써 '没'가 15세기경에 다시 부정을 나타내는 완료 체표지로 자리잡을 수 있었다. 이런 현상은 서면어 형식도 언어의 발전과 더불어 변화할 수 있으므로 구두어 발전에 의한 영향을 받을 수도, 거꾸로 구두어에 영향을 미칠 수도 있다는 것을 말해준다. 그러므로 서면어 형식의 발전을 연구하는 것은 언어 발달사를 이해하는 데 매우 중요한 의의가 있다.

부정 표지 체계의 역사적 변천

2.9.1 머리말

한위 시기에서 현대에 이르기까지 부정사 '没(没有)'의 생성과 그 기능의 발달은 중국어 부정사 체계의 발전에서 가장 중요한 사건으로 꼽힌다. '没'의 발전은 그 시기 부정사 체계 변화의 주류라고 할 수 있다. 왜냐하면 '没'의 생성과 발전으로 인해 '无', '未', '不曾', '未曾' 등 여러 부정 표지가 소실되었고 2천여 년 동안 가장 안정적인 부정 표지였던 '不'의 기능이 더욱 명확하게 구분되어 결과적으로 현대중국어에 이르러 부정 표지 체계에서 '没'와 '不'가 이분화의 국면을 형성하였기 때문이다. 따라서 '没'와 관련된 문제들을 올바르게 짚어내면 중국어의 부정 표지가 지난 1,000~2,000년동안 어떻게 발전해 왔는지 그 맥락을 정확하게 이해할 수 있을 것이다.

'没'는 당송 시기까지 줄곧 명사성 성분에 사용된 부정 표지였으며 동사성 성분을 부정하는 용법은 15세기 즈음에야 출현했다. 현대중국어 문법 체계의 형성에 가장 큰 영향을 미친 여러 문법들은 모두 15세기를 전후하여 발전하였다. 구체적으로 동보 구조의 성숙, 체표지 체계의 확립, 양사 문법 범주의 도입, 시간사가 빈어 뒤에서 앞으로의 위치 이동 등이 포함되어 있다. 이런 문법들의 발전에 어떤 내재적 연계가 존재하는 것은 아닌지, 그 대답은 존재했음이 자명한 사실이다. 부정 표지 '没'

의 형성도 물론 현대중국어 문법 체계 발전에 미친 중요한 영향 중의 하나일 것이다. 그렇다면 그것이 그 시기의 다른 문법 변화와는 어떤 관계가 있었는지, 이 문제들이 바로 이 장에서 논의할 핵심이다.

'沒'의 발전은 문법 발전의 체계성을 보여주는 근거 중의 하나이다. 이전의 연구에 따르면 문법의 발달 과정은 고립된 문법들의 발전, 소실 또는 그들 간의 교체로 구성된 것이 아니라 체계적으로 진행된 것이어서 그 어느 시기에 일어난 변화가 겉으로는 아무 관계없어 보이지만 일반적으로 공통의 원인이 존재하였다. 그런 원인을 밝혀내는 것으로 우리는 언어의 발전에 존재하는 균형성과 규칙성을 증명할 수 있다. 15세기를 전후하여 일어난 몇 가지 중요한 문법 변화, 그중 특히 동보 구조의 성숙과 체표지 체계의 확립은 중국어의 단문 구조를 바꾸어 놓았다. 그에 따라 중심 서술어 동사의 내부 구조가 기존과 달라졌는데 주로 중심 동사가 결과 보어, 체표지, 시간사, 수량구 등 여러 가지 유형의 수량적 성분과 하나의 불가분의 문법 단위를 형성한 것이다. 그 결과 전체 중심 서술어에 보편적인 '한계성'을 부여하여 그들이 의미적으로 분리성을 갖게 되었다. 이런 변화로 인해 중심 서술어와 명사구는 수량적 특징에서 모두 분리성을 띠게 되었고, 이는 또 원래 명사성 성분에 대한 부정의 기능으로 쓰이던 '沒'의 사용 범위가 동사 구조로 확대되는 데 가능성을 열어주었다. 또한 기존에 무한계성 중심 서술어에 쓰이던 몇몇 부정 표지들은 새로운 변화에 적응하지 못하고 결국 소실되었다.

이 장의 분석은 우리가 현대중국어의 일부 중요한 문법적 특징을 이해하는 데 도움이 될 것이다. 예를 들어 최근에 여러 학자들이 논증한 것처럼 현대중국어의 수량 또는 한계성 성분에는 중요한 문장 종결의 기능이 있기에 그것들이 빠지면 단독 문장으로 될 수 없게 되는 경향이 존재한다. 역사를 돌이켜 보면 이런 현상도 15세기를 전후하여 일어난 문법 변화로 인해서 나타났다고 볼 수 있다. 그것은 그 이전의 중국어에는 이런 제한이 없었기 때문이다. 이런 문법 변화로 인해 중심 동사와 그 뒤의 수량적(한계성) 성분이 하나의 문법 단위로 대량 융합되면서 유추 효과에 의한 일종의 규칙을 형성하여 서술어 동사가 수량적 성분을 갖는 것이 일반화되었다.

2.9.2 현대중국어에서 '没'와 '不'의 역할 분담

2.9.2.1 두 가지 기본적인 수량 유형과 두 부정사의 역할 분담

현실 세계의 수량은 연속량과 분리량의 두 가지 기본적인 유형으로 나뉜다. 그것들을 간단하게 정의하면 아래와 같다.

분리량 – 명확한 경계가 있어 독립된 개체를 일일이 분리할 수 있는 특징을 구비한 수량.

연속량 – 경계가 겹쳐 있어 개체를 분리할 수 없는 특징을 가지는 수량.

언어에서는 분리량의 사물을 지시하는 단어는 의미적으로 분리성을 띠고, 연속량의 사물을 지시하는 단어는 연속성을 띠는 것으로 볼 수 있다.

세 가지 기본 품사의 수량적 특징에 대하여 요약하면 다음과 같다.

명사, 동사와 형용사의 수량적 특징

	명사	동사	형용사
연속량	-	+	+
분리량	+	+	-

위의 분류는 품사별 주요 어휘 또는 대표 단어에 근거한 것이다. 그리고 각 품사 내부의 구체적인 상황도 매우 복잡하여 여러 하위 유형으로 진일보 분류할 수 있으며 각 하위 유형별 의미적 특징도 완전히 일치하지는 않는 등 문제점이 존재한다. 그럼에도 이런 분류는 이 연구의 목적에 충분히 부합된다.

명사와 형용사의 수량적 특징은 상대적으로 쉽게 설명된다. 명사는 현실 세계의 어떤 부류의 실물을 대표하며 실물은 또 부류별로 개개의 독립된 구성원들로 이뤄진다. 따라서 당연히 분리적인 의미적 특징을 갖는다. 명사와 반대로 형용사는 추상적인 성질을 대표하고 성질별로 정도의 차이를 보이는데 연이은 두 정도 사이의 경계는 언제나 모호하여 경계가 명확한 단위를 구분할 수 없으므로 연속적인 의미적 특징을 갖는다. 그러나 동사는 연속적이면서도 분리적인 이중적 특징을 가지고 있기에 설명이 필요하다. 그렇다면 동사는 왜 이중적이라고 보아야 할까? 한편으로 어떤 행위의 내부적인 진행 과정을 놓고 보면 언제나 일정한 시간 동안 지속되는데 그것이 곧 연속성이다. 또 한편으로 어떤 행위를 하나의 전체로 보면 보통 시작점과 종결점이 있는데 그 때문에 행위를 명확한 경계를 가진 단위로도 볼 수 있으므로 분리성도 갖게 된다. 단어의 수량적 특징에 대한 토론은 상당히 추상적인 차원에서 진행되었기 때문에 품사별 같은 수량적 특징을 보이더라도 구체적인 표현에서 차이가 날 수 있다. 이를테면 명사의 분리성은 특정 세부 항목에서 동사의 분리성과 다를 수 있는데 가장 대표적인 것이 바로 전자는 삼차원적이어서 촉각으로 감지할 수 있으나 후자는 이차원적이어서 촉각으로 감지할 수 없다는 점이다. 동사의 분리성은 명사와 달리 자립하여 이룬 성질이 아니라는 또 하나의 차이점이 있는데 이는 아래의 분석에 있어서도 매우 중요한 전제가 된다. 운동의 상대성으로 인해 어떤 행위의 시작과 끝을 알려면 반드시 정지된 참조물이 필요하다. 참조물이 될 수 있는 것은 매우 많으며 그것들은 문법적으로도 구현된다. 아래 구체적으로 살펴보고자 한다.

'沒'와 '不'의 기본 역할 분담:

'沒' – 분리적 의미 특징을 갖는 단어를 부정

'不' – 연속적 의미 특징을 갖는 단어를 부정

물론 사용 중에 나타나는 두 부정사의 의미적 특징은 문맥의 변화에 따른 화용적 요인의 영향으로 인해 천차만별이다. 그럼에도 불구하고 불변하는 원칙은 두 부정사가 모두 가장 기본적인 용법에서 파생된 것이며 모두 각자의 기본 용법으로 설명이 가능하다는 것이다.

위에서 요약한 두 부정사 용법의 정확성은 그들과 각 품사 간의 전반적인 용법에서도 드러난다. 명사는 분리성을 띠므로 그 부정에는 '沒'만을 사용한다. 형용사의 의미적 특징은 대체로 연속적이므로 그 부정에는 '不'가 가장 자유롭게 사용된다. 동사는 수량적 특징에서 이중성을 보이므로 그 부정에는 두 부정사가 모두 사용된다. 구체적으로 '沒'로 부정할 경우는 동작이나 행위를 분리적인 것, '不'로 부정할 경우는 동작이나 행위를 연속적인 것으로 간주했다고 볼 수 있다. 동사 부정 시에는 구체적인 맥락에서 '沒'와 '不'는 대개 서로를 대체하기 어려우며 대체하더라도 반드시 의미적인 변화를 동반하게 된다.

유의할 점은 여기서는 명사와 동사에 사용된 '沒'를 모두 분리량 단어의 부정 표지로 보고 따로 구분하지 않는다. 이는 구조주의의 '분포' 원칙에서 두 '沒'를 구분하는 것과 다르다. 구조주의의 '분포' 원칙에 따르면 명사에 사용된 '沒'는 동사이고 동사에 사용된 '沒'는 부사이다. 그리고 이런 분류법의 합리성을 떠나서 어감만 보아도 두 '沒'는 명확한 공통성이 있다. 더욱 중요한 것은 두 '沒'의 유래도 역사적인 관점에서 보면 동일하다. 이 장의 논의는 '沒'의 여러 가지 사용에 존재하는 공통된 부분에만 집중할 것이다.

중국어 부정사의 발전 역사를 보면 가장 안정적인 부정사는 '不'인데 이미 2,000~3,000년의 역사를 가지고 있다. 그 기본 기능은 변함이 없었으며 줄곧 연속성 성분을 부정하는 기능으로 사용되었다. 명사와 동사의 부정 표지로 사용되는 '沒'는 300~400년의 역사밖에 안된다. 앞에서 언급한 것처럼 그 용법의 최후 형성은 중심 서술어가 되는 동사의 구조가 보편적인 유계성으로 전환된 것과 관계된다. 역사를 돌아보기 전에 먼저 현대중국어에서 동사를 유계화하는 수단에는 주로 어떤 것들이 있었는지를 살펴보고자 한다.

2.9.2.2 서술어 동사의 유계화 수단

서술어 동사를 유계화한다는 것은 어떤 행위나 동작, 변화 등에 경계를 설정한다는 의미이다. 즉, 해당 행위나 동작, 변화에 시작점과 종결점을 확립하여 그것을 하나의 명확한 단위로 만들어주는 것이다. 유계화된 동사 구조에는 분리적인 수량적 특징이 부여된다. 동사를 유계화할 수 있는 문법적 위치는 서술어 내부로만 국한되지 않는다. 위의 논의에 근거하면 동사의 분리성은 독자적으로 완성되는 것이 아니라 외부의 참조물에 의존한다. 그것을 언어에 반영하면 유계성을 띠는 동사성 성분은 보통 하나의 단순한 동사가 아니라 다른 수량성 성분과 동반 출현하는 현상을 들 수 있다. 그런 수량성 성분에는 주로 여러 가지 보어가 해당되는데 이를테면 체표지, 시간사, 동량사, 수량구 등이 그러하다.

위에서 '不'는 연속성을 띤 단어의 부정 표지라고 정의했다. 따라서 한 동사가 일단 유계화 되면 더 이상 그 부정에는 '不'를 사용할 수 없다. 쉬운 논의를 위하여 일반 진술문에 한해서 고찰할 것이다. 의문문, 조건문 등 일부 특수문의 경우에는 약간의 차이가 존재하지만 본질적으로는 진술문과 비슷하기 때문이다.

다음은 동사를 유계화하는 수량성 성분의 유형에 따라 그 부정에 사용된 '没'와 '不'의 대립을 보여주는 예문들이다.

가. 결과 보어

(1) a. 那个杯子没有摔碎。　　　　　b. *那个杯子不摔碎。

(2) a. 她没看懂那本书。　　　　　b. *她不看懂那本书。

나. 체표지

(3) a. 他没尝过茅台酒。　　　　　b. *他不尝过茅台酒。

(4) a. 我没有去过北京。　　　　　b. *我不去过北京。

다. 시간사

(5) a. 昨天晚上我没睡八个小时。　　b. *昨天晚上我不睡八个小时。

(6) a. 今天早上他没跑很长时间。　　b. *今天早上他不跑很长时间。

라. 동량사

(7) a. 那本书他没有看三遍。　　　　b. *那本书他不看三遍。

(8) a. 人参汤他没尝几次。　　　　　b. *人参汤他不尝几次。

마. 수량구

(9) a. 他没有喝三碗汤。　　　　　b. *他不喝三碗汤。

(10) a. 他没学几首民歌。　　　　　b. *他不学几首民歌。

위와 같은 '没'와 '不'의 대립에 대해서는 다른 해석도 가능하다. 예를 들면 예문 중의 동사에는 모두 이미 발생한 것이라는 공통점이 있다. 그렇다면 이를 근거로 '没'는 과거 시제에 대한 부정이고 '不'는 시제와 무관한 부정이라는 결론을 내릴 수 있을까? 이런 설명은 대부분의 경우에 문제없어 보인다. 다만 이런 표면적인 차이도 '没'와 '不'의 기본적인 용법에서부터 파생된 것이다. 사람들이 과거에 발생한 어떤 행위를 인지할 때 해당 행위는 보통 시작점과 종결점을 가진 독립된 단위이므로 명확한 분리성을 띠게 된다. 이는 마침 '没'의 부정 기능에 부합될 뿐만 아니라 '不'의 기능과는 모순되기 때문에 일반적으로 '没'로 부정할 수밖에 없다. 그리고 실제로 과거 행위에 대한 부정의 기능으로도 '不'를 사용할 수 있으며 '没'도 가끔은 미래를 가리킬 때가 있다.

> **예문**
>
> (11) 他以前不抽烟, 现在不知为什么抽起来了。
>
> (12) 他们过去不坐小车, 总是坐公共汽车。
>
> (13) 他小时候不吃羊肉, 现在可爱吃了。
>
> (14) 明年这时候他还没有毕业呢。
>
> (15) 今晚十一点你可以给我打个电话, 那时我还没有睡觉呢。

예문(11)에 '不'가 사용된 이유는 '抽烟'이 단순한 무계성 행위이기 때문이다. 거기에 "抽过很多种牌号的烟。"처럼 수량성 성분을 더하여 유계화하면 '没'를 사용해야만 한다. 예문(14)가 미래 시제이지만 '没'를 사용할 수 있는 이유는 문장 내에 시점을 나타내는 '明年这时候'가 '毕业'를 유계화하여 동사가 분리성을 띠게 되었기 때문이다. 나머지 예문들도 비슷한 해석이 가능하다.

이처럼 '没'가 현대중국어에서 유계성 성분을 부정하는 기능을 전담하였기 때문에 서술어 동사와 수량성 성분 간의 구조 관계의 변화를 추적하는 것은 '没'의 형성 원인을 찾아내는 최적의 접근법이 될 수 있다.

2.9.3 문법 구조의 추이적 변화가 서술어 동사 구조에 미친 영향

2.9.3.1 15세기 이전 중국어 단문 구조 중 X의 위치

선진 시기에서 원명 시기까지의 중국어의 단문 구조가 현대중국어와 가장 다른 점은 중심 동사와 그 빈어 뒤에 X의 자리가 존재한다는 점이다. 해당 자리에 들어갈 수 있는 단어는 형용사, 자동사, 시간사, 수량사, 개사구 등이다.

예문

가. 형용사

(16) 宣武移镇南州, 制街衢平直。(《세설신어》- 언어)

(17) 戴既无吝色, 而谈琴书愈妙。(《세설신어》- 아량)

나. 자동사

(18) 养令翮成, 置使飞去。(《세설신어》- 문학)

(19) 女乃呼婢女: "唤江郎觉。"(《세설신어》- 가휼)

다. 시간사, 동량사

(20) 行之十年, 秦民大悦。(《사기》- 상군열전)

(21) 讲《大般涅槃经》数十遍。(《보리달마남종정시비》- 권1)

마. 수량구

(22) 负服矢五十个。(《순자》- 의병)

(23) 汉王赐良金百镒, 珠二斗。(《사기》- 유후세가)

X 자리에 들어가는 단어는 의미적으로 그 앞의 다양한 성분과 관계를 맺는다. 때로는 동사의 결과나 그 도달한 상태를 나타내고(예문(16), (17), (19)), 때로는 행위의 완료를 표시하며(예문(18)), 때로는 동작이 지속되는 시간 또는 횟수를 나타내며 (예문(20), (21)), 때로는 빈어가 되는 사물의 수량을 가리킨다.(예문(22), (23)) 그리고 어떤 경우에는 "周仲智饮酒醉"(《세설신어》- 아량) 중의 동작주에 대한 서술에 해당하는 '醉'처럼 주어의 성질을 설명하기도 한다. X 자리에 들어가는 단어는 매우 다양

하지만 이들이 공통적으로 갖고 있는 문법 기능은 바로 모두 단독으로 서술어가 될 수 있다는 것이다. 이런 공통성이 바로 그러한 단어들을 같은 부류로 분류한 근거 중의 하나이다.

요약하면 고대중국어에는 매우 널리 사용된 단문 형식인 'S + V + O + X'가 존재했다. 그 다음은 이 형식의 내부 층위가 어떻게 구성되는지인데 거기에 대해서는 두 가지 분석이 가능하다. 하나는 'S + V + O'를 전체 문장의 화제로 보고 X를 해당 화제에 대한 설명으로 간주하는 것이다. 다른 하나는 'V + O + X'를 서술어로 보는 것이다. 이 경우에는 V를 첫 번째 서술성 성분, X를 두 번째 서술성 성분으로 간주하는데 둘 사이에는 연계성도, 상대적인 독립성도 존재한다는 것이다. 위의 논의를 통해 알 수 있듯이 첫 번째 분석에는 모순되는 부분이 남아 있다. X가 설명하는 대상은 보통 전체 'S + V + O' 구조가 아니라 어떤 때는 주어를, 어떤 때는 동사를, 어떤 때는 빈어를, 그중의 한 성분만을 설명하기 때문이다. 이로써 두 번째 분석이 근거가 더 유력함이 드러난다. 즉, X를 기타 성분을 모두 설명할 수 있는, 상대적 독립성을 가진 두 번째 서술성 성분으로 보는 것이다. 이렇게 'V + O'와 'X'를 같은 층위로 보는 분석법은 나중에 나타난 V와 X의 융합 현상 분석에도 쉽게 적용할 수 있다. 따라서 고대중국어 단문 구조의 층위 관계는 아래와 같이 표시될 수 있다.

S + [(V + O) + X]

'V + (O)'와 X의 상대적 독립성은 그 사이에 빈어뿐만 아니라 의문 대명사, 정도 부사, 부정사 및 여러 가지 부사가 들어갈 수 있다는 점에서 나타난다.

예문

(24) 子道, 子道, 来何迟? (《세설신어》 - 문학)

(25) 谢万石后来, 做小远。(《세설신어》 - 아량)

(26) 胡子去已远。(《세설신어》 - 구극)

(27) 帝深不平, 食未毕, 便去。(《세설신어》- 태치)

(28) 王谓厕上亦下果, 食遂至尽。(《세설신어》- 비루)

5세기 문헌인 《세설신어》에서는 이런 삽입 성분이 아직 V와 X의 사이로 위치가 한정되었다. 중국어에서 빈어는 문법적으로 반드시 필요한 성분이 아니다. 문장 맥락에서 명확히 드러나는 경우 늘 생략이 가능하기 때문이다. 두 개의 독립된 문법 성분인 V와 X는 빈어가 나타나지 않는 'V + X' 문법 환경에서 장기적으로 사용되면서 융합이 발생하여 하나의 단일 문법 단위로 통합되어 둘 사이에 더 이상 그 어떤 삽입 성분도 허용하지 않게 되었다. 이런 변화는 중국어 문법에 일련의 영향을 미쳤다. M으로 삽입 성분을 표시하면 그 주요 변화 과정은 다음과 같다.

$$S + [(V + O) + (M + X)] \rightarrow S + M + (V \cdot X) + O$$

구체적인 변화 과정은 이미 앞에서 논의한 바 있다. 그 과정은 상당히 오랜 시간이 걸렸으며, X 자리의 단어들은 유형별로 변화를 시작한 시기도 각각 다르고 변화를 완료한 시기도 일치하지 않았다. 그러나 전반적으로 보면 독립된 문법 자리였던 X가 소실된 시기는 16세기 전후이다. 그 이후로 "唤江郎觉"가 "叫醒江郎"으로, "去已远"이 "已经走远"으로 바뀌었듯이 그에 상응한 현대중국어의 형식도 형성되었다.

그렇다면 기존의 단문 형식에서 부정사의 사용은 어떠했을까?

2.9.3.2 X 존재 시기 부정 표지의 위치

고대중국어와 현대중국어의 서술어 구조를 비교해 보면 현대중국어에서 중심 동사를 유계화하는 수량성 성분은 과거에 모두 X 자리에 위치했다는 것을 알 수 있다. 행위나 동작의 결과, 상태, 정도, 지속 시간 등을 부정할 때, 부정 표지(Neg로 표시)가 위치했던 자리는 다음과 같다.

V + (O) + Neg + X

위에서 언급한 수량성 성분은 그 품사성에 따라 또 두 가지로 나뉜다. 하나는 동사성 성분으로 타동사, 자동사 및 형용사가 포함되고, 다른 하나는 명사성 성분으로 시간사, 수량사 등이 포함된다. 이들이 X의 자리에서 부정될 때는 서로 다른 부정 표지가 필요했다. 아래에 예문을 통해 살펴보자.

가. X가 동사성일 경우 흔히 '未' 또는 '不'가 부정 표지로 사용되었다.

예문

(29) 言未卒。(《회남자》 – 도응훈)

(30) 何晏注《老子》未毕, 见王粥自说注《老子》旨。(《세설신어》 – 문학)

(31) 夫无者, 诚万物之所资, 圣人莫肯致言, 而老子申之无已。
(《세설신어》 – 문학)

(32) 普眼菩萨入三千三味门觅普贤菩萨不见。(《조당집》 – 권13)

(33) 天明了, 其鬼使来大安寺里, 讨主不见。(《조당집》 – 권14)

(34) 若见不透, 路头错了, 则读书虽多, 为文日工, 终做事不得。
(《주자어류》 – 훈문인)

(35) 莫说道今日做未得, 且待来日做。(《주자어류》 – 훈문인)

(36) 这妇人正手里拿叉杆不牢, 失手滑将倒去。(《수호전》 – 24회)

(37) 且说郑屠家中众人, 救了半日不活, 呜呼死了。(《수호전》 – 3회)

위의 부정 용법은 현대중국어에서는 더 이상 쓰이지 않는다. 이를테면 예문(29)는 "没说完"으로, 예문(30)은 "何晏没有注完《老子》"로, 예문(37)은 "救了半日没救活"로 바뀌었다. 그러나 언어 변화는 점진적인 과정이기에 15세기를 전후로 X 자리가 거의 소실되었지만 기존의 부정 방식은 그때에도 상당 기간 유지되었다. 심지어《홍루몽》시대에도 간혹 그런 용례들이 발견된다.("说犹未了, 众小厮七手八脚摆了半天, 方才停当归坐" -《홍루몽 26회》) 그러나 해당 용법은 서술문의 일부 고정 형식으로만 국한되었으므로 구어에서는 이미 소실되었다고 볼 수 있다.

나. X가 명사성일 경우 '无', '没' 또는 '不到'가 부정 표지로 사용되었다.

(38) 临灌渴水死人无数。(《조당집》- 권7)

(39) 若不如是骷髅前见鬼人无数。(《조당집》- 권9)

(40) 那富安走不到十来步, 被林冲赶上后心只一枪又擦倒了。

   (《수호전》- 10회)

(41) 两个斗不到十合, 林冲卖个破绽。(《수호전》- 48회)

(42) 又撑不到两条汉港, 只听得芦苇荡里打呼哨。(《수호전》- 19회)

예문(40)~(42)에서 '동사 + 不到'는 현대중국어의 가능식(可能式)이 아니다. 즉, 능력이 없음을 의미하는 것이 아니라 객관적인 사실을 기술한 것으로 현대중국어에서는 "没斗十合" 등으로 표현된다.《홍루몽》시대에도 이런 부정 형식은 여전히 남아 있었지만 "读了没两句", "住了没两日就下起雪来" 등의 경우처럼 대개 '没'가 사용되었다. 이런 형식은 최근 100~200년 사이에 소실되었다.

2.9.3.3 X 자리의 소실이 서술어 구조에 대한 영향

15세기를 전후로 발생한 문법 변화는 서술어의 특징에 중요한 영향을 미쳤다. 이전에 서로 독립적이던 두 서술어 V와 X가 하나의 단일한, 불가분의 문법 단위로 바뀌어 부정사를 비롯한 여러 가지 삽입 성분의 재배치를 유발했다. 그에 따라 부정 표지도 전체 서술어 구조의 앞으로 이동되었다.

$$Ne + V \cdot X + O$$

아래 몇 가지 경우로 나누어 논의하고자 한다.

첫째, 중심 동사와 결과 보어 사이에서 일어난 융합이다. 예를 들면《세설신어》의 "食未毕"가 지금은 "没吃完"으로 표현된다. 둘째, 체표지의 발전과 성숙이다. '了'를 일례로 '了'가 체표지로 발전되기 전에 부정사는 동사와 '了' 사이에 위치하였으나("填色未了" -《입당구법 순례기》) 지금은 부정사가 전체 'V + O'의 앞에 와야 한다. 셋째, 시간사와 동량사이다. 이를테면 고대중국어의 "讲《大般涅槃经》数十遍"을 현대중국어로 옮기면 "讲了数十遍《大般涅槃经》"이 된다. 넷째, 조금 특별한 경우에 해당되는 수량사이다. X자리에서 동사와 빈어 사이로 이동한 수량사는 직접 빈어 명사를 수식하였으므로 먼저 빈어와 하나의 문법 단위를 구성하게 된다. 이때 수량사가 들어가는 서술어 구조의 층위는 'V + (Q + O)'이며 여기서 Q는 수량성 성분이다. 이처럼 Q와 V가 직접 하나의 문법 단위를 구성하지 못하기 때문에 둘 사이 관계가 느슨하다가 최근에야 부정사가 Q와 잇따라 출현할 수 있었다.

결과 보어, 체표지, 시간사, 동량사 등은 모두 동작이나 행위의 가장 대표적인 특징을 나타내므로 동사와 함께 출현하는 빈도도 매우 높다. 또한 이런 성분들과 동사의 융합으로 인해 전반적인 중국어 서술어 구조의 특징이 바뀌었는데 기존의 무계성 위주에서 현대중국어의 유계성 위주로 변한 것이다. 그렇다고 15세기 이전의 서술어가 모두 무계성이고 그 후의 것은 모두 유계성이라는 것은 아니며, 다만 주류가 되는 대다수의 경우를 일컫는 것이다. 15세기 이전의 서술어가 대개 무계성이라고 하는 것은 아래와 같은 사실을 기반으로 추론하였다. 서술어가 어떤 단독 동사인 경우에는 당연히 무계성이다. 그리고 만약 수량성 성분에 해당하는 단어가 와도 그 위치가 X 자리로 제한되어 제1 서술어 동사와 직접적인 관계를 맺지 않는 경우에도 이 서술어 동사는 여전히 무계성이다. 구체적인 과정은 비교적 복잡할 수도 있는데 이 장에서는 자세하게 논의하지 않기로 한다. 정리해 보면 전반적으로 15세기를 분기점으로 하여 그 이전과 이후의 서술어 변화는 아래와 같이 표시할 수 있다.

무계성(연속성) 위주 → 유계성(분리성) 위주

여러 품사의 수량적 특징에 대한 위에서의 논의에 근거하면 15세기 이후에 서술어의 수량적 특징은 마침 명사와 일치하게 되어 원래 명사에 사용되던 '沒'가 동사로 사용 범위를 확장할 수 있도록 조건이 마련된 것으로 볼 수 있다. 그로 인해 중국어의 부정 체계에는 중요한 변화가 발생하여 원래 품사(명사성과 동사성)를 기준으로 나뉘던 것이 지금에는 수량적 특징에 따라 나뉘게 되었다.

2.9.4 문법 구조의 변화와 그에 따른 부정 표지 체계의 조정

2.9.4.1 한위 시기에서 15세기까지 중국어 부정 체계의 특징

중국어 부정사 체계는 여러 차례의 변화를 거쳤는데 매 시기마다 뚜렷한 특징을 가지고 있는 것이 특징적이다. 선진 시기에서 한위 시기까지가 한 차례의 큰 변화 주기이고 한위 시기에서 원명 시기까지가 또 한 차례의 큰 변화 주기이다. 먼저 일어난 변화는 이 장의 논의 요점과 직접적인 연관이 없으므로 여기서 더 논의하지 않을 것이다. 한위 시기에서 원명 시기까지 중국어 부정사의 역할 분담은 부정하는 단어의 품사에 의해 결정되었다. 수사법의 활용 등에 의한 소수의 경우를 제외하고 부정사의 기본 역할 분담은 다음과 같다.

동사, 형용사 등의 부정 표지: 不, 未, 不曾, 未曾 등

명사성 성분의 부정 표지: 无, 沒

이들 중 용법이 가장 안정적인 것은 '不'인데 줄곧 형용사, 정태 동사 혹은 무계성 동사의 부정 표지로 사용되었다. 현대중국어의 동사 부정 표지 '沒'에 해당하는 것은 '未', '不曾'과 '未曾'이다. 아래 이들 예문들은 현재 모두 '沒'에 의해 대체되었다.

(43) 草木未动而鸟已翔矣。(《회남자》- 태족훈)

(44) 你看三哥恁麼早晚兀自未来。(《송사공대뇨금혼장》)

(45) 公公害病未起在, 等老子入去传话。(《송사공대뇨금혼장》)

(46) 未闻孔雀是夫子家禽。(《세설신어》- 언어)

(47) 只见包里已拿在彼, 未曾打开。(《수호전》- 6회)

(48) 也是寿数未绝, 不曾关上房门。(《장흥가중회진주삼》)

(49) 晚婚后并不曾争论一遍两遍, 又不曾住过三期五日。

　　　(《장흥가중회진주삼》)

　　‘无’는 선진 시기에서 송원 시기까지 사용되다가 원명 시기에는 당조 후기에 발전한 명사 부정 표지 ‘没’에 의해 대체되었다. 그런데 명사성 부정 표지로 사용된 ‘无’와 관련하여 몇 가지 밝혀야 할 문제가 있다. 첫째, 선진 시기 중국어에서 명령문 부정에 사용되던 ‘毋’가 어떤 때에는 ‘无’로 쓰였는데(예 “君子食无求饱, 居无求安” -《논어》- 학이) 한위 시기 이후에는 그런 용법이 매우 적었다. 둘째, ‘无’의 뒤에 오는 명사를 생략하는 용법이다. 예를 들면 “哥哥大恩, 无可报答”(《수호전》)의 경우, “은혜를 갚을 만한 것이 없다.”로 이해해야 한다. 셋째, ‘无’는 ‘有’를 부정할 수 있다.(예 “且谓骏物 无有杀理” -《세설신어》- 태치) 세 번째 문제는 두 가지 해석이 가능하다. 하나는 여기서 ‘无’는 특정 동사를 부정하는 기능으로 제한되었다는 점, 다른 하나는 ‘有’를 부정하는 데는 ‘未’ 등도 사용되었다(예 “然未有片言” -《포박자》)는 점이다.

　　《포박자》에 대한 통계를 보면 ‘无’가 총 646개 발견되었으며 그중 명사를 부정하는 기능으로 사용된 것이 611개, 동사를 부정하는 기능으로 사용된 것이 18개, 나머지 17개는 부정하는 성분의 품사성을 확정하기 어려운 것들이었다. 부정하는 동사 구조로는 주로 두 가지가 있는데 하나는 위에서 언급한 “无以貌取人”에서와 같은 명령 부정이고, 다른 하나는 “独明无谢于贞明”에서와 같은 정태 부정이다. 그 밖에 《수호전》에 대한 통계에서도 ‘无’는 ‘没’와 같은 동사 서술어를 부정하는 용법을 갖고 있지 않았다. 그러므로 '无'는 명사의 부정에만 제한되었음을 알 수 있다.

그러면 15세기 이전에 품사를 기준으로 분류된 중국어의 부정사 체계는 어떻게 변화되었을까?

2.9.4.2 문법 구조의 변화와 부정사에 대한 영향

15세기 전후로 나타난 문법 변화로 인해 중국어의 서술어 구조는 무계성 위주에서 유계성 위주로 바뀌었다. 제일 먼저 영향을 받은 부정 표지는 그 기간 가장 광범위하게 사용된 서술어 동사의 부정 표지 '未'이다. 따라서 위에서 논의한 유계성 서술어 구조가 형성되기 이전에 '未'는 무계성 서술어를 부정하는 기능으로만 사용되었다는 추론이 가능하다.

《회남자》와 《포박자》에 대한 조사에서도 이런 추론이 정확했음을 확인할 수 있었다. 그렇다면 새로운 변화에 대해 '未'는 어떻게 반응했을까? 《수호전》(15세기 즈음)은 유계성 서술어가 대량으로 출현한 시기에 나온 문헌이다. 다양한 유계성 서술어들은 당시에 이미 기본적으로 형성되어 있었다. 이 문헌을 1회부터 80회까지 조사한데 따르면 '未'는 동보 구조 등 유계성 서술어의 앞에 놓인 경우가 단 한 번도 없었고 여전히 주로 무계성 서술어를 부정하는 기능으로 사용되었다. 동보 구조와 함께 사용된 경우에는 동사와 보어의 사이로 자리가 제한되었는데 여전히 무계성 성분을 부정하는 기능으로 사용된 것으로 볼 수 있다.

무계성 성분을 부정하는 기능으로 사용되던 '未'는 이러한 새로운 변화에 적응하기는 쉽지 않았을 것이다. 따라서 15세기 이후 나타난 유계성 서술어의 급격한 증가와 더불어 '未'는 도태되는 운명을 면하지 못하였다. 비록 '未'가 소실되기까지 그리 오래 걸리지는 않았지만 '未' 와 '曾'으로 구성된 복합 부정 표지인 '未曾'은 17세기 이후까지 상당히 오랜 기간 남아 있었다. 아울러 '未曾'은 유계성 서술어를 부정하는 기능으로도 사용되었다.

(53) 是我当初曾许下他一头亲事, 一向未曾成得。(《수호전》 - 50회)

(54) 今日又未曾捉得那个人。(《수호전》 - 60회)

(55) 你便只说你一路有病, 未曾痊可。(《수호전》 - 9회)

'曾'은 '어떤 행위 또는 상황이 과거에 존재했음'을 의미한다. 따라서 '曾'의 수식을 받는 것은 과거에 발생한 어떤 행위이기 때문에 시작과 종료가 있기 마련이므로 분리성을 띤다. '未'는 이런 '曾'과 합쳐져서 자연스럽게 유계성 서술어를 부정하는 기능을 갖게 된 것이다.

'不'도 '未'의 경우와 비슷하다. 줄곧 무계성 성분을 부정하던 '不'도 서술어가 유계성으로 바뀌던 시기에는 유계성 서술어를 부정하는 기능으로도 사용된 경우가 가끔 있었다.

(56) 自家的骨肉, 又不服侍了别人。(《수호전》 - 24회)

(57) 当晚武大郎挑了担儿归家, 也只和每日一般, 并不说起。(《수호전》 - 25회)

(58) 又着浑家听了一个时辰, 他却交头接耳, 说话都不听得。(《수호전》 - 10회)

(59) 你主幸不遇着。(치공자한사조비전)

(60) 也有好事的, 把大石块投下, 从不听见些声响。(《이도인독보운문》)

(61) 青州城里人家, 但是向南的, 无不看见这山飞云度鸟。(《이도인독보운문》)

(62) (宝玉)方开了门, 并不看真是谁, 还只当是那些小丫头们, 便抬腿踢在肋

   유계성 서술어를 부정하는 기능으로 사용된 '不'에는 하나의 공통된 특징이 있다. 위 예문들 중의 '又', '幷', '都' 등과 같이 거의 예외 없이 부정을 강조하는 부사와 함께 쓰였다는 점이다. 따라서 '不'에는 특정 환경에서만 유계성 서술어를 부정하는 제한 조건이 있었음을 알 수 있다. '未'와 다른 점이라면 '不'는 원래부터 형용사, 정태 동사 등의 무계성 성분에 사용되었고 이들 무계성 성분은 나중에도 큰 변화 없이 부정 표지 중에서 줄곧 매우 안정된 지위를 유지할 수 있었기에 지금까지도 가장 널리 사용되고 있다. '未曾'의 형성과 같은 원리로 '不'와 '曾'도 합성 부정 표지를 구성하였을 것이다. 그리고 그렇게 형성된 '不曾'은 15세기를 전후하여 유계성 서술어 동사를 부정하는 가장 널리 쓰인 부정 표지로 되었다.

> **예문**
>
> (63) 便是公不曾看那物事出。(《주자어류》- 훈문인)
> (64) 为你呵乱蓬松世不曾拢光云鬓。(《단원몽》)
> (65) 也是寿数未绝, 不曾关上房门。(《장흥가중회진주삼》)
> (66) 完婚后并不曾争论一遍两遍, 又不曾住过三期五日。(《장흥가중회진주삼》)

   예문(63)과 같이 '不曾'은 동보 구조가 아직 형성되기 이전인 송조 시기에 벌써 전체 서술어 앞에 놓일 수 있었다.

   이는 '未曾'과 '不曾'이 15세기 전후보다 더 일찍 생겨났을 것이다. 1세기에 쓰여진 《회남자》에서도 이런 조합을 찾아볼 수 없다. 3세기의 《포박자》에는 '未曾'이 한 번 나타났으며 10세기경의 《조당집》에서부터 용례들이 나타났지만 여전히 보편적으로 사용되지 않았다. 이 조합이 진정 보편적으로 사용된 것은 15세기경의 백화문에서부터이다. 이를 근거로 보면 10세기 이전에는 '未曾'과 '不曾'은 모두 임시 조합이었다가 의미적으로 유계성 서술어에 부합했기 때문에 서술어의 유계화와 더불어 이들의 사용도 빠르게 증가되었고 그 결과 하나의 복합 표지로 굳어졌을 것이다.

'未曾'과 '不曾'은 서로 교차되어 사용되는 경우도 있지만 대체적인 역할 분담이 있었다. '未曾'은 '말할 때까지 어떤 행위 또는 상태가 아직 발생하지 않았음'을 나타내고 '不曾'은 '지난 어떤 시간 내에 행위나 상태가 발생하지 않았음'을 표시한다. 아래 예문들을 통해 그 차이를 살펴보자.

예문

(67) 我当初嫁武大时, 不曾听得说有什么阿叔。(《수호전》- 24회)

(68) 往常来往的家书却不曾有这个图书。(《수호전》- 40회)

(69) 小人一时心慌, 要赶程途, 因此不曾看得分晓。(《수호전》- 40회)

2.9.4.3 체표지 '过'의 형성과 '不曾', '未曾'의 지위 약화

위의 분석에 따르면 중국어는 원래의 부정 표지를 '포장을 고쳐' 쓰는 방법으로 서술어 구조의 변화에 부응했다. 다시 말하면 복합 부정 표지를 구성하여 유계성 서술어의 의미적 특징에 부응했던 것이다. '不曾'과 '未曾'은 15세기를 전후하여 서술어 동사를 부정하는 주요 수단이 되는 전성기를 맞이하였다. 겉보기에는 그들이 점차적으로 신흥 표지인 '没'에 의해 대체된 것처럼 보인다. 그러나 우리의 연구에 따르면 이 두 합성 부정 표지는 대체되기에 앞서 먼저 '다른 원인'에 의해 그 지위가 약화되었고 그것이 오히려 '没'가 사용 범위를 명사에서 동사로 확장하도록 가능성을 열어준 것으로 나타났다. 그 '다른 원인'이 바로 체표지 '过'의 성숙이다.

당송 시기에는 일반 보어였던 '过'가 원명 시기에 문법 표지로 발전되었다. 이 변화를 상징하는 가장 중요한 징표가 바로 빈어를 가질 수 없던 'V + 过'가 빈어를 가질 수 있게 된 현상이다. 체표지 '过'의 문법적 의미는 '과거에 이런 행위나 동작이 있었음'을 의미한다. '过' 가 체표지로 발전하기 이전에는 같은 문법적 의미를 부사

‘曾’으로 표시했다. ‘过’가 문법 범주로 자리잡으면서 그 사용 빈도와 사용 범위는 빠르게 확대된다. 이는 15세기 이후의 구어체 문헌에서 사실적 근거를 찾을 수 있었다. 《홍루몽》을 제1회에서 40회까지 조사한 결과 체표지로 사용된 ‘过’는 총 144회로 집계되었으며 그중 ‘曾’(‘不曾’과 ‘未曾’ 포함)과 ‘V + 过’가 함께 사용된 경우는 17회로 10% 정도를 차지했다. 그들이 함께 사용된 빈도가 낮은 원인은 주로 다음과 같은 세 가지에 있다. 첫째, ‘过’와 ‘曾’의 표의 기능이 같으므로 ‘过’가 독자적으로도 ‘과거에 발생했던 행위나 상태’를 표시할 수 있었다.

> 예문
>
> (70) 古今字画也都见过些, 那里有个"庚黄"? 《홍루몽》- 26회)
> (71) 他说不然我也买几颗珍珠了, 只是定要头上戴过的, 所以来和我寻。
>   (《홍루몽》- 28회)
> (72) 若是他也说过这些混帐的话, 我早就和他生分了。(《홍루몽》- 32회)

《홍루몽》 시대부터 지금까지 한 문장에 ‘过’가 있으면 ‘曾’은 대개 특별히 강조할 때만 추가되는 성분이기에 꼭 있어야 하는 것은 아니다.(예 "如今贾琏在外熬煎, 往日也曾见过这媳妇" -《홍루몽》- 21회)

둘째, 체표지 ‘过’의 사용 범위가 더욱 넓었다. ‘过’는 시간적으로 선후하여 발생한 둘 또는 그 이상의 행위를 표시할 수 있었는데 그런 경우에는 ‘曾’을 사용할 수 없었다.

> 예문
>
> (73) 一时吃过饭, 尤氏、凤氏、秦氏等抹骨牌。(《홍루몽》- 21회)
> (74) 我师傅见过太太, 就往于老爷府里去了。(《홍루몽》- 11회)
> (75) 凤姐儿答应着出来, 见过了王夫人。(《홍루몽》- 11회)

셋째, '过'는 과거 표현에만 국한되지 않고 아직 발생하지 않은 행위나 동작도 지시할 수 있었다. 이것도 '曾'에는 없는 용법이다.

(76) 依小弟的意思, 先看过脉, 再说的为是。(《홍루몽》 - 10회)

(77) 我索性吃过饭再过去吧。(《홍루몽》 - 11회)

(78) 宝姐姐, 吃过饭叫莺儿来, 烦他打几跟络子, 可得闲儿。
(《홍루몽》 - 35회)

위의 세 가지 특징은 '不曾'과 '未曾'에 직접적인 영향을 미쳤다. 첫 번째의 경우, 'V + 过'도 '不曾' 또는 '未曾'으로 부정할 수 있는 것은 사실이다.(예 "虽如此说, 只是未曾试过", "凡农庄动用之物皆不曾见过" 등) 그러나 이런 사용은 기능이 비슷한 '曾'과 '过'의 반복 사용으로 인해 표현의 간결성이 파괴되므로 결과적으로 둘은 합성 표지로서 사용이 제한될 수밖에 없었다. 더욱이 두 번째와 세 번째의 경우에는 둘을 합성 표지로 아예 사용할 수 없었다. 이것은 기존의 부정 표지가 문법 변화에 부응하기 어려웠던 원인이기도 하다. 체표지 '过'의 형성은 기존 부정 표지 체계의 국한성을 보여주는 한 가지 측면에 불과하다. 보다시피 '不曾'과 '未曾'은 자체의 의미적 제한으로 인해 부정 표지로서 많은 유형의 다양한 동보 구조와 모두 어울리기 어려웠고 결국 도태되기에 이른 것이다.

2.9.5 '没'의 문법화 및 명사에서 동사로의 부정 범위 확장

2.9.5.1 '没'의 발전 과정

위의 토론에 따르면 15세기를 전후하여 완성된 문법 변화로 인해 기존의 부정 표지 체계가 해체되면서 새로운 서술어 동사에 쓰이는 부정 표지의 형성에 가능성을 열어주었다. 다른 한 편으로 '没'는 15세기경에 발전하여 그 자리를 채울 가장 좋은 대안이 되었다.

‘没’의 발전은 주로 다음과 같은 세 단계를 거쳤다.

첫째, 당조 중후기(약 8세기)에 동사 ‘没’는 원래의 뜻 ‘침몰하다’, ‘매몰되다’에서 ‘결여되다(缺乏)’, ‘없다(无)’로 의미가 확장되었고, 이런 현상은 원조 시기(약 13세기)까지 유지되었다.

둘째, ‘没’는 연동식의 첫 동사로 자주 사용되다 보니 독립 동사로서의 지위가 흔들리기 시작하였다. 그런 변화를 말해주는 현상으로 두 가지가 있는데 하나는 ‘没’가 흔히 ‘有’와 결합하여 동사로 사용된 점, 다른 하나는 ‘没’가 ‘的(得)’와 자주 함께 사용된 점이다. 이 두 가지 현상은 모두 대략 14세기에 나타났다.

셋째, 명조 중엽(약 15세기) 이후부터 ‘没’는 서술어 중심 동사의 부정식으로 사용되기 시작하였고 그 후 점차적으로 ‘不曾’과 ‘未曾’을 대체하였다. 결국 ‘没’는 현대 중국어에서 유계성 서술어를 부정하는 유일한 표지로 남았다. 아래에 그것들을 범주별로 논의해 보고자 한다.

‘没’는 원래 ‘물속에 침몰하다’는 의미를 가진 일반 동사로서 ‘소리 소문 없다’ 등의 외연적 용법도 갖고 있었다. 이런 용법들은 상당히 일찍 나타나 오랫동안 유지되었다.

(79) 梦为鱼而没于渊。(《회남자》 - 숙진훈)

(80) 疾泯没之无称。(《포박자》 - 권3)

이와 마찬가지로 ‘没’는 ‘침몰’의 뜻을 나타내던 데로부터 ‘결여’의 파생적 의미를 자연스럽게 나타내게 되었다.

(81) 暗去也没雨, 明来也没雨。(권룡포의 시)

(82) 鬓发没情梳。(원휘의 시)

(83) 暗中头白没人知。(왕건의 사)

(84) 深山穷谷没人来。(유상의 시)

(85) 船头一去没回期。(백거이의 시)

'没'는 약 8세기부터 '소유'를 나타내는 동사를 부정하는 기능으로 확장되었고, 약 14세기에 이르기까지 500~600년 동안은 모두 단독으로 사용되었다. 즉, '没有'는 나중에 생겨난 용법인데 이는 현대중국어에서 '没'와 '没有'가 서로 자유롭게 교체 사용되는 것과는 다르다. 그 당시까지도 '没'만 사용되고 '没有'는 사용되지 않다가 14~15세기에 집필된《노걸대》,《박통사》,《수호전》부터 '没有'가 나타나기 시작했다. 위 문헌을 근거로 보면 '没有'는 약 14세기경에 생겨났다고 봐야 한다. 이는 중국어사의 발전에 매우 중요한 의미를 가진다. 왜냐하면 '没'가 동사에서 동사 '有'의 단순한 부정 표지로 바뀌었음을 의미하기 때문이다. 이런 변화는 '没'가 해당 부류의 성분을 부정하는 용도로 기능을 확장할 수 있도록 가능성을 열어 주었기 때문이다. 다음 예문들을 보면 '没'가 문장의 끝에 단독으로 쓰여서 서술어가 되거나 '有'와 정반 의문문을 구성하였는데 현대중국어에서는 이들을 모두 '没有'로 바꿔 써야 한다.

(86) "那房后便是井。""有辘辘那没?"《노걸대》

(87) "车子有么?""车子没。"《노걸대》

(88) 你这店里草料都有阿没?《노걸대》

(89) 身上穿的也没, 口里吃的也没。《노걸대》

'没有' 형성 초기에 '没有'의 문법적 위치는 문장의 주요 서술어로 한정되었으므로 시사하는 바가 매우 크다.《노걸대》에서 출현한 2개의 '没有'와《수호전》1~80

회에서 출현한 11개의 '没有'는 모두 예외 없이 이런 용법으로 사용되었다.

이는 '没'가 독립 동사로서의 자격이 이미 약화되고 전문 부정 표지로 바뀌기 시작하였음을 말해 준다. 따라서 이런 현상은 '没'가 일반 동사에서 부정 표지로 문법화되는 과정을 설명하는 하나의 중요한 근거가 될 수 있다.

'没'가 일반 동사의 부정 표지로 사용되기 시작한 시기는 '没有'가 복합 동사로 굳어진 시기보다 약 100~200년 늦다. 15세기 초의 작품인 《수호전》에 의하면 '没'가 일반 동사를 부정하는 용법은 발견되지 않았다. 여기서 주의할 점은 다음과 같은 비슷한 사용은 배제되어야 한다.

이런 용법은 그 사용 횟수가 매우 적을 뿐만 아니라(총 6회 출현) 모두 다른 해석도 가능하다. 예문(96)의 경우는 '有'와 '没有'를 사용한 대구법에 해당하며 여기서 '飞去'는 '没有'의 빈어로도 볼 수 있다. 예문(97)의 '输赢'도 명사성 성분으로 간주할 수 있다. 나머지 두 예문의 경우도 모두 '沒'의 전형적인 용법이 아니며 지금은 '不'를 많이 사용한다.

다음은 송조, 원조, 명조 시기의 백화문 소설 총 11부를 조사한 결과이다.

원명 백화문 소설 중의 '沒(有)'의 용법

	沒 + NP	没有 + NP	不曾(未曾) + VP	没(有) + V
송사공대뇨금혼장	+		+	
조반아	+	+	+	
단원몽	+		+	
노걸대	+	+	+	
소손도	+		+	
이도인독보운문	+	+	+	
금옥노봉타박정랑	+	+	+	+
매유랑독점화궤	+	+	+	
채서홍인욕보구	+	+	+	
두십랑노침백보상	+	+	+	
장흥가중회진주삼	+	+	+	+

위 표가 보여주듯이, 두 작품에서만 '沒(没有)' 부정 동사의 용법이 발견되었는데 이 시기 부정 동사는 여전히 주로 '不曾' 또는 '未曾'을 사용하고 있음을 알 수 있다. 그 밖에 '沒'가 '有'를 부정하는 용법은 '沒'가 기타 동사를 부정하는 용법보다 일찍 나타났을 뿐만 아니라 그 사용 범위도 훨씬 넓었다는 것을 알 수 있다. 다음은 동사를 부정하는 '沒'의 초기 용례들이다.

> **예문**
>
> (99) 如今方下种, 还没有发芽哩。(《장흥가중회진주삼》)
> (100) 二十多岁的人, 一朵花还没有开足, 怎做这没下梢的事。

그러나 16세기의 《금병매》에서는 '沒'가 동사를 부정하는 용법이 대량으로 발견된다. 다만 견본 조사에 근거하면 동사 부정의 초기 용법은 대체로 '沒'에 한정되고 '沒有'를 사용한 경우가 극히 적다는 점에 유의할 필요가 있다.

16세기 이후에는 현대중국어의 명사성 또는 동사성 성분의 부정 표지인 '沒(沒有)'가 이미 형성되어 있었다.

2.9.5.2 '沒' 문법화의 문법 환경과 그 경로

이 부분에서는 이론과 역사 사실 두 가지 측면에서 '沒'의 문법화를 추동한 원인과 그 발전 과정에 대하여 논의할 것이다. 문법화는 보통 어떤 실사가 허사로 전환되는 과정을 가리킨다. '沒'의 발전도 그런 현상에 해당된다. '沒'는 먼저 '물속에 가라앉다'에서 '결여되다'로 의미가 파생되었다. 이 부분에서는 의미의 파생만 일어났고 전후의 품사는 변하지 않았다. 아래는 '소유'를 부정하는 '沒'의 용법이 어떻게 부정 표지로 발전하였는지에 대해서 집중적으로 논의하고자 한다.

문법화 이론의 최신 성과와 중국어의 문법사 연구를 바탕으로 정리한 법칙에 근거하면 그 어떤 문법 표지의 발전은 단순한 단어적 의미의 내부적 파생에 의한 것이 아니며 반드시 특정 문법 환경에서 일어나게 된다는 것이다. 단어의 문법화를 유발한 문법 환경을 밝히는 것은 문법의 발전을 이해하는 데 결정적으로 필요한 부분이다. 부정 표지로서의 '沒'가 현대중국어에서 사용되는 형식은 다음과 같다.

S + 沒 + V + O

이를 근거로 '沒'의 문법화가 일어난 문법 환경은 다음과 같이 추정된다.

S + [沒 + NP] + [V + O]

즉, '沒'는 먼저 연동식의 첫 동사로서 명사 빈어를 가진다. 이 구조에서 '沒'는 일반 동사인데 나중에 문법 표지로 전환되면서 품사도 바뀌었으나 어순은 줄곧 서술어 동사의 앞자리로 유지되었다. 위의 형식에서 '沒'의 변화를 추동한 원인에는 다음과 같은 두 가지가 있을 수 있다. 하나는 일반 동사가 개사로 발전한 기제와 마찬가지로 '沒'가 자주 첫 동사로 장기적으로 사용되면서 시간 일차원성의 작용 아래 일부 전형적인 동사적 특성이 퇴화되었고, 그로 인해 독립 동사로서의 자격이 약화되어 의미가 상대적으로 추상적인 문법 표지로 변했을 것이다. 다른 하나는 NP에 의해 분리되지 않은 문법 환경에서 '沒'와 'V + O'가 장기적으로 연이어 출현하면서 그들 사이의 관계에 변화가 일어났고 그에 따라 '沒 + V + O'가 병렬 관계에서 수식 관계로 재분석되면서 결국에는 '沒'가 부정을 나타내는 문법 표지로 발전했을 것이다.

2.9.5.3 '沒'의 문법화가 일어난 문법 환경에 대한 역사적 근거

어느 한 단어가 문법화를 유발한 후 문법 형식으로 발전하려면 그 전제 조건은 반드시 격식에 맞는 충분히 높은 사용 빈도를 가져야 한다. '충분히 높다'라는 것은 모호한 개념이어서 정확하게 정의를 내리기는 어려우나 적어도 우연히 발견된 용법이 아니라 그 단어의 주요 용법 중의 하나여야 한다. 충분히 높은 사용 빈도가 뒷받침되어야만 그 형식과 관련된 단어는 하나의 안정된 문법 표지로 발전할 수 있다. 역사 자료에 근거하면 '沒'가 연동식에서 첫 동사로 사용되는 것은 줄곧 '沒'의 주요 용법 중의 하나였다. 물론 인용한 예문들에는 일정한 수의성이 따르지만 '沒'가 첫 동사로 사용된 빈도가 얼마나 높았는지를 단편적으로 보여주기에는 충분하다. 다음 표는 《조당집》과 《수호전》 1~80회에서 '沒'가 첫 동사와 주요 동사로 사용된 경우에 대한 통계 결과이다.

《조당집》과 《수호전》 중의 '沒'의 분포

	S + [沒 + NP] + [V + O]	S + 沒 + O
《조당집》	3	4
《수호전》	83	223

전반적으로 '沒'가 주요 동사로 사용된 횟수는 첫 동사로 사용된 횟수보다 현저히 높으며 그 비율이 약 3:1 정도로 집계된다. 그러나 초기의 문헌인 《조당집》에서는 양자의 빈도가 비슷한 것으로 나타났다. 이처럼 '沒'가 첫 동사로 자주 사용된 현상은 '沒'가 전문 부정사로 문법화되도록 추동한 요인일 수 있다.

'沒'를 첫 동사로 사용하게 되면 그 뒤에는 일반적으로 명사 빈어가 따르지만 그 NP가 반드시 필요한 것은 아니다. NP를 생략해도 의미가 확실하거나 혹은 명확하게 밝히기 어려운 경우에는 '沒'와 두 번째 동사 사이에서 명사가 빠지는 경우도 있다.

> **예문**
>
> (106) 我家中沒得与你吃。(《수호전》- 14회)
> (107) 这番张教头沒得推故了。(《수호전》- 10회)
> (108) 只得叫邻人, 将奴赶得沒投奔。(《소손도》)

예문(106)에서는 '沒得' 뒤의 '食物'가, 예문(107)에서는 '理由'가, 예문(108)에서는 '地方'이 생략되었다. 이들은 모두 굳이 밝혀 말하지 않아도 의미가 확실한 경우에 해당된다.

'没'가 첫 동사로 사용된 문법 환경은 그것이 나중에 중심 서술어 동사의 부정 표지로 문법화되도록 가능성을 열어주었다. 특히 '没'와 두 번째 동사가 연이어 출현하는 용법은 그와 같은 가능성을 현실로 정착되도록 이끌었다.

2.9.5.4 '没'의 문법화에 수반된 여러 특징

'没'가 단독 동사로 쓰일 때는 일반 동사와 크게 다르지 않다. 첫 동사로 쓰이든 주요 동사로 쓰이든 모두 체표지 '了'와 함께 사용될 수 있다.

> **예문**
>
> (109) 店小二说没了肉卖, 你又那里得来? (《수호전》 - 46회)
>
> (110) 宋公明甚是爱他, 不争没了这个人回去。(《수호전》 - 53회)
>
> (111) 虽然没了功劳, 也叫我杀得快活。(《수호전》 - 50회)
>
> (112) 那两个使女从睡梦里起来, 看房里没了灯, 叫道: "今夜却没了灯!"
> (《수호전》 - 56회)
>
> (113) 龚旺先没了军器, 被林冲、花荣活捉归阵。(《수호전》 - 70회)

현대중국어에서는 "他今天没了车开"라고 안 하듯이 첫 동사로 사용되는 '没'에 더 이상 어떤 표지도 첨가하지 못한다. 그리고 다른 용법들도 지금은 매우 적게 쓰이는데 이는 '没'의 성질이 변화되었음을 말해준다. 이런 변화가 14세기에 나타났다고 확인할 수 있다는 근거로는 아래 두 가지 특징에서 설명된다.

'没有' 형식의 출현은 '没'의 품사성에 변화가 일어났음을 말해준다. 원래 '没'는 동사로 '소유하다'의 반댓말이었다. 동사로서의 지위가 약화되면서 '소유하다'를 표시하는 기능은 동사 '有'가 맡고 '没'는 단순하게 부정의 뜻만을 가지게 되었다. 위에서 언급했듯이 '没有'는 약 14세기에 출현하였는데 그것의 초기 용법은 시사하는 바가 크다. 《노걸대》,《수호전》 등 초기의 문헌에서는 '没有'가 문장의 중심 서술어로만 사용되었으며 연동식의 첫 동사로 사용된 경우는 없었다. 당조에서 원명 시기에 이르기까지 '沒'는 줄곧 'S + 沒 + O'형식으로 문장의 주요 동사로 사용되었는데 이 형식에서는 그 문법화의 원인을 파악하기 힘들다. 비록 근대 중국어에 쌍음화의 추이가 존재했지만 쌍음화 추이의 영향을 받지 않은 핵심 동사도 많았으므로 그 한 가지만으로 '沒'와 '有'의 연용 원인을 설명하기에는 부족하다. 특히 단순한 음성 진화의 문제였다면 '沒'와 '沒有'는 분포상 서로 대립되지는 말아야 한다.

그러므로 그에 대한 한 가지 합리적인 추론은 다음과 같다. 약 8~14세기 사이에 연동식 '[沒 + NP] + [V + O]'에서 전항과 후항의 문법 관계가 기존의 병렬 관계에서 '주-종'의 편정 관계로 바뀌었다. 일단 편정 관계가 형성되면 두 성분 사이의 문법 관계도 그에 따라 긴밀해진다. 구체적으로 말하면 시간을 나타내는 기능과 관련된 동사의 문법적 특징(체표지 등)을 대개 중심 동사가 홀로 맡게 된다. 이렇게 '沒'는 연동식의 첫 동사 자리에서 먼저 동사의 일부 주요한 특징을 잃었다. 비록 이런 변화를 겪었지만 연동식의 첫 동사로 들어간 '沒'는 여전히 '有'를 필요로 하지 않고 불완전한 동사의 형식만을 필요로 하기 때문에 기존의 형태를 유지하였다. 그러나 연동식의 첫 동사 자리에서 '沒'의 동사성이 약화되면서 다른 용법으로 쓰이던 '沒'도 따라서 변화가 일어났다. 그 결과로 '沒'가 주요 동사의 자리에 놓일 때 '有'와 같이 사용되었는데 그 이유는 '沒'가 단순하게 부정을 표시할 수 있도록 '有'가 동사의 기능을 맡아 주었기 때문이다. '沒有'의 광범위한 사용은 두 가지 직접적인 효과가 있었다. 하나는 '沒'가 단순한 부정 표지로 발전하도록 촉진하였고, 다른 하나는 '沒有'를 하나의 합성어로 굳어지게 하여 나중에 동사의 부정 표지로 발전할 수 있게 가능성을 열어주었다. '沒有'가 동사의 합성 부정 표지로 사용된 용례는 명조 중엽의 문헌에서도 나타난다.

이상의 '沒'의 문법화 과정에 대한 추론을 뒷받침하는 다양한 근거 자료들이 여러 문헌에 존재한다.

먼저, 《금병매》는 가장 일찍 '沒'를 동사의 부정 표지로 널리 사용한 문헌 중의 하나이다. 이러한 용법의 사용에서 '沒'를 사용한 반면에 '沒有'는 전혀 사용하지 않았는데 이는 문법화가 단음절의 '没'에서 먼저 일어났다는 것을 알 수 있다. '没有'는 그 후에 동사의 부정 표지로 발전하였는데 이는 '没'의 유추 작용에 따른 효과일 가능성이 크다.

다음, 정반 의문문 중의 '没'의 변화이다. 동사로 사용될 때 '没'는 단독으로 정반 의문문의 문미에 쓰이기도 한다.

(114) 你这店里草料都有阿没? (《노걸대》)

(115) 注子里有酒没? (《수호전》 – 24회)

문미의 '没'는 현재 '没有'로만 쓰인다. 이런 용법은 《금병매》에서 이미 기본적으로 형성되었다가 《홍루몽》 시대에 이르러 완전히 지금 형태로 자리 잡았다.

(116) 老爷问你有状没有? (《금병매》 – 48회)

(117) 你看这位奶奶命中有子没有? (《금병매》 – 46회)

(118) 你们再问问我逛了没有? (《홍루몽》 – 27회)

(119) 你听见了没有? (《홍루몽》 – 28회)

(120) 不知他可又过来闹了没有? (《홍루몽》 – 35회)

위 용례들에 대한 한 가지 가능한 해석은 정반 의문문에서 부정을 나타내는 부분에 명확한 동사성 성분이 필요한데 그런 동사가 생략된 상황에서 이미 동사적 지위를 상실하고 부사성의 부정 표지로 자리잡은 '没'도 더 이상 단독으로 문미에 위치할 수 없으므로 동사성을 가진 '没有'가 그 자리를 채우게 되었다는 것이다. 이 가설의 또 다른 논리적 결론은 만약 그 생략된 동사성 성분이 나타난다면 '没有'가 꼭 필요하지 않을 수도 있다는 것이다. 실제로 그러했는데 《홍루몽》의 또 다른 버전(정갑본)에서는 예문(118)을 "你们再问问, 我逛了没有"(27회)로 쓰고 있다. 이 정반 의문문의 부정을 나타내는 부분에는 '逛'이라는 동사가 있으므로 '没'를 단독으로도 사용할 수 있다. 이는 일상 언어 사용에서도 검증이 가능하다.

그 외에도 중국어사에는 '没'의 발전과 비슷한 현상들이 다수 존재한다. 가장 대표적인 예가 바로 처치식의 표지인 '把'이다. '把'도 원래는 일반 동사였는데 첫 동사의 자리에서 개사로 문법화되면서 동사로서의 중요한 특징을 상실하여 언어 사용자들은 또 '把握'라는 합성어를 만들어 동사의 개념을 표시하였다.

그 다음, '没的'의 출현은 '没'의 품사성이 바뀌었음을 말해준다. '没的'의 출현 시기도 '没有'와 동일하게 14세기(원명 교체기)경이다. '没的'는 명조 소설에서 매우 보편적으로 사용되었으며 《홍루몽》까지만 해도 상당히 자주 쓰였다. 시사하는 바가 가장 큰 것이 '没的'와 '没有' 사이의 상호 보완적인 배분이다. '没有'가 주요 동사로 사용되는 상황과 정반대되게 '没的'는 첫 동사의 자리에만 사용된다. 아래는 《수호전》1~71회와《홍루몽》1~80회에 대한 통계 결과이다.

명청 시기 '没的'의 용법

	'没的'가 첫 동사로 사용된 경우	'没的'가 주요 동사로 사용된 경우
《수호전》	11	0
《홍루몽》	44	0

《수호전》에는 '没的'(1회), '没得'(6회), '没地'(4회) 등 세 가지 형식이 존재한다. 그러나《홍루몽》에는 '没的' 한 가지뿐이다. 여기서 'de'는 구조 조사 '的'이며 원명 시기에 그 음성 형식이 약화되면서 동음의 '的', '得', '地'로 표시되다가 나중에 '的'로 통일되었을 것이다.

'没的'에는 첫 동사로만 사용되는 특징 외에도 일반적으로 뒤에 명사 빈어를 갖지 못하는 강제적인 제한이 하나 더 따른다. 빈어를 가진 예가《수호전》에는 1회, 《홍루몽》에는 2회로 확인되었으며, 비중으로 따지면 전체 관련 용법의 5%에 불과하다.(예 "又没得些钱来相请哥哥"《수호전》38회, "明明白白, 再没的话说了") 이런 현상은 또 첫 동사의 자리에서 흔히 빈어를 이끄는 '没'의 경우와 대립된다. '没的'가 자주 쓰이는 경우는 다음과 같다.

A. 강조 등을 위해 '没'의 뒤에 오던 명사를 앞으로 전치한 경우

(121) 羊肉馒头没的吃, 空教惹得一身骚。(《장흥가중회진주삼》)

(122) 他们吃酒吃肉, 我们粥也没得吃。(《수호전》 - 6회)

(123) 一针一线他们也没的收藏。(《홍루몽》 - 4회)

(124) 穷得连饭也没的吃。(《홍루몽》 - 48회)

B. '没的'의 뒤를 따르는 명사를 생략해도 의미가 확실하거나 명확하게 밝히기 어려운 경우

(125) 我们家中没的与你吃。(《수호전》 - 14회)

(126) 请我, 我还没的还席。(《홍루몽》 - 75회)

(127) 从此我们奶奶作了主, 我就没的愁了。(《홍루몽》 - 16회)

(128) 他臊了, 没的盖脸, 又拿话挑唆你们两个。(《홍루몽》 - 46회)

C. 보통 소극적인 태도로 '어떤 일을 하거나 결과를 도출해야 할 이유나 원인이 없음'을 표현하는 문장에서 '没的' 뒤의 생략된 성분이 원인 또는 이유를 뜻하는 추상 명사인 경우

(129) 你休要胡说, 没地不还你钱。(《수호전》 - 23회)

(130) 谁敢说个不字儿, 没的白便宜了外人。(《홍루몽》 - 16회)

(131) 我们不过闲逛逛, 就想不到这礼上, 没的惊动了。(《홍루몽》 - 29회)

(132) 我再不敢作诗了, 作一回, 罚一回, 没的怪羞。(《홍루몽》 - 52회)

(133) 没的结些小人仇恨, 使人含冤。(《홍루몽》 - 62회)

그렇다면 '没的'는 어떤 성격의 성분일까? 어찌하여 첫 동사의 자리로 제한되는 것일까? 여기서 '的'는 '没'가 일반 동사에서 부사성의 부정 표지로 바뀌어 그 품사

성에 변화가 발생하였음을 말해준다. 이때 '没'와 동사는 '수식어 + 중심어'의 관계를 맺는다. 그리고 '的'의 기본 기능이 수식어와 중심어를 연결하는 것이므로 '的'는 부사 '没'의 뒤에 놓이게 된다. 위에서 지적했듯이 '没'는 중심 서술어 동사와 연이어 출현하는 문법 환경에서 가장 먼저 문법화되었다. 다른 측면에서 보면 '没'는 뒤에 명사가 없을 때, 그 부사성(수식어)이 더욱 돋보이므로 자주 '的'와 함께 출현하는 것이다. 이런 추론은 '没'가 수식어(부사어) 자리에서만 '的'와 결합되는 현상이 설명될 뿐만 아니라 동사 '没有'가 절대로 '的'와 결합되지 않는 현상도 풀이된다. 그렇다면 그 다음 문제는 왜 '没的'가 나중에 현대중국어에서는 소실되었는가 하는 것이다. 그것도 '的'의 용법과 관계된다. 현대중국어에서 '常', '刚', '才' 등을 비롯한 핵심 부사는 일반적으로 '的'로 표시하지 않는다. 오히려 임시적이고 부사성이 안정되지 않은 부사어만 표시가 필요하다.(예 "他斩钉截铁的(地)回答了老师提的问题") 그러므로 부정 표지 '没'가 성숙되어 그 문법 기능과 위상이 모두 안정되면 더 이상 '的'에 의해 표시될 필요가 없게 된다.

결론적으로 '没有'와 '没的'의 출현은 모두 '没'가 동사에서 단순한 부정 표지로 변하였음을 상징하는 두 가지 중요한 현상이다. 이런 변화는 '没'가 첫 동사로 사용된 문법 환경에서 시간 일차원성의 작용 하에 동사의 특징을 점차 잃게 되어 두 번째 동사와의 관계가 연동 관계에서 편정 관계로 재분석되면서 발생했다. '没'의 그런 발전으로 '没'가 동사의 부정 표지로 기능이 확장되기에 충분한 조건이 마련되었다.

한 실사가 문법화되면 그것의 기존 용법과 새로운 용법은 서로 배척하는 관계가 아니라 일반적으로 상당 기간 함께 공존하게 된다. '没'는 비록 15세기경에 이미 부정 표지로 발전하였지만 동사로서의 용법은 18세기 중엽의 《홍루몽》에서도 나타난다.(예 "可是我正没了鞋面子了" - 25회) 그리고 사실은 지금까지도 '没'는 동사로 사용되고 있다. 새로 출현한 문법 현상들은 모두 출현과 더불어 사용 빈도가 점차 많아지는 양적인 변화를 거치게 되며 한동안 서로 함께 공존하다가 나중에는 기존의 용법을 완전히 대체하게 된다. 이를테면 첫 동사로 쓰이던 '没'는 14세기에 벌써 품사성이 바뀌었지만 여전히 일반 동사로 사용되었는데 그 근거로《수호전》에는 이두 현상이 모두 존재한다. "没了肉卖"와 같은 용법은 나중에야 완전히 소실되었다.

2.9.6 이중 기능의 부정 표지 '没'의 형성과 진일보의 발전

2.9.6.1 동사성과 명사성 단어의 부정 표지 '没'의 출현

위의 분석에 근거하면 15세기를 전후하여 이중 기능을 갖는 부정 표지인 '没'의 출현에 필요한 다음과 같은 조건들이 이미 마련되었다.

> (가) 외부 조건: 송원 시기에 동보 구조의 구축 및 체표지 체계의 형성과 더불어 서술어 동사 구조가 보편적으로 유계화되어 분리적인 수량적 특징을 갖게 되었다.
>
> (나) 내부 조건: '没'는 이미 전형적인 동사에서 단순한 부정 표지로 바뀌었다.

위의 두 가지 조건은 공동으로 '没'의 발전을 뒷받침하였다. '没'는 원래부터 명사성 성분을 부정하는 기능으로 사용되었는데 이런 용법은 15세기까지 이미 700~800년 동안 존재하였다. 그리고 동사성 성분의 부정 표지로 바뀐 후에도 원래의 용법은 그대로 유지되었다. 전형적인 명사는 보통 유계적 성격의 대상을 가리키며 삼차원 공간 속에 존재하는 각각의 분리적인 개체를 대표한다. 수량적 특징으로부터 보면 '没'는 원래 유계성 성분에 대한 부정 표지이다. 서술어 동사 구조의 발달로 인해 동사성 성분의 수량적 특징으로 바뀌면서 동사에 사용되던 기존의 부정 표지가 그런 변화에 따른 수요를 충족시키지 못하였기에 새로운 부정 표지의 출현에 가능성이 열리게 되었다. 또한 '没'의 부정 대상의 의미적 특징이 신흥 서술어 구조의 유계성에 부합했을 뿐만 아니라 '没'는 첫 동사의 자리에서 이미 문법화되기 시작하였다. 그 결과로 '没'가 자연히 서술어 동사의 부정 표지로 새롭게 자리잡게 된 것이다. 그 이후로 중국어에는 명사와 동사가 공유할 수 있는 부정 표지가 생겨났고, 그에 따라 수량적 특징을 기준으로 분류되는 부정 표지 체계가 형성되었다.

　이중 기능을 하는 표지가 형성되려면 위에서 언급한 두 가지 조건을 모두 갖추어야 한다. '没'가 나타나기 이전에 명사를 부정하던 표지는 '无'였다. '无'는 선진 시기부터 12세기경까지 줄곧 사용되었다. 물론 '无'도 연동식의 첫 동사가 될 수 있다.(예 "则无由入矣" -《회남자》) 즉, '无'도 '没'와 마찬가지로 단순한 부정 표지로 문법화될 수 있는 문법 환경을 갖고 있었다. '有'와의 공동 사용을 문법화의 기준으로 본다면 '无'에도 문법화의 경향이 존재한다.(예 "有叔如此, 不如无有" -《사기》- 진승상 세가, "且谓骏物无有杀理" -《세설신어》- 태치) 그러나 '无'가 널리 사용되었을 때는 서술어 동사를 보편적으로 유계화하는 안정적인 문법 표지가 없었다. 이런 원인으로 당시에는 '无'가 부정 표지의 서술어 동사로 확장할 수 없었던 것이다. 그러다가 문법적으로 조건이 구비되었을 때는 '无'가 이미 '没'에 의해 대체된 후였다. 그런 이유로 '无'의 사용 범위는 줄곧 명사를 벗어나지 못하였다. 결론적으로 '无' 자체만을 놓고 보면 동사의 부정 표지로 발전할 가능성이 있었으나 당시의 문법 체계가 그런 발전에 필요한 외부적 조건을 제공하지 못하였다.

　'没'는 동사성 성분과 명사성 성분을 부정할 때 그 의미가 동일하다. 모두 불완전 부정으로 유계성 성분에 의해 규정된 양에 '미치지 않다(不及)' 또는 '이르지 않다(不到)'를 표시한다. 특히 부정하는 명사구와 동사구가 모두 양적 성분을 갖고 있을 때, 그 문법적 의미의 동일성은 선명하게 드러난다.

A. 명사성 성분을 부정하는 '没'

(134)　你娘儿们, 主子奴才共总没十个人, 吃的穿的仍旧是官中的。
　　　　《홍루몽》- 45회)

(135)　进来只刚问了好, 说了没两句话。《홍루몽》- 35회)

(136)　谁知他来了没半天, 都寻出不是来。《홍루몽》- 65회)

두 가지 부정 구조를 동일한 것으로 이해할 수 있다. 이를테면 예문(134)는 '사람이 있긴 있는데 10명이 채 안됨'을 의미하고 예문(137)은 '알려주긴 했는데 다 알려주지는 않았음'을 표시한다. 보다시피 서술어 동사와 명사의 공통된 수량적 특징으로 인해 '没'가 동사를 부정하는 용도로 기능을 확장했음에도 '没'의 부정이 갖는 의미는 계속 유지되었다.

2.9.6.2 '没'가 '不曾'을 대체한 이유

'未曾'은 '不曾'보다 더 먼저 소실되었는데 그 구체적인 원인에 대해서는 진일보의 논의가 필요하다. 여기서는 '不曾'이 소실되기 직전의 용법을 고찰하는 것으로 그 소실의 원인을 찾아볼 것이다. 《홍루몽》 시대에 동사성 성분에 대한 부정사로서 '没'의 역할이 이미 우세를 보임에도 불구하고 '不曾'은 여전히 동사의 부정사로 자주 사용되었다. 그러다가 나중에는 완전히 '没'에 의해 대체되는데 그 변화의 원인을 알아보기 위해 《홍루몽》 제1~80회 중의 관련 용례들을 전부 조사하였다. 그 결과 '没'와 '不曾'의 기능에 존재하는 분명한 차이를 발견할 수 있었다.

먼저, '不曾'은 전체 사건에 대한 부정의 용법으로만 사용되었으며 부정의 범위는 행위와 결과가 포함된다. 예를 들면 아래의 두 예문에서 '烫着'와 '拆毁'는 각각 불가분의 사건을 대표한다. 둘 모두 '동사 + 보어'의 문법 구조를 가졌지만 그것들에 대한 '不曾'의 부정은 '행위가 발생하였으나 그 결과가 실현되지 않았음'이 아니라 '행위와 결과를 포함한 전체 사건이 발생하지 않았음'을 의미한다.

(140) 玉钏儿倒不曾烫着, 唬了一跳。《홍루몽》- 35회)

(141) 这百日内, 只不曾拆毁了怡红院, 和这些丫头无法无天, 凡世上所无之
事, 都玩耍出来了。《홍루몽》- 79회)

반면에 '没'는 '不曾'과 동일한 용법을 갖고 있는 외에 부정의 대상이 분리 가능
한 동작과 결과로 구성된 동보 구조인 경우에 부정의 초점을 동작이 아닌 결과에
두게 되므로 이때의 동작은 이미 발생한 것이 될 수도 있다. 먼저 '不曾'과 동일한
기능으로 쓰인 용례를 살펴보자.

(142) 我并没有比你, 我并没有笑, 为什么恼我呢。《홍루몽》- 22회)

(143) 从来没有听见有个什么"金刚丸"。《홍루몽》- 28회)

'没'의 사건 전반에 대한 부정의 의미는 주로 두 가지 측면에서 결정된다. 하나는
예문(142)의 '比你'와 '笑'처럼 사건이 하나의 단순한 행위로 구성된 경우이고, 다
른 하나는 예문(143)의 '听见'처럼 사건의 행위와 결과가 하나의 불가분의 전체를
대표하는 경우이다. 그러나 부정하는 동보 구조가 시간적으로 선과 후가 있는 행위
와 결과인 경우, '没'는 흔히 결과만을 부정한다.

(144) 一个小道士剪烛花的, 没躲出去, 这会子混钻呢。《홍루몽》- 29회)

(145) 连那些衣服我还没穿遍了, 又做什么?《홍루몽》- 35회)

(146) 宝玉见没摔碎, 便回身找东西来砸。《홍루몽》- 29회)

(147) 他要悄悄的唬他一跳, 还没有走到跟前, 他倒看见我了。

《홍루몽》- 27회)

(148) 这些话没说完, 被贾母照脸啐了一口唾沫。(《홍루몽》 - 25회)

(149) 我告诉他的, 竟没告诉完了他。(《홍루몽》 - 57회)

위의 예문들에서 보면 동사는 모두 이미 발생한 행위를 가리키고, '没'는 보어만을 부정하여 결과가 실현되지 않았음을 나타낸다. 예를 들면 예문(144)은 '피했지만 탈출하지 못했다'는 뜻이다. '没'의 이런 용법은 《홍루몽》 제1~80회에서 상당히 보편적이지만 '不曾'의 경우는 용례가 단 한 번도 발견되지 않았다. 따라서 '没'의 부정은 다양한 유형의 동보 구조에 적용될 수 있지만 '不曾'은 단일 사건을 표시하는 동보 구조에만 적용된다. 바꿔 말하면 '没'는 동사성 성분에 대한 불완전한 부정을 나타내고, '不曾'은 완전한 부정을 나타낸다.

'不曾'의 완전 부정 기능과 관련된 하나의 용법으로서 어떤 사건의 시비를 물을 때, 《홍루몽》에서는 여전히 '不曾'을 많이 사용하였는데 이는 행위와 결과를 하나의 전체로 보았기 때문인 것으로 풀이된다.

예문

(150) 林姑娘从来说过这些混帐话不曾? (《홍루몽》 - 32회)

(151) 添了食水不曾? (《홍루몽》 - 35회)

(152) 前儿那话说了不曾? (《홍루몽》 - 60회)

다음, 중심 동사의 뒤를 따르는 수량성 성분이 명사성인 경우가 있는데 주로 시간사와 수량사이다. 이 두 형식은 《홍루몽》 시대에 자주 사용되었는데 그 두 형식은 다음과 같다.

A. V + 没 + 수량성 성분(+N);

B. 没 + 수량성 성분 + V;

가장 널리 사용된 형식은 A 형식이다.

(153) 读了没有两句, 麝月又斟了一杯茶来润舌。《홍루몽》-73회

(154) 走了没几步, 后头只见绣桔赶来。《홍루몽》-77회

(155) 进来只刚问了好, 说了没两句话。《홍루몽》-35회

(156) 过了没半月, 也看得马棚风一般的了。《홍루몽》-16회

(157) 谁知他来了没半天, 都寻出不是来了。《홍루몽》-65회

(158) 惟有前年正月里接了他来, 住了没两日就下起雪来。

       《홍루몽》-31회

B 형식은 A 형식보다 널리 사용되지 못하였다.

(159) 一对金莲或翘或并, 没半刻斯文。《홍루몽》-65회

(160) 他这些时并没多空儿在你房里, 何苦赖好人?《홍루몽》-80회

현대에 이르러서 위의 두 가지 형식은 거의 '没 + V + 수량성 성분(+N)'으로 바뀌었다.

《홍루몽》은 두 가지 형식이 한창 전환되고 있는 시기에 집필된 것으로 1~80회에서 이미 새로운 구조가 발견된다.

(161) 你们看看他, 没有吃了两个螃蟹, 倒喝了一碟子醋。

       《홍루몽》-38회

(162) 如今因看重我, 才叫我照管家务, 还没有做一件好事, 姨娘倒先来作贱

我。(《홍루몽》- 55회)

(163) 老爷既荣任到这一省, 难道就没抄一张本省的"护身符"来不成?
(《홍루몽》- 4회)

그러나 '不曾'은 동사성의 부정사이기 때문에 위의 두 가지 형식을 모두 사용할 수 없다. '不曾'이 부정하는 동사의 뒤에는 수량성 성분의 출현이 제한된다. 본 연구의 조사 범위에서 발견된 수량성 성분을 가진 용례는 두 개뿐이며 사용된 숫자는 오직 '一'만으로써 완전한 부정을 표시한다. 따라서 위에서 언급한 '没'의 용법과도 다르다.

예문

(164) 从来不曾打过丫头们一下。(《홍루몽》- 30회)
(165) 虽有深精举业的, 也不曾发际过一个。(《홍루몽》- 78회)

그리고 동사와 동량사에 대한 부정을 표시하는 부분에서도 여전히 '没'가 더욱 자주 쓰인다.

예문

(166) 我服侍了奶奶这么几年, 也没有弹我一指甲。(《홍루몽》- 54회)
(167) 可是这两日我竟没有痛痛的笑一场。(《홍루몽》- 54회)

이상의 예시들을 바탕으로 우리는 '没'가 '不曾'을 대체하게 된 원인을 설명할 수 있다. 먼저, 동보 구조의 부정에서 '没'는 매우 자유로운 반면에 '不曾'은 매우 제한적이다. 따라서 동보 구조의 계속적인 발전과 더불어 '没'는 사용 빈도가 점차 높아지고 '不曾'은 점차 소실되어 갔던 것이다. 다음, 이런 과정의 실현을 뒷받침하는 또 한 가지는 동사를 뒤따르는 명사성 수량 성분의 발전이다. 그 발전으로 인해 중심 동사와 수량성 성분 간의 경계가 약화되어 융합이 일어나면서 그 사이에 더 이상 부정사의 삽입이 허용되지 않았기 때문에 부정사가 전체 '동사 + 수사' 어구의 앞으로 이동해야 했다. 그런데 이 부정사는 '不曾'은 안되고 '没'만 가능했다. 예를 들면 《홍루몽》 시대의 "读了没有两句"에서 '没有'의 위치가 전체 VP의 앞자리로 이동하여 현재는 "没有读两句"로 바뀌었는데 그래도 '没有'가 부정하는 대상은 여전히 동사의 뒤를 따르는 명사성 수량 성분인 '两句'이다. 이는 '没'가 원래부터 갖고 있던 명사성 성분에 대한 부정 표지 기능이기도 하다. 그러나 '不曾'은 동사성 성분에 대한 부정 표지이기 때문에 이 같은 결과에 대한 부정의 기능으로는 사용되지 않았다. 쉽게 말하면 중심 동사와 명사성 수량 성분의 융합으로 인해 '没有'가 전체 VP의 앞으로 이동할 수밖에 없었고, 이는 다시 '没'가 결국 유계성 서술어에 대한 부정 표지로 유일하게 자리잡도록 그 위상을 진일보로 강화시켰다.

한마디로 15세기를 전후하여 발생한 문법 구조의 변화로 인해 '没'의 부정 표지 기능은 기존의 명사성 성분에서 동사성 성분으로 사용 범위가 확장되었다. 그리고 동보 구조의 진일보의 발전과 동사와 그 뒤를 따르는 수량성 성분의 융합으로 인해 '没'는 사용 범위가 또다시 더 확대되어 결국에는 '不曾(未曾)'을 대체하고 유계성 VP를 부정하는 유일한 표지로 남게 되었다.

2.9.6.3 17세기부터 현재까지 '没'의 기능 변화

《홍루몽》에서의 '没'의 동사 부정 용법을 지금과 비교하면 가장 분명한 변화는 '没 + V'와 체표지 '了'의 관계가 상호 수용에서 상호 배척으로 바뀌었다는 점이다. 예를 들면 지금은 "我没看了那本书", "他没有吃了早饭" 등과 같이 사용하지 않는다. 이 같은 제한 현상은 최근 100~200년 사이에 나타났으며 《홍루몽》 시대까지도 둘은 여전히 함께 사용되었었다.

(168) 这可见还没改了淘气。(《홍루몽》 - 31회)

(169) 我告诉他的, 竟没告诉完了他。《홍루몽》- 57회

(170) 你们看看他, 没有吃了两碟子螃蟹, 倒喝了一碟子醋。
《홍루몽》- 38회

(171) 连那些衣服我还没穿遍了, 又做什么?《홍루몽》- 35회

(172) 他如今说话越发没了经纬, 我故此没叫他了, 由他过去罢。
《홍루몽》- 32회

위와 같은 용법은 나중에 소실되었는데 거기에는 두 가지 원인이 작용했을 것으로 추정된다. 하나는 동사성 정반 의문문의 어미가 되는 '没有'의 기능이고, 다른 하나는 동사의 합성 부정 표지가 되는 '没有'의 기능이다. 먼저 첫 번째 원인을 살펴보면 정반 의문문의 문미에 위치하던 '没'가《홍루몽》시대에는 모두 '没有'로 바뀌었다.《홍루몽》1~80회에서 일반 동사로 구성된 정반 의문문이 총 25개 발견되었는데 그중 21개가 'V + 了 + O + 没有'의 형식이었다. 다시 말하면 체표지 '了'를 가진 동사가 80% 이상에 달했다.

예문

(173) 说着, 又问周瑞家的回了太太了没有。《홍루몽》- 6회

(174) 十五的月例香供银子可得了没有?《홍루몽》- 7회

(175) 你们再问问我逛了没有?《홍루몽》- 27회

(176) 吃了什么没有?《홍루몽》- 34회

(177) 你听见了没有?《홍루몽》- 28회

위의 형식에서 빈어를 고려하지 않는다면 '没有'는 'V + 了'에 대한 부정을 표시한다. 즉, 합성 표지가 부정하는 대상은 동사의 의미에 체표지 '了'를 추가한 전체라는 것이다. 이런 정반 의문문은 반드시 합성 부정 표지인 '没有'를 사용해야 했고, 그리고 'V + 了'와 '没有'가 정반 의문문에서 높은 빈도로 공용되기 때문에 위와 같은

'没有'의 부정 범위는 그것의 안정된 문법 의미로 굳어졌을 가능성이 컸을 것이다.

이처럼 새롭게 고정된 문법 의미는 '没有'가 서술문의 서술어로 사용 범위를 확장함에 따라 다시 '没有 + V' 형식으로 발전하였다. 앞의 분석에 근거하면 '没有'가 문장의 중심 동사와 정반 의문문의 문미에 먼저 출현하게 된 것은 '没'의 동사성이 약화되었기 때문이다. 초기의 '没'와 '有'는 분리가 가능했지만 장기적인 사용 과정에서 양자는 '没'에 상당하는 하나의 단위로 융합되었다. 그리고 유추의 작용 하에 '没有'도 동사를 부정하는 기능으로 사용할 수 있게 된 것이다. 아래는 《홍루몽》 1~80회에 나오는 '没有'의 용법을 유형별로 통계한 결과이다.

《홍루몽》에서 '没有'의 용법

주요 서술어 동사	정반 의문문	동사 부정	첫 동사
159	39	58	19

위의 표에 따르면 '没有'가 주요 동사와 정반 의문문 두 가지 용법으로 쓰인 문장이 대부분을 차지하지만 동사 부정이나 연동식의 첫 동사로 쓰인 경우도 상당수 포함된 것으로 나타났다. '没有'가 동사 부정으로 확장된 정확한 시기에 관해서는 진일보의 연구가 필요하다. 《홍루몽》 시대부터 지금까지 '没'와 '没有'의 혼동 현상은 진일보 확대되었는바 현대중국어에서 둘은 모두 동사를 부정하는 기능으로 자유롭게 사용된다. 이런 혼동으로 인해 정반 의문문에서 '没有'에 고정된 문법 의미가 '没'로도 확대되었다. 그리고 '没有'는 동사 부정시 이미 체표지 '了'에 대한 부정의 의미도 포함되었으므로 '了'가 더 이상 출현할 필요가 없어졌고, 또 그런 식으로 오랫동안 사용되다 보니 일종의 문법 규칙으로 자리잡게 되었을 것이다. 이것이 바로 현대중국어에서 '没'와 '了'가 함께 사용되지 않는 원인일 수 있다.

그 밖에도 위의 가설을 세우고 입증할 수 있는 또 하나의 설명은 '没有'가 주요 동사가 될 때에는 '了'의 문법 의미도 가지고 있다는 것이다. 《홍루몽》 1~80회에 대한 통계에 근거하면 주요 동사가 되는 '没有'와 '没'에는 분명한 차이점이 존재한다. '没有 + 了 + NP'의 용법은 발견되지 않지만 '没 + 了 + NP'는 자주 보인다.

이처럼 '了'와의 결합에서 주요 동사로 쓰인 '没'와 '没有'에 나타나는 대립 현상은 현대중국어에서도 여전히 엄격하게 유지되고 있다. 이를 바탕으로 문장의 중심 서술어가 되는 '没有'에도 '了'의 의미가 내포되어 더 이상 체표지 '了'를 공용할 필요가 없거나 공용하면 안 된다는 해석이 가능하다. 그리고 그런 '没有'가 동사의 부정 표지로 기능이 확장되었을 때도 당연히 '了'가 필요 없다. 그 결과로 현대중국어에서 '没'와 '了'가 함께 사용되지 않는 규칙이 형성된 것이다.

이로써 문법 표지는 형성된 다음에도 그 기능에 여러 가지 변화가 일어날 수 있다는 점을 알 수 있다.

2.9.7 맺음말

이상의 분석을 통하여 현대중국어의 부정사 체계는 단어의 수량적 특징에 의해 기능이 구분되는데 구체적으로 '没'는 분리성 단어의 부정을, '不'는 연속성 단어의 부정을 나타내며 이들 형성 시기는 15세기 이후라는 것을 알 수 있었다. 또한 현대 중국어 부정 체계의 형성을 유발한 원인은 동보 구조와 체표지 체계의 구축으로 인해 서술어 동사 구조가 보편적인 무계성에서 보편적인 유계성으로 전환한 것과 관계된다. 이런 변화는 또 두 가지 결과를 가져왔다. 하나는 기존에 동사에 쓰이던 부정 표지가 새로운 변화에 적응하지 못하고 도태되었고, 다른 하나는 신형 서술어 동사의 수요를 충족시키는 새로운 부정 표지의 출현에 가능성을 열어 주었다. 그리고 '沒'가 동사를 부정하는 용도로 기능이 확장될 수 있는 조건이 갖춰졌을 뿐만 아니라 명사의 부정 표지로서 분리성 단어를 부정하는 기능도 갖고 있었기에 이는 신형 서술어 동사의 의미적 특징에도 부합되었다. 다른 한편으로 14세기경에 '沒'는 일반 동사에서 단순한 부정 표지로 바뀌기 시작하였으며 그에 따라 위치가 점차 다른 동사(중심 서술어)의 앞자리로 제한되었다. '沒'는 이 같은 자체적인 발전으로 인해 신형 서술어 동사의 부정 표지로 선택된 것이다.

'沒'의 발전과 현대중국어 부정 체계의 형성은 여러 가지 보편적인 문제점들을 남겨 주었다. 먼저, 부정 표지 체계는 문법 체계에 의해 결정된다. 중국어의 부정 표지 체계는 두 번의 큰 변화를 겪었다. 1차 변화는 한위 시기에 발생하였는데 그 원인에 대해서는 진일보의 연구가 필요하다. 이 장에서 논의한 부분이 곧 2차 변화이다. 다음, 그 어떤 새로운 문법 표지가 형성되려면 여러 가지 조건이 필요하다. '沒'를 예로 들면 먼저 그 자체적으로 새로운 문법 표지와 부합되는 의미적 특징을 갖고 있어야 하고 그것이 문법화되기에 적합한 문법 환경이 구비되어야 하며, 마지막으로, 당시 문법 체계의 필요 여부도 결정적인 영향을 미친다. 이런 여러 가지 제한된 조건 때문에 문법 발전은 우연한 현상의 누적이 아니라 고도의 체계성과 엄밀성을 가지고 있다.

2.10

동사 중첩이 나타난 역사적 환경

2.10.1 머리말

동사 중첩식이 나타난 시기는 논의가 필요한 문제이다. 중첩은 일찍 2,700년 전의 《시경》에서도 널리 사용되었으며 오늘날 중국어의 모든 방언에서도 보편적으로 발견될 정도로 전형적인 중국어의 형식이다. 그러나 품사별로 중첩 형식이 나타난 시기는 각기 다르다. 형용사와 부사의 중첩 형식은 선진 시기의 문헌에 대규모로 출현하였으며, 포괄적 지시를 나타내는 명사 중첩은 위진 시기에 벌써 나타났지만 현대중국어의 동사 중첩 형식은 원명 시기에 이르러서야 싹 트기 시작하였다. 동사 중첩식이 그 이전에 출현할 수 없었던 이유는 당시 문법 규칙의 제한 때문이었다. 송원 시기에 일어난 여러 가지 문법 변화는 동사 중첩의 출현에 필요한 조건을 마련해 주었다.

언어의 문법은 하나의 유기적인 전체로서 각 구조 사이에는 서로 제약 관계가 존재한다. 그것을 역사적인 시각으로 보면 "문법의 발전은 고립된 현상의 발생과 소실의 집합이 아니라 그 모든 현상의 출현에 특유의 역사적 원인이 존재하는 체계적인 과정이다."라고 풀이할 수 있다. 이 장에서는 동사 중첩이 발생한 역사적 배경에 대한 분석을 통해 이러한 관점을 논증하고자 한다.

2.10.2 현대중국어의 동사 중첩 형식과 그 기능

역사 문제를 논의하려면 먼저 현재는 어떠한지를 알아야 한다. 현대중국어의 동사 중첩식은 체표지로 간주되며 '유한체(有限体)'라고 불린다. 동사 중첩식은 동사의 양을 표시하며 구체적으로 '동작의 지속 시간이 짧음' 또는 '동작의 크기가 작음'을 나타낸다.

> **예문**
>
> (1) 我昨天晚上看了看电视就睡觉了。
> (2) 下午我想去游游泳。
> (3) 你们应该认真讨论讨论这个问题。

단음절 중첩식의 두 번째 음절은 약하게 발음된다. 기본 동사의 내부 구조가 'V + N'인 경우 상응한 중첩식은 VVN이고, 쌍음절 동사의 중첩식은 ABAB이다.

동사 중첩식에는 다양한 특징이 존재한다. 그중에서도 특히 중요한 것은 모든 동사가 중첩을 허용하는 것이 아니고 제한 조건이 있다는 것인데 그 문법적 특징은 주로 다음과 같이 요약할 수 있다.

첫째, 기본형이 타동사인 중첩식은 빈어를 가질 수 있다.(예 看看书、写写字、听听音乐。)

둘째, 실현 체표지 '了' 또는 숫자 '一'를 중첩식의 가운데 삽입할 수 있다.(예 看了看书、看一看书。) 반면에 종결 체표지 '过' 또는 지속 체표지 '着'는 삽입할 수 없다. 이를테면 "看过看书" 또는 "她正在看着看书" 등은 비문이다.

셋째, 일반 서술문의 동사 중첩식은 부정 용법을 갖지 못한다. 이를테면 "他不看看书" 또는 "他没看看书"라고 하지 않는다. 그러나 조건, 의문 등 가설문(虚拟句)에서는 예외이며 그때는 발생했어야 할 어떤 행위가 실제로 발생하지 않았음을 암시한다.(예 昨天晚上你怎么不看看那个电视呢?)

넷째, 동사 중첩식은 종속절에 사용될 수 없으며 '的'을 첨가하는 방식으로 명사화되지 못 한다. 예를 들면 "这一本是他看看的书"또는 "把看看的放在一边"은 모두 비문이다. 동사 중첩식은 문장의 서술어에만 사용된다.

2.10.3 송원 시기 이전의 동사 병렬 규칙

2.10.3.1 고대중국어의 동사 병렬 구조

송원 시기 이전의 중국어에는 동사 중첩식의 출현을 제한하는 엄격한 문법 규칙이 존재했다. 해당 규칙에 따르면 빈어가 되는 명사의 앞자리에 오는 두(여러) 동사성 성분은 반드시 타동성을 띠고 각각 빈어와 '동작과 피동작주'의 관계를 맺어야 한다. 즉, 이런 관계는 수학의 배분율을 따르는데 다음과 같이 표시할 수 있다.

$$V_{t1} + V_{t2} + O = (V_{t1} + O) + (V_{t2} + O)$$

선진·양한 시기에는 여러 동사성 성분을 대개 '而'로 연결하였거나 아예 접속사를 안 쓰는 경우도 있었다.

> **예문**
>
> (4) 学而时习之。(《논어》 - 학이)
>
>   = 学之 + 习之
>
> (5) 岸崩, 尽压杀卧者。(《사기》 - 항우본기)
>
>   = 压卧者 + 杀卧者
>
> (6) 尽斩杀降下之。(《사기》 - 흉노열전)
>
>   = 斩之 + 杀之 + 降之 + 下之

동사 병렬 구조는 예문(6)과 같이 최대 4개의 단음절 동사를 허용했다.

고대중국어에서는 타동사 뒤에 자동성 성분이 따르는 경우 가능한 어순이 'Vt +

O + V$_i$'였다. '사망'을 뜻하는 한 쌍의 동사 '杀'와 '死'가 대표적이다. 고대중국어에서 이들은 개념적으로 비슷한 의미를 갖지만 문법적으로는 타동성을 띠는 '杀'와 자동성을 띠는 '死'로 명확히 역할이 나뉜다. 송조 이전의 문헌을 보면 'V + 杀'는 항상 빈어의 앞에 나타나지만 'V + 死'에 빈어가 있으면 그 빈어는 반드시 V와 '死'의 사이에 들어가거나 문장 첫머리로 이동되어 피동작주 주어가 된다. 'V杀'의 용례는 예문(5)에서 이미 확인했고, 'V死'의 용례는 다음과 같다.

> **예문**
>
> (7) 百余人碳崩尽压死。(《논형》 - 명의)
>
> (8) 木自折举, 击匠人立死。(《태평광기》 - 유흥)

이와 마찬가지로 다른 자동성 성분도 빈어의 뒷자리로 제한되었다.

> **예문**
>
> (9) 唤江郎觉!(《세설신어》 - 가휼)
>
> (10) 周仲智饮酒醉, 嗔目还面。(《세설신어》 - 아량)

2.10.3.2 동사 병렬 구조와 동사 중첩식의 양립 불가성

앞의 분석에 따르면 현대중국어의 동사 중첩식은 사실상 일종의 체표지로서 동작 자체의 진행 상태, 즉 동작의 양을 표시한다. 따라서 중첩되는 두 번째 성분은 직접 빈어와 피동작주의 관계를 맺지 않으며 그 의미 지향은 기본 동사 자체라고 보아야 한다. 이는 삽입 성분이 있을 때에도 분해되지 않는 동사 중첩식의 특징을 통해서도 알 수 있다.

> **예문**
>
> (11) a. 看了看书 ≠ 看了书 + 看书

> b. 尝一尝酒 ≠ 尝酒 + 一尝酒

동사 중첩식에서는 두 타동사가 하나의 빈어를 공용하는 것이 아니기 때문에 고대중국어의 동사 병렬 문법 규칙이 작용하는 한 그것은 출현할 수 없었을 것이다. 송원 시기 이전에도 일부 같은 동사를 연이어 사용하는 현상이 존재하였으나 그 성격은 현대중국어의 동사 중첩식과는 본질적으로 달랐다.

예문

(12) 行行道转远, 去去情弥迟。(유송 – 사혜련시)

(13) 黄雀得飞飞, 飞飞摩苍天。(《악부시집》 – 전야황작행)

(14) 高台半行云, 望望高不及。(양간문제시)

그 시기의 동사 반복은 현대중국어의 동사 중첩식과 주로 다음과 같은 점에서 차이가 났다. 첫째, 타동사든 자동사든 반복될 때에는 빈어를 가지지 못한다. 둘째, 동사의 반복은 행위 동작의 반복 또는 지속을 나타낸다. 셋째, 사용 빈도가 매우 낮고 대부분 시문에 나타난다.

이로부터 이런 동사의 반복 사용 현상은 아직까지 우리가 말하는 '동사 중첩식'이라고 보기는 어렵다.

2.10.4 동사 중첩식의 출현에 필요한 조건

2.10.4.1 동보 구조의 발전

송조 시기부터 중국어에 나타난 여러 가지 문법 변화는 동사 중첩식의 출현을 위해 필요한 조건을 마련해주었다. 그중에서 가장 중요하고 직접적인 영향을 미친 두 가지 변화는 동보 구조의 성숙과 체표지 체계의 수립이다.

먼저 동보 구조의 문법적 성격을 살펴보자. 현대중국어의 전형적인 동보 구조는 'V + R + O'로 표시할 수 있다. 그중의 보어 R은 자동성의 성분으로 O와는 동작과 피동작주의 관계를 맺지 않는다.

(15) 他修好了那辆车。

(16) 我已经看完《红楼梦》了。

(17) 小王昨天又喝醉了酒。

보다시피 동보 구조는 첫 동사(보통 타동사)와 빈어의 사이에 빈어와 직접적인 관계를 맺지 않는 자동성 성분이 들어가기 때문에 고대중국어의 동사 병렬 구조와는 다르다. 동보 구조의 출현은 특별한 시기에 특정된 문법 환경에서 나타났다. 이로 인해 고대중국어의 '다동공빈' 구조가 송원 시기 이후에 소실되었는데 이는 동사 병렬 규칙에 대한 도전으로 된다. 예를 들면 다음의 문장들은 현대중국어에서는 모두 비문이다.

(18) a. *小王写看信。

    b. *她买吃面包。

    c. *她听看电视。

    d. *我说做那件事。

조사에 따르면 동보구는 당조 중기에 출현하기 시작하였으며 송조 시기에 이르러서는 동보 구조가 매우 생산적인 문법 형식으로 발전하여 사용이 대규모로 보편화되었다.

(19) 秦时六月皆冻死人。(《주자어류》- 권79)

(20) 其父打碎了个人一件家事。(《주자어류》- 훈문인)

(21) 万秀娘移步下床, 款款地摇觉尹宗。(《만수낭구보산정아》)

(22) 掇坐善能饮醉酒。(《유지원제궁조》)

2.10.4.2 체표지 체계의 수립

중국어의 체표지 체계도 동보 구조의 발전과 유사한 과정을 겪었다. 넓은 의미에서 보면 현대중국어의 체표지 '了', '着', '过'는 보어의 한 부류이다. 이들은 의미적으로 보편성을 띠고 동사의 개념과도 밀접히 관련되기 때문에 동사의 문법 표지로 발전하게 되었다. 체표지는 행위 동작의 내부 구조를 표시한다. 즉, 체표지는 의미적으로 앞의 동사를 지향하며 뒤의 빈어와는 직접적인 관계를 맺지 않는다. 가장 먼저 나타난 체표지인 '了'는 대략 송조 초기에 출현했지만 그 후 14세기에 이르러서야 현대중국어의 체표지 체계로 단단히 구축되었다. 다음은 그 초기 용례들이다.

(23) 南朝已应付了三处。(《을묘입국주청》)

(24) 饮过酒今番不枉, 你若不为帝决为王。(《제갈량박망소둔》)

(25) 冯妈妈他老人家, 我央及他厨下使着手哩。(《금병매》- 38회)

동보 구조와 체표지는 중국어의 중요한 문법 범주일 뿐만 아니라 이들로 인하여 동사와 빈어의 사이에는 새로운 문법 자리가 생겨났다. 해당 문법 자리에는 앞 동사의 결과나 진행 상태를 설명하는 자동사 성분이 들어갈 수 있으며 보통 경성 성조로 나타나는데 다음과 같이 표현할 수 있다.

$$\{V + [\quad\quad]\} + O$$

그리고 이 변화로 인해 동사 중첩식의 출현에 필요한 조건이 마련되었다. 동사 중첩식은 사실상 새로 생겨난 문법 자리에 기본식과 같은 동사가 들어가면서 형성된 반복 형식이다. 또한 발전 순서로 보아도 동사 중첩식은 앞에서 언급한 두 문법 현상 다음에 나타났다. 최초의 용례들에서도 역시 빈어를 갖지 않은 것이 대다수였으며 초기에는 자주 대명사 빈어에 의해 나뉘기도 했다. 진정한 의미에서의 빈어를 갖는 동사 중첩식은 명조 이후의 문헌에서부터 보편적으로 나타나기 시작하였다.

> **예문**
>
> (26) 到俺店肆中避避。(《간전노》)
> (27) 我开开这门。(《주사단》)
> (28) 你救我救儿。(《금병매》 - 12회)

원명 시기로부터 부단한 발전을 거듭한 동사 중첩식은 오늘날에는 중국어의 중요한 문법 특징의 하나로 되었다.

동사 중첩식은 송원 시기 이전의 동사 병렬 용법과는 다른 성격의 구조이며 주요한 차이점은 다음과 같이 요약할 수 있다.

첫째, 중첩식은 동사의 체범주의 일종으로 동작의 양을 표시한다. 반면에 병렬 사용은 안정적인 문법 수단이 아니며 단순하게 동작의 지속 또는 반복을 나타낸다.

둘째, 중첩식은 빈어를 가질 수 있지만 병렬 사용은 빈어를 가질 수 없다.

셋째, 중첩식의 두 번째 음절은 약하게 발음되지만 병렬 사용은 그렇지 않다.

2.10.5 맺음말

동사 중첩식의 출현 원인 또는 역사적 조건에는 두 가지가 있다. 하나는 동보 구조의 출현이고, 다른 하나는 체표지 체계의 구축이다. 이 두 가지는 함께 현대중국어의 가장 대표적인 문법적 특징을 구성한다. 특히 동사 중첩식은 중국어 동사의 문법 범주를 다양화하는 데 기여했다.

이 장의 연구는 시사하는 바가 크다. 중국어 발달사는 수많은 문법 변화를 겪었는데 모두 다양한 근거가 제시되고 있다. 이러한 문법의 변화와 발전 과정을 통해 문법 체계는 하나의 유기적인 전체로서 각각의 구체적인 문법 구조들은 서로 제약한다는 것을 알 수 있다. 어느 한 부분에 변화가 발생하면 흔히 기존 체계의 균형이 무너져 일련의 변화를 유발하게 되는데 언어는 이러한 변화를 통해 다시 상대적으로 안정된 새로운 상태에 이른다. 매번 체계가 조정될 때마다 전반적인 문법의 모습도 그에 따라 바뀌게 된다.

2.11

서술어 구조의 유계화

2.11.1 머리말

고대중국어와 현대중국어의 가장 중요한 차이점은 서술어 구조가 다른 것이다. 현대중국어의 경우 완전하고 독립된 문장을 구성하려면 흔히 서술어 동사를 유계화하는 '체표지, 수량사, 시간사, 개사구, 결과 보어' 등 성분이 필요하다. 서술어 구조의 이런 특징은 사실상 인간이 인지하는 '유계'와 '무계'의 대립이 문법 구조에 반영되어 나타난 것이다. 또한 이런 현상이 문법에 미치는 영향은 의심할 여지가 없다. 다만 같은 언어일지라도 시기별로 서로 다른 형식으로 나타날 수 있다는 것이다. 이를테면 때로는 일종의 어휘 형식으로 표현되거나 때로는 일종의 문법 규칙으로 승화될 수 있다.

이 장에서는 통시적인 시각으로 현대중국어 서술어 구조의 유계성을 촉진한 원인에 대해 살펴보고자 한다.

2.11.2 고대중국어와 현대중국어 서술어 구조의 차이점

고대중국어와 현대중국어 서술어 구조의 차이는 고문과 그에 대응되는 현대문의 대조를 통해 확인이 가능하다. 연구자의 주관적인 영향을 최소화하기 위해 《세설신어》와 《문백대조 제자집성》 중의 원문과 역문을 연구 대상으로 그것을 대조하였다. 아래에 유형별로 예문을 통해 살펴볼 것이다.

가. 형용사 서술어

단독 형용사 서술어를 둔 고대중국어의 문장을 현대중국어로 옮기면 흔히 정도사가 추가된다. 그렇지 않으면 자연스럽지 않거나 심지어 문법에 어긋나게 된다.

> **예문**
>
> (1) a. 小时了了, 大未必佳。(《세설신어》 - 언어)
>
>   b. 小时候聪明伶俐, 长大后未必很好。
>
> (2) a. 时论以此多之。(《세설신어》 - 덕행)
>
>   b. 当时的舆论界就因为这件事非常赞美他。
>
> (3) a. 勿以我受任方州, 云我豁平昔时意, 今吾处之不易。(《세설신어》 - 덕행)
>
>   b. 不要因为我出任地方州郡, 就认为我放弃了平素的意愿, 现在我仍然这样对待是很不容易的。
>
> (4) a. 范宣年八岁, 后园挑菜, 误伤指, 大啼。人问: "痛邪?"(《세설신어》 - 덕행)
>
>   b. 范宣八岁的时候, 在后园挖菜, 无意中伤了手指, 便大哭起来。别人问他: "很痛吗?"
>
> (5) a. 王平北闻其佳名, 以两婢饷之。(《세설신어》 - 덕행)
>
>   b. 平北将军王艾听说他的名声很好, 就把两名婢女送给他。

현대중국어의 형용사 서술어 문장과 관련해 두 가지를 주목해야 한다. 첫째는 정도사의 의미이다. 특히 '很'의 경우 형용사 서술어 문장에서는 대부분 의미가 중화되어 더 이상 정도를 나타내지 않고 주로 문장을 완성하는 기능을 담당한다. 형용사가 서술어가 될 때는 '비교' 또는 '대조' 외에 정도사로서 수식해야 한다. 실제로 '비교'와 '대조'도 일종의 정도를 나타내는 표현으로 볼 수 있는데 통계에 따르면 서술어 형용사 93%가 정도와 관련이 있는 것으로 나타났다. 예를 들어 비교 또는 대조를 의미하지 않는 한 "我最近好。", "衣服便宜。"와 같이 '비교' 또는 '대조'를 의미하지 않으면 문장이 자연스럽지 않거나 심지어 비문이 된다. 둘째는 고대중국어와 현대중국어를 대조한 결과에 따르면 정도사의 추가 여부는 형용사가 놓이는 문법 위치에 의해 결정된다. 위의 예문들을 보면 형용사가 서술어 자리에 들어갈 경우 고대중국어에서는 단독으로 문장을 이룰 수 있지만 현대중국어에서는 보통 정도사를 추가해야 함을 알 수 있다. 그러나 '부사어, 관형어' 등 수식어 자리에서는 그런 특징이 없으며 고대중국어와 현대중국어가 크게 다르지 않다. 이를테면 예문(4)의 '大啼'를 현대중국어로 옮기면 '大哭起来'이다.

(6) a. 夏侯太初一时之杰士。(《세설신어》- 식감)

　　b. 夏侯太初是当代的杰出人士。

보다시피 위의 예문에서도 '杰'는 정도사 추가 없이 바로 '杰出'로 옮겨졌다.

나. 동사 서술어

형용사 경우와 마찬가지로 고대중국어에서는 서술어 자리에 동사를 홀로 둘 수 있지만 현대중국어에서는 흔히 동사에 '보어, 체표지' 등을 추가해야 서술어로 사용할 수 있고 그렇지 않으면 문법에 어긋난다.

(7) a. 大军至 , 一郡尽空。(《세설신어》- 덕행)

　　b. 大军一到 , 全城的人都跑光了。

(8) a. 真人东行。(《세설신어》- 덕행)

　　b. 有才德的贤人往东方去了。

(9) a. 后进之士有升其堂者 , 皆以为登龙门。(《세설신어》- 덕행)

> b. 后辈读书人能够进入他的厅堂的，都认为是登上了龙门。
>
> (10) a. 登车揽辔。(《세설신어》- 덕행)
>
> b. 坐上车子，拿过缰绳。

현대중국어의 예문에서는 동사 뒤의 부가 성분이 빠지면 문장이 완성되지 않는다. 예를 들면 "全城的人都跑", "贤人往东方去", "拿缰绳" 등은 모두 완전한 문장이 아니다.

동사 서술어 문장에서 발견되는 더욱 흥미로운 현상은 상응한 현대중국어 역문의 경우 흔히 '물량사, 동량사, 시간사' 등의 수량성 성분을 추가하게 된다는 것이다.

> **예문**
>
> (11) a. 诣黄叔度, 乃弥日信宿。(《세설신어》- 덕행)
>
> b. 拜会黃叔度, 却住了一两夜。
>
> (12) a. 王恭从会稽还, 王大看之, 见其坐六尺簟。(《세설신어》- 덕행)
>
> b. 王恭从会稽回来, 王佛大去探望他。看见他坐在一张六尺长的竹席上。
>
> (13) a. 太中大夫陈韪后至, 人以其语语之。(《세설신어》- 덕행)
>
> b. 太中大夫陈韪晚到一些, 有人把孔文举的话告诉了他。

이런 부가 성분이 빠지면 문장이 완성되지 않는다. 이를테면 "陈韪晚到"는 완전한 문장으로 보기 어렵다.

고대중국어와 현대중국어의 이 같은 대조를 통해 현대중국어 서술어 구조의 보편적 유계화를 확인할 수 있다. 정도사, 결과 보어, 체표지든 수량을 나타내는 단어든 그들의 공통적인 문법적 특징은 중심 서술어를 유계화한다는 데 있다. 그리고 분명한 것은 그것이 예전부터 그러했던 것이 아니기에 과연 언제 형성되었고 그 원인이 무엇인지의 문제가 주목된다. 다음은 이 두 문제를 중심으로 논의하고자 한다.

2.11.3 유계성 성분의 판단 기준 및 유형

소위 유계성 성분이란 결과, 정도, 상태, 시간, 공간, 횟수 등 면에서 중심 서술어를 제약하는 성분이다. 서술어를 유계화할 수 있는 단어는 그 유형이 다양하고 그 문법적 쓰임도 서로 다르기 때문에 단순하게 의미적으로 구분하기 어렵다. 여기서는 'V_1 + 再 + V_2'의 형식을 판단 기준으로 살펴볼 것이다. 그중 V_1과 V_2는 전후에 잇따르는 두 동작을 의미하는데 이 형식에서는 특정 문법 수단에 의해 첫 동작을 유계화해야 한다. 그렇지 않으면 문법에 어긋나서 '看书再玩', '吃饭再走'처럼 비문이 된다. 중국어에는 이런 문법 수단이 다양하게 존재하는데 주로 다음과 같은 몇 가지가 있다.

가. 결과 보어

(14)　a. 吃饱饭再走。

　　　　b. 看完书再玩。

나. 체표지

(15)　a. 吃过饭再走。

　　　　b. 看了书再玩。

다. 수량사

(16)　a. 吃点儿饭再走。

　　　　b. 看一篇文章再玩。

라. 개사구

(17)　a. 把书放在书架上再走。

　　　　b. 剩饭放到冰箱里再上街。

마. 중첩식

(18)　a. 吃吃饭再走。

　　　　b. 看看电视再睡。

위의 각 유형은 의미적인 특징도 서로 다를 뿐만 아니라 품사성도 상이하다. 그리고 중심 동사와 맺는 문법적 관계도 서로 다른데 구체적으로 아래 두 가지 경우로 나뉜다.

첫째, 중심 동사와 직접 성분을 구성하는 경우인데 '결과 보어, 체표지, 동량사, 중첩식, 개사구' 등이 이 유형에 해당되며 가장 많은 비중을 차지한다.

둘째, 빈어 명사와 직접 성분을 구성하는 경우인데 위의 수량사와 시간사가 여기에 해당된다. 위의 7가지 유계성 성분을 살펴보면 송원 시기에 널리 쓰인 동사 중첩식을 제외하고는 모두 옛날부터 존재했던 문법 현상이다. 다만 송원 시기에 이런 성분들은 문법적 위치와 성질에 중대한 변화가 일어나면서 현대중국어 서술어 구조의 문법적 특징을 형성하는 데 함께 기여했다.

2.11.4 유계성 성분의 병행 발전(10~15세기)

위의 분석에 따르면 유형별 유계성 성분의 의미적 특징과 품사성은 매우 다르지만 그들은 서술어의 중심 동사를 유계화하는 공통된 문법적 기능을 갖고 있다. 특히 그들은 통시적으로 병행 발전한 양상을 보이며 모두 10~15세기 사이에 문법화의 발전 과정을 거쳤다. 아래에 우리는 유계성 성분의 통시적 변화를 고찰할 것이다.

가. 15세기 이전 중국어 문장 구조 중 X의 위치

선진 시기에서 송원 시기의 문장 구조와 현대중국어의 제일 큰 차이점은 중심 동사와 그 빈어의 뒤에 '형용사, 자동사, 시간사, 수량사, 개사구' 등 다양한 단어가 들어갈 수 있는 X 자리가 존재했다는 점이다. 지금부터 유형별로 살펴보자.

현대중국어에서 (가)와 (나)의 X 성분은 결과 보어로 바뀌었고 (다)의 완료 동사 는 체표지로 문법화되었으며 나머지는 품사성이 유지되었다. 이 성분들은 송원 시기에 모두 빈어의 뒷자리에서 빈어의 앞자리로 이동하는 병행 발전 과정을 거친다. 그러나 유형별로 발전 결과가 모두 일치한 것은 아니다. 형용사, 자동사와 완료 동사는 동사의 접미사가 되었고 시간사와 수량사는 빈어의 관형어가 되었으며, 대부분의 개사구는 동사의 앞으로 이동하여 부사어가 되었고 일부 장소를 표시하는 개사구는 여전히 서술어 동사의 뒤에 남아서 보어가 되었다. 이런 변화의 공통점을 한마디로 요약하면 이 성분들은 빈어가 더 이상 그들과 중심 동사 사이에 들어가는 것을 허용하지 않는다는 것이다. 앞의 분석에서 확인하였듯이 현대중국어에서 이런 단어들은 모두 서술어가 되는 중심 동사를 유계화할 수 있다는 것이다. 그러면 이런 변화를 어떻게 설명해야 할까?

요약해 보면 송원 시기 이전, 중국어 문장의 기본 형식은 'S + V + O + X'이다. 그 다음은 이 형식의 내부 층위가 어떻게 구성되는지의 문제인데 여기에 대해서는 두 가지 분석이 가능하다. 하나는 'S + V + O'를 하나의 화제 또는 주어로 보고 X를 그것에 대한 설명 또는 서술어로 보는 관점이고, 다른 하나는 'V + O + X'를 하나의 서술어로 보고 그중의 V는 첫 번째 서술성 성분, X는 두 번째 서술성 성분이라는 대등한 문법적 지위로 풀이하는 관점이다. 위의 논의를 통해 알 수 있듯이 첫 번째 분석에는 모순되는 부분이 있다. 그것은 X 자리의 단어가 설명하는 대상은 보통 전체 'S + V + O' 어구가 아니라 그중의 한 성분이기 때문이다. 이를테면 X 성분은 위의 '형용사'류와 '자동사'류처럼 때로는 동사를 지향하고 때로는 '수량사'류처럼 빈어를 지향한다. 그러므로 두 번째 분석이 더 유력하다. 즉, X 성분을 기타 다른 성분들을 모두 기술하고 설명하며 제한할 수 있는, 상대적 독립성을 가진 두 번째 서술성 성분으로 보는 것이다. 이렇게 'V + O'와 'X'를 대등한 관계로 보는 분석법은 송원 시기에 발생한 V와 X의 융합 현상도 쉽게 해석할 수 있다. 따라서 송원 시기 이전 문장의 기본 형식과 그 층위를 표시하면 다음과 같다.

S + [(V + O) + (X)]

V와 X의 상대적 독립성을 가진 단문 구조의 특점은 그 사이에 빈어를 비롯한 의문 대명사, 정도사, 부정사 및 여러 가지 부사가 들어갈 수 있다는 점이다.

얼핏 보면 이런 삽입 성분들이 밀려난 것 같지만 중심 동사와 일부 X 성분이 먼저 융합하여 두 개의 문법 단위에서 하나의 문법 단위로 통합되면서 X 성분의 품사성도 그에 따라 독립된 어휘에서 교착 형태소나 접미사로 바뀐 것으로 보는 해석이 비교적 자연스럽다. 현대중국어의 문법 구조에 근거해 보면 융합은 중심 동사와 형용사, 자동사, 완료 동사 등의 X 성분 사이에서 제일 먼저 일어났을 것이다. 그것은 이런 성분들이 결과 보어나 체표지로 바뀐 후에도 여전히 중심 동사의 바로 뒷자리에 놓이기 때문이다. 또한 이 성분들은 X 자리 출현 빈도가 가장 높은 어휘들이며 이들이 중심 동사와 융합되면 빈어의 뒤를 따르는 이 X 자리는 상당 부분 약화될 수밖에 없다. 그와 더불어 수량구, 개사구, 시간사 등 X 자리에 들어가는 기타 성분들도 모두 문법 위치가 변동된다.

구체적인 융합 과정은 다음과 같다. 삽입 성분이 없는 문법 구조에서 중심 동사와 X 성분이 연이어 출현하고 그 상태로 장기간 사용되면서 사람들이 그것들을 하나의 문법 단위로 인식하게 되었다. 체표지 '了'의 발전을 통해 구체적으로 살펴볼 것이다. 당조, 5대 시기의 '了'는 아래와 같은 두 형식으로만 쓰였다.

(가) V+了

(나) V+O+了

이때 만약 빈어가 나타나면 '了'는 빈어의 뒤에 위치할 수밖에 없다. '了' 자체는 여전히 독립된 동사로서 두 번째 서술어 자리에 들어간다. (나) 형식에서 '了'와 V 는 긴밀한 관계가 아니다. 그것은 빈어에 의해 나뉘어질 뿐만 아니라 여러 가지 수식어도 끼어들 수 있기 때문이다. 당조, 5대 시기의 구어체 자료에서 (나) 형식의 용례를 총 69개 수집하였는데 그중 빈어와 '了'의 사이에 다른 수식어가 들어 있는 용례가 41개로 전체의 70% 정도에 달했다.

(38) 行香尽遍了。(《입당구법순례행기》)

(39) 叹之已了。(《여산원공화》)

(40) 却院外绕茶园三匝了。(《조당집》 - 장경화상)

이처럼 삽입 성분들은 모두 '了'의 수식어였다. 이는 (나) 형식의 '了'가 아직 일반 동사임을 의미한다.

(나) 형식과 대조되게 (가) 형식의 '了'는 동사와 훨씬 긴밀한 관계를 맺고 있었다. 우리가 찾아낸 (가) 형식의 용례 43개 중에서 동사와 '了'의 사이에 수식어가 들어있는 경우는 "子胥哭已了"《오자서변문》를 비롯하여 단 2개뿐이고 나머지 용례에서는 수식어가 모두 전체 동사와 '了' 조합의 앞에 위치하였다.

(41) 法既付了, 汝不须问。(《육조단경》)

(42) 已相见了, 不要上来。(《조당집》 - 암두화상)

(43) 早说了也。(《조당집》 - 약산화장)

(가) 형식은 동사와 '了'의 사이를 갈라놓는 빈어가 없는 문법 구조이다. 위의 현상에 따르면 (가) 형식의 동사와 '了'는 사이에 수식어가 있으면 대부분 'V + 了'의 앞으로 옮겨질 정도로 당조, 5대 시기에 벌써 하나의 문법 단위로 융합하려는 경향이 매우 강했다. 바꿔 말하면 '了'는 (가) 형식에서 우선 체표지로 문법화되었다.

나. X 자리의 소실과 서술어 구조에 대한 영향

X 자리의 주요 성분과 중심 동사의 융합으로 인하여 독립된 문법 자리로서 X의 위상이 크게 약화되면서 기타 X 성분의 문법적 변화도 유발했고 그 결과로 빈어의 뒤에 위치하던 X의 문법 자리가 소실되게 하였다. 이런 변화는 대략 15세기에 마무리되었다. 그리고 이런 변화로 인해 중국어에는 체표지, 수량사, 결과 보어 등을 포함한 일련의 새로운 문법 범주가 나타났다. 중국어의 단문 구조도 송원 시기 이전에는 상대적으로 독립성을 가진 두 개의 서술어 자리를 가지고 있던 데로부터 나중에는 단일 서술어 동사의 구조로 바뀌었다. 이런 변화를 요약하여 표시하면 다음과 같다.

$$S + V + O + X \Rightarrow S + V \cdot X + O$$

결과 보어와 체표지는 모두 동작이나 행위와 긴밀하게 연관되는 의미적 특징을 가지므로 서술어가 되는 중심 동사와 함께 출현하는 빈도도 매우 높을 수밖에 없다. 그러므로 그것들이 중심 동사와 하나의 문법 단위로 융합되면 중국어 문장의 서술어 구조 전체에 영향을 미칠 수 있다. 이것이 바로 서술어가 과거의 보편적무계성에서 현대중국어의 보편적 유계성으로 특성이 변한 원인이다. 그렇다고 하여 송원 시기 이전의 서술어 구조가 유계성을 표시하지 못한다는 것은 아니다. 다만 현재의 서술어 동사를 유계화하는 다양한 문법 수단들이 당시에는 X 자리에 들어가는 일반 어휘로 표시되었고 이런 일반 어휘와 첫 동사는 직접적인 문법 관계를 형성하지 못했다는 것이다. 바꿔 말하면 고대중국어에서 상대적 독립성을 갖던 V

와 X 두 서술어 자리는 모두 무계성이었는데 지금은 V·X는 유계성인 불가분의 문법 단위로 융합된 것이다. 고대중국어와 현대중국어의 이런 변화를 다음과 같이 표시할 수 있다.

$$V_{무계} + O + X_{무계} \rightarrow [V·X]_{유계} + O$$

이러한 변화는 중국어의 문장 구조에 중요한 영향을 미쳤다. 유계성 성분은 더 이상 표의적 수단에 그치지 않고 흔히 문장을 완결하기 위한 수단으로 사용되었는데 쉽게 말하면 수량사가 수량적 개념을 나타내지 않는 경우가 다수 생겨난 것이다. 결론적으로 송원 시기에 발생한 서술어 구조의 변화로 인해 유계성 성분이 문장 완결 기능을 하는 현대중국어의 문법 규칙으로 점차 발전하게 되었다.

2.11.5 서술어 구조의 유계화가 중국어 문법 발전에 미친 영향

서술어 구조가 보편적 무계에서 보편적 유계로 바뀐 것은 중국어의 단문 구조에 깊은 영향을 미쳤을 뿐만 아니라 15세기에서 지금까지 일련의 중요한 변화를 유발하였다. 그중에서 가장 중대한 변화는 바로 기존의 명사성이던 일부 문법 범주가 점차 동사의 영역으로 확장되었다는 것이다. 아래에서 부정사 '沒'와 구조 조사 '的'를 예로 들어 설명하고자 한다.

가. '沒'는 명사 부정 표지에서 동사와 명사의 이중 부정 표지로 확장되었다.

먼저 '沒'의 발전 과정은 대체로 다음과 같다. 송조 이전에 '沒'는 '침몰하다', '물에 빠지다' 등의 의미를 가지는 일반 동사였다. 송조 시기에 '有'의 반대말로 바뀌었으며 여전히 동사로서 빈어 명사를 이끄는 기능만을 가졌다. 그러다가 15세기 이후에 이르러서야 '沒'는 동사의 부정 표지로, 즉 일반적으로 말하는 부사의 용법으로 점차 기능이 확장되었는데 동사에 사용된 '沒'의 용례는 15~16세기의 문헌에 처음으로 나타난다.

'没'가 명사의 부정 표지에서 동사의 부정 표지로 발전하게 된 원인은 서술어 구조의 보편적 유계화이다. 명사의 대표적인 추상적 의미 특징은 '분리성(유계성)'이다. 즉, 그것이 대표하는 것은 공간적으로 명확한 경계가 있는 각각의 개체이다. 동사도 일반적으로 '분리성'의 특징을 갖는다. 즉, 일차원적 시간 축을 놓고 보면 그것은 명확한 시작점이 있는 각각의 행위와 동작이라는 것이다. 그러나 명사와 비교하면 동사의 분리성은 자체의 속성이 아닌 일정한 문법 수단으로 구축하는데 그중 자주 사용되는 수단으로는 '결과 보어, 체표지, 시간사, 수량사' 등이 있다. 15세기에 이르러 중국어 서술어 구조의 보편적 유계성이 기본적으로 형성되었다. 다시 말하면 동사 서술어도 그 추상적 의미 특징이 명사와 동일한 분리성으로 변했다는 것이다. 동사 서술어와 명사의 이 같은 의미적 공통성은 기존에 명사의 부정 표지였던 '没'가 동사의 영역으로 그 사용이 확장되도록 가능성을 열어주었다. 현대중국어에서 '没'는 동사 또는 형용사 어구를 모두 부정할 수 있지만 또 다른 부정사인 '不'와는 명확한 역할 분담이 존재한다.

(47) a. 他没去过北京。

　　 b.*他不去过北京。

(48) a. 她没看完那本书。

　　 b.*她不看完那本书。

위의 두 예문에서 서술어 동사 '去'와 '看'이 각각 체표지와 결과 보어에 의해 유계화되었기 때문에 전체 서술어에 대한 부정은 '不'가 아닌 '没'를 사용할 수밖에 없다. '没'가 동사의 영역으로 확장된 시점은 15세기 이후 즉, 중국어 서술어 구조의 보편적 유계화가 완성된 이후이다. 그리고 현대중국어에서의 기능을 중심으로 보면 '没'는 유계성의 동사성 성분만을 부정한다. 이는 '没'의 발전이 서술어 동사의 보편적 유계화와 모두 밀접한 연관이 있음을 말해주고 있다.

나. 구조 조사 '的'는 서술어로 사용 범위가 확장되었다.

구조 조사 '的'는 9세기경의 문헌인 《돈황변문》에서부터 나타나기 시작한다. 처음에는 관형절과 중심 명사를 이어주는 기능으로 사용되었는데 11세기부터는 두 명사 사이에서 소유 관계를 표시하는 기능으로도 사용되기 시작하였다. 처음 출현해서 400~500년 동안은 명사구에 그 쓰임이 한정되었으나 현대중국어에서는 서술어 뒤에서 완료된 행위를 나타내기도 한다.

(49) a. 我骑车去的。

　　 b. 我们由西直门进城的。

위의 용법도 15세기경의 문헌에서 처음으로 나타났다.

앞에서 먼저 살펴본 '没'의 경우와 마찬가지로 '的'로 구성된 명사구도 분리성의 의미적 특징을 갖는다. 이는 서술어 동사 뒤에서 '과거 완료'를 나타내는 용법과도 같다. '과거 완료' 동작은 시작과 끝의 시점이 모두 시간 축의 '과거' 구간에 있는 행위로서 역시 분리성 단위이다. 따라서 '的'의 사용이 서술어 구조로 확장된 원인도 서술어의 보편적 유계화의 영향이라고 할 수 있다.

2.11.6 맺음말

현대중국어에서 서술어 구조의 보편적 유계화를 추동한 원인으로 하나는 결과보어, 체표지 등 문법 범주의 출현이다. 이런 문법 범주들은 서술어 동사를 유계화하는 가장 안정적이고 보편적인 문법 수단이며 그에 따른 광범위한 사용은 또 다른 문법 규칙을 형성하였다. 또한 유계성 성분은 많은 경우에 문장을 완결하기 위한 필수 조건으로 되었다. 다른 하나는 이런 문법 범주의 출현으로 인해 기존의 X 자리가 소실되면서 서로 독립해 있던 두 서술어 자리가 하나의 유계성 문법 단위로 통합되어 다시 단일한 유계성의 새로운 문법 단위를 형성시켰으며 또 이로 인해 서술어의 보편적 유계화는 진일보 강화되었다. 한마디로 한 문장이 완전성과 독립성을 구비하려면 유계성 성분이 있어야 하는 현대중국어의 문법 규칙은 송원 시기에 일어난 일련의 문법 변화들이 모여서 이루어진 결과라는 것이다.

보다시피 문법 체계의 여러 구성 부분 사이에는 상호간의 연계와 제약이 존재하므로 어느 한 부분의 변화는 흔히 그에 관련된 다른 부분에 영향을 미치고 그 결과는 다시 일련의 발전으로 이어지면서 언어의 구조도 따라서 변화하게 된다.

현대중국어 문장의 정보 구성 원칙의 형성

2.12.1 머리말

언어마다 모두 다양한 문법 표지와 형식을 가지고 있으며 이런 문법 수단들은 모두 각각의 형식, 기능과 사용 규칙을 갖는다. 또한 각각의 구체적인 문법 형식의 배후에는 정보 표현 방식이라는 더 높은 차원의 구성 원칙이 존재하여 여러 가지 세부 구조의 어순을 제약한다. 언어는 이러한 구성 원칙을 따르기 때문에 전체적으로 체계적이고 조화로운 구조적 특징을 가지게 된다.

지금까지의 유형학 연구로 보면 인간 언어의 정보 구성 원칙으로는 일반적으로 다음의 두 가지를 들 수 있다.

첫째, 중심어가 앞에 놓이거나 뒤에 놓이는 순서
둘째, 기지 정보와 미지 정보의 전후 순서

중국어는 '수식어 + 중심어'의 어순을 취한다고 볼 수 있다. 어떠한 부류의 어휘들이 서로 조합을 이루든 둘 사이에 일단 편정식 문법 관계가 형성되기만 하면 무조건 이런 어순을 따르기 때문이다. 수사 + NP, 형용사 + NP, 소유자 + NP, 종속절 + NP, 부사 + VP, 부정 표지 + VP를 비롯하여 모두 예외 없이 그러하다. 그리고 중국어는 '기지 정보 + 미지 정보'의 어순을 따른다. 중국어의 주어는 대체로 한정적 성격을 띠지만 빈어는 일반적으로 비한정적 성격을 띠는 것에서 알 수 있다.

이 장에서는 중국어의 독특한 정보 구성 원칙인 '수반 특징 + 중심 서술어 + 결과 성분'에 대하여 논의할 것이다. 다른 언어에서는 아직 이런 유사한 현상을 발견하지 못하였다. 이는 문장 층위에서 작용하는 규칙으로 중국어의 서술어 구조의 총체적 특징은 이 규칙에 의해 결정되었다. 아울러 이런 현상은 단순한 문법적 모사가 아니라 중국어의 장기적인 발달에 따른 결과이며 그 배후에는 오래된 역사적 흐름이 숨어있음을 이 장에서 논증할 것이다. 그 밖에도 SVO 언어지만 기타 SVO 언어와 달리 중국어에만 있는 독특한 문법적 특징의 형성에 대해서도 밝히고자 한다.

2.12.2 현대중국어 문장의 정보 구성 방식

2.12.2.1 '동작 + 결과'의 구성 원칙

인간의 타 언어에서 관찰되는 정보 구성 방식과 마찬가지로 중국어의 '동작 + 결과'의 구성 원칙과 그 역할 범위는 모두 품사의 제한을 받지 않는다. 시간사, 개사구, 형용사, 동사를 비롯하여 그 어떤 품사든 중심 서술어의 결과를 나타내는 것이면 반드시 중심 서술어의 뒤에 오게 된다. 이 원칙은 보통 문장 층위에만 적용되며 종속절이나 어구와 같은 문장 이하의 하위 성분에는 대부분 적용되지 않는다. 이 원칙의 유추 하에 중국어의 전반적인 서술어 구조에는 여러 변화가 발생했다. 그런 변화를 보여주는 한 가지 현상은 단음절 동사의 경우 일반적으로 결과 성분 없이는 단독으로 서술어가 되어 문장을 형성할 수 없다는 것이다. 여기서 결과 성분은 그 어떤 의미 값도 가지지 않으며 오로지 문법적인 수요에 의해서 추가된다. 아래에 일부 구체적인 현상들을 고찰할 것이다.

2.12.2.2 시간사의 분포

의미적 특징에 근거하여 시간사는 아래와 같이 두 개의 상위류(兩個大類)와 네 개의 하위류(四個小類)로 나뉜다.

> 가. 시간적 위치: (a) 시간대 — 아침, 새벽, 저녁, 당조, 어제, 정월, 1999년
> 등
> (b) 시점 — 3시, 0시, 8시반 등
> 나. 시간의 양: (a) 지속 시간 — 시간, 이틀, 5년, 잠시 등
> (b) 발생 횟수 — 1회(一次), 한 번(一下), 두 번(两趟), 3회
> (三回), 여러 차례(多遍) 등

보다시피 시간사는 동작 또는 행위와 별개로 시간적 위치를 표시하며 동작이나 행위의 운동적인 변화에 따른 결과를 나타내는 결과 성분에 해당되지 않으므로 서술어 동사의 앞에 놓인다. 반면에 시간의 양을 표시하는 단어는 행위나 동작의 운동적인 변화에 따른 수량적 특징에 해당되어 서술어 동사의 결과적 속성을 지니기 때문에 서술어 동사의 뒤에 올 수밖에 없다. 현대중국어에서 시간과 관련된 단어는 그 분포에 있어서 다음의 법칙을 따랐다.

> 시간적 위치 + 서술어 동사 + 시간의 양

그리고 이 원칙을 어기면 비문이 된다.

예문

(1) a. 我昨天去逛商店了 → *我去逛商店了昨天。

b. 我每天六点钟起床 → *我起床每天六点钟。

(2) a. 我已经学习了三个小时了 → *我三个小时已经学习了 。

b. 我已经看过两遍了 → *我两遍已经看过了。

2.12.2.3 '在'가 이끄는 처소를 나타내는 개사구

겉으로 보면 일부 개사구는 서술어 동사의 앞 또는 뒤에 자유롭게 놓이는 것 같지만 서로 다른 어순이 나타내는 의미적 특징은 매우 다르다. 처소를 이끄는 '在'자구가 바로 여기에 해당된다. 중국어의 정보 구성 원칙으로 인해 같은 개사구라도 놓이는 문법 위치에 따라서 서로 대립되는 의미를 표시한다. 서술어 동사의 앞에 놓이는 것은 행위나 동작의 발생 장소로 풀이되며 뒤에 놓이는 것은 행위나 동작의 종결점으로 이해된다. 여기서 종결점이 지시하는 것은 행위나 동작의 결과 상태에 해당하는 것으로 볼 수 있다.

> **예문**
>
> (3) a. 在地上跳 → 뛰는 동작이 지상에서 일어난다.
>
>   b. 跳在地上 → 다른 곳에서 지상으로 뛰어 내린다.
>
> (4) a. 在马背上打了一枪 → 말의 등에서 다른 곳으로 총을 쐈다.
>
>   b. 一枪打在了马背上 → 총탄이 말의 등을 맞혔다.

동작이 도착한 처소 즉, 종결점을 표시하는 '在'자구는 오로지 동사의 뒤에만 온다. 반면에 동작이 발생하거나 사물이 존재하는 처소를 가리킬 때에는 오로지 중심 서술어의 앞에만 놓인다.

> **예문**
>
> (5) 一本书掉在了地上 → *一本书在地上掉了。

또 한 가지 경우는 동사가 출생, 발생, 산생, 거주 등의 처소를 나타낼 때, '在'자구는 서술어 동사의 앞과 뒤에 자유롭게 올 수 있으며 이때 의미적으로도 명확히 구분되지 않는다.

(6) a. 出生在北京 → 在北京出生

　　b. 事情发生在老张家里 → 在老张家里发生了一件事

　　c. 问题产生在一个环节上 → 在一个环节上产生了问题

　　d. 住在东城 → 在东城住

　　e. 生活在广东 → 在广东生活

위의 현상은 이런 동사의 의미와 관계된다. 동사의 뒤에 오는 '在'자구는 어감 측면에서 보면 결과의 의미가 명확하지 않지만 형식적 기준에 따라 문법적인 측면을 보면 사실상 결과 보어의 자리를 차지한다. 아래에 언급하겠지만 중국어의 정보 구성 원칙에는 '하나의 중심 서술어 동사는 하나의 결과 성분만을 갖는다'는 제한 조건이 존재한다. 위의 용례에서 뒤에 '在'자구가 따르는 동사가 다른 결과 보어를 가지지 못한 것도 바로 이 규칙 때문이다. 예를 들면 "住烦在东城"과 "生活惯在广东" 등 표현은 허용되지 않는다. 그러므로 이때 결과 보어가 실제는 일반 결과 보어의 자리를 차지한 것으로 볼 수 있다.

2.12.2.4 '给'자구의 분포

'给'자구도 동사의 앞 또는 뒤에 자유롭게 놓인다. 교부 또는 전달의 대상자를 이끄는 개사 '给'의 경우 동사의 앞과 뒤에 모두 놓일 수 있다.

가. 동사의 앞에 놓이는 경우

(7) a. 家里给小刘寄来了一个包裹。

　　b. 教师给每个同学发了一份复习提纲。

(8) a. 留给你钥匙。

    b. 交给我一封信。

동사 뒤에 오는 '给'가 이끄는 것은 모두 교부, 전달의 대상자이며 이때 동사의 피동작주가 구체적인 사물인 것이 일반적이다. 그러나 실제 언어 사용에서는 꼭 그렇게 국한되지는 않는다.

예문

(9) a. 李冬宝指给戈玲看。《몽연무지》

    b. 我的发言稿拟出了一半了, 念给你们听听。《몽연무지》

    c. 江导笑了笑, 走到模型前拿起一根小棍指着讲解给大家听。

      《몽연무지》

    e. 把落款儿小声念给戈玲听。《수정 후 발표》

(10) 牛大姐全然不顾, 似乎迟一步那点经验之谈就要烂在心里, 掰着手指头

     数给林一洲。《수정 후 발표》

예문(9)에서 '给'가 이끄는 명사는 뒤따르는 동사의 동작주이다. 이 구조에서 '给'자구는 첫 동사의 앞으로 이동할 수 없다. 이를테면 "*李冬宝给戈玲指看"과 같은 표현은 허용되지 않는다. 예문(10)에서 '给'가 이끄는 것은 동작의 수혜자인 것 같지만 사실상 완전한 동작의 수혜자로 보기는 어렵다. "给李大爷治病"을 "*治病给李大爷"로 바꿔서 말할 수 없듯이 진정한 동작의 수혜자를 이끄는 '给'자구는 일반적으로 동사의 뒤에 놓이지 않는다. 실제로 여기서는 한 사람의 경험을 다른 사람에게 전수하는 것을 어떤 구체적인 물건을 다른 사람에게 전달하듯이 표현한 일종의 비유적인 용법에 해당되어 동사의 뒤에 자리할 수 있었던 것이다.

문법에 부합되는지 여부만을 본다면 교부 또는 전달의 상대를 이끄는 '给'자구는 동사의 앞 또는 뒤에 모두 위치할 수 있다. 이를테면 "家里给小王寄了一个包裹"는 "家里寄给小王一个包裹"로 바꿔 말해도 된다. 그러나 두 가지 형식이 나타내는 문법적 의미는 현저한 차이가 난다. '给'자구가 동사의 앞에 쓰일 때는 주로 동작의 수혜자를 강조하지만 동사의 뒤에 올 때는 관련 사물의 운동 과정과 종결점을 강조한다. 이에 대해서는 다음과 같이 분석할 수 있다.

S	V	给 (+ NP$_1$)	NP$_2$
동작주	운동의 방식	종결점	피동작주

동작의 작용 경로와 종결점을 강조할 때는 '给'자구를 후치하는 것이 가장 바람직하다. 반대로 전치하면 비록 문법에는 어긋나지 않지만 다소 어색하다.

예문

(11) a. 后卫把球踢给了守门员。

　　　b. ? 后卫给守门员踢了一个球。

(12) a. 李燕又把球托给了郎平。

　　　b. ? 李燕又给郎平托了一个球。

운동 경기에서 사람들의 관심은 시종일관 공의 운동과 변화에 집중된다. 즉, 공이 한 선수로부터 다른 선수로 옮겨가는 운동인데 이때 공을 받은 선수는 공의 운동을 기준으로 보면 종결점에 해당한다. 따라서 이런 경우에는 '给'자구가 동사의 뒤에 오는 것이 가장 적절하다. 위의 두 예문에서 문장 b는 모두 어색한 부분이 있어 그 의미가 바로 와닿지 않는다. 이는 공을 받는 일방을 동작의 수혜자로 간주하는 그들의 형식과 관계된다.

그와 반대로 동작의 수혜자라는 측면을 강조할 때는 '给'자구가 동사의 앞에 위치하는 것이 가장 자연스럽고 동사의 뒤에 오면 오히려 어색해진다.

개념적으로 보면 예문(13)과 예문(14)는 각각 예문(11)과 예문(12)와 비슷하지만 강조하는 측면이 서로 다르다. 예를 들면 예문(14)는 리옌(李燕)이 공을 올려서 랑핑(郎平)의 강타가 성공할 수 있었음을 나타낸다. 이때 강조한 것은 공의 운동 과정이 아니라 동작의 수혜자이므로 '给'자구를 동사의 앞에 두는 것이 가장 자연스럽다.

2.12.2.5 '到'자구

'到'자구도 동사의 앞 또는 뒤에 오는 것이 모두 가능하다. 그러나 행위가 특정 지점, 시간까지 지속되거나 어떤 정도에 도달함을 표시할 때는 동사의 뒤에만 놓인다.

이와 반대로 특정 지점에 이르러서야 어떤 일을 하기 시작함을 나타낼 때, 즉 동작의 종결점을 표시하지 않을 경우에는 동사의 앞에만 놓인다.

(16) a. 到商店买笔 → *买笔到商店

　　 b. 到三点钟再走 → *再走到三点钟

2.12.2.6 동사의 앞과 뒤에 오는 형용사

어떤 형용사는 동사의 앞에도 놓일 수 있고 뒤에도 놓일 수 있는데 두 가지 경우에 의미적으로 치중하는 측면이 서로 다르다. 동사의 앞에서 부사어로 쓰이는 형용사는 동작의 진행 방식을 주로 나타내고, 뒤에서 보어로 쓰이는 형용사는 동작이 도달한 결과 상태를 주로 나타낸다.

(17) a. 直走 → 走直

　　 b. 快开 → 开快

　　 c. 牢拴 → 拴牢

　　 d. 仔细看 → 看仔细

형식적 기준으로 형용사가 동사의 앞에 위치할 때와 뒤에 위치할 때의 의미적 차이를 구분할 수 있다. 'VP$_1$ + 再 + VP$_2$'는 전과 후에 잇따라 일어난 두 동작을 표시하며 먼저 일어난 동작이 반드시 일정한 결과에 도달해야만 다음 동작을 진행한다는 의미이다. 예문(17)의 우측 용법은 모두 동작이 도달한 결과를 표시하기 때문에 'VP$_1$ + 再 + VP$_2$' 형식의 첫 동사로 쓰일 수 있다. 그러나 좌측의 용법은 동작의 방식을 나타내는 데 그치기 때문에 모두 해당 형식의 첫 동사로 쓰일 수 없다.

(18) a. 把马拴牢了再走。

        b. *把马牢拴了再走。

(19) a. 看仔细再说。

        b. *仔细看再说。

2.12.3 문장 층위의 동보 구조

2.12.3.1 '형용사 + 정도사'

위에서 우리는 몇 가지 '서술어 + 결과'의 용법을 살펴보았다. '서술어 + 결과'
의 용법에는 홀로 문장을 구성하거나 "你看仔细的时候(从句)", "看仔细的(人)" 등
의 경우처럼 종속절 또는 명사구와 같은 문장 속의 하위 조합에 들어가는 용법도 확
인하였다. 그리고 일부 '서술어 + 결과'의 조합은 문장의 하위 성분으로 사용할 수
없고 문장 층위로만 한정된다. 정도사가 형용사를 수식할 때에는 일반적으로 형용
사 앞에 위치한다(예 '很好', '十分漂亮', '最干净'). 이런 단어들은 모두 관형어가 되거나
'的'자구를 형성할 수 있다(예 '很好的朋友', '最好的' 등). 그러나 정도사가 형용사의 뒤
에 나타날 때에는 일반적으로 관형어도 될 수 없고 '的'자구도 형성하지 못한다.

예문

(20) a. 好极了 → *好极的东西

        b. 暖和多了 → *暖和多的房间

        c. 难看死了 → *难看死的衣服

        d. 可笑透了 → *可笑透的人

(21) a. 好得很 → *好得很的朋友

        b. 闷得慌 → *闷得慌的房间

위의 두 예문의 추상적 형식은 모두 '서술어 + 결과'이다. 의미로 보면 이런 형식
들은 일반적인 '정도사 + 형용사' 어구와 달리 성질의 변화를 나타내는 의미를 포

함한다. 이런 의미는 예문(20)과 같은 용례에서 잘 드러나는데 이 경우 일반적으로 동태 조사 '了'를 추가해야 하며 '了'를 추가하지 않으면 '好极'와 '暖和多'처럼 단독으로 문장을 형성할 수 없다. 어감으로 보면 예문(21)의 형식은 성질의 변화를 표시하는 의미가 명확하지 않으며 일반적인 '정도사 + AP' 어구의 의미 기능과도 명확하게 구분되지 않는다. 그러나 구조적으로 '서술어 + 결과'의 어순으로 일반 동보 조합과 일치하며, 또한 단독으로 문장을 형성하는 경우에 사용될 수밖에 없다.

2.12.3.2 동사 중첩식

동사 중첩식도 문장의 하위 성분에 들어갈 수 없고 문장 층위에만 사용된다.

> **예문**
>
> (22) a. 我看了看书 → *我看看的书 → *看看的
>
> b. 我听了听音乐 → *我听听的音乐 → *听听的
>
> c. 我吃了吃饭 → *我吃吃的饭 → *吃吃的
>
> d. 我学了学歌 → *我学学的歌 → *学学的

공시적이거나 통시적으로 보아도 동사 중첩식은 모두 동보 구조의 일종이다. 동사 중첩식이 15세기경에 출현될 수 있는 그 전제 조건으로는 동보 구조와 체표지 체계의 형성이다. 일찍 10~15세기 사이에 형성된 동보 구조와 체표지 체계로 인해 서술어로 되는 중심 동사와 빈어 사이에는 동작이나 행위의 진행 상태를 표시하는, 자동사 성분이 들어갈 수 있는 하나의 새로운 문법 자리가 생겨났다. 실제로 동사 중첩식은 '동작의 지속 시간' 또는 '동작의 크기'가 작음을 나타낸다.

공시적인 시각으로 보면 동사 중첩식의 두 번째 동사는 결과 보어의 자리를 차지한다. 이 자리에는 그 어떤 결과 보어도 올 수 없으나 앞 동사의 기본 형태는 올 수 있다.

(23) a. 我看完了那本书 → *我看看完了那本书。

　　 b. 我吃饱了饭 → *我吃吃饱了饭。

　　 c. 我做好了作业 → *我做做好了作业。

　　 d. 我学会了开车 → *我学学会了开车。

또한 '하나의 중심 서술어가 하나의 결과 성분만을 가질 수 있다'는 또 다른 원칙의 제약을 받는다.

2.12.3.3 '동사 + 个 + 보어' 어구

현대중국어에서 '个'는 결과 성분을 이끌 수 있다. 그러나 그 사용도 문장 층위에 국한되며 종속절에 들어가거나 '的'자구를 구성할 수는 없다. 먼저 다음의 용례를 살펴보자.

(24) 把贼船砸个粉碎。(80년대 산문 선집)

(25) 我吊在外边这棵树上, 打了个半死。(《신아녀영웅전》)

(26) 囤子里的散粮被乱人抢了一个精光。(《노잔유기》)

'个'가 들어간 동보 구조는 모두 종속절에 들어갈 수 없다. 그러나 비슷한 기능을 가진 '得' 자구는 가능하다.

(27) a. 吃个饱 → *吃个饱的人

　　 b. 吃得饱 → 吃得饱的人

(28) a. 看个明白 → *看个明白的人

　　 b. 看得明白 →看得明白的人

2.12.3.4 정보 구성 원칙이 작용하는 층위

이 절에서는 교제의 가장 자연스러운 단위인 문장 층위의 사용으로만 한정되고 문장의 하위 구조 성분으로 들어갈 수 없는 몇 가지 '서술어 + 결과'의 조합을 살펴 보았다. 타 언어의 구성 원칙들과 마찬가지로 신정보와 이미 알고 있는 구정보의 배치 순서를 결정하는 구성 원칙도 우선 문장이라는 단위에서 작용하므로 중국어의 문장에서도 '구정보 + 신정보'의 순서를 따른다. 이를테면 단음절 명사의 경우 서술어 동사의 앞에서는 기지의 구정보를 표시하고 뒤에서는 미지의 신정보를 표시한다.

예문

(29) a. 书我已经看完了。

　　 b. 我已经看完了书。

그러나 이처럼 어순으로 구분되는 문법적 의미가 종속절 층위에서는 존재하지 않는다. 실제로 피동작주가 되는 단음절 명사의 경우 종속절 속에서는 동사의 뒤에만 놓인다. 예를 들면 "这是我看完书的地方"은 문제없지만 "这是书我看的地方"은 비문이다. 일부 문장의 정보 구성 방식은 이미 고착되어 언어의 무표지 구조로 바뀌면 문장의 하위 구조에도 사용될 수 있는데 그것이 바로 이 절의 첫 부분에서 살펴봤던 여러 가지 현상들이다.

2.12.4 현대중국어의 정보 구성 원칙이 형성된 역사적 원인

2.12.4.1 언어 체계와 문법 모사

앞에서 논의했던 여러 가지 '서술어 - 보어' 구조는 얼핏 보면 단순한 문법의 모사처럼 보인다. 물론 시간 순서로 보면 동작이나 행위가 늘 먼저 발생하고 결과는 그 뒤에 나타나는 것도 사실이다. 그러나 언어는 현실 규칙에 대한 단순한 복사가 아니며 언어에 대한 현실 규칙의 제약도 사람의 인지라는 매개체를 거쳐야 하는데, 특히 언어 체계의 영향도 무시할 수 없다. 우리가 논의한 현대중국어의 정보 구성 원칙은 문법 모사 측면의 영향을 제외하고도 특히 언어 체계의 내부적 발전 및 변화에 따른 결과라는 점에 주목해야 한다. 중국어의 이런 현상은 최근 500~600년 사이에 형성된 것이며 그 이전에는 또 다른 양상이었다.

먼저 유형학적 시각으로 이 문제에 접근해 보면 다음과 같다. 중국어는 자고로 SVO 언어지만 타 언어의 SVO와 달리 현대중국어에는 서술어 동사의 뒤에 더 이상 기타 서술어의 수식어가 올 수 없다는 독특한 특징이 존재한다. 그러나 기타 SVO 언어는 이것이 가능하다. 이를테면 영어는 전형적인 SVO 언어인데 그 서술어 동사의 뒤에는 여러 가지 서술어 동사나 전체 문장을 수식하는 성분이 따를 수 있다.

> **예문**
>
> **가. 장소를 나타내는 개사구**
>
> (30) He is reading newspaper at the library.
>
> (31) He studied Chinese in Beijing.
>
> **나. 시간사**
>
> (32) She has been reading a book for three hours.
>
> (33) She went to the downtown yesterday.
>
> **다. 부사구**
>
> (34) I have already checked all the receipts very carefully.

(35) John ran into the classroom, quickly and peacefully.

라. 비교문

(36) Mary finished her homework earlier than John.

(37) The place even looks more beautiful than imaged.

마. 피동문

(38) My window was broken by a child.

(39) John was criticized by his teacher.

사. 수단을 나타내는 개사구

(40) John cut down the tree with an axe.

(41) I drew a picture with a pencil.

실제로 10세기 이전에는 중국어도 현재의 영어와 문법 형식이 매우 비슷했다. 서술어 동사 및 그 빈어의 뒤에 여러 가지 서술어 동사를 수식하는 성분을 둘 수 있는 전형적인 SVO 언어적 특징을 갖고 있었다.

예문

가. 장소를 나타내는 개사구

(42) 种瓜于长安城东。(《사기》- 소상국세가)

(43) 属门生数十人于田曹。(《세설신어》- 상예)

나. 시간사

(44) 行之十年, 秦民大悦。(《사기》- 상군열전)

(45) 声名光辉传于千世。(《사기》- 범수채택열전)

다. 동사의 수식 성분

(46) 戴既无吝色, 谈琴书愈妙。(《세설신어》- 아량)

(47) 宣武移镇南州, 制街衢平直。(《세설신어》- 언어)

위의 현상에서 알 수 있듯이 고대중국어에는 영어와 마찬가지로 서술어 동사 및 그 빈어의 뒤에 다양한 수식어가 올 수 있는 용법이 존재했다. 그러나 문법의 발달과 더불어 중국어에서는 이런 수식어가 수단, 동작주, 대조항을 나타내는 개사구처럼 아예 서술어 동사의 뒤에 위치할 수 없게 되거나 의미적 특징에 따라 재분배되어 시간사, 장소구 등과 같이 결과를 나타내는 부분만 서술어의 뒤에 남게 되었다. 이러한 변화들은 중국어에 동보 구조가 확립되면서 나타난 유추 효과의 결과물로서 이 장에서 논의한 현대중국어 문장에 형성된 정보 구성 원칙이라고 본다. 그럼 아래에서 동보 구조의 의미 형식을 보기로 하자.

$$V_{\text{동작 행위}} + R_{\text{결과 상태}}$$

동보 구조는 그 생성과 발전에서 장기적인 과정을 거쳤으며 12세기경에 매우 생산적인 문법 형식으로 자리잡았다. 동보 구조는 극히 자주 사용된 형식이므로 매우 강력한 유추력을 산생하였고 그로 인해 중국어는 서술어 구조가 바뀌고 문장의 정보 배치도 다음과 같이 고착되었다.

분명한 것은 고대중국어에는 이런 원칙이 존재하지 않았다는 점이다. 그러므로 현대중국어 문장의 정보 구성 원칙은 단순한 문법 모사에 의해 형성된 것이 아니라 문법 체계의 내부적 발전이 함께 작용한 결과라고 볼 수 있다. 이는 이론적으로도 시사하는 바가 크다. 즉, 현실의 규칙은 직접적으로 또는 필연적으로 언어에 반영되는 것이 아니며 문법 규칙의 영향으로 인해 해당 언어의 구조적 특징으로부터 제약을 받게 된다는 것이다.

동보 구조의 출현은 중국어 문법에 전면적이고 심각한 영향을 미쳤다. 고대중국어에서 단순하게 동사 하나만으로 서술어를 구성하던 문장을 현대중국어에서는 반드시 상응한 동보 구조로 바꾸어야 함은 그 영향이 미친 여러 가지 표현 중 하나이다. 아래는《세설신어》와 그 현대중국어 번역문을 대조한 것이다.

> **예문**
>
> (54) a. 后进之士有升其堂者，皆以为登龙门。(《세설신어》- 덕행)
>
>   b. 后辈读书人能够进入他的厅堂的，都认为是登上了龙门。
>
> (55) a. 登车揽辔。(《세설신어》- 덕행)
>
>   b. 坐上车子，拿过缰绳。

앞에서 논의한 정보 구성 원칙의 작용 하에 수반 특징을 표시하는 개사구는 반드시 서술어 동사의 앞에 위치해야 한다. 그 결과 중국어에서는 일부 수반 특징을 나타내는 개사구가 만약 동사의 뒤에 오게 되면 반드시 개사를 버리고 일반 명사 빈어의 모습을 취해야 하며, 서술어 동사의 앞자리에 오게 되면 또 반드시 상응한 개사를 추가해야 하는 흥미로운 현상이 나타났다. 아래는 동사 '吃'의 용례이다.

예문(56) 좌측의 용법에서 개사를 첨가할 수 없는 이유는 바로 중국어 문장의 정보 구성 원칙 때문이다. 이런 경우 고대중국어나 영어에서는 모두 개사를 적당히 추가해야 한다.

2.12.4.2 '하나의 중심 서술어 + 하나의 결과 성분'의 제한

중국어의 동보 구조에는 "하나의 중심 서술어 동사가 하나의 결과 성분만을 갖는다."는 또 하나의 제한 조건이 존재한다. 이를테면 '吃饱腻', '干完累'와 같은 표현은 허용되지 않는 것처럼 이런 제한은 쉽게 발견할 수 있다. 그 밖에 중심 서술어 자리에 동보구가 들어가는 경우, 결과를 나타내는 개사구는 서술어의 뒤에 올 수 없다는 문법적 제한 조건도 존재한다.

개사구 어순의 변화는 BC 1세기에 시작되어 15세기에 완성되기까지 약 1,500년이 걸렸다. 서술어 동사에 종결점이나 어떤 결과를 확립해주는지 여부에 따라 부가 성분은 결과 표시와 수반 특징 표시 두 가지로 나뉜다. 현대중국어에서도 이 두 가지 부가된 성분이 서술어 동사의 앞과 뒤에 모두 위치할 수 있는 것처럼 보이지만 의미적 특징을 살펴보면 "결과를 나타내는 것은 서술어 동사의 뒤에만, 수반 특징을 나타내는 것은 서술어 동사의 앞에만 위치한다."는 규칙을 발견할 수 있다. 개사구는 다수가 동작의 수반 특징을 표시하는 것들이기 때문에 전체적으로 대다수가 서술어 동사의 앞에 오지만 결과를 표시하는 것들은 여전히 서술어 동사의 뒤에만 위치한다. 이는 현대중국어에 전반적인 영향을 미친 중요한 문법 규칙의 하나이다.

2.12.5 맺음말

이 장에서는 현대중국어의 문장 정보 구성 원칙인 '수반 특징 + 중심 서술어 + 결과 상태'에 대하여 논의하였다. 이 원칙은 보어 외에도 시간사, 개사구, 정도사 등을 비롯한 다양한 품사에 전체적으로 영향을 미쳤다. 그것은 단순한 문법 모사가 아니라 동보 구조가 확립된 후 산생한 유추 효과에 따른 현상이라고 볼 수 있다. 이는 현실 규칙이 언어의 문법 체계에 직접적으로 작용할 수는 없으며 어떤 규칙이 언제, 어느 정도 작용하는지는 언어 체계의 내부적 상황에 의하여 결정됨을 시사한다. 동보 구조의 유추 효과로 인해 중국어에는 특유의 정보 구성 원칙이 형성되어 기타 SVO 언어와 구분되는 여러 가지 유형학적 특징을 갖게 되었다.

이 장의 분석에 따르면 다음과 같은 결론을 얻을 수 있다. 중국어사에서 개사구는 앞으로 이동한 적이 없으며 단지 결과 상태 표시 여부에 근거하여 재분포되었을 뿐이다. 그러므로 중국어를 매개 변수 변화로 보는 형식 언어학 이론에서 출발하여 도출해낸 결론은 사실과 부합되지 않는다. 이는 정확한 이론을 도출하려면 반드시 언어 사실에 대한 깊이 있고 체계적인 조사가 선행되어야 한다는 점을 시사한다.

동사 복제 구조의 생성 과정

2.13.1 머리말

동사 복제 구조는 최근 200~300년 사이, 즉《홍루몽》 시대에 들어서서야 나타났다. 따라서 이는 새로운 구조의 생성 원인 및 그 발전 과정을 관찰할 수 있는 좋은 일례가 될 수 있다. 특정 문법 구조가 소실되어도 그 의사 소통 기능은 여전히 작용할 뿐만 아니라 다른 문법 구조에 의지하여 이루어지는 현상들이 언어 발전에 늘 존재한다. 그리고 바로 이런 현상들이 새로운 문법 구조의 생성에 계기를 마련해 준다. 그러나 새로운 구조는 임의로 형성되는 것이 아니라 반드시 해당 언어의 문법 체계가 허용하는 범위 내에서 이루어진다. 새로운 문법 구조의 일반적인 형성 경로는 어떤 담화 구조가 문법화를 거쳐서 고착된 것인데 아래에 동사 복제 구조를 중심으로 이런 이론적 추론의 타당성을 밝히고자 한다.

2.13.2 현대중국어의 동사 복제 구조

동사 복제 구조의 추상적 형식은 (V + O) + (V + R)이다. 여기서 V는 동사, O는 빈어, R은 보어이며, 두 V는 같은 동사를 의미한다. 동사 복제 구조는 어떤 경우에는 선택적으로, 어떤 경우에는 강제적으로 사용되는데 구체적으로 어떻게 사용되는 지는 빈어와 보어의 특징에 의해 결정된다.

가. 선택적 사용

(1) a. 他看书看多了。　　　b. 他书看多了。

　　c. 书他看多了。　　　d. 他看多了书。

(2) a. 他吃肉吃烦了。　　　b. 他肉吃烦了。

　　c. 肉他吃烦了。　　　d. 他吃烦了肉。

이상의 용례에서 동사 복제 구조는 단지 피동작주 빈어를 이끄는 여러 방법 중의 하나로 피동작주 명사를 주어의 앞 또는 뒤에 두어 화제화하거나 전체 동보 구조의 뒤에 두는 방식이 있다. 물론 이런 방식들은 화용적 측면에서 완전히 같이 사용되는 것이 아니며 어떤 형식이 가장 적합한지는 구체적인 교제 환경에 의해 결정된다.

나. 강제적 사용

(3) a. 他看书看病了　　　b. *他书看病了

　　c. *书他看病了　　　d. *他看病了书

(4) a. 他吃肉吃胖了　　　b. *他肉吃胖了

　　c. *肉他吃胖了　　　d. *他吃胖了肉

이런 강제적 사용의 경우 행위의 피동작주를 이끄는 방식으로는 동사 복제 구조가 유일한 선택이다. 그러므로 이런 구조는 현대중국어 문법 체계에서 대체 불가한 지위에 있다.

이러한 선택적 사용과 강제적 사용 현상이 일어나게 된 주요 요인은 보어의 특징이다. 대체로 보어와 빈어가 그 어떤 의미적 또는 문법적 관계를 맺게 되면 빈어를 이끄는 방식은 상대적으로 자유롭게 된다. 예문(1)에서 보어 '多'의 의미 지향은 빈어인 '书'이고, 예문(2)에서 보어 '烦'과 빈어는 서술어와 목적어의 관계를 형성한다. 반대로 두 번째 부류인 강제적 사용을 보면 보어 '病'과 '胖'의 의미 지향은 모두 주어이며 모두 자동성을 띠어 빈어와는 의미적으로나 문법적으로 관계를 맺지 않는다. 여기에 작용하는 제한 조건은 더욱 복잡하여 진일보의 논의가 필요하다.

보어의 의미적 특징과 구조적 특징을 고려하면 동사 복제 구조를 아래와 같은 네 가지로 나눌 수 있다.

가. 보어가 시간사인 경우

(5) a. 他看书看到两点。

b. 他睡觉睡了一个小时。

c. 我等车等了很长时间。

나. 보어가 단순한 형용사 또는 자동사인 경우

(6) a. 他看书看累了。

b. 他办事办成了。

c. 他喝酒喝醉了。

다. 보어가 '得'자 구조인 경우

(7) a. 他念书念得很快。

b. 他开车开得很稳。

c. 他吃饭吃得不多。

라. 동보 구조 뒤에 빈어가 추가된 경우

(8) a. 他切菜切破了手。

b. 他学英文学坏了眼睛。

c. 他扫地扫弯了腰。

동사 복제 구조는 불균형적인 발전 과정을 거쳤다. 청조 시기의 문헌에서는 첫 번째와 두 번째 부류의 사용을 찾아볼 수 있었지만 세 번째와 네 번째 부류의 사용은 아직 찾아볼 수 없다. 새로운 구조가 형성되면 일반적으로 다양하게 발전하는 경향을 보인다. 이 장에서는 주로 동사 복제 구조의 생성 과정을 논의하고자 하며, 다양한 발전 과정에 대해서는 다루지 않을 것이다.

동사 복제 구조는 사용에서 많은 제한 조건을 가지고 있는데 주로 아래와 같은 몇 가지를 들 수 있다.

첫째, 빈어는 일반적으로 총칭어(類屬詞)로 구체적인 사물을 지칭하지 않는다. 이를테면 "他喝酒喝醉了", "他喝茅台酒喝醉了" 등 문장은 가능하지만 "他喝那瓶酒喝醉了", "他喝昨天买的酒喝醉了" 등은 어색하다. '酒'과 '茅台酒'는 특정 부류 사물의 총칭인 반면에 '那瓶酒'와 '昨天买的酒'는 구체적인 사물을 가리키기 때문이다.

둘째, 두 번째 동사는 체표지가 따르거나 부정사 또는 여러 가지 부사에 의해 수식될 수 있는 한정 동사이다.

셋째, 빈어와 보어가 반드시 있어야 한다. 예를 들면 "*他喝喝醉了"와 "*他喝酒喝了" 등과 같은 문장들은 허용되지 않는다.

이상의 세 가지 특징은 동사 복제 구조가 어떤 과정을 거쳐 형성되었는지를 추적하는 데 있어서 중요한 실마리가 될 수 있다. 특히 세 번째 특징은 동사 복제 구조의 형성이 동사, 빈어, 보어 간의 관계 발달과 밀접히 연관되어 있음을 말해 준다.

2.13.3 동사 복제 구조의 생성 배경과 조건

2.13.3.1 당조와 그 이전 시기

동사 복제 구조에서 동사, 보어, 빈어는 빼놓을 수 없는 세 구성 요소라는 점을 앞에서도 언급했다. 그러므로 세 요소 간의 관계 또는 어순의 발달 과정은 동사 복제 구조의 생성 배경과 조건을 확립하는 열쇠이다. 아래에 동사, 빈어, 보어의 구조 관계의 변화에 대하여 시기별로 고찰하고자 한다.

VOR은 당시에 존재했던 하나의 형식이다. 보어가 자동성인 경우, 즉 R와 O 사이에 행위와 피동작주의 관계가 성립되지 않으면 빈어를 이끌기 위해서는 반드시 이 형식을 사용해야 했다. 이런 형식에 사용된 보어의 유형으로는 자동사, 형용사, 시간사 등이 있다. 현대중국어의 동사 복제 구조에 상응하는 그 당시의 형식이 바로 VOR이다. 아래는 그 용례들이다.

가. 보어가 시간사인 경우

(9) 待君久不至, 已去。(《세설신어》 - 방정)

(10) 寺中有一僧, 长念《法花经》已多年。(《입당구법순례행기》)

(11) 日本国灵仙三藏昔往此院二年。(《입당구법순례행기》)

(12) 讲《大般涅槃经》数十遍。(《보리달마남종정시비론》 - 1권)

(13) 丹霞有一宝, 藏之月久。(《조당집》 - 단하화상)

(14) 师便脱鞋打地一下。(《조당집》 - 남천화상)

나. 보어가 형용사 또는 정도사인 경우

(15) 戴安道中年画行像甚精妙。(《세설신어》 - 교예)

(16) 戴既无吝色, 而谈琴书愈妙。(《세설신어》 - 아량)

(17) 宣武移镇南州, 制街衢平直。(《세설신어》 - 언어)

(18) 净能奏曰 : "缘伊诳我极。"(《엽정능시》)

(19) 狱主, 贫道解传语错。(《대목건련명간구모변문》)

이상의 용례들은 현대중국어에서 더 이상 사용되지는 않지만 모두 동사 복제 구조로 바꾸어 표현할 수 있다. 예를 들면 현대중국어에서 예문(9)는 "等你等了很久"로, 예문(15)는 "画行像画得很精妙", 예문(16)은 "谈琴书谈得更妙"로 표현된다.

이상의 현상에 근거하여 다음과 같은 결론을 얻을 수 있다. 당조와 그 이전 시기에는 VOR 형식이 존재하였는데 이런 형식은 지금의 동사 복제 구조의 기능도 할 수 있었다. 따라서 당시 사람들의 교제에 동사 복제와 같은 문형이 필요하지 않았으므로 형성될 가능성도 없었다.

동보 구조는 송조, 원조, 명조 시기에 발전하여 점차 성숙되었다. 동사와 보어가 융합되어 하나의 문법 단위를 구성하고 더 이상 빈어에 의해 나뉘어지지 않는 것이 그 성숙의 상징이다. VOR 형식은 명조 시기에 벌써 쇠락하여 청조 시기에 이르러서는 완전히 소실되었는데 그 기능은 각각 VRO 형식, 동사 복제 구조, '把'자문, 화제 구조 등에 의해 대체되었다. VOR 형식의 기능이 결국 어느 형식에 의해 표시되는지는 동보구의 특징과 빈어의 성격에 의해 결정되었다. 이 점에 대해서는 송조 시기를 중심으로 논의해 보고자 한다.

송조 시기에 이르러 일부 VOR은 VRO로 직접 대체되었다.

예문

(20) a. 女乃呼婢云: "唤江郎觉!"(《세설신어》- 가휼)

　　 b. 子贡亦做得七八分工夫, 圣人也要唤醒他, 唤不上。

　　 (《주자어류》- 훈문인)

위의 예문에서 '觉'와 '醒'은 모두 자동사이다. 이들은 당조 이전에는 VOR 어순이었지만 송조 시기에는 그 어순이 VRO로 바뀌었다. 그러나 '唤醒'처럼 VOR에서 바로 VRO로 바뀐 경우는 일부분에 불과하고, 송조 시기에 먼저 'V得OC'로 바뀐 다음 다시 여러 방향으로 분화된 경우가 대부분이다. 아래는 송조 시기의 'V得OR'의 용례와 현대중국어의 상응한 표현 간의 대응 관계이다.

가. V得OR → VRO

(21) 所以道, 参得一句透, 千句万句一时透。(《벽암록》)

(22) 把圣贤说话将来学, 便是要补填得元初底教好。(《주자어류》- 훈문인)

이상의 두 용례에서 해당 부분을 현대중국어로 표현하면 "参透一句"와 "补填好
元初底"가 된다. 이는 현대중국어에서 대응되는 가장 자연스러운 표현이다. 그리고
특정 맥락에서는 "元初底被补填好了", "把元初底补填好了", "元初底补填好了"
등과 같이 '被'자문이나 화제 구조 등으로도 표시할 수 있다.

(23) 若真个看得这一件道理透, 入得这个门路, 以之推他道理, 以只一般。
　　　《주자어류》- 훈문인)

(24) 如今未曾看得正当底道理出, 便落草了。(《주자어류》- 훈문인)

위의 두 예문에서 'V得OR'의 빈어 부분에는 '这一件'과 '正当底' 등 한정어가
붙어서 특정적 성격을 띤다. 이는 현대중국어에서 '把'가 이끄는 빈어의 특징과 화
제가 되는 피동작주 명사의 특징에 부합되므로 예문(23)과 예문(24)의 가장 자연
스러운 지금의 표현으로 "把这一件道理看透了"와 "正当底道理还没有看出"가 된
다. 그리고 때로는 "没看出正当底道理"처럼 VRO형식으로도 표현된다. 반면에 이
러한 형식 모두를 동사 복제 구조로 사용할 수 없는데 주된 요인은 빈어가 모두 특
정적 성격을 띠기 때문이다.

나. V得OR → (V+O) + (V+R)

(25) 颜冲无许多劳攘, 只是中得毒深, 只管外边乱走。(《대혜보각선사서》)

(26) 人在官固当理会官事, 然做得官好, 只是使人道是一好官人。
　　　《주자어류》- 훈문인)

(27) 见你解了布袋, 空中抖一抖, 真个瞒得我好。
　　　《경세통언》- 일굴귀뢰도인제고)

위 예문 중의 'V得OR'의 경우 현대중국어에서는 각각 "中毒中得了", "做官做得好", "瞒我瞒得好"로 표현되는데 이런 동사 복제 구조 외에는 다른 방법이 없어 보인다. 오늘날 행위의 피동작주를 도입하는 방법으로는 VRO식, '把'자문, 화제 구조(피동문 포함), 동사 복제 구조 등 네 가지가 있다. 그러나 위의 세 용례의 경우 동사 복제 구조를 제외한 나머지 세 가지 방법은 빈어를 이끄는데 그 사용이 모두 제한적이다.

(28) A. a. 颜冲中毒中得深。

    b. *颜冲中毒中深了。

    c. *颜冲中深了毒。

    d. *毒颜冲中深了。

  B. a. 某人做官做得好。

    b. *某人把官做得好。

    c. *某人做好了官。

    d. ? 官某人做得好。

  C. a. 你瞒我瞒得好。

    b. ? 你把我瞒得好。

    c. *你瞒好我。

    d. ? 我你瞒得好。

예문(28)에서 Bd와 Cd는 "官他做得好, 但是学问他做得不好", "我你瞒得好, 他你瞒得不好"의 경우처럼 대조의 표현에 한해서만 사용이 가능하다. 그러나 예문(25)와 (27)에는 대조의 의미가 없기 때문에 빈어를 추가하기 위해서 할 수 있는 선택은 오로지 동사 복제 구조뿐이다. 특히 예문(25)에서 '中毒(중독)'의 경우를 보면 '中'의 대상과 정도를 동시에 표현하려면 동사 복제 구조를 사용할 수밖에 없다. 그 원인은 주로 두 가지가 있다. 첫째, '毒'는 총칭어이다. 둘째, '中毒'는 관용어로 사이에 다른 어휘를 허용하지 않는다. 이렇게 처음으로 형성된 동사 복제 구조는 모두 '中毒'의 경우와 마찬가지로 동사 복제 구조가 아니면 안되는 것들이었다. 이 부분에 대해서는 뒤에서 다시 살펴볼 것이다.

VOR 형식이 소실된 이후 빈어를 도입하는 방식에는 주로 VRO, '把'OVR, (S) OVR, VO + VR 등 네 가지가 있다고 앞에서도 언급한 바 있다. 앞의 세 가지 구조는 VOR 형식이 소실되기 이전에 이미 존재했지만 앞에서 살펴본 것처럼 VOR 형식이 갖고 있던 빈어를 도입하는 기능을 완전히 대체할 수는 없었기 때문에 그 빈자리를 채울 새로운 구조가 필요했을 것이다. 동사 복제 구조가 바로 그런 상황에서 생겨났다.

이상으로 송조 시기의 VOR('V得OR' 포함) 구조가 현대중국어로 발전한 과정을 살펴보았다. 그러나 이 구조는 송조 시기에 소실된 것은 아니며 원조 시기에도 여전히 매우 보편적으로 사용되었다.

(29) 早忧愁的寸肠粉碎, 闷恹恹废寝忘食。(《장정지감마합라》)

(30) 但浇得菜蔬清秀, 问甚么沧浪之水浊兮。(《마단양삼도임풍자》)

(31) 义赦了严颜罪, 鞭打的督邮死。(《관장쌍부서촉몽》)

(32) 投至积得家缘成。(《산가재천사노생아》)

(33) 一壁恰烘得锦袍干, 又酒淹得衫袖湿。(《이태백폄야랑》)

명조 이후 VOR 형식의 사용 범위는 대폭 축소되어 그 보어도 '干净', '整齐', '光鲜' 등 위생 청결과 관련한 몇몇 소수의 형용사로 한정되었다.

(34) 收入家火去, 揩抹的桌儿干净。(《금병매사화》 - 45회)

(35) 虽不甚喜欢, 为因点绣女结的亲, 只得收了四盘甚是整齐。

아래 분석에서도 동사 복제 구조의 출현이 VOR 형식의 소실과 시간적으로 일치하다는 점을 재차 확인할 수 있다.

2.13.4 동사 복제 구조의 생성

앞에서 VOR 형식이 원조 시기부터 명조 시기까지 점차 쇠퇴되고 바로 그 시기에 동사 복제 구조와 유사한 용법들이 나타났지만 아주 널리 쓰이지 않았다는 점을 언급했다.

예문

(36) 官里无贪淫贪欲贪成性, 都只为忧民忧国忧成病。(《보성왕주공섭정》)

(37) 请人请到四五次都不来, 也只得罢了。(《노태학시주오공후》)

자세히 보면 예문(36)의 경우 지금의 동사 복제 구조와 달리 한꺼번에 두 개의 빈어를 가진다. 그런데 동사 복제 구조에서는 "吃饭吃肉吃胖了"라고 할 수 없듯이 그런 사용이 허용되지 않는다. 이 용례는 원조 시기의 잡극에 나타난 것이므로 그 시기의 문법 구조가 아닌 희곡의 수사적 표현이라고 봐야 한다. 그러나 예문(37)은 벌써 지금의 사용법과 크게 다를 바 없다.

청조 시기에 이르러서는 VOR 형식이 완전히 소실되었는데 바로 그 이후부터 동사 복제 구조의 사용이 점차 많아지기 시작했다. 그리고《홍루몽》시대에 이르러서는 동사 복제 구조가 이미 많이 사용되었다. 아래는《홍루몽》전체의 약 1/4 분량의 자료에서 수집한 관련 용례들이다.

예문(38)의 ‘淘气’와 예문(39)의 ‘碰头’도 앞에서 설명한 ‘中毒’와 마찬가지로 ‘V + O’의 내부 구조를 가진 복합 동사라고 볼 수 있다. VOR 형식이 소실된 이후 이런 단어들로 동작의 결과를 지시하려면 동사 복제 구조를 사용할 수밖에 없었을 것이다. 예문(40)과 예문(41)의 경우도 이와 마찬가지로 동사 복제 구조를 제외하고는 다른 선택이 없어 보인다. 예문(42)의 경우는 $(V + O_1) + (V + O_2)$의 특수한 구조이다. 그중 O_1과 O_2 사이는 전체와 부분의 관계이며 이런 경우엔 처치식이 더 많이 사용된다.

동사 복제 구조와 처치식은 화용적 효과에서 차이가 난다. 동사 복제 구조는 어떤 일에 대한 객관적 서술을 목적으로 하여 예문(45)a와 같이 그 일을 상대적으로 약하게, 작게 표현하는 반면에 처치식은 강력한 주관적 색채를 띠어 상대적으로 강하게, 크게 표현한다.

(45) a. 他看书只看了几页。

　　　 b. 他已经把书看了一半了。

다시 말하면 이론상에서 빈어를 이끄는 방식에는 동사 복제 구조 외에도 다른 몇 가지가 있지만 특정 표현 효과를 고려하면 동사 복제 구조가 유일할 수 있다는 것이다.

《홍루몽》 시대 이후에는 동사 복제 구조가 여러 가지 구어체 자료에 자주 나타났다. 다음은 20세기 초에 쓰여진 《노잔유기》에 나타난 두 용례이다.

(46) 未到一年, 站笼站死两千多人。(《노잔유기》- 3회)

(47) 因为他办强盗办得好, 不到一年竟有路不拾遗的景象。

　　　 (《노잔유기》- 4회)

이로써 중국어는 이 장의 서두에서 언급했던 네 가지 동사 복제 구조를 모두 갖추게 되었다. 예문(46)은 동보 구조의 뒤에 빈어까지 가진 구조로 네 번째 부류에 해당되며, 예문(47)은 보어가 '得'자를 가진 구조로 세 번째 부류에 해당된다.

2.13.5 동사 복제 구조의 유래

'V(得)OR' 형식이 소실된 이후에는 빈어를 문장으로 도입할 새로운 구조가 필요했을 것이다. 그러나 이 새로운 구조가 어떤 것이어야 하는지에 대해서는 사전에 정해졌을 리가 없으므로 이에 대해 이론적으로 여러 가지 가능성을 논의해 볼 필요가 있었다. 다만 이런 가능성은 언어의 문법 체계의 제약을 받으며 반드시 그 체계가 허용하는 범위 내에서 진행되었을 것이다. 새로운 구조의 가장 자연스러운 형성 과정은 그 언어에 자주 사용되는 일반적인 담화 구조가 추상화되어 문법 형식으로 고착되는 것이다. 동사 복제 구조의 발전 과정은 이런 가설을 뒷받침하는 매우 좋은 근거가 될 수 있다.

송조 시기의 자료에서 축약형 복합문이 하나 발견되었는데 관련사어를 제외하면 (V + O)+ (V + R)의 추상적 형식이다. 이는 동사 복제 구조와 완전히 동일하다.

예문

(48) 或言东城虽说佛家语亦说得好。(《주자어류》- 훈문인)

(49) 又如吃饭, 不吃在肚子里, 却向上家讨一碗来比。(《주자어류》- 훈문인)

예문(48)의 VO는 VR과 접속사 '虽……亦'로 연결되어 전환 관계를 가지며, (49)의 VO와 VR은 가설 관계를 가진다. 의미 관계를 고려하지 않고 구조적인 관점으로만 보면 위 두 용례의 대응되는 부분은 구성 요소와 어순 면에서 동사 복제 구조와 일치하다. 그러나 기능 면에서 보면 동사 복제 구조는 VO와 VR 사이에 '전환' 또는 '가설'과 같은 관계가 성립되지 않는데 앞에서 살펴본 축약형 복합문과는 그렇다 할 연관성을 찾아보기 힘들다. 또 하나의 중요한 차이점은 빈어를 반드시 필요로 하는 동사 복제 구조와 달리 축약형 복합문의 빈어는 생략될 수 있다는 점이다.

예문

(50) 却无如许多粪壤, 死也死得瞥脱。(《대혜보각선사서》- 답유보학)

(51) 打呵打着实处, 道呵道着虚处。(《한고황탁족기영포》)

동사 복제 구조와 비슷한 두 번째 특징은 같은 동사가 들어간 두 단문에서 첫 동사의 뒤에는 빈어가 따르고 두 번째 동사의 뒤에는 보어가 따른다는 점이다.

(52) 张员外说不过了, 另写个赏单, 勉强写足了五百贯。《송사공대뇨금혼장》

(53) 听着里面时, 只听得有个妇女声。《송사공대뇨금혼장》

(54) 交我断一年, 断不了! 我说, 这四季断不的!《호주조원우상황》

(55) 玳安在铺子里篦头, 篦了, 打发那人钱去了。《금병매》- 35회

(56) 向前解了拶子, 解的直声呼唤。《금병매》- 35회

(57) 人不进去, 只顾拉人, 拉的手脚儿不着。《금병매》- 40회

이상의 용례들은 어떤 사건과 그 결과를 표시한다. 이런 구조는 동사 복제 구조와 두 가지 부분에서 차이가 있다. 하나는 예문(56)처럼 두 단문 중에서 첫 동사는 체표지를 허용하지만 동사 복제 구조는 허용하지 않는다는 것이고, 다른 하나는 예문(52)처럼 두 단문 중에서 첫 동사의 빈어는 수량사의 수식을 받을 수 있지만 동사 복제 구조는 그렇지 않다는 것이다.

동사 복제 구조와 비슷한 세 번째 특징은 첫 동사의 뒤에 빈어에 가까운 시간사가 따르며 앞부분은 행위가 지속된 시간을, 뒷부분은 행위의 결과를 표시한다는 점이다.

(58) 须臾, 打了二十, 打的皮开肉绽。《금병매》- 35회

(59) 那小玉开了里间房门, 取了一把钥匙, 通了半日, 白通不开, 锁了门。

　　《금병매》- 36회

(60) 先是伯爵与希大二人整吃了一日, 顶颡吃不下去。《금병매》- 46회

이상 용법의 공통점은 첫 동사의 뒤에 모두 '了'가 있다는 것이다. 그리고 "吃了半天, 但是还是吃不饱"와 같이 전후 두 부분이 긴밀히 굳어진 관계가 아니기에 접속사가 사이에 들어갈 수 있다. 그럼에도 불구하고 이들은 여전히 하나의 담화 구

조로서 동사 복제 구조와는 차이가 난다.

그 외에도 두 동사의 일치성을 배제하면 동사 복제 구조의 추상적 형식과 동일한 또 다른 경우, 즉 V_1과 V_2가 서로 다른 동사를 대표하는 $(V_1 + O) + (V_2 + R)$ 형식이 존재한다.

(61) 在生时请俸禄将养的红白, 饮羊羔吃的丰肥。《악공목차철괴리환혼》

위 예문의 해당 부분을 현대중국어로 표현하면 "饮羊羔饮得肥胖"이 가장 간단하고 명확하다. 그러나 동사 복제 구조가 나타나기 이전에 사람들은 두 개의 서로 다른 동사로 같은 행위의 피동작주와 결과를 이끄는 복잡하고 어려운 방법을 사용했다는 점에 주목해야 한다.

이상으로 동사 복제 구조가 나타나기 이전에 이미 그것과 비슷한 담화 구조를 가진 네 가지 추상적 형식이 존재했다는 사실을 확인했다.

(가) 축약형 복합문: (X)VO + (X)VR, (여기에서 X는 관련사어임)
(나) 두 단문: V(了)O + V(得)R
(다) 빈어가 시간사인 경우: VT + VR
(라) 두 동사가 일치하지 않은 경우: $V_1O + V_2R$

상술한 네 가지 형식이 오늘날의 담화에서도 여전히 매우 빈번하게 출현하는 점으로 비추어, 동사 복제 구조가 그것들로부터 발달한 것이라고 보기는 어렵다. 따라서 '(VO) + (VR)'은 원래 담화 구조의 하나였는데 'V(得)OR'이 소실되고 나서 빈어와 보어를 한꺼번에 도입할 수 있는 새로운 구조가 필요했을 것이고 이에 따라 이런 담화 구조가 문법화되어 새로운 문법 구조로 자리잡은 것으로 봐야 한다. 물론 상술한 담화 구조와 동사 복제 구조는 모두 행위의 대상과 결과를 표시한다는 점에서 서로 통하는 부분이 일부 존재한다. 바로 그 점이 왜 'V(得)OR'이 소실되고 나서 이 담화 구조가 그 자리를 대체했는지에 대한 설명이기도 하다.

문법 구조로서의 'VO + VR' 형식은 담화 구조일 때와 비교하면 주로 다음과 같은 몇 가지 면에서 중요한 차이를 보인다.

첫째, 담화 구조일 때는 그중의 구성 요소를 생략할 수 있다. 이를테면 빈어를 생략하는가 하면, "一连忙了七八日, 才完了"(《홍루몽》 - 53회)에서 '完'의 앞 동사 '忙'이 생략된 것처럼 어떤 때는 심지어 두 번째 동사까지도 생략할 수 있다. 반면에 동사 복제 구조는 그것을 허용하지 않는다.

둘째, 담화 구조로 사용될 때에는 첫 동사가 체표지를 가지거나 부정사 등 다양한 부사의 수식을 받을 수 있는 한정 동사였다. 그러나 동사 복제 구조에서는 첫 동사가 반드시 비한정 동사여야 하며 두 번째 동사만이 이런 성분을 가질 수 있다.

셋째, 담화 구조의 빈어는 "他自己看了这些书, 看邪了"(《홍루몽》 - 54회)처럼 빈어를 특정할 수 있지만 앞에서 논의한 것처럼 동사 복제 구조의 빈어는 특정할 수 없다.

넷째, 담화 구조는 앞에서 제시한 예문 "忧民忧国忧成病"에서처럼 같은 동사가 세 번 반복되면서 자유롭게 확장할 수 있지만 동사 복제 구조는 그것을 허용하지 않는다.

(62) 家里上千的人, 他也跑来, 我也跑来, 我们认人问姓还认不清呢!
　　　《홍루몽》 - 52회

그렇다면 위 예문에서 "认人问姓还认不清问不清呢"로 표현해야 하지만 왜 '认不清'만을 사용했는지, 여기서 문법 구조는 VO와 VR로밖에 풀이될 수 없으므로 동사 복제의 용법이라고 봐야 한다. '认人问姓'은 관용 표현에 해당하여 하나의 VO라고 봐야 하며 뒷부분의 VR은 동사 하나만을 허용하기 때문에 이 관용 표현의 첫 동사인 '认'으로 대체했을 것이다.

이상의 논의에 근거하면 동사 복제 구조는 '把'자문, 피동문 등과 마찬가지로 중국어의 독립된 문법 형식의 하나이며, 담화 구조에서 비롯되었으나 지금은 엄격한 사용 규칙과 안정적인 기능을 가진 문법 수단이다.

2.13.6 맺음말

이 장의 분석에 따르면 동사 복제 구조는 불과 200~300년의 역사밖에 안되는 비교적 새로운 문법 형식이다. 그 생성 배경과 조건을 정리하면 다음과 같다. 동보 구조의 발전과 더불어 동사와 보어의 사이에 더 이상 빈어가 들어갈 수 없게 되면서 'V(得)OR' 형식이 소실되고, 원래 빈어를 이끌던 이 형식의 기능이 이미 존재하던 '把'자문, 화제 구조 등에 의해 일부 대체되고 나서 특수한 빈어와 보어를 도입할 수 있는 새로운 구조가 필요했다. 동사 복제 구조의 형식은 한 담화 구조에서 비롯되었는바 성분과 어순이 같은 두 단문이 문법화를 거쳐 고착된 것이다.

이처럼 동사 복제 구조의 생성 과정은 중국어 문법의 갈수록 정밀화된 발전 추이를 보여준다. 원래 'VOR' 형식이 담당하던 빈어를 이끄는 기능이 나중에는 동보 구와 빈어의 특성에 따라서 동사 복제, 처치식, VRO식, 화제 구조 등 4개의 형식으로 분화되었다. 화용적 기능 면에서 각각 다른 이런 형식들은 사람들의 일상 교제에 더욱 세밀하고 정확한 표현 수단을 제공하고 있다.

'连'자 구조의 생성 과정

2.14.1 머리말

현대중국어의 '连'자 구조가 갖고 있는 다양한 기능은 동일한 단어가 사용되었던 여러 역사적 발전 단계를 반영한다. 한 단어는 발전 과정에서 부단히 출현하는 새로운 용법과 기존 용법들이 장기간 병존하는 일이 흔히 있다. 따라서 특정 시기를 기준으로 한 단어가 쓰이는 공시적 용법은 그에 해당된 역사적 시기와 연륜을 담고 있다.

그러므로 '连'의 역사적인 발달 과정을 고찰하기에 앞서 먼저 '连'이 현대중국어에서는 어떻게 쓰이고 있는지를 고찰하고자 한다. 현대중국어에서 '连'은 주로 아래와 같은 몇 가지 용법으로 쓰인다.

가. 부사로서 반복 또는 지속을 표시한다.

예문

(1) 我们连发了三封信去催。

나. 개사로서 다른 관련 사물을 배제하지 않음을 표시한다.

(2) 苹果不用削, 连皮吃。

다. 개사로서 포함 또는 망라의 의미를 표시한다.

(3) 这次连我有十个人。

라. 개사로서 강조 또는 높은 정도를 표시한다.

이때 '连'은 뒤에 '都', '也', '还' 등과 호응하면서 명사구, 동사구, 종속절 또는 수량구를 비롯한 여러 가지 성분을 도입할 수 있다.

(4) 连我都知道了, 他当然知道。

(5) 他连看电影也没有兴趣。

(6) 连他住在哪儿我也不知道。

(7) 我最近连一天也没有休息。

그 밖에도 '连'은 일반 동사로서 '연결하다', '잇다', '연루되다(牵累)' 등의 의미를 나타내기도 한다.

(8) 把两根绳子连在一起。

(9) 这两档事毫不相干, 连不到一块。

(10) 事情败露, 把他也连上了。

이 장에서는 정도를 강조하는 '连'의 용법이 어떻게 생겨났는지를 중점적으로 고찰할 것이다. 정도를 강조하는 용법에는 일부 논리적인 규칙이 존재한다. 먼저, '최소량'을 대표하는 L_1에서 '최대량'을 대표하는 L_5까지 단계적 척도를 나타내는 $L_1 < L_2 < L_3 < L_4 < L_5$의 5개 등급 서열이 있다고 가정하면 자연 언어의 긍정과 부정은 "특정 단계의 부정이 그 단계보다 높은 단계의 부정을 모두 포함하고, 특정 단계의 긍정이 그 단계보다 낮은 단계의 긍정을 모두 포함한다."는 규칙으로 서술할 수 있다. 이런 논리에 따라서 L_1의 부정은 모든 기타 4등급에 대한 부정을 내포하며 완전 부정에 해당된다. 언어 교제에서 '최소량'이라 함은 하나의 수량사일 수도 있고 어떤 사물일 수도 있다. 정도를 강조하는 효과(완전 부정)를 실현하기 위해서는 '连'에 의해 도입된 최소 양사(量詞)를 부정하는 것이 일반적이다.

(11) 搞得我像一个穷光蛋! 出门连冰棍儿都吃不起。 (왕쉬, 《편집부 이야기》)

여기서 '冰棍儿(아이스바)'은 가장 값싼 물건이고 그것을 부정함으로써 한 사람의 '穷'한 정도를 강조했다.

긍정의 구조에서 '连'이 이끄는 것은 가장 실현하기 어려운 사물(최고 등급)이며 그것까지 실현 가능하다면 다른 것들은 훨씬 쉽게 실현할 수 있음을 표현할 수 있다. 이를테면 예문(4)에서, '我'는 이 사실을 가장 알기 어려운 사람인데 '我'까지 알게 되었으니 다른 사람들은 진작에 알고 있을 것임을 의미한다.

강조를 표시하는 '连'은 일반적으로 부사(副詞) '都', '也' 혹은 '还'와 함께 사용된다. '连'의 부정식에서는 '都'와 '也'가 서로를 대체해도 의미가 달라지지 않지만 긍정 구조에서는 '都'가 '也'보다 자주 쓰인다. 여기서 '都'와 '也'의 기능은 비슷하지만 기타 문법 환경에서는 의미가 완전히 일치하지는 않는다. '都'는 보편성을 표시하지만 '也'는 두 사물의 공통성을 표시하므로 양자는 일반적으로 서로를 대체할 수 없다. 그렇다면 왜 '连'자 구조에서는 '都'와 '也'가 꼭 필요하면서도 서로 대체 가능한 문법 표지가 되었는지, 그 해답은 '连'자 구조의 발전을 설명하는 데 중요한 단서가 될 수 있다. 그 밖에도 '연결'을 표시하는 중성적인 일반 동사로서 정도를 강조하는 의미가 없었던 '连'이 이후에 정도를 나타내는 용법으로 발전하게 된 것도 하나의 중요한 단서이다. 그런 의미에서 지금부터 옛 문헌들을 바탕으로 '连'이 사용된 구체적인 문맥을 통해 그것이 문법화된 원인을 논의할 것이다.

2.14.2 정도 표지 '连'의 문법화 과정

2.14.2.1 15세기 이전의 '连'의 용법

정도를 나타내는 '连'의 용법은 15세기경에 형성되었다. 이로부터 현대중국어는 고대중국어와 뚜렷하게 구분되는 문법 형식을 갖기 시작하였다. 어떠한 문법 수단이든지 새롭게 나타나자마자 단번에 형성된 경우는 종래로 없다. '连'도 마찬가지로 15세기 이전에 나타난 그 일련의 변화들이 이후의 발전에 필요한 조건을 제공하였다.

우리는 5세기경에 집필된 《세설신어》부터 고찰하였는데 거기에 나타난 '连'의 용법은 다음과 같다.

가. '연결'의 의미

(12) 莫不连手共萦之。(《세설신어》 - 용지)

나. '포함'의 의미

(13) 尝发所在竹篙, 有一长官连根取之, 乃当足。(《세설신어》 - 정사)

다. '지속'의 의미

(14) 右军代为郡, 屡言出吊, 连日不果。(《세설신어》 - 구극)

예문(13)과 예문(14)를 보면 '连'이 들어간 문장 구절은 모두 정도를 강조하는 의미를 내포하는데 이런 화용적 특징은 이후 '连'의 발전과 직접적으로 관계된다. 이를테면 예문(13)에서 "일반 사람은 줄기만 베지만 그는 뿌리까지 모두 뽑는다."며 그 '관리(長官)'의 탐욕스러운 정도를 표현했다. 다만 여기서 정도의 의미는 '连'이 들어간 구절 전체를 통해 실현되며, '连' 자체는 연결되는 구체적인 사물을 도입하는 일반 동사에 불과하다.

지금부터 '连'이 문장 구절에서 어떻게 정도 의미를 구현하는지를 살펴볼 것이다. '树干'과 '树根'은 자연스럽게 하나로 연결되지만 나무를 베는 상황에서는 양자가 서로 다른 부분으로 인지된다. 나무를 벤다고 하면 일반적으로 베는 대상은 줄기이고 뿌리는 땅 속에 남겨지는 부가적인 부분이 된다. 따라서 부가적인 부분까지 파내는 것은 일반적인 상황을 넘어서는 과분한 행위이므로 정도를 강조하는 의미를 표현하게 된다. 일반 동사 '连'은 정도격(程度義)의 문법 표지로 발전하기에 매우 적합한 의미적 특징을 갖고 있었다.

그 어떤 문법화도 단순한 어휘 의미의 연장 문제가 아니므로 별개로 특정 단문 형식과 떨어질 수 없다. 예문(12)에서 확인할 수 있듯이 '连'은 부가 성분을 도입할 때 연동 형식의 첫 동사 자리를 차지하는데 바로 그런 문법 환경에서 점차 정도격의 문법 표지로 문법화되었다. 전술한 것처럼 현대중국어의 '连'자 구조에서는 반드시 '连'으로 서술어 동사의 앞에 정도의 크기를 강조하는 성분을 도입해야 한다. 그러나 '连'으로 정도를 표시하는 구절도 초기에는 생산적인 문법 형식이 아니라 이따금 사용되는 느슨한 구조에 불과했다. 중국어 문법의 발달사를 통해 여러 차례 확인하였듯이 그 어떤 새로운 문법 표지가 출현하려면 적절한 문법 환경이 필요할 뿐만 아니라 해당 문법 환경에서 사용되는 빈도도 충분히 높아야 한다. 바로 이런 이유로 '连'도 5세기경에 이미 정도 표지로 발전할 수 있는 문법 환경이 갖춰졌지만 15세기경에 이르러서야 정도 표지로 자리잡게 된 것이다.

예문(14)에서 '连'은 '연속'의 의미지만 동시에 '긴 시간'이라는 뜻도 내포하므로 여기서도 '连'이 정도의 의미를 포함하는 것으로 풀이된다. 물론 '连'의 이 같은 용법도 연결을 의미하는 일반 동사 용법에서 파생되었다. 그리고 이런 용법은 현대중국어에도 여전히 존재하고 있다.

(15) 他连着几天没有上课。

위의 예문이 다른 점이라면 '连'의 뒤에는 지속 체표지인 '着'를 붙여서 사용해야 한다. '连着'가 빠지면 문장에서는 강조의 의미가 사라진다. 요컨대 "그는 며칠간 수업에 오지 않았다."는 사실을 서술할 뿐이다.

8세기경에 이르러서 '连'은 기존의 일부 용법 외에도 몇 가지 새로운 기능을 갖게 되었다. 아래는 그 시기 문헌인《돈황변문》을 조사한 결과이다.

가. 부사로서 동사를 직접 수식하며 반복 또는 지속을 표시하는 경우이다.

(16) 举眼连看四畔。(《돈황변문》 - 대목건련명간구모변문)

위의 논리에 따르면 '连'이 일반 동사에서 부사로 문법화된 과정은 두 단계로 나뉜다. 먼저, '连'이 연동식에서 피동작주 명사를 이끄는 첫 동사로 사용된 1단계이다.

(17) 连声便唤。(《돈황변문》 - 엽정능시)

여기서 '连声(연거푸 말하다)'은 뒤에 오는 서술어의 수식어로 볼 수 있으며 동작성이 이미 매우 약해진 상태이다.

다음은 '连'을 따르는 피동작주 명사가 점차 생략이 가능해지면서 '连'이 뒤의 동사와 연이어 출현하게 되는 2단계이다. '连'은 바로 이런 문법 환경에서 점차 부사로 문법화되었다. '连'이 연동식의 첫 동사로서 피동작주 명사를 이끌고 뒤의 서술어를 수식할 때, 피동작주 명사는 대부분 '声(말)'을 비롯한 몇몇 발화와 관계된 명사로 국한되었다. 이런 이유로 '连'이 부사로 문법화되었을 때도 그 수식의 대상은 '唤(부르다)' 등 소수의 발화와 관계된 행위 동사로 제한되었다. 이는 전술한 추론의 타당성을 뒷받침하는 중요한 사실적 근거가 된다.

나. '连'이 형용사 '忙(바쁘다)'과 '즉시', '당장'을 뜻하는 합성어를 구성한 경우이다. 이런 용법은 동사로서의 '连'의 용법과는 상당히 거리가 있어 보인다.

(18) 连忙捧盏。(《돈황변문》 - 한금호화본)

이 합성어는 지금도 계속 사용되고 있다.

다. '连'이 명사 '夜(밤)'와 '그날 밤 바로'를 뜻하는 합성어 '连夜'를 구성하여 사건의 긴박함을 나타내는 경우이다.

(19) 偷珠连夜发先行。(《돈황변문》 - 쌍은기)

라. '连'이 이 시기에 정도를 나타내는 중요한 구조로 발전하여 사용된 경우이다. 이런 구조는 극단적인 정도를 강조하는 비유의 용법으로 자주 사용되었다.

(20) 怨噎连骨。(《돈황변문》 - 팔상변)

상술한 정도격 용법을 보면 '连'은 중심 서술어의 뒤에서 관련 항을 이끈다. 이는 개사가 중심 서술어의 뒤에서 여러 가지 성분을 이끌던 당시 중국어의 문장 구조에 부합된 것이다. 그중에서 "霜叶红于二月花"(두목의 시)와 같은 비교문이 대표적이다.

이상의 분석에 따르면 8세기경에 형성된 '连'의 용법은 모두 일종의 극단적인 정도를 강조하는 정도의 표현과 관련된 것이다. 그러나 당시는 현대중국어의 '连'자 구조가 출현하기 이전이며 《세설신어》에 나타났던 정도를 나타내는 느슨한 문장 구절마저도 그 용례를 전혀 찾을 수 없었던 시기이다. 이런 느슨한 문장 구절로부터 현대중국어의 '连'자 구조로 발전했기 때문에 '连'은 일종의 생산적인 문법 구조로 고착되기 위해서는 충분히 높은 사용 빈도를 가져야만 했다.

13세기에 이르러서는 정도를 나타내는 '连'의 문장 구조가 대량으로 나타났을 뿐만 아니라 '都' 또는 '也'와 자주 함께 사용되었다. 중국어의 '连'자 구조는 이러한 생성 발전 과정에서 유래되었다.

예문

정도를 강조하는 '连'의 의미는 위의 예문과 같은 문법 환경에서 매우 명확히 드러난다. 하지만 이때의 '连'은 뒤따르는 '부가' 부분이 반드시 주체와 물질적인 연계를 가져야 했던 점을 미루어 보면 아직은 문법 표지가 아니었다.

다음은 《주자어류》에서 정도를 표시하는 '连'의 각 용법을 부분적으로 고찰한 결과이다.

《주자어류》 중 '连'의 정도 표시 용법

구조 유형	사용 빈도
1. 连 + 명사 + 동사 + 명사	48
2. 형용사 + 连 + 명사	0
3. 连('연속'을 뜻하는 부사) + 동사	9
4. 连 + 忙	1
5. 连 + 시간사	10

보다시피 《돈황변문》 중의 "悲连紫塞"와 같은 용법은 이미 사라졌다. 그러나 '连'이 연동식의 첫 동사로 쓰여 정도를 나타내는 용법은 모든 정도 용법의 약 70%를 차지할 만큼 주요 용법으로 자리잡았다. 이런 높은 사용 빈도는 이 용법이 안정적인 문법 형식으로 고착될 큰 가능성을 보여준다. 따라서 이런 변화는 '连'자 구조의 산생을 예고하는 전조라고 할 수 있다.

문법의 변화는 일반적으로 고립된 사건의 발생 또는 소실이 아니라 대개 그 당시 전체 문법 체계의 변화로 인하여 반영된 결과이다. '형용사 + 连 + 명사' 형식의 소실과 '连 + 명사 + 동사 + 명사' 형식의 대량 사용 배후에는 중국어 문법의 심층적인 변화가 있게 된다. 10~15세기경에 중국어의 단문 구조는 다음과 같이 완전히 바뀌었다.

중심 서술어 + (개사 + 명사) → (개사 + 명사) + 중심 서술어

중국어 발달사를 훑어보면 몇몇 주요 구조는 모두 이런 변화를 겪었다.

예　가. 비교 구조: 형용사 + (于 + 명사) → (比 + 명사) + 형용사

　　나. 피동문: 동사 + (于 + 명사) → (被 + 명사) + 동사

　　다. 지점 구조: 동사 + (于 + 명사) → (在 + 명사) + 동사

　　라. 수단 구조: 동사 + (以 + 명사) → (用 + 명사) + 동사

이 시기에 나타난 문장 구조의 변화는 어순 변화뿐만이 아니다. 그 밖에도 '于'를 대체한 비교문의 '比'를 비롯하여 수많은 새로운 문법 표지가 이 시기에 출현하였다. 이 같은 문장 기본 구조의 변화로 인하여 연동식에서 첫 동사가 문법화되기 시작하였고 그 결과로 기존 문법 형식의 전환이 유발되었을 뿐만 아니라 많은 새로운 문법 형식이 형성되었는데 그중 가장 대표적인 것이 바로 처치식이다. '连'자 구조도 이런 배경 하에서 이룬 중대한 발전의 하나이다. 13세기경에 나타난 '连'의 용례를 자세히 보면 '连'이 들어간 어절의 앞에는 모두 일반적으로 어떤 정도의 크기를 설명하는 선행절이 오는데 '连'은 그 정도의 크기와 관련된 구체적인 상황을 설명하는 당시 문장 구조 차원에서 공통성을 가지고 있다. S로 하나의 절을 표시하면 '连'의 문장 구조는 다음과 같다.

$$S , 连 + NP + 都、也 + VP。$$

일례로 "这一句包得大, 连那上三句都包在里边。"을 보면 먼저 "这一句包得大"로 정도가 크다고 판단하고 연이어 "连那上三句都包在里边"으로 '大'의 정도를 구체적으로 설명했다. 이런 용법에서 알 수 있듯이 당시 '连'은 아직 단독으로 정도를 강조하는 문법 구조를 형성하지 못했으며 정도 의미는 전체 문장 구조에 의해 실현되었다.

《수호전》을 조사한 결과 '连'의 용법은 16세기에 이르러서도 현대중국어의 것과는 현저히 달랐다. 그 차이는 주로 강조의 용도로 사용될 때 당시 용법에서는 '连'이 이끄는 부가 부분이 반드시 물질적으로 주체와 연결되어야 한다는 데 있다.

예문

(23) 相国寺一株柳树, 连根也拔将起来。(《수호전》- 9회)

이 문장은 "노지심은 힘이 세다."는 사실을 강조한다. '连'이 이끄는 '根'은 버드

나무의 일부분으로 부가 부분과 주체가 실제 물질적으로 연결된다. 당시에는 "他连一分钱都不舍得花", "他连我也认不出来" 등과 같이 극소 양사(量詞) 또는 물질(공간)적으로 관련이 없는 사물로 정도를 표시하는 용법이 아직 없었다.

또 '连'과 호응하는 부사의 발달 상황을 살펴보자. 13세기부터는 정도를 나타내는 '连'이 '都' 또는 '也'와 자주 함께 사용되었다. 부사인 '都'와 '也'는 의미가 비슷하면서도 다르다. '都'는 어떤 지정 범위 안에 있는 모든 구성원이 같은 행위를 하거나 동종의 성격을 갖고 있음을 의미하고, '也'는 두 주체가 같은 행위를 하거나 동종의 성격을 갖고 있음을 표시한다. 모두 서로 다른 사물 간의 공통성을 표시하는 것으로 범위 내 구성원 수의 많고 적음에서만 차이가 난다. 이는 그들이 나중에 '连'자 구조에서 동의어 성분으로 발전하게 된 의미적 기반이다.

2.14.2.2 '连'자 구조의 발전과 성숙

진정한 의미의 '连'자 구조는 17세기에 이르러서야 성숙되었다. 그 징표로는 주로 다음의 두 가지가 있다. 하나는 '连'이 의미적으로 문법화되어 더 이상 도입되는 대상이 연관되는 구체적인 물체로 국한되지 않고 극소량의 수량 성분이나 추상적인 사물도 가능해진 것이고, 다른 하나는 '连'자 구조가 문맥에 의지하지 않고 단독으로 정도를 표시할 수 있게 된 것이다.

예문

(24) 爱惜东西, 连个线头儿都是好的。(《홍루몽》 - 35회)
(25) 我这屋子, 大约连神仙也可以住得了。(《홍루몽》 - 5회)

예문(24)의 '线头儿(실오라기)'는 본뜻의 실물을 가리키는 것이 아니고 가장 미천한 물건을 의미한다. 예문(25)의 '神仙'은 가장 고귀한 사람을 비유한 것이다. 두 예문의 '连'자 구조는 모두 다른 성분에 의지하지 않고 홀로 정도를 표시했다. 고찰에 따르면 《홍루몽》 시대에는 '连'자 구조가 이미 지금과 완전히 같았다.

‘连’자 구조는 18세기부터 이미 정도의 크기를 강조하는 안정적인 문법 수단으로 사용되었다. 그때부터 지금까지 ‘连’자 구조에 일어난 중요한 변화는 함께 사용되는 부사를 기능적으로 조정을 할 수 있는 것이다. 《홍루몽》에서 ‘连’이 부사 ‘都’, ‘也’, ‘还’와 함께 쓰인 경우는 다음과 같다.

《홍루몽》 중 ‘连’자 구조에서의 부사 용법

	긍정식	부정식
连……都……	62	15
连……也……	36	98
连……还……	8	13

《홍루몽》에 대한 통계를 바탕으로 세 가지 형식의 역할 분담을 정리해 보면 ‘连 ~ 都 ~’는 주로 긍정 구조에, ‘连 ~ 也 ~’는 주로 부정 구조에 사용되었다. ‘连 ~ 还 ~’는 적게 사용되었으나 긍정식과 부정식에 모두 사용되었고 그 사용 빈도도 비슷하다.

예문

(26) 且是连一点刚性也没有, 连那些毛丫头的气都受的。(《홍루몽》 - 35회)

(27) 明公正道, 连个姑娘还没挣上去呢。(《홍루몽》 - 31회)

예문(26)이 대표적인데 연이어 사용된 두 ‘连’자 구조에서 부정식은 부사 ‘也’를, 긍정식은 부사 ‘都’를 사용했다. 그리고 ‘还’가 사용된 구조는 모두 시간의 순서와 관련된 것들이다.

현대중국어에서는 세 형식의 역할 분담이 달라졌다. 아래표는 《편집부 이야기》에 대한 통계 결과이다.

《편집부 이야기》 중 '连'자 구조에서의 부사 용법

	긍정식	부정식
连……都……	62	15
连……也……	36	98
连……还……	8	13

18세기와 비교하면 현대중국어의 '连'자 구조는 두 가지 부분에서 확연히 다르다. 먼저, '连'자 구조에서는 부정식이 전체 용례의 약 70%에 이를 정도로 다수를 차지한다. 다음, 세 부사의 역할 분담이 모호해졌으며 전체 용례에서 '都'가 차지하는 비중이 80% 정도에 달해 나머지 두 부사에 대한 '都'의 대체 추이가 뚜렷해졌다.

2.14.3 맺음말

'连'자 구조의 문법화 과정은 화용, 문법 및 의미 등 세 가지 차원의 요인과 연관된다. 5세기경에 일반 동사인 '连'은 그 의미 때문에 한 물체의 주체와 부가 부분을 이어주는 기능을 바탕으로 정도를 강조하는 문법 환경에서 사용되기 시작했다. 12세기경에는 서술어 동사의 앞에 개사구가 오는 규범이 확립되면서 많은 연동식의 첫 동사가 개사로 문법화되었는데 '连'도 그때부터 문법화를 시작했다. 그리고 15세기경에 이르러 '连'은 부사 '都'나 '也'와 함께 정도를 표시하는 안정적인 형식을 형성하였다. 18세기에 이르러 현대중국어의 '连'자 구조가 완전히 성숙되었다. 그 후의 발전은 주로 '连'자 구조 내의 세 부사의 기능적인 조정에 집중되었다.

2.15

비교문의 구조적 변천

2.15.1 머리말

의미 차원에서 보면 비교는 최고급(最高級), 비교급(比較級), 대등급(等同級), 차이급(相差級) 등 네 가지 유형으로 나뉜다. 이 장에서는 '비교급'의 구조적 변천을 중심으로 비교문의 발전을 논의할 것이다. 비교급을 선정한 이유는 다음과 같다. 첫째, 비교급은 그 구조의 발전, 문법 표지의 생성을 비롯한 가장 복잡한 변화를 겪었다. 그러나 기타 유형들은 주로 어휘적인 대체 말고는 표지의 형식에서 문법적인 변화가 크지 않다. 둘째, 비교급 형식의 변천은 기타 비교 형식의 발전과도 밀접한 연관성을 가지므로 비교급의 변천을 밝히는 것이 문제의 핵심이다. 이러한 핵심적인 발전 맥락과 원인이 밝혀지면 관련 문제들도 쉽게 설명이 가능해진다.

이 장에서는 진한 시기의 비교문을 시작으로 고찰할 것이다. 당시 비교급 구조는 그 어떤 변화 없이 매우 안정되어 있었다. 고대로부터 지금에 이르기까지 비교문의 발전은 주로 두 갈래로 정리된다. 하나는 형용사를 중심 서술어로 하는 형용사 비교문(이하 '형비문(形比句)')이 그 문법 표지의 약화로 인해 소실되면서 비교급을 표시하는 새로운 구조에 대한 필요성이 대두되고 그로부터 일련의 변화가 유발된 것이다. 다른 하나는 선진 시기의 일반 동사 '比'로 구성된 문장 (이하 '비동문(比动句)')이 점차 비교문의 문법 표지로 발전하게 된 것이다.

구체적인 발달 과정 논의에 앞서 한조와 그 이전 시기의 비교문과 지금의 비교문이 어떻게 다른지 살펴보자.

가. 한조와 그 이전 시기 형비문 형식: X + A + 于 + Y

> **예문**
>
> (1) 季氏富于周公。(《논어》- 선진)
> (2) 一少于二而多于五。(《묵자》- 경하)

나. 한조와 그 이전 시기 비동문 형식: 比 + X + 于 + Y

> **예문**
>
> (3) 尔何曾比予于管仲? (《맹자》- 공손추상)
> (4) 若将比予于文木邪? (《장자》-인세간)

다. 현대중국어 '比'자 구조: X + 比 + Y + A

> **예문**
>
> (5) 季氏比周公富。
> (6) 我比他高。

고대 비교문 형식과 현대 비교문 형식을 비교하면 다음과 같은 두 가지 차이점을 발견할 수 있다. 첫째는 '比'가 '于'를 대체하여 비교문의 문법 표지로 고착된 것이고, 둘째는 두 비교항이 모두 중심 서술어의 앞으로 이동한 것이다. 따라서 비교문의 발달과 관련해서는 문제의 핵심을 다음과 같은 몇 가지 주제적인 측면에서 밝히고자 한다. 즉, 일반 동사 '比'는 어떻게 문법 표지로 발전되었는지, 두 비교항은 왜 위치 이동을 하였는지, 기존의 형비문과 비동문은 어떻게 지금의 '比'자 구조로 통합되었는지, 지금부터 이런 문제들에 대한 해답을 찾아볼 것이다.

2.15.2 '于(於)'의 소실과 그 문법적 영향

2.15.2.1 개사 '比'의 문법화를 추동한 문법 환경의 형성

비동문의 '于'는 한조 시기부터 문법 표지의 위치가 흔들리기 시작하여 위진남북조 시기에는 완전히 소실되었다. 그리하여 '比'는 연동 구조의 첫 동사 자리에 자유롭게 들어갈 수 있었는데 이는 '比'가 개사로 발전하는 데 필요한 문법 환경을 제공해 주었다. 형비문의 '于'는 대략 당조 후기부터 약화되기 시작하여 송조에 이르러서는 거의 사라졌다. 그 결과로 형비문과 대등급 비교의 형식이 "A + 似 + Y"로 통합되었고 그로부터 또 일련의 변화를 가져왔다.

선진·양한 시기 비동문의 형식은 5가지로 나누어 볼 수 있다. 참고로 괄호 안의 P는 비교 결과에 대한 판단이다.

가. 比 X 于 Y, (P)

> **예문**
>
> 夫昔者君子比德于玉焉。(《예기》 - 빙의)

위의 예문(3)과 (4)도 같은 유형에 해당된다.

나. 比 X 于 Y, (P)

> **예문**
>
> 城上垣曰睥睨⋯⋯ 亦曰女墙, 言其卑小。比之于城, 若女子之于丈夫也。
> (《석명》 - 석궁성)

다. 比 于 Y, (P)

> **예문**
>
> 上比于春秋, 未至于绞颈射股也, 下比于近世, 未至饿死擢筋也。
> (《한비자》 - 간겁시신)

라. X 比 之 Y, (P)

> **예문**
>
> 天下大利也, 比之身则小。(《회남자》 - 진족훈)

바. X 比 Y, (P)

> **예문**
>
> 吾比夫子, 犹黄鹄与鹪虫也。(《회남자》 - 도응훈)

실제로 X가 일반 명사인 (가), 대명사인 (나), 생략된 (다) 유형은 모두 '比 X 于 Y, (P)' 하나로 귀결된다. 문법 표지 '于'가 빠진 (라)와 (마)는 구조적으로 비교문의 다른 유형에 해당되며, 이 또한 형식 변화의 시작을 알리는 유형이기도 하다. 이처럼 그 이전에 오랫동안 사용되어 왔던 비교의 형식은 한조 시기부터 이미 흔들리기 시작하였다.

위진남북조 시기에 이르러서는 '于'가 비교문에서 완전히 소실되었다. 《세설신어》를 살펴본 결과 '比'가 주요 동사로 '비교'의 의미를 나타낸 용례가 총 46개로 집계된 반면에 '于'가 사용된 용례는 하나도 없었다.

(7) 王比使君, 田舍、贵人耳! (《세설신어》- 품조)

(8) 君祖比刘君, 故为得逮? (《세설신어》- 품조)

(9) 阿奴比丞相, 但有都长。(《세설신어》- 품조)

비교문의 '于'가 소실되기까지 두 가지 요인이 영향을 미쳤다. 하나는 한조 전후에 개사구가 주요 동사의 뒤에서 앞으로 이동한 것이다. '于'의 경우를 보면 동사 앞에 쓰인 경우와 뒤에 쓰인 경우가 《좌전》은 1:20, 《사기》는 1:4의 비율을 보인다. 동사 앞에 오는 '于'의 비중이 대폭 늘어났다. 그리고 같은 표현이라도 《좌전》에서는 '于'가 쓰였지만 《사기》에서는 쓰이지 않았다. 현대중국어에서는 결과를 표시하는 소수의 경우를 제외하고 개사구는 일반적으로 주요 동사의 앞에만 놓인다. '于'의 소실이 이 같은 개사의 전방 이동과 관계된다고 보는 중요한 근거는 '于'가 소실된 시기에 '比 X 于 Y'와 같은 기능을 하는 새로운 비동식 '以 + X + 比 + Y'가 출현했다는 점이다. 이 구조에서 개사 '以'는 중심 동사 '比'의 앞에서 비교항을 이끌어낸다.

(10) 有人以王中郎比车骑。(《세설신어》- 품조)

(11) 旧人桓谦比殷仲文。(《세설신어》- 품조)

(12) 人以汝家比武侯, 复何所言? (《세설신어》- 배조)

한조와 그 이전 시기의 예문(10)에는 "比车骑于王中郎"으로 쓰여야 했고 나머지 예문들도 이와 마찬가지이다. '于'의 경우와 마찬가지로 '以' 뒤의 비교항은 앞뒤 맥락에서 의미가 분명할 경우 생략이 가능하다.

(13) 许询年少时, 人以比王荀子, 许大不平。(《세설신어》 - 문학)

비동문 '于'의 소실에 영향을 미친 두 번째 요인으로는 문법 수단이 갈수록 정밀하고 정확하게 발전했다는 점이다. 한조와 선진 시기에 중국어의 '于'는 아주 발달한 개사로서 동작의 장소, 시간, 피동작주, 수용자, 방향 등을 이끌어 내는 여러 가지 기능을 했을 뿐만 아니라 피동문과 비교문의 문법 표지로 사용되기도 했다. 이처럼 기능이 너무 많으면 여러 뜻으로 해석될 수 있어 의사 소통에 영향을 미치게 된다. 따라서 효율적인 의사 소통을 위해 중국어에는 '在', '向', '给', '被', '比', '关于' 등 개사가 발전하여 '于'의 기능을 대체하게 되었다. 현대중국어의 구어에서는 '于'가 이미 완전히 소실되었다. 비동문의 '于'가 소실된 것은 '于' 자체의 성쇠(盛衰) 전환점의 구체적인 표현의 하나라고 볼 수 있다.

한 마디로 비동문의 '于'는 위진남북조 시기에 완전히 소실되었고, 또 이 시기에 발전한 '以'자 비동문은 두 표지항을 모두 '比'의 뒤에 두던 그 이전의 구조를 앞과 뒤에 각각 하나씩 두는 지금의 구조로 변화시켰다. 이런 어순 변화는 한조 시기에 이미 나타났으며 위진 시기에 최종적으로 완성된 것이다. 당시 '比'는 아직 일반 동사였지만 '于'의 소실과 어순의 변화는 '比'가 개사로 문법화할 수 있도록 문법 환경을 제공해 주었다.

2.15.2.2 '比' 용법의 발달

'于'의 소실은 어찌하여 동사 '比'의 문법화에 필요한 문법 환경을 제공해 주었는지, 현대중국어의 비교 구조는 'X 比 Y + VP(AP)'인데 여기서 '比'는 개사이다. 동사 '比'가 개사로 발전하기 위해서는 먼저 'X + 比 + Y + VP/AP'의 문법 형식으로 사용되어야 한다.

이 형식의 경우 초기에는 일반적인 연동식과 유사한 구조를 가졌다. 시간적 특성의 제약과 '比'가 이 형식에서의 사용이 많아지면서 '比'는 점차 동사의 특성과 시간 정보 표현과 관련한 문법적 특성을 잃고 개사로 발전하게 되었다. 이는 단독으로 문장의 중심 서술어가 된 '比'는 개사로 문법화될 수 없음을 말해준다. '于'는 상고 시기 대표적인 중국어의 개사이다. '于'가 비동문에 반드시 필요한 구성 요소인 상황에서는 동사 '比'가 문법화할 수 없었을 것이다. 그 이유는 다음과 같다. 첫째, 일반적으로 문장에는 하나의 중심 서술어가 있어야 하므로 '比X于Y'에서 '于'가 개사면 '比'는 문장의 중심 서술어여야 한다. 다시 말해서 중심 서술어 동사 없이 두 개사구만으로는 문장을 이룰 수 없기 때문에 이런 경우에 문법화는 일어날 수 없다. 둘째, '于'자구와 동사구는 서로 배척 관계이므로 주요 서술어 동사의 뒤에 '于'자구가 따르면 '比'는 연동 구조의 첫 동사가 될 수 없다. 따라서 문법화가 일어날 수 있는 문법 환경도 될 수 없다.

중심 서술어 동사의 뒤에 오는 '于'자구와 동사구의 상호 배척성은 비교문에만 국한되는 것이 아니다. 그 밖에도 중심 서술어 동사의 뒤에 오는 '于'자구와 동사구가 동시에 출현한 용례는 하나도 없었다. 다음의 '于'자 피동문에서도 보다시피 중심 동사의 뒤에는 모두 기타 동사성 성분이 따르지 않는다.

(14) 东败于齐。(《맹자》 - 양혜왕상)

(15) 弥之瑕见爱于卫君。(《한비자》 - 설난)

(16) 兵破于陈涉, 地夺于刘氏。(《한서》 - 가의전)

'比'가 연동 구조로 사용된 최초의 용례는 바로 '于'가 비동문에서 소실된 위진 남북조 시기에 나타났다. '比'자 연동식에서도 '于'자구는 발견되지 않았다. 이 역시 중심 서술어 동사의 뒤에 오는 ‘于’자구와 동사구가 서로 배척함을 말해주고 있다. 다음은 위조에서 당조까지 ‘比’자 연동식의 용례들이다.

(17) 比之甘罗, 已为太老。(《세설신어》 - 간오)

(18) 我有一子字曰均提, 年既孩幼, 不任使令。比前长大, 当用相与。
(《현우경》)

(19) 若比李三犹自胜。(백거이의 시)

(20) 官职比君虽较小。(백거이의 시)

(21) 色比琼浆犹嫩。(낭사원의 시)

(22) 比为势力不加, 所以蹉跎年岁。(《오자서변문》)

(23) 昏昏不觉一生了, 斯类尘沙比不少。(《추녀연기》)

이상의 비동식의 어순도 지금의 비교문과 다르지 않지만 여기서 ‘比’는 아직 동사라고 보는 것이 타당하며 그 바로 뒤에 오는 형용사 또는 동사구는 비교의 결과 또는 결론을 표시한다. 당시 ‘比’를 뒤따르는 형용사는 ‘较’, ‘犹’ 등 정도 부사의 수식을 받는 것이 일반적이었지만 지금은 “我比他很小”라고 쓰지 않듯이 정도 부사의 수식은 더 이상 허용되지 않는다. 그러므로 당시의 ‘比’자 형식은 지금의 비교문과 질적으로 차이가 있으며 비교급만을 표시하는 문법 구조도 아니었다.

의미적인 차원에서 보면 ‘于’의 소실로 인해 ‘比’ 뒤에 오는 동사성 성분의 서술 대상도 바뀌었다. 연동식에서는 두 번째 서술어 성분이 반드시 첫 비교항의 속성을 가리킨다. 이를테면 “色比琼浆犹嫩”에서 ‘嫩(연하다)’이 가리키는 것은 첫 비교항인 ‘色’이다. 그러나 전술한 바와 같이 한조와 그 이전 시기 ‘S 比 X 于 Y, P’ 형식에서 비동문의 뒤에 일반적으로 비교의 결과를 표시하는 판단 (P)가 있는데 여기서 P가 가리키는 대상은 두 비교항 X 또는 Y 중 어느 한 쪽도 아닌 S의 속성이다.

(24) 余所谓述故事, 整齐其世传, 非所谓作也, 而君比之于春秋, 谬矣。

《사기》- 태사공자서)

위의 예문에서 '谬(틀리다)'가 가리키는 것은 비교항인 '之(그것)'나 '春秋'가 아닌 '君(당신)'이다. '比' 뒤의 동사성 성분의 서술 대상이 바뀐 후 새로운 의미 관계는 현대중국어 비교문과 같으므로 이 시기의 관련 용례들도 지금의 '比'자 구조와 매우 비슷하다.

(25) 周凯比臣, 有国士门风。(《세설신어》- 품조)
(26) 阿奴比丞相, 但有都长。(《세설신어》- 품조)

그러나 지금의 비교문으로 형성되었다고 보기는 어렵다. 그것은 이런 용례가 매우 드물었고 당시의 대표적인 비교문 형식도 'AP + 于 + Y'의 형식이었기 때문이다. 이 점에 대해서는 뒤에서도 계속 논의할 것이다.

이상의 논의를 정리해 보면 '于'의 소실은 비교항의 위치 이동, '比'의 문법화에 필요한 문법 환경 마련, '比' 뒤의 서술어 성분의 의미 지향 변경 등 세 가지 측면에서 선진 및 한조 시기의 비동문이 현대의 '比'자 구조로 발전하도록 추진하였음을 알 수 있다.

2.15.2.3 '比' 발전의 불균형성

비동문과 형비문은 매우 불균형적으로 발전하였다. 위진남북조 시기에도 형비문은 여전히 기존의 'A + 于 + Y' 형식을 유지하였다. 이를테면 《세설신어》에서 총 11개의 형비문이 수집되었는데 그중에서 '于'를 사용한 것이 10개였다.

여기서 '于'를 사용하지 않은 형비문은 형식적으로 사동 용법과 전혀 구분되지 않으므로 여러 의미로 해석될 수 있었다.

이 문장은 두 가지 해석이 가능하다. 만약 '于'가 없는 형비문으로 보면 "比时人的五言诗都好"라는 뜻이고, 사동 용법으로 보면 "让时人都觉得绝妙"라는 뜻이다. 이처럼 적절한 형비문의 형식이 확립되기 전까지 '于'의 소실은 의미의 모호성을 유발하는 결과로 이어지기에 이는 형비문의 '于'가 뒤늦게 소실된 원인의 하나일 수 있다. 반면에 비동문의 '于'는 상대적으로 쉽게 소실되었을 것이다. 이를테면 "比之甘罗, 已为太老"의 경우, '之(나)'를 '甘罗(간라)'와 비교한 것으로밖에 풀이되지 않는다. 따라서 이는 비동문에서 '于'가 좀더 일찍 소실된 또 하나의 원인일 수 있다.

상고 시기 중국어의 형비문 형식은 당조 시기까지 그대로 사용되다가 송조 이후에야 약화되기 시작하였다. 아래는 당조 시기 문헌에서 찾은 용례들이다.

그러나 위진 이후의 형비문에서는 '于'의 자리가 약화되어 더 이상 문법 표지로서 반드시 필요한 것은 아니었다.

(35) 容箸葛巾角, 低头拂棋, 妙逾于帝。《세설신어》- 교예)

(36) 虽为小物, 耿介过人。《세설신어》- 규잠)

(37) 贪于杨子两三倍, 老过荣公六七年。(백거이,《송류오》)

위의 첫 예문은 '于' 앞에 오는 동사 '逾'의 도움으로 비교를 표시하였고 나머지 두 예문은 '于' 대신 '过'를 사용하였다. 전술한 바와 같이 형비문은 그 어떤 문법 표지가 없어도 가능하다. 형비문 형식이 약화되기 시작하면서 당조 후기에 이르러서는 비교급 형식(比較级格式)과 대등급 형식(等同级格式)이 뒤섞이는 등 형비문에 중대한 변화가 일어나기 시작했다. 이는 송원 시기에 대등급 형식이 비교급의 기능까지 겸하게 된 시작점이 된다. 대등급 형식은 중고 시기에 나타난 것 같지만 실제로는 선진 시기에 이미 'X + A + 若 + Y'의 형식으로 존재하였다.

(38) 君子之交淡若水, 小人之交甘若醴。《장자》- 산목)

(39) 夏侯初朗朗如月之入杯, 李安国颓唐如玉山之将崩。《세설신어》- 용지)

(40) 绿苔狂似人, 入我白玉堂。《관휴》- 기령고랑중)

대등급의 어휘적 수단에는 선후하여 '若', '如', '似' 등이 있었다. 당조 시기에 이런 어휘들은 비교급도 표시할 수 있었다. 이를테면《십이시(十二時)》에는 '판단'의 같은 의미를 나타냈지만 한 곳("直如富过石崇家")은 '过'를, 한 곳("更饶富似石崇家")은 '似'를 사용한 경우가 있다. 두 비교식의 혼용 현상은 아래 예문에서 더욱 명확하게 드러난다.

(41) 本寺远于日, 新诗高似云。(요합,《증공봉승차용》)

(42) 日出江花红胜火, 春来江水绿如蓝。(백거이,《억강남》)

위의 예문에서는 대등급 표지인 '似', '如'가 비교급 표지인 '于', '胜'과 대구를 이루었는데 의미적으로 다르다고 말하기 어렵다. 정확하게 말하면 비교급과 대등급은 당조 말기부터 혼용하여 사용하기 시작하였으나 송조 시기에 이르러서는 실제로 통합되었다.

2.15.3 형비문의 해체 및 비교급과 대등급의 통합

2.15.3.1 송조 시기의 '似'자 비교문

송조 시기에 '于'의 소실은 기존 형비문 형식의 해체를 유발했다. 그리고 비교의 기능은 기존에 존재하던 대등급 구조에 의지하게 되었다. 이처럼 두 가지 비교식이 구조적으로 섞이면서 또 일련의 재미있는 현상들을 유발하였다.

주지하다시피 송조 시기의 '似'자 구조는 비교급을 표시할 수 있었다. 40만 자가 넘는 송조 시기 구어체 말뭉치에서 총 17개의 비교급 용례를 찾았는데 그중 여전히 '于'를 사용한 경우는 "其见识犹高于世俗之人"(《주자어류》- 훈문인)을 비롯하여 총 3개에 불과했고, 나머지 14개는 모두 '似(如)'구조를 사용하고 있었다.

(43) 须是自去看, 看来看去, 则自然一日深似一日, 一日分晓似一日, 一日简易似一日。(《주자어류》- 훈문인)

(44) 赵正手高似我, 这番又吃他觅了包儿, 越不好看, 不如安排走休。(《송사공대뇨금혼장》)

‘似’가 ‘于’를 대체하는 과정에서 ‘과도한 유추’ 현상이 발생했다. 상고 시기 중국어에서는 비교 의미와 관계되는 동사의 뒤에 흔히 비교항을 이끌어 내는 ‘于’를 사용하였는데 위진 시기에 이르러서는 ‘于’의 소실로 인해 동사가 직접 비교항과 결합할 수 있게 되었다. 그러나 송조 시기에는 ‘似’가 형비문 ‘于’를 대체할 때에는 상고 시기 중국어의 ‘于’ 자리에 ‘似’ 혹은 ‘如’가 첨가되었다. 이를테면 《세설신어》에서 ‘胜’의 용례를 총 23개 수집하였는데 모두 ‘于’를 사용하지 않았다. 그 후 송조 시기에 이르러서는 다시 그 뒤에 비교항을 이끌어 내는 ‘似(如)’가 뒤따랐다.

전술한 바와 같이 진한 시기에는 비교에 사용되던 ‘比’, ‘过’의 뒤에 ‘于’를 사용하여 하나의 비교항을 이끌어 내야 했다. 그리고 위진 시기에 ‘于’가 소실되면서 송원 시기에는 기존의 ‘于’ 자리에 ‘似(如)’가 다시 오게 되었다.

이는 언어 발전에서 관찰되는 ‘격세(隔世) 유전’ 현상이다. ‘比’자 구조의 출현으로 기존의 형비문 형식이 바뀌면서 이런 현상도 더불어 소실되었다.

비교급과 대등급이 같은 형식을 공용하게 되면 의미에 혼용이 일어날 수밖에 없다. 이를테면 "旣能明似镜, 何用曲如钩"(허당화상어록)와 같은 문장은 대등 비교인지 격차 비교인지 그 구분이 명확하지 않았다. 언어 교제는 표현의 명확성을 요구한다. 그런 이유로 당시에는 또 대등식의 '似'자구 뒤에 잉여 성분인 '似的', '一般' 등을 첨가하여 비교급의 '似'자구와 구분 짓는 재미있는 현상이 생겨났다.

예문

(52) "白圭无玷", 颂翠岩大似白圭相似, 更无些瑕翳。(《벽암록》)

송원 시기의 'A + 似 + Y + 相似'와 같은 형식은 당조 시기에는 아직 나타나지 않았다. 의미적으로 보면 이런 잉여 성분은 전혀 필요 없다. 그러나 비교급의 발달사와 함께 살펴보면 이런 변화를 쉽게 이해할 수 있다.

대등급에는 줄곧 '似 + Y + A'와 'A + 似 + Y'의 두 가지 어순이 존재하였는데 'A + 似 + Y' 만이 비교급 표현 기능을 겸비하였다. '似 + Y + A'의 경우는 대등급을 표시하는 기능으로만 사용되었다.

예문

(53) 金印酬功如斗大。(위응물,《송손진부운중》)

(54) 金之气如何似铁恁地硬。(《주자어류》- 권4)

(55) 每见着状元, 都不似今年底聪慧。(《장협장원》)

대등급의 두 가지 어순은 그것이 비교급의 기능까지 겸할 수 있도록 어느 정도 가능성을 열어주었다고 볼 수 있다.

2.15.3.2 송조 시기 형비문과 대등급 형식의 혼용이 발생한 원인

이 부분에서는 형비문 소실 후 어찌하여 대등급 형식이 그 기능을 맡게 되었는지를 살펴보고자 한다. 두 형식은 각각 다음과 같다.

(가) 비교급: X + A + 于 + Y
(나) 대등급: X + A + 似 + Y

비교해 보면 두 형식은 다음과 같은 공통성을 지닌다. 첫째, 두 형식은 모두 중심 서술어 자리에 주로 형용사가 들어가며 구성 요소의 성질도 같다. 둘째, 두 형식은 구성 요소의 수와 어순이 같다. 셋째, 두 형식은 모두 비교를 나타내며 표의 기능(表意功能)도 비슷하다. 이상의 여러 공통성에 근거하면 왜 '似'자 구조가 기존 형비문의 기능까지 겸할 수 있게 되었는지를 이해할 수 있다.

다른 한 가지 문제는 형비문이 어찌하여 비동문과 직접 통합되지 않았는가 하는 것이다. 그 원인은 그들 사이에 존재하는 두 가지 중요한 차이점에서 찾을 수 있다. 하나는 그 시기에 비동문은 두 비교항이 모두 중심 서술어의 앞에 위치하는 반면에 형비문은 두 비교항이 중심 서술어의 앞뒤에 각각 하나씩 위치한다는 점에서 비동문과 형비문의 문법 형식이 일치하지 않았다. 다른 하나는 표의 기능 면에서 상당한 차이를 보였는데 '比'자문의 서술어는 주로 동사였다. 당송 시기에 '比'가 연동식으로 사용된 경우를 살펴보면 두 번째 서술어가 동사인 경우가 70% 이상에 달했다. 따라서 형비문과 비동문은 차이가 커서 직접적인 관계를 맺기에는 어려움이 컸다.

그 어떤 구조가 소실될 때 그 기능은 우선적으로 여러 가지 면에서 가장 비슷한 구조에 의지하게 된다. 대등급 구조가 형비문으로 대체된 것은 위 사실을 말해주는 가장 좋은 예이다.

2.15.3.3 원조 시기 비교급 형식으로 발전한 비동문

비교급을 나타내는 '似'자 구조는 당조 말기에 생성되어 송조 시기에 보편적으로 사용되었고 원조 시기에는 아주 널리 사용되었다. 원조 시기까지도 비교급을 나타내는 대표적인 형식은 여전히 '似'자문이었다. 당시에는 지금의 것과 비슷한 비교문도 있었다.

(56) 他和我近, 我和他亲, 你比他疏。《원간잡극30종》 - 초소왕소자하선)

(57) 王陵比我会沽酒!《원간잡극30종》 - 한고황탁족기영포)

위의 예문만을 보면 확실히 현대의 '比'자 구조와 크게 다르지 않다. 하지만 당시의 전반적인 비교급 표현을 살펴보면 다른 결론을 얻게 된다. 먼저, 그 당시 위 예문과 같은 용례들은 여전히 매우 드물었다. 이를테면《원간잡극30종(元刊雜劇三十種)》에 사용된 위와 같은 용례는 총 4개에 불과한 반면에 비교급을 나타내는 '似'식 용례는 51개에 달했다.

(58) 休笑我哝, 我干净如你!《원간잡극30종》 - 동창사범)

(59) 半良身情深如你那腹为亲妇, 半贱体意重似拖麻拽布妻。
　　　《원간잡극30종》 - 사니자조풍월)

(60) 磁瓯儿少意况, 强如这惹祸患黄金盏。
　　　《원간잡극30종》 - 엄자릉수조칠리탄)

(61) 咱醉眼宽似沧海中, 咱醉眼竟高似青宵上。
　　　《원간잡극삼30종》 - 엄자릉수조칠리탄)

다음, 지금의 '比'자 구조가 단순히 비교급을 표시하는 것과 달리 당시 비동문의 형용사는 정도 부사의 수식을 받아 '최고급', '비교급' 및 '대등급'을 모두 표시할 수 있었다.

(62) 咱须是亲兄弟, 比外人至亲熟。(《원간잡극30종》 - 생사교범장계서)

(63) 这桥便是我夜来说的桥, 比在前十分好。(《노걸대》)

(64) 守口子渡江处的官司, 比咱们这里一般严。(《노걸대》)

이상의 용법들은 현대중국어에서 이미 완전히 소실되었다. 당시의 '比'는 여전히 '비교하다', '대비하다'의 의미를 가진 일반 동사이고 그 뒤의 형용사구가 비교의 결과를 제시했다고 보는 것이 타당하다. 그리고 '比'의 뒤를 따르는 것이 동사구인 경우는 동사로 보는 것이 유일한 해석이다.

(65) 比他是龙子龙孙。(《원간잡극30종》 - 위지공삼탈삭)

(66) 我比他穿衣服知个暖凉。(《원간잡극30종》 - 엄자릉수조칠리탄)

그러나 송원 시기에는 비동식도 비교급 형식으로 통합되는 추이를 보이기 시작했다는 점에 주목할 필요가 있다.

2.15.3.4 명조 시기 '比'자 구조의 최종 확립

명조에 이르러서 '比'자 구조는 '似'자 구조를 대체하여 비교급을 표시하는 대표적인 형식으로 자리잡았다. 송조 시기에 '比' 용법의 발전은 이런 변화에 조건을 만들어주었다. 여기서 발전이라 함은 하나는 '比'와 '似'가 기능, 의미 면에서 서로 대체할 수 있는 관계를 형성한 것을 말한다.

(67) 仲尼徒不愿比孙庞, 生死交当可似苏张。

(《원간잡극30종》 - 생사교범장계서)

‘比’와 ‘似(如)’의 교차 사용은 결코 우연이 아니다. 위진남북조 시기에 ‘比’는 단독으로 서술어가 되어 대등급을 나타냈다. 이를테면 “世目殷琊: 思纬淹通, 比羊叔子。”(《세설신어》 - 품조)에서 ‘比’는 ‘대등하다’는 뜻이다. 그 밖에 대략 원명 시기에는 현대중국어의 대등식 ‘跟……一样’에서의 ‘跟’은 ‘比’ 또는 ‘如’로 모두 사용할 수 있었다.

예문

(69) 守口子渡江处的官司, 比咱们这里一般严。(《노걸대》)

(70) 布价如往年的价钱一般。(《노걸대》)

송조 시기 ‘比’ 용법의 다른 하나의 발전은 일반 동사 용법이 약화된 것을 들 수 있다. 이는 주로 일반 동사로의 사용 빈도가 줄어든 것과 긍정식과 부정식에 사용된 비율의 변화에서 드러난다. 아래 표에서 위진남북조 시기의 말뭉치는 《세설신어》이고, 송원 시기의 말뭉치는 《근대 중국어 문법 자료집(송대권)》과 《원대잡극30종》이다.

‘比’의 동사성 약화 과정

위진남북조 시기		송원 시기	
긍정식	부정식	긍정식	부정식
32	4	8	29

위의 표에서 보면 ‘比’가 일반 동사로 사용된 횟수는 대체로 비슷하지만 통계된 위진남북조 시기의 말뭉치는 약 6만자에 불과하고 송원 시기의 말뭉치는 무려 50

만자에 이른 점을 고려한다면 일반 동사 '比'는 송원 시기에 벌써 사용이 제한되었음을 알 수 있다. 또 다른 주요 변화는 '比'의 사용이 긍정식 위주에서 부정식 위주로 바뀌었다는 것이다. 송원 시기의 '比'는 더 이상 사용이 자유로운 일반 동사가 아니고 긍정성의 정도가 낮은 부정성 성분이 되었다. 한마디로 이상의 현상들은 모두 '比'가 문법화되고 있다는 것을 말해준다.

2.15.4 중심 서술어 뒤의 '似'자구의 소실과 '比'자 구조의 형성

2.15.4.1 '似'자 비교문의 소실 원인

명청 시기는 '比'자 구조 형성에 있어서 결정적인 시기였다. 이 시기에 '似'자 구조의 소실로 인해 비교의 기능이 최종적으로 '比'자 형식으로 이전되었는데 비교급 기능의 이 같은 통합은 또 '比'자 구조가 갖고 있던 다양한 기능이 단일화되어 마침내 지금의 비교식이 형성되었다. 또한 이 시기에 '比'가 동사성을 완전히 잃고 개사로 바뀌었다.

'似'자 비교문의 소실 원인은 중국어 단문 구조의 변화에서 찾을 수 있다. 앞에서 언급하였듯이 '似'의 비교식은 'AP + 似 + Y'이다. '似'는 중심 서술어가 되는 AP의 뒤에서 비교항인 Y를 이끌어 내는데 이 형식이 존재할 수 있었던 이유는 당시 단문 구조와 밀접한 관련이 있다. 한위 시기부터 명조 시기까지 자주 쓰인 문장 형식은 'S + VP$_1$ + O + VP$_2$'이다. VP$_2$는 동사구, 형용사구, 개사구, 시간사, 수량구 등 다양한 서술어 성분을 포함하며 그 앞에 오는 주어, 중심 동사 및 빈어를 수식하거나 설명하는 역할을 했다. 아래는 분류별 용례들이다.

가. VP$_2$가 동사인 경우

(71) 养令翮成, 置使飞去。(《세설신어》 – 문학)

(72) 女乃乎婢云: "唤江郎觉!" (《세설신어》 – 가휼)

나. VP₂가 형용사인 경우

(73) 宣武移镇南州, 制街衢平直。(《세설신어》- 언어)

(74) 戴既无吝色, 而谈琴书愈妙。(《세설신어》- 아량)

다. VP₂가 개사구인 경우

(75) 种瓜于长安城东。(《사기》- 소상국세가)

(76) 母于是感悟, 爱之如己子。(《세설신어》)

라. VP₂가 시간사인 경우

(77) 行之十年, 秦民大悦。(《사기》- 상군열전)

(78) 讲《大般涅槃经》数十遍。(《보리달마남종정시비》- 1권)

마. VP₂가 수량사인 경우

(79) 手把白牡丹花一朵。(《대당삼장취경시화》)

(80) 大师可饮京酒一两杯。(《을묘입국주청》)

그러나 현대중국어에서는 VP₂의 자리가 없어졌기 때문에 이상의 각 용례들도 규칙성을 상실했다. 그리고 VP₂와 그 앞 성분의 의미 관계에 따라 문장 구조가 재조정되었다. "唤江郎觉"와 같이 일부 VP₂는 동사의 보어가 되었고, "在长安城东种瓜"처럼 VP₂가 동사의 부사어 자리로 이동하였으며, 또 일부는 "手把一把白牡丹"처럼 보어의 관형어가 되기도 했다. 위치를 이동한 VP₂는 기타 성분의 보충어 또는 수식어가 되었다. 한마디로 중국어의 단문 구조는 고대에서 현대까지 'S + VP + O + VP₂'에서 'S + VP + O'로의 변화를 겪었다. 그리고 이런 변화는 약 명조 시기(16세기를 전후하여)에 완전히 마무리되었다.

'似'자 비교식은 주로 형용사가 중심 서술어를 맡는 약간의 차이를 제외하고는 사실상 구단문 구조의 일종이라고 봐야 한다. 그러므로 '似'자 구조도 단문 형식의 변화에 영향을 받지 않을 수 없다. 현대중국어의 단문 구조는 중심 서술어가 되는 형용사의 뒤에 개사를 이용한 비교항을 허용하지 않는다. 따라서 중국어의 형비문은 상고 시기에는 두 비교항이 형용사의 앞과 뒤에 각각 놓이던 데로부터 현재는 모두 중심 서술어가 되는 형용사의 앞에 놓이는 'X + 比 + Y + AP'의 형식으로 바뀌었다.

2.15.4.2 비교급 '似'자 구조의 최종 소실

'似'자 구조는 명조 시기부터 약화되기 시작하였는데 그중 사용이 가능한 형용사는 '强', '胜' 등 소수의 몇 개로 한정되었다.

> **예문**
>
> (81) 大儿虽则不才, 也强如那穷酸饿鬼。(《초각박안량기》 - 한수재승란빙교처)
>
> (82) 做官府家的陪嫁, 胜似在我家。(《성세항언》 - 양현령경의혼고녀)

이상의 잔존 용법에 대한 합리적인 해석은 '强', '胜' 등 어휘는 그 자체에 매우 강한 '비교급'의 의미를 가지고 있기 때문에 '似'자 구조가 비교 기능을 상실한 후에도 여전히 사용되었을 것이라는 견해이다.

이와 더불어 이 시기에는 직접 현대중국어의 '比'자 구조로 볼 수 있는 용례들도 많이 나타나기 시작했다.

> **예문**
>
> (83) 枝枯再活, 花萎重新, 比钱更加烂熳。(《성세항언》 - 삼효염례산립고명)
>
> (84) 他骨气也比你重几百分哩。(《성세항언》 - 양현령경의혼고녀)
>
> (85) 这浚县又是个僻处, 比京都更难。(《명세항언》 - 노태학시주오공후)
>
> (86) 怎的恁般的说, 你每姐姐比那个不聪明伶俐? (《금병매》 - 37회)

그러나 명조 시기에는 이 같은 '比'의 용법이 지금과 완전히 똑같지는 않았다.

이를테면 예문(87)의 '比'는 동사이고, 예문(88)의 '比'는 지금의 '跟'에 해당되며, 예문(89)에는 정도 부사인 '甚是(극히)'가 들어있다.

2.15.4.3 '比'자 구조가 '似'자 구조를 대체한 원인

지금부터 '似' 비교급이 소실된 후 '比'자 형식이 선택된 원인을 살펴볼 것이다. 첫째, 송조 시기의 '于'자 형비문 소실 시의 문법 체계와 달리 명조 시기의 '似'자식의 소실 원인은 중국어 단문 구조에서 VP_2 문법 자리가 없어진 것에서 비롯된다. 따라서 새로운 비교급은 반드시 중심 서술어의 앞에서 비교항을 이끌어 낼 수 있어야 했다. 이처럼 이후에 생겨날 새로운 구조의 기본 틀은 사전에 규정된 것이었다.

둘째, 대등식은 원래부터 '似 + Y + AP'와 'AP + 似 + Y'의 두 가지 어순을 갖고 있었다. 비교급 형식이 직접 첫 번째 형식으로 변화되는 데는 다음과 같은 문제들에 부딪친다. 하나는 비교급과 대등급의 구조가 같으면 심각한 의미 혼용 현상을 유발하므로 언어 교제의 명확성 요구를 어기게 된다는 것이고, 다른 하나는 첫 번째 형식은 대등급에 한정된 형식으로서 비교급으로 사용된 적이 없었기에 서로 분명한 차이를 가지고 있는 양자가 갑자기 하나로 합쳐질 수가 없다는 것이다.

명조 시기에 이르러 '比'자식은 이미 비교급의 기능을 대신할 최적의 선택이 되었다. 이렇게 보는 첫 번째 이유는 전술한 바와 같이 '比'자식은 송원 시기에 이미 비교급을 표시하는 기능을 가졌다는 점이다. 당시의 '比'자식은 최고급, 비교급 및 대등급의 세 등급을 표시할 수 있었다. 즉, 비교급의 기능을 겸했으므로 '似'자 구조가 소실될 때 '比'자식은 자연스럽게 그것을 대체하여 그 기능을 수행할 수 있었을 것이다. 두 번째 이유는 앞의 예문에서 살펴보았듯이 송원 시기의 '比'는 의미적으

로나 용법 면에서나 '似(如)'와 매우 근접하였기 때문에 '似'자 구조 소실 이후 비교
항을 이끌어 내던 '似'의 기존 기능은 의미와 기능이 매우 비슷한 '比'에 의해 대체
될 가능성이 클 수밖에 없었다. 그리고 마지막으로 '比'자식의 어순이 '似'자 구조
의 소실과 더불어 생겨난 새로운 비교급 형식의 필요 조건, 즉 두 비교항이 모두 중
심 서술어의 앞에 위치해야 하는 조건에 잘 부합되었다. '比'자식이 비교급 기능을
대체한 위의 과정은 그 어떤 구조가 소실될 때 그것이 갖고 있던 기능이 우선 여러
면에서 가장 근접한 구조에 의해 대체된다는 점을 다시 한번 말해주고 있다.

2.15.4.4 '比'자 구조의 발전과 성숙

《홍루몽》 시대의 비교문은 지금의 것과 크게 다르지 않다.《홍루몽》의 1/4 가량
(26~54회)되는 약 30만자 말뭉치에서 형용사 '比'자식의 용례 총 42개를 수집하였
는데 모두 비교급을 나타내는 것으로 지금의 용례와 같았고 더 이상 수식하는 정도
부사를 두지 않았다. 이는 당시 '比'자 구조는 기능이 이미 전문화되어 비교급으로
만 쓰였음을 말해 준다.

예문

(90) 这些姐姐们, 再没有一个比宝姐姐好的。(《홍루몽》 - 31회)

(91) 你也试着比我利害的人了。(《홍루몽》 - 8회)

(92) 比我还大好几岁呢。(《홍루몽》 - 39회)

(93) 这个又比那个亮, 正是雨里点的。(《홍루몽》 - 45회)

현대중국어에서 비교문에 들어가는 동사구조도 당시에는 이미 존재했다.

예문

(94) 我比小厮们还放得好呢? (《홍루몽》 - 36회)

(95) 我明儿一早回老太太, 岂不比老婆子们说的明白。(《홍루몽》 - 45회)

앞에서 언급하였듯이 송원 시기의 ‘似’자식에 쓰이던 ‘强’ 등 극소수의 단어들이 명조 시기에 와서도 여전히 보존되었고 또 이때에 새로운 ‘比’자 구조에 사용되었다.

(96) 用银吊子熬出粥来, 若吃惯了, 比药还强。《홍루몽》- 45회)

(97) 只有个母亲, 比你略强些。《홍루몽》- 45회)

송원 시기의 ‘似’자 비교식은 “这病也不得一日重似一日”《홍루몽》32회), “一天大似一天”《홍루몽》38회)과 같이 ‘수사 + A + 似 + 수사’라는 고정된 형식으로만 존재했다.

《홍루몽》 시대의 ‘比’자 구조도 지금의 것과 완전히 같은 것은 아니었으며 그 차이는 주로 다음의 두 가지 면에서 드러난다.

가. ‘比’는 간혹 ‘대등급’으로도 사용되었다.

(98) 我这个方子比别的不同。(《홍루몽》- 38회)

(99) 留下他伏侍我好几年, 就比他日夜伏侍我尽孝的一样。(《홍루몽》- 47회)

위 예문 중의 ‘比’는 지금에 와서 개사 ‘跟’에 의해 대체되었는데 이는 ‘比’자 구조의 기능이 지금이 그때보다 훨씬 전문화되었음을 말해준다.

나. ‘比’는 강한 동사적인 특성을 갖고 있었다. 의문 대명사의 전체 지칭 용법으로 이 점을 설명할 수 있다. 현대중국어에서는 전체 지칭을 나타내는 의문 대명사가 동사의 빈어는 안되지만 주어나 개사의 빈어가 될 수는 있다. 이를테면 “她跟谁都熟”, “她把什么都不放在眼里” 등은 개사의 빈어가 된 경우이다. 반면에 “她见

过谁"('모든 사람을 만난 적이 있다'는 뜻)는 허용되지 않는다. 《홍루몽》에서는 전체 지칭을 나타내는 의문 대명사가 아직 '比'의 빈어로 될 수 없었으며, 전체 지칭을 나타낼 때는 일반적인 단어 형식에 불과했다. 이는 지금까지의 고찰 결과와도 같다.

(100) 这凤娘年纪虽小, 行事儿比是人都大呢。《홍루몽》 – 6회)

(101) 药气比一切的花香还香呢?《홍루몽》 – 51회)

(102) 这是后幕的, 比一切的令都难。《홍루몽》 – 62회)

현대중국어에서는 "比什么都香", "比谁都大"처럼 전체 지칭을 나타내는 의문 대명사가 모두 '比'의 빈어로 될 수 있다. 이로부터 우리는 비교식의 '比'가 진정으로 동사성을 잃고 개사로 발전한 시기가 청조에서 현재까지의 시기라는 것을 알 수 있다.

'比'의 또 다른 발전으로는 기존의 동사 용법 대부분이 '比较', '相比', '比划' 등 합성어에 의해 대체되었다는 것이다. 그리하여 단음절의 '比'는 그 사용이 더욱 전문화되어 비교식 표지로 사용된 경우가 96% 정도로 높은 비중을 차지한다. '比'자 구조는 현대중국어에서 이미 사용이 보편화된 안정적인 형식을 갖춘 문형이 되었다.

2.15.5 맺음말

비교문의 발전 과정을 요약해 보면 다음과 같다.

가. 위당 시기: 비교문의 '于'가 소실되면서 두 가지 문법적인 변화를 유발했다. 하나는 원래 모두 '比'의 뒤에 위치하던 두 비교항이 지금과 같이 앞과 뒤에 각각 위치하는 구조로 바뀐 것이고, 다른 하나는 '比'가 연동 구조의 첫 동사로 자유롭게 사용되는데 이는 이후의 문법화에 필요한 문법 환경을 제공해 주었다.

나. 송원 시기: 형비문이 해체되면서 그 기능이 '似'자 구조로 이전되었다. 그와 동시에 '比'의 일반 동사로서의 사용이 제한 받게 되었는데 의미나 기능 면에서 '似'와 겹쳐 '比'가 들어간 연동식은 최고급, 비교급, 대등급을 표시하는 기능을 겸하게 되었다.

다. 명청 시기: '似'자 구조의 소실로 인해 그것의 비교급 형식 기능이 '比'자 형식으로 이전되었다. 이 시기에 형비문의 두 비교항은 상고 시기의 어순에서 지금의 어순으로 바뀌었다.

라. 청조~현재: 용법이 보편화된 '比'가 동사성을 점점 잃고 비교문 표지, 즉 개사로 바뀌었다.

비교문의 발전 과정은 문법 구조와 문법 기능이 어떻게 상호 작용에 영향을 끼치면서 언어 체계의 발전을 추진하는지를 잘 보여주고 있다. 언어 교제는 문법 구조들이 명확한 표현 기능을 가질 것을 요구하고 있다. 그 어느 한 구조가 소실되어도 그것이 갖고 있던 표현 기능은 사라지지 않고 원래의 구조와 여러 측면에서 비슷한 다른 형식에 의해 표시되는 것이 일반적이다. 이때 기존 기능과 새로 이전된 기능 사이에 갈등을 겪게 되는데 이런 갈등 속에서 언어는 해당 형식을 개조하거나 분화하는 방법으로 의미를 명확히 구분하려는 목적에 달성한다. 그 결과로 문법 구조가 일련의 변화를 겪게 되는바 바로 이런 이유로 구조와 기능의 상호 작용 관계가 문법 변화를 유발하는 원인의 하나라고 볼 수 있다.

문법 구조 변천이 형용사와 부사 표지에 미친 영향

2.16.1 머리말

이 장에서는 부사 접미사와 형용사 접미사의 발달을 중심으로 문법 구조의 변화가 어떻게 문법화의 방향에 영향을 미치는지를 살펴볼 것이다. 중국어의 역사를 돌이켜보면 '如', '若', '似' 등 '유사하다(类似)', '이와 같다(如此)'의 의미를 가진 동사(이하 '상의사(像義詞)')들은 점차 부사 또는 형용사의 접미사로 발전하였다. 그러나 같은 의미적 특징을 가진 어휘라 할지라도 각 시기의 발전 방향이 매우 다른 양상을 발견할 수 있다. 약 15세기를 분기점으로 그 이전에는 서로 다른 형식의 여러 상의사가 점차 접미사로 발전하였으나 그 이후에 나타난 '像'을 비롯한 동의어들은 유사한 발전을 이루지 못하였다. 이 장에서는 중국어 문법 구조의 변화를 통해 그런 차이를 풀어내고자 한다. 구체적으로 15세기경에 마무리된 문법 변화로 인해 상의사의 문법화에 적합했던 원래의 환경이 사라지면서 이 유형의 단어들은 더 이상 동사 접미사나 형용사 접미사로 발전할 수 없었다는 점을 살펴볼 것이다.

문법화와 문법 환경의 상호 작용 측면으로 접근해 보면 중국어 발달사의 일부 난해한 현상 들에 대한 합리적인 해석을 도출해 낼 수 있다. 예를 들면 명조 시기 백화 소설(白話小說)에 나타난 동사 '似'의 앞에 어기 조사 '也'를 더한 부사 접미사 '也似'의 구조는 매우 특이하다. 이를 몽골어 문법의 영향으로 나타난 구조라고 추측하는 견해도 있다. 이 구조를 현대중국어의 문법 구조로 보면 실로 매우 특별하다. 그러나 이 장의 분석에 근거하면 '也似'도 중국어의 내부에서 발전했을 가능성이 있다는 것이다. 다만 문법화를 이룬 문법 환경이 문법의 발전과 더불어 현대중국어에서 사라졌을 뿐이다.

같은 언어일지라도 서로 다른 시기의 문법화 특징은 다르게 나타난다. 이는 중국어에만 존재하는 현상이 아니고 다른 언어에서도 유사한 사례를 얼마든지 찾아볼 수 있다. 이를테면 SVO와 SOV 두 가지가 모두 가능하던 영어는 15세기 이후부터 SVO 단일 어순으로 고착되었다. 이 중대한 어순 변화와 더불어 영어 문법에도 심각한 변화가 일어났다. 그중 가장 대표적인 것이 형태 체계가 지속적으로 간소화되거나 퇴화된 것이다. 그 밖에도 영어의 문법화 경로도 더 이상 단어에 더해지는 접미사를 생산하는 것이 아니라 압축 또는 어구 고착을 통해 특정 문법 범주를 표시하는 형식을 만들어내는 식으로 크게 바뀌었다. 예를 들어 현대 영어 구어체에서 명령문 표지 'lets'는 'let us'에서, 'is gonna'는 'is going to'에서 유래된 것 등등이다. 영어 문법의 최근 500년의 발전은 줄곧 SVO 기본 어순을 보인 중국어와 매우 비슷한 특징을 보인다. 한 언어의 기본 어순과 그 문법화 특징 간의 상호 작용 관계는 매우 중요한 이론적 문제이다.

또한 10세기경에 나타난 부사와 형용사의 접미사로 된 '的(地)'의 경우도 상의사와는 서로 다른 문법화 과정을 거쳤다.

2.16.2 문법 구조와 의미의 적합성

특정의 문법 구조와 의미의 적합성은 실사(實詞)의 문법화를 위한 두 가지 필수 조건이다. 영어의 형용사 접미사와 부사 접미사를 예를 들어 문법 구조가 어떻게 단어의 문법화에 영향을 미치는지를 살펴볼 것이다. '-ful'은 영어의 형용사에 자주 쓰이는 접미사이다. 'hopeful', 'joyful', 'painful', 'handful' 등과 같이 많은 동사와 명사에 접미사 '-ful'이 붙어 형용사화된다. 그 문법화 절차는 다음과 같다.

> 1단계: a basket full of(eggs)
> 2단계: a cupfu(l of water)
> 3단계: hopeful

즉, 접미사 '-ful'은 독립된 형용사인 'full of'에서 유래되었고 '중심 동사의 뒤에 자리한 형용사'가 문법화를 유발하게 된 특정 문법 환경이며, 이 환경에서 재분석과 음성 약화를 거쳐 문법화가 이루어졌다. 중국어처럼 형용사 수식어가 중심어의 뒤에 위치할 수 없는 언어에서는 이런 발전이 있을 수 없다. 어떠한 문법 표지가 형성된 다음에는 그 사용 범위가 확대되는 것도 문법화에서 흔히 보이는 현상이다.

또한 영어의 부사 접미사 '-ly'는 형용사 뒤에 붙어 그 형용사를 부사로 바꿔준다. '-ly'는 개사인 'like(같다)'에서 유래되었다. 'like'가 부사의 접미사로 문법화될 수 있는 전제 조건은 그것으로 구성된 수식어가 중심 서술어의 뒤에 놓이기 때문이다. X로 중심 서술어(동사와 형용사 포함)를, NP로 'like'가 이끌어낸 성분을 표시하면 그 발전 과정을 다음과 같이 정리할 수 있다.

> X like NP 〉 X like 〉 X-ly

이런 발전도 재분석과 음성 약화의 과정을 거쳤다. 영어 부사 접미사의 발전은 이 장의 분석에 시사하는 바가 크다. 왜냐하면 'like'도 '비슷하다'는 의미를 가진 동사이기 때문이다. 'Like'는 원래 동사였는데 유추를 표시하는 개사가 되면서 서술어의 뒤에 비교항을 이끌어 내는 요소로 자주 사용되었다. 이는 고대중국어의 경우와 같으며 바로 이 같은 이유로 고대중국어의 여러 상의사가 점차 부사 접미사로 발전하였다는 점을 이 장의 뒷부분에서 논증하고자 한다. 이로써 어순과 문법화의 관계는 매우 밀접하다는 것을 알 수 있다.

특정 문법 범주의 발전에 그 어떤 의미적 특징을 가진 단어가 늘 선택되는데 이 것은 인간 언어의 문법화에서 보편적인 규칙으로 된다. 다시 말하면 특정 의미적 특징을 가진 단어만이 특정 문법 범주로 발전할 수 있다. 이를테면 여러 언어에서 '소망', '요구'를 뜻하는 동사는 모두 미래형 표지로, '결여'를 뜻하는 동사는 부정 표지로 발전하였다. 위에서 논의했던 영어의 부사 접미사와 이 장에서 논의할 중국어의 부사와 형용사 접미사의 유래를 보면 상의사의 의미적 특징은 부사와 형용사의 접미사와 적합성을 가진다. 이런 의미적 적합성은 아래와 같은 점에서 드러난다. 부사와 형용사는 대체로 추상적이고 모호한 성상을 표시하여 그것들이 가리키는 것은 보통 구체적으로 정확하게 파악하기 어렵다. 그 원인으로 의사 소통에서 사람들은 서로의 이해를 돕고자 흔히 구체적인 사물을 인용하여 표현하는데 일반적으로 상의사가 그런 '인용'의 역할을 하였다. 따라서 상의사와 부사, 형용사는 높은 빈도로 함께 출현하게 되었고, 또 이런 특정 문법 환경에서 상의사는 부사와 형용사의 문법 표지로 자리잡게 되었다.

2.16.3 15세기 이전의 문법 구조와 상의사의 문법화

2.16.3.1 15세기 이전의 문법 구조 개황 및 상의사가 이끄는 수식어의 문법적 위치

고찰에 따르면 원명 시기를 기준으로 그 이전의 단문 구조가 현대중국어보다 가장 다른 점은 동빈 구조의 뒤에 두 번째 서술어 자리가 있다는 것이다. 그 자리를 X로 표시하면 아래와 같다.

$$S + V + O + X$$

X 자리에는 여러 가지 자동사[예문(1)], 형용사[예문(2)], 시간사[예문(3)], 수량사[예문(4)], 개사구[예문(4), (5)] 등 서술성 성분이 들어갈 수 있었다. 이 X자리에 들어가는 어휘들은 의미 범주나 품사가 서로 다르지만 모두 서술성 성분이라는 하나의 공통된 문법적 기능을 갖고 있었다.

(1) 袁伯彦作《名士传》成。《세설신어》- 문학)

(2) 戴既无吝色, 而谈琴书愈妙。《세설신어》- 아량)

(3) 行之十年, 秦民大悦。《사기》- 상군열전)

(4) 谢公作宣武司马, 属门生数十人于田曹中郎赵悦子。《세설신어》- 상예)

(5) 种瓜于长安城东。《사기》- 소상국세가)

위의 예문들은 모두 한조에서 남북조에 이르는 시기의 것들이다. 비록 모두 X자리를 차지하고 있으나 의미 범주가 서로 다르기 때문에 이후의 발전 속도나 발전 방향에서도 각각의 특징을 보였다. 전반적으로 X의 자리는 송조 시기까지 유지되다가 대략 원명 시기에 완전히 소실되었다. 이를테면 개사구가 대량으로 전방 이동하기 시작한 것은 한조 시기인데 그런 변화를 최종 완성한 시기는 명조 시기이다. 그 시간은 무려 1,500년이 넘게 걸린 아주 오랜 과정이었다. X 자리가 소실된 이후 각 부류의 어휘들은 각자의 의미적 특징에 따라 문장 내의 기타 성분들과 상대적인 위치 조절이 이루어졌다. 예를 들면 일부는 "养成翻"처럼 동보 구조로 바뀌었고, 일부는 "谈琴书谈得愈妙"와 같이 동사 복제 구조로 표시되었으며, 일부는 "属数十个门生"처럼 명사 빈어의 관형어로 되었고, 일부는 "在长安城东种瓜"와 같이 동사의 앞으로 이동하여 부사어로 되었다.

한위조 이전에는 상의사가 이끄는 수식어구는 동사 또는 형용사 서술어의 뒤로 그 위치가 한정되었다. 이는 현대중국어의 경우와 완전히 다르다. 고대중국어의 상의사는 동사와 개사의 성질을 겸하고 있기에 그것으로 구성된 어구도 서술성을 띤다. 전술한 바와 같이 당시 이런 어구의 문법 위치, 즉 두 번째 서술어의 자리는 당시의 문장 구조에 의해 결정된 것이다.

우리는 색인을 활용하여 BC 6세기에서 4세기까지의 4개 문헌(논어, 맹자, 회남자, 포박자)을 조사하고, 또 그 시기의 다수 문헌에 대해 견본 조사도 실시하였다. 그 결과 상의사 수식어는 예외 없이 'VP/AP + (像义词 + NP)'의 문법 형식으로 쓰이고 있었다.

당시의 상의사로는 주로 '如', '若', '似' 등 3개가 있었다. 가장 흔히 사용된 것이 '如'이고, 그 다음이 '若'이고, 가장 적게 사용된 것이 '似'였다. 이를테면《논어》에는 '如'가 144회, '若'가 7회, '似'가 3회 쓰였다. 서술어의 뒤에서 수식어를 이끄는 용법을 중심으로 보면 '如'와 '若'는 비슷하게 사용되었으나 '似'는《맹자》시기까지만 해도 사용된 용례가 전혀 없었다. 이와 같은 상태는《회남자》시기까지 지속되었다. 그러나 '似'가 서술어 뒤에서 수식어를 이끄는 용법은《포박자》시기(약 3세기)에 벌써 보편적으로 사용되고 있었다. '似'의 이러한 용법은 '如'와 '若'보다 거의 천 년이 늦었기 때문에 그것이 형용사 또는 부사의 접미사로 문법화된 시기도 그에 따라 매우 늦었다. 이는 문법 위치와 문법화 사이의 인과 관계를 설명해 준다. 다음은 상의사가 중심 서술어의 뒤에서 수식어를 이끄는 용법이다.

예문

(6) 勃如战色。(《논어》- 향당)

(7) 众人熙熙, 如享太牢。(《노자》20장)

(8) 则邻国之民仰之若父母矣。(《맹자》- 공손추장구상)

(9) 天下敖然若焦热。(《회남자》- 병략훈)

(10) 击之若雷, 薄之若风, 炎之若火, 陵之若波。(《회남자》- 병략훈)

(11) 寒素清白浊如泥。(《포박자》- 권15)

(12) 飘乎似飞矢之电经。(《포박자》- 권1)

(13) 其好说人短也似忠。(《포박자》- 권20)

그러나 상의사 수식어가 중심 서술어 뒤에 오는 용법은 위진 시기에 이미 흔들리기 시작하면서 상의사 수식어가 서술어 앞에 오는 경우가 나타나기 시작한 것이다. 이런 현상은 우선 '似'에서 나타났다.

당조에 이르러서는 서술어 앞에 위치하는 용법이 더욱 보편적으로 사용되었다. 아래는 《조당집》의 '如'자 용법에 대한 통계 결과이다.

《조당집》 중 '如'자구의 분포

AP/VP + (如 + NP)	(如 + NP) + AP/VP
38	40

두 가지 어순이 거의 비슷한 사용 빈도를 보였다.

상의사 수식어가 서술어 뒤에 오는 용법은 매우 보편적인 용법으로 송원 시기까지 유지되었다. 당시 형용사 비교문의 기본 형식은 'AP + (상의사 + NP)'였는데 이는 상의사가 형용사 서술어의 뒤에서 또 다른 비교항을 이끌어 내는 형식이었다.

형용사 서술어 뒤에서 비교항을 이끌어 내던 이 같은 구의 비교 형식의 소실은 15세기경에 상의사구가 서술어의 뒤에서 그 앞으로 위치 이동한 것과 관계된다.

한마디로 상의사로 구성된 수식어의 발전 경우를 보면 한위조 이전에는 중심 서술어의 뒷자리로 제한되었으나 위진남북조 시기부터 서술어 앞에 오는 용법도 나타나기 시작하였고, 그 후로는 두 가지 어순을 병용하는 상황이 원조 시기까지 지속되다가 명조 시기에 와서는 지금처럼 서술어 앞에만 오는 단일 어순으로 바뀌었다.

2.16.3.2 한조 이전의 부사와 형용사의 접미사 '如'와 '若'

앞에서 언급한 바와 같이 한조 이전에 가장 자주 쓰였던 상의사는 '如'와 '若'였다. 또한 '如'와 '若'는 부사와 형용사의 접미사로도 자주 쓰였다. 동사로 사용된 경우에도 '如'가 '若'보다 더 많이 사용되었고 접미사로도 '如'가 '若'보다 훨씬 더 높은 빈도로 그 사용이 보편적이었다. 이를테면 《논어》에서 접미사 '如'는 자주 발견되지만 접미사 '若'는 그 용례를 하나도 찾아볼 수 없다. 다음은 접미사 '如'의 용례들이다.

예문

(22) 屯如颤如, 乘马班如。(《역경》 - 둔괘)

(23) 朝, 与下大夫言, 侃侃如也。(《논어》 - 향당)

(24) 没阶, 趋进, 翼如也。(《논어》 - 향당)

(25) 摄齐升堂, 鞠躬如也。(《논어》 - 향당)

(26) 天下宴如也。(《사기》 - 사마상여열전)

얼핏 보면 이 시기의 접미사 '如'로 구성된 어구에는 현대중국어처럼 중심 서술어 동사 앞에서 부사어로 쓰이는 용법이 없어 보이지만 그렇다고 '如'는 부사(부사어) 접미사가 될 수 없다고 결론을 내리는 것은 성급한 판단이다. 그것은 이 문제는 당시의 역사적 환경을 배경으로 보아야 하기 때문이다. 상고 시기 중국어에서 중심 서술어의 수식어(부사어)는 앞에서 제시했던 여러 개사구 예문처럼 문미에 위치할 수 있었다. 그리고 위의 예문 중에도 부사어 표지(부사 접미사)로 봐야 하는 '如'자구가 들어 있었다. 이를테면 예문(22)의 '班如'는 말을 탄 상태를 설명하는 것이고, 예문(24)의 '翼如'는 어떻게 '趨进(서둘러 나아가다)'할지에 대한 설명이다.

다음은 접미사 '若'의 용례들이다.

(27) 桑之未落, 其叶沃若。(《시경》- 맹)

(28) 出涕沱若, 戚嗟若。(《역》- 이)

(29) 少焉恂若皆弃之而走。(《장자》- 덕윤부)

(30) 愀然改容, 超若自失。(《사기》- 사마상여열전)

예문(30)의 '若'의 접미사 용법은 당시 자주 쓰이던 또 다른 부사 형용사의 접미사인 '然'과의 대조에서 더욱 명확하게 드러난다. '如'에 비해 '若'로 구성된 수식어는 오히려 부사어로서 중심 서술어의 앞에 자주 놓였다. 이런 차이의 원인에 대해서는 진일보된 논의가 필요하다.

2.16.3.3 송원명 시기의 접미사 '似'와 '也似'

당송 시기 이후 '如'와 '若'가 점차 약화되면서 그 대신 상의사로 '似'가 가장 많이 쓰였다. 당시 '似' 또는 '也似'는 흔히 부사구 또는 형용사구를 구성하여 동사 또는는 명사를 수식하였다. 접미사 '似'와 '也似'는 금원 시기의 희곡과 원조 시기의 일부 문헌에 나타나기 시작하였다.

(31) 把山海似深恩掉在脑后。《동서상2》

(32) 刮马似三十年过去了。《삼탈삭》

(33) 正熟睡呢, 倾盆也似雨降。《유지원제궁조》

(34) 武大飞也似去卖了一遭回来。《수호전》 - 25회

(35) 面皮蜡查也似黄了。《수호전》 - 25회

(36) 把这铁棒也似虎尾倒竖起来。《수호전》 - 23회

(37) 俺有一把泼风也似快刀在这船板里。《수호전》 - 37회

(38) 便去腰里挚出那两口烂银也似戒刀来。《수호전》 - 31회

그 이전의 '如'나 '若'의 용법에 비해 '似'의 용법에는 주목해야 할 두 가지 부분이 있다. 하나는 '似'로 구성된 어구는 문미에서 서술어가 되는 경우가 상대적으로 적다는 것이고, 다른 하나는 '似'로 구성된 어구가 명사의 관형어로 사용되는 새로운 기능이 추가된 것이다. 다음 부분에서는 이 두 가지 특징이 형성된 원인에 대해 설명해 보고자 한다.

2.16.3.4 15세기 이전 상의사 문법화의 기제

상의사 '如', '若', '似'는 명조 이전에 선후하여 부사와 형용사의 접미사로 발전하였다. 즉, 그들은 문법 표지로서 부사 또는 형용사의 어근 뒤에 사용되었다. 이런 순서는 상의사가 동사 또는 형용사 서술어의 뒤에서 비교항을 이끌어내는 것이 상의사의 문법화에 필요한 문법 환경임을 말해 준다. 전술한 바와 같이 15세기 이전의 문법 구조가 마침 이 필수 조건을 충족시켰다는 것이다. 그 문법화 절차는 다음과 같다.

이 발전 과정은 영어의 상의사 'like'가 부사 접미사 '-ly'로 발전한 과정과도 비슷하다. 이런 공통된 발전 양상은 고대중국어와 영어가 같은 어순을 가지고 있어 모두 상의사의 문법화에 필요한 문법 환경을 제공하였기 때문이다.

이 같은 추론을 뒷받침하는 두 가지 강력한 근거가 있다. 첫째, 15세기 이전의 중국어 문법 구조는 상의사가 중심 서술어의 바로 뒤에 오는 것을 허용했기 때문에 같은 시기 이들 중의 여러 어휘는 선후하여 접미사로 발전하였다. 반면에 15세기 이후의 문법 구조는 상의사 수식어가 중심 서술어의 바로 뒤에 오는 것을 더 이상 허용하지 않았기 때문에 그 후의 상의사는 추가로 접미사로 발전할 수 없었다. 둘째, 15세기 이전의 상의사들 중에서 중심 서술어의 뒤에서 수식어를 이끄는 '似'의 용법이 가장 늦게 나타났고 그와 같이 그것이 접미사 용법으로 발전한 시기도 가장 늦었다. '似'로 수식어를 이끌어 내는 용법은 대략 위진 시기에 나타났고 '似'의 접미사 용법은 금원 시기의 문헌에서 처음 출현하였다. 이 같은 시간적 선후 대응 관계는 한편으로 상의사의 문법 위치와 그 문법화 간의 관계가 얼마나 밀접한지를 말해준다.

지금부터 이장의 서두에서 언급했던 원명 시기의 접미사 '也似'가 중국어 내부에서 발전하였음을 설명할 것이다. 현대중국어의 문법으로 보면 'X + 也似'의 구조가 특별한 것은 사실이다. 쟝란성(江藍生)이 '也似'가 다른 언어에서 유래되었다고 추론한 것도 그 때문일 것이다. 그러나 고대중국어의 문법 구조에서는 어기 조사 '也'와 문미에서 다른 비교항을 이끄는 '似'는 연이어 출현할 수 있었다. 이 연구에서 실행한 조사에 근거하면 이 같은 용례가 출현한 비교적 이른 시기의 문헌으로는 3세기의 《포박자》가 있으며 당송 시기까지도 '也'와 '似'가 자주 공용되었다.

(39) 其利口谀辞也似辨。(《포박자》- 권20)

(40) 其道听途说也似学。(《포박자》- 권20)

(41) 夫人闻之, 也似醍醐灌顶。(《돈황변문》- 여산원공화)

(42) 若言要识愁中貌, 也似君恩日日衰。(서인,《의운증남안방처사오수》)

(43) 年年为爱新条好, 不觉苍华也似丝。(서현,《유지사》)

(44) 纵有馀香, 也似郎恩爱。(류영사,《서시기삼》)

이상의 용례에서 알 수 있듯이 고대중국어의 문법은 '也'와 '似'의 연이은 출현을 허용하였다. 따라서 그들이 원래 어떤 문법 관계를 가지고 있든 재분석을 통해 하나의 합성 접미사로 고착될 가능성은 충분했다. 이런 용법은 개별적인 특수 현상이 아니라 그 시기의 문법에 의해 허용된 일종의 조합이다. 이를테면 같은 부류의 어휘인 '如'도 똑같은 용법을 갖고 있다.

(45) 烈士之爱国也如家。(《포박자》- 권39)

(46) 奉君也如亲。(《포박자》- 권39)

(47) 仁人之视人也如己。(《포박자》- 권39)

위 용례는 두 가지로 분석할 수 있다. 하나는 '也' 앞의 성분을 중심 서술어로 보는 것인데 이때의 '也'는 문장의 어기 조사에 해당된다. 다른 하나는 '也' 앞의 성분을 명사성 화제어로 보는 것인데 이 경우 '也'는 문장의 휴지 또는 화제 강조의 기능을 한다. 이 두 가지 중 어느 쪽이든 분석 결과에는 영향을 미치지 않는다. 그것은 이 두 가지는 모두 '也'와 상의사가 연이어 출현하는 문법 환경이며 연이어 출현한 이 둘은 재분석을 통해 사이의 경계를 무너뜨려 하나의 문법 단위로 통합되었을 가능성이 있기 때문이다. 그렇다면 왜 결국에 접미사로 발전한 '也似'와 달리 '也如'

는 그런 발전을 이루지 못했는지, 이는 문법화가 일어난 시간적 요인과 무관하지 않을 것이다. '如'는 위진 시기 이후에 약화되기 시작한 반면에 '似'는 그 사용이 갈수록 보편화되었고 고빈도 어휘일수록 문법화가 쉽게 일어나게 된 것이다. 요컨대 이 분석에 따르면 다른 언어의 영향을 고려하지 않고도 접미사 '也似'의 발생을 합리적으로 설명할 수 있다.

모두 상의사에서 유래된 접미사이긴 하지만 '似'는 용법이 그 이전 시기의 '如'나 '若'와는 확연히 다르다. 그 차이점은 주로 두 가지로 나타난다. 하나는 접미사 '如' 또는 '若'로 구성된 어구는 중심 서술어로 쓰이는 경우가 많지만 '似'에는 그런 용법이 없다. 다른 하나는 '似'자구는 명사의 관형어로 자주 쓰이지만 '如'와 '若'는 그런 용법을 갖고 있지 않다. 이러한 차이점은 그들이 문법화된 시기와 문법화될 때의 구체적인 문법 환경이 서로 다른 것에서 비롯되었다.

먼저, 첫 번째 차이점을 살펴볼 것이다. 접미사 '如'와 '若'가 문미에 자주 사용된 현상은 쉽게 설명할 수 있다. 한위 시기 이전의 상의사는 '주어 + 서술어 + (如/若 + NP)' 형식으로 사용되어 중심 서술어의 뒤에만 위치했다. 그리고 재분석을 통해 서술어와 '如' 사이의 경계가 사라지고 동시에 NP가 떨어져 나가면서 자연스럽게 '주어 + (서술어 + 如/若)' 형식을 이루었다. 그러나 '似'가 문법화될 시기에는 상의사 어구가 점차 서술어의 앞과 뒤에 모두 위치할 수 있는 방향으로 중국어 문법 구조에 변화가 일어났다. 이런 변화는 위진 시기에 시작되었으며 당조 시기에는 상의사가 서술어의 앞과 뒤에 사용된 빈도가 비슷하였다. 송원 시기에는 우위를 차지하던 새로운 어순이 합법적인 형식으로 유일하게 자리잡았다. 《수호전》 21~39회에 들어있는 '似'자구를 통계한 결과 서술어의 앞에 놓인 것이 24회, 뒤에 놓인 것이 7회로 전자가 후자의 3배 이상으로 많았다. 이처럼 15세기에 이르러서는 새로운 어순의 확립이 거의 완성되었다. '似'가 접미사로 사용된 최초의 문헌은 금원 시기(12세기경)의 것이기에 '似'의 문법화가 진행된 것은 그 이전일 것이다. 다시 말하면 접미사 '似'의 발전은 범상치 않은 과정을 거쳤다.

따라서 접미사 '似'가 갖고 있는 용법의 특징은 이 두 가지 어순의 상호 작용에 따른 결과라고 보아야 한다. 첫 번째 시기에 우위를 차지하던 어순은 '似'의 문법화에 필요한 문법 환경을 제공하였다. 두 번째 시기에 우위를 차지하던 어순은 또 접미사 '似'의 기능에 영향을 미쳤다. 즉, '似 + NP'가 서술어의 앞에서 수식어로 쓰이는 경우가 많다 보니 유추 작용에 의해 'X + 似(접미사)'도 자주 서술어의 앞에서 부사어가 되었고, 그 결과 '似'자구는 일반적으로 서술어로 되지 못하였다.

다음, 두 번째 차이점을 살펴볼 것이다. '似'자구가 명사의 관형어로 쓰이는 기능도 '似'의 문법화 시기에 일어난 문법구조의 변화에서 유래되었다. '似'의 문법화 과정을 보면 상의사 수식어는 때로는 전체 서술어를 수식하지 않고 단순히 빈어를 한정하는 데 그치는 경우를 발견할 수 있다.

> **예문**
>
> (48) 若得门亭长如郭林宗者, 当如所白。《세설신어》- 정사)
>
> (49) 今年杀诸贼奴, 当取金印如斗大系肘后。《세설신어》- 우회)
>
> (50) 有口似鼻孔。《조당집》- 권7)

예문(48)에서 '如郭林宗'은 의미적으로 VP인 '得门亭长' 전체를 수식하는 것이 아니라 빈어인 '门亭长'만을 한정한다. 나머지 두 용례도 비슷하다. 의미적으로 보면 이는 수량 구조의 경우와 비슷하다. 예를 들면 "投白豆一粒"《주자어류》- 훈문인)에서 '一粒'가 한정하는 것은 '白豆'이다. 수량 어휘의 문법화 과정을 살펴보면 X자리의 소실로 인해 먼저 그와 관계가 가장 밀접한 빈어 앞 관형어의 자리로 이동하고(예 "投一粒白豆") 그 자리에서 양사가 새로운 문법 범주로 발전하였다. 마찬가지로 원래 빈어를 한정하던 상의사 어구는 X 자리의 소실로 인해 빈어의 관형어로 재

조합되었다. 그리고 빈어는 다수가 명사성을 띠므로 접미사 '似'로 구성된 어구도 명사를 수식하는 기능을 갖게 되었다. 또한 당조 이후부터, 상의의 개념은 점차 '似'가 담당하였기 때문에 그 이전 시기 상의사의 용법도 '似'의 문법적 행위에 영향을 미쳤을 것이다.

문법화된 '似'의 문법에서 특히 주목해야 할 것이 있다. '주어 + NP(대상) + 也似 + VP/AP'는 당시 출현한 용법의 하나이다. 예를 들면 "风刀也似快"《노걸대》와 "蜡查也似黄了"《수호전》 25회) 등과 같은 용례들이다. '似'가 문법화된 문법 환경이 '주어 + VP/AP + 也似 + NP'였다고 가정해 보자. 표층 구조만 보면 비유 대상인 NP의 어순은 두 가지 변화와 관계된다. 하나는 '似'와 함께 중심 서술어 VP/AP의 앞으로 이동한 것, 다른 하나는 '似'의 뒤에서 앞으로 이동한 것이다. 그러나 실제 발전 과정은 그렇지 않을 수 있다. 앞에서 설명한 것처럼 '似'의 문법화는 상의사 어구가 중심 서술어의 뒤에서 앞으로 이동한 시기에 일어났다. 그 영향으로 문법화된 '似'는 서술어 앞 부사어의 접미사로만 쓰이고 형용사 서술어의 접미사로는 홀로 쓸 수 없었을 것이다. 또한 'NP + 也似'가 왜 명사의 관형어가 될 수 있는지도 설명할 수 있다. 문법화 초기에 '也似'의 위치는 그 앞 성분 품사성의 제한을 받았다. 이를테면 'VP/AP + 也似'는 서술어를 수식하는 부사어로만 쓰이고, 'NP(대상) + 也似'는 명사를 수식하는 관형어로만 쓰였다.

예문

가. VP/AP + 也似 + VP

(51) 摔得妮子杀猪也似叫。《간첩화상》

(52) 飞也似跑到禁魂张员外家。《송사공대뇨금혼장》

나. NP + 也似 + NP

(53) 把锦片也似一段前程等闲放过去了。《착참최녕》

(54) 从里面叫出花枝也似浑家出来。《간첩화상》

송원 시기 문헌을 대량 조사한 결과에 근거하면 위의 규칙은 상당히 엄격하게 적용되고 있었다. 또한 위의 첫 번째 용법은 두 번째 용법보다 훨씬 보편적이었다는 것을 발견하였다. "蜡査也似黃"과 같은 용법은 상당한 시간이 지난 후인 14세기경에야 나타났다. 고찰에 따르면 이런 용법이 나타난 문헌 중 가장 이른 것은 14세기 초에 집필된 《노걸대》이다. 따라서 'NP(대상) + 也似 + VP'의 용법은 '也似'가 부사어 접미사로 문법화된 이후 유추에 의해 생겨났다고 볼 수 있다. 문법화 초기에 '也似'와 호응할 수 있는 성분은 서술성 부사어로 국한되었다가 나중에 동사성의 성분으로 확대되었을 것이다. 이런 호응 범위의 확대는 문법화에서 흔히 발견되는 현상이다.

15세기 이전 이런 상의사에 일어난 변화는 시사하는 바가 크다. 즉, 개념적 의미가 같은 한 부류의 어휘는 각각의 문법화 시점에 따라 처한 문법 환경이 다를 수 있기 때문에 최종적인 기능 면에서도 각각의 특징을 지닐 수 있다는 것이다.

어휘의 문법화는 짧게는 수백 년, 심지어 천 년이라는 오랜 세월 동안 완만하고 장기 간의 변화, 발전 과정을 거쳐왔다. 이를테면 '似'가 수식어를 이끄는 용법을 갖게 된 시기(위진 시기)부터 그 접미사 용법이 출현한 최초의 문헌(금원 시기)까지 거의 천 년이라는 역사를 거쳤다. 그리고 《시경》에서 벌써 접미사로 사용된 '如'와 '若'의 문법화 과정은 그보다도 훨씬 일렀을 것으로 추측할 수 있으나 문헌 자료의 결핍으로 그들의 구체적인 발전 과정은 더 이상 밝히기 어렵다.

2.16.4 15세기 이후의 문법 구조와 상의사 발전 방향의 변화

2.16.4.1 제2 서술어 자리의 소실과 상의사의 새로운 발전 방향

15세기 이후 제2 서술어 자리 X가 완전히 소실되면서 상의사가 접미사로 문법화하기에 적합한 문법 환경도 같이 사라졌다. 구체적으로 설명하면 상의사 어구는 이 시기에 다음의 어순 변화를 거쳤다.

NP를 이끌어 내는 어휘도 '似'에서 '像'으로 바뀌었다.《수호전》21~39회에서 이런 용법은 '像'은 3개뿐이지만 '似'는 31개나 된다. 그러나《홍루몽》시대에 이르러서는 거의 모두가 '像'이다. 이는 동일 개념 내의 어휘의 대체 현상이라고 봐야 한다.

현대중국어의 문법에서는 더 이상 상의사구의 후치를 허용하지 않는다. 15세기 이후에 형성된 이 규칙에는 전치 용법만 있고 후치 용법은 모두 허용되지 않는데 《홍루몽》을 통해 이런 규칙이 당시 이미 매우 엄격히 작용하고 있었음을 알 수 있다.

> **예문**
>
> (55) 谁都像我心拙口笨的？ → *谁都心拙口笨像我？
>
> (56) 还像适才坐着。 → *还坐着像适才。
>
> (57) 别像它们扭扭捏捏的。 → *别扭扭捏捏的像他们。

이런 문법 변화로 인해 '像'자구는 동사 또는 형용사의 뒤에 연이어 출현할 수 없게 되어서 부사 또는 형용사의 접미사로 문법화될 가능성을 잃었다. 그 후 '像'자구는 서술어의 앞에만 출현할 수 있었다. 그 결과 같은 의미적 특징을 가진 어휘임에도 불구하고 '如', '若', '似' 등 상의사는 15세기 이전에 동사나 형용사 서술어의 뒤에 연이어 출현하면서 접미사로 발전하는 데 적합한 문법 환경을 가지게 되어 선후하여 부사와 형용사의 문법 표지로 바뀌었지만 '像'은 그런 문법 환경을 가질 수 없어 접미사로 발전할 수 없었다.

2.16.4.2 '像'의 새로운 발전 방향

문법 구조의 변화로 인해 '像'은 15세기 이후 자체적으로 '마냥(仿佛)', '마치(好

像)'의 의미를 가진 부사로 발전하였다. '像'은 원래 동사였는데 나중에 개사로 되었다가 후에는 부사로 발전하였다. 이것도 일종의 문법화 현상이다. 다음은 '像'이 부사로 사용된 용례들이다.

(58) 那红玉见贾芸手里拿的手帕子, 倒像是自己从前掉的。
　　 (《홍루몽》- 26회)
(59) 昨儿宝玉还说, 明儿怎么样收拾房子, 怎么样做衣裳, 倒像有几百年的熬煎。(《홍루몽》- 26회)
(60) 我像在哪儿见过他, 可是想不起来了。(현대중국어 800단어)

　　중국어 문법 구조의 발달사에 근거하면 '像'이 동사에서 부사로 문법화된 원인과 과정을 쉽게 추론할 수 있다. 먼저, '像'자구는 중심 서술어의 앞에만 위치하였는데 이는 나중에 생겨난 부사 용법과도 동일하다. 다음, '像'은 NP가 없이 홀로 서술어의 수식어가 될 수 있다. 마지막으로, 부사로 문법화된 후 서술어와의 관계가 더욱 밀접해졌다. 이로부터 대조적이고 흥미로운 현상을 발견할 수 있었다. 15세기 이전의 상의사는 중심 서술어의 뒤에서 재분석을 통해 부사 또는 형용사의 접미사로 발전하였으나 15세기 이후에는 '像'은 중심 서술어의 앞에서 부사로 문법화되었다. 이런 상이한 발전 방향은 중국어 문법 구조의 변화로 인해 야기된 것이다.

　　문법 구조의 변화는 '像'이 자주 함께 호응되는 형용사와 결합하여 결국에는 안정된 문법 형식으로 자리잡도록 다른 측면에서 '像'의 발전 방향에 영향을 미쳤던 것이다. 15세기 이후 '像'은 '(像 + NP) + AP'의 문법 형식으로 자주 사용되었다. 그 결과 '像'은 의미 면에서 가장 보편적인 두 형용사와 함께 굳어져서 '像……一般/一样'의 형식을 구성하였다. 이 형식은 그 전체가 부사어가 되어 중심 서술어를 수식하는 기능을 한다.

그러나 15세기 이전의 여러 상의사는 모두 이런 용법으로 발전할 가능성이 전혀 없었다.

2.16.4.3 문법 표지의 역사적 층위 및 그 기능의 조정

《홍루몽》 시대에 이르러서 '似' 또는 '也似'가 단독으로 부사 또는 형용사의 접미사가 된 용법은 거의 찾아볼 수 없게 되었지만 합성 표지인 '似的/也似的', '像⋯⋯似的'의 형태소로는 여전히 남아 있다. 이런 합성 표지는 각 시기의 발전과 여러 영향의 상호 작용 하에 이뤄진 결과이다. 《홍루몽》 1~80회까지 '也似的'의 출현은 총 4회에 불과하며 그마저도 '箭也似的'와 '飞也似的'의 두 가지 고정 용법으로만 나타났다. 따라서 이것들은 모두 옛날 문법을 모방한 서면어 용법으로 보아야 한다. 지금부터 그 밖의 다른 형식에 대해서 논의할 것이다.

위 합성 표지가 발생한 시간적 순서는 다음과 같다.

$$X + 似 \rightarrow X + 似的 \rightarrow 像 + X + 似的$$

접미사 '似'가 출현한 가장 이른 문헌은 금원 시기(12세기 전후)의 것이며, '似的'가 쓰인 비교적 이른 문헌은 《금병매》(16세기)이다. 그리고 '像⋯⋯似的'는 《홍루몽》 시대가 되어서야 출현하였다. 이러한 일련의 변화는 그 시기의 문법 변화를 반영한다.

'似'의 뒤에 '的'를 첨가하는 용법은 '似'자구가 더 이상 중심 서술어의 뒤에 올 수 없을 때 나타났다. 즉, 'X + 似'의 존재를 뒷받침하던 중국어의 문법 형식이 사라진 다음이다. 《수호전》1~40회를 조사한 결과 접미사 '似'의 용례가 총 49개 발견되었으나 '的'를 가진 용례는 하나도 없었다. 앞에서도 언급하였듯이 《수호전》에는 상의사구를 후치하는 형식이 여전히 존재하고 있었다. 그런 이유로 'X + 似'가 특이하다고 느끼지 않았을 것이다. 그러나 '似'자구를 후치하는 문법 구조가 완전히 사라진 후에는 'X + 似'의 형식에 이상함을 느끼게 되어 다른 어원에서 발전한 부사어 표지인 '的'를 뒤에 붙였을 것이다. 그 시기의 '似'와 '的'의 결합은 당시의 문법 구조 변화에 적응하기 위한 것이라고 본다. 그 이유는 구조 조사 '的'는 일찍 9세기에 생겨났으며 그때 벌써 부사 표지의 용법을 갖고 있었다. 이는 '似的'의 출현보다 600~700년이나 앞섰고 '似'와 '的'의 결합은 때마침 접미사 '似'의 존재를 뒷받침하던 개사구가 중심 서술어의 뒤에 위치하는 문법 구조에서 산생했기 때문이다.

흥미로운 것은 '似'와 '的'가 결합하면서 '似的'에도 '的'의 문법적 기능이 추가되었다. 앞에서도 언급한 바와 같이 접미사 '似'와 '也似'로 구성된 어구는 중심 서술어가 될 수 없다. '的'자구는 관형어, 부사어뿐만 아니라 단독으로 서술어가 되기도 한다. '似'의 뒤에 '的'가 붙어서 구성된 어구도 단독으로 서술어가 될 수 있다. 다음은 '似的'의 여러 가지 용례들이다.

가. 관형어

(64) 一头乌油似的头发披在脑后。(《홍루몽》- 58회)

(65) 睡觉时只见腰里一条血点似的大红汗巾子。(《홍루몽》- 28회)

나. 부사어

(66) 也是公子哥儿似的读书识字。(《홍루몽》- 45회)

(67) 好不好拉出去配个小子, 看你还妖精似的哄宝玉不哄?

　　　(《홍루몽》- 20회)

다. 서술어

(68) 老三还是这么慌脚鸡似的。(《홍루몽》- 25회)

'似的'는 '的'와 같은 문법 기능을 가졌지만 의미적 특징에서는 서로 다르다. '似的'의 경우 여전히 '유사하다(类似)', '비유하다(比拟)'의 의미를 가진다.

앞에서도 언급하였듯이 15세기 이후로 상의의 개념을 표현하는 기능은 점차 '像'이 혼자서 부담하게 되었다. 그 후 '似'가 홀로 동사나 접미사로 사용된 용법은 점차 도태되고 결국에는 합성어 '似的'의 형식으로만 남게 되었다. 또한 구어체에서 '似'로 구성된 합성어의 위치가 약화됨에 따라 합성 접미사 중의 '似'의 의미도 점차 약해졌다. 그리하여 사람들은 '유사' 또는 '비유'의 대상을 이끌어 낼 때에는 '像'을 더 추가하였고 그 결과로 두 개의 상의사가 들어간 잉여 형식인 '像……似的'가 출현하게 되었다.《수호전》에서는 아직 이런 형식을 찾아볼 수 없지만《홍루몽》에서부터는 출현하기 시작하였으나 보편적으로 쓰인 것이 아니며《홍루몽》1~60회에서 총 5회 나타났을 뿐이다.

2.16.5 맺음말

중국어 발달사에서 상의사 어휘의 발전을 살펴보면 문법 구조는 단어의 문법화에 있어 결정적인 역할을 하며 문법 구조의 변화는 단어의 문법화에 영향을 미친다. 다시 말해서 문법 표지의 생성은 단순한 단어의 의미 발달 문제가 아니고 특정 문법 환경을 떠날 수 없다는 것이다. 문법은 부단히 발전하는 과정에서 어휘의 문법화 환경을 바꿀 수 있기 때문에 의미적 적합성을 가진 같은 부류의 단어라도 문법화 시기가 다르면 문법 표지 기능도 각각의 특징을 지닐 수 있다. 의미의 적합성과 문법 환경은 어휘의 문법화를 유발하는 두 가지 필수 조건이다.

이 장의 연구는 언어의 발전, 특히 문법 현상의 변화는 고립된 현상의 흥망성쇠나 대체가 아닌 체계적인 과정이라는 것을 밝혔다. 어느 한 현상의 변화는 흔히 일련의 연쇄 반응을 일으킨다. 그러므로 같은 시기 서로 연관이 없어 보이는 변화라 할지라도 공통의 발전 원인을 가지고 있을 수 있다. 언어의 발전은 조화롭고 규칙적인 과정이다. 언어의 발달사는 긴 시간의 흐름 속에서만 그 어떤 규칙을 남김없이 드러내므로 오랜 연구를 통해서만 그 미의 향연을 느낄 수 있다.

동보 구조가 유발한 형태론적 변화

2.17.1 머리말

동보 구조의 형성은 조어법, 언어 형태 및 문법 구조 등을 비롯하여 중국어 문법에 커다란 영향을 미쳤다. 이 장에서는 주로 형태와 조어법의 영향에 대해서 논의하고자 한다. 첫째, 동보 구조의 발전 과정에서 VR의 내부 구조를 가진 합성어가 대량으로 나타났다. 이렇게 생겨난 합성 동사들은 대개 두 개의 단음절이 합쳐서 하나의 쌍음절 형태를 이루었는데 이는 중국어의 쌍음화 추이에 부합되는 구조로 매우 생산적인 동사 조어법이 작용한 결과이다. 그리하여 고대중국어에서 하나의 형태소로 구성된 동사는 이후에 상당수가 VR의 내부 구조를 가진 합성 동사에 의해 대체되었고 결국에는 고대중국어와 현대중국어의 동사 조어법에 중대한 변화를 가져 왔다. 둘째, 일부 결과 성분은 동사의 형태 표지로 진일보 문법화되었다. 이를테면 체표지와 양태 표지가 모두 여기에 해당된다. 셋째, 동보 구조로 인해 중심 서술어 동사와 피동작주 빈어 사이에 비강세 자동성 성분이 올 수 있는 새로운 문법 자리가 생겨났는데 이로 인해 동사 중첩에 가능성을 열어 주었다. 넷째, 동보 구조의 형성은 중국어 문장의 서술어 구조에 영향을 미쳤다. 이로부터 많은 중국어 문장에서 서술어 동사 뒤에는 결과에 해당하는 한계성 성분이 따라야 완전한 문장으로 느껴지게 되었다. 다섯째, 결과 보어는 중심 서술어 동사를 유계화할 수 있게 되었다.

서술어의 추상적인 의미적 특징이 명사와 일치되면서 원래 명사의 부정 표지로 쓰이던 '沒'가 동사구로 그 사용이 확장되었기에 결국에는 현대중국어의 부정 체계가 형성되었다. 이런 모든 변화는 중국어의 문법 체계를 크게 바꾸어 놓았다.

2.17.2 동사 형태 표지의 변화

체표지는 사실상 일종의 결과 보어에서 유래되었다. 일부 결과 보어가 지닌 의미적 특징의 보편성으로 인해 특히 동사와의 의미적 상관성 때문에 결과 보어는 동사의 형태 표지로 진일보 문법화되었다. Tairora 언어와 Kalam 이 두 언어의 발전 과정에서도 시제 표지와 체표지가 연동식의 두 번째 성분에서 유래된 것과 비슷한 현상을 찾을 수 있다.

인간 언어의 발전에서 어순 변화는 언어의 형태적인 문법 구조에 커다란 영향을 미친다는 점을 알 수 있다. 현대중국어의 여러 형태적 문법 수단의 생성도 직간접적으로 동보 구조의 형성과 관계된다. 동보 구조의 발전으로 중국어의 어순은 'V + Adv./Neg. + R → Adv./ Neg. + VR'와 V + O + R → VR + O'의 변화를 겪었다. 이런 변화는 또 다른 성분의 어순에도 영향을 미쳤다. 동보 구조가 융합된 이후 기존의 삽입 성분은 반드시 문장의 다른 자리로 이동해야 했으며 이런 자리의 재배치는 또 다른 새로운 구조의 출현을 추동하였다. 논의의 편의를 위해 피동작주 명사의 재배치를 중심으로 그 변화를 검토할 것이다.

지금까지 우리는 VOR에서 VRO로의 변화에 대해서만 논의하였는데 이는 많은 변화 중의 하나에 불과하다. 현대중국어에도 여전히 피동작주 빈어를 갖지 못하는 동보구가 많이 남아 있다. 이런 경우 피동작주 명사를 이끌어내려면 피동작주 명사를 서술어 동사의 앞에 두는 방법밖에 없는데 또한 이러한 방법으로 피동작주 명사가 서술어의 앞에 대량으로 출현하게 되면 또 두 가지 직접적인 결과를 초래하게 된다. 하나는 서술어 동사 앞에 오는 피동작주 명사를 표시하는 문법 표지의 출현이다. '把'와 '將'의 출현이 바로 이로 인한 것이다. 다른 하나는 동보구가 문미에 위치하는 용례들이 늘어나면서 일부 결과 보어가 더 쉽게 진일보 문법화될 수 있었다. 일반적으로 SOV 어순을 가진 언어는 상대적으로 쉽게 굴절 형식을 만들어낸다. 물론, 중국어의 기본 어순이 SVO에서 SOV로 바뀌었다고 볼 수는 없다. 다만 동보 구조의 형성으로 동사구가 문미에 위치하는 용례가 많이 증가한 것은 사실이다. 이때 문미에 위치한 동사구 대다수가 동보 구조인데 그중의 결과 보어는 부착 성분으로 발전하기에 적합하였고 또 일부는 더 나아가 안정적인 문법 기능을 가진 형태로 바뀌었다.

고대중국어는 문법 관계가 굴절이나 기타 형태 표지에 의존하지 않는 전형적인 고립어라고 여겼다. 그러나 10세기 이후 동보 구조의 발전과 더불어 중국어에는 수많은 새로운 형태 표지들이 나타났다. 다시 말하면 동보 구조의 출현은 중국어의 언어 유형에까지도 어느 정도 영향을 미쳤다. 현대중국어도 형태 또는 부착 성분과 같은 문법 형태가 부족하다고 보는 견해가 일반적이다. 그러므로 이런 용어에 대한 정의를 다시 한번 짚고 넘어갈 필요가 있다. 문법화의 시각으로 보면 한 언어 형태의 변화는 돌연적인 변화가 아닌 점진적인 과정을 거친 것으로 보통 다음과 같은 순서에 따라 문법화된다.

(1) 실사(實詞) → 문법사(語法詞) → 부착 성분(附着成分) →
    형태 표지(形態表記)

위의 표식에서 한 단어를 서로 다른 문법화 단계로 표시하는 이런 용어들은 매 언어마다 그 지시 대상이 매우 다를 수 있다. 중국어 문법의 발전을 놓고 보면 이런 용어들을 다음과 같이 정의할 수 있다.

중국어의 '체'와 '양태'의 동사 형태 표지는 10~15세기에 생겨났다. 체, 시제 및
양태는 가장 많이 접하게 되는 동사의 세 가지 문법 표지이며 이는 인간 언어가 갖
고 있는 공통성 중의 하나이다. 인간 언어에 대한 대량 통계에 따르면 체, 시제 및
양태 등 세 가지 문법 표지를 갖고 있는 언어가 72%에 달했으며, 반면에 인칭, 수
그리고 주어가 동사와 같은 형태 표지를 갖고 있는 언어는 56%에 불과했다. '사성'
의 보유 비율은 이상 두 가지의 중간 정도였다. 한 문법 범주는 동사의 내적 의미와
상관성이 높을수록 동사의 특정 형태 표지로 발전할 가능성이 크다. '상관성'의 가
설에 근거하여 세 문법 범주를 동사와의 상관성이 높은 순으로 나열하면 다음과 같
다.

위의 이런 가설이 옳다면 중국어는 중간 부분의 시제가 빠지게 된다. 중국어에는 체표지와 같은 시제를 표시하는 고정된 문법 형식이 없고 여전히 일반 시간사로 시제를 표현한다. 아래는 이런 발전상의 빈자리가 형성된 원인에 대하여 살펴볼 것이다.

중국어에서 시제 표지가 발달되지 못한 것도 동보 구조의 의미적 특징과 관계된다. 시제는 과거, 현재, 미래 등 동작의 발생 시점을 표시하는 문법 범주이다. 따라서 시제 표지로 문법화하기에 가장 적합한 실사는 시점을 나타내는 시간사이며, 아울러 그들이 문법화하기에 가장 적합한 문법 환경은 서술어 동사의 뒤라고 볼 수 있다. 동보 구조의 출현은 시제 표지의 출현 가능성을 제거해 버렸다. 왜냐하면 그당시 동보 구조의 확립은 강력한 유추 효과를 일으켜 많은 문법 성분의 재분석을 유발했기 때문이다. 쉽게 말하면 서술어 동사를 중심으로 동작의 결과를 나타내는 성분은 단지 동사의 뒤에만 위치하였고 비결과 성분(非結果的成分)은 동사의 앞자리로 제한되었다. 시간사의 발전을 보면 시점을 표시하는 단어는 모두 서술어 동사의 앞에 놓였고 동작의 지속 시간과 횟수를 표시하는 단어만이 동사의 뒤에 위치할 수 있었다. 그에 따라서 시점을 나타내는 단어가 시제 표지로 문법화되는 데 필요한 문법 환경이 사라지게 되었다. 중국어 문법 체계에 따르면 실사의 문법화에 적합한 문법 환경은 그 바로 앞에 오는 강세어에 의존하기 때문이다. 다음은 '시제'의 일반 언어학적 정의이다.

시제는 일반적으로 발화하는 시점 또는 문장 내의 시간사에 의해 표시된 시점에 의해 확립되는 기준 시점과 대비하여 어떤 동작이나 행위의 발생 시점을 확정하는 기능을 한다.

위의 정의를 통해서도 동보 구조와 시제 표지의 양립 불가성을 이해할 수 있다. 시제가 표시하는 것은 동작이나 행위의 발생 시점이며 동작의 결과와는 서로 다른 문법 범주이다. 따라서 시제 표지는 동보 구조의 발전 과정에서 생겨날 수 없다. 반면에 '체'와 '양태'는 모두 동작의 결과 상태를 표시하므로 사실상 결과 성분의 일종이라고 보아야 한다. 따라서 동보 구조가 확립된 이후 일부 결과 성분은 의미의 상관성 때문에 동사의 형태 표지로 진일보로 문법화될 수 있었다. 현대중국어에서 시제의 개념은 주로 시간사와 체표지가 함께 작용하여 표시된다.

(2) a. 我昨天看了一场电影。

　　b. 我现在做着作业呢。

　　c. 我明天回中国。

2.17.3 새로운 동사 조어법

동보 구조가 발전하면서 중국어 문법에 커다란 영향을 끼쳤는데 이 점을 이해하면 10세기 이후의 많은 새로운 변화도 이해할 수 있다. 현대중국어에서는 내부 구조가 VR인 복합 동사로 표시되는 어느 한 동작이나 개념이 타 언어에서는 단순 형태소로 구성된 동사로 표시되는 경우를 흔히 찾아볼 수 있다. 아래에 중국어와 영어의 대조를 살펴보자.

(3) a. 她打破了玻璃。

　　b. She broke the glass.

(4) a. 他劈开了那块木头。

　　b. He chopped the piece of wood.

위의 두 용례에서 알 수 있는바와 같이 중국어의 동보구 '打破(깨트리다)'와 '劈开(쪼개다)'는 모두 영어에서 단순 동사 'to break'와 'to chop'으로 표시된다. 그러나 위의 용례와 같은 현대중국어의 동사 조어법은 중고 시기 이후부터 존재했으며 그 이전에는 중국어도 영어와 마찬가지로 관련 개념을 하나의 단순 형태소로 구성된 동사로 표시되었다.

> **예문**
>
> (5) 고대중국어　　현대중국어
>
> 　　污　　　　　弄脏
>
> 　　杀　　　　　弄死
>
> 　　摧　　　　　折断
>
> 　　毕　　　　　做完
>
> 　　视　　　　　看见

현대중국어에서는 동사와 보어의 내부 구조를 가진 복합 동사가 아주 보편적이다. 동보구의 합성어화는 중국어의 유형학적 특징을 어느 정도 변화시켰다. 인간 언어에서는 서술어 구조의 복잡성에 근거하여 크게 두 부류로 나눌 수 있다. 하나는 주요 동사에 소사(小辭)가 더해져 구성된 서술어 구조를 가진 언어들인데 영어와 중국어가 여기에 해당된다. 다른 하나는 단순하게 핵심 동사 하나로만 구성된 서술어 구조를 가진 언어로 로망스어와 일본어가 여기에 해당한다. 특히 중국어는 처음부터 언어학적 유형이 일관되었던 것은 아니다. 현대중국어는 위의 첫 번째 유형에 해당되지만 고대중국어는 두 번째 유형에 해당되었다. 중국어의 이런 유형학적 변화는 동보 구조의 발전으로부터 시작되었다.

2.17.4 사성 굴절 형식의 소실

하나의 전형적인 사건은 일반적으로 동작과 결과 두 부분으로 구성된다. 그리고 양자는 '사성'의 관계를 이룬다. 동보 구조는 사실상 일종의 분석형 사성식이다. 이처럼 사역의 범주를 표현하는 기능이 같기 때문에 새로 생겨난 분석식이 기존의 굴절식을 대체하였다. 중국어는 동보 구조가 나타나기 이전에는 주로 굴절 형식으로 '사성'의 개념을 표시하였다.

일반 언어학의 관점으로 보면 특정 문법 범주에서 나중에 발전한 분석 표현식이 기존의 형태 표현식을 대체하는 현상들이 자주 나타나는데 이는 인간 언어의 문법 발달에서 나타나는 일종 추세이다. 이런 현상은 중국어 발달사에서도 자주 나타나는데 동보 구조의 발전이 바로 그 대표적인 경우이다. 일반적으로 동보구는 사성의 의미를 가지고 있으며 어떤 동작으로 인해 그것이 작용한 대상으로 하여금 어떤 결과를 가지게 함을 표시한다.

> **예문**
>
> (6) a. 他叫来了一位老师。
>
> b. 她写坏了一支笔。

예문(6)의 두 용례는 모두 명확한 사성의 의미를 갖고 있다. 첫 문장은 "선생님(한 분)을 불러서 오게 하다."로 이해할 수 있고 두 번째 문장은 "펜을 써서 고장내다."로 풀이할 수 있다.

그러나 동보 구조가 출현하기 이전에는 중국어에서는 굴절 형식으로 사성의 기능을 표현하였다. 가장 흔히 관찰되는 현상은 거성이 아닌 것을 거성으로, 또는 거성을 거성이 아닌 것으로 바꾸는 식의 성조 변화이다.

> **예문**
>
> (7) 故远人不服, 则修文德以来之。(《논어》 - 계씨)
>
> (8) 晋侯饮赵盾酒。(《좌전》 - 양공2년)
>
> (9) 是以君子远庖厨也。(《맹자》)

'来'는 비록 전형적인 자동사이지만, 예문(7)에서는 '어떤 사람을 오게 하다'는 뜻으로 쓰여 타동성을 가졌다. '饮'은 타동사로서 피동작주 빈어를 가질 수 있으나 예문(8)의 '饮'은 그런 의미가 아니라 '어떤 사람을 마시게 하다'는 뜻으로 쓰였다. 예문(9)는 '거리를 유지하게 하다'는 의미이다.

예전에는 정확한 음성 표기 수단이 없었기 때문에 현재 굴절 사성식의 정확한 성조 변화 상황을 파악할 수가 없다. 그러나 그런 문법적 수단이 당시 자주 사용되었음을 말해주는 두 가지 중요한 근거가 남아 있다. 하나는 그런 현상을 자세하게 체계적으로 기록한《집운》과 같은 고대 음운서이고, 다른 하나는 현대중국어에 여전히 잔존하고 있는 그 흔적들이다.

예문

(10) 기본식   사역식

饮: yin^{213} yin^{51} "어떤 가축에게 마시게 하다."

难: nan^{35} nan^{51} "어떤 일을 어렵게 만들다."

好: hao^{213} hao^{51} "어떤 일이 좋다(좋아하다)고 느끼다."

오른쪽의 사성 용법은 모두 거성으로 바뀌었다. 그러나 이는 고대중국어의 화석 같은 존재로 더 이상 생산적인 어휘 현상은 아니다. 현대중국어에서 사성의 의미를 나타내는 '饮'은 지금은 가축에게만 쓰이지만 예전에는 사람에게도 쓰였다. 마찬가지로 사성의 의미를 가진 '难'도 문제를 물을 경우에만 사용된다. 이런 제한들은 지금은 모두 단순한 어휘 현상에 불과하다는 것을 말해 준다. 동보 구조의 확립을 전후로 굴절 사성식은 소실되었다.

굴절 사성식의 구체적인 소실 시점은 확실하게 파악하기 어려우나 그것이 10세기 이후에는 보기 드문 현상이었다는 것은 사실이다. 대체로 굴절 사성식과 동보 구조 사이에는 망과 흥의 상관 관계를 이룬다. 그러므로 기능 면에서나 시간 면에서 보아도 굴절 사성식은 동보 구조의 생성으로 인해 소실된 것이라고 할 수 있다.

동보 구조 생성의 배후에는 새로운 음성 체계인 쌍음화의 작용이 있었기 때문에 결국 기존의 굴절 사성식을 대체하였다. 아래 표는 굴절 사성식의 소실 상황에 대하여 조사한 결과이다.

BC 500년~AD 500년 굴절 사성식의 사용 빈도 변화

	시간	글자 수	사역 용어	총 건수
《논어》	BC 500년	16,000	33	63
《세설신어》	AD 425년	60,000	20	27
《백유경》	AD 500년	20,000	4	4

그 밖에도 동보 구조의 형성으로 인해 소실된 또 다른 중고 중국어의 굴절 사성식이 있다. 먼저 영어에서의 유사한 현상부터 살펴보자. 영어에는 가끔 자음의 청탁 발음으로 어떤 개념의 품사를 구분하는 경우가 있다. 이를테면 'advice(충고)'가 명사일 때는 마지막 자음이 [S], 동사일 때는 [Z]로 발음된다. 'Use(사용)'도 마찬가지로 명사일 때는 마지막 자음이 [S], 동사일 때는 [Z]로 발음된다. 즉, 동일 자음의 청탁 발음으로 같은 개념의 명사와 동사 용법을 구분하는 것이다. 이와 마친가지로 중고 중국어도 청탁 발음으로 일반 동사의 사성식을 만들었다.

예문

(11)   [k-]   [g-]

见: 보다   어떤 일을 드러나게 하다.

解: 흩어지다   어떤 물건을 흩어지게 하다.

系: 묶다   어떤 물건이 묶이게 하다.

예문(11)의 성모 자음은 당시 음성 체계를 재구성한 결과이다. 위의 현상은 체계적으로 중고 중국어에 존재했다. 그러나 음성 체계의 발달과 더불어 원래의 청탁음 대립이 소실되었기 때문에 위의 굴절 사성식도 그 존재를 이어갈 수 없었을 것이다. 청탁 굴절 사성식의 용법은 유명한 중고 중국어 민요의 한 시구에서 관찰된다.

(12)　风吹草低见牛羊。(《칙륵가》)

예문(12)의 '见'은 '소와 양을 보이게 하다'는 뜻의 사성 용법이다. 당시 음성 체계에 근거하여 재현하면 사성 용법으로 쓰인 '见'의 성모는 탁음[g-]일 것이고 그 일반 동사 용법의 성모는 [k-]였을 것이다.

그렇다면 왜 '사성'의 의미를 내포한 동보 구조가 기존의 굴절 사성식을 대체할 수 있었을까? 그것은 동보 구조가 새로운 형식이고 같은 기능을 갖고 있었기 때문이라고 간단하게 주장할 수는 없다. 실제로 동보 구조의 출현 배경에는 동보 구조가 새로운 음성 체계, 특히 쌍음화 특징에 부합되는 점이 매우 중요하게 작용했던 것이다. 반면에 기존의 굴절 사성식은 모두 하나의 음절 내부에서 일어나는 음성 변화였으며 새롭게 나타난 음성 단위에 부합되지 않았다. 그 결과 분석식의 동보 구조가 기존의 굴절 사성식을 대체하게 된 것이다. 한 언어의 음성 체계는 그 언어의 문법 범주의 표현 형식을 어느 정도 결정할 수 있다.

동보 구조의 발전에도 매우 흥미로운 현상이 발견된다. 동보구는 일반적으로 모두 사성의 의미를 내포하는데 동보 구조가 확고히 자리잡기 전에는 그것들과 일반 연동식을 구분할 수 있는 분명한 문법 표지가 없었다. 반면에 '사성'은 매우 중요한 문법 범주이기 때문에 안정적인 문법 형식을 그것의 표식으로 사용하려는 경향은 모든 인간 언어에서 관찰된다. 그리고 8~12세기에는 동사와 결과 보어 사이에 자주 들어가서 '사성'의 의미를 돋보이게 하는 어휘인 '叫' 또는 '教'가 있었다.

(13)　拽弓叫圆。(《돈황변문》 - 한금호화본)
(14)　与你医教手好。(《장협장원》)

　　그중 '教'는 조동사로 볼 수 있으며 피동작주 명사의 앞 또는 뒤에 자유롭게 놓였다. 이런 사성식은 동보 구조가 확립된 이후 서서히 소실되었다.

　　중국어 발달사상 굴절 사성식은 또 다른 흥미로운 현상이 나타났다. BC 1세기 ~ 8세기, 일부 동보 조합은 'VRO → VOR'의 변화를 거친다. 이는 일반 동보 조합의 발전 방향과 완전히 반대되는데 물론 이들은 나중에 VRO로 돌아오기도 했다. 이런 '이례적인' 현상은 다음의 두 용례를 통해 확인할 수 있다.

예문

(16) a. 砍伤屠者。(《한서》- 유협전)
　　　b. 虎啮儿脚伤。(《태평광기》- 권6)
(17) a. 齐因孤之国乱而袭破燕。(《사기》- 연소공세가)
　　　b. 当打汝口破。(《태평광기》- 권319)

　　위의 용례를 보면 결과 성분으로 사용된 같은 단어인데도 초기에는 동사와 피동작주 명사의 사이에 쓰였고 후기에는 동사와 피동작주 명사의 뒤에 쓰였다. 여기서 후기의 용법이 바로 분리 가능한 동보 조합이다. 10세기 이후에는 이런 동보 조합은 또 초기의 어순으로 되돌아 왔다. 이런 동보 조합은 역사적으로 'VRO → VOR → VRO'의 변화를 겪은 것 같다.

　　위의 현상은 사실 사성식의 발달과 관련이 있다. 중고 중국어에는 피동작주 명사 앞에 오는 두 동사는 반드시 타동성을 띠고 빈어와 각각 '동작 - 피동작주'의 관계를 맺어야 한다는 문법 규칙이 존재했다. 예문(16)의 '破'와 예문(17)의 '伤'이 줄곧 자동사로 쓰였다면 맨 초기에 VRO 형식으로 사용될 때는 당시의 굴절 사성식을 통해 임시로 타동성을 갖게 되었을 것이다. 즉, 사실상 당시의 다동공빈 용법이라는 것이 가능한 해석이다. 그러나 이후에 굴절 사성식이 약화되어 소실되기 시작하고 또 동보 구조가 아직 확립되기 이전이어서 이때는 당시의 분리 가능한 동보 조합의 규칙을 따를 수밖에 없었고 따라서 결과 성분이 피동작주 명사 뒤에 오게 된 것이다. 그리하여 'VtVi_{굴절 사성식}O → VtOVi'와 같은 변화가 일어나게 되었다. 그리고 우측의 형식은 다른 분리 가능한 동보 조합과 마찬가지로 융합을 통해 VRO 형식으로 바뀌었다. 그리하여 처음의 VRO와 나중의 VRO는 사실상 성격이 매우 다른 두 가지 사성식을 대표한다.

위의 현상에 대한 또 다른 가능한 해석이 남아 있다. 몇몇 단어들에만 이런 특수한 변화를 겪은 것으로 보아 그것은 일부 어휘의 개별적인 문제일 가능성도 존재한다. 이런 제한적인 몇몇 단어들은 자동성 용법과 타동성 용법을 모두 가지고 있어 언어 사용 환경에 따라 자유롭게 변한다는 한 가지 공통성을 갖고 있다. 이를테면 '破'의 경우 '어떤 물건이 스스로 파손되다'(자동사)로 이해할 수도 있고, '어떤 힘에 의해 어떤 물건이 파손되다'(타동사)로 이해할 수도 있다. 따라서 그들이 자동성으로 쓰였는지, 타동성으로 쓰였는지에 근거하여 VRO 또는 VOR로 나타났을 것이다. 한 단어는 여러 의미를 갖고 있고 또 각각의 의미에 따라 서로 다른 문법으로 표현되는 것은 언어의 보편적인 현상이기 때문이다.

2.17.5 동사 중첩식

동사 중첩식은 현대중국어의 동사가 갖고 있는 가장 중요한 형태적 특징의 하나이다. 그리고 그 출현은 동보 구조의 확립과 밀접한 연관성이 있다. 중첩은 하나의 형태소가 중첩을 통해 새로운 단어를 형성하는 일종의 형태화 과정이며 현대중국어에서 가장 자주 나타나는 형태화 과정이기도 하다. 일반적으로 중첩식은 의미와 문법 특징에서 모두 기본식과 확연히 차이가 난다.

《시경》과 같은 가장 이른 중국어의 사료에서도 벌써 중첩 현상이 대량으로 나타났다. 중첩은 조어, 조형(構形, 단어의 형태 변화 방법) 및 문법을 비롯한 언어의 다양한 층위에 활용된다. 그러나 유독 동사 중첩식만은 상대적으로 최근에 나타난 현상이다. 동사 중첩식은 약 14세기 이후부터 서서히 나타나기 시작하였는데 다른 품사의 중첩식에 비해 2천 년 정도 늦었다. 동사 중첩이 왜 이렇게 늦게 출현하였는지는 매우 유의미한 문제이다. 지금부터 동사 중첩식의 출현에 필요한 조건이 어떻게 동보 구조의 확립을 통해 마련되었는지를 논의할 것이다.

동사 중첩식은 동사 '체'의 범주에 들어가며 움직임이 작거나 시간이 짧음을 표시하는 '유한체'로 불리기도 한다.

(18) 我昨天晚上看了看电视。

(19) 我想问问老师。

현대중국어의 동사 중첩식은 다음과 같은 몇 가지 특징을 가지고 있다.

가. 운율적 특징. 중첩식의 두 번째 형태소가 약한 음(經音)으로 바뀌어 '강 + 약'의 운율 형식을 이루며 독립된 성조의 음가를 갖지 않는다.
예: 想 xiang^{213} → xiang^{213} xiang
나. 의미적 특징. 중첩식은 동작이나 행위의 양을 표시하며 지속 시간 또는 움직임의 크기가 작음을 나타낸다.
다. 문법적 특징. 중첩식은 일반 동사처럼 자유롭게 피동작주 명사를 빈어로 가질 수 있다. 중첩된 동사 사이에는 '一' 또는 '了'를 삽입할 수 있으나 삽입한 후에는 어떤 체표지나 결과 성분도 허용하지 않는다.
라. 사용 범위. 동사는 대부분 중첩이 가능하다.

여기서 유의할 점은 동사 중첩식은 더 이상 다른 보어를 가질 수 없다는 뜻인데 이를테면 '看看完', '吃吃饱' 등과 같은 형태는 허용되지 않는다는 말이다. 이는 중첩된 형태소가 문법적으로 결과 보어의 자리를 차지하고 있다는 의미이다. 이와 같은 동사 중첩식의 문법적·의미적 특징은 모두 그것과 보어가 같은 성격의 성분임을 말해 준다. 다음은 역사적으로 그들의 상호 관계를 살펴볼 것이다.

동사 중첩식이 BC 7세기의 《시경》에 이미 존재했다고 주장하는 견해도 있다. 그러나 자세히 검토해 보면 실제 상황은 그렇지 않다는 것을 알 수 있다. 다음의 예문은 당시의 동사 연용 현상으로 논의된 용례이다.

(20) 采采卷耳, 不盈顷筐。(《시경》 - 권2)

'采'는 동사와 형용사 두 가지 용법을 다 갖고 있다. 동사일 때는 '따다'는 의미이고, 형용사일 때는 '풍성한 모양'을 가리킨다. 《시경》의 모든 '采采' 용례는 형용사로밖에 설명되지 않으므로 예문(20)의 '采采'도 실제로 형용사 중첩이라고 봐야 한다. 실제로 이런 견해는 매우 설득력이 있다. 한편으로 형용사 중첩은 《시경》에 이미 널리 존재했던 일종의 현상이기 때문이고, 또 한편으로 이를 동사 중첩으로 본다면 《시경》 시대에서 15세기에 이르는 2천 년이 넘는 세월 동안 이는 유일한 용례가 되므로 분명 이치에 맞지 않다.

물론 진정한 동사의 연용 형식은 중고 중국어(약 5세기)의 문헌에 이미 나타나기 시작하였고 그 이후의 문헌에도 간혹 그런 현상이 관찰되는 것도 사실이다.

(21) 行行道转远。(《사혜련시》)
(22) 黄雀得飞飞, 飞飞摩苍天。(《악부시집》 - 야전황작행)

그러나 중고 중국어의 이런 동사 연용 현상은 의미적으로나 문법적으로나 동사 중첩과는 본질적으로 차이가 난다. 동사 연용의 주요 특징은 다음과 같이 요약할 수 있다.

가. 문체적 제한. 동사 연용 현상은 주로 5세기에서 10세기까지의 시구에
　　서 나타나는 반면에 당시의 구어체 자료에서는 찾아보기 어렵다. 이로
　　부터 그것은 당시의 문법적 수단이 아니라 시구에만 쓰이던 일종의 수
　　사법이었을 수도 있다.
나. 문법적 의미. 동사 연용은 동작의 연속 또는 반복을 표시하는 것으로 동
　　사의 양이 크다는 점을 강조한다. 그것은 음성 형태의 확대로 단어가 가
　　리키는 양의 증가를 표시하는 일종의 문법 모사 현상이라고 볼 수 있다.
다. 문법적 특징. 모든 동사 연용의 뒤에는 피동작주 빈어가 오지 않는다.

동사 연용의 이 같은 문법적 특징은 당시의 문법 체계에 의해 결정되었다. 두 개의 반복된 동사 형태소는 두 타동사의 단순 병용이 아니라 모두 동작 자체의 진행 상태를 표현한 것으로 반복된 형태소와 그 뒤의 피동작주 빈어는 '동작 - 피동작주'의 관계를 맺지 않는다. 따라서 당시의 다동공빈 문법 규칙에 근거하여 동사 연용 형식의 뒤에는 피동작주 빈어가 올 수 없었다.

현대중국어의 진정한 동사 중첩식은 12세기경의 문헌에서부터 발견되는데 동작의 지속 시간 또는 움직임의 크기가 작음을 나타낸다.

(23) 试定精神看一看。(《주자어류》- 권9)

초기의 이런 용례를 보면 중첩된 동사 사이에 '一'가 들어있는 경우가 자주 발견된다. 현대중국어의 동사 중첩식은 그 발전 초기에 두 가지 중요한 특징을 보였다.

가. 동사 중첩식은 일반적으로 빈어를 가지지 않았다.

> **예문**
>
> (24) 也到员外家看看去。(《간전노》)
> (25) 婆婆, 这里拜拜。(《노생아》)

나. 피동작주 빈어가 대명사인 경우 중첩된 동사 사이에 들어갈 수 있었다. 그리고 이 경우는 중고 중국어의 분리 가능한 동보 조합과 같은 구조를 가졌다.

> **예문**
>
> (26) 你救我救儿。(《금병매》)
> (27) 不进里面看他看儿? (《금병매》)

이상의 두 특징이 말해주듯이 초기의 동사 중첩식은 분리 가능한 동보 조합과 매우 비슷했다. 16세기 이후에는 동사 중첩식은 빈어를 자유롭게 가질 수 있었으며 그때부터 더 이상 피동작주 빈어를 두 동사 사이에 허용하지 않았다.

> **예문**
>
> (28) 我开开这门。(《주사단》)

동사 중첩식의 출현에는 두 가지 조건이 구비되어야 했다. 하나는 동보 구조의 구축이고, 다른 하나는 체표지 체계의 형성이다. 이는 사실상 동일 문법 변화의 두 가지 측면인데, 이를 테면 체표지는 일부 결과 보어가 진일보 문법화된 결과물이다. 체표지 체계는 약 14세기에 확립된 일종의 안정된 문법 표지로서 다음의 의미적 특징을 가지고 있었다.

체표지 체계의 형성으로 서술어 중심 동사와 피동작주 명사 사이에는 동사의 기타 형태 표지가 들어갈 수 있으면서도 약한 음을 가지고 있는 특징을 갖는 새로운 문법 자리가 생겨났다. 이로 인해 동사는 중첩을 통해 체 범주를 표시할 수 있게 되었다.

동사 중첩식의 발전 경로와 관련해서는 두 가지 가능성이 있다. 먼저, 초기의 동사 연용이 동사 중첩식의 근원이라고 가정하면 다음과 같이 해석할 수 있다. 새로 생겨난 체표지 체계의 유추 작용으로 기존의 동사 연용의 의미, 문법 그리고 운율적 특징에 상응한 변화가 일어 났다. 의미적으로는 기존 동사의 반복 또는 행위 지속을 나타내던 문법 의미가 '작은 움직임' 또는 '짧은 지속 시간'을 표시하는 동작의 체 범주로 바뀌었고, 문법적으로는 빈어를 가질 수 없던 데로부터 가질 수 있게 되었으며, 운율적으로는 중복의 동사 형태소의 음성 형식이 약화되어 'V + 체표지'와 같은 운율적 특징을 갖게 되었다. 그리고 동사 중첩식은 일종의 고도로 생산적인 형태 과정으로서 사용 빈도가 매우 높은 특징이 있다.

우리의 가설은 동사 중첩식의 일부 '불규칙'으로 보이는 용법에 대해서도 설명할 수 있다. 중국어에서 중첩은 일종의 보편적인 형태이다. 동사 중첩식이 나타나기 이전부터 중첩은 형용사, 부사, 명사, 양사 등에 이미 사용되었다. 그러나 다른 품사의 중첩은 보통 그 개념의 '큰 양'을 표시하는 것과는 달리 동사 중첩식은 동작이나 행위의 '작은 양'을 나타내는 점에서 문법적 의미가 서로 다르다. 구체적으로 형용사와 부사의 중첩은 정도가 더해짐을 의미하고 명사와 양사의 중첩은 사물의 보편성을 나타낸다.

(29) a. 教室里干干净净的。

　　　b. 她今天穿得漂漂亮亮的。

(30) a. 人人都知道这件事。

　　　b. 张张桌子都摆上了花。

　　중첩식은 의미를 강화시키는 역할을 하는데 주로 음성 형식의 확대(음절 추가)를 통해 의미를 강조하는 일종의 문법 모사 현상이다. 그러나 동사 중첩식의 문법적 의미는 의미를 축소하는 것으로 이와 정반대이다. 더욱 중요한 것은 발전의 순서로 볼 때, 동사 중첩식도 동보 구조의 안정적 확립과 체표지 체계의 형성 이후에 출현하였다. 또한 동사 중첩식은 일반적인 결과 보어와 마찬가지로 서술어 중심 동사를 양적으로 유계화한다. 이런 모든 특징들로 보아 동사 중첩식의 생성은 동보 구조, 특히 체표지 체계의 형성과 밀접한 연관이 있다는 것을 말해 준다.

　　동사 중첩식과 동사 연용은 아무런 연원 관계가 없을 수도 있다. 중첩은 일종의 형태로 중국어에 오랜 기간 존재했다. 중고 시기와 그 이전에 동사에 활용될 수 없었던 이유는 당시 존재했던 다동공빈의 규칙 때문이었다. 이 규칙에 따르면 서술어 동사와 피동작주 명사 사이의 동사성 성분은 반드시 타동성을 띠고 그 뒤의 명사와 '동작 - 피동작주'의 관계를 맺어야 했다. 그러나 동보 구조와 체표지 체계의 형성으로 서술어 중심 동사와 피동작주 명사 사이에 새로운 문법 자리가 생겨나고 이 자리에 동작 행위의 진행 상태를 나타내는 자동성 성분이 들어갈 수 있었다. 그로 인해 동사의 기본식은 형태소의 반복을 통해 이 새로운 문법 자리를 채울 수 있게 되었다. 체표지와 기타 결과 성분의 유추 하에 동사 중첩식은 의미, 문법 및 음운적 특징 등 모든 면에서 일반 체표지와 비슷하게 변했다. 이 두 해석은 서로 좀 다르지만 동사 중첩식의 형성 기제에 대한 설명에서는 일치성을 보인다.

2.17.6 서술어 구조의 유계화

동보 구조의 형성으로 인해 중국어 문장은 서술어의 구조적 특징이 근본적으로 바뀌었다. 현대중국어에서 일반 평서문의 서술어는 문법적으로 그것을 유계화하는 수량성 성분을 필요로 한다. 수량성 성분이 빠지면 문장은 불완전해 보이거나 심지어 문법에 어긋나게 된다. 동사의 수량성 성분을 다음과 같이 정의할 수 있다.

동사의 수량성 성분은 시간, 성질, 상태 등 면에서 중심 동사의 기능에 경계를 설정(유계화)하며, 주로 결과 보어, 체표지, 시간사, 동량사 등이 해당된다.

고대중국어와 현대중국어는 문장의 서술어에 중요한 차이를 보이고 있다. 과거에는 단순한 하나의 동사로 서술어의 기능을 완성했으나 현대중국어에서는 반드시 '동사 + 수량성 성분'을 사용해야 했다. 이런 차이점은 고대중국어를 현대문으로 번역한 대조문을 통해 관찰할 수 있다.

> **예문**
>
> (31) a. 皆以为登龙门。(《세설신어》 – 덕행)
>
> b. 都以为是登上了龙门。
>
> (32) a. 登车揽辔。(《세설신어》 – 덕행)
>
> b. 登上车子, 拿过缰绳。

예문(31)의 경우, 원래 단순히 동사 '登'을 사용하던 고대중국어와 달리 현대중국어에서는 결과 보어 '上'과 체표지 '了'가 추가된다. 예문(32)의 경우, 현대중국어에서는 두 서술어 동사에 모두 결과 보어를 추가했다. 이런 첨가 성분은 있어도 되고 없어도 되는 것이 아니라 없으면 문장이 불완전하게 보이거나 심지어 비문이 된다. 이런 현상들은 물론 동보 구조의 형성과 밀접한 연관성이 있으며 또한 체표지와 결과 보어도 모두 새로 출현한 문법 범주임이 분명하다.

일부 학자들은 특히 중국어 원어민이 아닌 학자들은 중국어의 서술어 구조 변화를 두 동사 어근의 합성어화로만 보고 있다. 그러나 '합성어화(複合詞化)'라는 관점은 서술어 구조의 변화를 조어법의 문제로만 귀결시키므로 오해의 소지가 있다. 사실상 문장 층위의 서술어 동사만이 일반적으로 수량성 성분을 필요로 하며 관형절은 "人坐的车", "他拿的鞭子" 등에서 보다시피 이런 규칙이 적용되지 않는다. 따라서 현대중국어 문장에서 서술어가 갖는 구조적 특징은 동보 구조가 생성된 이후에 나타난 유추 효과에 의해 형성된 것이다.

체표지와 결과 보어는 서술어 동사에 가장 흔히 사용되는 두 가지의 유계화 수단이다. 그 밖에도 서술어 동사를 유계화하는 다른 방식도 있다.

예문

(33) a. 太中大夫陈匙后至。(《세설신어》 – 덕행)

　　 b. 太中大夫陈匙晚到了一些。(백화문 번역)

예문(33)의 현대문 번역을 보면 수량성 성분인 '一些'가 추가되었는데 만약 '一些'가 빠지면 문장이 불완전해 보인다. 이런 수량성 성분은 보통 실질적인 의미를 갖지 못하고 문법적 수요에 의해 추가된 것이다.

또한 형용사 서술어에도 유계화 현상이 나타났다. 중국어의 형용사는 판단사로 연결해야 하는 영어와는 달리 직접 서술어가 될 수 있다. 그러나 현대중국어의 형용사 서술어는 정도 부사의 수식이 필요한 경우가 많으며 그렇게 추가되는 정도 부사도 실질적인 의미가 없이 문법적 수요에 의한 것이다. 이런 현상은 분명 동사 서술어의 유계화로부터 유발된 유추 효과이다. 다음의 두 용례에서도 고대중국어와 현대중국어의 형용사 서술어가 어떻게 다른지를 확인할 수 있다.

예문

(34) a. 人问: "痛邪?"(《세설신어》 – 덕행)

　　 b. 别人问他: "很痛吗?"(백화문 번역)

(35) a. 大未必佳。(《세설신어》 – 언어)

고문일 경우에는 단순 형용사 서술어였는데 현대중국어로 옮기면서 정도 부사 '很'이 추가되었다. 여기서 '很'은 의미가 사실상 중성화되었으며 주로 문장을 완전하고 자연스럽게 마무리해주는 기능을 한다. 현대중국어의 형용사 서술문은 대조 등의 특별한 경우를 제외하면 보통 정도 부사가 필요하다. 이는 현대중국어의 문법 규정을 반영하고 있다.

문법 수단을 사용하여 서술어 동사를 유계화해야 하는 것은 동사 복제, '把'자문, 화제 구조 등을 비롯한 현대중국어의 많은 문법 구조에서 지켜야 하는 규칙들이다. 관련 논의는 다음 장에서 다시 이어갈 것이다. 이어서 특정 문장 형식을 예를 들어 서술어 동사를 유계화하는 수단을 전면적으로 고찰하고자 한다. 현대중국어의 연동식으로 첫 번째 동사의 동작이 끝난 이후에 두 번째 동사의 동작이 발생함을 표시하려면 첫 번째 동사는 반드시 어떤 문법 수단으로 유계화되어야 한다. 그것을 유계화할 수 있는 수단에는 다음과 같은 것들이 있다.

가. 결과 보어

(36) 看完书再玩。

나. 체표지

(37) 看了书再玩。

다. 동사 중첩식

(38) 看看电视再睡。

라. 개사구

(39) 书放在书架上再走。

마. 시간사

(40) 看一小时书再玩。

위에서 열거한 7가지 수량성 성분은 대부분 동보 구조의 발전과 관계된다. 어떤 것은 동보 구조의 발전에 따른 직접적인 결과인데 이를테면 결과 보어, 체표지, 동사 중첩 등이 여기에 해당된다. 또 어떤 것은 동보 구조와 일치한 발전을 보이거나 또는 그 문법 위치의 변화는 동보 구조의 영향으로 인해 유발되었다. 고대중국어에서 시간사, 동량사, 명량사 등은 모두 피동작주 빈어(있을 경우)의 뒤에 위치하였는데 이는 당시 분리 가능한 동보 조합의 결과 성분이 들어가는 자리와 일치하였다. 그 후에 동사와 보어가 융합되면서 VRO 형식이 나타난 것이다. 동보 구조의 유추 작용 하에 시간사 등도 서술어 동사와 피동작주 빈어의 사이로 위치가 이동되었다. 위의 이 7가지 수량성 성분은 모두 10세기 이후에 발전한 것이며 이들이 일종의 문법 규정으로 자리잡은 것도 그 이후의 일이다. 지금은 만약 문장에서 이들이 빠지면 "看书再玩"처럼 비문이 되지만 고대중국어에서는 이들이 없어도 규범에 맞는 문장이었다.

현대중국어에서는 위 연동식의 첫 번째 동사에 반드시 어떤 수량성 성분을 사용하여 그것을 유계화해야 한다. 예를 들면 예문(43)의 '取'에는 동보구 '拿起'를 쓸 수 있고, 예문(44)의 '振'에는 중첩식 '振振'을 쓸 수 있다.

이상의 분석에서 알 수 있듯이 동보 구조의 확립은 중국어의 서술어 구조에 커다란 영향을 미쳤다. 그로 인해 일반 서술어 구조도 그것을 유계화하는 결과 보어와 비슷한 수량성 성분이 필요하게 되었다. 이런 '유계화' 현상의 본질은 문법적인 수요이며 문장을 완전하게 만들거나 문법에 맞도록 보완하는 기능을 한다.

2.17.7 현대중국어 완료체 부정식의 형성

동보 구조의 확립이 현대중국어의 문법에 미친 또 한 가지 중요한 영향은 현대중국어의 완료체 부정식인 '没 + VP'의 형성을 유발한 데 있다. 특히 중국어에서 완료체의 긍정식과 부정식은 형식적으로 대칭되지 않을 뿐더러 출현한 시기도 서로 다르다. 긍정식은 동사 뒤에 형태 표지를 붙인 'V + 了'이고, 부정식은 동사 앞에 부정 표지를 붙인 '没 + V'이다. 그 밖에 긍정식과 부정식은 형성된 시기도 매우 큰 차이를 보인다. 이와 관련하여 일부 중국의 남방 방언(민남어 등)에서는 긍정식과 부정식이 '有 + V'와 '无 + V'로 대칭을 이루는 현상에 주목할 필요가 있다. 지금부터 공시적 차원과 통시적 차원에서 그러한 현상에 대해 논의하고자 한다.

먼저, 일부 용어에 대한 해석을 짚고 넘어갈 필요가 있다. 중국어의 '了'를 완료체로 보는 견해가 적지 않은데 사실상 '了'는 꼭 사건의 완료를 표시하는 것이 아니라 사건의 시작을 나타내는 경우도 적지 않다.

> **예문**
>
> (45) 我看了那本书, 可是还没有看完。

더욱 중요한 것은 일반적인 정의에 따르면 '경험체(經歷体)'와 '완료체'는 모두 어떤 경로를 통해 유계화된 사건을 지시한다는 점이다. 다만 '경험체'의 경우는 현재와 상관성이 없는 유계적 사물을 표시하고 '완료체'의 경우는 현재와 상관성이 있는 유계적 사물을 표시한다는 점에서 차이가 난다. 즉, 경험체는 현재와 상관성을 갖지 않는다. 예를 들면 영어에서는 '경험체'를 주로 단순 과거형으로 표현한다.[예]

Lisa learned French in Caen) 분명한 것은 예문(45)에서도 알 수 있듯이 흔히(어떤 기준 시점 대비) 현재와의 상관성을 갖는 중국어의 '了'는 경험체에 해당 하지 않는다는 것이다. 영어의 단순 과거형과 성질이 다른 중국어의 '了'는 영어의 완료체인 'have + V-ed'(과거 분사)와 비슷한 기능을 한다. 이런 이유로 '了'를 일반 언어학에서 일컫는 완료 체표지의 문법적 성질을 띤다고 보는 것이다.

현대중국어에서 완료체의 긍정식인 'V + 了'에 대응되는 부정식은 '没(有) + V'이다.

(46) a. 我已经吃了饭, 现在不饿。

　　 b. 我没吃饭, 现在很饿。

예문(46)을 보면 긍정식과 부정식이 모두 의미적 특징에서 '현재와의 상관성'을 가진다. '了'와 '没'는 절대 함께 출현하지 않는다. 그리고 '没'의 일부 중요한 용법에 주목할 필요가 있다. 현대중국어에는 기능이 매우 다른 '没'와 '不' 두 개의 기본 부정 표지가 있다. '不'는 단순한 부정 표지이지만 '没'는 부정과 완료를 표시하는 이중 기능을 갖고 있다. 특히 동보구의 부정에는 '不'를 사용할 수 없고 '没'를 사용해야 한다.

(47) a. 我没有做完作业。

　　 b. *我不做完作业。

보통화와 달리 푸저우, 민동(閩東) 지역, 하이펑을 비롯한 일부 중국 남부 지역에서 사용되는 방언은 서로 대칭되는 완료체 형식을 갖고 있으며 그 긍정식과 부정식은 모두 소유 동사로 구성된다.

(48) a. 我有收着汝个批。(푸저우 말)

     b. 我无收着汝个批。(푸저우 말)

다음은 이론적인 차원과 역사적 사실에 기반하여 보통화의 완료체에 대해 고찰해 볼 것이다. 인간 언어 발전의 공통된 규칙으로 접근해 보면 보통화의 완료체 긍정식과 완료체 부정식은 각각 가장 일반적인 두 가지 유형을 대표한다. 인간 언어의 완료 체표지는 주로 완료의 의미를 가진 동사와 소유 동사에서 유래되었다. 앞에서 논의한 바와 같이 중국어 '了'는 원래 '완료'를 표시하는 일반 동사였다. 중국어 이외에도 카무, 산고 등 많은 언어들의 완료체도 완료 동사에서 유래되었다.

그리고 현대중국어의 완료체 부정식은 인간 언어의 완료체가 유래되는 또 하나의 중요한 유형을 대표한다. 완료체는 소유 동사 '있다/없다'에서 유래되는 경우가 많은데 이를테면 영어나 스위스어가 모두 여기에 해당된다. 32개 언어를 조사한데 따르면 소유 동사에서 유래된 완료체 유형이 두 번째로 많았다. 고대 영어에는 동보 조합을 구성하는 수단이 두 가지가 있었는데 그중 하나가 조동사 'habb-(있다)'를 사용하는 방법이다.

(49) Ic   hafde   hine   gebundenne.

     나   있다   그   묶다

     "내가 그를 묶어놓았다."

여기서 'gebundenne(묶다)'는 동사의 과거 분사형을 사용했다. 현대 영어의 완료체는 바로 이런 동보 조합에서 유래되었으며 원래 피동작주 빈어의 수식어였던 과거 분사는 소유 동사와 결합하게 되었다. 그 밖에도 영어의 완료체와 비슷한 발전 과정을 거친 언어로는 스페인어, 이탈리아어, 프랑스어, 포르투갈어 등이 있다.

영어의 완료체는 다음과 같은 두 가지 요소로 구성된다.

완료체의 두 구성 요소는 모두 자체적으로 독립된 의미값을 갖는다. 'Have'의 역할은 어떤 시간적인 참조 계열 속에서 한 사건이 처한 위치 및 현재와의 관계를 확립하는 것이고 과거 분사는 사건의 종결점을 나타낸다. 양자가 합쳐지면 '과거에 발생하였으나 현재와 상관성을 갖는 동작이나 행위'를 표시하여 완료체의 문법적 의미를 갖는다.

중국어 완료체의 부정식도 발전 과정이 영어 및 기타 언어와 유사하다. 먼저 부정 표지 '没'의 발전 역사를 간략하게 돌아보면 다음과 같다. 8세기 이전의 '没'는 '침몰하다'의 뜻을 가진 일반 동사였다.

> **예문**
>
> (50) 梦为鱼而没于渊。(《회남자》- 진훈)

8세기 이후에 '没'에는 소유 동사 '有(있다)'와 반대되는 '결핍하다'라는 파생 의미가 생겨났다. 그러나 14세기 이전에 '没'는 명사성 성분을 부정하는 용도로만 사용되었다.

> **예문**
>
> (51) 深山穷谷没人来。(이상은의 시)
> (52) 车子没。(《노걸대》)

14세기경에 이르러 '没'는 조동사로 발전하였으나 소유 동사 '有'를 부정하는 용도에 그쳤다.

(53) 如今为没有卖的。(《노걸대》)

(54) 如何没有鲜鱼? (《수호전》 - 24회)

'没'에 조동사 용법이 생겨나서 얼마 지나지 않아 완료체 부정식의 용법이 출현하여 동사구를 부정할 수 있게 되었다. 고찰에 따르면 이런 용법은 16세기의 문헌에 처음으로 나타났다.

(55) 这一日没上过盅酒。(《금병매》 - 16회)

(56) 一朵花还没有开足。(《장흥가중회진주삼》)

영어 완료체의 발전 역사와의 대조를 통해 중국어 완료체 부정식의 형성과 동보 구조의 확립 사이에는 내재적 연계가 존재한다는 것을 확인하였다. 새로운 문법 범주인 결과 보어의 출현은 완료체 부정식의 형성에 필요한 환경을 제공하였다. 완료체의 문법적 의미는 '과거에 발생하였고 현재와의 상관성을 가지는 동작이나 행위'이다. 영어의 완료체 형식에서 조동사 'have(있다)'는 '현재와의 상관성'을, 과거 분사는 '행위가 과거에 발생하였음'을 표시한다. 영어 완료체 형식의 역사적 유래는 보편성을 띤다. 따라서 조동사 'have'가 완료체 형식을 형성하기 위해서는 반드시 동작이나 행위가 과거에 발생하였음을 표시하는 또 다른 문법 형식에 의존해야 한다고 추론할 수 있다. 중국어에서는 이런 과거 발생을 표시하는 문법 형식이 바로 동보 구조의 결과 보어인 것이다. 결과 보어의 일반 언어학적 정의는 과거에 발생한 동작이나 행위를 지시하는 것이다. 소위 '과거에 발생한 행위'는 '어떤 시간을 기준으로 동작이나 행위가 이미 발생한 것'으로 설명된다. 물론 결과 보어는 이런 기능을 갖고 있다. 예를 들면 "写完信再玩", "看清楚再说"에서 결과 보어는 모두 두 번째 동작이 일어나기 전에 앞의 동작이 발생하였음을 의미한다. 그리하여 15세기경에 완료체 부정식의 형성에 필요한 두 가지 조건이 성숙되었는데 하나는 '没'가 조동사로 전환된 것이고, 다른 하나는 동보 구조가 확립된 것이다.

위의 분석을 통하여 보통화에서 완료체의 부정식과 긍정식이 왜 대칭을 이루지 못하는지, 반면에 일부 중국어의 남방 방언에서는 왜 대칭을 이루는지를 알 수 있다. 완료체의 긍정식인 'V 了 O'는 10세기경에 형성되었는데 이는 완료체 부정식의 생성에 필요한 두 가지 조건의 형성보다 500년 이상 앞서 나타났다. '了'는 완료 의미를 가진 동사에서 유래되었는데 이는 인간 언어에서 완료체 형성의 보편적인 방식의 하나였다. 15세기경에 이르러 '了'의 확립이 굳어지고 또 계속 존재할 충분한 이유가 있었다. 따라서 부정식 '没 + V'가 출현한 이후에도 '了'는 여전히 존재하였기에 그 결과 보통화에는 완료체의 비대칭이 나타났다. 반대로 민남어를 비롯한 일부 남방 방언의 동보 구조는 그 발전이 느리어 지금도 보통화의 '了'와 같은 완료체 긍정식을 갖지 못하였다. 이런 이유로 소유 동사가 완료체로 발전하기 위한 조건이 갖춰졌을 때, 그들은 쉽게 대칭되는 표현 방식을 가질 수 있었다.

'没'의 문법화로 인해 근대 중국어에서는 '无', '未', '不曾', '未曾' 등 여러 부정 표지가 선후하여 사라졌다. 따라서 중국어의 부정 표지 체계에도 근본적인 성질의 변화가 일어났다. 현대중국어의 기본 부정 표지인 '不'와 '没'는 연속성의 성분(무계)만을 부정하는 '不'와 분리 성의 성분(유계)만을 부정하는 '没'로 명백하게 역할이 나뉜다. 둘의 이와 같은 역할 분담은 단어의 품사에 따른 것이 아니고 수량의 의미적 특징을 기준으로 나눈 것이다. 이를테면 '没'는 명사성 성분의 부정에도 동사성 성분의 부정에도 모두 사용될 수 있다. 반면에 15세기 이전에는 중국어의 부정 표지 체계가 주로 품사를 기준으로 나뉘었다. 이를테면 '无'는 주로 명사구 부정으로, '未' 등은 주로 동사구 부정으로 사용되었다. 한마디로 동보 구조의 출현은 중국어의 부정 표지 체계에도 깊은 영향을 미쳤다.

2.17.8 맺음말

이 장에서는 동보 구조의 확립이 중국어의 조어법과 형태 체계에 끼친 영향에 대하여 체계적으로 논의하였다. 동보 구조의 확립으로 인해 중국어의 문법은 큰 변화를 겪었다. 동보 구조는 분석형 사성식으로 기존의 굴절 사성식을 대체하였다. 중국어에서 동보구의 보편적인 사용은 또 강력한 유추 작용을 일으켜 서술어 구조의 성질을 변화시켰다. 그에 따라 서술어 동사는 일반적으로 유계성 성분을 필요로 하게 되었고 그 결과 중국어의 유형학적 분류도 달라졌다. 아울러 동보 구조로 인해 중국어에는 체표지, 양태식, 동사 중첩을 비롯한 다양한 동사의 형태 표지도 생겨나서 동사의 문법 범주가 크게 풍부해졌다. 또한 동보 구조의 형성은 '沒'의 문법화에도 필요한 환경을 제공하였다. 그 밖에도 동보 구조는 그 시기에 생겨난 수많은 새로운 문법 구조의 형성을 추동한 원인이기도 하다.

동보 구조가 추동한 문법의 발전

2.18.1 머리말

앞 장에서는 동보 구조의 생성이 중국어의 조어법과 형태에 미친 영향에 대하여 논의하였다. 이어서 이 장에서는 그런 영향이 어떻게 새로운 문법 구조의 형성으로 이어졌는지를 고찰할 것이다. 동보 구조의 형성 과정은 곧 V와 R의 융합 과정이다. V와 R이 융합된 결과 V와 R 사이에 삽입되어 들어가던 단어는 다른 자리로 이동해야 했다. 이와 같은 삽입 성분에는 피동작주 명사, 부사와 부정 표지 등 3가지가 포함된다. 부사와 부정 표지의 경우는 단순히 VR구의 앞으로 이동되었는데 이들은 이동된 후에도 새로운 구조를 형성하지 못하고 동사성 편정 구조에 수식 성분을 하나 더 추가하는 데 그쳤다. 반면에 피동작주 명사는 위치 이동이 조금 복잡한데 VR구의 앞과 뒤로 이동한 경우가 모두 있었으며 구체적으로 어느 자리로 이동하는지는 여러 가지 조건에 의해 결정되었다. 그리고 10세기 이후에 나타난 여러 문법 구조들은 모두 이런 피동작주의 위치 이동과 밀접한 관련이 있다. 제일 간단한 자리 이동은 피동작주 명사가 동보구 뒤로 이동된 것인데 이런 구조는 일반적인 술빈 구조(서술어 - 빈어)와 별반 차이가 없기 때문이다. 또한 많은 피동작주 명사는 동보구의 앞으로 이동할 수밖에 없었는데 이로 인해 일련의 문법적 변화가 유발되었다.

이렇게 서술어 동사의 앞에 위치하는 피동작주 명사가 대량으로 나타나면서 서술어 동사 앞에 오는 명사구의 의미적 역할이 복잡해졌다. 문법적으로 같은 자리에 들어가는 명사가 때로는 동작주로, 때로는 피동작주로 되기 때문에 표현의 모호성을 초래하였다. 따라서 당시 언어는 서술어 동사의 앞에 오는 명사가 동작주인지 피동작주인지를 효과적으로 구분해줄 새로운 문법 표지가 필요하였다. 그런 상황에서 일부 의미적 특징이 잘 부합되는 연동 구조의 첫 동사가 선후하여 동작주 또는 피동작주의 문법 표지로 문법화되었고 그 결과로 다양한 처치식과 피동문 표지가 생겨나게 되었다. 이런 문법 표지는 대개 개사인 경우가 많기 때문에 서술어 동사 앞에 개사구가 오는 빈도도 늘어나게 되었다. 다른 한편으로는 동보 구조의 출현으로 인해 중국어 문장의 정보 구성 방식은 '동작 + 결과'의 순서로 바뀌게 되었다. 그 결과 원래 서술어의 앞과 뒤에 자유롭게 위치하던 개사구가 동작의 결과를 표시하는 경우를 제외하고는 서술어 앞으로 위치가 한정되었다. 이런 두 가지 변화의 작용으로 'PP + VP'는 결국 중국어에서 하나의 구조로 자리잡았다. 또한 이런 구조는 일부 연동식에서 첫 동사가 문법화되도록 촉진하였다. 이런 일련의 변화로 인해 중국어 문법에는 다양한 새로운 수단들이 늘어났다.

2.18.2 피동작주 명사의 의미적 특징 및 재배치

2.18.2.1 동사와 보어의 융합이 가져온 변화

동보 구조의 생성은 원래 독립된 문법 단위였던 동사와 보어가 실제로 하나의 문법 단위로 융합되어 원래 동사와 보어 사이에 들어가던 단어가 다른 자리로 이동해야만 했다. 피동작주 명사의 배치에 따라 원래의 분리 가능한 동보 조합은 각각 다음의 다섯 가지 형식으로 발전하였다.

가. 처치식

나. 신(新) 화제 구조

다. 피동작주 주어

라. 동사 복제

마. VRO

다섯 번째 형식 VRO는 나머지 다른 네 가지 형식들에 비해 주로 쓰이기는 하지만 동보 조합의 전반 발전 상황에서 볼 때 다섯 가지 형식 중의 하나에 불과할 뿐이다. 그리고 중고 중국어의 동보 조합이 어떤 형식으로 발전하였는지는 주로 다음과 같은 네 가지 요인에 의해 결정되었다.

가. 보어의 의미 지향

나. 동사와 보어의 융합 정도

다. 동보구의 음절수

라. 보어의 문법화 정도

이와 같은 다양한 제한 조건으로 인해 많은 동보구는 직접 피동작주 명사를 가질 수 없었고, 이런 동보구가 피동작주 명사를 가지기 위해서는 다른 구조에 의지할 수밖에 없었다. 피동작주 명사를 이끌 수 있는 구조에는 VRO 구조 말고도 여러 가지가 있다. 어떤 구조를 선택하느냐는 주로 한정과 비한정, 지시 대상의 유무 등을 나타내는 피동작주 명사의 의미적 특징에 의해 결정되었다.

2.18.2.2 처치식의 발생 원인

현대중국어의 처치식은 '把'자 구조로도 불린다. '把'자 구조는 광범위하게 널리 사용될 뿐만 아니라 많은 경우에 유일한 최적 표현으로 되기에 매우 중요한 형식으로 꼽힌다. '把'자구는 서술어가 반드시 복잡한 구조여야 하는데 그중 가장 대표적인 것이 바로 동보 구조이다. 바꿔 말하면 '把'자구의 중심 서술어 동사는 반드시 어떤 문법 수단을 통해 유계화되어야 한다. 아래는 관련 예문이다.

(1) a. 他把碗撞翻了。

   b. *他把碗撞。

예문(1)a의 결과 보어 '翻'은 상태를 표시하는 것으로 중심 서술어 동사 '撞'을 유계화한다. 또한 '把'자문에 자주 사용되는 체표지 '了'도 시간적인 차원에서 중심 서술어 동사를 유계화한다. 예문(1)의 문장 표현을 놓고 보면 '把'자문은 선택 가능한 형식 중의 하나에 불과하다. "他撞翻了那个碗"처럼 일반 평서문으로도 전환할 수 있기 때문이다.

(2) a. 把小事弄大了。(《홍루몽》 - 33회)

   b. *弄大了小事。

(3) a. 宝玉自知又把话说造次了。(《홍루몽》 - 38회)

   b. *说造次话。

초기의 '把'자문에 나타난 문법적 특징은 처치식의 발생 기제를 푸는 데 시사하는 바가 크다. 현대중국어에는 SVO 형식으로 전환할 수 없는 '把'자문이 많이 존재한다. 일부 학자들은 이런 현상을 '把'자문의 발전에 따른 결과로 보고 있다. 그것은 초기의 '把'자문은 일반 평서문으로 모두 전환할 수 있다고 추측하였기 때문이다. 그러나 이 연구에 따르면 최초의 '把'자문은 이런 식의 전환을 할 수 없는 것들이 더 많았다. 시기적으로 보면 '把'자문이 문법 수단으로서 확립된 시기가 동보 구조의 형성 시기와 비슷하다. 처치식의 표지인 '把'는 원래 '들다(拿)', '잡다(握)'의 뜻을 가진 일반 동사였으며 이전에는 연동식의 첫 동사로 자주 쓰이면서 그 자리에서 피동작주의 표지로 서서히 문법화되었다. '把'는 문법화된 전과 후에 사용 범위와 문법적 특징이 모두 크게 바뀌었는데 10세기 이전 '把'가 아직 실질적 의미를 가진 동사였을 때는 단음절 동사를 서술어로 둘 수 있었다.

예문

(4) 先把黄金练。(맹교의 시)

12세기 이후에는 '把'자문이 하나의 문법 구조로 확립되면서 '把'의 서술어 자리에는 더 이상 단음절 동사가 들어갈 수 없었으며 반드시 동보 구조 또는 유사한 어구가 들어가야 했다. 그리고 동보 구조가 확립된 이후 '把'자문은 사용 빈도가 빠르게 증가하였는데 아래 표에서 그러한 사실을 확인할 수 있다.

'把'자문의 사용 증가

문헌	시기	10만 자당 '把'자문의 수
《돈황변문》	AD 800 년	1
《노걸대》	AD 1325 년	165

8세기에서 13세기 사이에 '把'자문의 사용 빈도는 무려 165배 증가하였다. 이는 동보 구조의 확립과 밀접한 관련이 있다. 초기의 상당수의 '把'자문은 피동작주 명사를 동사의 뒤에 둘 수 없었는데 주로 다음과 같은 몇 가지 원인이 있다.

예문

가. 동사가 'VO'의 내부 구조를 가진 복합 동사인 경우

(5) 子路自是不把这般当事。(《주자어류》 - 권37)

이상의 세 가지 용법만 봐도 '把'자 구조는 VRO로부터 어순 변경을 거쳐 형성되었다고 볼 수 없다. 왜냐하면 이와 대응되는 일반 평서문이 처음부터 없었기에 '把'자문의 출현과 널리 사용됨은 VR의 융합 결과인 것이다. V와 R이 융합되면 더 이상 피동작주 명사를 사이에 허용하지 않을 것이고 여러 제한 조건으로 인해 많은 동보구는 피동작주 빈어를 가질 수 없게 될 것이다. 이런 경우에 동작의 피동작주를 도입하려면 서술어 동사의 앞자리가 유일한 선택이다. 또한 서술어의 앞에 오는 명사성 성분의 의미적 역할이 복잡해지므로 동작주와 피동작주 간의 혼동이 자주 발생하여 소통에 어려움을 초래한다. 이때 언어는 서술어 앞의 피동작주 명사를 표시해 주는 문법적 수단을 찾으려는 경향이 두드러지게 나타난다. 바로 이런 상황에서 연동식의 첫 동사로 쓰이던 '把'(또는 '將')가 서술어의 앞에 오는 피동작주의 표지로 문법화된 것이다.

그러나 '把'자문은 전치된 피동작주 명사를 처리하는 몇 가지 문법적 수단 중의 하나에 불과하며, 그 밖에 동사 복제와 화제 구조도 자주 사용되는 문법적 수단으로 된다. 기존의 분리 가능한 동보 조합이 '把'자문으로 발전한 것은 주로 피동작주 명사의 의미적 특징에 의해 결정되었다. 대체로 피동작주가 한정 명사인 경우, 특히 수식 구조를 가진 복잡한 명사구인 경우에는 모두 '把'자문이 가장 적합한 표현 형식으로 되었다.

(8) a. 若真个看得这一件道理透。(《주자어류》 – 훈문인)

예문(8)에서 a는 기존의 분리 가능한 동보 조합이며, b는 상응한 현대중국어의 표현 형식이다. 《노걸대》를 조사한 결과 모든 '把'자문의 피동작주는 모두 한정 명사로서 보통 지시 대명사의 수식을 받고 있었다. 이런 용법은 현대중국어에도 여전히 남아 있다.

2.18.2.3 신 화제 구조

중국어에는 자고로 일종의 화제 구조가 존재하였다. 화제 구조란 피동작주를 화제화하여 문두에 위치시키는 구조를 가리킨다. 문장에 주어가 있으면 이 화제화된 피동작주 명사는 반드시 주어 앞에 놓여야 했다. 그 밖에도 중국어에는 14세기경에 이르러 또 하나의 새로운 화제 구조가 생겨났는데 이 화제 구조는 화제화된 피동작주 명사가 주어와 서술어 동사 사이에 위치하였다.

예문

(9) 我昨日冷酒喝多了。(《노걸대신석》)

(10) 咱们闲话且休说。(《노걸대》)

(11) 咱们饭也吃了。(《노걸대》)

초기의 화제 구조에서 피동작주 명사는 모두 주어와 서술어 동사의 사이에 놓였다. 이를테면 예문(9)에서 '冷酒'는 동사 '喝'의 피동작주이다. 예문(9)의 서술어는 동보 구조이며 전치된 피동작주 명사는 동보 구조의 뒤에 위치하지 못한다. 이를테면 "*喝多了冷酒"는 비문이다. 이런 현상은 신 화제 구조의 형성도 동사와 보어의 융합과 밀접한 연관이 있음을 말해 준다.

얼핏 보면 신 화제 구조와 '把'자문과의 차이점은 겉으로 드러난 피동작주 명사의 문법 표지가 있는지 없는지에 불과한 것 같지만 실제로 신 화제 구조 중 많은 구조는 '把'자 구조로 전환할 수 없다는 사실이다.

(12) a. *我把冷酒喝多了。

　　　 b. *咱们把闲话且休说。

예문(9), (10), (11)이 보여주듯이 신 화제 구조에서는 피동작주가 꼭 한정 명사가 아니어도 된다. 이는 신 화제 구조와 '把'자문의 분명한 차이점이기도 하다.

신 화제 구조는 또 기존의 화제 구조와도 기능 면에서 다소 차이가 있다. 신 화제 구조에서는 화제화된 피동작주가 문두에 놓이게 될 경우 반드시 한정 명사여야 한다는 점이다.

(13) a. 饭我已经吃了。

　　　 b. 书我已经还了。

위 예문에서 '饭'과 '书'는 모두 한정 명사이다.

한마디로 신 화제 구조의 생성은 우연이 아니라 동사와 보어가 융합되면서 일어난 일종의 반응이다. 신 화제 구조는 독특한 문법적 기능을 가지며 기존의 분리 가능한 동보 조합의 일부 기능을 대체하였다.

2.18.2.4 피동작주 명사의 증가

동작주 주어가 생략된 경우에는 피동작주 명사가 문두에 위치하는데 이런 문장을 피동작주 주어문으로 볼 수 있다. 또한 피동작주 주어문을 신 화제 구조의 변형 형식의 하나라고 할 수 있다. 이런 문장은 고대중국어와 현대중국어에 모두 존재하지만 사용 빈도 면에서 차이가 크다. 그것은 동사와 보어의 융합으로 인해 피동작주 주어문의 사용이 크게 증가하였기 때문이다. 동보 구조의 확립과 피동작주 주어문의 증가 사이에는 인과 관계가 존재하는데 이는 두 가지 측면에서 드러난다. 하나는 피동작주 주어문의 서술어는 단순 동사가 아닌 동보 구조와 같은 복잡한 어구여야 한다는 점이고, 다른 하나는 많은 피동작주 주어문은 SVO 어순의 일반 평서문으로 전환할 수 없다는 점이다.

> **예문**
>
> (14) 我昨儿晚上的话竟说错了。(《홍루몽》- 36회)
>
> (15) 你的性子越发娇惯了。(《홍루몽》- 36회)

이상의 두 예문에서 서술어 동사의 앞에 오는 피동작주 명사는 서술어 동사의 뒤로 옮겨지면 모두 비문이 된다.

> **예문**
>
> (16) a. *竟说错了昨儿晚上的话。
>
> b. *越发娇惯了你的性子。

현대중국어와 비교해 보면 고대중국어의 문장 구조는 상대적으로 단순하여 문장 성분과 의미 역할 사이에 상당히 일치한 대응 관계를 이룬다.

> (17) 주어 + 서술어 + 빈어
>
> ↓   ↓   ↓
>
> 동작주   동작   피동작주

다시 말하면 고대중국어 문장의 기본 어순은 주어가 동작주, 빈어가 피동작주와 대응된다. 그러나 현대중국어는 대량의 피동작주 주어가 나타나기에 상황이 훨씬 복잡하다. 고대중국어의 경우 동작주와 피동작주의 구분을 주로 어순에 의지하였으나 중고 중국어 이후부터는 이런 어순에 의한 구분법이 중화되었다. 사실 확인을 위해 가장 많이 쓰이는 동사 '说', '看', '吃' 3개를 중심으로 피동작주 주어의 증가 현상을 역사적인 사료를 통해 고찰하였다. 그 결과는 아래 표와 같다.

3개 상용 동사의 피동작주 주어의 통시적 증가

문헌	시기	동작주 주어%	피동작주 주어%
《논어》	BC 500년	98%	2%
《세설신어》	AD 425년	99.2%	0.8%
《노걸대》	AD 1325년	82%	18%

위 표에 나타난 통계 수치는 시사하는 바가 크다. 피동작주 주어의 사용 빈도는 BC 5세기 ~ 5세기의 약 천년 동안 2% 미만을 유지하면서 큰 변화가 없었다. 그러나 5세기~14세기에는 17% 이상 빠르게 증가하였다. 이 시기는 마침 동보 구조가 시작하여 확립되어 가던 시기와 맞물린다. 따라서 피동작주 주어문의 증가는 동사와 보어의 융합과 밀접한 연관이 있다고 볼 수 있다.

문장 성분과 의미 역할의 대응에 존재하는 고대중국어와 현대중국어의 차이는 재귀 대명사의 사용에서도 드러난다. 고대중국어에서는 피동작주 명사가 문두로 옮겨져 화제화되면 일반적으로 원래 피동작주 명사가 놓이던 자리에 대명사가 추가되는데 이때 보통 '之'를 사용하여 다시 지시한다.

> **예문**
>
> (18) 夏礼吾能言之。(《논어》 - 팔일)
> (19) 好仁者, 无以尚之。(《논어》 - 이인)

예문(18)의 '之'는 문두의 화제 '夏礼'를 다시 나타내며 예문(19)의 '之'는 화제 '好仁者'를 다시 나타낸다. 재귀 대명사를 추가함으로써 화제화된 부분을 제외한 나머지 부분은 여전히 완전한 '(동작주) + 동작 + 피동작주'의 구조를 유지할 수 있다. 그러나 현대중국어에서는 일반적으로 이런 재귀 대명사를 허용하지 않는다.

이상의 두 예문에서 재귀 대명사를 빼면 올바른 문장이 된다. 이는 한편으로 현대중국어에서 피동작주 주어문이 일반 문장 형식의 하나임을 반영하고 있다.

고대중국어에도 인접한 두 동사의 피동작주가 같은 사물일 경우 예문(21)처럼 첫 동사는 일반 명사를 빈어로 두고, 두 번째 동사는 지시 대명사를 사용하여 피동작주를 다시 지시하는 유사한 현상이 존재한다. 그러나 이런 용법은 10세기 이후에 소실되었음으로 재귀 대명사를 추가하면 예문(22)처럼 오히려 규범에 어긋나게 된다.

쉽게 말하면 고대중국어와 현대중국어는 화제화된 성분을 다시 지시하는지 여부에서 분명히 대립되는 차이를 보인다. 고대중국어에서는 일반적으로 재귀 대명사를 사용하여 화제화된 성분을 다시 지시하지만 현대중국어에서는 그것이 허용되지 않는다. 이런 변화도 동보 구조의 생성과 밀접한 관련이 있다. 고대중국어는 주어와 동작주, 빈어와 피동작주가 대응하는 문법 구조를 가졌다. 따라서 피동작주 명사가 문두로 이동하여 화제화되면 남은 부분도 재귀 대명사를 추가하는 방식으로 '동작주 + 동작 + 피동작주'의 형식을 유지해야 당시의 문법 구조를 만족할 수 있었다. 그러나 동사와 보어가 융합되면서 피동작주 명사의 상당수가 반드시 서술어 동사 앞에 놓여야 했으므로 상고 중국어의 문장 형식도 서서히 바뀌어 피동작주명사가 서술어 동사의 앞에 오는 것이 매우 흔한 문장 구조가 되었다. 그 결과 화제화 구조에서도 더 이상 동사로 다시 나타낼 필요가 없어졌기에 그로부터 오랜 세월이 흘러 더 이상 대명사를 사용하여 화제화 성분을 다시 나타낼 수 없는 문법 규칙이 형성되었다.

2.18.2.5 동사 복제 구조

동사 복제 구조의 생성도 V와 R의 융합과 밀접히 연계된다. 먼저 동사 복제 구조의 공시적 특징을 살펴보면 다음과 같다. 동사 복제 구조는 현대중국어 구어체에서 매우 자주 사용되는 용법으로서 문장에 보어가 나타날 경우 동사가 직접 빈어 뒤에 다시 반복되어 나타나는 형식이다. 이는 아래의 규칙에 어긋나는 문장 구조(가)를 피하기 위함이다.

가. *(S)+ V + O + R
나. (S)+ V + O + V + R

즉, 규범에 어긋나는 위의 (가) 구조 대신 (나) 구조를 사용하는 것이다.

동사 복제 구조의 보어에는 일반 결과 보어, 시간사, 장소를 표시하는 개사구와 추향 동사 등 네 가지가 있다. 동사 복제 구조는 반드시 하나의 결과 성분을 갖는다. 중고 중국어는 현대중국어와 정반대로 네 가지 결과 성분이 모두 직접 빈어의 뒤에 바로 놓인다. 즉 당시에는 위 문장 구조 (가)가 규범적인 형식이었으며 문장 구조 (나)는 아직 존재하지 않았다. 고대와 현대의 이 같은 용법 차이는 동보 구조의 확립과 동사 복제 구조의 출현 사이에 인과 관계가 있다는 것을 말해준다.

동사 복제 구조의 주요 기능은 한 문장에 빈어와 보어를 하나씩 동시에 도입하는 데 있다. 동사 복제 구조는 여러 문장 형식 중의 하나이지만 자기의 독특한 화용적 기능을 갖고 있다. 보어의 의미 지향이 문장의 주어가 되고 피동작주 명사를 도입해야 할 경우에는 동사 복제 구조가 유일한 선택이 된다.

> **예문**
>
> (23) a. 他看书看累了。
>
>   b. 她吃肉吃胖了。

예문(23)a의 보어 '累'는 주어인 '他'에 대한 설명이며, 예문(23)b의 보어 '胖'도 주어에 대한 설명이다. 피동작주 명사인 '书'와 '肉'를 도입하려면 다른 선택은 없다.

동사 복제 구조의 피동작주 명사는 반드시 비한정 명사거나 지시 대상이 없어야 하는 의미적 제한 조건을 갖고 있다. 따라서 동사 복제 구조는 일반적으로 예문(23)의 '书'와 '肉'와 같은 일반어를 피동작주 명사로 둔다. 피동작주 명사가 한정 명사거나 지시 대상이 있는 경우에는 동사 복제 구조를 사용할 수 없다.

> **예문**
>
> (24) a. *我看一本书看累了。
>
>   b. *我吃那些肉吃胖了。

피동작주 명사의 의미적 특징 면에서 보면 동사 복제 구조는 피동작주 명사가 반드시 한정 명사이거나 지시 대상이 있어야 하는 '把'자문과 선명하게 대립된다. 동사 복제 구조와 '把'자문의 발전은 모두 동사와 보어의 융합과 관련이 있다. 그러므로 분리 가능한 동보 조합의 발전 방향은 피동작주 명사의 의미적 특징에 의해 상당 부분 결정되었다고 본다.

동사 복제 구조의 공시적 기능이 명확하면 그것들이 중고 중국어의 어느 분리 가능한 동보 조합에서 유래하였는지를 어렵지 않게 파악할 수 있다. 주로 다음의 두 가지로 나뉜다.

가. 보어의 의미 지향이 주어인 동보 조합

(25) a. 周仲智饮酒醉。(《세설신어》 – 아량)

　　　 b. 周仲智喝酒喝醉了。

나. 피동작주가 비한정 명사이거나 지시 대상이 없는 경우

(26) a. 只是中得毒深。(《대장경》 – 권27·답유보학)

　　　 b. 他中毒中得很深。

위의 두 예문에서 피동작주는 모두 비한정 명사이거나 지시 대상이 없다.

고찰에 따르면 동사 복제 구조는 16세기경의 문헌에 처음으로 나타났다. 다음은 그 초기 용례들이다.

(27) 请人请到四五次。(《육태학시주오공후》)

(28) 从小儿一处淘气淘了这么大。(《홍루몽》 – 54회)

예문(27)의 직접 보어(直接補語)는 비한정 명사이며, 예문(28)의 동사는 'V + N'의 내부 구조를 가진 복합 동사로 그중의 N은 지시 대상이 없다. 위의 두 예문은 동사 복제 구조를 사용하지 않으면 문법에 어긋난다.

위의 분석은 동사 복제 구조의 형성에도 동사와 보어의 융합이 영향을 미쳤다는 것을 말해 준다. 이는 다음과 같은 세 가지 측면에서 알 수 있다. 첫째, 동사 복제 구조는 동보 구조가 생성된 이후에 출현하였다. 둘째, 동사 복제 구조의 서술어는 반드시 동보 구조여야 한다. 셋째, 초기의 동사 복제 구조에서 서술어는 일반적으로 피동작주 빈어를 가질 수 없었다. 다시 말하면 동사와 보어의 융합으로 인해 비한정 명사나 지시 대상이 없는 피동작주를 가진 동보 조합은 이후에 동사 복제 구조로 발전하였다.

2.18.2.6 기존 문법 체계에서 새로운 문법 구조의 형성 경로

동보 구조가 새로운 문법 형태로 발전한 이후 일련의 새로운 문법 형태가 나타났다. 그렇다면 새로운 문법 형태의 출현은 기존의 문법 체계와 어떤 관계가 있을까? 일반적으로 새로운 문법 구조는 형성 과정에서 기존 문법 체계로부터 여러 가지 영향을 받게 된다. 이를테면 일부 완전히 새롭게 형성된 문법 구조도 실제로는 오래전부터 존재하던 문장 구조가 고착된 것일 수 있다. 새로운 구조에 대한 기존 문법 체계의 제약으로 인해 새로 생겨난 구조도 수의적으로 변화하는 것이 아니라 최대한 기존의 문법 체계와 적합성을 유지해야 한다. 동보 구조와 그 변화에 대한 고찰에 근거하면 신구조는 일반적으로 다음의 두 가지 과정을 거쳐 형성된다는 것을 알 수 있다.

가. 기존 문법 형태의 확장

실제로 신 문법 구조는 많이는 기존 문법 형태의 확장을 통해 형성된다. 여기서 확장은 사용 범위의 확장 또는 표현 기능의 확장이 될 수 있다. 아래 '把'자문과 신 화제 구조를 예를 들어 이 점을 설명할 것이다. 문법 표지로 보나 표현 기능으로 보나 이 두 문장 구조는 예전에 모두 없었다. 그러나 그들의 문법 형식은 오래전부터 중국어에 존재했다. 아래는 '把'자문의 문법 형식인데 다음과 같다.

(30) S + PP + VP

즉, 하나의 개사구가 주어와 서술어 사이에 위치하는 것인데 이런 형식은 고대부터 존재했었다.

(31) 蝗虫从东方来。(《사기》 - 진시황본기)

'把'자문의 출현으로 예문(30)의 문법 형식에는 개사 '把'로 서술어 동사 앞에 피동작주 명사를 도입하여 피동작주에 행동을 미치게 하는 새로운 유형이 추가되는 것이다. 문법 구조 면에서 보면 전혀 새로운 것이 아니고 서술어 동사 앞에 장소, 시간, 도구 등을 나타내는 개사구와 같은 것들이 놓인다. 신구조는 'PP + S + VP'가 될 가능성이 거의 없다. 왜냐하면 주어 앞에 개사구가 오는 형식은 중국어의 안정된 문법 구조가 아니기 때문이다. 다시 말하면 새로 생겨나는 문법 형태는 가능한 구조적으로 기존의 문법 체계와 적합성을 유지한다는 것이다.

비슷한 경우로 신 화제 구조도 문법 형태 면에서는 오래전부터 존재했던 구조로 그 문법 형식은 다음과 같다.

(32) S + PP + VP

이런 형식은 신 화제 구조가 출현하기 아주 오래전부터 이미 중국어에 존재했다. 다만 예전에는 주어와 서술어 사이의 NP 자리에 시간사나 장소사로 국한되었을 뿐이다.

(33) (木兰)昨夜见军贴。(《목란사》)

보다시피 신 화제 구조의 출현은 주어와 서술어 사이의 NP 자리에 서술어 동사의 피동작주 명사라는 새로운 유형이 하나 추가되었음을 의미한다.

이처럼 '把'자문과 신 화제 구조의 형성 과정은 기존 문법 형식의 기능 또는 사용 범위의 확장으로 풀이할 수 있다.

나. 문장 구조의 고착화

동사 복제 구조의 생성 과정이 바로 문장 구조 고착화의 대표적인 경우이다. 동사 복제 구조는 인접한 두 단문이 고착되어 생겨난 기존에 없었던 문법 형식이다. 중국어에 가장 흔히 쓰이는 구조는 같은 동사를 인접한 두 단문에 사용하여 첫 문장으로 동작이 작용하는 대상을 설명하고 두 번째 문장으로 동작의 작용 결과를 설명하는 문장 구성이다.

(34) 向前解了拶子, 解的直声呼唤。(《금병매》 - 35회)

예문(34)에서는 '解'가 두 번 쓰이는데 첫 번째 '解'는 피동작주 명사인 '拶子'를 도입하고, 두 번째 '解'는 결과인 '直声呼唤'을 이끈다.

그러나 안정적인 문법 수단인 동사 복제 구조는 일반 문장 구조와 주로 다음과 같은 두 가지 측면에서 구분된다.

가. 동사 복제 구조의 첫 번째 동사는 반드시 비한정 동사여야 하며 두 번째 동사는 반드시 체표지와 같은 형식이 추가된 한정 동사여야 한다. 그러나 문장 구조의 틀 안에서는 독립된 두 문장이며 그중에 사용된 두 동사는 모두 체표지를 추가할 수 있는 한정 동사이다.

즉, 두 동사에는 모두 그 어떤 문법적인 제한도 존재하지 않았다.

나. 동사 복제 구조의 피동작주 명사는 반드시 지시 대상이 없거나 비한정 명사, 이를테면 수량사의 수식을 받을 수 없는 명사여야 한다. 그러나 독립된 문장의 피동작주 명사는 이러한 제한을 받지 않는다.

한마디로 동사 복제 구조는 어순 면에서 자주 쓰이는 일반 문장 구조와 유사하면서도 일부 결정적인 특징에서는 차이를 가지고 있었다. 그런 유사성으로 인해 사람들은 새로운 구조가 낯설지 않았을 것이므로 더 쉽게 받아들였을 것이다. 이처럼 문장 구조의 제약 하에 새롭게 형성된 문법 구조도 가능한 기존의 문법 체계와 적합성을 유지할 수밖에 없었다.

2.18.3 첫 동사의 문법화

2.18.3.1 동보 구조의 생성으로 유발된 첫 동사의 문법화

동보 구조의 생성이 일으킨 또 한 가지 영향은 연동 구조의 첫 동사가 다양한 문법 범주를 표시하는 개사로 문법화되도록 추진한 것이다. 그런 영향은 주로 세 가지 면에서 구현된다.

첫째, 동사와 보어의 융합으로 인해 많은 피동작주 명사는 반드시 서술어 동사의 앞에 놓여야 했고 그 때문에 서술어 동사의 앞에 오는 명사성 성분이 복잡해졌다. 그리하여 서술어 동사의 앞에 오는 명사가 동작주인지 피동작주인지를 효과적으로 구분해줄 수 있는 새로운 문법 표지가 필요하였다. 그 결과 서술어 앞의 동작주와 피동작주를 표시해 주는 문법 표지(개사)가 대량으로 출현하였다.

둘째, 동보 구조의 생성과 더불어 나타난 강력한 유추 효과로 인해 중국어 문장의 정보 구성 방식은 '동작 + 결과'로의 근본적인 변화를 겪었다. 그 때문에 기존에 동사의 뒤에 놓이던 개사구는 결과를 나타내는 것들을 제외하고 모두 동사의 앞으로 이동하였다.

셋째, 체표지와 동사 중첩 등을 비롯한 일부 결과 보어는 동사의 문법 표지로 진일보 문법화되었다. 그로 인해 중국어의 문장에는 한정 동사가 생겨났으며 문장의 구성도 한정 동사를 중심으로 바뀌게 되었다. 그리고 한정 동사만이 시간 정보와 관련된 문법 표지를 추가할 수 있기에 결국에는 비한정 동사들이 개사로 진일보 문법화되도록 추진하였다.

이상의 첫 번째와 두 번째 요인으로 인해 아래 형식이 나타났다.

(35) S(주어) + PP(개사구) + VP(서술어)

위 세 가지 요인이 함께 작용한 결과 연동식의 첫 동사에는 개사로 문법화하려는 경향이 나타났다.

일찍 BC 1세기부터 개사구는 서술어 동사의 뒤에서 앞으로 이동하기 시작했다. 그러나 자세히 검토해 보면 이 변화는 사실 위치 이동이 아니라 새로 출현된 동일 기능을 갖춘 서술어 앞의 개사가 기존의 서술어 뒤의 개사를 대체한 것이다.

예문

(36) a. 장소 : VP + 于 + NP → 在 + NP + VP
　　 b. 수단 : VP + 以 + NP → 用 + NP + VP
　　 c. 피동 : VP + 于 + NP → 被 + NP + VP

신·구 개사구 간 대체는 10~15세기에 신속하게 완료되었으며 그 결과로 위의 문장 구조가 나타나게 되었다. 예문(35)처럼 새로 출현한 개사 중 일부는 기존의 같은 기능을 가진 개사를 대체한 경우도 있었지만 일부는 완전히 새로운 기능을 가진 것으로 중국어에 새로운 문법 수단을 더해 주었다. 아래에 새로운 문법 수단에 해당하는 개사의 문법화 과정을 살펴볼 것이다.

2.18.3.2 처치식의 문법 표지

'把'자문과 중고 중국어의 분리 가능한 동보 조합 사이에는 역사적인 연원 관계가 존재한다. 실제로 서술어 앞에서 피동작주 명사를 도입하는 문법 표지는 개사 '把' 하나뿐이 아니다. 이 부분에서는 서술어 동사의 앞에 피동작주 명사를 도입할 수 있는 문법 표지의 발전 현황을 전면적으로 고찰할 것이다. 당시 처치식의 문법 표지로는 주로 '把'와 '將' 두개가 있었다. '把'는 지금까지 보존되어 남아 있으나 '將'은 북방 방언에서 소실되었다. 다음은 초기의 두 용례이다.

> **예문**
>
> (37) 公只是将那头放重。《주자어류》- 권6
>
> (38) 你把我老子药死了。《감천동지두아원》

'把'와 '將'은 10세기 이전에 모두 일반 동사로서 둘 다 '들다(拿)', '잡다(握)' 또는 '붙잡다(抓)' 등을 나타내는데 의미도 비슷했다. 당시 이런 동사들이 이끄는 빈어는 일반적으로 매우 구체적인 대상들이었다. 다음은 그 초기 용례들이다.

> **예문**
>
> (39) 将炙啖朱亥。(이백,《협객행》)
>
> (40) 何劳把镜看? (이빈,《검중파직시》)

두 동사는 거의 비슷한 시기에 피동작주 명사를 도입하는 문법 표지로 문법화되었으며 기능 면에서 상호 대체성을 지니고 수백 년간 공존하였다. '將'의 경우 지금 비록 보통화에서는 소실되었지만 여전히 민남어를 비롯한 상당수 남방 방언에 남아 있다.

'把'와 '將'이 잇따라 문법화된 이후 그들의 기존 일반 동사 용법은 10세기경에 출현한 '拿'가 대체하였다. 흥미로운 것은 '拿'도 나중에 비슷한 문법 환경에서 처치식의 표지로 문법화되었다는 점이다. 동사인 '拿'의 의미도 기존의 '把'와 '將'과 같았으며 또 마찬가지로 연동식의 첫 동사로 자주 사용되었다. 결국 역시 처치식의 표지로 문법화되었다.

> **예문**
>
> (41) a. 别拿我当小孩。
>
> b. 真拿他没办法。

일부 방언에서 '拿'는 처치식의 표준 문법 표지로 발전하였다. 이를테면 다싱(大興)방언이 그중의 하나이다.

> **예문**
>
> (42) 你拿个地下扫扫了。 (다싱 방언)

이처럼 같거나 비슷한 개념적 의미를 가진 세 동사가 10세기 이후에 모두 처치식의 문법 표지로 발전하였다. 이런 현상은 중국어 발달사상 매우 드문 현상이므로 깊은 연구가 필요하다. 그것은 이렇게 많은 동사가 거의 비슷한 시기에 선후하여 서술어 동사의 앞에 피동작주를 도입하는 문법 표지로 발전한 데는 그 어떤 중요한 원인이 존재하기 때문이다. 첫째, 동사와 보어의 융합으로 대량의 피동작주 명사가 서술어 동사의 앞으로 이동하면서 서술어 앞의 명사성 성분을 나타내는 의미적 역할이 복잡해졌고 이로 인해 서술어의 앞에 놓인 동작주와 피동작주를 구분해 줄 문법 표지들이 필요하게 되었다. 둘째, 동보 구조의 생성과 더불어 'S + PP + VP' 형식이 출현하였고 이 형식의 유추 효과로 인해 연동식의 첫 동사에는 문법화하려는 경향이 나타났다. 이런 두 가지 요인은 같은 시기에 대량으로 나타난 피동문 문법 표지의 형성 원인으로 볼 수 있다.

2.18.3.3 피동식의 문법 표지

피동작주 명사의 문법 표지가 발전하게 된 원인과 마찬가지로 동사와 보어의 융합으로 인해 대량의 피동작주 명사가 서술어 동사의 앞으로 이동하면서 원래 동작주와 피동작주를 구분해 주던 어순이라는 수단이 그 효력을 잃게 되었다. 따라서 당시의 언어는 동작주 명사를 표시해 줄 문법 표지가 필요했을 것이다. 또한 다른 개사구의 경우와 마찬가지로 동작주를 이끄는 개사구도 서술어 동사의 뒤에서 앞으로 이동하는 변화를 겪었다. 정확하게 말하면 기존에 서술어의 뒤에서 동작주를 이끌던 개사는 소실되고 서술어 동사의 앞에 오는 동작주를 표시해 주는 새로운 개사가 출현하였다. 이 부분에서는 10~15세기에 출현한 동작주를 표시하는 여러 문법 표지를 논의하고자 한다.

현대중국어에는 피동문 문법 표지가 최소 다음의 4개가 있다.

가. 让

(43) a. 活儿都让他们干完了。

　　　b. 家具让民工们搬走了。

나. 叫

(44) a. 墨水瓶叫弟弟打翻了。

　　　b. 电视机叫人扭坏了。

다. 给

(45) a. 这本书给你弄脏了。

　　　b. 桌子给人擦干净了。

라. 被

(46) a. 窗户被工人刷上了绿漆。

현대중국어에서 '被'는 기존의 동사 용법을 완전히 잃고 순수한 동작주 표지(개사)가 되었지만 기타 3개의 표지에는 동사 용법이 여전히 남아 있다. 10세기 이후에 또 다른 동사인 '吃'도 동작주 표지로 발전하였으나 결국에는 유지되지 못했다.

예문

(47) 我若认得他时, 却不吃他打了。(《수호전》- 5회)

(48) 若吃他赢得我这条棒时, 我便拜他为师。(《수호전》- 2회)

(49) 大虫也吃他打了。(《수호전》- 24회)

이 시기에 출현한 피동문 표지는 모두 다음의 문법 형식에 부합되었다.

(50) S + (문법 표지 + 동작주) + VP

현대중국어에서 이런 문법 표지들은 서로 약간의 차이를 가지고 있는데 '被'는 주로 서면어에 사용되고, '叫', '让'과 '给'는 구어에 더 많이 쓰인다.

그렇다면 그토록 짧은 시간 동안 어찌하여 이렇게 많은 동사가 약속이나 한 듯이 동작주 표지로 발전하였는지가 의문으로 남는다. 이것들이 사용된 시기는 10~15세기로 집중된다. 피동식은 고대부터 사용되었지만 그 구체적인 구조, 사용 범위, 특히 서술어의 특징은 고대와 현대가 매우 다르다. 결론부터 말하면 동보 구조의 생성은 피동식의 사용 범위 확장과 문법 표지 다양화를 추진한 원인이다.

동보 구조가 확립된 이후 단순한 동사였던 피동식의 서술어도 그 후에 절대 다수가 동보 구조로 바뀌어 구조적으로 근본적인 변화가 일어났다. 아래 표는 10세기 전후의 두 문헌에 대한 통계이다.

피동식의 동보 서술어 증가 양상

문헌	시기	동보 서술어의 비중
《돈황변문》	AD 800 년	19%
《관한경희극집》	AD 1300 년	87%

위 표가 보여주듯이 피동식에서 동보 서술어가 차지하는 비중은 당조 시기에서 원조 시기로 오면서 빠르게 증가하였으며 동보 구조도 이 시기에 형성되었다. 처치식 서술어의 발전도 마찬가지이다. 피동식과 처치식이 10세기 이후에 신속한 발전을 이룰 수 있었던 원인도 모두 동보 구조의 확립이다. 그들의 공통점은 모두 서술어 동사 앞에 놓인 명사의 의미적 역할을 표시해준다는 것이다. 현대중국어에서 두 문장 형식은 비교적 자유롭게 전환할 수 있다.

> **예문**
>
> (51) a. 窗户被他打破了。→ 他把窗户打破了。
>
> b. 车被他撞坏了。→ 他把车撞坏了。

피동식과 처치식의 형식적 차이는 단지 표시 대상이 서술어 앞의 동작주인지 아니면 피동 작주인지에만 있다. 물론 기능 면에서도 일부 차이가 난다. 피동문은 피동작주를 화제로 하고 처치식은 동작주를 화제로 하기 때문이다.

이 시기에는 또 서술어 동사의 앞에 놓인 동작주와 피동작주를 동시에 표시해주는 일부 극단적인 상황도 나타났다. 그러나 현대중국어에서는 그런 용법이 사라졌다.

> **예문**
>
> (52) a. 被妇人把棋子扑撒乱了。(《금병매》 - 11회)
>
> b. 到底被那木钉把头碰破了。(《홍루몽》 - 38회)

결론적으로 피동문과 처치식의 공시적 연계는 그들이 공유한 공통의 역사적 발전 원인과 관계된다. 고대중국어에서는 소수의 특별한 경우를 제외하고 동작의 동작주와 피동작주라는 의미적 역할 구분을 주로 어순에 의존하였다. 즉, 서술어 동사의 앞에는 동작주, 뒤에는 피동 작주를 두었다. 그러나 동사와 보어의 융합으로 인해 대량의 피동작주 명사가 서술어 동사의 앞으로 이동되면서 서술어 동사의 앞에 놓인 명사의 의미적 역할을 구분하기 어려워졌다. 문법 체계는 항상 언어 교제의 효율성을 충족시켜야 하므로 그런 상황에서 의미적으로 필요한 기능 범주와 적합성을 가진 많은 동사들이 하나같이 첫 동사의 자리에서 피동식 또는 처치식의 표지로 발전하게 되었다.

2.18.3.4 '连'자 구조

12세기 이후 중국어에는 또 다른 새로운 문법 구조인 '连'자 구조가 나타났다. 처치식과 일부 비슷한 점은 '连'자 구조도 흔히 서술어 동사 앞에 피동작주 명사를 도입할 수 있다. 기능 면에서는 주로 그 어떤 정도를 강조한다는 점에서 처치식과는 차이가 난다.

> **예문**
>
> (53) a. 搞得我像一个穷光蛋! 出门连冰棍儿都吃不起。
>
> (왕쉬, 《편집부 이야기》)
>
> b. 她很爱惜东西, 连个线头儿都看得很重!

예문(53)에서 '连'이 이끄는 명사는 모두 서술어 동사의 피동작주이다. 두 문장의 '连'자 구조는 모두 정도를 강조하고 있는데 첫 문장은 '穷'의 정도를, 두 번째 문장은 '爱惜东西'의 정도를 강조한다.

고찰에 따르면 '连'자 구조는 16세기경의 문헌에 처음으로 나타났다. 다음은 그 초기 용례이다.

(54) 相国寺一株柳树, 连根也拔将出来。《수호전》- 2회)

의미적으로 '连'은 '甚至(심지어)'에 해당되며 모두 그 어떤 정도를 강조한다. 예문(54)는 노지심의 힘이 얼마나 센지를 강조했는데 여기서도 '连'은 서술어 동사의 피동작주 명사를 이끌었다.

'连'도 그전에는 '연결하다'의 뜻을 가진 일반 동사였다. '连'은 아래 예문과 같은 문법 환경에서 문법화되기 시작한 것으로 보인다.

(55) 有一长官连根取之, 仍当足。《세설신어》- 정사)

예문(55)에서 연동식의 첫 동사로 사용된 '连'은 아직 '(물체와)이어지다'는 의미를 가진 실의 동사(實意動詞)였다. 그렇지만 '관리(長官)'의 인색한 정도를 설명한 전체 문장도 정도의 의미를 담고 있다.

한마디로 '连'자 구조가 15세기경에 출현한 것도 우연이 아니며 당시의 언어 발전의 배경과 관련이 된다. 쉽게 말하면 동보 구조의 생성으로 인해 개사구를 서술어 동사의 앞으로 제한하는 문법 형식이 형성되었고 그 때문에 일어난 강력한 유추 작용에 의해 연동식의 첫 동사가 대량으로 개사로 문법화되었다는 것이다. '连'의 문법화도 그런 발전에 따른 구체적인 현상의 하나라고 보아야 한다.

2.18.3.5 비교문

'连'자 구조가 형성된 시기와 비슷한 시기에 현대중국어의 비교문 표지인 '比'도 연동식의 첫 동사 자리에서 문법 표지로 문법화되어 기존의 비교문 형식을 대체하였다. 현대중국어의 비교문을 아래와 같은 형식으로 나타낼 수 있다.

$$X\ [\text{比}\ +\ Y]\ +\ AP.$$

예문

(56) a. 日本车比美国车贵。

　　　b. 小赵比小王高。

그러나 고대중국어의 비교문은 비교항 X를 형용사 서술어 AP의 뒤에 두었다. 고대중국어의 비교문을 아래와 같은 형식으로 나타낼 수 있다.

$$X\ +\ AP\ +\ [\text{于}\ +\ Y]。$$

예문

(57) 季氏富于周公。(《논어》 - 선진)

고대와 현대의 비교문은 주로 다음과 같은 두 가지 차이점을 보인다. 하나는 비교항이 서술어의 뒤에서 앞으로 위치가 바뀐 것이고, 다른 하나는 문법 표지 '比'가 기존의 '于'를 대체한 것이다.

지금부터 이와 같은 비교문 형식의 변천이 왜 일어났는지 그 원인을 살펴보고자 한다. 먼저, 이 변화는 기존 형식이 어순 변화를 통해 이뤄낸 것이 아니고 새로 생겨난 형식이 기존의 형식을 대체하면서 완성된 것이다. 비교문 변화의 주요 원인은 중국어에 'S + PP + VP'의 문장 형식이 확립되면서, 즉 개사구가 서술어와 주어의 사이로 최종 제한되면서 바뀐 문법 체계가 원래의 낡은 비교문 형식을 구조적으로 용납할 수 없게 된 것에 있다. 다른 한편으로, 동보 구조의 구성 원칙 때문에 유발된 유추 작용의 영향으로 인해 동작의 결과를 나타내는 소수의 개사구를 제외한 나머지 개사구는 무조건 서술어의 앞에만 놓이게 되었다. 예를 들면 "书掉在地上"은 허용되는데 이는 '在地上(땅에 있다)'이 '书掉(책이 떨어지다)'의 결과 상태를 나타내기 때문이다. 그러나 "她在桌子上看书"는 "*她看书在桌子上"으로 바꿔 말할 수 없다. 왜냐하면 '在桌子(책상에서)'는 동작의 결과가 아닌 동작의 발생 장소를 표시하기 때문이다. 물론 동작이나 행위의 결과를 표시하지 않는 비교항도 계속하여 서술어의 뒤에 남아 있을 수가 없었을 것이다. 바로 그런 상황에서 원래 일반 동사였던 '比'가 연동식의 첫 동사 자리에서 새로운 비교문의 문법 표지로 문법화되기 시작하였다.

(58) 官职比君虽较小。(백거이의 시)

위의 예문에서 '比'는 먼저 '비교'한 다음 그 결과를 제시한 동사로 쓰여 아직 문법 표지로 보기는 어렵다. 문장에서는 형용사 서술어가 정도 부사 '较'의 수식을 받았는데 현대중국어에서는 이런 방식이 허용되지 않는다. 이를테면 "*我的个子比你的比较低"는 규범에 어긋난다. 신형식이 구형식을 대체한 시기는 약 14세기경이다.

2.18.4 맺음말

현대중국어에서 개사구와 시간사가 의미적 특징에 근거하여 서술어의 앞과 뒤에 배치되는 규칙은 동보 구조가 생성되면서 중국어 문법 체계에 일으킨 유추 작용의 결과이다. 인간 언어의 보편적인 특징의 하나는 하나의 언어를 사용하는 사람들은 동일한 구성 원칙에 따라 문장의 정보를 배치하려는 경향을 보인다는 것이다. 가장 흔히 접하는 문장 구성 원칙은 두 가지가 있다.

다시 말하면 하나의 언어가 첫 번째 구성 원칙을 따른다면 그 원칙은 여러 가지 문장 구조와 언어의 여러 층위에 작용하게 된다. 동보 구조의 생성으로 인해 중국어 문장의 구성 원칙은 다음과 같이 바뀌었다.

즉, 서술어를 기준으로 동작이나 행위에 수반된 특징을 표시하는 단어는 앞에 놓이고, 결과적 특징을 나타내는 단어는 뒤에 놓이게 된다. 동작이나 행위에 수반된 특징에는 주로 방식, 수단, 수용자, 발생 장소, 시간, 위치 등이 포함되고 결과적 특징은 행위나 동작에 의해 이르게 된 상태나 정도, 종료된 장소, 발생 횟수, 지속 시간 등이 포함된다.

중국어 문장의 이 같은 구성 원칙을 일종의 문법 모사 현상으로 해석할 수 있다. 현실적으로 보통 행위나 동작이 먼저 있고 그 다음에 결과가 나타난다. 그런 점에서 '동작 + 결과'의 선형 배열 순서도 마침 그들의 발생 시간 순서와 선후 관계 면에서 대응된다.

한마디로 이 시기에 일어난 많은 문법화 현상(주로 동사가 개사로 바뀐 현상)은 모두 직·간접적으로 동사와 보어의 융합과 관계된다. 먼저, 동사와 보어의 융합으로 인해 대량의 피동작주 명사가 서술어 동사의 앞으로 이동되면서 동작주와 피동작주의 의미적 역할을 구분하기 어렵게 되었다. 이런 상황에서 언어 표현의 정확성과 명확성을 위해 언어에는 서술어 앞의 동작주 또는 피동작주를 표시해 주는 문법 수단이 대량으로 나타났다. 그 결과로 처치식이 생겨나고 피동문이 많이 사용되었다. 다음, 동보 구조가 생성되면서 일으킨 유추 작용으로 인해 중국어의 정보 구성 원칙에는 변화가 일어나 '동작 + 결과'의 서술어 구성 원칙이 형성되었다. 따라서 여

러 중요한 개사구가 서술어 뒤에서 소실되고 'S + PP + VP' 형식이 최종 형성되었
다. 이 형식의 형성은 또 일부 연동식의 첫 동사가 문법화되도록 추진하였는데 '连'
자 구조가 바로 그중의 하나이다. 이처럼 동보 구조의 생성은 중국어의 문법 체계
에 지대한 영향을 미쳤다.

방언에 나타난 동보 구조 발전의 불균형성

2.19.1 머리말

유형학적 시각으로 보면 한 언어(방언 포함)에서 문법 구조와 규칙은 융합 통일된 유기체를 이룬다. 즉, 문법 체계 내부의 여러 문법적 특징들은 임의로 존재하는 것이 아니라 서로 내적인 연계성을 띠고 있으며 일반적으로 그 어떤 문법적 특징의 존재는 다른 일련의 문법적 특징의 존재를 결정하게 된다. 이 장에서는 중국어 발달사와 중국어 방언 연구에서 축적된 유형학적 특징에 근거하여 중국어 방언에 존재하는 여러 주요 문법 특징 간에 내재된 연계성에 대해 논의할 것이다.

중국어 문법사에 대한 고찰에 근거하면 현대중국어 문법 체계의 확립에 결정적인 영향을 미친 변화는 송원 시기에 형성된 동보 구조이다. 동보 구조의 생성으로 인해 생겨난 문법 현상에는 체표지 체계의 형성, 처치식의 광범위한 사용 및 동사 복제 구조의 출현, '수반된 특징 + 중심 서술어 + 결과 성분'이라는 문장 정보 구성 원칙의 확립 등이 포함된다. 그러나 언어의 발전이 지역별로 모두 균형적인 양상을 보이는 것은 아니다. 여러 가지 원인으로 인해 어떤 방언에서는 동보 구조의 발전이 보통화보다 뒤떨어질 수 있는데 이 경우 일련의 특징에서 보통화와는 매우 다른 양상을 보이게 된다. 다음은 중국어 방언의 유형학적 특징이다.

동보 구조가 발달되지 않은 경우에는 문법적으로 다음의 특징들이 나타난다.

가. 동사 중첩이 갖는 문법적 의미와 기능에서 차이가 난다.
나. 처치식이 발달되지 못했다.
다. 피동문의 사용 빈도가 낮다.
라. 동사 복제 구조의 사용이 적다.
마. 동빈 구조의 뒤에는 아직 형용사, 자동사 또는 개사구 등 기타 서술성 성분이 따른다.
바. 비결과성 부사 성분이 아직 중심 서술어 동사의 뒤에 위치할 수 있다.

이상의 문법적 특징에 근거하여 월방언(중국 광둥성 지역에서 사용하는 여러 방언)과 기타 방언의 분리 가능한 동보 조합, 특수 쌍빈 구조, 소유 동사 '有'로 동작의 완료를 표시, 처치식의 미발달, 동사 복제 구조의 결핍, 독특한 비교문 형식, 서술어 동사의 뒤에 오는 비결과성 부사 등 여러 문법적 특징 간에 내재된 연계를 확인하고자 한다.

2.19.2 SVO 언어의 전형적인 문법 특징

먼저, SVO 언어에서 동사와 빈어 뒤에 오는 수식어를 고찰할 것이다. 한 언어의 정보 구성 원칙은 융합성과 통일성을 기반으로 하는데 인간 언어에서 가장 흔히 보이는 정보 구성 원칙은 다음 두 가지가 있다.

가. 수식어 앞 또는 뒤에 오는 중심어의 위치
나. 구정보와 신정보의 선후 순서

한 언어가 갖고 있는 여러 유형의 문장 구성은 일반적으로 그 언어의 정보 구성 원칙에 의해 결정된다. 고찰에 따르면 정보 구성 원칙은 보통 문장 층위에서만 작용한다.

일반 언어학의 시각으로 접근해 보면 서술어 동사와 빈어 사이의 관계는 '중심어'와 '부가어' 또는 '중심어'와 '수식어'의 관계이다. 이런 분석에 동의한다면 유형학적 특징에 대해 쉽게 설명할 수 있다. 즉, 무릇 VO 어순을 가진 언어라면 '중심어 + 부가어' 또는 '중심어 + 수식어'의 구성 방식을 따른다는 것이고, 따라서 문장 층위에서 서술어 부분(VO)의 수식어는 전체 동빈구의 뒤에 놓이는 것이 일반적이다. 이를 다음과 같이 표시할 수 있다.

SVO ⊃ SVOX, X = 개사구, 부사구, 결과 성분 등등

인간 언어의 공통성에 근거하면 X 성분이 동빈 구조의 뒤에 위치하는 것은 SVO 언어의 전형적인 유형학적 특징이다. 이런 관점에서 보면 결과를 나타내는 개별적인 개사구를 제외하고는 동빈 구조 뒤에 기타 어떤 성분도 허용하지 않는 현대중국어는 분명 특수 사례이다. 그것은 고대중국어가 지금의 영어와 마찬가지로 동빈 구조 뒤에 다양한 성분을 허용하는 전형적인 SVO 언어의 유형학적 특징을 지녔기 때문이다. 이런 특징은 중국어의 내부적인 역사적 발전을 통해 형성된 것이라고 봐야 한다.

2.19.3 현대중국어 문장의 정보 구성 원칙의 형성

고대중국어는 지금의 영어와 마찬가지로 전형적인 SVO 언어적 특징을 지녔다. 주로 문법적으로 동사와 빈어의 뒤에 다양한 문법 범주를 표시할 수 있는 X 자리가 남아 있다는 것이다. SVO 언어와 X자리 사이에 내재된 관계에 대해서는 이미 논증한 바 있다. 이 X자리는 언어의 발전과 더불어 약 15세기에 중국어에서 소실되었다. 그런 변화의 주요 원인은 동보 구조의 생성과 그와 더불어 형성된 새로운 정보 구성 원칙이다. 여기서는 현대중국어 문장의 정보 구성 원칙 및 그 역사적인 형성 원인에 대하여 간략하게 돌아보고자 한다.

현대중국어의 문장 구성 원칙은 '수반된 특징 + 서술어 동사 + 결과적 특징'으로 요약된다. 인간 언어에서 이미 발견된 기타 정보 구성 방식과 마찬가지로 중국어의 '서술어 + 결과'라는 구성 원칙의 역할 담당 범위도 특정 품사에 국한되지 않는다. 시간사, 개사구, 형용사, 동사 등 그 어떤 어휘라도 중심 서술어의 결과를 나타내면 반드시 중심 서술어 뒤에 나타난다. 이 원칙은 일반적으로 문장 층위에서만 적용되며 문장의 하위 층위인 종속절이나 어구 등에는 이런 구성 방식이 들어갈 수 없다. 이 원칙의 유추 하에 중국어의 서술어 구조는 전반적인 변화를 겪었다. 그 변화들 중의 하나가 바로 단음절 동사가 홀로는 문장의 서술어가 되지 못하고, 서술어가 되려면 흔히 결과 성분의 도움이 필요하게 된 것이다. 그리고 그렇게 추가되는 결과 성분은 일반적으로 의미값이 없이 순전히 문법적인 수요를 만족시킬 뿐이다.

지금부터는 현대중국어의 정보 구성 원칙이 형성되기까지 어떤 역사적 원인이 작용하였는지를 간략하게 서술하고자 한다. 언어는 현실 법칙에 대한 단순한 재현이 아니다. 언어에 대한 현실 법칙의 제약은 사람의 인지라는 매개체를 통해 작용하며 언어 체계로부터 많은 영향을 받는다. 현대중국어의 정보 구성 원칙은 문법 모사 차원의 영향 외에도 언어 체계의 내부 발전과 변화가 만들어낸 결과물이다. 이런 현상은 최근 500~600년 사이에 형성되었으며 그 이전의 중국어는 또 다른 양상을 보였다.

고대중국어는 서술어 동사 및 그 빈어 뒤에 여러 가지 수식어를 둘 수 있다는 점에서 영어와 일치하였다. 그러나 문법의 발전과 더불어 중국어에서 이런 수식어는 수단, 동작주, 비교 항을 이끄는 개사구처럼 더 이상 서술어 동사의 뒤에 오지 못하고 앞에만 위치하게 되었다. 그리고 의미적 특징에 근거하여 재배치되었는데 시간, 장소를 나타내는 일부 결과적 성격을 가진 것들만 서술어 뒤에 남았다. 이런 변화는 동보 구조가 확립되면서 중국어에 나타난 유추 효과로 인한 결과물로 이 장에서 논의하는 현대중국어의 정보 구성 원칙이라고 봐야 한다. 동보 구조의 의미 기반 형식은 다음과 같다.

$$V_{\text{행위동작}} + R_{\text{결과상태}}$$

동보 구조의 형성과 발전은 장기적인 변화 발전 과정을 거쳤다. 동보 구조는 당조 이후에 보편적으로 사용되었으며 12세기경에 이르러서야 매우 생산적인 문법 형식으로 자리잡았다. 동보 구조는 높은 사용 빈도로 인해 강력한 유추 효과를 일으켜 서술어의 구조가 바뀌게 되었고 중국어 문장의 정보 구조를 다음과 같이 조정 배치되도록 작용했다.

$$\text{수반된 특징} + \text{중심 서술어} + \text{결과 상태}$$

그러나 고대중국어에는 위와 같은 원칙이 존재하지 않았다. 이로부터 현대중국어 문장의 정보 구성 원칙은 단순한 문법 모사가 아니라 문법 체계 내부에서 일어난 장기적인 발전 및 통합의 결과물임을 알 수 있다. 이는 이론적으로 시사 하는 바가 크다. 언어에서의 현실 규범은 직접적으로나 필연적으로 언어에 반영되지 않기에 문법 규칙은 특정 역사적 시기에 해당 언어가 갖는 구조적 특징에 영향을 주어 제약을 받도록 한다.

2.19.4 월방언과 북방 방언의 차이점

2.19.4.1 동보 구조의 발전이 북방 방언보다 느린 월방언

유형학적 관점으로 보면 월방언은 SVO 언어의 특징을 가장 체계적으로 갖추고 있는 중국어 방언들 중의 하나이다. 따라서 이 부분에서는 월방언 문법의 유형학적 상관성을 중심으로 고찰하고자 한다.

현대중국어의 동보 구조는 VXR(X=피동작주 명사, 부정사, 부사 등)로 표시되는 중고중국어의 '분리 가능한 동보 조합'에서 유래되었다.

(1) a. 女乃呼婢曰: "唤江郎觉!"（《세설신어》- 가휼)

　　 b. 王仲祖闻蛮语不解。(《세설신어》- 언어)

동보 구조 발전의 실상은 V와 R의 융합이다. 융합은 점진적인 과정을 거쳤으며 지역별로 그 발전이 일치하지 않았다. 많은 남방 방언에서는 동보 조합의 두 성분 사이에 피동작주 명사, 부정사 등을 삽입할 수 있어 두 성분이 분리가 가능하였다. 월방언도 그중의 하나이다. 다음은 월방언의 관련 예문들이다.

(2) 我大佬走得你过。- 我的哥哥跑步跟你差不多。

(3) 我夹埋渠两个都做你个女唔过。- 我加上他们俩也做不过你的女儿。

(4) 渠食得肥猪肉多, 所以肚屙。- 他吃肥肉吃得多, 所以闹肚子。

(5) 渠行得黑路多, 终为撞紧鬼。- 他走黑路走多了, 终究会撞见鬼。

위의 예문에서 알 수 있듯이 월방언의 동보 구조는 북방 방언에 비해 발전이 느리며 또 그런 이유로 여러 가지 유형학적 특징들을 갖게 되었다.

2.19.4.2 월방언과 현대중국어의 정보 구성 원칙

동보 구조의 생성과 그것으로 유발된 여러 변화는 커다란 유추 효과를 일으켜 중국어의 '수반된 특징 + 중심 서술어 + 결과 특징'이라는 새로운 정보 구성 원칙을 형성하였다. 북방 방언에서는 이 원칙이 15세기경에 벌써 확고히 자리를 굳혔다. 그러나 서로 다른 지역에서 동보 구조의 발전이 일치하지 않기 때문에 동보 구조의 발전이 느린 지역에서는 앞에서 언급한 정보 구성 원칙도 상대적으로 약하게 작용하는 것이 발견된다. 구체적으로 결과가 아닌 일부 성분들도 중심 서술어 뒤에 사용되는 양상으로 드러난다. 월방언에서 중심 서술어의 뒤에 위치할 수 있는 '비결과성 성분'으로는 주로 다음과 같은 몇 가지가 있다.

가. 시간 부사

광저우말(중국 광둥성 광저우시에서 사용하는 방언)에서 '住'는 시간 또는 순서에서 앞서고 있음을 나타내는데 보통화의 '先'에 해당한다. 이런 뜻으로 쓰일 때, '住'는 항상 서술어 동사의 뒤, 문장의 끝에 놓인다. 그리고 동사 앞에는 보통 부정 부사 '咪', '咪使', '唔', '未', '未曾' 등이 오는데 보통화의 '先别/先不要(당분간 하지 말다)'에 해당한다. 비슷한 용법으로는 또 '先'이 하나 더 있다.

(6) 唔好收埋《西游记》住, 等我借番去慢慢睇。 - 先不要把《西游记》收起来, 等我借回去慢慢看。

(7) 未坐得住, 等我抹干张凳你先好坐落。 - 先别坐, 等我擦干那张凳子你再坐。

(8) 要拨个 "9" 先。 - 得先拨个 "9"。

(9) 我行先, 你等 - 阵来。

나. 동작의 양을 나타내는 부사

광저우말에서 '添'은 보통화의 '再'에 해당하며 중심 서술어 뒤에 놓인다.

(10) 另外重要五个信封添。 - 另外再要五个信封。

(11) 食的添, 咪客气。 - 再吃一点, 别客气。

동작의 양을 나타내는 '多'와 '少'는 보어가 되어 동사와 빈어의 사이에 들어가는 경우가 많다.

(12) 你住多两日先走啦。 - 你多住两天再走吧。

(13) 饮少的酒对身体有好处。 - 少喝点酒对身体有好处。

그렇지만 보통화에서는 이미 발생한 결과를 표시할 때에만 중심 서술어의 뒤에 위치할 수 있으며 또 이런 경우에는 빈어를 가질 수도 없다. 예를 들면 "我昨天晚上喝酒喝多了"는 되지만 "我昨天晚上喝多了酒"는 비문이다.

그 밖에도 광저우말에는 '모든'이라는 의미로 동작의 양을 표시하면서 동사의 뒤에 자주 놓이는 '晒'도 있다.

(14) 去晒游水勒。 - 全去游泳了。

(15) 食唔晒。 - 吃不完。

다만 광저우말에서도 중심 서술어의 뒤에 사용될 수 있는 비결과성 부사는 매우 제한적이다. 의미 면에서 거의 두 가지 부류로 한정되는데 한 가지는 동작의 선후 순서를 표시하는 부사이고, 다른 한 가지는 동작의 양을 나타내는 부사이다. 또한 이런 용법을 가진 부사의 수도 몇 개로 제한되어 있다. 따라서 광저우말에서 현대 중국어의 정보 구성 원칙이 전혀 작용하지 않는 것이 아니라 상대적으로 약하게 작용할 뿐이라는 것을 알 수 있다.

2.19.4.3 처치식이 발달하지 못한 월방언

처치식은 당조 시기에 출현하여 송조 시기에 널리 사용되었는데 동보 구조의 영향으로 생겨난 구조이다. V와 R이 융합되면서 원래 그 사이에 위치하던 피동작주 명사가 다른 자리로 이동해야 했는데 VR의 뒤에서 빈어가 되는 것이 가장 쉬웠다. 그러나 그 어떤 원인으로 인해 일부 VR 뒤에는 빈어가 올 수 없었으므로 일부 피동작주 명사는 서술어 앞에 위치하게 되었다. 그 결과 서술어 앞의 명사구가 어떤 경우에는 서술어 동사의 동작주, 어떤 경우에는 서술어 동사의 피동작주가 되는 등 의미적 역할이 복합해졌다. 타 언어에 대한 고찰에 따르면 동작주와 피동작주가 동시에 서술어 앞에 오는 (SOV)언어에는 모두 '주격'과 '목적격' 표지를 가지는데 이는 표층의 형태 표지로 서술어 앞의 명사가 맡는 의미적 역할을 표기해주려는 경향으로 이해할 수 있다. 그리고 이런 현상은 또 기능적인 차원에서도 설명이 가능하다. 이를 테면 이 같은 표층의 형태 표지에 의존하지 않는다면 여러 가지 의미로 해석될 여지가 있으므로 원활한 언어 교제에 영향을 끼칠 수 있다. 바로 이런 상황에서 중국어 처치식이 형성되었으며 해당 그 문법 표지로는 선후하여 '将', '把', '拿' 등이 있었다.

월방언에서 충분한 발전을 이루지 못한 동보 구조는 월방언 처치식의 발달에도 영향을 미쳤다. 월방언에서 처치식이 발달되지 못한 점을 두 가지로 설명할 수 있다. 하나는 처치식의 사용 빈도가 낮다는 것이고, 다른 하나는 보통화의 처치식을 월방언에서는 흔히 다른 문장 형식으로 표현된다는 것이다. 아래의 예문에서 보여주다시피 광저우말에서는 평서문으로 표현되지만 보통화에서는 '把'자문으로 사용된다.

(16) 请你等等, 咪 kab¹ 断个电话。(请你等一等, 别把电话挂断。)
(17) 唔该打开个包裹 lai⁴ 睇下。(请把包裹打开看一下。)

하이캉말(중국 광둥성 레이저우(雷州) 지역에서 사용하는 방언)에서는 일반적으로 처치를 나타낼 때 '把'자 구조를 사용하지 않고 대신에 처치되는 빈어의 뒤에 기타 성분을 추가하여 처치의 결과를 표시한다.

하이캉말에서 위와 같은 형식이 바로 피동작주 명사를 동사와 결과 성분 사이에 넣어주는 중고 중국어의 분리 가능한 동보 조합이라고 볼 수 있다. 이런 현상은 한 편으로 동보 구조와 처치식 간의 역사적 연원 관계를 말해 준다.

그 밖에도 '將'을 처치식 표지로 하는 양쟝말(중국 광둥성 양쟝(陽江) 지역에서 사용하는 방언)에서는 '將'자구가 보통화의 '把'자문처럼 널리 사용되지 못한다. '將'자구는 동사의 뒤에 일반적으로 보어 또는 빈어를 두는데 이는 다소 강제성을 띠기도 한다. 그리고 보통화에서의 많은 '把'자문은 양쟝말에서는 일반 평서문으로 쓰인다. 예를 들면 보통화의 "他把那个房子扫得干干净净"을 양쟝말로 표현하면 다음과 같은 세 가지 구조가 있다.

양쟝말의 '將'자문은 보통화의 '把'자문에 비해 매우 적게 사용된다. 일반적으로 피동작주를 전치할 수밖에 없는 경우에 한해서만 사용된다. 양쟝말에도 위의 보통화 예문처럼 말하는 경우가 간혹 있지만 타지방의 말처럼 어색하게 느껴진다.

2.19.4.4 동사 복제 구조가 발달하지 못한 월방언

동사 복제 구조는 일종의 새로운 구조로서 지금까지 300년의 역사밖에 되지 않으며 그 출현도 동보 구조의 생성과 밀접한 관계를 갖고 있다. 동사와 결과 성분의 융합으로 인해 원래 그 사이에 들어가던 비한정 명사는 VR 뒤에 빈어가 올 수 없는 상황에서 반복된 동사의 빈어로 자주 쓰였다. 예를 들면 다음의 분리 가능한 동보 조합의 두 예문을 현대중국어로 바꾸면 모두 동사 복제 구조로 표현된다.

예문

(22) 颜冲无许多劳攘, 只是中得毒深, 只管外边乱走。(《대혜보각선사서》)

(23) 人在官固当理会官事, 然做得官好, 只是使人道是一好官人。
(《주자어류》 - 훈문인)

위 두 예문의 분리 가능한 동보 조합을 그에 상응되는 현대중국어로 바꾸면 각각 '中毒中深了'와 '做官做得好'가 된다.

많은 남방 방언에서는 동사 복제와 같은 구조가 전혀 사용되지 않거나 매우 적게 사용되는 것은 동보 구조가 발달되지 못한 것과 직접적으로 관계된다. 이를테면 광둥 양장말에서는 지금도 중고 중국어의 분리 가능한 동보 조합을 사용하여 북방말의 동사 복제가 나타내는 문법적 의미를 표시한다.

예문

(24) a. 渠食得肥猪肉多, 所以肚屙。
b. 他吃肥肉吃多了, 所以闹肚子。
(25) a. 渠行得黑路多, 终为撞紧鬼。
b. 他走夜路走得多, 总会碰到鬼。

일부 학자들의 조사에 따르면 광저우말에도 보통화의 동사 복제 구조와 유사한 현상이 존재하는데 그것은 아마도 북방 방언의 영향일 것이다.

2.19.4.5 월방언에 나타난 동사 중첩의 제한적 사용 현상

현대중국어의 동사 중첩 형식에는 다음과 같은 세 가지의 대표적인 특징이 있다. 첫째, 두 번째 음절을 경음으로 읽는다. 둘째, '시간이 적음'을 표시하는 문법적 의미를 나타낸다. 셋째, 빈어를 가질 수 있다. 이런 동사 중첩식은 16세기에 이르러서야 서서히 나타나기 시작했다. 동사 중첩식 출현의 직접적인 원인은 동보 구조와 체표지 체계의 형성이다. 보어(특히 체표지)가 일으킨 유추 작용으로 인해 동사와 빈어 사이에는 동작의 진행 상태 또는 내부 구조를 표시하는 성분이 들어갈 수 있는 새로운 문법 자리가 만들어졌다. 여기서 현대중국어의 동사 중첩과 중고 중국어의 동사 반복(連用)은 서로 다른 두 가지 현상이라는 점에 유의해야 한다.

> **예문**
>
> (26) 行行道转远, 去去情弥迟。(유송,《사혜련시》)
> (27) 黄雀得飞飞, 飞飞摩苍天。(《악부시집》 - 야전황작행)
> (28) 高台半行云, 望望高不及。(《양간문제시》)

이 시기의 동사 반복은 현대중국어의 동사 중첩식과 주로 다음과 같은 점에서 차이가 난다.

첫째, 타동사든 자동사든, 반복될 때에는 빈어를 가지지 않는다.
둘째, 동사의 반복은 행위 동작의 반복과 계속을 나타낸다.
셋째, 사용 빈도가 매우 낮고 대부분이 시가체 문장에만 나타난다.

따라서 이런 동사의 반복 사용 현상은 동사 중첩식이라고 보기는 어렵다.

동보 구조의 발전이 느린 방언에서는 동사 반복(또는 중첩)이 다음과 같은 네 가지 특징을 갖고 있다.

광저우말의 동사 중첩은 위의 네 가지 특징을 모두 갖고 있다. 먼저, 광저우말의 동사 중첩은 그 사용 범위가 매우 작아서 단음절인 경우에만 중첩이 가능하고 중첩한 음절은 경음으로 읽지 않는다.

예문

(29) 睇睇 [teŋ³⁵ teŋ³⁵] 煲 煲 [pou⁵³ pou⁵³]

쌍음절의 동사를 중첩하려면 반드시 AABB 형식을 사용해야 하며, 이때는 상태를 표시한다. 그리고 ABAB 형식은 허용되지 않으며 물론 빈어를 가질 수도 없다.

예문

(30) 打打闹闹 [ta³⁵ ta³⁵ nau²² nau²²]
　　 蒸蒸煮煮 [tsen⁵³ tsen⁵³ tsy³⁵ tsy³⁵]

또한 단음절 동사의 중첩에는 '下'를 붙일 수 있으며 이때는 '正……着(-고 있다)'의 의미로 동작의 현재 진행 상태를 나타낸다.

(31) 行行下街忽然之间落起雨上哩。(正在街上走着, 忽然下起雨来。)

(32) 睇睇下戏, 有人嘈起上哩。(正在看戏, 有人吵起来。)

(33) 读读下书, 有人找渠。(正在读书有人找他。)

오어(吳方言)(중국 저쟝성, 쟝쑤성 남부, 상하이, 안후이성 남부, 쟝시성 동북부, 푸졘성 서북부 일대에서 사용하는 방언. 오방언이라고도 함.)의 쑤저우말(중국 쟝쑤성 쑤저우(蘇州) 지역에서 사용)에도 비슷한 현상이 남아 있다. 반면에 "*看看完书"를 허용하지 않듯이 보통화의 동사 중첩은 뒤에 그 어떤 결과성 성분도 허용하지 않는다.

2.19.4.6 월방언 비교문의 특수한 어순

고대중국어의 비교문, 피동문, 수단 형식 등은 모두 개사를 사용하여 중심 서술어의 뒤에 관련 명사성 성분을 도입한다. 이는 비교문인 "季氏富于周公"《논어》- 선진)을 보아도 알 수 있다. 앞에서도 살펴보았듯이 이는 전형적인 SVO 언어의 문법 현상이다. 그러나 이런 형식은 역사 속으로 사라졌고 그 기능은 새로운 개사들이 서술어 동사 앞에 관련 명사구를 도입하는 것으로 대체되었다. 지금은 "他跳在床上"과 같이 동작의 결과를 표시하는 소수의 일부 개사구만이 서술어 동사 뒤에 놓일 수 있다. 중국어의 'Adj. + 于 + NP' 비교문은 송조 시기에 최종적으로 해체되었다. 바로 동보 구조가 중국어에 최종적으로 확립되던 시기이기도 하다. 고대중국어 비교문의 최종 해체는 동보 구조의 확립과 더불어 일어난 유추 작용에 의해 현대중국어의 정보 구성 원칙이 형성된 것과도 연관된다. 즉, 원래 중심 서술어 뒤에 오던 비결과성 성분이 부득이 중심 서술어 앞으로 이동하면서 고대중국어의 비교문이 해체되었다. 비교문에 비교항을 도입하는 개사구는 중심 서술어의 결과 성분이 아니기에 유추 작용의 영향으로 서술어 동사 앞으로 이동해야 했다.

월방언의 비교문을 보면 여전히 중심 서술어 뒤에 비교항을 도입하는데 이때 문법 표지 '过'가 자주 사용된다. 다음은 광저우말의 예문들이다.

(34) 渠细过我。- 他比我小。

(35) 我老豆梗细肥过你嘞。- 我父亲一定比你胖。

어떤 경우에는 형용사 뒤에 수식어가 따르기도 한다.

동사의 뒤에는 부사 '先'을 두고, '先' 뒤에는 개사 '过'를 추가하여 비교문을 만드는 경우도 있다.

(37) 呢云我做起先过你嘞。- 这回我比你先做完了。

(38) 几时我都起得先过你。- 什么时候我都比你先起来。

2.19.4.7 대칭을 이루는 월방언의 완료체 긍정식과 완료체 부정식

이 문제는 유형학과 중국어 발달사의 문제와도 연관되는 만큼 매우 복잡하다. 유형학적 관점에서 보면 인간 언어의 완료 체표지는 주로 두 가지에서 유래된다. 하나는 '완료의 의미'를 나타내는 일반 동사에서 온 것인데 카무, 산고 등 언어가 이 부류이다. 다른 하나는 '소유의 의미'를 나타내는 동사에서 온 것인데 영어, 스페인어, 이탈리아어 등 언어가 이 부류에 해당된다.

중국어의 북방 방언에서 매우 흥미로운 현상도 보여주고 있다. 완료체의 긍정식 표지 '了'는 원래 '완료'의 의미를 가진 일반 동사였기 때문에 위의 첫 번째 유형에 속하지만 이와 반면에 완료체의 부정식 표지는 소유 동사의 부정식인 '没'에서 유래되어 위의 두 번째 유형에 속하므로 서로 대칭을 이루지 못하고 있다. 다시 말해서 'V + 了'의 부정식은 '没(有) + V'인 것이다.

(39) a. 我已经吃过饭了。
　　　b. 我还没有吃饭呢。

　북방 방언의 이런 비대칭성은 역사적인 원인에 의하여 형성된 것이다. 중국어의 완료 체표지의 발전 역사를 간략하게 돌아보면 다음과 같다. '了'는 동보 구조의 하위 부류이며 약 10세기경에 일반 동사에서 체표지로 발전되었다. '没'는 원래 '有'의 반대말로서 빈어 명사만을 이끌 수 있었다. 동사구를 부정하는 '没'의 용법은 15세기 이후에야 서서히 나타나기 시작했다. '没'가 명사구를 부정하던 데로부터 동사구를 부정하는 용도로 사용 범위를 확장하게 된 원인도 동보 구조의 생성에 의한 것임을 앞부분에서 이미 설명하였다. 중국어에서 서술어는 문법적으로 반드시 결과성 성분에 의해 유계화되어야 한다. 바로 동보 구조의 생성과 그로부터 야기된 일련의 변화로 인해 중국어의 서술어가 전반적인 구조적 특징 면에서 그렇게 바뀌게 된 것이다. 서술어 동사의 시공간적 유계화와 명사의 물질 공간적 유계화가 지닌 유계화라는 공통성 때문에 원래 명사를 부정하던 '没'가 동사구를 부정하는 용도로 사용 범위가 확장되었다. 즉, 완료 체표지 '没'의 형성에 필요한 전제는 동보 구조의 확립이다. 하지만 그런 전제 조건을 만족할 만한 환경이 조성되기 400~500년 전부터 체표지 '了'는 벌써 중국어에 존재하였다. 결국 완료체 긍정식과 부정식 표지의 비대칭성이 형성된 것이다.

　전술한 역사적 사실에 근거하면 다음과 같은 논리적 추론이 가능하다. 만약 동보 구조의 발전이 상대적으로 느린 언어에 소유 동사가 동사구로 사용 범위를 확장하는 데 필요한 환경이 마련될 때까지 북방 방언의 '了'와 같은 안정적인 체표지가 없었다고 가정하면 소유 동사의 긍정식인 '有'와 부정식인 '没'가 동시에 동사구의 수식어로 사용 범위를 확장하여 각각 완료체의 긍정식과 부정식을 표시할 수도 있었을 것이고 결과적으로 이런 방언에서는 긍정식과 부정식 표현이 대칭을 이루게 되었을 것이다. 따라서 월방언, 민방언(중국 푸젠성에서 사용하는 방언), 커지아말(중국 객가계(客家係)가 사용하는 방언) 등에 나타나는 완료체 표현의 대칭성도 모두 이런 언어에서 동보 구조의 발전이 느린 것과 관계된다고 봐야 한다.

다음은 소유 동사로 동사의 완료체를 표시한 월방언의 용례들이다.

> **예문**
>
> (40) a. 我今日有去睇过渠。- 我今天去看过他了。
>
>   b. 我今日冇 [mou¹³] 去睇过渠。- 我今天没去看过他。
>
> (41) a. 渠有交作业。- 他交了作业。
>
>   b. 渠冇 [mou¹³] 交作业。- 他没有交作业。

2.19.4.8 월방언의 특수 쌍빈 구조

월방언의 쌍빈 구조도 북방 방언과 마찬가지로 간접 빈어가 되는 인칭 대명사를 직접 빈어의 뒤에 둔다. 다음은 광저우말의 예문들이다.

> **예문**
>
> (42) 渠畀三部书我。
>
> (43) 你送支笔渠。
>
> (44) 我问句话你。

일반 명사를 간접 빈어로 사용할 때는 보통화와 별로 다르지 않다. 그렇다면 왜 인칭 대명사에만 이런 어순이 적용될까? 이는 인칭 대명사 자체의 음성적 특징, 그리고 해당 방언의 문법 체계와 밀접한 연관성을 가진다.

인칭 대명사, 특히 빈어의 자리에 들어가는 인칭 대명사는 강세가 없는 부착 성분이 되려는 경향을 보인다. 이는 인간 언어의 공통성이기도 하고 보통화의 특징이기도 하다. 이 부착 성분이 놓이는 자리는 두 가지 요인에 의해 결정된다. 하나는 문법 규칙이고, 다른 하나는 문법 체계 내 문장의 운율적 특징이다. 이 두 가지 요인의 상호 작용으로 대명사는 흔히 독특한 문법적 양상을 보인다.

월방언의 쌍빈 구조의 운율적 특징은 다음과 같다.

$$V_{강세} + NP_{강세} + Pro_{비강세}$$

그리고 다시 월방언의 전체 문법 체계를 살펴보면 동보 구조가 발달되지 못했기에 많은 결과성 성분은 여전히 동빈 구조의 뒤에 놓이게 된다.

예문

(45) 我大佬走得你过。

(46) 我夹埋渠两个都做你个女唔过。

(47) 渠食得肥猪肉多, 所以肚屙。

(48) 渠行得黑路多, 终为撞紧鬼。

위 예문들에서 동빈구의 뒤에 위치한 결과 보어들도 구어에서는 강세를 잃어가는 경향이 보인다. 즉, 그 운율 형식은 다음과 같을 수 있다.

$$V_{강세} + O_{강세} + R_{비강세}$$

이런 운율 형식은 동보 구조의 발전이 느린 방언에만 존재한다.

따라서 왜 월방언에 특별한 쌍빈 형식이 존재하는지를 설명할 수 있다. 이 형식의 출현은 두 가지 요인에 의해 결정되었다. 첫째, 기존의 분리 가능한 동보 조합은 운율적으로 비강세 성분이 강세 성분인 빈어 명사의 뒤에 오는 형식을 취했다. 둘째, 대명사의 자체적인 운율적 특징으로 인해 빈어의 자리에 놓이는 대명사는 부착 성분이 되려는 경향을 보인다. 간접 빈어가 되는 대명사 빈어는 운율적 특징이 빈어 뒤의 결과성 성분과 일치하여 문법 형식의 운율적 특징으로부터 제약을 받게 되면서 특별한 문법적 배치를 형성하게 된 것이다. 이 결론의 근거는 다른 방언에서도 찾을 수 있다.

2.19.5 기타 방언의 문법적 특징에서의 유형학적 상관성

2.19.5.1 발전이 느린 동보 구조

지금까지 중국어 발전 역사와 월방언 문법 체계의 분석을 통해 중국어의 방언에 적용되는, 유형학적 상관성이 두드러진 문법적 특징들을 종합하였다. 이제 그 결과를 기타 방언으로 확대 적용시켜 위 분석의 강력한 해석력을 검증하고자 한다. 이 가설을 검증하기 위한 가장 이상적인 근거는 어느 한 지역 방언권 소속인 특정 지방 방언이 검증 대상이 된다. 왜냐하면 같은 방언권 안에 소속된 여러 지방 방언은 문법적 특징이 일치하기 때문이다. 그 반면에 현재 특정 지방 방언을 체계적으로 정리하여 기록한 저서가 매우 적어 검증에 필요한 자료를 확보하기에는 어려움이 있을 수도 있다. 한 방언권의 문법적 특징을 논의할 때에는 되도록 그 방언권의 특정 지방 방언을 중심으로 고찰할 것이며, 조사가 더 이상 진행되기 어려운 경우에는 다시 그 방언권의 기타 방언으로 대체하는 방법을 취하고자 한다. 이런 방식은 일관성 면에서 일부 문제가 있겠지만 같은 방언권의 여러 지방 방언들은 중요한 문법적 특징 면에서 대체로 고도의 일치성을 보이므로 많은 경우 믿을 만한 결과를 얻을 수 있다.

동보 구조의 발전은 실제로 원래 독립적인 문법 단위였던 동사와 결과 성분이 하나의 문법 성분으로 융합되는 과정이다. 그리고 그들의 융합으로 인해 동사와 보어 사이에 더 이상 기타 성분이 들어갈 수 없게 된다. 이에 근거하여 어느 한 방언에서 동보 구조의 발전 속도가 빠른지 느린지를 판단할 수 있다. 만약 어느 한 부류나 혹은 여러 부류의 동보 조합이 피동작주 명사에 의해 분리가 가능하다면 동사와 보어가 아직 완전한 융합을 이루지 못했다는 것, 즉 동보 구조의 발전이 느리다는 것을 의미한다. 남방의 여러 지방 방언은 이 점에서 모두 북방 방언에 비해 느린 편이다.

가. 오방언

(49) 打渠不过。(상하이말)

(50) a. 烧伊酥。　　　　　b. 晒伊干。(상하이말)

나. 커지아말

(51) a. 食酒醉。　　　　　b. 食菜饱。(렌청(중국 푸젠성 룽옌시(龍岩市)의 현(縣)급 행
정 구역) 커지아말)

(52) a. 讲得尔赢。　　　　b. 喊得渠醒。(렌청 커지아말)

다. 상방언(중국 후난(湖南)성 지역에서 사용하는 방언)

(53) 你看那牛背上都放得鸡蛋稳! (창사말)

(54) 扭螺丝不动。(창사말(중국 후난성 창사(長沙) 지역에서 사용하는 방언))

라. 민방언

(55) 伊是食米大的。- 他是吃米吃大的。

(56) 即只狗是食屎大的。- 这只狗是吃屎吃大的。

북방 방언에 비해 동보 구조의 발전이 느린 남방 방언의 특징은 사용 빈도가 낮고 사용 범위가 작거나 일부 문법 구조에서는 꼭 필요하지 않은 성분이 되는 등 기타 여러 면에서도 드러난다. 이런 것들은 모두 방대한 조사와 통계를 필요로 하므로 검증이 어려울 수도 있다.

2.19.5.2 약하게 구현되는 현대중국어 문장의 정보 구성 원칙

앞에서 설명하였듯이 현대중국어 문장의 정보 구성 원칙이 형성된 역사적 원인은 동보 구조의 생성과 광범위한 사용이다. 따라서 동보 구조 발전이 느린 점은 정보 구성 원칙의 약한 구현으로 이어질 수 있다. 이는 주로 일부 비결과성 부사도 중심 서술어의 뒤에 쓰이는 양상으로 드러난다.

가. 오방언

(57) a. 火车来快勒。 b. 苏州到快勒。 (상하이말)

(58) 你讲遍添。 (원저우말 (중국 저장성 원저우(温州) 지역에서 사용하는 방언))- 你再讲一次。

나. 커지아말

(59) 食一碗饭添。 (렌청 커지아말) - 再吃一碗饭。

(60) 我洗浴先。 (렌청 커지아말) - 我先洗澡。

다. 상방언

(61) 睡夹一觉好的。 (창사말) - 好好地睡了一觉。

(62) 你莫吃净菜。 (창사말) - 你不要净吃菜。

라. 민방언

(63) 只出戏好睇绝。 (차오저우말(중국 광둥성 차오저우(潮州) 지역에서 사용하는 방언))- 这出戏很好看。

(64) a. 你行头先。　　b. 食少两碗。 (산터우말(중국 광둥성 산터우(汕頭) 지역에서 사용하는 방언))

2.19.5.3 발달되지 못한 처치식

처치식이 형성되고 발전을 이룬 데는 동보 구조가 주된 원인으로 된다. 많은 동빈구가 피동작주 명사를 가질 수 없기 때문에 피동작주 명사가 반드시 서술어 동사의 앞에 위치해야 하는 경우가 많았다. 그 결과 서술어 동사 앞에는 동작주 명사와 피동작주 명사가 자주 함께 출현하여 표현의 모호성을 초래하게 된다. 이런 상황은 서술어 동사 앞에 오는 명사성 성분의 의미 역할을 표시하는 일부 문법 표지의 출현을 부추길 수 있다. 따라서 동보 구조의 발전이 느린 방언에서는 처치식도 충분한 발전을 이루지 못하였다. 처치식의 불충분한 발전은 다른 방언에서 서로 다른 구체적인 양상으로 나타난다. 다음은 그 양상들에 대한 간략한 설명이다.

가. 아직 안정된 처치식의 문법 표지를 갖지 못한 경우

이런 방언들에서는 그 어떤 문법 표지도 없이 단순하게 피동작주 명사를 주어와 서술어 동사의 사이에 둔다. 오방언이 대표적인데 아래는 상하이말과 진화방언(중국 저쟝성 진화(金華) 지역에서 사용하는 방언)의 예문들이다.

> **예문**
>
> (64) a. 台子揩揩伊。(상하이말)
>
>   b. 房门锁脱伊。(상하이말)
>
> (65) a. 尔扇门关去。(진화방언) – 你把门关上。
>
>   b. 张桌扛走。(진화방언) – 把这张桌子抬走。
>
>   c. 渠饭烧熟罢。(진화방언) – 他把饭烧熟了。

상하이말에서는 동사 뒤의 원래 피동작주 명사의 자리에 재귀 대명사 '伊'를 두어야 한다.

나. 처치식의 문법 표지 기능이 아직 불명확한 경우

처치식의 표지가 동시에 '사성 의미(使成义)', '-에게(对)', '-를 향해(向)' 등 기타 문법 의미를 표시하는 용도로도 쓰인다.

다. 처치식의 사용 빈도가 낮은 경우

처치식이 발달되지 못한 지역의 방언에는 모두 이런 특징을 갖고 있다. 롄청말도 '将'을 처치식의 표지로 갖고 있지만 발달되지 못하여 일상적인 대화에서는 거의 접하기 어려우며 대부분 공식적인 표현에만 쓰인다. 롄청 방언에서는 일반적으로 보통화의 '把'자문이 피동작주를 전치하는 주요 표현 형식으로 쓰인다. 진화말에는 '把'자문이 없다고 봐야 하며 처치 의미를 나타낼 때에는 보통 개사를 사용하지 않고 바로 피동작주를 동사 앞에 둔다. 그 외에 취안저우말(중국 푸젠성 취안저우(泉州) 지역에서 사용하는 방언)에서는 처치식이 보통화보다 매우 적게 사용되며 보통화에서 자주 사용되는 처치식을 취안저우말에서는 피동작주 주어문으로 많이 표현된다.

2.19.5.4 동사 복제 구조의 부재

현대중국어의 동사 복제 구조는 VOR의 구조를 가진 중고 중국어의 분리 가능한 동보 조합에서 유래되었다는 것을 앞에서 이미 충분히 논증하였다. V와 R이 융합된 후 불특정의 비지정 피동작주 명사는 동사 복제 구조를 도입하여 활용한다. 그러나 지금까지도 분리 가능한 동보 조합을 보존하고 있는 방언에서는 중고 중국어의 VOR 형식으로 보통화의 동사 복제 구조가 갖는 의미를 표시하고 있다.

> **예문**
>
> (70) a. 食酒醉。(렌청 커지아말) – 喝酒喝醉了。
>
>   b. 食菜饱。(렌청 커지아말) – 吃菜吃饱了。
>
> (71) a. 我吹火不灭。(상방언) – 我吹火吹不灭。
>
>   b. 狗追猫不到。(상방언) – 狗追猫追不到。
>
> (72) a. 伊是食米大的。(샤먼말(중국 푸젠성 샤먼 지역에서 사용하는 방언)) – 他是吃米吃大的。
>
>   b. 即只狗是食屎大的。(샤먼말) – 这只狗是吃屎吃大的。
>
>   c. 迄只鸭是灌圭肥的。(샤먼말) – 那只鸭是填食填肥的。

2.19.5.5 보통화와 다른 문법적 특징을 가진 동사 중첩 형식

기타 품사의 중첩식에 비해 보통화의 동사 중첩식은 매우 늦게 출현했다. 15세기경에 이르러서야 형성된 동사 중첩식은 동보 구조의 생성, 특히 체표지 체계의 형성이 그 직접적인 원인이다. 동보 구조의 발전이 상대적으로 느린 방언에서는 동사 중첩 형식의 문법적 의미와 그 사용이 모두 보통화의 것과는 다르다. 주로 다음의 몇 가지 경우를 들 수 있다.

가. 행위 동작의 반복 또는 연속을 나타낸다. 이런 문법적 의미는 실제로 '많은

양’을 강조하는 것으로 ‘적은 양’(시도함을 표시)을 강조하는 보통화의 동사 중첩식과
는 분명 대조적이다. 다음은 취안저우말의 예문들이다.

(73) a. 汝想想咧则共我说。(취안저우말) – 你好好地想一下才告诉我。

　　　b. 共侬赶赶出去。(취안저우말) – 把人全都赶出去。

　　　c. 水漏漏落来。(취안저우말) – 水不断地流下来。

　　　d. 即本册我看了看。(취안저우말) – 这本书我常常看。

나. 동사 중첩식이 보어를 가질 수 있다. 보통화의 동사 중첩식은 보어를 가질 수
없지만 ‘많은 양’을 표시하는 동사 중첩식을 가진 방언에서는 동사 중첩식이 여전
히 보어를 가질 수 있다. 청하이말(澄海話: 중국어 차오산(潮汕) 사투리의 하나로 중국 광
둥성 차오산 지역의 일부 주민들이 사용하는 방언)에서는 중첩된 단음절 동사의 뒤에 ‘掉’,
‘死’, ‘破’와 같은 결과 성분을 덧붙이며 이런 동사의 중첩은 강조를 나타낸다.(예 ‘踢
踢掉’, ‘写写好’, ‘卖卖掉’, ‘食食了’) 또한 푸젠성 융춘 방언(중국 푸젠성 취안저우시 융춘(永
春)구 주변에서 사용하는 방언)에서는 동사 중첩이 ‘모두 그럼(尽然)’, ‘모두(都)’의 의미
를 표시하지만 보어를 가질 수 있다.(예 ‘敲敲破’, ‘踢踢倒’)

다. 이런 방언들에서의 동사 중첩식은 일반적으로 빈어를 가질 수 없다. 이를테
면 렌청 커지아말에서는 동사 중첩식이 빈어를 가질 수 없다. 유사한 현상은 푸젠
성 융춘 방언이나 산터우말 등 방언에서도 존재한다.

2.19.5.6 특수 쌍빈 구조

많은 방언에서 쌍빈 구조는 모두 A형식인 ‘동사 + 간접 빈어 + 직접 빈어’와 B형
식인 ‘동사 + 직접 빈어 + 간접 빈어’ 등 두 가지 어순이 있다. 그리고 B형식의 간접
빈어는 흔히 대명사로 제한된다. 앞에서 대명사의 이런 특수한 사용은 그들의 운율

적 특징과 관련된다는 것을 논증하였다. 즉, 빈어 자리에 들어가는 대명사는 강세가 없는 부착 성분이다. 부착 성분의 문법적 위치는 그 방언의 문장 운율 구조로부터 제한을 받는다. B형식은 보통 동보 구조가 발달하지 않은 방언에서 나타난다. 이런 방언에는 아직 VOR 구조가 남아 있고 결과 성분인 R은 보통 비강세 결과 성분이다. VOR 형식의 운율적 특징이 쌍빈 구조 B형식의 존재를 결정했다고 볼 수 있다. 이를 기타 방언에서도 그 근거를 많이 찾아볼 수 있다. 이를테면 쑤저우 말에서 "送本书我" 중 '我'는 단독으로 성조를 갖고 있지 않는다. 다음은 기타 방언의 용례들이다.

> **예문**
>
> (74) a. 拨张纸头我。(상하이말)
>
> b. 赔一本新书侬。(상하이말)
>
> (75) a. 送咯支钢笔你用。(창사말)
>
> b. 借咯本书我看看。(창사말)
>
> (76) a. 分一本书渠。(렌청 커지아말)
>
> b. 送一个西瓜渠。(렌청 커지아말)

2.19.5.7 완료체 긍정식과 완료체 부정식의 대칭성

'有 + VP'의 긍정식과 '无 + VP'의 부정식으로 완료체에서 표현된 대칭성은 동보 구조 발전이 느린 방언에서만 나타난다. 아래는 동보 구조의 발전이 느린 기타 방언의 예문들이다.

> **예문**
>
> (77) a. 伊有读册。(샤먼말)
>
> b. 我无食酒。(샤먼말)

> (78) a. 渠有买东西。(커지아말) – 他买了东西。
>
> b. 衫裤有洗净。(커지아말) – 衣服洗干净了。

2.19.6 맺음말

이 장의 연구는 다음의 세 가지로 정리할 수 있다.

먼저, 각 지역별로 사용되고 있는 여러 방언들과 그리고 보통화와의 차이는 언어 발전의 지역적 불균형성과 관련이 있다. 동보 구조와 그것이 유발한 일련의 변화는 현대중국어 문법 체계의 확립을 뒷받침하였다. 그리하여 동보 구조의 발전 면에서 어느 한 방언이 느릴 경우 보통화와 일련의 차이가 나타나게 된다. 이는 중국어사 의 연구와 방언의 연구가 상부상조한다는 것을 말해준다.

다음, 문법은 유기적인 전체이다. 보통화의 문법과 방언의 문법 사이에는 수많은 공통성도 존재하지만 각자 상대적으로 독립된 하나의 문법 체계를 이룬다. 한 방언 의 다양한 문법적 특징도 서로 고립된 현상이 아니라 일반적으로 서로 내적인 연관 성을 갖는다. 그러므로 중국어 방언에 적합한 유형학적 특징을 확립하고 나아가 그 것을 바탕으로 다양한 방언의 문법 현상을 체계적으로 설명하면 중국어 문법 현상 에 대해 더 깊이 이해할 수 있다.

마지막으로, 많은 남방 방언에는 실제로 SVO 언어의 문법적 특징이 많이 남아 있지만 북방 방언에는 동보 구조의 영향으로 SVO 언어의 전형적인 유형학적 특징 이 점차 사라지게 되었다.

ㄱ

가능 보어	可能补语
간접 빈어	间接宾语
감탄	感叹
감탄 표지	感叹标记
강세	重音
강세어	重音词
개사	介词
개사구	介词短语
거성	去声
결과 성분	结果成分
결과 보어	结果补语
겸어	兼语
고대중국어	古汉语
고유 명사	专有名词
고정 표지	定标记
공통성	共性
관계절	关系从句
관형어	定语
관형절	定语从句
구문	句子
구어체	口语体
구정보	已知信息
구조적 특징	结构特性
구조 조사	结构助词
굴절 형식	曲折形式

권유	劝诫
귀류법	反证法
규범적	合法的
기사	祈使
기사문	祈使句
기능사	功能词
기능 체계	功能系统
기능 파생	功能衍生
기본식	基式
기본 어순	基本语序
기존 어순	旧语序

ㄷ

다동공빈	多动共宾
다음절	多音节
다음절화	复音化
단어 문장	独词句
단음절	单音节
단음절 동사	光杆动词
단음절 명사	光杆名词
단일 어조	独立语调
담화 구조	话语结构
대등	等同
대명사	代词
대술어	大谓语
대응 관계	对应关系
대조 표지	对比标记
도치	倒装
도치문	倒装句
동량사	动量词
동보구	动补短语
동보 구조	动补结构

동보 조합	动补组合
동사 반복	动词连用
동사구	动词短语
동사 복제	动词拷贝
동사 서술문	动词谓语句
동사성	动词性
동사성 어휘	动词谓词语
동사성 판단사	动词性判断词
동사 중첩	动词重叠
동시 출현 빈도	共现频率
동음자	同音字
동작주	施事
동추구	动趋短语

ㄹ

| 로망스어 | 罗曼语 |

ㅁ

명량사	名量词
명령 동사	祈使动词
명사구	名词短语
명사형 접사	名词词缀
무표지	零标记
문미	煞尾, 句末
문법 자리	句法位置
문법사	语法词
문법 체계	语法系统
문법 표지	语法标记
문장 형식	句式
문법 형태	语法形式
문법화	虚化

문법화 이론   语法化理论
문법 환경   语法环境
문형   句式
민남어   闽南话

ㅂ

방언   方言
백화문   白话文
변형식   变式
병렬   并列
보통화   普通话
복합 동사   复合动词
복합어   复合词
복합 어기 조사   复合语气词
복합 접속사   复合连词
봐케르나겔 법칙   瓦克纳格尔规律
부사   副词
부사구   状动短语
부정문   否定式
부정 부사   否定副词
부정 양태식   否定情态式
부정 표지   否定标记
부착 성분   附着成分
분리 가능   可分离式
분리량   离散量
분리 불가성   不可分离性
분배 법칙   分配律
분열 구조   分裂结构
분열문   分裂句
분열식 초점 구조   分裂式焦点结构
불특정   非定指
비결과성 성분   非结果性成分

비교 대상	喻体
비동문	比动句
비의문문	非疑问句
비한정	不定指
빈어	宾语

ㅅ

사성	使成
사성식	使成式
사동	使动
사용 빈도	使用频率
상고 중국어	上古汉语
상관성	相关性
상성	上声
서수사	序数词
서술어	表语、谓语
선진 중국어	先秦汉语
선행 단문	前句
선형 배열	线性安排
성상	性状
성조의 음가	调值
소술어	小谓语
소유 동사	领有动词
소종속문	小从句
수량사	数量词
수량성 성분	量性成分
수용자	与事
술어	谓语
시간사	时间词
시간사구	时间词短语
시비 의문문	是非问句
시상	时态

신구표지   新旧标记
신 화제 구조   新话题化结构
신정보   新信息
실사   实词
쌍동공빈   双动共宾
쌍빈 구조   双宾语结构
쌍음절   双音节
쌍음절화   双音节化
쌍음화   双音化

ㅇ

양립불가성   不相容性
양적 변화   量变
양태 동사   情态动词
양태 표지   情态标记
양태식   情态式
어근   词根
어기   语气
어기 조사   语气词
어순   语序
어조   语气
어휘 문법화   词汇语法化
언어 유형론   语言类型学
언어 접촉   语言接触
언어 환경   语言环境
역사 언어학   历史语言学
연동 구조   连动结构
연동식   连动式
연속량   连续量
연속성 어휘   连续量词语
연위 구조   连谓结构
연합구   联合词组

연합 구조	联合结构
완료체	完成体
완료체 부정식	完成体否定式
운모	韵母
운미	韵尾
위치 이동	移位
유계화	有界化
유의어	像义词
유추	类推
유추 효과	类推效应
유한체	有限体
유형학	类型学
음보	音步
음성 형태	语音形式
음성 체계	语音系统
음운	音韵
의문 대명사	疑问代词
의문문	疑问句
의문사	疑问词
의문 표지	疑问标记
의미값	语义值
의미 관계	语义联系
의미 상관성	语义相关性
의미적 적합성	语义相宜性
의미적 특징	语义特征
의미 지향	语义指向
의미항	义项
이합사	离合词
인과 관계	因果关系
인지 언어학	认知语言学
일반 명사	泛指名词
일반 언어학	普通语言学
입성	入声

자동사	不及物动词
자음	辅音
자자구	者字短语
장소 명사	地点名词
재귀	回指
재귀 대명사	回指代词
재배치	重新分布
재지칭	复指
적합성	相宜性
전방 이동	前移
전지 보어	指前补语
전체 지칭	遍指
전치	前置
접사	词缀
접속사	连词、连接词
접요사	中缀
정도 부사	程度词
정반 의문문	正反问句
정태 동사	静态动词
조동사	助动词
조어법	构词法
존재 동사	存现动词
종결점	结束点、终结点
종속절	从句
종정문	钟鼎文
주술구	主谓短语
중고 중국어	中古汉语
중설 모음	央元音
중심 서술어	中心谓词
지동 보어	指动补语
지시 대명사	指代词
직접 빈어	直接宾语

진술문   陈述句

ㅊ

처소사	处所词
처치식	处置式
청음	清辅音
청탁	清浊
체	体
체표지	体标记
초점	焦点
초점 구조	焦点结构
초점 표지	焦点标记
초점화	焦点化
추향 동사	趋向动词
추향 보어	趋向补语
출현 빈도	出现频率

ㅋ

크리올어	克里奥耳语

ㅌ

타동사	及物动词
타동성	及物性
타동성이 약한 동사	低及物性动词
탁음	浊辅音
텍스트 구조	篇章组织
텍스트 기능	篇章功能
통시 언어학	通历时语言学
특수 의문문	特指疑问句
특정	定指

| 특지 의문문 | 特指疑问句 |

현재 상관성　　　　　　　　现时相关性

형비문　　　　　　　　　　形比句

형식　　　　　　　　　　　格式

형용사　　　　　　　　　　形容词

형용사구　　　　　　　　　形容词短语

형용사 서술문　　　　　　　形容词谓语句

형태 관계　　　　　　　　　形态关系

형태소　　　　　　　　　　语素

형태 표지　　　　　　　　　形态标记

화용적 현상　　　　　　　　语用现象

화제　　　　　　　　　　　话题

화제 표지　　　　　　　　　话题标记

후지 보어　　　　　　　　　指后补语

후치　　　　　　　　　　　后置

후행문　　　　　　　　　　后句

휴지　　　　　　　　　　　停顿

ㄱ

《가헌사》	稼轩词
《간전노》	看钱奴
《간전노매원가채주》	看钱奴买冤家债主
《간첩화상》	简帖和尚
《감천동지두아원》	感天动地窦娥冤
《거현물구품행령》	举贤勿拘品行令
《걸죽》	乞竹
《검중파직시》	黔中罢职诗
《경덕전등록》	景德传灯录
《경세통언》 - 일굴귀뢰도인제괴	警世通言·一窟鬼赖道人除怪
《경세통언》 - 최대조생사원가	警世通言·崔待诏生死冤家
《공양전》 - 애공	公羊传·哀公
《금병매》	金瓶梅
《금병매사화》	金瓶梅词话
《금분세가》	金粉世家
《관대왕단도회》	关大王单刀会
《관휴》 - 기령고랑중	贯休·寄令孤郎中
《관장쌍부서촉몽》	关张双赴西蜀梦
《관한경희곡집》 - 사니자조풍월	关汉卿戏曲集·诈妮子调风月
《관한경희곡집》 - 왕윤향야사춘원	关汉卿戏曲集·王闰香夜月四春园
《귀가》	回家

ㄴ

《나쁜 남자》	坏男人

《낙타상자》	骆驼祥子
《난 달러가 좋아》	我爱美元
《남사》 - 적신전	南史·贼臣传
《노걸대》	老乞大
《노걸대신석》	老乞大新释
《노걸대언해》	老乞大谚解
《노는 것만큼 신나는 것도 없다》	玩的就是心跳
《노생아》	老生儿
《노자》	老子
《노잔유기》	老残游记
《노태학시주오공후》	卢太学诗酒傲公侯
《논어》 - 계씨	论语·季氏
《논어》 - 공치장	论语·公冶长
《논어》 - 미자	论语·微子
《논어》 - 선진	论语·先进
《논어》 - 술이	论语·述而
《논어》 - 안연	"论语·颜渊"
《논어》 - 양화	论语·阳货
《논어》 - 옹야	论语·雍也
《논어》 - 이인	论语·里仁
《논어》 - 위령공	论语·卫灵公
《논어》 - 자로	论语·子路
《논어》 - 자장	论语·子张
《논어》 - 자한	论语·子罕
《논어》 - 태백	论语·泰伯
《논어》 - 팔일	论语·八佾
《논어》 - 학이	论语·学而
《논어》 - 향당	论语·乡党
《논어》 - 헌문	论语·宪问
《논어》 - 향당	论语·乡党
《논형》 - 강서	论衡·讲瑞
《논형》 - 명의	论衡·明义
《논형》 - 사단	论衡·谢短

《논형》 - 서허 　　　　　　　论衡·书虚
《논형》 - 유효 　　　　　　　论衡·儒效
《논형》 - 자맹 　　　　　　　论衡·刺孟
《논형》 - 정귀편 　　　　　　论衡·订鬼
《논형》 - 힐험편 　　　　　　论衡·诘验篇
《내저설상》 　　　　　　　　内储说上
《내편간상》 　　　　　　　　内篇谏上
《냉혈》 　　　　　　　　　　高红《冷血》
《뇌우》 　　　　　　　　　　雷雨
《눈 없는 겨울》 　　　　　　　一冬无雪

ㄷ

《단원몽》 　　　　　　　　　团圆梦
《당대 소설》 　　　　　　　　当代小说
《당신은 속인이 아니다》 　　　你不是一个俗人
《덩유메이의 소설》 　　　　　邓友梅小说
《도덕경》 　　　　　　　　　道德经
《도화선》 　　　　　　　　　桃花扇
《돈황변문》 　　　　　　　　敦煌变文
《돈황변문》 - 남타산가연기 　　敦煌变文·南陀山家缘起
《돈황변문》 - 당태종입명기 　　敦煌变文·唐太宗入冥记
《돈황변문》 - 대목건련명간구모변문 　　敦煌变文·大目干连冥间救母文
《돈황변문》 - 무상경 　　　　敦煌变文·无常经
《돈황변문》 - 부모은중 　　　敦煌变文·父母恩重
《돈황변문》 - 빈파사라 　　　敦煌变文·频婆沙罗
《돈황변문》 - 쌍은기 　　　　敦煌变文·双恩记
《돈황변문》 - 여산원공화 　　敦煌变文·庐山远公话
《돈황변문》 - 연자부 　　　　敦煌变文·燕子赋
《돈황변문》 - 엽정능시 　　　敦煌变文·叶静能诗
《돈황변문》 - 오자서변문 　　敦煌变文·伍子胥变文
《돈황변문》 - 유마힐경강경문 　敦煌变文·维摩诘经讲经文
《돈황변문》 - 태자성도 　　　敦煌变文·太子成道

《돈황변문》 - 팔상변   敦煌变文·八相变
《돈황변문》 - 하녀사   敦煌变文·下女词
《돈황변문》 - 한금호화본   敦煌变文·韩擒虎话本
《돈황변문》 - 쌍은기   敦煌变文·双恩记
《동가》   东家
《동서상》   董西厢
《동창사범》   东窗事犯
《산행》   山行
《두십낭노침백보상》   今古奇观·杜十娘怒沉百宝箱
《대당삼장취경시화》   大唐三藏取经诗话
《대목건련명간구모변문》   大目干连冥间救母变文
《대장경》 - 답유보학   大藏经卷· 答刘宝学
《대택문》   大宅门
《대혜보각선사서》   大慧普觉禅师书
《대혜보각선사서》 - 답유보학   大慧普觉禅师书·答刘宝学

ㄹ

《류후이팡》   刘慧芳

ㅁ

《마단양삼도임풍자》   马丹阳三度任风子
《마릉도》   马陵道
《만수낭구보산정아》   万秀娘仇报山亭儿
《맥산계사》   蓦山溪词
《맹자》   孟子
《맹자》 - 고자상   孟子·告子上
《맹자》 - 공손추   孟子·公孙丑
《맹자》 - 공손추상   孟子·公孙丑上
《맹자》 - 공손추하   孟子·公孙丑下
《맹자》 - 등문공   孟子·滕文公
《맹자》 - 등문공상   孟子·滕文公上

《맹자》 - 만장하　　　　　　　　　　孟子·万章下
《맹자》 - 양혜왕　　　　　　　　　　孟子·梁惠王
《맹자》 - 양혜왕상　　　　　　　　　孟子·梁惠王上
《맹자》 - 양혜왕장구하　　　　　　　孟子·梁惠王章句下
《맹자》 - 양혜왕하　　　　　　　　　孟子·梁惠王下
《맹자》 - 이루　　　　　　　　　　　孟子·离娄
《맹자》 - 이루상　　　　　　　　　　孟子·离娄上
《맹자》 - 이루하　　　　　　　　　　孟子·离娄下
《명세항언》 - 노태학시주오공후　　　明世恒言·卢太学诗酒傲公侯
《메마른 풍류정》　　　　　　　　　　干枯风流情
《목란사》　　　　　　　　　　　　　木兰辞
《무지개》　　　　　　　　　　　　　虹
《묵자》 - 경하　　　　　　　　　　　墨子·经下
《묵자》 - 법의　　　　　　　　　　　墨子·法仪
《묵자》 - 상현　　　　　　　　　　　墨子·尚贤

ㅂ

《박통사언해》　　　　　　　　　　　朴通事谚解
《백록원》　　　　　　　　　　　　　白鹿原
《백명의 십년》　　　　　　　　　　　一百个人的十年
《벽암록》　　　　　　　　　　　　　碧岩录
《베이징인》　　　　　　　　　　　　北京人
《보리달마남종정시비》　　　　　　　菩提达摩南宗定是非论
《보성왕주공섭정》　　　　　　　　　辅成王周公摄政
《북제서》 - 왕희전　　　　　　　　　北齐书·王晞传
《북제서》 - 은행전　　　　　　　　　北齐书·恩幸传
《불본행집경》　　　　　　　　　　　佛本行集经卷第五十六
《빙신 소설집》　　　　　　　　　　　冰心小说集

《사기》 - 공자세가	史记·孔子世家
《사기》 - 계포란포열전	史记·季布栾布列传
《사기》 - 관안열전	史记·管晏列传
《사기》 - 굴원가생열전	史记·屈原贾生列传
《사기》 - 남월열전	史记·南越列传
《사기》 - 노주공세가	史记·鲁周公世家
《사기》 - 범수채택열전	史记·范雎蔡泽列传
《사기》 - 사마상여열전	史记·司马相如列传
《사기》 - 상군열전	史记·商君列传
《사기》 - 소상국세가	史记·萧相国世家
《사기》 - 소진열전	史记·苏秦列传
《사기》 - 송미자세가	史记·宋微子世家
《사기》 - 역생육가열전	史记·郦生陆贾列传
《사기》 - 연소공세가	史记·燕召公世家
《사기》 - 염파인상여열전	史记·廉颇蔺相如列传
《사기》 - 예서	史记·礼书
《사기》 - 위장군표기열전	史记·卫将军骠骑列传
《사기》 - 유후세가	史记·留侯世家
《사기》 - 이장군열전	史记·李将军列传
《사기》 - 장승상세가	史记·陈丞相世家
《사기》 - 장승상열전	史记·张丞相列传
《사기》 - 장의소진열전	史记·张仪苏秦列传
《사기》 - 제태공세가	史记·齐太公世家
《사기》 - 조상국열전	史记·曹相国世家
《사기》 - 조세가	史记·赵世家
《사기》 - 중니제자열전	史记·仲尼弟子列传
《사기》 - 진섭세가	史记·陈涉世家
《사기》 - 진승상세가	史记·陈丞相世家
《사기》 - 진시황본기	史记·秦始皇本纪
《사기》 - 진세가	史记：晋世家
《사기》 - 태사공자서	史记·太史公自序
《사기》 - 편작창공열전	史记·扁鹊仓公列传

《순자》 – 신도	荀子·臣道
《순자》 – 영욕	荀子·荣辱
《순자》 – 유좌	荀子·宥坐
《순자》 – 유효	荀子·儒效
《순자》 – 의병	荀子·议兵
《순자》 – 정론	荀子·正论
《순자》 – 중니	荀子·仲尼
《시경》 – 강유사	诗经·江有汜
《시경》 – 강한	诗经·江汉
《시경》 – 거공	诗经·车攻
《시경》 – 군자해로	诗经·君子偕老
《시경》 – 계명	诗经·鸡鸣
《시경》 – 권여	诗经·权舆
《시경》 – 권이	诗经·卷耳
《시경》 – 녹의	诗经·绿衣
《시경》 – 도요	诗经·桃夭
《시경》 – 대아, 상유	诗经·大雅·桑柔
《시경》 – 모구	诗经·旄丘
《시경》 – 목과	诗经·木瓜
《시경》 – 맹	诗经·氓
《시경》 – 백주	诗经·柏舟
《시경》 – 사간	诗经·斯干
《시경》 – 야유사	诗经·野有死麕
《시경》 – 원유도	诗经·园有桃
《시경》 – 장발	诗经·长发
《시경》 – 장유자	诗经·墙有茨
《시경》 – 정녀	诗经·静女
《시경》 – 종남	诗经·终南
《시경》 – 재치	诗经·载驰
《시경》 – 척호	诗经·陟岵
《시경》 – 칠월	诗经·七月
《시경》 – 체동	诗经·蝃蝀
《시경》 – 환	诗经·桓

《신회어록》　　　　　　　　　神会语录
《심소하상회출사표》　　　　　沈小霞相会出师表
《생경》　　　　　　　　　　　生经
《세설신어》　　　　　　　　　世说新语
《세설신어》 - 가휼　　　　　　世说新语·假谲
《세설신어》 - 간오　　　　　　世说新语·简傲
《세설신어》 - 경저　　　　　　世说新语·轻诋
《세설신어》 - 교예　　　　　　世说新语·巧艺
《세설신어》 - 구극　　　　　　世说新语·仇隙
《세설신어》 - 규잠　　　　　　世说新语·规箴
《세설신어》 - 대치　　　　　　世说新语·汰侈
《세설신어》 - 덕행　　　　　　世说新语·德行
《세설신어》 - 문학　　　　　　世说新语·文学
《세설신어》 - 방정　　　　　　世说新语·方正
《세설신어》 - 비루　　　　　　世说新语·纰漏
《세설신어》 - 배조　　　　　　世说新语·排调
《세설신어》 - 상예　　　　　　世说新语·伤逝
《세설신어》 - 서일　　　　　　世说新语·栖逸
《세설신어》 - 술해　　　　　　世说新语·术解
《세설신어》 - 식감　　　　　　世说新语·识鉴
《세설신어》 - 아량　　　　　　世说新语·雅量
《세설신어》 - 언어　　　　　　世说新语·言语
《세설신어》 - 용지　　　　　　世说新语·容止
《세설신어》 - 우회　　　　　　世说新语·尤悔
《세설신어》 - 임탄　　　　　　世说新语·任诞
《세설신어》 - 정사　　　　　　世说新语·政事
《세설신어》 - 태치　　　　　　世说新语·汰侈
《세설신어》 - 품조　　　　　　世说新语·品藻
《스튜어디스》　　　　　　　　空中小姐

《아녀 영웅전》	儿女英雄传
《악공목차철괴리환혼》	岳孔目借铁拐李还魂
《악부시집》 - 야전황작행	乐府诗集·野田黄雀行
《악부시집》 - 자류마가사	乐府诗集·紫骝马歌辞
《안자춘추》 - 내편간상	晏子春秋·内篇谏上
《양간문제시》	梁简文帝诗
《양》 - 서방시	梁·徐防诗
《양》 - 심약시	梁·沈约诗
《양온란로호전》	杨温拦路虎传
《양현령경의혼고녀》	醒世恒言·两县令竞义婚孤女
《억강남》	忆江南
《영류》	咏柳
《엄자릉수조칠리탄》	严子陵垂钓七里滩
《여산원공화》	庐山远公话
《여씨춘추》 - 정통	吕氏春秋·精通
《역》 - 이	易经·离
《역경》 - 계사하	易经·系辞下
《역경》 - 둔괘	易经·屯卦
《연자부》	燕子赋
《열자》 - 탕문	列子·汤问
《열자》 - 설부	列子·说符
《엽정능시》	叶净能诗
《오가는 이들》	来来往往
《오자서변문》	伍子胥变文
《온실경강창압좌문》	温室经讲唱押座文
《우붕잡기》	牛棚杂记
《유림외사》	儒林外史
《유명록》	幽明录
《유선굴》	游仙窟
《유지사》	柳枝词
《유지원제궁조》	刘知远诸宫调
《육유》 - 시아	陆游·示儿

《육조단경》	六祖坛经
《육태학시주오공후》	陆太学诗酒傲公侯
《을묘입국주청》	乙卯入国奏请
《의운증남안방처사오수》	依韵赠南安方处事五首
《이도인독보운문》	李道人独步云门
《이태백폄야랑》	李太白贬夜郎
《인화록》	因话录
《일굴귀뢰도인제괴》	一窟鬼癞道人除怪
《일지계모》	一地鸡毛
《입당구법순례기》	入唐求法巡礼记
《입당구법순례행기》	入唐求法巡礼行记
《예기》- 교특성	礼记·郊特性
《예기》- 단궁하	礼记·檀弓下
《예기》- 문상	礼记·问丧
《예기》- 빙의	礼记·聘义
《예기》- 월령	礼记·月令
《예기》- 중용	礼记·中庸
《예기》- 제법	礼记·祭法
《예기》- 투호	礼记·投壶
《의례》- 상복	仪礼·丧服
《인막여독》	人莫予毒
《원간잡극30종》- 곽강사간	元刊杂剧三十种·霍光思谏
《원간잡극30종》- 동창사범	元刊杂剧三十种·东窗事犯
《원간잡극30종》- 사니자조풍월	元刊杂剧三十种·诈妮子调月
《원간잡극30종》- 생사교범장계서	元刊杂剧三十种·死生交范张鸡黍
《원간잡극30종》- 소하월야추한신	元刊杂剧三十种·萧何月夜追韩信
《원간잡극30종》- 승명전곽광귀간	元刊杂剧三十种·承明殿霍光鬼谏
《원간잡극30종》- 악공목차철괴 리환혼	元刊杂剧三十种·岳孔目借铁拐李还魂
《원간잡극30종》- 엄자릉수조칠리탄	元刊杂剧三十种·严子陵垂钓七里滩
《원간잡극30종》- 이태백폄야랑	元刊杂剧三十种·李太白贬郎
《원간잡극30종》- 위지공삼탈삭	元刊杂剧三十种·尉迟恭三夺槊
《원간잡극30종》- 초소왕소자하선	元刊杂剧三十种·楚昭王疏者下船
《원간잡극30종》- 한고황탁족기영포	元刊杂剧三十种·汉高皇濯足气英布

《자야추가》	子夜秋歌
《장기왕》	棋王
《장자》 – 달생	庄子·达生
《장자》 – 덕윤부	庄子·德允符
《장자》 – 마제	庄子·马蹄
《장자》 – 산목	庄子·山木
《장자》 – 소요유	庄子·逍遥游
《장자》 – 인간세	庄子·人间世
《장자》 – 제물론	庄子·齐物论
《장자》 – 천운	庄子·天运
《장정지감마합라》	张鼎智勘魔合罗
《장협장원》	张协状元
《장흥가중회진주삼》	蒋兴哥重会珍珠衫
《전국책》 – 초책	战国策·楚策
《전국책》 – 한책	战国策·韩策
《절대 기밀》	绝对隐私
《정수》	定数
《정씨어록》	程氏语录
《조당집》	祖堂集
《조당집》 – 길영화상	祖堂集·古灵和尚
《조당집》 – 남천화상	祖堂集·南泉和尚
《조당집》 – 단하화상	祖堂集·丹霞和尚
《조당집》 – 동산화상	祖堂集·洞山和尚
《조당집》 – 라산화상	祖堂集·罗山和尚
《조당집》 – 보복화상	祖堂集·保福和尚
《조당집》 – 석가모니불	祖堂集·释迦牟尼佛
《조당집》 – 석상화상	祖堂集·石霜和尚
《조당집》 – 수룡화상	祖堂集·睡龙和尚
《조당집》 – 암두화상	祖堂集·岩头和尚
《조당집》 – 약산화상	祖堂集·药山和尚
《조당집》 – 우두하상	祖堂集·牛头和尚
《조당집》 – 운암화상	祖堂集·云岩和尚

《조당집》 - 장경화상   祖堂集·长庆和尚
《조당집》 - 조과화상   祖堂集·鸟窠和尚
《조당집》 - 중탑화상   祖堂集·中塔和尚
《조당집》 - 회양화상   祖堂集·怀让和尚
《좋은 남자 내려주세요》   给我一个好男人
《주사단》   朱砂担
《주역》 - 소축   周易·小畜
《주자어류》   朱子语类
《주자어류》 - 훈문인   朱子语类·训门人
《진계경오도죽엽주》   陈季卿悟道竹叶舟
《진서》 - 왕연전   晋书·王衍传
《진후주시》   陈后主诗
《제갈량박망소둔》   诸葛亮博望烧屯
《좌전》 - 문공   左传·文公
《좌전》 - 선공   左传·宣公
《좌전》 - 성공   左传·成公
《좌전》 - 소공   左传·昭公
《좌전》 - 양공   左传·襄公
《좌전》 - 은공   左传·隐公
《좌전》 - 애공   左传·哀公
《좌전》 - 장공   左传·庄公
《좌전》 - 정공   左传·定公
《좌전》 - 희공   左传·僖公
《증공봉승차융》   赠供奉僧次融
《증후희》   赠侯喜

ㅊ

《차관》   老舍 茶馆
《착참최녕》   错斩崔宁
《천노》   天怒
《청평조》   清平调
《초각박안량기》 - 한수재승란빙교처   初刻拍案惊奇·韩秀才乘乱聘姣妻

《초록 달》　　　　　　　　　　　彭荆风·绿月亮
《초사》 - 구변　　　　　　　　　　楚辞·九辩
《초사》 - 복거　　　　　　　　　　楚辞·卜居
《초사》 - 원세　　　　　　　　　　楚辞·怨世
《초사》 - 회사　　　　　　　　　　楚辞·怀沙
《추녀연기》　　　　　　　　　　　丑女缘起
《치공자한사조비전)　　　　　　　痴公子狠使噪脾钱
《치인》　　　　　　　　　　　　　痴人
《칙륵가》　　　　　　　　　　　　敕勒歌
《칠국춘추평화》　　　　　　　　　七国春秋平话　崔待诏生死冤家
《채상도》　　　　　　　　　　　　采桑度
《첸취안러우윈》　　　　　　　　　缱绻柔云

ㅌ

《태평광기》 - 동방삭　　　　　　　太平广记·东方朔
《태평광기》 - 유홍　　　　　　　　太平广记·刘洪
《태평광기》 - 임상령　　　　　　　太平广记·临湘令
《태평광기》 - 화륭　　　　　　　　太平广记·华隆

ㅍ

《편집부의 이야기》　　　　　　　编辑部的故事
《팔상변》　　　　　　　　　　　　八相变
《포사자설》　　　　　　　　　　　捕蛇者说
《포박자》　　　　　　　　　　　　抱朴子卷十五
《포박자》 - 극언　　　　　　　　　抱朴子·极言
《포박자》 - 도이　　　　　　　　　抱朴子·道意
《포박자》 - 변문　　　　　　　　　抱朴子·辩问
《포박자》 - 잡의　　　　　　　　　抱朴子·杂议
《포박자》 - 주계　　　　　　　　　抱朴子·酒诫
《포박자》 - 지지　　　　　　　　　抱朴子·知止
《포박자》 - 창현　　　　　　　　　抱朴子·畅玄

《환문가》　　　　　　　　　　　欢闻歌

《환문가악부》　　　　　　　　　欢闻歌乐府

《환희국왕연》　　　　　　　　　欢喜国王缘

《회남자》 – 도응훈　　　　　　　 欢喜国王缘

《회남자》 – 병략훈　　　　　　　淮南子·兵略训

《회남자》 – 병략훈　　　　　　　淮南子·兵略训

《회남자》 – 숙진훈　　　　　　　淮南子·俶真训

《회남자》 – 진훈　　　　　　　　淮南子·真训

《회남자》 – 타이족훈　　　　　　淮南子·泰族训

《흰 손수건, 빨간 손수건》　　　白手帕 , 红手帕

《흰 안개》　　　　　　　　　　　白雾

《1978년의 린더우》　　　　　　林斗在 1978

ㅃ

《뿌리 잃은 나무》　　　　　　　失根的树

참고 문헌

敖镜豪, 1982,《左传》"是"字用法调查。冯春田编,《古汉语研究论集》, 济南: 山东教育出版社。

北京大学中文系现代汉语教研室编, 1987,《现代汉语》, 北京: 商务印书馆。

北京大学中国语言文学系语言学教研室编, 1995,《汉语方言词汇》, 北京: 语文出版社。

贝罗贝, 1989, 早期把字句的几个问题,《语文研究》第 1 期。

曹广顺, 1986, 祖堂集中的"底 (地) ", "却 (了) ", "著",《中国语文》第 3 期。

曹广顺, 1995,《近代汉语助词》, 北京: 语文出版社。

潮汕历史文化研究中心, 1997,《潮汕历史文化小丛书》, 汕头: 汕头大学出版社。

陈国庆, 2001, 克木语概况,《民族语文》第 3 期。

陈鸿迈, 1991, 海口方言的指示代词和疑问代词,《中国语文》第 1 期。

陈泽平, 1992, 试论完成貌助词"去",《中国语文》第 2 期。

陈淑梅, 2001,《鄂东方言语法研究》, 南京: 江苏教育出版社。

陈晓绵, 1993,《东莞方言说略》, 广州: 广东人民出版社。

崔希亮, 1993, 汉语"连"字句的语用分析,《中国语文》第 2 期。

戴庆厦, 1998,《藏缅语族语言研究》, 昆明: 云南民族出版社。

戴庆厦, 徐悉艰, 1992,《景颇语语法》, 北京: 中央民族学院出版社。

邓佑玲, 2001, 土家语名量词研究,《中南民族学院学报》第 5 期。

丁邦新 , 1997, 汉语词序问题札记,《中国境内语言暨语言学》第 4 辑。

丁崇明, 荣晶, 1994, 昆明方言的"着"字,《方言》第 4 期。

丁声树等, 1961,《现代汉语语法讲话》, 北京: 商务印书馆。

冯春田, 1985, 从王充《论衡》看有关系词时代问题。程湘清,《两汉汉语研究》, 济南: 山东教育出版社。

冯春田, 1990, 试论结构助词"底 (的) "的一些问题,《中国语文》第 6 期。

冯春田, 1992, 唐五代某些语法现象浅析,《隋唐五代汉语研究》, 济南： 山东教育出版社。

冯胜利 , 1997,《汉语的韵律, 词法与句法》, 北京： 北京大学出版社。

盖兴之, 2002, 堂郎话概况,《民族语文》第 3 期。

高永奇, 2001, 莽语概况,《民族语文》2001 年。

郭锡良, 1997, 先秦汉语构词法的发展。《汉语史论集》, 北京: 商务印书馆。

郭锡良, 1997, 关于系词"是"产生的时代和来源论争的几点认识。《汉语史论集》, 北京: 商务印书馆。

贺嘉善, 1983,《仡佬语简志》, 北京: 民族出版社。

贺凯林, 1999,《溆浦方言研究》, 长沙: 湖南教育出版社。 贺巍, 1993,《洛阳方言研究》, 北京: 社会科学文献出版社。

何耿镛, 1993,《客家方言语法研究》, 厦门: 厦门大学出版社。

何洪峰, 程明安, 1996, 黄冈方言的"把"字句,《语言研究》第 2 期。

何乐士, 1984,《史记》语法特点研究。程湘清编,《两汉汉语研究》, 济南: 山东教育出版社。

何乐士, 1989,《左传虚词研究》, 北京: 商务印书馆。

何乐士, 1990,《敦煌变文》与《世说新语》若干语法特点的比较。程湘清编,《隋唐五代汉语研究》, 济南: 山东教育出版社。

何乐士, 1991, 元杂剧语法特点研究。程湘清编,《宋元明汉语研究》, 济南: 山东教育出版社。

何乐士, 2000,《古汉语语法研究论文集》, 北京: 商务印书馆。

侯学超, 2003,《现代汉语虚词词典》, 北京: 北京大学出版社。

胡裕树, 1981,《现代汉语》, 上海: 上海教育出版社。

黄伯荣, 1996,《汉语方言语法类编》, 青岛: 青岛出版社。

黄丁华, 1963, 闽南方言里的疑问代词,《中国语文》第 4 期。

黄磊, 2004, 邵东方言的"把"字句,《邵阳学院学报》第 3 期。

黄南松, 1994, 试论短语自主成句所应具备的若干语法范畴,《中国语文》第 6 期。

黄行, 黎明, 1996, 我国少数民族语言的词序类型,《民族语文》第 1 期。

黄晓惠, 1992, 现代汉语差比格式的来源及演变,《中国语文》第 3 期。

黄晓雪, 2006, 方言中"把"表处置和被动的历史层次,《孝感学院学报》第 4 期。

江蓝生, 1988,《魏晋南北朝小说词语汇释》, 北京: 语文出版社。

江蓝生, 1989, 被动关系词"吃"的来源初探,《中国语文》第 5 期。

江蓝生, 1992, 助词"似的"的语法意义及其来源,《中国语文》第 6 期。

江蓝生, 1995, 说"么"和"们"同源,《中国语文》第 3 期。

江蓝生, 2000, 汉语使役与被动兼用探源,《近代汉语探源》, 北京: 商务印书馆。

江蓝生, 曹广顺, 1997,《唐五代语言词典》, 上海: 上海教育出版社。

蒋冀骋, 吴福祥, 1997,《近代汉语纲要》, 长沙: 湖南教育出版社。

蒋礼鸿, 1981,《敦煌变文字义通释》, 上海: 上海古籍出版社。

蒋绍愚, 1989, 关于汉语词汇系统及其发展变化的几点想法,《中国语文》第 1 期。

蒋绍愚, 1989,《古汉语词汇概要》, 北京: 北京大学出版社。

蒋绍愚, 1994,《近代汉语研究概况》, 北京: 北京大学出版社。

蒋绍愚, 1997, 把字句略论,《中国语文》第 4 期。

蒋绍愚, 2002, ”给”字句, ”教”字句表被动的来源 － 简谈语法化, 类推和功能的扩展,《语言学论丛》第 26 辑。

金珍我, 2002, 韩语和汉语量词比较,《世界汉语教学》第 2 期。

康国章, 2001, 被动句中介词” 为” 的起源和发展,《殷都学刊》第 2 期。

孔令达, 1994, 影响汉语句子自主的语言形式,《中国语文》第 6 期。

李锦芳, 1996, 布干语概况,《民族语文》第 6 期。

李锦芳, 2001, 茶洞语概况,《民族语文》第 1 期。

李临定, 1980, 动补格句式,《中国语文》第 2 期。

李讷, 石毓智, 1997, 论汉语体标记诞生的机制,《中国语文》第 2 期。

李讷, 石毓智, 1997, 动词拷贝结构的发展过程,《国外语言学》第 3 期。

李讷, 石毓智, 1998, 汉语比较句嬗变的动因,《世界汉语教学》第 3 期。

李讷, 石毓智, 1998, 汉语句子中心动词之后谓词性成分的变迁与量词的语法化,《语言研究》第 2 期。

李讷, 石毓智, 1999, 汉语动补结构的发展与句法结构的演变,《中国语言学论丛》第 2 辑。

李平, 1987,《世说新语》和《百喻经》中的动补结构,《语言学论丛》第 14 辑。

李人鉴, 1962, 泰兴方言里的拿字句,《中国语文》第 8 期。

李如龙, 2001,《汉语方言学》, 北京: 高等教育出版社。

李如龙, 张双庆主编, 1997,《动词谓语句》, 广州: 暨南大学出版社。

李泰洙, 2003,《老乞大四种版本语言研究》, 北京: 语文出版社。

李晓荣, 1994, 对述结式带宾语功能考察,《汉语学习》第 1 期。

李新魁, 黄家教, 施其生, 麦耘, 陈定方,《广州方言研究》, 广州: 广东人民出版社。

李艳惠, 石毓智, 2000, 汉语量词系统的建立与复数标记”们”的发展,《当代语言学》第 1 期。

李宇明, 2000, 拷贝型量词及其在汉藏语系量词发展中的地位,《中国语文》第 1 期。

李宇明, 唐志东, 1991,《汉族儿童问句系统习得探微》, 武汉: 华中师范大学出版社。

梁德曼, 1985, 四川省渡口市方言的现状和未来,《方言》第 4 期。

梁玉璋, 1990, 福州话的”给”字,《中国语文》第 4 期。

林连通, 1993,《泉州市方言志》, 北京: 社会科学文献出版社。

林伦伦, 1996,《澄海方言研究》, 汕头: 汕头大学出版社。

刘坚, 曹广顺, 吴福祥, 1995, 论诱发汉语词汇语法化的若干因素,《中国语文》第 1 期。

刘坚, 江蓝生, 白维国, 曹广顺, 1992,《近代汉语虚词研究》, 北京：语文出版社。

刘坚, 蒋绍愚, 1990,《近代汉语语法资料汇编》(唐五代卷) , 北京: 商务印书馆。

刘坚, 蒋绍愚, 1992,《近代汉语语法资料汇编》(宋代卷) , 北京: 商务印书馆。

刘勋宁, 1988, 现代汉语词尾"了"的语法意义,《中国语文》第 5 期。

龙潜庵, 1985,《宋元语言词典》, 上海: 上海辞书出版社。

陆俭明, 1986, 周遍性主语及其他,《中国语文》第 3 期。

陆俭明, 1988, 现代汉语中数量词的作用,《语法研究和探索》第 4 辑, 北京: 北京大学出版社。

吕叔湘, 1943, 见字之指代作用,《金陵, 齐鲁, 华西大学中国文化汇刊》第三卷 ;《汉语语法论文集》, 北京: 商务印书馆。

吕叔湘, 1943, 论"底", "地"之辨及"底"字的由来,《金陵, 齐鲁, 华西大学中国文化汇刊》第三卷。

吕叔湘, 1944, 個字的应用范围 (附论单位词前一字的脱落) ,《金陵, 齐鲁, 华西大学中国文化汇刊》第四卷。

吕叔湘, 1948, 把字句用法研究,《汉语语法论文集》, 北京：科学出版社。

吕叔湘, 1949, 说"们",《汉语语法论文集》, 北京: 商务印书馆。

吕叔湘, 1949, 说代词词尾"家"《, 汉语语法论文集》, 北京：商务印书馆。

吕叔湘, 1979,《汉语语法分析问题》, 北京: 商务印书馆。

吕叔湘, 1984, 论"底", "地"之辨及"底"字的由来,《汉语语法论文集》, 北京: 商务印书馆。

吕叔湘, 1985,《近代汉语指代词》, 上海: 学林出版社。

吕叔湘, 1986, 含动补结构的句子的语义分析,《第一届国际汉语教学讨论会论文选》, 北京: 北京语言学院出版社。

吕叔湘主编, 1980,《现代汉语八百词》, 北京: 商务印书馆。

罗美珍, 1996, 谈谈我国民族语言的数量词,《民族语文》第 2 期。

马贝加, 2002,《近代汉语介词》, 北京: 中华书局。

马荣尧, 1990, 近代汉语副词"没的"考释,《中国语文》第 5 期。

马树钧, 1982, 临夏话中的"名＋哈"结构,《中国语文》第 1 期。

马真, 1982, 说"也",《中国语文》第 4 期。

梅广, 1978, 把字句,《文史哲学报》第 27 卷。

梅祖麟, 1981, 现代汉语完成貌句式和词尾的来源,《语言研究》第1 期。

梅祖麟, 1984, 从语言史看几本元杂剧宾白的写作时期,《语言学论丛》第 13 辑。

梅祖麟, 1988, 词尾"底", "的"的来源,《史语所集刊》。

梅祖麟, 1994, 唐代, 宋代共同语的语法和现代方言的语法,《中国境内语言暨语言学》第 2

期。

欧阳觉亚, 郑贻青, 1980,《黎语简志》, 北京: 民族出版社。钱乃荣, 2003,《北部吴语研究》,
　　上海: 上海大学出版社。

钱学烈, 1992,《试论全唐诗中的把字句》,《纪念王力先生九十诞辰文集》, 济南: 山东教育出
　　版社。

桥本万太郎, 1987, 汉语被动式的历史,《中国语文》第 1 期。

裘锡圭, 1979, 谈谈古文字资料对古汉语研究的重要性,《中国语文》第 6 期。

瞿霭堂, 劲松, 1998, 试论汉藏语言的共性和类型,《民族语文》第 4 期。

屈承熹, 1984, 汉语的词序及其变迁,《语言研究》第 1 期。

曲木铁西, 1994, 试论彝语名量词的起源层次,《民族语文》第 2 期。

饶长溶, 1993, 长汀方言表"得到"和表"给予"的"得",《中国语文研究 40 年纪念文集》, 刘坚,
　　侯精一主编, 北京: 北京语言文化大学出版社。

沙平, 2000, 福州方言词"掏"的语法, 语义功能,《中国语文》第 3 期。

邵敬敏, 1984, "动＋个＋形／动"结构分析,《汉语学习》第 2 期。

邵敬敏, 1996,《现代汉语疑问句研究》, 上海: 华东师范大学出版社。

沈家煊, 1995, "有界"与"无界",《中国语文》第 5 期。

沈家煊, 1999, "在"字句和"给"字句,《中国语文》第 2 期。

史佩信, 1993, 比字句溯源,《中国语文》第 6 期。

施其生, 1997, 汕头方言的动词谓语句, 李如龙, 张双庆主编,《动词谓语句》, 广州: 暨南大学
　　出版社。

石林, 1997,《侗台语比较研究》, 天津: 天津古籍出版社。

石毓智, 1989, 现代汉语的否定性成分,《语言研究》第 2 期。

石毓智, 1992, 论汉语的体标记,《中国社会科学》第 6 期。

石毓智, 1992, 现代汉语的肯定性动词成分,《语言研究》第 2 期。

石毓智, 1992,《肯定和否定的对称与不对称》, 台北: 学生书局。

石毓智, 1995, 时间的一维性介词衍生的影响,《中国语文》第 1 期。

石毓智, 1996, 论现代汉语的句法重叠,《语言研究》第 2 期。

石毓智, 1997, 指示代词回指的两种语序及其功能。《汉语学习》第6 期。

石毓智, 2002, 论汉语的句法结构和词汇标记之关系,《当代语言学》第 2 期。

石毓智, 2000, 论汉语动词重叠式产生的历史动因,《汉语学报》第1 期。

石毓智, 2000, 汉语的有标记和无标记句法结构,《语法研究与探索（十)》, 北京: 商务印书
　　馆。

石毓智, 2000, 试论"的"的语法功能的同一性,《世界汉语教学》第 1 期。

石毓智, 2000,《语法的认知语义基础》, 南昌: 江西教育出版社。 石毓智, 2003,《现代汉语语法系统的建立》, 北京: 北京语言大学出版社。

石毓智, 2004,《汉语研究的类型学视野》, 南昌: 江西教育出版社。

石毓智, 2006,《语法化的动因与机制》, 北京: 北京大学出版社。

石毓智, 2006,《语法的概念基础》, 上海: 上海外语教育出版社。

石毓智, 2011,《语法化理论》, 上海: 上海外语教育出版社。

石毓智, 李讷, 1998, 论助词"之""者"和"底 (的)"的兴替,《中国社会科学》第 6 期。

石毓智, 李讷, 2000, 十五世纪前后的句法变化与现代汉语否定标记系统的形成 — 否定标记"没 (有)"产生的句法背景及其语法化过程《, 语言研究》第 2 期。

石毓智, 李讷, 2001,《汉语语法化的历程》, 北京: 北京大学出版社。

石毓智, 徐杰, 2000, 汉语史上疑问形式的类型转变的机制和过程, 第九届国际汉语言学会议, 新加坡。

孙宏开, 1988, 藏缅语量词用法比较,《中国语言学报》第 3 期。

孙宏开, 2000, 阿浓语概况,《民族语文》第 4 期。

孙锡信, 1992,《汉语历史语法要略》, 上海: 复旦大学出版社。

孙锡信, 1997,《汉语历史语法丛稿》, 上海: 汉语大词典出版社。

太田辰夫, 1987,《中国语历史文法》, 蒋绍愚, 徐昌华译, 北京: 北京大学出版社。

汤廷池, 1980, 动词和介词的联系,《汉语词法句法论集》, 台北: 学生书局。

唐钰明, 1985, 论上古汉语被动式的起源,《学术研究》第 5 期。

唐钰明, 1992, 中古"是"字判断句述要,《中国语文》第 1 期。

王锋, 2001, 西山白语概况,《民族语文》第 5 期。

汪国胜, 1991, 大冶金湖话的"的", "个"和"的个",《中国语文》第 3 期。

王均, 郑国乔, 1980,《仫佬语简志》, 北京: 民族出版社。

王力, 1937, 中国文法里的系词,《清华学报》第 1 辑。

王力, 1957, 汉语被动式的发展,《语言学论丛》第 1 辑。

王力, 1944,《中国语法理论》, 北京: 商务印书馆。

王力, 1958,《汉语史稿》, 北京: 中华书局。

王力, 1989,《汉语语法史》, 北京: 商务印书馆。

王力, 1990,《汉语语法史》,《王力文集》第十一卷, 济南: 山东教育出版社。

王力主编, 1964,《古代汉语》, 北京, 中华书局。

王理嘉, 1993,《现代汉语》, 北京: 商务印书馆。

王远新, 1995, 再论哈萨克语的量词,《语言与翻译》第 3 期。

魏培泉, 1990,《汉魏六朝称代词研究》, 台湾大学中国文学研究所博士论文。

魏兆惠, 2004,《襄樊方言特殊的处置式》,《湖北教育学院学报》第4 期。

吴宝安, 邓葵, 2006, 涟源方言的”拿”字及其相关的句式,《湘潭师范学院学报》第 6 期。

吴福祥, 2003, 再论处置式的来源,《语言研究》第 3 期。

吴启主, 1995, 常宁方言的语法特点,《中国语言学报》第 5 期。

武自立, 1994, 云南省广南县嘎苏话初探,《民族语文》第 2 期。

夏俐萍, 2002, 益阳方言的处置式,《湖南省政法管理干部学院学报》第 1 期。

厦门市地方志编纂委员会办公室编, 1996,《厦门方言志》, 北京: 北京语言学院出版社。

项梦冰, 1997,《连城客家话语法研究》, 北京: 语文出版社。

向熹, 1958,《水浒》中的”把”字句, ”将”字句与”被”字句,《语言学论丛》第三辑。

向熹, 1993,《简明汉语史》, 北京: 高等教育出版社。

谢自立, 刘丹青, 石汝杰, 汪平, 张家茂, 1989, 苏州方言里的语缀,《方言》第 2 期。

邢公畹, 1987,《诗经》”中”字倒置问题,《语言论集》, 北京: 商务印书馆。

徐丹, 1992, 北京话中的语法标记词”给”,《方言》第 1 期。

许嘉璐主编, 1995,《文白对照诸子集成》, 广西: 广西教育出版社。

徐杰 , 李英哲, 1993, 焦点和两个非线性语法范畴: “否定””疑问”,
《中国语文》第 2 期。

徐烈炯, 邵敬敏, 1998,《上海方言语法研究》, 上海：华东师大出版社。徐通锵, 1997,《语言论》, 长春: 东北师范大学出版社。

徐悉艰, 1994, 彝缅语量词的产生和发展,《语言研究》第 1 期。

颜峰, 徐丽, 2005, 山东郯城方言的叫字句及相关句式,《语言科学》第 4 期。

颜晓云, 陆家瑞, 1997, 史载白语丛考,《云南师范大学学报》第 2 期。

杨伯峻, 1980,《论语译注》, 北京: 中华书局。

杨伯峻, 1981,《孟子译注》, 北京: 中华书局。

杨伯峻, 何乐士, 1992,《古汉语语法及其发展》, 北京: 语文出版社。

杨建国, 1959, 补语式发展试探,《语法论集》第三集。

杨蔚, 1999,《沅陵乡话研究》, 长沙: 湖南教育出版社。

尹蔚斌, 2000, 业隆话概况,《民族语文》第 6 期。

游汝杰, 1983, 补语的标志”个”和”得”,《汉语学习》第 3 期。

余健萍, 1957, 使成式的起源和发展,《语法论集》第 2 集。

余霭芹, 1995, 广东开平方言的”的”字结构 — 从”者”, ”之”分工谈到语法类型分布,《中国语文》第 4 期。

俞敏, 1981, 倒句探源,《语言研究》第 1 期。

詹伯慧, 1991,《汉语方言及其方言调查》, 武汉: 湖北教育出版社。

张伯江, 方梅, 1996,《汉语功能语法研究》, 南昌: 江西教育出版社。

张华文, 1991, 昆明方言"得"字用法,《方言》第 2 期。

张惠英, 1995, 复数人称代词词尾"家""们""俚",《中国语言学报》第 5 期。

张惠英, 2002,《汉藏系语言和汉语方言比较研究》, 北京: 民族出版社。

张均如, 1980,《水语简志》, 北京: 民族出版社。

张小克, 2002, 长沙方言的介词,《方言》第 4 期。

张晓勤, 1999,《宁远平话研究》, 长沙: 湖南教育出版社。

张雪平, 2005, 河南叶县话的"叫"字句,《方言》第 4 期。

张玉金, 2001,《甲骨文语法学》, 上海: 学林出版社。

赵元任, 1979,《汉语口语语法》, 北京: 商务印书馆。

郑庆君 , 1999,《长德方言研究》, 长沙: 湖南教育出版社。

志村良治, 1984, 使成复合动词的成立过程。《中国中世纪语法史研究》, 日本: 三冬社。

周长楫, 1995, 闽南话与普通话在语法方面的差异刍议,《语言文字应用》第 3 期。

周德才, 2002, 他留话概况,《民族语文》第 2 期。

周磊, 2002, 乌鲁木齐话"给"字句研究,《方言》第 1 期。

周迟明, 1958,《汉语的使成性复合动词》,《文史哲》第 4 期。

周法高, 1988, 论上古汉语的系词,《历史语言研究所集刊》第 59 卷。

周祖谟, 1966, 四声别义释例,《问学集》, 北京: 商务印书馆。

朱德熙 , 1961, 说"的",《中国语文》第 1 期。

朱德熙 , 1966, 关于《说"的"》,《中国语文》第 1 期。

朱德熙, 1979, 与动词"给"相关的句法问题,《方言》第 2 期。

朱德熙, 1982,《语法讲义》, 北京: 商务印书馆。

朱德熙, 1983, 自指和转指,《方言》第 1 期。

朱德熙, 1985,《语法答问》, 北京: 商务印书馆。

朱德熙, 1990,《语法丛稿》, 上海: 上海教育出版社。

朱冠明, 2005, 湖北公安方言的几个语法现象,《方言》第 3 期。

祝敏彻, 1957, 论初期处置式,《语言学论丛》第 1 辑。

祝敏彻, 1982,《朱子语类》中"地", "底"的语法作用,《中国语文》第 3 期。

祝敏彻, 1990,《朱子语类》中的动词补语 — 兼谈动词后缀,《王力先生纪念论文集》, 北京: 商务印书馆。

祝敏彻, 1996,《近代汉语句法史稿》, 郑州: 中州书局。

左福光, 2005, 四川宜宾方言的被动句和处置句,《方言》第 4 期。

左林霞, 2001, 孝感话的"把"字句,《孝感学院学报》第 5 期。

Anderson, Stephen R.1981.Topicalization in Breton.Proceedings of the Berkeley
　　　　Linguistics Society 7.27-28.

Anderson, Stephen R.1993.Wackernagel's revenge: clitics, morphology, and the syntax of
　　　　second position.Language 69.68-98.

Bussmann, Hadumod.1996.Dictionary of Language and Linguistics.New York: Routledge.

Bybee, J.L.and Pagliuca, W.J.1985a."Cross linguistic comparison and the development of
　　　　grammatical meaning". In: J.Fisiak (ed.) , Historical semantics, historical word
　　　　formation, pp.59-83.Berlin: Mouton de Gruyter Press.

Bybee, Joan L., Revere Perkins and William Pagliuca.1985b.Morphology: A Study of the
　　　　Relation between Meaning and Form.Amsterdam: Benjamins.

Bybee, Joan.Revere Perkins and William Pagliuca.1994.The Evolution of Grammar.
　　　　Chicago: Chicago University Press.

Chao, Yuen-ren 1968.A grammar of spoken Chinese, California, Berkeley: University of
　　　　California Press.

Cheung, Samuel H.N. (1977) .Perfective Particles in the Bian-wen Languages, Journal of
　　　　Chinese Linguistes 5.

Chierchia, Gennaro.1996.Reference to kinds across languages, ms., University of Milan.

Chierchia, Gennaro.1997.Plurality of mass nouns and the notion of'semantic parameter',
　　　　ms., University of Milan.

Croft, William.1993.Typology and Universals.Cambridge: Cambridge University Press.

Dahl, Osten.1985.Tense and Aspect.Oxford: Blackwell.

Djamouri, Redouane 1997: Evolution de zhi en chinois archaique: un cas de
　　　　grammaticalisation et de reanalyse d'un meme morpheme ? Presented at XVIe
　　　　Congres International des Linguistes, Paris, 1997

Feng, Li.1993."The copula in Classical Chinese declarative sentences". Journal of Chinese
　　　　Linguistics 21.2.

Givon, Talmy.1979."Syntacticization", On Understanding Grammar. NY: Academic
　　　　Press.

Givon, Talmy.1991.Serial verbs and the mental reality of"event" : Grammatical
　　　　vs.Cognitive packaging.Hopper and Traugott, ed., Vol.1, 81-127.

Harris, Martin.1982.fte"Past Simple"and"Present Perfect"in Romance. In Vincent and
　　　　Harris, eds., 42-70, Studies in Romance Verb.London: Croom Helm.

Harris, Alice C.and Lyle Campbell.1995.Historical Syntax in Cross-linguistic Perspective.

Cambridge: Cambridge University Press.

Heine, Bernd and Mechtild Reh.1984.Grammaticalization and Reanalysis in African Languages.Hamburg: Helmut Buske.

Heine, Bernd, Ulrike Claudi, and Friederike Hunnemeyer.1991. Grammaticalization: a Conceptual Framework.Chicago: The University of Chicago Press.

Hopper, Paul J.and Elizabeth Closs Traugott.1993.Grammaticalization.. London: Cambridge University Press.

Huang, C.-T.James.1991.Class notes for the course"Theoretical Issues in Modern Chinese Syntax."1991 Linguistics Institute, UC Santa Cruz.

Iljic, Robert 1994.Quantification in Mandarin Chinese: two markers of plurality, Linguistics 32, 91-116.

Iljic, Robert 1998, Number and person, paper presented at the annual meeting of IACL-7/NACCL-10, Stanford University.

Jeffers, Robert J., and Arnold M.Zwicky.1980.The evolution of clitics. In Elizabeth Closs Traugott, Rebecca La Brum, and Susan Shepherd, eds., Papers from the 4th International Conference on Historical Linguistics, 221-31. Amsterdam: Benjamins.

Kaisse, Ellen M.1985.Connected Speech: the Interaction of Syntax and Phonology. Orlando: Academic Press.

Kiparsky, Paul.1992.Analogy.fte Encyclopedia of Language and Linguistics, pp 56-61. Oxford: Pergamon Press.

Kiparsky, Paul.1996.The Shift to Head-initial VP in Germanic.Studies in Comparative Germanic Syntax, Vol II, Boston: Kluwer Academic Publishers.

Langacker, Ronald W.1977.Syntactic reanalysis.In Charles N.Li (ed.) , Mechanisms of Syntactic Change, 59-139.Austin: University of Texas Press.

Langacker, Ronald W.1991 Foundations of Cognitive Grammar—Vol.II, Descriptive Application.Stanford: Stanford University Press.

Li, Audrey Y.H.1998.Re-visiting –men.Paper presented at the annual meeting of IACL-7/NACCL-10, Stanford University.

Li, Charles N.1977.A Mechanism for the Development of Copula Morphemes.

Mechanisms of Syntactic Change.Austin: University of Texas Press. Li, Charles.N.2000. Beyond borrowing and interface: Contact-induced

Morphosyntactic Change in Chinese.Presented at the 9th International Chinese

Linguistic Conference, Singapore.

Li, Charles N., and Sandra A.Thompson.1974.An explanation of word order change SVO > SOV.Foundations of Language.12.2: 201-14.

Li, Charles N.and Sandra A.Thompson.1977."A mechanism for the development of copula morphemes". In: Charles N.Li (ed.) , Mechanism of syntactic change 419-444.Austin: University of Texas Press.

Li, C.N.and Thompson S.A.1980.Synchrony and Diachorony: the Mandarin Comparative, Folia Linguistica Historica 1/2.

Li, Charles N.and Sandra A.Thompson.1981.Mandarin Chinese—A Functional Reference Grammar.Berkeley: University of California Press.

Li, Charles N.and Shi Yuzhi.1997a."fte grammaticalization of the relative marker DE". presented at Conference of morphosyntactic history of Chinese, Arrow Lake, L.A.

Li, Charles N.and Shi Yuzhi.1997b.Lun Hanyu Tibiaoji Dansheng de Jizhi   [On the Mechanisms of the Emergence of Aspect Markers in Chinese] .Zhongguo Yuwen.Vol 2, pp 82-96.

Li, Charles N.and Shi Yuzhi.1997c.Hanyu Dongci Kaobei Jiegou Fazhan de Guocheng. Guowai Yuyanxue (Contemporary Linguistics) Vol.3, pp 32-8.

Lightfoot, David.1979.Principles of Diachronic Syntax.Cambridge: Cambridge University Press.

Liu, Xianmin.1996.fte Verb Copying Construction — A Case of Discourse Backgrounding. Journal of the Chinese Language Teachers Association, Volume 31: 1, pp.57-76.

Lightfoot, David.1979.Principles of Diachronic Syntax.Cambridge: Cambridge University Press.

McCawley, James.1968.Review of current trends in linguistics 3, Language 44: 556-593.

McWhorter, John H.1992."Ni and the copula system in Swahili: a diachronicapproach". Diachronica, Vol.ix, No.1.

Mufwene, Salikoko 1980.Number, Countability, and Markedness in Lingala LI-/MA-noun class, Linguistics 18, 1019-32.

Nevis, Joel A., and Brian D.Joseph.1992.Wackernagel affixes: evidence from Balto-Slavic. Ms.Ohio State University.

Norman, Jerry.1988.Chinese.Massachusetts, Cambridge: Cambridge University Press.

Peyraube, Alain (1989) History of the Comparative Construction in Chinese from the 5th Century B.C.to the 14th Century A.D., Proceedings on the Second International

Conference on Sinology, Academia Sinica, Taipei, Taiwan.

Peyraube, Alain.1996.Recent issues in Chinese historical syntax, New Horizons in Chinese Linguistics, 161-213, ed.By C, -T.J.Huang and Y.-H.A.Li, Kluwer Academic Publishers.

Peyraube, Alain.1998.On the history of classifiers in Archaic and Medieval Chinese.In Benjamin Tsan (ed) Studia Linguistica Serica pp.39-68.

Peyraube, Alain and Thekla Wiebusch.1994." Problems Relating to the History of DifferentCopulas in Ancient Chinese". In honor of William S-Y.Wang: Interdisciplinary Studies on Language and Language Changes.Taibei: Pyramid Press.

Quirk, Randolph.Sidney Greenbaum.Geoffrey Leech.Jan Svartvik.1985.A Comprehensive Grammar of the English Language.London: Longman.

Sagart, Laurent.1993. L'infixe –r- en chinois archaigue.Bulletin de la Societe Linguistique de Paris LXXXVIII-1: 261-293.

Samarin, William.1967.A Grammar of Sango.fte Hague: Mouton.

Shi, Yuzhi.1997a."Analogy as an optimization process: the mechanism of the grammaticalization of the morphosyntactic marker de in Chinese". Language Sciences, to appear.

Shi, Yuzhi.1997b."fte anaphoric uses of zhe and na in Modern Chinese". Hanyu Xuexi [Chinese Studies] 6: 3-6.

Shi, Yuzhi 1997c.Frequency, Local Contexts, and Sentential Structure in Grammaticalization Process of the Copula Shi in Chinese.ms.Stanford University.

Shi, Yuzhi 1997d.The grammaticalization process of the copular shi in Archaic Chinese, Presented at the XVIth International Congress of Linguistics, July, Paris.

Shi, Yuzhi.1999a.The Formation of the Resultative Construction and its Effects on the Establishment of Modern Chinese Grammar.Ph.D.dissertation. Stanford University.

Shi, Yuzhi.1999b.fte Formation of the Negative Perfect Aspect.Presented at the Chinese Linguistics Conference.Harvard: Harvard University.

Smith, Carlota.1997.The Parameter of Aspect.Netherlands: Kluwer Academic Publishers.

Spencer, Andrew.1991.Morphological theory.Oxford: Blackwell Publishers Ltd.

Sun, Chaofen.1996.Word-order Change and Grammaticalization in the History of

Chinese.Stanford: Stanford University Press.

Sweet, Henry.1900.The History of Language.London: J.M.Dent ; New York: Macmillan.

Tabor, Whitney.1994.Syntactic Innovation: a Connectionist Model. Dissertation., Stanford University.

Talmy, Leonard.1991.Path to realization: A typology of event conflation. In: Preceedings of the Seventh Annual Meeting of the Berkeley Linguistics Society. University of California, Berkeley, 480-519.

Thompson, Sandra A.1973.Resultative verb compounds in Mandarin Chinese.Language 49, 361-379.

Trask, Robert Lawrence.1995.A Dictionary of Grammatical Terms in Linguistics.New York: Routledge.

Traugott, Elizabeth Closs.1972.A History of English Syntax.New York: Holt, Rinehart and Winston.

Traugott, Elizabeth Closs.1994.Grammaticalization and lexicalization.The Encyclopedia of Language and Linguistics, pp 1481-6.Oxford: Pergamon Press.

Traugott, Elizabeth.1997.Reanalysis, Analogy, and Grammaticalization. Ms.Stanford University.

Traugott, Elizabeth.In press.Constructions in grammaticalization.In Richard D.Janda and Brian D.Joseph (eds) , A Handbook of Historical Linguistics. Oxford: Blackwell.

Travis, Lisa.1984.Parameters and Effects of Word Order Variation, PhD dissertation, MIT, Cambridge, Massachusetts.

Vincent, Nigel.1982.fte development of auxiliaries HABERE and ESSE in Romance.In Vincent and Harris, eds., 71-96, Studies in the Romance Verb. London: Croom Helm.

Yen, Sian L.1986."The origin of the copula shi in Chinese". Journal of Chinese Linguistics14.2.

스위즈(石毓智)

1963년생, 허난 뤄양 출신, 現 싱가포르국립대 교수. 저자는 중국에서 초·중·고 기초교육을 이수한 후 중국 두 명문대(중국 교육부 985프로젝트 대학)에서 학사, 석사를 취득했다. 이후 해외 유학길에 올라 세계 랭킹 14위의 캘리포니아대학교 샌디에이고 분교에서 석사학위를, 세계 랭킹 2위의 스탠포드대학교에서 박사학위를 받았다. 언어학 대표작으로는 상무인서관에서 출판한 『중국어 문법』, 베이징대학교출판사에서 출판한 『중국어 문법화의 여정』 및 『문법화의 원인 및 기제』, 네델란드 존·벤자민 출판사에서 출판한 『The Establishment of Modern Chinese Grammar』 등이 있다.

역자소개

전영근(全永根)

1971년 생.

1994년 7월 연변대학교 조선언어문학학부 졸업, 2001년 7월 연변대학교 아시아아프리카 언어문학 석사학위 취득, 2004년 8월 한국 조선대학교 국어국문학 문학 박사학위 취득.

現 광동외어외무대학교 아시아아프리카언어문화대학 학장, 한국어학과 교수, 중국 교육부비통용어교수지도위원회 위원, 중국한국(조선)어교육연구학회 회장, 전국번역자격시험(CATTI) 조선어/한국어전문위원회 위원, 중국조선어사정위원회 제7, 8기 위원.

주요 저서로는 『한국 현대시 시행 구성』, 『우리말 시가체 언어 연구』, 『우리말 수의 문화적 상징 의미』 등이 있다.

이선(李善)

1983년 생.

2007년 7월 중국 후난대학교 정보처리학과 졸업, 2010년 2월 중앙대학교 국제대학원 전문통번역학과 졸업, 2018년 7월 광동외어외무대학교 통번역학 박사학위 취득.

現 광동외어외무대학교 한국어학과 조교수, 통번역학연구소 연구원.

전문통번역학(Master of Translation and Interpreting) 전임교원으로 재직하며 중국 화남지역을 중심으로 국제 회의 통역사로 활동하고 있다.

중국어 문법 발달사 1

초판1쇄 인쇄 2024년 11월 15일
초판1쇄 발행 2024년 11월 29일

지은이   스위즈(石毓智)
옮긴이   전영근(全永根) 이선(李善)
펴낸이   이대현
편집   이태곤 권분옥 임애정 강윤경
디자인   안혜진 최선주 강보민
마케팅   박태훈 김동건

펴낸곳   도서출판 역락
출판등록   1999년 4월 19일 제303-2002-000014호
주소   서울시 서초구 동광로 46길 6-6 문창빌딩 2층 (우06589)
전화   02-3409-2060
팩스   02-3409-2059
홈페이지   www.youkrackbooks.com
이메일   youkrack@hanmail.net
字數   509,643字

ISBN 979-11-6742-832-5 94720
ISBN 979-11-6742-831-8 94720(전2권)

*정가는 뒤표지에 있습니다.
*잘못된 책은 바꿔 드립니다.